都道府県別

全国方言辞典

佐藤亮一……編

三省堂

装画＝安田みつえ
装丁＝三省堂デザイン室

はじめに

二〇〇二年に刊行した『都道府県別　全国方言小辞典』は幸いなことに多くの読者に好評をもって迎えられた。本書は、その辞典の項目およびコラムの内容を大幅に増補し、さらにCDを付けて刊行したものである。全国各地の方言のうち、日常生活で広く使われている代表的な方言を各県の方言研究者が選定し、都道府県別に例文をつけて紹介した。コラムでは新たに各地の主要な文法的特徴を記し、また方言区画についても、市町村合併に伴う改訂を行った。

日本は方言の豊かな国である。たとえば、東京生まれ東京育ちの人が、青森や鹿児島の人の会話を耳にしても、その内容をほとんど理解できないであろう。また、同じ県内でもことばが大きく違うところもある。

現代では、共通語の浸透による方言の衰退が著しい。「かたつむり」「かえる」「とかげ」のような小動物の名や、「おにごっこ」「かくれんぼ」「おてだま」のような子どもの遊びに関する方言は、生活様式の変化にともなって、今や絶滅寸前である。しかし、方言のすべてがなくなるわけではなく、日常生活で頻繁に使われる方言動詞や方言形容詞などは、若い人たちを含めて今も使われている。その中には、共通語におきかえることが困難な微妙なニュアンスをもつことばも少なくない。

本書では、見出しに掲げた方言がどのように使われるかという例を方言文で示した。方言を共通語に翻訳してその意味を正確に記述することは困難であり、例文を見ることによって、方言単語の意味・ニュアンスをよりこまかく理解することができる。また、例文の中にはそれぞれの地域の文法的特徴が含まれていることも重要である。

方言は、単語の形や文法的特徴だけではなく、アクセントやイントネーションにも大きな特徴がある。本書では、これらの例文の一部を地元の人に発音してもらい、その音声をＣＤに収録した。このＣＤを聴けば、より豊かな方言の世界が浮かびあがるであろう。

なお、県内の一部の地域で使われている方言には、その使用地域を記したほか、各県の方言の特徴、県内の方言差、気づかずに使う方言、挨拶ことばなど、方言に関する話題も紹介した。

付録として、「分野別方言」と「索引」を掲載した。「分野別方言」では、事物の名称を中心に、伝統的方言（主として明治・大正生まれの高齢者が用いる方言）をとりあげ、その分布地域と簡単な解説を記した。「索引」では本書に収録した方言語形を五十音順に配列し、それぞれの使用地域を記した。

この索引を見ると、ある地域で使われている方言は、実はかなり離れた別の地域でも使われていることが分かる。たとえば、「あいまち（大怪我）」は静岡県と岡山県で使われている。また、同じことばでも地域によって意味が異なることがある。たとえば、「あずる」は徳島・広島・山口・岡山の各県で使われているが、徳島県・広島県・山口県では「てこずる」「困る」、岡山県では「もがく」「動き回る」の意味である。本書に収録されている方言が、どの地域で、どのような意味で使われているか、さらなる情報を知りたいと思う。

読者のみなさんが各地を旅行したときや、仕事で訪れたときなどに、この本に記載されている方言を話題にして、地元の人との会話がはずみ、コミュニケーションが深められることを期待いたします。

最後になりましたが、本書にご執筆くださった研究者の方々、ＣＤ録音にご協力いただいた話者の方々、また、編集にご尽力くださった三省堂の田中慶太郎氏に感謝いたします。

佐藤亮一

都道府県別 全国方言辞典 目次

話者一覧　（執筆者）

北海道・東北

CD1 北海道……小野米一 10
CD2 青森県……佐藤和之・坂本幸博 18
CD3 岩手県……本堂　寛 26
CD4 宮城県……遠藤　仁 34
CD5 秋田県……日高水穂 42
CD6 山形県……佐藤亮一 50
CD7 福島県……小林初夫 58

関東・甲信越

CD8 茨城県……川嶋秀之 66
CD9 栃木県……森下喜一 74
CD10 群馬県……篠木れい子 82
CD11 埼玉県……井上史雄・鑓水兼貴・篠田勝夫 90
CD12 千葉県……篠崎晃一 98
CD13 東京都……秋永一枝 106
CD14 神奈川県……日野資純 114
CD15 新潟県……大橋勝男 122
CD16 長野県……沖　裕子 130
CD17 山梨県……吉田雅子 138

北陸・東海

CD18 富山県……真田信治 146
CD19 石川県……加藤和夫 154
CD20 福井県……加藤和夫 162
CD21 岐阜県……加藤　毅 170
CD22 静岡県……中條　修 178
CD23 愛知県……太田有多子 186
CD24 三重県……佐藤虎男 194

近畿

CD25 滋賀県……熊谷直孝 202

CD26 京都府……寺島浩子・古川　悠 210
CD27 大阪府……岸江信介 218
CD28 兵庫県……黒崎良昭 226
CD29 奈良県……中井精一 234
CD30 和歌山県……真田信治 242

中国

CD31 鳥取県……森下喜一 250
CD32 島根県……田籠　博 258
CD33 岡山県……金沢裕之・中東靖恵 266
CD34 広島県……江端義夫 274
CD35 山口県……有元光彦 282

四国

CD36 徳島県……岡田祐子 290
CD37 香川県……佐藤栄作・島田　治 298
CD38 愛媛県……佐藤栄作 306
CD39 高知県……久野　眞 314

九州・沖縄

CD40 福岡県……杉村孝夫 322
CD41 佐賀県……井上博文 330
CD42 長崎県……愛宕八郎康隆・上野智子 338
CD43 熊本県……村上敬一・藤本憲信 346
CD44 大分県……日高貢一郎 354
CD45 宮崎県……松永修一 362
CD46 鹿児島県……木部暢子 370
CD47 沖縄県……内間直仁 378

付録＝分野別方言……吉田雅子

植物…… 390
動物…… 396
気象・天候・暦…… 403
身体…… 408
動作・感覚…… 417
その他(生活・遊びほか)…… 423

五十音順索引

都道府県別●全国方言辞典●話者一覧（敬称略）●

北海道・東北

（話者）

北海道 CD1 ……●三輪保夫
青森県 CD2 ……●坂本幸博
岩手県 CD3 ……●本堂　寛
宮城県 CD4 ……●佐竹俊男
秋田県 CD5 ……●佐藤　稔
山形県 CD6 ……●青山光範・佐藤武夫
福島県 CD7 ……●小林初夫

関東・甲信越

茨城県 CD8 ……●宮島達夫
栃木県 CD9 ……●小堀道正
群馬県 CD10 ……●関口　薫
埼玉県 CD11 ……●篠田勝夫
千葉県 CD12 ……●永澤謹吾
東京都 CD13 ……●秋永一枝
神奈川県 CD14 ……●尾形真由美
新潟県 CD15 ……●冨永陽子
長野県 CD16 ……●沖　裕子
山梨県 CD17 ……●石川　博

北陸・東海

富山県 CD18 ……●真田信治
石川県 CD19 ……●澤田恵美子
福井県 CD20 ……●加藤定治
岐阜県 CD21 ……●加藤　毅
静岡県 CD22 ……●村松弘・村松真由美
愛知県 CD23 ……●冨田和裕
三重県 CD24 ……●佐藤虎男

近畿

滋賀県 CD25 ……●澤　恵子
京都府 CD26 ……●今井保代

大阪府 CD27 …… 田村貞夫
兵庫県 CD28 …… 近松照芳
奈良県 CD29 …… 中井精一
和歌山県 CD30 …… 谷口弘直

中国

鳥取県 CD31 …… 山根悦子
島根県 CD32 …… 陶山広之
岡山県 CD33 …… 草下智子
広島県 CD34 …… 松島和夫
山口県 CD35 …… 井本世居子

四国

徳島県 CD36 …… 岡田　茂
香川県 CD37 …… 島田　治
愛媛県 CD38 …… 永井信子
高知県 CD39 …… 岡本つや子

九州・沖縄

福岡県 CD40 …… 安部恭輔
佐賀県 CD41 …… 中島裕二
長崎県 CD42 …… 上野智子
熊本県 CD43 …… 岩本光照・甲斐栄子・
塩林睦子・土屋博昭・藤本征子・濱　啓一郎
大分県 CD44 …… 切石文士
宮崎県 CD45 …… 東国原タミ
鹿児島県 CD46 …… 池田フサ子
沖縄県 CD47 …… 内間直仁

凡例

(1) 各県の方言

全国各都道府県の方言を、県別に、原則として以下の要領で示した。

(ア)その県の代表的な方言を五十音順に掲げた。

◎方言には、共通語の意味を付した。

◎使用地域が限定されるものにはその地域名を示した。

◎複数の意味で用いられるものは①②…で分けて示した。

(イ)方言の使用例文を示し、( )内に例文の共通語訳を示した。また、意味・用法などについて注記した。

(ウ)各ページの下部に、その県の方言についての概説・文法的特徴のほか、気づかずに使う方言、挨拶のことばなど、方言に関する話題を記した。

(2) 方言の表記

方言の表記については現代仮名遣いを基本とした。ただし、

◎長音は「ー」で表した。

例　おーきに　しょーしー　いごっそー

◎ガ行鼻濁音についてはカ゚キ゚ク゚ケ゚コ゚で表した。

◎発音に近づけるため「とぅ」「てぃ」「くゎ」などの表記を用いた。

◎例文については適宜漢字を用いて表記した。

(3) 付録・索引

◎付録として、「分野別方言」を巻末に載せた。

◎見出しに掲載した方言の五十音順索引を巻末に付けた。

(4) CD

◎CDには、方言の使用例文を収録した。

◎収録した方言の例文の見出しに、CDマークを付けた。

◎方言の例文とCDに収録した内容が少し異なる場合がある。

都道府県別 全国方言辞典

北海道・東北

北海道

海岸部＝函館市、釧路市など
内陸部＝札幌市、旭川市など

CD 1

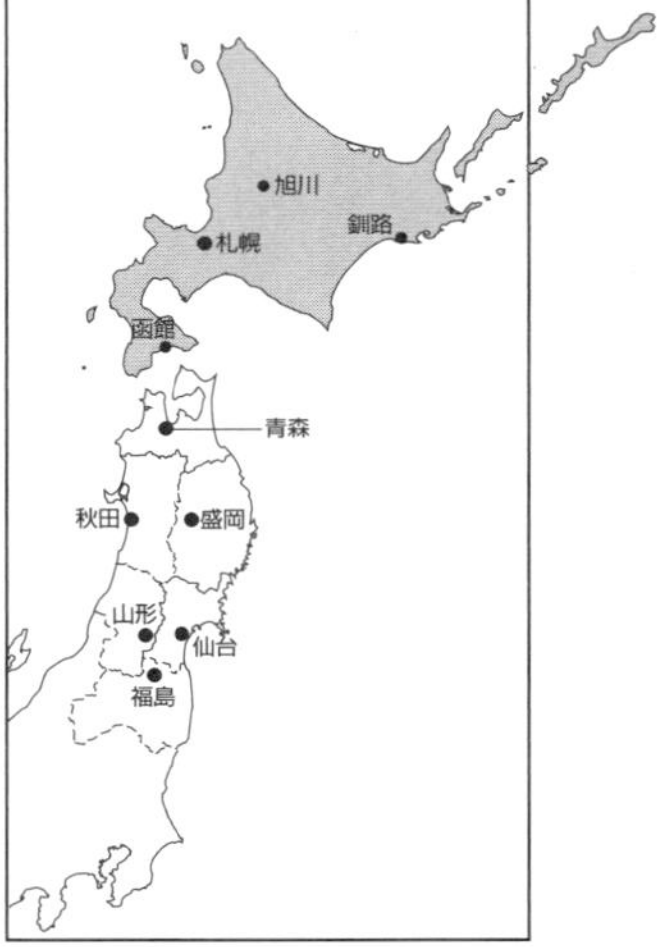

あずましー……ゆったりと落ち着いた。

例文 **子どもが走りまわってあずましくないなー**（＝子どもが走り回って、どうも落ち着かないねえ）

あめる……食べ物がいたむ。すえる。

例文 **このごはんあめてんでないの？**（＝このごはん、すえているんじゃない？）

あやつける……かっこうをつける。

例文 **あいつ、あやつけちゃってもてるとおもってんのかなー**（＝あいつはおしゃれをして気取って、もてると思っているのかなあ）

いずい CD……目のごみがごろごろする。

例文 **目になにかはいっていずいんだ**（＝目にゴミが入ってごろごろするんだ）

いたましー……惜しい。もったいない。

例文 **これはいたましーからしまっておく**（＝これは惜しいからしまっておくことにする）

＊「いたわしい」とも。

うだで……［海岸］たいそう。

例文 **ここのがんぜうだでうめーよ**（＝ここのうにはたいそうおいしいよ）

うみあけ（海明け）……［海岸］春になり流氷が去る。

北海道の方言

北海道方言は、全国共通語に近いと言われる。だが、北海道の人々は、「オバンデス」とあいさつし、「～カイ？」と問いかけ、「トーキビ」を食べ、「シバレル」寒さにも負けずに生きている。東北方言が北海道方言の基底になっているが、全体的に共通語化が著しい。語アクセントは二拍名詞の「空」「窓」などが「低高」から「高低」へ変わり、全体として東京式に変化してきている。

◎道内の地域差

北海道方言は、道南地方を中心とする海岸地方一帯の「海岸部方言」と、それ以外の内陸部農村や諸都市などの「内陸部方言」とに二分することができる。

海岸部方言は音声面で①「イシ（石）」と「イス（椅子）」の「シ」と「ス」、「クチ（口）」と「クツ（靴）」の「チ」と「ツ」との区別を

例文 **やーや、やっとうみあけだでや**（＝ああ、やっと海明けだ）
＊流氷が去り、船の航行ができるようになる。

おガる①……大きくなる。成長する。
例文 **みっちゃん、たいしたおガったんでないかい**（＝みっちゃん、ずいぶんと大きくなったんじゃない？）

おガる②CD……生える。
例文 **田んぼに草おガらっしゃって**（＝田んぼに草を生えさせてしまって）

おつねん（越年）……冬の間。
例文 **おつねんなったらわしらしまだもね**（＝冬になったら私たちはひまだものね）

おもやみ①……［海岸］心配。気がかり。
例文 **娘を一人で町にいかせてるとむったりおもやみなんだわー**（＝娘を一人で町に行かせていると、いつも心配でならないよ）

おもやみ②……［海岸］おっくう。
例文 **人にあうのおもやみで**（＝人に会うのがどうもおっくうで）

かいべつCD……キャベツ。
例文 **きょうはかいべつ新しいよ**（＝今日はキャベツが新鮮だよ）
＊最近はあまり聞かれなくなった。

がす（ガス）……霧。特に海の霧。
例文 **ろくガつなったら、毎日がすかかるさ**（＝六月になったら、毎日ガスがかかるよ）

かっちゃく……引っ掻く。
例文 **ねこだいてやったらかっちゃかれて**（＝猫を抱いてやったら引っ掻かれちゃって）

かてる……仲間に入れる。
例文 **わたしもかてて**（＝私も仲間に入れてよ）
＊「かでる」「かぜる」「かたせる」とも。

がまわれ……寒さで木が凍り割れる。
例文 **ゆうべもしばれてがまわれの音してたもね**（＝昨夜も冷え込んでがまわれの音がしていたものね）

がんび……白樺の木やその皮。

持たないこと、②「イガ（烏賊）」「ハダ（旗）」など語中・語末のカ・タ行音が濁音化すること、文法面で③「サ」（助詞「へ」に相当）、④「ハンデ」「スケ」（理由の助詞「から」に相当）、⑤「シズカダ晩（＝静かな晩）」、⑥「タゲカッタ（＝「高い・かった」高かった）」の使用、語彙として⑦「スガ（＝つらら）」「キミ（＝とうもろこし）」「カナ（＝木綿糸）」など、東北方言的色彩がかなり認められる。

内陸部方言は、明治以後の全国各地からの開拓移住者たちによって形成された。出身地から持ち込まれた全国諸方言が伝えられるとともに、それらがしだいに混じり合って共通語化し、全国共通語に近い北海道方言ができ上がっている。

◎**アクセント・イントネーション**
アクセント面では、二拍名詞の「糸、傘、肩、外、空、種、中」「朝、雨、鳩、窓、婿」などを、

例文 **むかしはがんび、すとふのたきつけにしたもんだ**（＝昔はがんびをストーブのたきつけにしたものだ）
＊「すとふ」は古い言い方。

かんぷうかい（観楓会）……秋に行われる親睦会。
例文 **こんどの土曜日、かんぷうかいだべ？**（＝今度の土曜日には、観楓会があるんだろう？）

きかない CD……気が強い。乱暴だ。
例文 **わしはきかないところあって**（＝私はなかなか気の強いところがあって）／**きかねわらしだ**（＝なかなか乱暴な子どもだ）

くき（群来）……［海岸］魚群が岸に押し寄せる。
例文 **もうなんじゅーねんもくきなんてねぐなった**（＝もう何十年もくきなんてなくなった）
＊特にニシンが産卵、放精のため海岸近くに押し寄せること。

くにしゅー（国衆）……［内陸］本州などからの移住の同郷人。
例文 **ここは阿波のくにしゅうばっかりだ**（＝ここに住んでいるのは阿波の国衆ばかりだ）
＊「南部衆」「越後衆」などとも言った。

けあらし……［海岸］水蒸気の大量発生。
例文 **あすこだらよぐけあらしにがって難儀するんだ**（＝あすこはよくけあらしで難儀するんだ）
＊海水と空気の温度差による。

けっぱる CD……がんばる。
例文 **けっぱれ、けっぱれ**（＝がんばれ、がんばれ）

げれっぱ……最下位。びりっけつ。
例文 **かけっこてばいつもげれっぱさ**（＝かけっこと言えばいつも最下位さ）
＊「げれ」「げっぱ」とも。

げんや（原野）……［内陸］自然のままで未開墾の原。
例文 **北海道にはげんやがいっぱいある**（＝北海道には原野がたくさんある）

ごしょいも……馬鈴薯。

「低高」に発音することが多かった。最近は東京式の「高低」に発音する傾向が見られる。三拍名詞の「命、烏、薬、姿、狸、テレビ、トマト、涙、二十歳《はたち》」「頭、鼠、鋏」などを「低高低」とすることが多い。三拍形容詞「赤い、浅い、厚い、暗い」「青い、暑い、黒い、白い、高い」などをすべて「低高低」とすることが多い。
　イントネーションとしては、文末を徐々に持ち上げていく「文末上昇調」と、文頭を押さえ込んで発音する「文頭押さえ込み調」とが耳立つ。

◎文法的な特色

〈動詞命令形〉
　上一段・下一段活用の動詞命令形を「レ」語尾とする。「ミレ（＝見ろ）」「デレ（＝出ろ）」「オキレ（＝起きろ）」「アケレ（＝開けろ）」など。これはまったくの共通語と見なされており、全国共通語の「ミロ」「デロ」などはかえって乱暴なことばづかいと見ら

例文**うちの菜園でごしょいもいっぱいとれたさ**（＝うちの菜園で馬鈴薯がたくさん採れたよ）

＊やや古い言い方。

ごっぺかえす……大失敗する。

例文**やーや、ゆーべ酒のみすギてごっぺかえした**（＝いやあ、昨夜は酒を飲み過ぎて大失敗しちゃった）

こわい……疲れてきつい。

例文**雪なゲしたら、あーこわい**（＝雪除けをしたら、ああきつい）

さきり……［海岸］組み合わせた丸太。

例文**にしん場ではさきりいっぺ使ったもんだわ**（＝にしん場ではさきりをたくさん使ったものだよ）

＊魚を干すために使う。

さっちょん（札チョン）……札幌での単身赴任の生活。

例文**さっちょんもあんガいきらくなもんだ**（＝札チョンも案外気楽なものだ）

＊「札幌チョンガー」の略。

ざんギ……鶏肉の唐揚げ。

例文**こんばんのおかず、ざんギだ**（＝今晩のおかずはざんぎだ）

しガい（市街）……市街地。

例文**買い物でしガいにいってくる**（＝買い物で市街に行ってくる）

したっけ……そうしたら。

例文**きのー町いったさ。したっけ友達にあったんだ**（＝昨日町に行ったさ。そうしたら友達に出会ったよ）

したっけね……それではまたね。バイバイ。

例文**あしたの約束忘れるんでないよ。したっけね**（＝明日の約束を忘れるなよ。バイバイ）

＊若い人が挨拶語として使う。

しばれる……ひどく寒い。凍りつく。

例文**今朝はしばれるねー**（＝今朝はたいそう寒いねえ）／**タオルしばれちゃった**（＝タオルが凍りついちゃった）

じぶき……地吹雪。

例文**ひっといじぶきで顔まで雪まみれだ**（＝ひどい地吹雪で顔まで雪まみれ

れる。また、サ変動詞「する」の命令形も「スレ・シレ」が使われる。

〈助動詞〉

使役の「セル・サセル」を「セル・ラセル」とする。自発に「言わサル」「見ラサル」などの「サル・ラサル」があって、自分でそうしようというわけではないが状況から自然とそうなってしまうことを表わす。打ち消し形は自分でそうしようと思っても状況から自然とできなくなってしまうことを表わす。可能の言い方には「カケル（＝書ける）」「書カサル」「書クニイー」のほか、「カケレル（＝書ける）・カケレナイ（＝書けない）」など、五段活用動詞の場合にも「～レル・～レナイ」が使われることがある。「行くべ（＝行くだろう・行こう）」の推量・意思「べ」は盛んに使われるが、いくぶん方言意識が見られる。「～ショ（＝～でしょう）」は女性が好んで用い、男性の間にも広がって

だ）

＊積雪が強風により吹雪のようになる。

しゃっこい……冷たい。

例文 **山の湧き水しゃっこいね**（＝山の湧き水は冷たいね）

しょーず（小豆）……［内陸］あずき。

例文 **ことしのしょーず、できいいさ**（＝今年の小豆は出来がいいよ）

すガもり CD……屋根の積雪による水漏れ。

例文 **いやいや、すガもりにはまいったなあ**（＝いやもう、すがもりにはまいったなあ）

すたんばい……準備。用意。

例文 **すたんばいできたらでかけるぞ**（＝準備ができたら出かけるぞ）

＊英語の stand by による。

たいした……たいそう。とても。

例文 **あいつは絵ーたいしたうまいんだわー**（＝あいつは絵がたいそううまいんですよ）

たガく……持つ。持ち上げる。

例文 **いっしょにたガいて**（＝いっしょに持ち上げてね）

＊「たなく」「たなぐ」とも。

だんき（暖気）……冬の少し暖かくなった日。

例文 **きょうはだんきだから屋根の雪落ちるかもしれん。きいつけれよ**（＝今日は暖気だから屋根の雪が落ちるかもしれない。気をつけろよ）

ちゃらんけ CD……文句。言いがかり。

例文 **おまえ、おれにちゃらんけつけるのか**（＝お前は俺に言いがかりをつけるのか）

＊「ちゃんつける」という言い方も。

ちょす……触る。からかう。

例文 **ちょすんでない**（＝触るんじゃない！）／**弱い者ちょすな**（＝弱い者をからかうな）

＊「ちょーす」とも。

つっぺ CD……栓。びんの栓など。

例文 **つっぺかれ、まかしてまうべ**（＝栓をしろ、こぼしてしまうじゃな

きている。「タ」を「モシモシ、鈴木デシタ（電話）」「オハヨーゴザイマシタ」「カーサン、キョーイカイカッタカイ（＝奥さん、今日イカはどうですか）」のように用いる。

〈助詞〉

「アメフル（＝雨が降る）」「ホンヨム（＝本を読む）」「オレイラナイ（＝おれは要らない）」など、格助詞の「が」「を」（時に「に」「へ」も）、係助詞の「は」を言わないことが多い。文末助詞「カイ」を、「ソーカイ（＝そうかい）」「イクカイ（＝行くかい）」と頻用する。また、「ハヤクイッタラワ（＝早く行ったらどう?）」の「ワ」がある。

◎気づかずに使う方言

共通語と異なるアクセント・イントネーションについてはほとんど意識されない。

自発の「サル・ラサル」、推量の「ショ」、文末助詞「カイ」もほとんど無意識に使われる。

いか）

でめんさん CD……日雇い。

例文 **田植えにでめんさん何人たのむべ**（＝田植えには日雇いを何人頼むことにしようか）

＊「でめん」「でめんとり」とも。

てんこもり……ごはんの山盛り。

例文 **はらへったなー、ごはんてんこもりにしてよ**（＝腹が減ったなあ、ご飯を山盛りにしてよ）

とーきび……とうもろこし。

例文 **もギたてのとーきびおいしいよ**（＝もぎたてのとうもろこしはおいしいよ）

＊海岸部では「とーきみ」「とーぎみ」「きみ」など。

どさんこ（道産子）……道産馬。

例文 **どさんこはちっちゃいけど力つおくてよくはたらく**（＝道産子は小さいけど力が強くてよく働く）

＊北海道生まれの人を指すこともある。

とちゅーはんぱ……中途半端。

例文 **とちゅーはんぱ（途中半端）でなく、ちゃんとやれ**（＝中途半端でなく、ちゃんとやれ）

どちらいか……どういたしまして。

例文 「**どうもお世話になりました**」「**なんも。どちらいか**（＝いいえ。どういたしまして）」

ないち（内地）……本州方面のこと。

例文 **親の先祖探して内地行って来たさ**（＝親の先祖を探して内地へ行って来たよ）

なゲる……捨てる。

例文 **このごみ、なゲれ**（＝このごみを捨てろ）

なまら CD……たいそう。非常に。

例文 **あの映画なまら迫力あったな**（＝あの映画は非常に迫力があったね）

＊若い人が好んで使う。

なんも……いやいや。ちっとも。

例文 「**世話になってすまんね**」「**なんも、なんも**（＝いえいえ、ちっとも）」

＊「なんもさ」「なんもだ」とも。

語には、「アッタカイ（＝暖かい）」「オッカナイ（＝恐ろしい）」「オットシ（＝一昨年）」「カプト（＝かかと）」「コワイ（＝疲れる）」「ジデンシャ（＝自転車）」「シバレル（＝凍る、寒い、冷える）」「トーキビ（＝とうもろこし）」「ナゲル（＝捨てる）」「ヘラ（＝しゃもじ）」「ヤチ（＝沢、湿地）」「ユルクナイ（＝容易ではない）」など、気づかずに使う方言が数多い。

◎**方言イベントなど**

道南江差町では、社会福祉大会の席で、「江差弁っこで語る小話」が行われていた。民話の主人公江差の繁次郎を名乗る地元「繁次郎劇団」の活躍が続いている。

熊石町（現八雲町）には、ふるさとことばの発信活動がある。

小樽市のある商店街では、方言を垂れ幕にしてにぎわっている。

ねゆき(根雪)……根雪。春まで解けないで積もった雪。
例文 **このぶんだとねゆきなるんでないかなー**(=この分だと根雪になるんじゃないかなあ)

はく……(手袋などを)はめる。
例文 **手袋はいてゆかないと霜焼けなるよ**(=手袋をはめて行かないと、霜焼けになるよ)

ばくる……交換する。
例文 **おい、おまえのぱっちとおれのびーだま、ばくるべ**(=おい、お前のメンコと俺のビー玉を交換しようよ)

ばったする……倒れる。倒産する。
例文 **あの会社、とうとうばったしたんだって**(=あの会社はとうとう倒産したんだってさ)

はっちゃき……一心になること。熱中。
例文 **そんなにはっちゃきこかなくったって**(=そんなに一心にならなくたって)

ばんガいち……開拓の際、国有地の一部に地番をつけなかった地域。
例文 **おれの本籍、あさしかわのばんガいち(番外地)だ**(=おれの本籍は旭川の番外地だ)

はんかくさい CD ……ばかげた。あほらしい。
例文 **なーにはんかくさいことゆってんの**(=何をばかみたいなことを言ってるんだ)

ひら……急斜面。
例文 **あそこのひらにわらびいっぱいあるんだ**(=あそこの斜面にわらびがいっぱいあるんだ)

へら……ごはんをつぐしゃもじ。
例文 **そこのへら、取ってくれ**(=そこのしゃもじを取ってくれ)

ほっちゃれ CD ……疲れて元気のない人。
例文 **こどものしおくりでもうほーっちゃれだ**(=子どもの仕送りのために疲れ果ててもうほっちゃれだ)
*もともと産卵、放精後の鮭を言う。

まかたする……採算がとれる。

◎**標準語意識**

北海道では、日常の言語生活において、「方言意識」よりも「標準語意識」がきわめて顕著である。地元のことばについて、海岸部方言の地域では、だいたい五~六割の人が「方言」だと考える。だが、内陸部方言の地域では、団体入植地でもせいぜい三割程度であり、他は一割に満たない。後者では家族や隣人たちと話すときにもほぼ標準語を使っていると意識している。「北海道のことば」を全体的に見た場合、「標準語」とする人の割合が非常に高い。標準語としての「東京」のことばと「札幌」のことばを比べても、札幌を選ぶ人が多く、全道的に各地とも二対一ぐらいの比率となる。札幌市だけは「東京」とする比率が高いが、「同じ」を札幌側に加えるとほぼ一対一である。札幌のことばは「標準語」として高く評価されていることが分かる。このように、北海道の人々は「方言」で

例文 そんなことしたってまかたしないんだわー（＝そんなことをしたって採算がとれないんだよ）

まかなう……身支度する。

例文 **外は寒いから、うちでまかなってしていらっしゃい**（＝外は寒いから、家の中で身支度をしていらっしゃい）

までに……ていねいに。

例文 **仕事はまてにするもんだ**（＝仕事はていねいにするもんだ）

むりくり……無理やり。

例文 **むりくり頼んだ**（＝無理やり頼んだ）

＊「むりしゃり」「さりむり」などとも。

めんこい……かわいい。かわいらしい。

例文 **まるまるふとってめんこい赤ちゃんだね**（＝まるまると太っていてかわいらしい赤ちゃんだね）

ゆるくない CD……容易でない。楽でない。

例文 **このしゴとゆるくないもな**（＝この仕事は楽じゃないものね）

らくよー（落葉）……落葉松。

例文 **ここのらくよー、もみじがきれいだね**（＝ここの落葉松は黄葉がきれいだね）

らんき（乱気）……一生懸命にする様子。

例文 **らんきなってはたらく**（＝一生懸命に働く）

りらびえ……リラが咲くころの寒さ。

例文 **りらびえっていってね、さむいひーあるもんだ**（＝リラ冷えと言ってね、寒い日があるもんだ）

るいべ……鮭を凍らせた刺身。

例文 **るいべ食ったら病みつきなってほかのさしみ食えないさ**（＝るいべを食べたら病みつきになってほかの刺身は食べられないよ）

わや……むちゃくちゃ。

例文 **山歩きしてきたけど、ゆーべの雨で足もとわやだったさ**（＝山歩きをして来たけど、昨夜の雨で足元がひどかったよ）

はなく「標準語」を使っていると意識している。

◎アイヌ語

北海道ではアイヌ語が使われていた。アイヌ語の起源は、まだ十分な証明ができていない。日本語との同系説もあるが十分ではない。歴史的な交流の中で借用関係が生じてはいるものの、アイヌ語と日本語は別言語である。明治政府の開拓政策によりアイヌ語は日常生活の中で使われなくなった。国連では「先住民族の権利宣言」（二〇〇七年九月）を行った。二〇年ほど前から、アイヌ語教室が各地で開催され、アイヌ語の復権も遠くないかもしれない。

あいさつ（海岸部）

朝＝おはよーございました
夕方＝おばんです
別れ＝さいなら
感謝＝ありがとー・おーきに［江差など］
訪問＝ごめんなさい

北海道・東北

青森県 CD②

南部＝八戸市、十和田市ほか太平洋側地域
津軽＝青森市、弘前市ほか日本海側地域

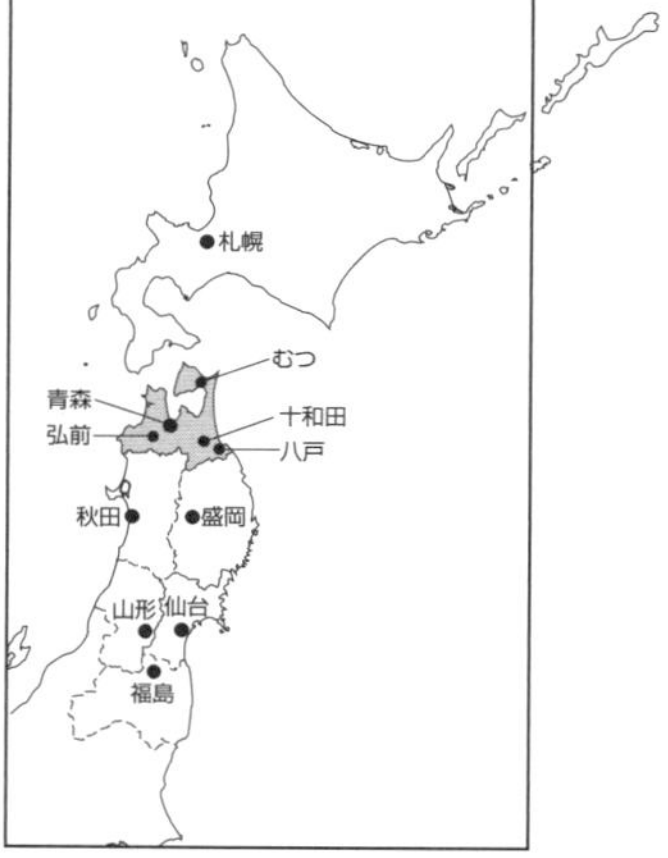

あギた……［南部］顎《あご》。

例文 **かまねばあギた、じょーぼさなんねよ**（＝噛まないと顎が丈夫にならないよ）

＊津軽では「おどゲ」。

あゲた……上あご。

例文 **餅食ったっきゃ、あゲたさねぱた**（＝餅を食べたら上あごにくっついた）

あさぐ CD……［津軽］歩く。

例文 **夜に外あさげば、まね**（＝夜に外を歩いたら駄目だ）

あずがる……［南部］犬などを飼う。

例文 **おめの家で犬あずがってるな**（＝あなたの家で犬を飼ってますか）

＊津軽では「たでる」。

あずましー CD……心地よい。快適。

例文 **あずましー湯っこだなー**（＝いい湯加減だなあ）

あまくせ……馬鹿だ。幼稚だ。

例文 **いづまでたってもあまくせごとしかさね**（＝いつまでたっても馬鹿なことしかしない）

あめくせ CD……食物が腐った状態。またその臭い。

例文 **ずんぶあめくせかまりしてらな**（＝ずいぶん腐ったような臭いがしているな）

ありぐ……［南部］歩く。

青森の方言

青森県には、日本海側で話される津軽方言（弘前市や青森市など）と太平洋側で話される南部方言（八戸市や十和田市など）がある。両方言の境は夏泊半島の東端にあり、かつての藩境（津軽藩と南部藩）と一致する。

津軽方言の「オドゲ（＝顎）」や「メグセ（＝恥ずかしい）」『雨降ルハンデ（＝雨が降るから）』に対する、南部方言の「アギタ（＝顎）」『ショシ（＝恥ずかしい）』『雨降ルスケ（＝雨が降るから）』の表現は今でも日常的に聞くことができる。近世の幕藩体制が、方言の成立に大きく関わったことを知ることができる地域である。

津軽方言も南部方言も、「イ」と「エ」や「シ」と「ス」などの発音が曖昧に聞こえたり、またたとえば「柿」や「旗」を「カギ」や「ハダ」と発音する傾向がある。これらはいずれも東北方言に共通

例文 **夜に外ありげば、わがね**（＝夜に外を歩いたら駄目だ）
＊津軽では「あさぐ」。

あんべ CD……具合。状態。
例文 **体あんべどんでらば**（＝体の具合はどんな様子でいるか）

いーごった CD……［南部］良さそうだ。
例文 **いがねほーいーごった**（＝行かないほうが良さそうだ）
＊津軽では「いーんた」。

いーんた……［津軽］良さそうだ。
例文 **いがねほーいーんた**（＝行かないほうが良さそうだ）
＊南部では「いーごった」。

いだわし CD……もったいない。
例文 **こえなげるのいだわしな**（＝これを捨てるのはもったいないな）

いっとまが CD……ちょっとの間。
例文 **いっとまがの内に終わってまるや**（＝ちょっとの間に終わってしまうよ）

いぱだだ CD……奇妙だ。
例文 **ずんぶいぱだだ話だな**（＝ずいぶん奇妙な話だな）
＊強調すると「いぱだすけだ」となる。

えんちこ CD……嬰児籠。赤ちゃんを寝かせておく籠。
例文 **えんちこさはってねんこしてらじゃ**（＝嬰児籠にはいって寝ているよ）

おガる……成長する。
例文 **いっとまがの内にずんぶおガったんでねが**（＝ちょっとの間にずいぶん成長したんじゃないか）

おごわ……赤飯。
例文 **祝言でおごわ貰ってきた**（＝結婚式で赤飯を貰ってきた）
＊「炊き込みご飯」は「いろまま」と言う。

おじる……［南部］下車する。
例文 **どごの駅でおじればいいんだ**（＝どこの駅で下車すればいいのでしょう）

おどがる……［津軽］目が覚める。
例文 **寒さでおどがてまった**（＝寒さで目が覚めてしまった）
＊南部では「おどろぐ」。

する諸特徴である。

◎方言のイメージ
南部方言は情緒があり「女性的」、津軽方言は語調や抑揚がはっきりしていて「男性的」との評価がある。また城下町である弘前市のことばは、津軽方言の中でも優雅で、県庁所在地である青森市のことばよりも上品と考えている人が県内には多い。

◎津軽方言と南部方言
津軽地方と南部地方では語彙の面で大きな違いがある。上表のもの以外に次のようなものがある。
○「～でしょう」
～びょん［津軽］―「この雲だば雨ふるびょん（＝この雲だったら、雨降るんじゃない）」
～ごった［南部］―「この雲でぁば雨ふるごった（＝同右）」
○「～（だ）から」
～はんで［津軽］―「雨降てるはんで傘もてげ（＝雨降ってるから、

おどゲ……[津軽]顎。
例文 **かまねばおどゲじょんぶさなんねよ**(＝噛まないと顎が丈夫にならないよ)

おどろぐ……[南部]目が覚める。
例文 **寒さでおどろいでしまった**(＝寒さで目が覚めてしまった)
＊津軽では「おどがる」。

おばぐだ……横柄だ。
例文 **なんぼおばぐだ口きぐわらしだ**(＝なんて横柄な口をいう子どもだ)

おんじ……弟。長男以外の男子。
例文 **この辺だばおんじも大事さしてる**(＝この辺では長男以外も大事にしている)
＊「おんちゃま」とも。

おんであれ……[南部]来てください。
例文 **こっちゃおんであれ**(＝こっちへ来てください)
＊津軽では「こいへ」。

かぐぢ……裏庭。
例文 **ここの戸っこがら、かぐぢさ出はるんだね**(＝ここの戸から、裏庭にでるんだよ)

かだこと CD……[南部]頑固者。
例文 **あの人かだことだすけの**(＝あの人は頑固者だからねえ)
＊津軽では「じょっぱり」。

かちゃくちゃね CD……散らかっている。
例文 **なんぼかちゃくちゃね部屋だ**(＝なんて散らかった部屋だ)

かっちゃぐ……ひっかく。
例文 **ちゃぺこ撫ででらっきゃ、かっちゃがえだじゃ**(＝猫を撫でていたら、ひっかかれたよ)

かまど……財産。
例文 **放蕩してれば、かまど消してまるや**(＝放蕩していると、財産をなくしてしまうよ)

かまりかむ……[津軽]匂いを嗅ぐ。
例文 **わるぐなてねが、かまりかんでみろ**(＝腐ってないか匂いを嗅いでみろ)

からこしゃぐ……[南部]何にでもす

傘持って行きなさい)」
〜すけ[南部]—「雨降てるすけ傘もてげ(＝同右)」

◎代表的な津軽弁一〇語
津軽地方の方言を話す大学生が選んだ代表的な津軽弁一〇語を紹介する。「アズマシイ」「カチャクチャネ」「シャッコイ」「マネ」「ワンツカ(＝わずか)」「タゲ(＝たいがい)」「モチョコチェ」「アサグ」「ケヤグ」「ハンデ」。

形容詞や副詞が多く、共通語ではなかなか言い替えられないことばがあげられている。

◎指小辞
名詞の後に「っこ」をつけて表現することがある。例えば、「飴っこ」「茶碗っこ」「本こ」「お茶っこ」「餅っこ」「車っこ」など。

小さくてかわいらしいものにつくとされるが、お茶のように大きさのないものや車のようなものにもつく。大切なものや身近なものにつくといった意見も

ぐに首をつっこむ人。
例文 **あえだっきゃからこしゃぐでよ**（＝あいつは何にでもすぐに首をつっこむやつでさ）
＊津軽では「やっぱはまり」。

からぽねやみ CD ……［津軽］なまけもの。
例文 **おえのわらし、からぽねやみで困ってまったじゃ**（＝うちのこども、怠け者でこまってしまったよ）
＊南部では「からやぎ」。

からやぎ……［南部］なまけもの。
例文 **おえのわらし、からやぎで困ってまったじゃ**（＝うちのこども、怠け者でこまってしまったよ）
＊津軽では「からぽねやみ」。

きまぐ……［津軽］腹を立てる。怒る。
例文 **そうきまぐもんでねぞ**（＝そんなに腹を立てるもんじゃないぞ）
＊南部では「きもやぐ」。

きもやぐ CD ……［南部］腹を立てる。怒る。
例文 **そうきもやぐもんでねぞ**（＝そんなに腹を立てるもんじゃないぞ）
＊津軽では「きまぐ」。

〜きゃ……［津軽］〜ね。
例文 **んだっきゃ**（＝そうだよね）

ぐだめぐ CD ……［津軽］小言をいう。
例文 **財布落どして、かがさぐだめがえだ**（＝財布を落として、妻に小言をいわれた）
＊南部では「ごもめぐ」。

けやぐ CD ……友だち。
例文 **おめのけやぐがら　電話あたよ**（＝あなたの友だちから電話あったよ）

けり……靴。
例文 **あだらしいけり買って貰った**（＝新しい靴を買って貰った）
＊「長靴」は「ながけり」と言う。

けんど……道路。街道から。
例文 **こごのけんどまっすぐですじゃ**（＝ここの道をまっすぐですよ）

こいへ……［津軽］来てください。
例文 **こちゃこいへ**（＝こっちへ来てく

ある。

◎人称代名詞
一人称→わ、わえ、われ、おら
二人称→な、おめ、あんだ
三人称→あえ、あの人、それ、その人、こえ、この人
一人称では、男性は「わ」を多く使い。年配の女性は「おら」を使うことが多い。近年、一〇代の女性を中心に「うち」が使われ出している。二人称では「な」は少々荒っぽい感じがするため、「おめ」を使うことが多い。丁寧にいう場合には「あんだ」を使う。三人称は共通語の、こ(近)、そ(中)、あ(遠)、と同じで距離によって使い分ける。

◎特徴的な成句
あゲたさもつけね—無視して問題にもしないこと。上あごにもくっつかないから。歯牙にもかけないに近い。
あどはらやむ—宴会などで追加

ださい）

＊南部では「おんであれ」。

こぐ CD……漕ぐ。藪を進む。

例文 **山菜採りで藪漕いできたじゃ**（＝山菜採りで藪を進んできたよ）

＊雪のつもった道を進む時にも使う。

ごめぐ……［南部］小言をいう。文句をいう。

例文 **財布落どして、かがさごもめがえだ**（＝財布を落として、妻に小言をいわれた）

＊津軽では「ぐだめぐ」。

ごんぼほる……だだをこねる。

例文 **けんどの真中でごんぼほるわらしいだ**（＝道路の真中でだだをこねる子どもがいる）

さしね……うるさい。

例文 **隣の教室さしねくて、授業さなね**（＝隣の教室がうるさくて、授業にならない）

しガま……つらら。

例文 **しガま落ぢてくれば危ねはんで気つけろ**（＝つららが落ちてくれば危ないから気をつけろ）

＊氷は「しガ」で区別される。

じぐなし……臆病者。

例文 **こえだっきゃ、じぐなしだね**（＝こいつは、臆病者だよ）

しゲね……寂しい。

例文 **孫帰ったっきゃ急にしゲねぐなった**（＝孫が帰ったら急に寂しくなった）

しなじ CD……しぶとい。

例文 **簡単に負げるど思ったっきゃ、ながながしなじな**（＝簡単に負けると思ったらなかなかしぶといな）

しぬ……［津軽］痣《あざ》になる。

例文 **ぶつけだっきゃ、しんでまった**（＝ぶつけたら痣になってしまった）

＊南部では「ぶちよる」。

しね……かたい。

例文 **このいがしねくてかじらえねじゃ**（＝このイカかたくて噛めないよ）

＊石のようなかたさではなくイカのような噛み切りにくいかたさ。

のお金を払わされること。後腹痛むから。

あめっこかへる―わざと負けてやること。飴を食べさせるから。

うんずどぬがる―おだてられて得意になり、人の話に乗ること。むんずとぬかるから。

えんかぬげる―炭酸がぬける。苑香抜けるから。本来はお茶の香り、香ばしさが抜けること。

もぢわらきへる―おだてて仕事をさせること。糯藁を着せるから。

やっぱはまる―お節介を焼くこと。首を突っ込むこと。やっぱは厄介から。

◎**特徴的な助動詞**

・す……丁寧。共通語の「ます」に相当する。「書ぎす」「読みす」となり、共通語と比較して「ま」が抜けた形となる。丁寧な命令は、「書ぎへ」「読みへ」となり、現代共通語では失われた「書きませ」「読みませ」に対応する形

しゃっこい……冷たい。

例文 **こごの水、しゃっこくて、めなー**(＝ここの水、冷たくて、おいしいなあ)

じゃんぼ……髪。

例文 **今日じゃんぼかってくるがな**(＝今日は、髪を刈ってこようかな)

しょし……[南部] 恥ずかしい。

例文 **そした格好だばしょし**(＝そんな格好じゃ恥ずかしいじゃない)

＊津軽では「めグせ」。

じょっぱり CD……頑固者。

例文 **あの人だばじょっぱりだはんでの**(＝あの人は頑固者だからねえ)

たでる……[津軽] 犬などを飼う。

例文 **おめの家で犬たででらな**(＝あなたの家で犬を飼ってますか)

＊南部では「あずがる」。

だらっこ CD……硬貨。小銭。

例文 **財布の中、だらっこばりさなった**(＝財布の中が硬貨だけになった)

たんゲ……[津軽] すごく。

例文 **このジュース、たんゲあめ**(＝このジュース、すごく甘い)

ちょす……いじる。

例文 **それちょせばまね**(＝それをいじったらだめだ)

～ども……[南部] ～けれども。

例文 **あげどもこの花こ、そらほど好ぎでね**(＝赤いけれどもこの花はそんなに好きじゃない)

＊津軽では「～ばって」。

なづぎ……額。

例文 **なづぎ広くてさがしそんだな**(＝額が広くて賢そうだな)

にガ……[南部] 赤ん坊。

例文 **へながでにガ泣ぐ**(＝背中で赤ん坊が泣いている)

にかむ CD……しわになる。

例文 **服ただんでおがねば、にかんでまるや**(＝服を畳んでおかないとしわになってしまうよ)

はっかめぐ……興奮して呼吸が激しくなる。

となっている。

・さる……自発・可能。共通語の「れる」「られる」の可能と自発にほぼ相当するが、それよりも意味が広く、共通語では表現できない点が多々ある。以下、代表的な用例を挙げる。

①動作の主体の意志と関係なく、自然にある状態になる。

見るつもりねがったばって、見らさってまった(＝見るつもりはなかったのに、目に入ってしまった)

②すでにそういう状態にあることを表す。

その本さなんて書がさってらば(＝その本にはなんて書かれているんだ)

◎形容詞の仮定形・形容動詞の連体形

青森県では形容詞の仮定形と形容動詞の連体形は活用せずに、終止形がそのまま使われる。

・形容詞……「もし痛でば無理せばまね(＝もし痛ければ無理

例文 **何そったにはっかめでらんだ**（＝何をそんなに興奮しているんだ）

～ばって……［津軽］～けれども。
例文 **あげばってこの花こ、そったに好ぎでね**（＝赤いけれどもこの花はそんなに好きじゃない）
＊南部では「～ども」。

はなおど……いびき。
例文 **隣のはなおどさしねくて、寝でらいね**（＝隣で寝ている人のいびきがうるさくて、寝ていられない）

びだ……めんこ。
例文 **久しぶりにびだやったじゃ**（＝久しぶりにめんこをやったよ）

ぶちよる……［南部］痣になる。
例文 **ぶつけだぎゃぶちよった**（＝ぶつけたら痣になってしまった）
＊津軽では「しぬ」。

へっかんする……［南部］いじめる。
例文 **他の人ごどへっかんすればわがねよ**（＝他の人をいじめたら駄目だ）

へんかす……［津軽］叩く。
例文 **親父さ怒らえで、わっつどへんかさえだ**（＝親父に怒られて、思いっきり叩かれた）

まね CD……［津軽］駄目だ。
例文 **おぐれでくればまねよ**（＝遅れてきたら駄目だよ）
＊南部では「わがね」。

め……うまい。
例文 **このアイスたんゲめ**（＝このアイス、すごくうまい）

めグせ①CD……［津軽］恥ずかしい。
例文 **そした格好だばめグせべな**（＝そんな格好じゃ恥ずかしいじゃない）
＊南部では「しょし」。

めグせ②……［南部］正直だ。
例文 **あの人めグせ人だな**（＝あの人は正直な人だな）
＊醜いという意味を表すこともある。

めゴい CD……可愛い。
例文 **この犬、なんぼめゴいっきゃ**（＝この犬、なんて可愛いんでしょ）

めやぐだ……感謝の言葉。ありがとう。

をしてはだめだ）」
・形容動詞……「もう少し静かだ所だばいな（＝もう少し静かな所だといいな）」
いずれも、共通語では「痛ければ」「静かな所」となるところが「痛でば」（方言の終止形は「痛い」ではなく「痛で」となる）「静かだ所」となっている。

◎なんじょ（なぞなぞ）
・軒下の鉦叩ぎ。家の周り、太鼓叩いでありぐもの――雨だれ。
・寒い家さ、タケノコ逆さまにおガるもの――つらら。
・口ねくて歯あるもの。まなぐ（目）三つに歯二本――下駄。
・家の人皆で綱ふっぱり。小僧千人綱ふっぱり――納豆。
・頭へんかさえで役さ立つもの――釘。

◎ことわざ
〈津軽〉
おっきねぷた後がら――大きいね

例文 **こした良いおみやげ貰って、めやぐだじゃ**（＝こんな良いおみやげを貰って、申し訳ない〈ありがとう〉）

もちょこちぇ CD……くすぐったい。
例文 **こちょがすな！　もちょこちぇじゃ**（＝くすぐるな！　くすぐったいじゃないか）

やっぱはまり……［津軽］何にでもすぐに首をつっこむ人。
例文 **あえだっきゃやっぱはまりでよ**（＝あいつは何にでもすぐに首をつっこむやつでさ）
＊南部では「からこしゃぐ」。

やめる……痛む。
例文 **ぶつけだどごやめる**（＝ぶつけたとこが痛む）

よのめ①……［津軽］ものもらい。
例文 **それよのめだはんで、病院で見でもられ**（＝それものもらいだから、病院で治療してもらえ）
＊南部では「よめ」。

よのめ②……［南部］魚の目。

例文 **足さよのめ出来で、痛でくて痛でくて**（＝足に魚の目が出来て、痛くて痛くて）

よろた……太股。
例文 **山歩ぎしてらはんでよろた太ぐなった**（＝山歩きをしていたから太股が太くなった）

わ……俺。
例文 **わ　学校さ行ってくるはんで**（＝俺、学校へ行ってくるから）

わがね CD……［南部］駄目だ。
例文 **遅れでくればわがねよ**（＝遅れてきたら駄目だよ）
＊津軽では「まね」。

わらさど CD……［南部］子どもたち。
例文 **わらさど　見ででけろ**（＝子どもたちを見ていてね）
＊津軽では「わらはんど」。

わらはんど CD……［津軽］子どもたち。
例文 **わらはんど　見ででけ**（＝子どもたちを見ていてね）
＊南部では「わらさど」。

ぷたは後から出てくる。大物は後から悠々と出てくる。
へふりの早ことば―おならをした人が「臭い」と自分からしゃべってしまう。
ゆぎけんどど鱈汁後ほどえ―雪道と鱈汁は後になるほどよい。雪道は後の方が歩きやすいし、鱈汁は底に身が沈んでいるから最後がうまい。

〈南部〉
小豆煮る時、からやぎに煮らへろ―小豆はとろ火で煮るのがよい。怠け者が火を燃やすと火がついたり消えたりして、ちょうどよい加減となる。
鬼もけまづげ、蛇も川流れ―鬼でも躓くことがあり、蛇でも川で流されることがある。達人も失敗することがある。

あいさつ（弘前）
朝＝おはよーごす
夕方＝おばんです
別れ＝へば
感謝＝めやぐした
訪問＝いだがね

北海道・東北

岩手県 CD③

中北部＝盛岡市など
県南＝一関市など

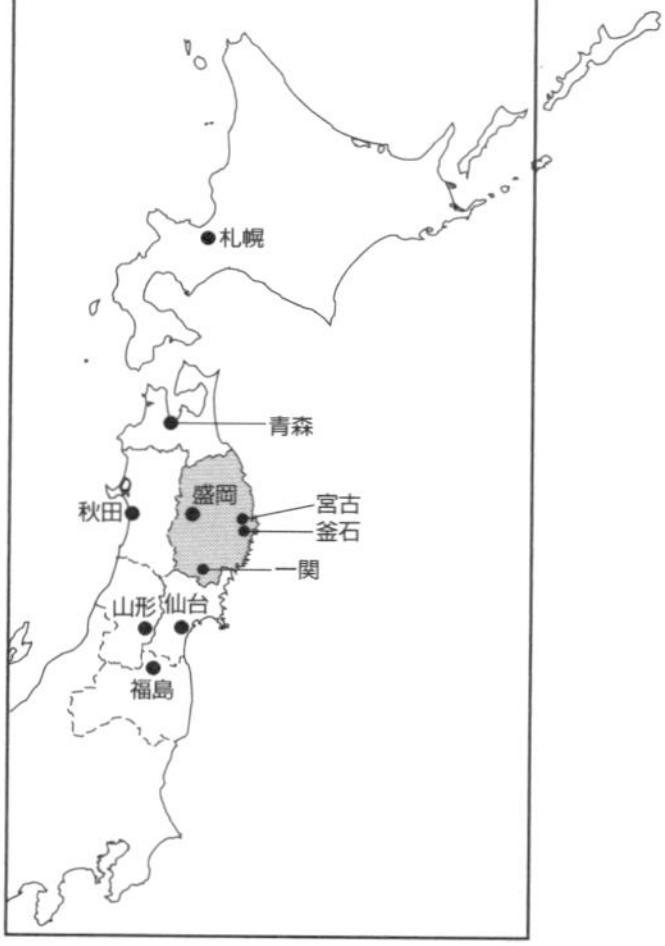

あギたCD……［県内北部］顎《あご》。

例文 **あギた、つぐえのかどっこさぶっつけでしまったおんや**（＝あごを机の角にぶっつけてしまってね）

あげず……［県内南部］とんぼ（蜻蛉）。

例文 **あぎだずのに、あげずまだみねな**（＝秋になったというのに、とんぼの姿がまだ見えないね）

あべ……行きましょう。

例文 **おれど一緒にあべ**（＝私と一緒に行きましょう）

いだましねぁ……惜しい。

例文 **そのにわききってしまっていだましねぁがったな**（＝その庭木を切ってしまって惜しいことをしたね）

うざねはぐ……［県南部］苦労する。難儀する。

例文 **ゆぎつもったがら、やぐばさいぐのに、うざねへぁでしまったな**（＝雪が積もったので、役場に行くのに難儀したねえ）

うるであるCD……あわてる。

例文 **うるででこまらねぁよに、ちゃんとよーいしておげ**（＝あわてて困らないように、しっかりと用意しておきなさい）

うんた……いやだ。

例文 **いげってそわれでも、おれ　は**[ha]

岩手の方言

◎県内の地域差

方言区画から見ると、面積の約三分の二を占める中北部地域と、三分の一を占める南部地域に二分され、これは、旧藩時代の盛岡藩と仙台藩の領地の境界とほぼ一致する。このうち、中北部地域は、青森・秋田・山形庄内・新潟北部とつながる北東北方言に属し、やや西日本方言的な傾向もある。これに対して、南部地域は、南東北方言に属し、宮城・山形内陸部・福島とつながりながら、関東方言的特徴を多く持っている。

本堂寛は、これをさらに、北部方言地域（青森・秋田に接する北部の地域）、中部方言地域（盛岡を中心とする内陸部の地域）、南部方言地域（岩手南部全域）、沿岸方言地域（北部と南部に接する沿岸地域）、の四つの方言区画に分けた。

うんたじぇ(＝行けと言われても、私はいやだよ)

おがどおぐり……［県南］お見送り。

例文 **はなこ、しぇんしぇーおがどおぐりしろ**(＝花子、先生をお見送りしなさい)

おしずがに……気をつけてお帰りください。

例文 **そど、かんじぇつえだす、おしずがに**(＝外は、風が強いから、気をつけてお帰りください)

おだま……お手玉。

例文 **おだましてあそぶべ**(＝お手玉をして遊びましょう)

おっけある CD ……つまずいて転ぶ。

例文 **そごさいしっこあるだす、おっけあるなよ**(＝そこに石があるから、つまずいて転ぶなよ)

おでってくなんしぇ……［中北部］おいでください。

例文 **まだ、おでってくなんしぇ**(＝また、おいでください)

おどげる……［県内北部］落雷する。

例文 **えのめのすギのぎさ、おどげったじぇ**(＝家の前の杉の木に、雷が落ちたよ)

おひなる CD ……お起きになる。

例文 **そろそろ、おひなてくなんしぇ**(＝そろそろ、お起きになってください)

おへずれまげ……お世辞。

例文 **あいず、おへずれまげうめやづだがらな**(＝あの人は、お世辞の上手な人だからね)

おぼっこ……赤ちゃん。

例文 **めんけーおぼっこだごど**(＝かわいい赤ちゃんだねえ)

かーらげ……すりばち(すり鉢)。

例文 **まめ、かーらげで、よっくすっておげよ**(＝豆を、すり鉢でよくすっておきなさいよ)

かばねやみ CD ……怠け者。

例文 **おめえ、いずがらかばねやみになったんだ**(＝お前は、いつから怠け者

◎**語彙的な特色**

「つむじ(旋毛)」は全域で「マギメ」が使われており、「マギツボリ」「エズ」も見られる。「くるぶし(踝)」は、「クロコブシ」「クロコボシ」が全域で混在している。「みぞおち(鳩尾)」も、全域で「ミズオトシ」が使われている。

このように、全域で同じ方言が使われているものが多いが、一方、地域ごとに異なった方言が使われていることも多い。

「たけうま(竹馬)」は、北部地域で「タカアシ」が使われ、中南部地域で「タカンマ」「タカマ」が使われている。沿岸地域では「アシタカジンコ」「アシカケ」が使われている。そのほか、「アシタガ」「アサゲ」「サンゲアシ」の使われている狭い地域もある。

「つば(唾)」は、北部地域で「ベロ」が、中部地域で「タンパ」が、沿岸南部地域で「タンペ」が使われている。南部地域には

になったんだ）

かまる……においを嗅ぐ。

例文 **なんだがひなくせな。でぁどご、かまってこ**（＝何かきなくさいね。台所をかいでみなさい）

かわらすずめっこ……[県中北部]せきれい（鶺鴒）。

例文 **かわらすずめっこ、となりのえさ、とんできたず**（＝せきれいが、隣の家に飛んできたそうだよ）

かんだず CD ……夕立。

例文 **かんだず、くるずどすずしくなるがらな**（＝夕立が降ると、涼しくなるよね）

きどごろね……うたたね。仮眠。

例文 **きどごろねしてるど、かぜひぐじぇ**（＝うたたねしていると、風邪をひくよ）

きみ……とうもろこし（玉蜀黍）。

例文 **こいず、うまきみだがら、くえねぞ**（＝これは馬飼料のとうもろこしなので、食べられないよ）

きゃっぱりする……足を滑らして川に落ちる。

例文 **きゃっぱりして、くづ、ねぁぐしてしまったおんや**（＝川に落ちてしまって靴を無くしてしまったよ）

くそへび……[県内北部]まむし（蝮）。

例文 **このやまあるぐどぎ　は[ha]、くそへびさきつけろ**（＝この山を歩く時は、まむしに気を付けなさいよ）

けぁっちゃ CD ……裏返し。

例文 **おめぁそのふぐ、けぁっちゃにきてるぞ**（＝その服、裏返しに着ているよ）

ござんす……ございます。

例文 **きょー　は[ha]、おさむござんすなっす**（＝今日は寒うございますね）

このげ……眉毛《まゆげ》。

例文 **このげさしらガではってきたな**（＝眉毛に白毛が出てきたねえ）

さぐず……ぬか（糠）。

例文 **さぐずでつけものせば、うめぞ**（＝ぬかで漬物をつくると、おいしい

「シタキ」「ネッペ」も見られ、西部地域では「ヨダリ」も使われている。

また、沿岸地域には、古くからの海上交流で、中央語と直接のつながりを持つ独特の方言の使われている場合も見られ、「ありがとう」を意味する「オーキニ」は、その代表である。

◎音韻的な特色

「ございます」にあたる言い方を、「い」の部分について、主として中北部地域では、「ゴザンス」または「ガンス」と「ン」で発音するのに対して、南部地域では「ゴザリス」または「ガス」のように、「リ」または脱落の形で発音することが多い。

全体として、中北部地域は、表現形に鼻音的な発音を挿入することが多く、話すリズムもゆったりとしているため、柔らかい感じに聞こえる。それに対して、南部地域は、鼻音的発音が比較的に少なく、話すリズムも

よ）

さげ……［県南部］さえ。

例文 **おれさげでぎっから、おめだば、もっとかんたんだべ**（＝私さえ出来るのだから、あんたならもっと簡単だろう）

しっとギ……［県中北部］米の粉で作った団子の一種。

＊大豆粉で作ったものを「まめしっとギ」と言う。

しみっぱれ CD……霜焼《しもや》け。

例文 **てぶくろさねば、しみっぱれになるぞ**（＝手袋をしないとしもやけになるよ）

しょどめ……早乙女、田植え女。

例文 **あした、しょどめさなって、ゆえっこしてくるがら**（＝明日は田植え女になって手伝ってくるから）

すててギ……［県中北部］片足跳び。

例文 **すててギで　きょうそしてみるべが**（＝片足跳びで競争してみようか）

すばだかげる……［県中部］柿や栗などの実を、手頃な短い棒切れや石などを投げつけて落とす。

例文 **さおつかえば、えだっこいだめるはんて、ずばだかげで、うめぐおどせよ**（＝竿を使って落とすと、枝を折ったりするので、石を投げて落としなさいよ）

せぁばん……まな板。

例文 **せぁばん、までにあらっておげよ**（＝まな板をきれいに洗っておけよ）

せっこぎ CD……怠けること。怠け者。

例文 **せっこぎさねで、ちゃんちゃんとかせゲ**（＝怠けないで、しっかりと働きなさい）

せっちょはぐ……難儀する。

例文 **おーゆぎふっただす、せっちょへあで、がっこさいったず**（＝大雪がふったので、難儀して学校に行ったそうだ）

そこっと CD……静かに。

例文 **おぼこねってだがら、そこっとしてろ**（＝赤ん坊が眠っているので、静

早めなために、歯切れがよく聞こえる。

◎アクセント的な特色

全域が東京式アクセントに近い型で発音されるが、このうち、沿岸の一部地域では東京式とほとんど同じ型を示し、一方、南部地域には、アクセント意識のあいまいな型を示す傾向もある。

◎文法的な特色

「〜（な）ので」の意味を表す「〜（ダ）スケァ」は、関西方言の「〜（ヤ）サカイ」の系統を引きながら、日本海沿岸地域を北上して中北部地域で使われており、一方、南部地域では、北関東北関東方言の系統を引く「〜（ダ）ガラ」がもっぱら使われている。

また、サ変動「する」の否定形「しない」を、南部地域では、その訛音形「シネァ」というのに対して、中北部地域では、四段活用化して「サネァ」と言うことが

かにしなさい)

たるひ・たろしCD……つらら。氷柱。

例文**けさ　は**[ha]　**しばれだだす、やねさ、たるひさガったたな**(＝今朝はとても寒かったから、屋根につららが下がったたねえ)

ちょっとぎま……少しの間。

例文**ちょっとぎまに、せっこ、おっきぐなったごど**(＝少しの間に、背丈が大きくなったなあ)

つっつぐばる……しゃがむ、うずくまる。

例文**みつからねぁよに、つっつぐばってろ**(＝見つからないように、しゃがんでなさい)

つぼめあ……[県内北部]庭。

例文**ひれぁつぼめぁさ、はなっこだのにわぎだのうえれば、みべぁいぐなるなあ**(＝広い庭に、花や植木などを植えると、きれいになるね)

つりたりつりつりたり……少しずつ継続的に。

例文**つりたりつりたりくってばりいで、さっぱどかしぇがねで**(＝ひっきりなしに食べてばかりで、ちっとも働かない)

てでっぽCD……たんぽぽ(蒲公英)。

例文**てでっぽも、はらっぱいっぺさぐと、うずくしもんだな**(＝たんぽぽも、野原一面に咲くと、きれいなものだね)

ではる……出る。

例文**おまずりのだし、そどさではってみろ**(＝お祭りの山車を外に出て見なさい)

でんガぼ……[県南中部]かまきり(蟷螂)。

例文**きのえだっこさ、でんガぼのたまゴ、くっついでだっちゃ**(＝木の枝に、かまきりのたまごが付いていたよ)

とじぇんこだCD……寂しい。退屈だ。

例文**しゴどねぁのも、とじぇんこなもんだな**(＝仕事がないのも、退屈なものだねえ)

多い。

◎岩手方言を愛した、岩手県出身の石川啄木・宮沢賢治・金田一京助

〈石川啄木〉

よく知られている短歌に「ふるさとのなまりなつかし　停車場の人ごみの中に　そを聞きに行く」がある。望郷の詩人啄木は、数々の短歌に歌っているように、故郷の岩手に対する思いを常に高揚させていた。方言に対する郷愁も強く、創作した小説の中でも、岩手方言を何度も使っている。

よき親友であり先輩であった金田一京助によれば、東京に出た啄木は、いち早く、東京の言葉を身につけて周りの人を驚かせたという。それでもやはり、故郷の言葉が忘れられなかったのである。

〈宮沢賢治〉

賢治は、詩や文章の中で岩手方言を生き生きと使っている。

どでんする [CD]……おどろく。びっくりする。
[例文]あのずぎのじしん　は[ha]、どでんしたな（＝あの時の地震にはびっくりしたね）

とのげる……取り片づける。
[例文]えのめのじゃりっこ、とのげできたじぇ（＝家の前の砂利を取り片づけてきたよ）

とりガみ……たてがみ。
[例文]このうまっこのとりガみ、ねずみいろだな（＝この馬のたてがみは、灰色をしているね）

どんどはれ・どっとはれ……[県中北部]昔話（民話）の語り終わりの最後に付ける言葉。これでおしまい。めでたしめでたし。

～なはん……[中部]～ね。
[例文]あのなはん、おめはん、山田さんだなはん（＝あのね、あなたは山田さんだよね）

ぬぐだまる……温まる。
[例文]こだっつさへぁてらば、ぬぐだまってきた（＝炬燵《こたつ》に入っていたら、体が温まってきた）

ねっき……[県南部]三、四〇センチの棒の先を削って、地面に刺したり倒したりする子どもの遊び。太く長い釘を使うこともある。

ねまる [CD]……座る。
[例文]まんつ、ゆっくりねまって、おじゃっこでもおのめんしぇ（＝まず、ゆっくり座って、お茶でもお飲みくださいよ）

はいも……[沿岸中北部]里芋。
[例文]こどしのはいも、でぎいーでねがないかな（＝今年の里芋の出来は良さそうではないかな）

はだっこ……[県中北部]たこ（凧）。
[例文]きょ　は[ha]、てんきいいすけぁ、はだっこあゲできるじぇ（＝今日は天気が好いから、凧あげが出来るよ）

はっかはっかする……どきどきする。
[例文]はずめでみんなのめぁでしゃべる

次は、その代表的な詩「永訣の朝」の一節である。

けふのうちに
とおくへいってしまふわたしのいもうとよ
みぞれがふっておもてはへんにあかるいのだ
（あめゆじゅときてけんじゃ）

この、（あめゆじゅときてけんじゃ）は、「雨雪（＝みぞれ）を取ってきて下さい」という意味の岩手方言で、妹のとしこが、兄の賢治に頼んでいる言葉である。この詩の中で切々たる思いが凝縮されている。

〈金田一京助〉
言語学者の金田一京介が、月刊誌「言語生活」（昭和四四年三月号）で、盛岡方言にまつわる思い出を語っている。次はその一部である。

盛岡では「デス」のかわりに「デゴアンス」と言うんです。もっと丁寧に言うと「デゴザンス」となります。ですから、「ソーデ」と言ってその次が

どぎ、**はっかはっかするなっす**(＝初めて皆の前で話すときは、どきどきしますよ)

はばぎぬギ……旅行したり、遠い神社仏閣の参詣を終えたりして帰った時の慰労の宴。

例文 **こんにゃ、はばぎぬギしてやるがらな**(＝今晩は、慰労の宴会を開いて上げるからね)

ぶじょほする CD ……失礼する。

例文 **せっかくおでてくなはったのに、ぶじょほしあんしたなっす**(＝せっかく来て下さったのに、おかまいもせず失礼しました)

ふるだ・ふるだびっき……ひきがえる(蟇蛙)。

例文 **あそごのたんぼさ、でっけふるだいだんじぇ**(＝あそこの田んぼに、大きいひきがえるがいたよ)

ぺあっこ……少し。

例文 **そのはなっこ、ぺぁっこべぁりくなんしぇ**(＝その花を、少しだけください)

ほっけぁ……ほお(頬)。

例文 **このわらし、あげほっけぁしてるな**(＝この子は、赤いほっぺたをしているねえ)

ほでくてねぁ CD ……雑然として混乱している。

例文 **おめぁのしゃべるごど、はっぱりほでくてねぁ**(＝お前の言うことはごちゃごちゃしていて、訳が分からない)

まつぺー……眩しい。

例文 **なずのおひさん、あずし、まつぺーし**(＝夏のお日さまは、暑いし眩しいし)

までに……真面目に。

例文 **あいず、いっつも、までにかしぇーでるやずだな**(＝あの人は、いつでも、真面目に働いている人だ)

むじぇー……かわいそうだ。

例文 **おらほのまゴ、しぇぎおまらねぁで、むじぇくてなー**(＝私の孫が、咳が止まらなくて、かわいそうでねえ)

「ス」になるはずのところがどうしても「ゴ」と言ってしまうんです。東京へ出て五年ぐらいは、「ソーデ」と言って、そのあと「ゴアンス」を口のなかで低くつぶやくように言ってすごしたものなんです。それでも東京の人はあまり笑うことはしませんでした。おかしかったんでしょうけど、気の毒だと思うから笑わずにいてくれたんでしょうね。

東京の言葉に慣れる苦労、東京人の心を忖度《そんたく》する地方人の意識など、実感がこもっている。

◎岩手県方言とユーモア

岩手県中北部では「ふくろう(梟)」と「濁り酒」のいずれをも「オッホ」という。これは偶然の一致ではなく、「ふくろう」の鳴き声に基づいた「オッホ」という言い方を、「濁り酒」の言い方にも転用したものらしい。つまり、暗闇の中で活動し出す「ふくろう」と、人が寝静まってか

むずら……一緒に。ごと。

例文 **みがん　は**[ha]、**かわむずらくったほ、からださいーずーよ**（＝蜜柑は、皮ごと食べた方が体にいいそうだよ）

むったためがす……[**県中部**]物事を懸命にやる。

例文 **このしゴど、むったためがしてやっただす、はやぇぐおわったじぇ**（＝この仕事を一生懸命にしたから、早く終わったよ）

めっか……[**県北部**]雌牛。

例文 **めっかうまれで、いがったな**（＝雌牛が生まれてよかったね）

もっすCD……（店で）ごめんください。

例文 **もっす、パンけぁさ、きやんした**（＝ごめんください、パンを買いに来ましたよ）

もよう……身支度をする。

例文 **きょー、さむがら、ちゃんともよってげ**（＝今日は、寒いから、十分身支度をして行きなさい）

もんこ……お化け。

例文 **あんまり、ねぁでるど、もんこでてくるぞ**（＝あんまり泣いていると、お化けが出てくるよ）

やくどCD……故意に。わざと。

例文 **おどさん、ごしゃぐんだす、やくど、ねぁでみせだのす**（＝お父さんが怒るので、わざと泣いてみせたのですよ）

やのあさって……しあさって（明々後日）。

例文 **こんどのあずまり　は**[ha]　**やのあさってだがら、わすれるなよ**（＝今度の会合はしあさってだから忘れないようにね）

よっぴで……一晩中。

例文 **ねねぇで、よっぴでよーいしたず**（＝一晩中、徹夜で準備したそうだよ）

わらしゃっど……子どもたち。

例文 **よぐすけでくれだだす、わらしゃどさ、ほまつっこやれ**（＝よく手伝ったから、子どもたちに小遣いをやりなさいよ）

らこっそりと造ったり呑んだりする「濁り酒」に、共通の意識をもって、ユーモラスに命名したものだろう。

また、「足を滑らせて川に落ちる」ことを、中北部では、「キャッパリスル」という言い方とともに「カッパトル（河童取る）」という。同じ意味のことを沿岸部では「タコトル（蛸取る）」とか「タコツル（蛸釣る）」とかいう。これも、自分のしくじった動作についての照れかくしのユーモラスな表現であろう。

あいさつ（盛岡市）

朝＝おはよがんす
夕方＝おばんでがんす
別れ＝おしずがに
感謝＝ありガどがんす
訪問＝ごめんくなんしぇ

北海道・東北

宮城県

CD 4

あだりほどり CD……そこいらじゅう。近辺。近隣。

例文 **どごさ落どしたもんだが、あだりほどりたねでくっか**（＝どこに落としたものやら、そこいらを捜してくるか）

あっつこっつ CD……あちらこちら。物事をいい加減に行なうさまにも。

例文 **すごどあっつこっつしてわがんね**（＝仕事をいい加減にしてはだめだ）

あっぺとっぺ CD……つじつまの合わないこと。

例文 **あの人ゆーのはあっぺとっぺで何かだってんだがわげわがらね**（＝あの人の言うことは頓珍漢で何を言っているのかわからない）

あんじだす CD……思い出す。

例文 **さぇふ、どごさほろったがおぢづいであんじだしてみさえ**（＝財布をどこに落としたのか落ち着いて思い出してごらんなさい）

いぎなり CD……（程度・量ともに）たいへん。とても。すごく。

例文 **きょう朝っぱらがらかしぇえで、いぎなりがおた**（＝今日は早朝から働いたので、たいへんくたびれた）

＊「いぎなし」とも。

いさばや……行商の魚屋。

例文 **いさばやさん、イワシ少しまげで**

宮城の方言

◎県内の地域差

宮城県は、おおむね藩政時代の仙台藩領に含まれるため、方言も等質的である。方言区画のうえでは、岩手県南部（旧伊達領）・山形県内陸部・福島県と共通性を有し、南奥羽方言として括られる。

音声では、「シ」「ス」「シュ」→「ス」「チ」「ツ」「チュ」→「ツ」「ジ」「ズ」「ジュ」→「ズ」となる、いわゆる「ズーズー弁」である。また、語中・語尾の「k」「t」が有声化（濁音化）し、「カダ（＝肩）」「ハダ（＝旗）」のように発音される傾向も著しい。アクセントは、県北地方を除き無アクセントである。

文法は県下全般にほぼ等質的であるが、語彙では、仙台市以南と黒川郡・塩釜市以北とで分布に若干の相違がある。

けさいん（＝魚屋さん、鰯を少し値引いてください）

＊古語「いそば（五十集）」から。

いんぴん……気難しいこと・人。

例文 **あのひとぁまだそったないんぴんばりかだってんのすかや**（＝あの人はまたそんな気難しいことばかり言っているのですか）

うざにはく CD ……難儀する。骨を折る。

例文 **うざにはがしたなゃ**（＝ご苦労をおかけしましたね）

＊「うざに（田下駄）」を履きながらの作業がひどく難儀であったことから。

うるがす CD ……米・豆類・切干大根、また食後の食器などを水に浸すこと。

例文 **もづごめ、うるがしておいでけさいん**（＝もち米を水に浸しておいてください）

えんずえ CD ……違和感があるさま。

例文 **なんだが、めぁえんずえや**（＝何だか目がごろごろするよ）

＊「着衣が窮屈なさま」「居心地の悪いさま」「歯に物が挟まったさま」などにも言う。

おしょすい①……恥ずかしい。

例文 **おらおしょすくていギぃいんつぉ**（＝私は恥ずかしくて行きませんよ）

おしょすい②……ありがとう。

例文 **おしょしさんでござりす**（＝ありがとうございます）

おだづ CD ……ふざける。騒ぐ。

例文 **おぼごどいっしょぇなっておだってばりいででわがんね**（＝子どもと一緒になってふざけてばかりいては駄目だ）

おっぴさん……［宮城県北部］曾祖父・曾祖母。

例文 **おっぴばぁちゃん、なんぼなった？**（＝ひいおばあちゃん、いくつになった？）

おにがらむす……カブトムシ。

例文 **きんな、おにがらむすしぇめできた**（＝昨日、カブトムシを捕まえてきた）

◎用途の広い「べ」

県下全般に「推量」「意思」「勧誘（勧奨）」などをあらわす場合、「あえづも、まもなぐ来っぺ」（推量）、「どれや、ちぇっと行ってくっぺ」（意思）、「あした、海さいグべ」（勧誘）のように「べ」をさかんに用いる。語末に「ル」音がくる場合には「ぺ」となる。古語「べし」に由来するもので、共通語で「ウ」「ヨウ」や「ダロウ」で表現し分けているものを宮城では「べ」が一手に引き受けている。

〈条件表現〉

共通語の「その角を右に行けバ銀行があります／その角を右に行くト銀行があります」という言い方が、関西では「その角を右に行っタラ銀行があります」と表現されることはよく知られている。先の文例では、宮城も「ト」を用いるが、文脈によっては「も少す早ぐ来えバえがった（＝もう少し早く来ればよ

＊「鬼殻（鬼皮）」は「玄蕎麦の黒い殻」を言う。「おにむす」とも。

おれさま CD……雷。

例文 **おれさま鳴ってっから、へそかぐさいん**（＝雷が鳴っているので、へそを隠しなさい）

＊「おれさん」とも。

かつける CD……他人になすりつける。かこつける。

例文 **あのやろ、すぐ人さかつけでいげすかねごど**（＝あいつは、すぐ他人のせいにして気に入らないことよ）

きかっと……きちんと。整然と。

例文 **きかっとはごさつめさえ**（＝きちんと箱に詰めなさい）

＊「きたっと」とも。

きかねー……腕白。勝気なさま。

例文 **なんてきかねーわらすでがすぺ**（＝なんて腕白な子どもでしょう）

きぴちょ CD……急須。

例文 **ほのきぴちょ、こっちさ回してけさえ**（＝その急須をこちらによこしてください）

＊中国から伝わったお燗の道具「急焼《きひしゃお》」から。「きびちょ」とも。

くふえる……穴をふさぐ。

例文 **屋根の穴こ、くふぇさえ**（＝屋根の穴をふさぎなさい）

けいぎ……体裁。見栄え。

例文 **ふぐろでぁけいぎわりいがら、はごさいれでけさぇ**（＝袋では体裁が悪いので、箱に入れてください）

けさいん CD……下さい。〜てください。

例文 **こればんでたんねがら、もひとづけさいん**（＝こればかりでは足りないから、もう一つ下さい）

＊「くなえ」とも。

ございん CD……お出でなさい。

例文 **あすたでもあすびさございん**（＝明日でも遊びにいらっしゃい）

ござりす……ございます。

例文 **「このリンゴなんぼだ**（＝このリンゴはいくらだ）**」「ひゃぐえんでござりす**（＝百円でございます）**」**

かった）」「手紙書えダラ、すぐ返事きた（＝手紙を書いたら、すぐに返事がきた）」「もす読むンダラ、この本お前ちゃ貸すてやる（＝もし読むのなら、この本をあなたに貸してやる）」「おまえも行ぐゴッタラ、おれも行ぐ（＝あなたが行くのなら、私も行く）」などの表現も使い分ける。「ンダラ」「コッタラ」は共通語の「ナラ」に相当し、直前の内容を仮定する場合にだけ用いる。

◎「だっちゃ」と『浜荻《はまおぎ》』

江戸から伊達家の姫君のもとに下ってきた侍女の匡子は、仙台方言を集めた『浜荻』を著した。序文には、当初、なかなかことばを聞き分けられなかったことなどが記されている。また、仙台弁の特徴として、文末に添える「ちゃ」を取り上げ、すべて ちゃ の字をつけていふ事多し。中にも べい の下につけていふ事誠に多し。い

ころっと①CD……全部。すっかり。
例文**もらった柿、ころっと食ってすました**（＝もらった柿を全部食べてしまった）

ころっと②……独立した。孤独。

さらさらえぼ……鳥肌。
例文**下見だら、おかなくてさらさらえぼたった**（＝下を見たら、恐ろしくて鳥肌が立った）
＊関連して「さらさらする」で「寒気がする」意。「さらえぼ」「ささらえぼ」とも。

ざんぞかだる……陰口を言う。
例文**そったにざんぞかだるんでがえん**（＝そんなに陰口を言うものではない）
＊古語「讒訴」から。

しぇづねー CD……うるさい。
例文**こーず、ひとばんじゅーしぇづねがったや**（＝工事の音が一晩中うるさかったよ）
＊古語「せつなし」から。

すぐだまる……うずくまる。縮こまる。
例文**寒くて火鉢のそばさすぐだまってした**（＝寒くて火鉢のそばで縮こまっていました）

すける……手助けする。援助する。
例文**大掃除すけでくなえんか**（＝大掃除を手伝ってくれませんか）

すっぱね……裾などに跳ね上がった泥。
例文**すっぱねあげねよー、気ぃつけで歩がいん**（＝裾に泥を跳ね上げないように気を付けて歩きなさい）
＊「つっぱね」とも。

すなこい……筋があって噛み切れない。
例文**入れ歯でぁすなこいのはだめでがす**（＝入れ歯では筋のあるものは食べられません）

ずへらっと……ぼんやりしているさま。横着なさま。
例文**ただずへらっとしてねで、すこす手伝え**（＝ただぼんやりとしていないで、少し手伝え）

ずみ……健康。丈夫。
例文**えっつもずみでえがすねす**（＝いつも健康でいいですね）

くべいちゃ、かへるべいちゃ、くふべいちゃ、しべいちゃなどいふ類、あげてかぞひがたし

と説明している。この表現は「あすたも雨だな」（＝明日も雨だな）」「えづでもえーべっちゃ（＝いつでもいいだろう）」などと現代でもよく用いられており、「仙台だっちゃ」「仙台べっちゃ」と呼ばれている。

◎挨拶表現の丁寧さ

「おばんです」は、東北地方で広く用いられる挨拶表現として知られている。土井八枝氏（晩翠夫人、土佐の出身）の『仙台の方言』（昭和一三年発行）には、「おばんでがす」「おばんかたでござりす・おばんなりしてござりす」「おばんなりしてござりしてござりす」と丁寧さに応じて三段階の表現が記されている。

共通語では「おはようございます」はともかく、「こんにちは」や「こんばんは」に丁寧な言

すもう……滲みる。沁みる。
例文 **この薬、少すすもうがもな**（＝この薬は少し沁みるかもね）
＊古語「しむ」の転。

せんどな……前に。以前に。
例文 **ほの店だら、せんどな行ったごどありす**（＝その店なら以前に行ったことがあります）
＊古語「先度」から。「せんころ」とも。

せんひぎ……直定規。
例文 **ちょっと線引ぎ貸してけね？**（＝ちょっと定規を貸してくれない？）
＊「せんびぎ」とも。

そざす……損なう。いためる。
例文 **そったにほんそざしてはわがんね**（＝そのように本を粗末にしてはいけない）
＊古語「損ざす」から。

たごまる……ひもやロープなどが絡まって、ほどきにくいさま。また、着ているものが次第に一ヵ所に寄ること。
例文 **シャッツの袖ぁたごまって、えんずぇごどぁ**（＝シャツの袖が寄って、違和感があるなぁ）

ちょどする……静かにする。大人しくする。じっとする。
例文 **しぇずねごだ、ちょどしてろ**（＝うるさいな、大人しくしてろ）

とじぇん……淋しいさま。退屈なさま。
例文 **とじぇんだがらおぢゃのみにがえん**（＝退屈なのでお茶でも飲みにいらっしゃい）

とつけもの……景品。
例文 **この茶箱、初売りのとつけものだ**（＝この茶箱は初売りの景品だ）
＊「とすけ」もしくは「とつけ」で「福引」や「くじ引きのくじ」、「とすけ屋」で「駄菓子屋」をいう。幸運にも得ることを表す「とっつける」から。

どでんする……びっくりする。
例文 **きんなのかじにぁなんぼがどでんしたすぺ**（＝昨日の火事にはどんなにか驚いたでしょう）

とどらね……乱雑なさま。散らかした

い回しがないことを考えると、挨拶表現に目上にも通用する表現が完備していたことは注目される。

◎仙台藩士はどんなことばを話していたのか？

かつて漢文学の先生から、古書店から購入した漢籍に挟まれていたという虫食い痕のある半紙を見せていただいた。捨てようと思ったが、何気なく見ると訓読に訛りがあることに気付いたという。いくつかの漢字が書き散らされた紙片をよく見ると、「親」に「スタスマザル」、「撃」に「ウヂ」、「著」に「イチヅルス」、「象」に「スヤウ」と読みがあててある。その漢籍には「青柳文庫」の蔵書印があった。青柳文庫といえば、藩政時代に二万巻ほどの蔵書を有する公共図書館の魁として知られているから、漢籍を手にするくらいであるから、その紙片の書き手は、相応の教養ある藩士の子弟であ

さま。
例文 **とどらね有様で、おしょしござりす**（＝散らかっている有様で、お恥ずかしうございます）

とろっぺず……始終。ずっと。
例文 **とろっぺずお世話様でござりす**（＝いつもお世話になっております）

どんぶぐ……綿入れ。どてら。
例文 **風邪引がねよぅどんぶぐきて勉強しさぇ**（＝風邪を引かないようにどんぶぐを着て勉強しなさい）
＊古語「胴服」から。袖なしの綿入れは「つんぬぎ」と言う。

なつこぇ……人なつこい。
例文 **なんつなつこぇおぼごでがすぺ**（＝なんという人なつこい赤子でしょう）

にょんにょさま……神仏をいう幼児語。
例文 **にょんにょさまさ、てぇあしぇろ**（＝神様に手を合わせなさい）
＊神仏、日・月など尊ぶべきものを意味する古語「ののさま」の転。

ねつこぇ……しつこい。くどい。
例文 **あのひとぁねつこくてやんだ**（＝あの人はしつこくて嫌だ）
＊古語「ねつい」から。

ねっぱす……張り付ける。
例文 **そのふぐろのくづ、ねっぱしぇ**（＝その袋の口を貼れ）
＊古語「ねばす（＝ねばるようにする）」から。

ばが……ものもらい。
例文 **右のまなぐさばが出で、おっきぐなってきた**（＝右目にものもらいができて、大きくなってきた）

はすり……台所の流し。
例文 **食った茶碗、はすりさ下げでおげ**（＝食べ終えた茶碗を流しに下げておきなさい）
＊古語「はしり」から。

はだる……せがむ。
例文 **孫がら小遣いはだられした**（＝孫に小遣いをせがまれました）

ったかもしれない。福沢諭吉は、『旧藩情』（一八七七）で旧中津藩の「言語なまり」に触れており、上級武士の使うことばは比較的標準語（江戸語）に近かったことがうかがえる。しかし、江戸から来た匡子が仙台城下のことばを聞き取れなかったり、庄内藩士堀季雄が江戸へ旅立つ婦人に江戸語の手引として『浜荻』（一七六七）を贈ったりしたことを考えると、人の交流も今ほど活発でなく、またマスメディアも発達していない時代にあっては、地方の人々のことばにまつわる労苦は、私たちの想像を絶するものであったのだろう。

◎選びうた

たまたま物を選ぶ時の唱え文句を調べる機会があった。学生たちに、小学生の頃に、何かを選ぶ時の唱え文句を思い出して書いて欲しいと伝え、一〇分ほどの時間を与えてみた。昨今はテレビなどの影響で、画一的な

＊古語「はたる」から。

はなぐら……鼾。

例文 **おらえのとうちゃんだら、まだしぇずねぇはなぐらかいで寝です**（＝うちのお父さんったら、まだうるさい鼾をかいて寝ています）

ひぼえ……焰。火の粉。

例文 **あら、あっつのひぼえみさえ。かずでがすぺ**（＝あれ、向こうの火の粉を見なさい。おそらく火事でしょう）

ひまだれ……時間を費やすこと。時間を浪費すること。

例文 **今日ぁひまだれかげで、もしわげねがったや**（＝今日は暇つぶしをさせて申し訳なかった）

ふぐす……復習する。

例文 **学校の本ふぐしてがら遊びさ行げ**（＝教科書を復習してから遊びに行け）

ふだ……たくさん。豊富に。

例文 **んまぇものふだにあっからながよぐたべさいん**（＝おいしいものがたくさんあるから仲良く食べなさい）

ぺそらぺそら……粘り気のないこと。

例文 **この餡子、ぺそらぺそらしてうまぐがえん**（＝この餡子は粘り気がなくておいしくないね）

へらへら……よくしゃべること。また、そのさま。

例文 **あえづぁいっつもかっつもへらへらかだってばりいる**（＝あいつは、始終おしゃべりばかりしている）

ぺろ……うどん・素麺などの麺類。またすいとんの類。

例文 **昼、ぺろ汁でもくすぺゃ**（＝昼食はすいとんでも食べましょうよ）

＊「かっぺろ（＝カップラーメン）」という新造語もある。

ほぎる……萌える。繁る。

例文 **はだげさまいだまめぁほぎできた**（＝畑に播いた豆が芽生えてきた）

ほどる……温まる。

例文 **炬燵さ入て、足もえあんべにほどりした**（＝コタツに入ったので、足もちょうどよく温まりました）

型にはまった表現しか出てこないだろうと高を括っていたが、予想外に多様な答が返ってきて驚いた。

　ことばの地域差は確かに薄まってきているが、子どもたちの言語生活は思いの外豊かなのかもしれない。仙台市内だけでも、「どちらにしようかな。天の神様の言う通り」の後に続く表現は、「あべべのべ」「あのねのね」「柿の種」「鉄砲撃ってバンバンバン（もひとつおまけにバンバンバン）」「赤豆、白豆、黄色豆」「赤豆、白豆、天の豆」「白豆、黒豆、天の豆」などのほか、「あべべのべ、鉄砲撃ってバンバンバン」のような混交形も見られ、実に多様性がある。おそらく学区ごとに微妙な違いが見られるのだろう。時代は変わり、町の景観は大きく変わってきても、やはり子どもたちの世界にも受け継がれてきているものがあることを実感した。

＊古語「ほとほる」から。

ほろぐ……落とす。なくす。

例文 **どごさほろってきたもんだが、ちょっとみでくんべ**（＝どこに落としてきたものやら、ちょっと捜してこよう）

まで……丁寧。倹約なさま。

例文 **あのひとのすゴどぁいっつもまでだ**（＝あの人の仕事はいつも丁寧だ）

まやう……償う。弁償する。

例文 **おまえこわしたんだがらまやえ**（＝あなたが壊したのだから弁償しなさい）

＊古語「まどふ」から。

むじる……道の角を曲がる。

例文 **あのかど左さむじるつど、えぎみえす**（＝あの角を左に曲がると駅が見えます）

もぞこい……かわいそうだ。哀れだ。

例文 **きげばきぐほどもぞこぇはなすでがすねす**（＝聞けば聞くほどかわいそうな話ですね）

＊古語「無慚《むざん》」から。

やぐでもねー……無益だ。ろくでもない。

例文 **やぐでもねーごどゆーな**（＝ろくでもないことを言うな）

やばつい……湿っぽくて気持ち悪い。

例文 **このシャツなまがわぎでやばついな**（＝このシャツはよく乾いていなくて気持ちが悪いよ）

＊古語「やまし」から。

ろーず……庭。

例文 **どーぞろーずのほーがらおへんなえ**（＝どうぞ庭のほうからお入りください）

＊「おろず」とも。

わっしゃ……悪戯。悪さ。

例文 **わっしゃばりすっど、先生にごしゃがれっぞ**（＝いたずらばかりしていると、先生に叱られるぞ）

＊綾取りなどの手遊びを「てわっしゃ」と言う。

◎その他の方言

おさきします—人よりも先に辞去するときの挨拶。
おぼご—赤子。幼児。
かど・にすん—にしん。カドは生のにしんを言い、ニスンは干物を指す。
ジャス—ジャージー（運動着）。
すっぽい—まぶしい。
ずんだ—枝豆を茹でてすりつぶし、調理したもの。「ずんだもち（＝ずんだ餅）」
てんばだ—たこ（凧）。天狗旗の略。
はったぎ—バッタ［ほぼ全県］。イナゴ［県北地方］。

あいさつ（仙台市）

朝＝おはよござりす
夕方＝おばんなりすた・おばん（かた）でござりす
別れ＝おみょーにづ
感謝＝ありガどもしゃゲす
訪問＝えすたが

北海道・東北

秋田県

CD 5

県北部＝大館市、能代市、鹿角地方（青森・岩手県境）など
県中央部＝秋田市周辺および男鹿半島
県南部＝横手市、由利本荘市など

あんべわり CD……具合が悪い。
例文 **その日だば忙しして、あんべわりなーー**（＝その日は忙しくて、都合がつかないなあ）／**飲み過ギで、あんべわり**（＝飲み過ぎて、体調が悪い）
＊「あべわり」とも。「塩梅悪い」から。

いだまし……惜しい。もったいない。
例文 **あど少しででぎだども、やれねぁして、いだましごどした**（＝もう少しでできたのにやれなくて惜しいことをした）

うだで……いやだ。気が進まない。
例文 **いしっこあって、うだでみぢだな**（＝石があっていやな道だな）／**その話だば、うだでなー**（＝その話は、気が進まないなあ）

うるがす……水に浸す。
例文 **米うるがす**（＝米を水に浸す）／**まま食い終わったら、茶碗うるがしておげ**（＝ご飯を食べ終わったら、茶碗を水に浸しておけ）

えこもこ CD……言葉がとげとげしいこと。
例文 **なんと言い方えこもこしてるごど**（＝なんと言い方がとげとげしいこと）
＊「えこらもこら」「えガほガ」「えがらほがら」とも。

えふりこぎ……見栄っ張り。

秋田の方言

秋田県は、全域が北奥羽方言圏に属し、県内の方言差は比較的小さい。県北部、県中央部、県南部に区分することもできるが、その境界線は明確ではない。近世には県の大部分が秋田藩に属していたが、その中で南部藩に属していた鹿角地方［県北部］と諸藩諸氏領に分かれていた由利地方［県南部沿岸］が異なる方言特徴を示す場合がある。

秋田方言には、「イ」と「エ」、「シ」と「ス」などが混同される、語中尾でカ行・タ行音が濁音化する、「セ」が「シェ」または「ヘ」と発音される、標準語の[ai][ae]に相当するものが融合してエとアの中間的な音になる、撥音・促音・長音といった特殊音が短く発音される、などの発音上の特徴がある。いずれも東北方言一般に見られる特徴である。

例文 **隣のあんちゃ、えふりこぎで、まだあだらし車買ったえんたな**(＝隣の家の息子は見栄っ張りで、また新車を買ったようだな)

おが……あまり。あまりにも。

例文 **おがいらねぁ**(＝あまり要らない)／**そいだばおがだべ**(＝それはあんまりだろう)

おがる……成長する。大きくなる。

例文 **しばらぐ見ねぁうぢに、おがったなー**(＝しばらく見ないうちに、大きくなったなー)／**この犬だばおがるにはえぁな**(＝この犬は成長するのが速いな)

おべる……知る。わかる。

例文 **クイズの答おべた**(＝クイズの答がわかった)／**おべたふりこぐな**(＝知ったかぶりするな)

＊「覚える」から。「記憶する」という意味から派生した用法。

おもしえ……面白い。うれしい。

例文 **やしぇまんこじっぱりもらって、おもしぇ**(＝お年玉をたくさんもらってうれしい)

がおる CD……衰弱する。

例文 **かじぇ引いで、がおってしまった**(＝風邪を引いて、弱ってしまった)

がっこ……香の物。漬け物。

例文 **このでぁごんのがっこ、んめぁなー**(＝この大根の漬け物、おいしいなあ)

かっちゃま……裏返し。さかさま。

例文 **服かっちゃまに着てしまった**(＝服を裏返しに着てしまった)／**その座布団のおもできたねぁんて、かっちゃまに敷げ**(＝その座布団の表は汚いから、ひっくり返して敷け)

＊「かっちゃ」とも。

かまどけあす CD……破産する。

例文 **あっこの家のあんちゃ、遊んでばりいで、かまどけぁした**(＝あそこの家の息子は、遊んでばかりいて、破産した)

＊「かまけぁす」とも。「竈返す」から。

◎県内の地域差

○推量表現[〜だろう]
〜ごった[鹿角]、〜べ・びょん[能代・秋田・横手]、〜でろ[由利地方沿岸部]、〜がろ[由利地方内陸部]

○原因・理由表現[〜から、ので]
〜ために・たえに[鹿角・大館]、〜はんて・えんて・んて[能代・秋田・由利地方北部・横手]、〜さげ・はげ[由利地方南部]

○[つらら]
しがま[鹿角・大館]、しが[横手]、たろんぺ・たろっぺ[能代・秋田]、たろご・じろご[由利地方の一部]

○[下駄に付いた雪のかたまり]
こぶ[鹿角・大館]、ごっぷ[能代]、ごっこ・ごっぱ[秋田]、ぼっこ[由利地方・横手]

○[あのね](呼びかけのことば)
あのやー[大館・能代]、あのせー[秋田・由利地方]、あのよー・あのよーなー[由利地方・横手]

からちら……土産を持たず訪問すること。

例文 **しぇんしぇの家さ行ぐなさ、からちらでだば行がえねぁ**（＝先生の家に行くのに、土産を持たずに行くことはできない）

＊「空面」から。

がりっと……しっかり。一生懸命。

例文 **がりっとがんばれ**（＝しっかりがんばれ）

＊意志の堅い状態をいう。

きもやげる CD……腹が立つ。

例文 **いづまでも待だへで、まんじ、きもやげる**（＝いつまでも待たせて、なんと、腹が立つ）

＊「きまげる」とも。「肝焼ける」から。

くされたまぐら……何にでも口出しする人。

例文 **あれだば何さでもはまるくされたまぐらだ**（＝あいつは何にでも口を出すやつだ）

げっぱ CD……最下位。びり。

例文 **運動会でげっぱなった**（＝運動会でびりになった）

ける①……やる。

例文 **この菓子おめさける**（＝このお菓子をおまえにやる）

ける②……くれる。

例文 **その菓子おれさけれ**（＝そのお菓子を私にくれ）

こうぇあ CD……疲れた。だるい。

例文 **山登りしたっきゃ、こうぇぁなー**（＝山登りしたら疲れたなあ）

ごしゃぐ……怒る。

例文 **わりごどしたんて、おどにごしゃがれだ**（＝悪いことをしたのでお父さんに怒られた）

ごんぼほる CD……駄々をこねる。暴れる。

例文 **酒飲んでごんぼほる**（＝酒を飲んで管を巻く）

＊「牛蒡掘る」から。地中の牛蒡は掘るのに手がかかることから、駄々をこねたり酒を飲んで管を巻くなど、手のか

◎気づかずに使う方言

現在、秋田では次のような言葉が、地域限定の表現だとは気づかずに使われている。

あと―もう。「あと、お腹いっぱいで食べられません」

でかす―仕上げる。「この書類を今日中にでかしてください」

とげ―（魚）の小骨。「この魚はとげが多くて食べにくい」

せき―溝。どぶ。小川。「せきに落ちてしまった」

なげる―捨てる。「ここにゴミをなげないで」

よりだったら―よりは。「満員電車で行くよりだったら、歩いていく方がいい」

～したときある―したことがある。「私は東京に行ったときありません」

される―できる。「図書館内では飲食はされません」

そうすれば―それでは。「そうすれば、明日の午後会いましょう」

かることを言う。

さい……あっ、しまった。

例文 **さい、ぼっこしてしまった**（＝あっ、壊してしまった）

＊失敗したときにあげる感嘆詞。

しえあっこ……［県中央部・県南部］おかず。

例文 **しぇぁっこばり食てねぁでままけ**（＝おかずばかり食べていないでご飯を食べろ）

＊県北部では「かでもの（糧物）」。

しえば・へば……では。

例文 **しぇば、えさ行ぐが**（＝では、家に帰るか）

しえやみこぎ CD……怠け者。

例文 **あれだばしぇやみこぎで、ながなが起ぎでこねぁ**（＝あいつは怠け者でなかなか起きてこない）

＊「ひやみこぎ」「へやみこぎ」とも。

じえんこ……お金。

例文 **じぇんこねぁして、なもかもならねぁ**（＝お金がなくて、どうにもこうにもならない）

＊「銭《ぜに》っこ」から。

しがだねあ……すまない。

例文 **あんだに皆やってもらって、しがだねぁな**（＝あなたに全部やってもらってすまないね）

しったげ……［県北沿岸部・県中央部］とても。

例文 **しったげさび**（＝とても寒い）

＊「死ぬだけ（＝死ぬほど）」から。年配者にはこの語源意識があり、「しんたげ」とも言う。

しっぱね CD……泥はね。

例文 **車にしっぱねかげらえだ**（＝車に泥はねをかけられた）

＊「尻跳《しりはね》」から。

じっぱり……たくさん。

例文 **やしぇまんこじっぱりもらった**（＝お年玉をたくさんもらった）

しねあ CD……嚙み切れない。

例文 **このしるめ、しねぁ**（＝このスルメは硬くて嚙み切れない）

◎文法的な特色

〈「する」の活用〉

サ変動詞「する」が、サ行五段活用型で活用する。「仕事サネァ（＝しない）」「仕事シタ（＝した）」「仕事ス（＝する）」「仕事シェバ（＝すれば）」「仕事シェ（＝しろ）」「仕事ソ（＝しよう）」。

〈目的語格助詞ドゴ〉

目的語を表す格助詞として、「ドゴ」を用いる。もともとは「友だちドゴ待つ」「猫ドゴ拾って来た」のように、有情名詞に限って用いられていたが、現在は非情名詞にも用いられるようになっている。

〈可能表現〉

能力可能と状況可能を区別する。肯定文では、「この子はもう一人で服キレダ」（能力可能）と「この服は仕立て直せばまだキルニイー」（状況可能）のように、可能動詞形とスルニイイ形で区別する。否定文では、「この子はまだ一人で服キレネァ」（能力可能）と「この服は小さく

しゃっけ……冷たい。
例文 **最近、水しゃっけくなってきたなー**（＝最近、水が冷たくなってきたなー）
＊「しゃっこえ」「さっけ・さっこえ」「はっけ・はっこえ」とも。「ひやっこい」から。

しょし①……恥ずかしい。
例文 **ひとめぁさ出るのだばしょしなー**（＝人前に出るのは恥ずかしいなー）

しょし②……すまない。
例文 **こんたにもらってしょしでぁ**（＝こんなにもらってすまないね）
＊「おしょし」とも。

だじゃぐ①……横着。
例文 **あの男だばだじゃぐで、わらしどごかしぇカ゚しぇで、遊んでばりいる**（＝あの男は横着で、子どもを働かせて、遊んでばかりいる）

だじゃぐ② CD……乱暴。
例文 **酒飲めば、だじゃぐこぐ**（＝酒を飲むと、乱暴を働く）

たましぽろぎ CD……失神するほど驚くこと。
例文 **草むらがら蛇出はってきて、たましぽろぎした**（＝草むらから蛇が出てきて、びっくり仰天した）
＊「魂ほろく」は「失神する」。「ほろく」は「ぶるぶると振るい落とす」「すっかり失う」の意。

〜たんしぇ……〜ください。
例文 **まだ来てたんしぇ**（＝また来てください）
＊「たもれ」「たんへ」「たんえ」とも。

でらっと……すべて。すっかり。
例文 **でらっと食った**（＝全部食べた）

とかふか……【県中央部・県南部】そわそわ。落ち着きがないさま。
例文 **時間ねぁして、とかふかする**（＝時間がなくて、そわそわする）／**このわらしとかふかでぁぐて、よぐ忘れ物する**（＝この子は落ち着きがなくて、よく忘れ物をする）

とじぇねぁ CD……さびしい。退屈だ。

てキラエネァ」（状況可能）のように、可能動詞形と可能助動詞形で区別する。

〈過去表現〉
「していた」にあたる表現が多様である。県北部では「シテアッタ」と言うが、県中央部・県南部では「していてあった」の縮約形である「シテダッタ」[県中央部]・「シテラッタ」[県南部]を用いる。また、県中央部・県南部では、「した」の意味で「シテアッタ」[県中央部]・「シタッタ」[県南部]を用いる。

〈仮定条件表現〉
仮定条件表現で、バ形を多用する。共通語では、「そんなことをすればだめだ」は不自然で、「したらだめだ」「してはだめだ」と言うが、秋田方言では、「ソンタゴドシェバダメダ」と言う。「もしかすると」は「モシカシェバ」である。

〈継起条件表現〉
継起条件表現では、タバ形とタッキャ（タッケ）形が用いられ

例文わらしだいねぁして、とじぇねぁなー（＝子どもたちがいなくてさびしいなあ）

どでんする……びっくりする。

例文こねだの地震だば、どでんしたな（＝この間の地震にはびっくりしたな）

＊「どってんする」とも。「動転する」から。

どやぐ……友達。

例文あえだばおれのどやぐだ（＝あいつは私の友達だ）

＊「同役《どうやく》」から。

なガまる CD……横になる。寝そべる。

例文なガまってばりいねぁで、働げ（＝横になって休んでばかりいないで働け）

なんも……いや。どういたしまして。

例文なんもなんも、気にさねでけれ（＝いやいや、気にしないでくれ）

ぬぎ……暖かい。暑い。

例文まいにぢ、ぬぎして、やげるえんたなー（＝毎日暑くて焼けるようだな）

ねまる……座る。

例文まんじ、ねまれ（＝まあ座れ）

＊くつろいだ状態で腰を下ろすこと。

はかはかする……ハラハラする。

例文二階がらおぢねぁがど思って、はかはかした（＝二階から落ちないかと思って、ハラハラした）

＊「はかはかめぐ」「はっかめぐ」とも。

ばし……［県中央部・県南部］嘘。

例文ばしこえでばりいる人だ（＝嘘をついてばかりいる人だ）／ばしまげるもんでねぁ（＝嘘をつくもんじゃない）

＊県北部では「じほ」。「嘘をつく」は「じほこぐ」「じほまげる」。

はらちえ CD……満腹だ。腹一杯だ。

例文まま食いしペギで、はらちえ（＝ご飯を食べ過ぎて腹一杯だ）

＊「腹強《はらつよ》い」から。

はんかくせぁ ① CD……生意気だ。

例文東京さ行って来たどて、はんかくせぁぐなったな（＝東京に行って来たといって、小生意気になったな）

る。「山に茸を取りに行ッタバ／行ッタッキャ、道に迷ってしまった」。

◎秋田名物の語源

秋田名物と言えば、「きりたんぽ」「しょっつる」「ハタハタ」「なまはげ」「ねぶりながし（竿燈）」。それぞれの語源を見てみよう。

○きりたんぽ

つぶした飯米を、蒲の穂状に串に巻き付けたさまが、稽古用の槍の先に付けるたんぽ（綿を丸めて布や皮で包んだもの）に似ていることから。一本の棒状のものが「たんぽ」で、これをいくつかに切り分けたものが「切りたんぽ」である。

○しょっつる（魚醤）

「塩汁《しおじる》」から。「しお」が「しょ」に変わり促音が入って「しょっちる」に。秋田方言ではチとツが区別されないため、「しょっつる」と表記される。

はんかくせぁ②……ばかくさい。
例文 **はんかくせぁごどしてしまった**（＝ばかなことをしてしまった）
＊「半可臭い」から。

ひとづに CD……一緒に。
例文 **ひとづにあべ**（＝一緒に行こう）
＊「ふとづに」とも。

びゃっこ……【県南部】少し。ちょっと。
例文 **びゃっこしけでけれ**（＝ちょっと手伝ってくれ）
＊「ばっこ」とも。

ふぎどり……吹雪で行き倒れになる。
例文 **おがふで、うだでじゃなー。こえなば、ふぎどりあうじゃー**（＝ひどく吹雪いていやだな。これでは、吹雪で行き倒れになるよ）
＊「吹雪倒れ」から。

ぶじょほ……申し訳ないこと。失礼。
例文 **ぶじょほだんしども、なんとが頼むんし**（＝申し訳ありませんが、なんとかお願いします）／**おーぶじょほしたんし**（＝たいへん失礼しました）
＊「不調法」から。

ふるあじき……なかなか寝ない子。
例文 **このふるあじぎ、はえぐねねぁば、鬼さらいに来るど**（＝この「古小豆」、早く寝ないと、鬼がさらいに来るぞ）
＊「古小豆」はなかなか「煮えない（にえねぁ→ねねぁ）」ことから。

へじねぁ CD……苦しい。つらい。
例文 **喉えでぁして、いぎするのもへじねぁ**（＝喉が痛くて、息をするのも苦しい）
＊「切ない」から。

ほじねぁ……正気でない。ぼけている。
例文 **ほじねぁして、めんぼぐねぁがったんしな**（＝ぼんやりして、申し訳なかったですね）
＊「ほじなし」は「分別のない者」「馬鹿者」の意。

まんじ……まあ。なんと。
例文 **へば、まんじ**（＝じゃあ、また〈別れの挨拶〉）／**まんじまんじ、えがったごどー**（＝なんとなんと良かったこと）

○ハタハタ（鰰）
「はたはた」とは、激しい雷鳴を表す擬音語である。秋の終わりから冬の初めにかけて、日本海沿岸部では、激しい雷鳴がとどろく荒れた天候になる。この時期に産卵のために岸に向かって来る魚であることから、ハタハタと呼ばれるようになった。

○なまはげ
「なもみ剝ぎ」から。「なもみ」とは長い間火にあたっていて腕や足に出来る火だこのこと。寒いからと言って、仕事もせずに火にあたってばかりいる怠け者を懲らしめる。

○ねぶりながし（竿燈）
東北三大夏祭りの一つである竿燈は、「眠り流し」と呼ばれる民間行事に由来する。「眠り流し」とは、「眠り（睡魔）」を穢れとし、川などで身を清めたり、形代を流して禊ぎを行う行事である。

＊「まんち」とも。会話の端々に挿入される。

ままざめぁ CD……食事の支度。炊事。

例文 **ばんげなったんて、ままざめぁ、さねぁばねぁな**（＝晩になったので、食事の支度をしなければならないな）

まめ……元気。

例文 **あいー、久しぶりだごどー。まめであったしかー**（＝まあ、久しぶりだこと。お元気でしたか）

めんけ……かわいらしい。

例文 **このぼんぼこ、なんとめんけごとー**（＝この赤ん坊は何とかわいらしいこと）

＊「めごえ」「めんこえ」とも。

もっこ CD……化け物。恐ろしいもの。

例文 **わりごどしぇば、もっこ来るでぁ**（＝悪いことをしたら、恐ろしい化け物が来るよ）

＊「もんこ」「もー」とも。

もったりまげだり……話を何度もひっくり返す。

例文 **あえだばもったりまげだりで、どれほんとだがわがらね**（＝あいつは話がころころ変わって、どれが本当だかわからない）

＊「盛ったり撒けたり」から。

やざがねぁ……だめだ。悲しい。

例文 **そんたごどしぇばやざがねぁ**（＝そんなことをしたらだめだ）／**あば死んでやざがねぁ**（＝お母さんが死んで悲しい）

やばち CD……湿っぽくて気持ち悪い。

例文 **まいにぢ、やばち空続くなー**（＝毎日、湿っぽい空が続くなー）／**しっぱねかがってやばち**（＝泥はねがかかって気持ち悪い）

んか CD……［県北部・県南部］いやだ。

例文 **んかしてやらねぁ**（＝いやだからやらない）

＊県中央部では「んた」「やんた」とも。

んだがら……そうだね。

例文 **「今日さびなー**（＝今日は寒いなあ）**」「んだがら**（＝そうだね）**」**

◎その他の特徴的なことば

○「自動車学校」の略称
県北部・県中央部では「ジシャガ」と言い、県南部では「シャコウ」と言う。「シャコウ」は全国的にも用いられているが、「ジシャガ」は秋田限定である。

○なべっこ（鍋っこ）
野外で食べる鍋のこと。学校や地域の行事として「なべっこ遠足」や「なべっこ大会」が行われる。

○サイコー（最高）
秋田の若者は「とても」の意味で「サイコー」を多用する。「この服サイコー安かった」「今日のテストはサイコー難しかった」など。

○カギノオ（鉤の「を」）
ワ行の「を」のこと。

あいさつ（南秋田郡五城目町）

朝＝おはやんす
夕方＝おばんです・やすみしぇ
別れ＝あばえ
感謝＝かんぼやー
訪問＝いだがー

北海道・東北

山形県

庄内＝酒田市、鶴岡市、飽海部など
内陸＝山形市、新庄市、尾花沢市、村山市、寒河江市、長井市、米沢市など

CD⑥

あえべ……[内陸]行こう。
例文 **いっしょにえーガさ、あえべ**（＝一緒に映画に行こう）

あガる①……入学する。
例文 **おらいの孫、こどすがら、高校あガるんだ**（＝うちの孫は今年から高校に入学するんだ）

あガる② CD……部屋に入る。
例文 **とがいどご、よぐきたなー。あガらっしゃい**（＝遠いところよく来たね。入ってください）

あゴつる……一歩ずつ進む。
例文 **部屋んなが、あゴつるとごもなぐ、つらけった**（＝部屋の中が足を踏み入れるところもなく散らかっている）

あざぐ CD……無断で掻き回し探す。
例文 **おれのつぐえのなが、あざぐな**（＝おれの机の中を掻き回すな）

あしえる……[内陸]混ぜる。
例文 **むがす、しぇで、豆煮で、すおど、こーずあしぇで、味噌つぐったもんだ**（＝昔は家で豆を煮て、塩と麹を混ぜて味噌を作ったもんだ）

あずげる……[内陸]与える。
例文 **こだなあぶないもの、子どもさあずげでだめだ**（＝こんな危ないものを子どもに与えてはだめだ）

あわえに……たまに。

山形の方言

◎県内の地域差

北奥方言圏に属する庄内方言（酒田市、鶴岡市など）と、南奥方言に属する内陸方言に大きく分かれる。内陸方言は最上方言（新庄市など）、村山方言（山形市など）、置賜《おきたま》方言（米沢市など）の三方言に区分される。

庄内方言と内陸方言の差はきわめて大きい。たとえば、庄内方言では「飴《あめ》」と「雨」、「箸《はし》」と「橋」のような同音語をアクセントによって区別するが、内陸方言の大部分（最上方言を除く）にはこのような区別がない。

単語の例をあげると、「捨てる」は庄内方言では「ウダル」、内陸方言では「ナゲル」であり、「かわいそうだ」は庄内方言では「メジョゲネ」、最上方言では「ムゾサイ」、村山方言では「ムツコイ」、置賜方言では「モゴサイ」が多い。

例文 **しぇさ帰ってくっとぎ、あわえにうまいものでも買ってこい**（＝家に帰って来るときは、たまにはうまい物でも買って来い）

いくれてんゲ CD……［庄内］いい加減。
例文 **あのやづは、いっつもいくれてんゲなこどばりいってる**（＝あの奴は、いつもいい加減なことばかり言っている）

いだまし……惜しい。もったいない。
例文 **まんねんひづ川さおとしてしまっていだまし**（＝万年筆を川に落としてしまってもったいない）

いっぱだ CD……［庄内］たびたび。いつも。
例文 **このじでんしゃ、いっぱだ故障する**（＝この自転車はたびたび故障する）

うしきたま……［庄内］たくさん。
例文 **このなづはあっちぇさげ、ナスうしきたまとれだ**（＝この夏は暑いからナスがたくさん取れた）

うずる CD……［内陸］似合う。
例文 **このがら、おまえさ、いぐうずっじぇ**（＝この柄はお前によく似合うよ）

うだる……［庄内］捨てる。
例文 **このごみ、どさうだればいいなや**（＝このごみを、どこに捨てればいいかね）
＊内陸では「なゲる」。

うるがす CD……浸す。
例文 **もち米、水さうるがしぇ**（＝もち米を水に浸しなさい）

うろたぐ……［庄内］あわてる。
例文 **うろたがねで、どさおいたがゆっくりかんガえてみれ**（＝あわてないで、どこに置いたかゆっくり考えてみなさい）

えガっしゃえ CD……［内陸］行きなさい。
例文 **きーつげで、えガっしゃえ**（＝気をつけて行きなさい）

おげない……［内陸］長持ちしない。
例文 **この炭は、やっこぐておげない**（＝この炭は柔らかくて長持ちしない）

◎文法的な特色

〈可能表現〉

可能をあらわす表現は、たとえば「書くことができる」の場合、庄内・置賜では「書ガエル」、のように「～エル」を、最上・村山では「書グイ」のように「～イ」を用いる。「書グイ」は青森・岩手・秋田に多い「書グニイー」の変化と考えられる。


〈推量表現〉

推量をあらわす表現は庄内では「ロー」、内陸では「ベー」を用いる。たとえば「雨が降るだろう」は、庄内では「雨降ンロー」、内陸では「雨降ンベー」と言う。


〈文末助詞〉

文末の助詞で特色のあるのは庄内の地方でさかんに使われている「ノー」で、「今日ワ寒イデスノー」のように用いられる。「ノー」は共通語の「ねえ」にあたる助詞であるが、目下の者には使われない比較的丁寧な言い方である。この「ノー」は西日本で多く使われる終助詞であり、庄

おしょーし①……[内陸]すまない。
例文 **おしょーしだげんど、しぇんえんかしてけろ**(＝悪いけど、千円貸してくれ)

おしょーし②……[内陸]恥ずかしい。
例文 **きんなしぇんしぇがらごしゃがって、おしょーしがった**(＝昨日先生に叱られて恥ずかしかった)

おじる……[内陸](車などから)降りる。
例文 **おじる人ガしんでがらおのりください**(＝降りる人がすんでからお乗りください)

おっかがる CD……寄りかかる。
例文 **ぶじゅぐれっどわりがら、おっかがんな**(＝こわれると困るから寄りかかるな)

おどげでなえ……[内陸]容易でない。
例文 **きょーは雨ふってっがら、山さのぼんなおどげでなえんでねが**(＝今日は雨が降っているから山に登るのは大変ではないか)

おひゃらがす……[内陸]からかう。
例文 **おどなばおひゃらがして、だめだべな**(＝大人をからかって、だめじゃないか)

おぼえっだ……知っている。
例文 **こいづなんだがおぼえっだが。ほだなししやね**(＝これを何だか知っているか。そんなもの知らない)

おぼご CD……赤ん坊。
例文 **あそごのしぇで、おぼごんまったど**(＝あそこの家で赤ん坊が生まれたそうだ)

おぼごなす……出産する。
例文 **おらえの嫁、きんなおぼごなした**(＝私の家の嫁が昨日出産した)

おもやみ……[庄内]気が重い。おっくう。
例文 **健康診断うげねまねなんども、おもやみで病院さいがえね**(＝健康診断を受けなければならないけれど、気が重くて病院に行けない)

おやす CD……[内陸](ひげを)はやす。
例文 **きんな、えさ、ひゲおやしたひと**

内地方と関西との交流の深さを推測させる。これに対して、内陸地方特有の丁寧表現は「ス」「ナッス」である。おもに村山地方で、「行グッス(＝行きます)」「ホダナッス(＝そうですね)」のように用いられる。

山形方言では文末助詞(終助詞)に特色のある表現が多く、山形弁らしさをかもしだす。「ホンダジェ(＝そうだよ)」[内陸]、「ホンナイズー(＝そうではないよ)」[内陸]、「ホダベシタ(＝そうだろうよ)」[内陸]、「スカネチャ(＝きらいだよ)」[庄内に多い]、「イロメゼ(＝いらないだろうよ)」[庄内]、「(そんなもの)イロバヤ(＝いらない)」[庄内]など。

〈関西弁の影響〉

庄内地方は江戸時代に北前船が日本海沿いに物資を運んだ影響で、関西弁が多く流入している。たとえば、「今日ワ雨降ッダサゲ行ギデグネ(＝今日は雨が降っているから行きたくな

きたっけじぇ（＝きのう家にひげをはやした人がきたよ）

かうぇ……［庄内］恥ずかしい。
例文 **みんなのめで、歌うだうなんて、かうぇ**（＝みんなの前で歌を歌うなんて恥ずかしい）

かえっぱり……［内陸］これっぽっち。
例文 **山菜かえっぱり、とってこねなが**（＝山菜これしか取ってこないのか）
＊「かえっぱす」「かえっぱがす」とも。

がおる……［庄内］衰弱する。
例文 **きょーだば、ごじがんもあるいだはげ、がおってしまった**（＝今日は五時間も歩いたから疲れてしまった）

かガぽし CD……［庄内］まぶしい。
例文 **あめあだまさ、ひあだで、かガぽし**（＝はげ頭に日が当たってまぶしい）
＊内陸では「まつぽい」。

かだる① CD……話す。
例文 **人のわるぐぢばりかだでいねで**（＝人の悪口ばかりしゃべらないで）

かだる② CD……［庄内］仲間に加わる。
例文 **あそびさおれもかだっぞ**（＝遊びにおれも入るよ）
＊「かだなる」とも。

かちゃばぐ……ひっかく。
例文 **ねごがらかちゃばがえで、手さ傷でぎだ**（＝猫にひっかかれて手に傷ができた）

かづげる・かつける……他人のせいにする。
例文 **ほーゆーごどは、人さかづげでだめったな**（＝そういうことは人のせいにしてはだめじゃないか）

かっちゃ……［内陸］さかさま。
例文 **着物かっちゃえきて、そどさでっどわらわえっじぇ**（＝着物を裏返しに着て外に出ると笑われるよ）

かど CD……［内陸］鰊。
例文 **昔はかどなど、やんだほど食ったな**（＝昔は鰊なんか嫌になるほど食べたなあ）

かます……かきまわす。
例文 **あまさげよぐかまして飲まんなね**

い）」のように使われる理由をあらわす接続助詞の「サケ（サゲ）」（「ハゲ」とも）は、関西方言の「サカイ」の変化したものである。

〈進行と過去〉

庄内方言では「（あそこで人が）オヨイッダ」と言えば「（今）泳いでいる」という進行をあらわす意味であり、「（きのう）オヨイダ」と言えば過去をあらわす。この「オヨイッダ」は「オヨイデタ」の変化したものである。

なお、山形県を含む北海道・東北全域で現在の事象をあらわすのに「タ」を用いる。たとえば「お父さんは今家にいるか」とたずねるときに「トーチャン、エサ、イダガ」のように表現する。この現象は東京都区内を除く東日本に広く見られる。これは「タ」が古語の完了・継続をあらわす「たり」に由来するためであろう。

（＝甘酒はよくかきまわして飲まなければならない）

がらがら CD……［内陸］急いで。
例文 **バスさおぐれっどわりがら、がらがらんゲな**（＝バスに遅れると大変だから急いで行けよ）

ぎしゃばる……［庄内］気張る。ふんばる。
例文 **そゲぎしゃばらねで、かだのちからぬげ**（＝そんなに力を入れないで肩の力を抜け）

ぎっつい……［内陸］きつい。窮屈だ。
例文 **この服、ぎっつくてきらんね**（＝この服はきつくて着られない）

きどごろね CD……服をきたまま寝ること。うたたね。
例文 **ほだんどごさ、きどごろねしてわりったな**（＝そんなところに服を着たまま寝てはだめだよ）
＊「きどごね」とも。

きまる……［内陸］終わる。
例文 **いねがりやっときまった**（＝稲刈りがやっと終わった）

けゲし CD……［庄内］賢い。
例文 **親はうすけねども、子だばけゲし**（＝親は馬鹿だけれども子は賢い）

げっぺ……［内陸］びり。最下位。
例文 **おらえの孫おれど似で、はすんの遅ぐで、運動会でげっぺだっけ**（＝うちの孫は俺と似て走るのが遅くて運動会でびりだった）
＊庄内では「げっぱ」。

けなり……［庄内］うらやましい。
例文 **隣りのえで、外車かったはげ、うじの息子けなりガる**（＝隣の家で外車を買ったから、うちの息子がうらやましがる）

けろ……［内陸］くれ。
例文 **うめがら、まっとけろ**（＝うまいからもっとくれ）
＊庄内では「けれ」。

ごしゃぐ……叱る。怒る。
例文 **しゅぐだいけろっとわすって、しぇんしぇがらごしゃがえだ**（＝宿題を

◎気づかずに使う方言

山形県全域で「犬に追いかけられた」と言うべきところを「犬カラ（ガラ）追いかけられた」と言う。ほとんどの人がこの用法を方言とは思っていない。

庄内地方では「ごくろうさま」という挨拶表現を使う場面が共通語より広い。たとえば、結婚式場の受付でご祝儀袋を差し出すと、「ゴクローサマデス」と言われることが多い。共通語では「ご苦労様」は目上の人に使うのは失礼とされているが、庄内ではそのようなことはない。

「ワガンネ（＝ワカラナイ）」を「理解できない」ではなく、「だめだ」「不可能だ」の意味で使うのも山形県を含む東北地方の方言の特色である。郵便局の窓口で「この手紙は八〇円で出せますか」と聞いたところ、局員に「ワガンネ」と言われ腹を立てたという話しがある。

庄内地方では「動くな」という意味で「ダマッテレ（＝黙ってい

すっかり忘れて先生に叱られた)

＊庄内では「ごげる」。

こちょびて……くすぐったい

例文 **海水浴さいったば、蟹さ、足の裏さわらえで、こちょびて**(＝海水浴に行ったら、蟹に足の裏を触られてくすぐったい)

ころどや CD ……[内陸]一軒家。

例文 **あそごの息子、ころどや買ったど**(＝あそこの息子が一軒家を買ったそうだ)

じょーさね……[内陸]簡単だ。

例文 **あいづだば、だいガぐさなどじょーさなぐはいんべよ**(＝あいつなら大学になんか簡単に入るだろうよ)

じんぎ……[庄内]遠慮。

例文 **ぼたもじいっぺあっさげ、じんぎさねで、たんとくってけれ**(＝ぼた餅がたくさんあるから、遠慮しないで十分に食べてくれ)

せわしない CD ……[内陸]うるさい。忙しい。

例文 **せわしないがら、すごししずかにしてけろ**(＝うるさいから少し静かにしてくれ)

たガぐ……持って移動する。

例文 **このにもづ、えぎまでたガえでけねが**(＝この荷物を駅まで持って行ってくれないか)

はともた CD ……[庄内]びっくりした。

例文 **ひさしぶりであったば、だんだともて、はともた**(＝久しぶりで会ったら、誰だと思ってびっくりした)

ほや……[庄内]電球。

例文 **電気切れで暗ぐでだめださげ、あたらすほやつけでくれ**(＝電気が切れて暗くてだめだから、新しい電球をつけてくれ)

まいでれ CD ……[庄内]待っていろ。

例文 **ちょっとトイレさ行ってくっさげ、まいでれ**(＝ちょっとトイレに行って来るから待っていろ)

まぐまぐでう① CD ……[庄内]吐き気がする。

なさい)」と言う。庄内出身の女性看護師から聞いた話しである。この人が東京の病院に勤務していたとき、手術のあと、口が聞けない患者がいた。その患者が苦しくて暴れるので「ダマッテイナサイ」と何度も言ったところ、のちに元気になった患者に「私が口をきけないことが分かっているのに、なぜ『黙っていなさい』と言ったのか」と聞かれたそうだ。庄内地方の「ダマル」は、共通語の「静かにする」と意味が類似していると言えよう。

①②のような記号を東京では「マルイチ」「マルニ」と表現するが、山形県の人は「イチマル」「ニマル」と言う。これも方言の一種と言える。

◎方言大会と方言グッズ

山形県庄内地方にある三川町では、一九八六年から二〇〇三年まで、方言による町おこしにとりくみ、一七回にわたり全国

例文 今日はふつがよいでまぐまぐでう（＝今日は二日酔いで吐き気がする）

まぐまぐでう②……[庄内] あたふたする。

例文 **めのすゴど終わってねなさ、つギがらつギえどすゴどきで、まぐまぐでう**（＝前の仕事が終わっていないのに次から次に仕事が来てあたふたする）

まよう……[内陸] 弁償する。

例文 **おれのおもじゃぼっこしたがら、まよてけろ**（＝俺の玩具こわしたから弁償してくれ）

みあんべ……[庄内] 体調。

例文 **きんなさげ飲みすギでみあんべわり**（＝昨日酒を飲み過ぎて体調が悪い）

みろばや……[庄内] 見たわけがない。

例文 〈電車の中で〉**おめあのポスター見だが？本読んでだもん、みろばや**（＝お前あのポスター見たか？本をよんでいたもの、見たわけがない）

むがさり……[内陸] 花嫁。結婚式。

例文 **むがさりきたがら、みさいぐべ**（＝花嫁行列が来たから見に行こう）

むんつける……[庄内] ふてくされる。

例文 **わのほすもの買ってもらわえねさげ、むんつけったなが**（＝自分の欲しいものを買ってもらえないから、ふてくされているのか）

めじょけね……[庄内] かわいそうだ。

例文 **このめ、じーさん死んだばっかりなさ、まだばーさんがらも死なえでめじょけねのー**（＝この前爺さんが死んだばっかりなのに、また婆さんにも死なれてかわいそうだねえ）

もじゃくたらね……[庄内] どうしようもない。幼稚だ。

例文 **なんぼおしぇてもおぼえでねぐで、もじゃくたらねやろだ**（＝いくら教えても覚えていなくてだめな野郎だ）

＊「もじゃくたね」とも。

もっけだ……[庄内] 気の毒だ。ありがとう。

例文 **そげだたっけものもらて、もっけだのー**（＝そんな高価な物をもらって

方言大会を開催した。この町の宿泊施設「田田《でんでん》の宿」には「徳川コレクション」のギャラリーがもうけられ、全国各地のさまざまな方言グッズ（約六七〇点）が展示されている。これらは方言学者の徳川宗賢《むねまさ》さん（一九三〇〜一九九年）が、長い年月をかけて集め、それが三川町に寄贈されたものである。

第一回の全国方言大会から、三川町チームの会話（庄内方言）の一部を紹介しよう。

「オー、オヤズ　イダガ」
「イダイダ（＝いるよ）」
「マンズ　イサ（＝家に）　ヘッチャ（＝入れよ）」
「今日ダバ　アッチェネァ」
「アッチェグデヤ。トガダサモ（＝外にも）デラエネモンダガラ、昼寝ソード（＝昼寝をしようと）思ッタンケドモノー、アンマリ　アッチェグデヨ、寝ルゴドモデギネ」
「マッタグ　アレダ、キャーワリーモンダ（＝困ったもん

すまないねえ）

もんちくりだす……［庄内］蒸し返す。
例文 **まだ二〇年めのはなすもんちくりだしたって、どもなんねやのー**（＝また二〇年前の話を蒸し返したってどうにもならないよねえ）

やぢゃがね……役に立たない。
例文 **おまづりんどぎ買って来たこの道具やぢゃがねっけ**（＝お祭りのときに買って来たこの道具は役に立たなかった）

やちゃくちゃね①……［庄内］乱雑だ。
例文 **人来ってば、なんでらかんでらみなひっぱりだして、やちゃくちゃねこど**（＝人が来るのに何でもかんでもみな引っ張り出して乱雑だこと）

やちゃくちゃね②……［庄内］まともでない。
例文 **あの人はどのあづまりでもかならずしゃべっども、やちゃくちゃねごどすか言わね**（＝あの人はどの集まりでも必ずしゃべるけれど、ろくでもないことしか言わない）

やばつい……湿っぽくて気持ち悪い
例文 **コップの水まげらえでやばつい**（＝コップの水をこぼされて気持ち悪い）

やんやん CD……［内陸］がやがや。
例文 **えまおきゃぐさん来でっから、やんやん騒ぐな**（＝今お客さんが来ているからがやがや騒ぐな）

よすれ……［庄内］留守番。
例文 **今日はみんないそがすくで、誰もいねさげ、おめよすれすてれ**（＝今日はみんな忙しくて誰もいないから、おまえ留守番していろ）

よぼ……［庄内］顔つき。容貌。
例文 **きんな会った子だ、よぼいー子だっけのー**（＝昨日あった子ども達は顔つきが良い子ども達だったなあ）

らんきなる……［庄内］夢中になる。
例文 **運動会でらんきなて走ったば、ことすは一等なた**（＝運動会で夢中になって走ったら今年は一等になった）

だ）」

「アー　キャーワリワ　イードモヤ、ワギネノ（＝隣の）シェガレノ話　オボエダガッテァ（＝知っているかね）」

「アー　オボエッタ、オボエッタ」

「ズンブ　イスコゲヤロ（＝派手な奴）　ッダッチュンデネガデァ」

「ンダ。コノメーダッテ　アレァ　二五〇万モスル車　買ッテモラッテ　オイデァ、イーッダゲ　遊ビアリッタッケゼ。デッテー（＝まったく）タモドスゴドモ（＝田の仕事も）スネデノ」（以下略）

あいさつ（庄内地方）

朝＝おはよー
夕方＝ばんゲなりました
別れ＝しぇばのー（今）・うめーよー（昔）
感謝＝もっけだのー
訪問＝いだが

北海道・東北

福島県

CD 7

浜通り[浜]＝相馬市、いわき市など
中通り[中]＝福島市、郡山市、白河市など
会津[会]＝会津若松市、喜多方市、南会津町など

あがし……明かり。

例文 **暗ぐなってきたがら、あがしつけろ**(＝暗くなってきたから、明かりをつけろ)

あぐど……かかと。

例文 **あぐどまで、よっくど洗え**(＝かかとまで、よく洗え)

＊「あくと」とも。

あづばる……集まる。

例文 **みんな、ここさあづばれ**(＝みんな、ここに集まれ)

あっぽ……[浜・中]大便。

例文 **あっぽたっしゃ、あっぽやさ行ってくる**(＝大便をしに、便所へ行ってくる)

＊「あっぽや」は「便所」のこと。

あんちゃ……[浜]姉。[中・会]兄。

例文 **はるみあんちゃ**(＝はるみ姉さん)／**ひろしあんちゃ**(＝ひろし兄さん)

＊名前の後に付けて親しみを込める。「兄」は「あんにゃ」とも。

あんべわりー……病気。具合が悪い。

例文 **あんべわりーがら、ちょっと休ましてくいろ**(＝具合が悪いので、ちょっと休ませてください)

いっきゃった CD……出会った。

例文 **きんにょ、役場で鈴木さんさ、いっきゃった**(＝きのう、役場で鈴木さんに出会った)

福島の方言

福島県は地理的に東部を阿武隈高地、西部を奥羽山脈と、二つの大きな山脈が南北に走っており、それによって、浜通り、中通り、会津の三地方に分かれている。方言もこの三地方に縦割りで分かれているという見方が一般的である。しかし、語彙、音韻、文法を細かくみると複雑な中にも南北の対立がみられ、横割りに二つに分かれているという見方もできる。

アクセントは西南端の檜枝岐《ひのえまた》村を除き無型アクセントである。アクセントがないため同音語の「柿」を「カキ」、「牡蠣」を「ザガキ」というふうに、一方に別な音を付けて語形で区別したり、「雲」を「クモ」、「蜘蛛」を「クボ」というふうに音で区別するなどの工夫をしている。

文末表現は丁寧でやわらかい。

意志・推量の助動詞として

んに出会った）

いやんべ……ほどよい。適当。
例文 **この服のサイズは、ちょうどいやんべだ**（＝この服のサイズは、ちょうどよい）

うだでー……気味悪い。
例文 **へびは、うだでーがらやんだ**（＝へびは、気味悪いからいやだ）

うっつぁし CD……騒がしい。
例文 **うっつぁしわらしは、じゃまだがら、あっちゃ行ってろ**（＝騒がしい子どもは、じゃまだから、あっちへ行ってろ）

うるがす……水に浸してふやかす。
例文 **あしたは餅だがら、餅米うるがしておぐべ**（＝明日は餅だから、餅米を水に浸しておこう）

おっきよる……[浜・中]折る。
例文 **その枝、じゃまんなっから、おっきよれ**（＝その枝、じゃまになるから、折れ）
＊「ぶっきる」とも。会津では「おだる」。

おっこむ……取り込む。
例文 **雨ふってきたがら、さっさど洗濯物おっこめ**（＝雨が降ってきたから、早く洗濯物を取り込め）

おんつぁれる……[中・会]叱られる。
例文 **おんつぁには、よぐおんつぁれだなー**（＝おじさんには、よく叱られたなあ）
＊おんつぁ（＝おじさん）。

かいちゃ CD……裏返し。
例文 **セーターかいちゃに着てで、しょーしがった**（＝セーターを裏返しに着ていて、恥ずかしかった）
＊「けーちゃ」とも。

がおる CD……病気で衰える。
例文 **あそごのじっちさんも、がおってきたなあ**（＝あそこのおじいさんも、病気で衰えてきたなあ）

かがらし①……[浜・中]うるさい。
例文 **さっきがら、へーぼいで、かがらしなー**（＝さっきから、ハエがいて、うるさいなあ）

「べー」（イグベー＝行こう）、「パイ」や「ッパイ」（アシタハ雨ダッパイ＝明日は雨でしょう）や「ペー」。敬語の助動詞として「ナンショ」（休ミナンショ＝お休みください）、「ラッセ」、「ヤス」。打ち消し・希望・過去の助動詞として「ニェ」（知ンニェ＝知らない）、「ネ」、「ッチェ」（早クカエッチェ＝早く帰りたい）、「ッチャ」（コワッチャ＝こわれた）などがよく使われている。

文末詞としては「ナイ」（ンダナイ＝そうですね）、「ナシ」（ソーダナシ＝そうですね）などが使われる。

◎県内の地域差

檜枝岐村を除いて、南奥方言に属している。県内の方言分布は多様であり区画は難しいが、東西に浜通り、中通り、会津と三地方に分けるのが一般的である。この三地方を南北に二分する分け方もある。三地方とも北

＊へーぼ（＝ハエ）。

かがらし②……[浜・中]気になる。

例文**まなぐさ、ごみへーってかがらし**（＝目に、ごみが入って気になる）

かんかぢ……[浜]やけど。

例文**あづいお湯こぼっちぇ、かんかぢした**（＝熱いお湯がこぼれて、やけどをした）

きかない……強い。従順でない。

例文**おらいのばっち娘は、きかなくて困る**（＝うちの末娘は、強くて困る）

＊「きかねー」とも。

きどころね……うたた寝。

例文**きどころねして、風邪ひいだ**（＝うたた寝して、風邪をひいた）

＊「きどこね」とも。

きめっこCD……拗ねる。

例文**この子は、ちょっとしたことですぐきめっこする**（＝この子は、ちょっとしたことですぐ拗ねる）

きんによCD……昨日。

例文**きんにょは、きょーよっか寒がった**（＝昨日は、今日よりも寒かった）

くさしCD……[浜・中]怠け者。

例文**あいづは、くさしだがら、さっぱし仕事すすまね**（＝あの人は、怠け者だから、さっぱり仕事が進まない）

＊「たれか」とも。

くびこんま……肩車。

例文**わらしは、くびこんましてやっと喜ぶもんだ**（＝子どもは、肩車をしてやると喜ぶものだ）

＊「てんぐるま」とも。

くぼのえず……蜘蛛の巣。

例文**おっきーくぼのえず、はったなあ**（＝大きな蜘蛛の巣、張ったなあ）

＊「くものえず」「くもねず」とも。

くらつける……たたく。

例文**むがしはよぐ先輩に、くらつけらっちゃなあ**（＝むかしはよく先輩に、たたかれたなあ）

＊「くらすける」とも。

こえーCD……疲れた。

例文**階段のぼってきたがら、こえーな**

部には東北的な特徴が見られ、南部には関東的な特徴が見られる。

浜通りには古くから陸前浜街道、中通りには奥州街道が通っており、往来が多かった。会津には会津西街道、米沢街道、越後街道が通っていた。これらの交通事情も方言分布に関連があろう。

◎文法的な特色
〈助動詞「ベー」〉

意志・推量・勧誘の表現には「ベー」が使われる。

・「今日中に書ぐべー」（意志）
・「明日は雨だべー」（推量）
・「いっしょに行ぐべー」（勧誘）

「ベー」は「バイ」「パイ」「ペー」になるところもあり、確認要求「言ったじゃないですか」の文末表現は、

・「ユッタベシタ」［相馬市・福島市・会津若松市付近］
・「ユッタバイ」［郡山市付近］
・「ユッタッパイ」［白河市付近］

あ（＝階段をのぼってきたから、疲れたなあ）

＊「こわい」とも。

こーのげ CD……眉毛。

例文 **あの人のこーのげは、太いなあ**（＝あの人の眉毛は、太いなあ）

＊「まみげ」とも。

こじはん……おやつ。

例文 **田んぼさ、こじはん持ってんげ**（＝田んぼに、おやつを持って行け）

＊「こびる」とも。

ごせやげる……腹が立つ。

例文 **あのひどい態度には、ごせやげる**（＝あのひどい態度には、腹が立つ）

＊「ごせっぱらやげる」とも。

こめら……子ども。子どもたち。

例文 **こめらは、あっちゃ行って遊んでろ**（＝子どもは、あっちへ行って遊んでいろ）

さすけね……大丈夫。気にしなくてよい。

例文 **ほのぐれのごどは、さすけね**（＝そのくらいのことは、大丈夫）

ざんぞ……陰口。

例文 **姑のざんぞばっかし言う嫁**（＝姑の陰口ばかり言う嫁）

しっちゃゲる……［浜・中］破ける。

例文 **はったばっかしの障子、しっちゃゲだ**（＝はったばかりの障子、破けた）

しっぱね……泥はね。

例文 **雨っぷりだがらズボンの裾、しっぱねだらげだ**（＝雨が降っているからズボンの裾は、泥はねだらけだ）

＊「すっぱね」「つっぱね」とも。

しなこい……柔らかくて、弾力性がある。

例文 **このおひたしは、しなこくてかみ切んにぇ**（＝このおひたしは、弾力性があってかみ切れない）

しょーし CD……恥ずかしい。

例文 **大勢の前で話すのは、しょーし**（＝大勢の前で話すのは、恥ずかしい）

すいしょ CD……［浜・中］風呂。

例文 **ばんかだだがら、すいしょ燃せ**

・「ユッタッペヨ」［いわき市付近］のようなバリエーションが見られる。

〈格助詞「サ」〉

「東京サ行く」「ここサ置く」のように方向や場所を示す「サ」がよく使われる。「サ」の用法は広く、「旅行サ行った」（移動の目的）、「その本、俺サ貸せ」（事物の移動の帰着点）などのほか、比較的若い世代では「友達サ手伝ってもらった」や「犬サ追っかげらっちゃ」（受身の相手）などにも使われることがある。

◎気づかずに使う方言

〈公的に使われていて気づかない方言〉

福島県の行政機関では公文書や広報紙で「方部《ほうぶ》」ということばをよく使っている。「会津方部」「郡山方部」「いわき方部」というふうに使い、方面、地方、地域、地区のような意味だが、一定の区分け基準はない。学校でも「方部委員会」や「方部児童会」

（＝夕方だから、風呂を焚け）

＊会津では「すうしろ」「すえひょ」とも。

ずねー……大きい。

例文 **こどしは、ずねー大根いっぺとっちゃ**（＝今年は、大きい大根がたくさん取れた）

＊「いげー」とも。

せづね CD……うるさい。

例文 **せづねがら、こっちゃ来んな**（＝うるさいから、こっちへ来るな）

ぞせー……粗末。無駄。

例文 **紙をぞせーに使うな**（＝紙を無駄に使うな）

＊「ぞさい」とも。

たんガく……持ち上げる。

例文 **この荷物は重いがら、両手でたんガげ**（＝この荷物は重いから、両手で持ち上げろ）

＊「たガく」とも。

ちんと CD……少し。

例文 **まんま、ちんとにして**（＝ごはん、少しにして）

＊「ちょぺっと」とも。

でな……ひたい（額）。

例文 **おめのしゃでは、でな広いなぁ**（＝お前の弟は、額が広いなあ）

＊「なづき」とも。

でんグる……転ぶ。

例文 **でんグんねように、足もとにきーつけろ**（＝転ばないように、足もとに気をつけろ）

とーみギ CD……とうもろこし。

例文 **とーみギ、ゆでだがら食ってってって**（＝とうもろこし、茹でたから食べていって）

＊「とーギみ」とも。

どしょなし……臆病者。

例文 **あいづは、どしょなしだがらこまっちまー**（＝あの人は、臆病者だから困ってしまう）

どのる……［浜・中］痛みが治まる。

例文 **さすけね、すぐどのっから**（＝大丈夫、すぐ痛みが治まるから）

とぶ……［会］走る。

というふうに「部落」を「方部」に言い換えたところが多い。ほとんどの人がこれを方言だと気づいていない。役所や学校から流れてくるので、方言だとは思わないのだろう。

〈気づかない方言による誤解〉

東京出身の教師が浜通りの小学校に赴任してきた。子どもたちから「先生、いっしょに、はねっぺ」と言われ、ジャンプしたら笑われたという。「はねる」は「走る」という意味だった。その教師がのちに会津の小学校へ転勤したとき、走ることを「とぶ」と言うので、さらに驚いたという。

ある転校生が「テストを早くあげなさい」と教師に言われ、そのことばに温情を感じ、早く仕上げようと粘っていたら、「さっさとあげろ！」と怒鳴られたという。「あげる」は「仕上げる」ではなく、「提出する」という意味だった。

〈若者も使う気づかない方言〉

例文早ぐとんでこー（＝早く走って来い）
＊浜通り・中通りでは「はねる」。

なーしょ……［浜・中］苗代。
例文**うっしょのなーしょさ、行ってくっから**（＝裏の苗代に、行ってくるから）

にしゃ CD……おまえ。
＊「なーしろ」とも。
例文**にしゃも食え**（＝おまえも食べろ）
＊会津では「にす」「にし」とも。

ねっぱす CD……はる。のり付けする。
例文**封筒に切手をねっぱす**（＝封筒に切手をはる）

はだづ……始める。
例文**そろそろ仕事、はだづべ**（＝そろそろ仕事、始めよう）

はなグら CD……いびき。
例文**あんにゃのはなグら、せづねくてねらんにぇがった**（＝兄のいびきが、うるさくて眠れなかった）

ばっち CD……末っ子。
例文**おらいのばっちは中学生だ**（＝うちの末っ子は中学生だ）
＊「ばっちこ」とも。

ばやっこ……奪い合い。
例文**ばやっこしねえで仲良く食え**（＝奪い合いしないで仲良く食べろ）
＊「ばえっこ」とも。

はらくっち……満腹だ。
例文**いっぺ食ったがら、はらくっちぐなった**（＝いっぱい食べたから、満腹になった）
＊「はらーくっちゃい」とも。

ひまだれ……無駄な時間つぶし。
例文**お客さん来て、ひるまっからいっぺひまだれした**（＝お客さんが来て、午後からずっと無駄な時間を費やした）

ひんのめー……午前中。
例文**この仕事は、ひんのめーにでがす**（＝この仕事は、午前中に仕上げる）

ぶすぐれる……ふくれっ面をする。
例文**おごらっちゃがらって、いづまで**

・「いたましい（＝もったいない）」
・「かして（＝どいて）」
・「あやまった（＝まいった）」
・「あるっていく（＝歩いていく）」
・「ごはんをわける（＝取り分ける）」
・「見たときある（＝見たことがある）」
・「のっぱぐる（＝乗り遅れる）」
・「こまかにする（＝両替する）」
・「バスからおちる（＝下車する）」

◎その他の方言
いやしこ—食いしん坊。「おらいのわらしは、いやしこだがら、しょーしごど（＝うちの子どもは、食いしん坊だから、恥ずかしいこと）」＊「いやしっこ」とも。
おへらった—日が沈んだ。「おへらったがら、えーさけーっぺ（＝日が沈んだから、家に帰ろう）」

もぶすぐっちぇんな（＝怒られたからって、いつまでもふくれっ面をしているな）

ぶんずいろ……山ぶどう色。
例文 **寒くて唇がぶんずいろんなってきた**（＝寒くて唇がくすんだ紫色になってきた）

へでなし CD……いいかげんなこと。
例文 **へでなし、かだってんでねーど**（＝いいかげんなこと、言ってるんじゃないぞ）

ぽーぽい CD……[浜]あたたかい。
例文 **やぎいも、ぽーぽいうぢにあがれ**（＝焼きいも、あたたかいうちに食べなさい）

ぼっこ……[会]下駄にくっつく雪。
例文 **玄関の前でぼっこ落どせ**（＝玄関の前で履物の雪を落とせ）

ぼっこす……壊す。
例文 **あだらし花瓶だがら、ぼっこすなよ**（＝新しい花瓶だから、壊すなよ）

ほまぢ CD……へそくり。
例文 **このくづは、ばーちゃんのほまぢで買ってもらった**（＝この靴は、おばあさんのへそくりで買ってもらった）

ほろぐ……落とす。
例文 **どごさが財布ほろった**（＝どこかに財布を落とした）

まガる……[会]おじぎする。
例文 **先生さ会ったら、ちゃんとおまガりしろ**（＝先生にお会いしたら、きちんとおじぎをしろ）

まじっぽい CD……まぶしい。
例文 **今日のおてんとさまは、まじっぽいなあ**（＝今日の太陽は、まぶしいなあ）

までー……ていねい。
例文 **仕事は、までーにやれよ**（＝仕事は、ていねいにやれよ）
＊会津では「ねつい」。

まやう CD……[浜・中]弁償する。
例文 **わーでぼっこしたガラスだがらまやえよ**（＝自分でこわしたガラスだから弁償しろよ）

おわいなんしょ[会]―よくおいでくださいました。
きかんぼ―腕白。「おらいのわらしは、きかんぼで困る（＝うちの子どもは、腕白で困る）」
ごっつおー―ごちそう。「東京がら孫だぢ来たがら、たんとごっつおーしてやっぺ（＝東京から孫たちが来たから、たくさんごちそうしてやろう）」
じょーさね―たやすい。「ほんな仕事は、じょーさね（＝そんな仕事は、たやすい）」
すっけ―酸っぱい。「この梅干しは、すっけなあ（＝この梅干しは、酸っぱいなあ）」＊「すかい」とも。
たがと―大根おろし。「たがとで、まんま食うべ（＝大根おろしで、ごはんを食べよう）」
でだす―出発する。「時間だがら、そろそろでだすべ（＝時間だから、そろそろ出発しよう）」
とびっくら[会]―かけっこ。「運動会のとびっくらでは一番だ（＝運動会のかけっこでは一番

＊会津では「まよう」。

むグすCD……漏らす。

例文**むグさねように、便所さ行っておげ**（＝漏らさないように、便所に行っておけ）

むじる……[会]曲がる。

例文**あの角を右さむじっと家がある**（＝あの角を右に曲がると家がある）

＊「むずる」とも。

めんゲー……かわいい。

例文**あづぐの嫁は、めんゲーややなした**（＝あそこの嫁は、かわいい赤ん坊を産んだ）

＊「めんゴい」とも。

もじゃぐる……丸めて、しわくちゃにする。

例文**紙をもじゃぐって、ごみ箱さなゲろ**（＝紙を丸めて、ごみ箱に捨てろ）

＊「なげる」は「捨てる」こと。

やーべ……[中・会]行きましょう。

例文**いっしょにやーべ**（＝いっしょに行きましょう）

＊「あいべ」とも。

ややCD……赤ん坊。

例文**となりの嫁は、まだややなしただ**（＝となりの嫁は、また赤ん坊を産んだ）

＊「ややっこ」「おどっこ」とも。

らいさま……雷。

例文**らいさまんとぎは、いなびかりがおっかね**（＝雷のときは、稲妻が怖い）

んぶう……背負う。

例文**やや、んぶって、はだらぐ**（＝赤ん坊を、背負って、働く）

＊「おぶう」とも。

んめー……うまい。

例文**やっぱし福島のもんもは、んめーなあ**（＝やっぱり福島の桃は、うまいなあ）

＊もんも（＝桃）。

だ）」＊浜通り・中通りでは「はねっくら」。

ほいちょー包丁。「このほいちょは、よく切れる（＝この包丁は、よく切れる）」＊「ほいじょ」とも。

みだぐねー見苦しい。「わげーもんは、みだぐね格好してんなあ（＝若者は、見苦しい格好をしているなあ）」＊「みったぐね」とも。

やっこいーやわらかい。「はーわりがら、やっこいものしか食わんにぇ（＝歯が悪いから、やわらかいものしか食べられない）」＊「やっけー」とも。

あいさつ（相馬地方）

朝＝はえーなー

夕方＝おばんです・おばんかだ

別れ＝んじゃーまだなー

感謝＝どーもなー

訪問＝いだがー

関東・甲信越

茨城県 CD 8

県央＝水戸市、笠間市、城里町など
県西＝筑西市、下妻市、古河市など
県南＝土浦市、牛久市、取手市など
県北＝日立市、高萩市、大子町など

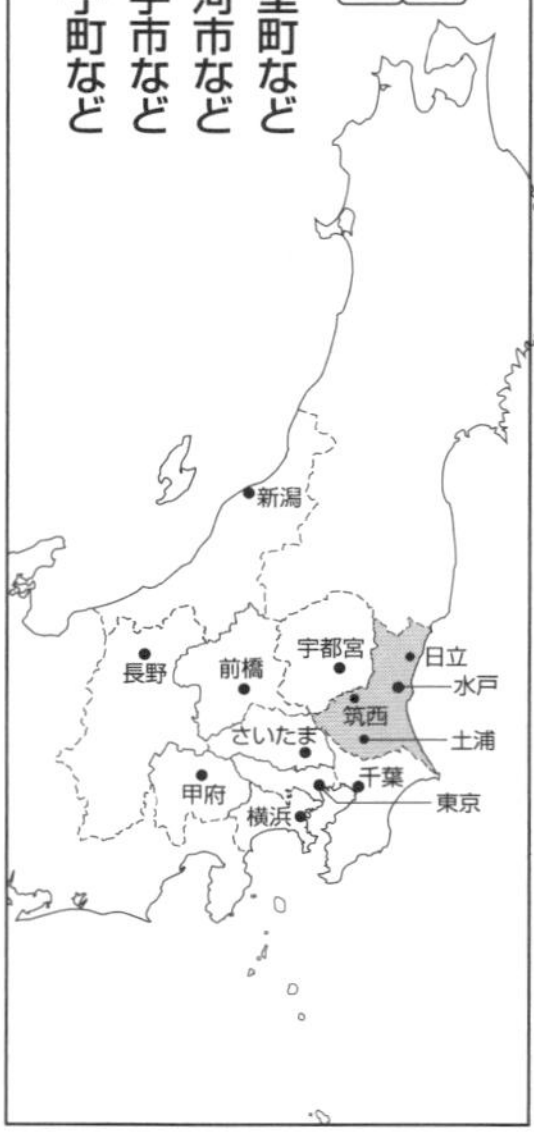

あえぁー……あいだ。すき間。

例文 **えんぴづ、つくえのあえぁーがら、おっこっちったんだ**（＝鉛筆が机の間から落ちてしまったんだ）

あえぶ……歩く。歩いて行く。

例文 **そんなごどしてねで、はやぐあえばっしょ**（＝そんなことしてないで、早く歩きなさい）

あおなじみ……青あざ。

例文 **あし、つぐえさぶっつげで、あおなじみできちゃった**（＝足を机にぶつけて青あざができてしまった）

あっぱとっぱ……あわてふためく様子。

例文 **きゅーにきゃぐきたもんだがら、あっぱとっぱしちゃったよ**（＝急にお客が来たのであわててしまったよ）

あます CD……吐く。

例文 **気持ぢ悪ぐなったらー、あましてもかまねど**（＝気持ち悪くなったら、吐いてもかまわないよ）

あまだ……たくさん。

例文 **きょーでぁー、あまだあずばってるわ**（＝兄弟がたくさん集まっているよ）

あらえまで……食事の後、食器などを洗い片づけること。

例文 **あらえまでやんなくちゃなんねん**

茨城の方言

◎県内の地域差

茨城県は関東地方と東北地方をつなぐ位置にあり、二つの地方の方言的特色を反映しているが、全体に音声や文法の県内の地域差は少ない。アクセントは、波崎や県西の一部を除いて、「雨」と「飴」などを区別しない無形アクセントであり、また、カ行・タ行の濁音化も県南の一部を除いてほぼ全県域でなされ、これらは南部東北方言の特色と共通する。「オッタデル（＝立てる）」、「ブッカレル（＝壊れる）」など、接頭語「オ」「ブ」の使用が盛んで、これは関東方言の特色と共通する。一方個々の語彙では地域差があり、例えば、「氷柱《つらら》」は県西県南では関東方言系の「アメンボー」系、県央では共通語の「ツララ」系、県北では東北方言系の「シガンボー」「サガンボー」などが分布する。また、「まな板」を意味す

だよ（＝食事の後片付けをしなければならないんだよ）

えぎっぽあガる……元気がでる。

例文 **ぐえぁーわるがったけど、梅酒のんだらえぎっぽあガってきた**（＝体の調子が悪かったけれど梅酒を飲んだら元気が出た）

えし CD ……［県西・県南］おまえ。

例文 **えしゃー、どごさえってだんだ**（＝おまえは、どこへ行っていたのだ）

えしこえ……よくない。悪い。

例文 **すグこわれちって、えしこえおもちゃだな、これ**（＝すぐに壊れてしまって出来の悪いおもちゃだなこれは）

えじやげる……怒りがこみあげる。腹が立つ。

例文 **あえづのごどかんガえっと、えじやげでしゃーねー**（＝あいつのことを考えると腹が立ってしょうがない）

おぎむぐれ……起きたばかり。

例文 **おぎむぐれのかおなんか、みらったもんじゃねーよ**（＝起きたばかりの顔は見られたものではないよ）

おげはぐ……ご機嫌とり。

例文 **あのしとは、おげはぐばがり、ゆってるわ**（＝あの人はご機嫌取りばかりいっているよ）

おしゃらぐ CD ……おしゃれ。

例文 **おしゃらぐばっかりして、なんにもやんねよ**（＝おしゃればかりしていて、何もやらないんだよ）

おじる……［除県西］降りる。

例文 **雨でかえだんすべっから、きーつけでおじろ**（＝雨で階段が滑るから気をつけて降りろ）

おどめ……赤ちゃん

例文 **○○さんどごの△△ちゃん、おどめなしたんだど**（＝○○さんの所の△△ちゃん、赤ちゃんを産んだそうだよ）

がーだぐ……［県北・県央］がらくた。

例文 **がーだぐあずべで、もしちぇー**（＝がらくたを集めて、燃してしまおう）

る語は県北で「キリバン」、県央で「マナエダ」、県西県南で「サエバン」で、これは県内でほぼ区域ごとに対立を示している。語彙は総じて県西県南では関東方言的特色が強く、県北では東北方言的特色が強い。

◎文法的な特色

〈推量表現〉

推量をあらわす表現は「〜べ」「〜ぺ」である。体言から続く場合は「〜だっぺ」となる。

〈動詞の一段化〉

カ変動詞「クル（＝来る）」は「キネー（＝来ない）」「キットギ（＝来る時）」など、語幹が「キ」となり、一段活用化がすすんでいる。ただし、命令形は「コー（＝来い）」である。サ変動詞「スル（＝為る）」も「シッケド（＝するけれど）」など一段活用化して用いられることが多い。また、共通語では五段活用であるが、茨城方言では一段活用になっている動詞がある。「ウギル（＝浮

がさばる……[県北]威張る。
例文 **ふたんじ、くんで、がさばってんだわ**(＝二人で組んで威張っているんだ)

がだげ CD……お椀一杯分。食事一回分。
例文 **そんだげあれば、ひとがだげぶんぐれーあっぺ**(＝それだけあれば食事一回分ぐらいあるだろう)

かちける……[県北]かじかむ。
例文 **てぶくろしてねーど、てガかちけてしょーねーよ**(＝手袋してないと、手がかじかんでしょうがないよ)

かっちゃぐ CD……引っかく。
例文 **ねごめに、てーかっちゃがれだ**(＝猫に手を引っかかれた)

かっぽる……捨てる。
例文 **そんてなえしけーの、かっぽっちめー**(＝そのようなよくないものは捨ててしまえ)

かむ CD……匂いを嗅ぐ。
例文 **くさってっかどーが、かんでみろ**(＝腐っているかどうか、においを嗅いでみなさい)

かんまーす……掻き回す。
例文 **よぐかんまーさねげ、かだまっちゃーど**(＝よく掻き回さなければ固まってしまうぞ)

きーだ……困る様子。後悔する様子。
例文 **えや、きーだよ、やんねばよがったよ**(＝いや困ったよ、やらなければよかったよ)

〜グし……〜ごと。
例文 **このさがな、ほねグしたべられるわ**(＝この魚は骨ごと食べられるよ)

くっちゃべる CD……しゃべり放題にしゃべる。
例文 **あづばってなんだかんだかくっちゃべってっとー、せーせどするわ**(＝集まってあれこれとしゃべっていると気持ちがはれるよ)

けぁーっちょ……逆。裏返し。
例文 **ふぐ、けぁーっちょにきてるわ**(＝服を裏反しに着ているよ)

けげず……[県北]とんぼ。

く)」「スキル(＝透く)」「ニラベル(＝睨む)」など。

〈敬語表現〉
敬語表現は少ない。「〜ショ」(アガラッショ)、「〜ナンショ」(オアガリナンショ)、「〜ラッショ」(デデキラッショ)、「〜ヤンス」(ナンデヤンス)など、丁寧表現に限られる。

〈助動詞〉
「ワスレチッタ(＝忘れてしまった)」などの「〜チッタ(＝〜てしまった)」は最近若い人の間で使われるが、茨城では以前からあり大正生まれの人ぐらいから見えるようである。

〈助詞〉
助詞「〜を」の意味で、「〜ゴド」が使われることがある。「○○ゴド、ツレデンベ(＝○○を連れて行こう)」。引用の助詞「〜と」や擬音語擬態語に付く「〜と」を「〜リ」ということがある。「ダメダーリ、ユッテダワ(＝だめだと言っていたよ)」「バダーリ、タオレダ(＝ばたっ

例文 けげずめとりにえグベ（＝とんぼ取りに行こう）

ごじゃっぺ CD……でたらめ。いい加減。

例文 **あえづはごじゃっぺで、あれじゃ信用なぐすのもしかだね**（＝あいつはでたらめで信用をなくすのもしかたがない）

こわえ CD……疲れるさま。

例文 **こわえがら、そごらでやすんぺよ**（＝疲れたからそのあたりで休もうよ）

～さげ……～さえ。

例文 **つるでさげ、おんガえしするっちゅーのによ**（＝鶴でさえ恩返しをするというのになあ〈何であいつはしないのだ〉）

さっつぇーなし……[除県西]おっちょこちょい。考えなし。

例文 **あえづはさっつぇーなしだがら、うっかりしゃべらんねーぞ**（＝あいつはおっちょこちょいだからうっかり話せない）

さぶろー……スコップ。

例文 **さぶろー、どごさえったがしんねが**（＝スコップ、どこにあるか知らないか）

しみじみ……しっかり。ちゃんと。

例文 **さぼってねーで、しみじみやれ**（＝さぼっていないでしっかりやりなさい）

しもゲる……寒さで野菜などがいたむ。

例文 **さづまはとぐに、しもゲんのガはやえんだ**（＝さつまいもは特に寒さでいたむのが早いんだ）

しゃでー……弟。

例文 **しゃでーのほーは、えま、なにやってんの**（＝弟さんのほうは今なにをやっているの）

じゃんぼ CD……葬式。

例文 **あそごのうぢじゃー、じゃんぼできた**（＝あそこの家で葬式ができた）

＊「じゃーぼ」とも。

～すける……助ける。一緒に行う。

例文 **えーべよ、えっしょにえってすけろよ**（＝いいだろう、一緒に行ってく

と倒れた）」「グーリ、ヒッパル（＝ぐいっと引っ張る）」など。

〈接頭語〉

接頭語の使用が盛んである。「オッ」（オッカブセル＝被せる）、「オン」（オンノマル＝埋まる）、「カッ」（カッチラガス＝散らかす）、「ブッ」（ブッカス＝壊す）、「ブン」（ブンヌゲル＝抜ける）、「プッ」（プットス＝刺す）など。

〈接尾語〉

動物や虫の名に「～メ」が付く。「ネゴメ（猫）」「タヌギメ（狸）」「ヘァーメ（蠅）」「カンメ（蚊）」「バヂメ（蜂）」「エナシメ（蛞蝓《なめくじ》〈家無し奴〉）」など。

擬音語・擬態語に付く接尾語に「～スカ（スッカ）」がある。「ガダスカ」「ギャースカ」「キャンスカ」「ゴジャスッカ」「ボンスカ」「バッタスッカ」など。「ガダスカガダスカ、ウッセァーゾ（＝ガタガタとうるさいぞ）」など繰り返して使われることが多い。

れよ）

＊「〜つける」とも。

すてぎもねー CD……この上ない。すばらしい。

例文 **すてぎもなぐえーふぐきてんねー**（＝すばらしくいい服を着ているね）

ずのぼせ……自慢していい気になる。

例文 **しってっからって、ずのぼせやガんじゃねー**（＝知っているからといって、自慢していい気になるなよ）

すみ……［県西］電池。

例文 **うゴがねな、すみきれだがな**かな（＝動かないなあ、電池がなくなったかな）

せづなえ① CD……貧しい。

例文 **とーちゃんはやぐにしんでー、せづねーくらししてんだど**（＝父さんが早く亡くなって貧しい暮らしをしているそうだ）

せづなえ②……悲しい。

例文 **息子らでぎガわるくてせづなえ**（＝息子たちの出来が悪くて悲しい）

そじる……［県南］口の中がただれる。

例文 **あづくって、べろそじっちゃった**（＝熱くて、舌がただれてしまった）

そべーる……甘える。

例文 **このこども、そべーでばがりで、しょーねな**（＝この子どもは甘えてばかりでしょうがないよ）

だす CD……［県西・県南］やる。与える。

例文 **これ、だすがらもってゲ**（＝これをやるから持っていきなさい）

ちぐ CD……嘘。

例文 **あっちこっちでー、ちくぬえでんだど**（＝あちらこちらで嘘をつきまわっているのだそうだ）

ちょーろぐ……まともであること。

例文 **年で新聞もちょーろぐにめーねーよ**（＝年を取って新聞もまともに見えないよ）

つっぺーる……水にはまる。

例文 **あそごの水溜まりさー、つっぺーっちゃった**（＝あそこの水溜まりにはまってしまった）

◎**気づかずに使う方言**

コム—洗濯物を取り込む。「アメフッテキタガラ、コメ（＝雨が降ってきたから洗濯物を取り込みなさい）」

チョーシコム—生意気な態度をする。「チョーシコムジャネーヨ（＝生意気な態度をするな）」

〜ハグル—あやうく、しそうになる。「シギハグッタヨ（＝あやうく死ぬところだったよ）」

ヒヤス—水につける。「タベオワッタラ、ヒヤシトゲ（＝食べ終わったら〈食器を〉水につけておきなさい）」

ムギオゴス—気に入らないことがあって怒り、不機嫌になる。「ムギオゴシテデ、ヨバッテモコネー（＝不機嫌になって、呼んでも来ない）」

◎**文学作品にあらわれる方言**

長塚節《たかし》の長編小説『土』（明治四三年　東京朝日新聞連載、明治四五年　春陽堂刊）は当時の農民の生活を描写した農民文学

てーら CD……〜の人たち。

例文 **これがらは、わげーてーらにまがせっぺ**（＝これからは若い人たちにまかせよう）

でご……太っている様子。

例文 **なんてでごだっぺ、あのしと**（＝なんて太っているのだろう、あの人は）

でごじゃれる……〔県央・県南〕形が崩れる。失敗する。

例文 **おむれづ、でごじゃれちゃった**（＝オムレツ、〈きれいに作ろうとしたが〉形が崩れてしまった）

でゴひゴ①……不揃いな様子。

例文 **つぐえでゴひゴだがら、そごなおせ**（＝机がそろっていないから、そこを直しなさい）

でゴひゴ②……迷う様子。

例文 **えグべが、えガめが、でゴひゴしちゃったよ**（＝行こうか行くまいか、迷ってしまったよ）

ですっぱギ……でしゃばり。

例文 **あのしとは、ちんちぇーとぎがらですっぱギで、なおんねよ**（＝あの人は小さいときからでしゃばりで直らないよ）

でほーらぐ CD……でまかせ。でたらめ。

例文 **まだ、でほーらぐばがりゆってるわ**（＝また、でたらめばかりしゃべってるよ）

なす……生む。

例文 **とりめガーたまゴなしたわ**（＝ニワトリが卵を生んだよ）

なすける……責任をなすりつける。

例文 **人さ、なすけんじゃねーよ**（＝人に責任をなすりつけるんじゃないよ）

のざぐ……喉に食べ物がつかえる。

例文 **えそえでたべで、のざぐな**（＝急いで食べて喉につかえてむせるな）

はー① CD……もう。

例文 **なに、はーおわったんか**（＝なに、もう終わったのか）

はー②……感心・驚きの声。

例文 **えや、はー、たえしたもんだね**

の傑作として知られるが、農民の言葉も写実的に描き出している。例えば、

「ほんによな、痛《えた》かっぺえなそりゃ、そんでもおっかあが居ねえから働かなくっちゃなんねえな」（六）

「おおえや、たえしたもんだね、これ塩だんべけまあ、見てえたって見らっるもんじゃねえよ」（二〇）

など、その頃の茨城方言の姿が活写されている。農民のありのままの姿を描くには、言葉もそのまま写さなければならなかったのだろう。節は結城郡岡田村国生《こっしょう》（現常総市国生）の出身。この『土』をもとに独自に戯曲化した伊藤貞助の『土』（昭和一二年）は、全編茨城方言の会話体で書かれている。節の短編小説『芋掘り』『利根川の一夜』などの他に、下村千秋『旱天実景』（大正一五年）、犬田卯《しげる》『米』（昭和一五年）などにも茨城方言が見られる。

(＝まあほんとに立派なものだね)

ばーさらげる……髪の毛などが乱れる。

例文 **ばーさらげだあだましてあるってるわ**(＝乱れた髪の毛をして歩いているよ)

はギる……毛先・枝先などを切る。

例文 **あだまみちかぐはギってこー**(＝髪の毛を短く刈ってこい)

ぱすぱす……やっと。ぎりぎり。

例文 **おぐれっかどおもったけど、ぱすぱすまにあった**(＝遅れるかと思ったけれど、ぎりぎり間に合った)

～はだる……～始める。

例文 **さめねうぢ、たべはだったらがっぺ**(＝冷めないうちに、食べ始めたらいいでしょう)

＊「～はだづ」とも

ひでーなし……くだらないこと。

例文 **ひでーなしばがりゆってんじゃねーよ**(＝くだらないことばかり喋ってるんじゃないよ)

ひとまめ……人見知り。

例文 **あのこども、ひとまめしてべそかえでるわ**(＝あの子どもは人見知りをして泣いているよ)

ふだに……たくさん。

例文 **ほーれんそー、ふだにあっから、たべでくんちょ**(＝ほうれん草がたくさんあるから食べてください)

ふったげる……火を焚きつける。風呂を沸かす。

例文 **ひー、ふったげろ**(＝火を焚きつけろ)／**ふろ、ふったげどげ**(＝風呂を沸かしておけ)

ぶっちめる……指をはさむ。

例文 **とぼーさゆびぶっちめで、えでくてしゃーね**(＝戸に指をはさんで痛くてしょうがない)

ぶでねー……気の利かない様子。

例文 **こんどはえってきたやづは、ぶでねーな**(＝今度入社してきたやつは、気が利かないな)

へずまんねー……本当につまらない。

◎「怒っている」ような茨城弁

茨城に転勤した人が事務室を訪れ用件を申しでたところ、事務の人が怒りだしたので驚いたという。茨城生まれの事務の人は、ふつうに手続きの説明をしただけなのだが、他県の人にはその言い方が怒っているように聞こえるらしい。

◎茨城弁の「べ」「ぺ」「だっぺ」

茨城方言の中で目立って耳に付く言葉は「べ」「ぺ」「だっぺ」であろう。「べ」は古語「べし」から変化しさらに「ぺ」「だっぺ」となったが、ここまで変化したのは茨城県と隣接する一部地域だけであり、「ぺ」「だっぺ」はまさしく茨城らしい言い方だといえるだろう。ところが、県南県西の一部でさらに「へ」「だへ」「だっへ」と発音する人が出てきた。主に四〇代以下の人に見られるが、唇音の「ぺ」から喉音の「へ」への変化には驚かされるものがある。

例文 へずまんねーのみでねで、ねっちめぁー（＝つまらない〈テレビ番組を〉見ていないで、寝なさい）

ほーろぐ CD……払い落とす。

例文 そどでほごりほーろえでがらながさはえれ（＝外で埃を払い落としてから家の中に入れ）

ほゲほゲ……腹いっぱい。

例文 ほゲほゲたべらっしょ（＝腹いっぱい食べてください）

ましょー……まともである様子。

例文 あのしとはましょーなごどゆーね、感心したわ（＝あの人はまともなことを言うね、感心したよ）

まで……［県北］仕事が丁寧な様子。

例文 あのしとのしゴどは、までだね（＝あの人の仕事は丁寧だね）

まるぐ CD……束ねる。

例文 えなわら、まるったらよがっぺー（＝稲わらを束ねたらいいだろう）

みグせー……見苦しい。

例文 みグせーふぐきて、あるいでるわ（＝見苦しい服を着て歩いているよ）

むそえ CD……持ちがよい。

例文 まづぼんぼガまざってっとー、むそくてえーんだ（＝松の落葉に松笠が交じっていると火の持ちがいいんだ）

めめぐる……芽を出す。

例文 まーた、めめぐんねな、ほっくりかえしてみでみっか（＝まだ、芽を出さないね、掘り出して見てみようか）

める……減る。

例文 米、もっとあっとおもってだら、めっちゃったよ（＝米がもっとあると思っていたら減ってしまったよ）

めんどかんど……目が回るほど忙しい様子。

例文 今日は、めんどかんどしちゃったよ（＝今日は忙しくて目が回るほどだったよ）

よっこより……寄り道。

例文 よっこよりして、やまんながさへぁーって弁当たべだ（＝寄り道して山の中に入って弁当を食べた）

◎方言意識

茨城県人の方言についての意識・関心は高いとはいえない。むしろ「イバラギノ　コドバハ　エシコエ　コドバダ」と、自らの言葉を汚く感じ劣等感を持っている人が多い。それでも、日立市の常陸多賀駅前では昭和四八年から「よかっぺまつり」が行われ、駅前の通りが「よかっぺ通り」と称されるようになるなど、方言がイベントに利用され定着を見た。また、平成一四年には「正調茨城弁大会」（大好きいばらき県民会議主催）が開催され、方言を見直そうという意識が芽生えつつある。

あいさつ（城里町）

朝＝おはよござんす
夕方＝おばんです・おばんかだ
別れ＝さえな
感謝＝ありがとござんした
訪問＝こんちわ・えだのげ

関東・甲信越

栃木県

CD⑨

県北＝那須塩原市、太田原市、矢板市など
県中＝宇都宮市、鹿沼市、真岡市、日光市など
県南＝足利市、佐野市、栃木市、小山市など

あっかあっか CD……［県中］冷や冷やする。
例文 **何をいー出すかわがんねーと思って、あっかあっかしてたよ**（＝何を言い出すかわからないと思って、冷や冷やしてたよ）

あったらもん……［県北・県中・県南］惜しむべき物。大切な物。
例文 **この古い帯は、あったらもんだからすてんなよ**（＝この古い帯は大切な物だから捨てるなよ）

あってこともねー CD……［県北・県中・県南］とんでもない。
例文 **車がぼっこれて行げなくなっちゃって、あったこどもねーこどんなっちゃってさ**（＝車が故障して行けなくなって、とんでもないことになってさ）

あらいまで……［県北・県中・県南］食器洗い。
例文 **今日はおっかーがいねから、あらいまででもやっかー**（＝今日は女房がいないから、食器洗いでもやるか）

うっつぁしー CD……［県中・県南］うるさい。やかましい。
例文 **しつっけーへーがいて、うっつぁしくってしゃーね**（＝しつこい蠅がいて、うるさくてしょうがない）

えっちかる……［県北・県中・県南］

栃木の方言

◎特色

（区画）

栃木県の方言は、アクセントを除いて、おおむね宇都宮市を含むその北方の方言（県北方言）と、南方の方言（県南方言）とに分けることができる。県北方言は東北的方言に近く、県南方言は関東的方言に近い。これらの特徴は音声・文法・アクセント・語彙等に顕著にみられる。

〈音声〉

（中舌母音）

県北方言では、「イ」という音と、「ウ」という音が中舌化する。そのために「寿司」は「スス」、「地図」は「ツズ」のようになり、「イ」と「ウ」が区別しにくくなる。ただ中舌化する程度がよわいため、「寿司」を「スス（＝煤）」と聞き違えたり、「地図」を「知事」と聞き違えたりすることはほとんどない。県南方言の母音には、中舌化現象は起こらな

座る。腰を下ろす。
例文 **石の上にえっちかって、ひと休みすんべー**（＝石の上に腰を下ろして、ひと休みしましょう）

おっける……［県北・県中・県南］倒れる。転ぶ。
例文 **台風で物置小屋がふっとんじゃーし、おっきな木もおっけされ、てーへんなこどんなっちゃった**（＝台風で物置小屋が吹き飛ばされ、大きな木も倒され、大変なことになってしまった）

おっぺしょる……［県中・県南］折る。曲げる。
例文 **花がきれーだがらって枝おっぺしょるなよ**（＝花がきれいだからといって枝を折るなよ）

がしょーき……［県南］がむしゃら。無鉄砲。向こう見ず。
例文 **あの男はがしょーきだがら、やることなすこと何でも荒っぽくってね**（＝あの男は無鉄砲だから、やることは何でも荒々しくてね）

かっぽろぐ……［県中・県南］揺り動かす。ゆする。
例文 **栗の木をかっぽろぐのはえーけど、頭にえがおっこってくっからきーつけろ**（＝栗の木をゆするのはいいが、頭に毬《いが》が落ちてくるから気をつけろ）

かんぞ CD……［県北・県中］かわいがること。大事にすること。
例文 **かんぞかんぞしてやっから、泣ぐんじゃねーよ**（＝いい子だ、いい子だ、とかわいがってやるから、泣くんじゃないよ）

きどころね CD……［県北・県中］仮寝。うたたね。
例文 **夏は日がなげーがら、きどごろねすっとからだにえーよ**（＝夏は日が長いから、仮寝するとからだにいいよ）

ぎゃーに……［県中の一部］あまり。
例文 **ふぬけだからといって、ぎゃーに馬鹿にすんな**（＝いくじなしだからといって、あまり馬鹿にするな）

くさる……［県中・県南］濡れる。

い。

（連母音の融合化）
・語中語尾の連母音［アイ］・［アエ］は［エー］となる。
例＝大根→［デーコン］　蛙→［ケール］　赤い→［アケー］
・語中語尾の連母音［オイ］は［エー］となる。
例＝黒い→［クレー］　白い→［シレー］　面白い→［オモシレー］
・語中語尾の連母音［ウイ］は［イー］になる。
例＝寒い→［サミー］　悪い→［ワリー］　低い→［ヒキー］

（イとエの区別が曖昧）
「机」をツクイと発音し、「地域」をチエキと発音するなどイとエの区別が曖昧である。人によってはイとエの中間音になることもある。「衆議院議員」「参議院議員」がシューギエンギエン・サンギエンギエンになったりする。イがエになり、エがイになっても誤解をまねくことはないが、○○学院を○○ガクエ

例文 **雨に降られてきもんがくさっちゃった**（＝雨に降られて着物が濡れてしまった）

くちゃぐる CD ……［県北・県中］目を閉じる。目をつぶる。

例文 **そーだにめーくちゃぐっちゃー、目薬はへーんめー**（＝そんなに目をつぶったら、目薬が入らないでしょう）

くものえず……［県北・県中・県南］蜘蛛《くも》の巣。

例文 **どんぶがくものえずにひっかかって、ばたばたもがいてんだんべー**（＝蜘蛛の巣にとんぼがひっかかって、ばたばたもがいているんだろう）

ごじゃっぺ CD ……［県北・県中］うそ。

例文 **そんなごじゃっぺだれが本気にすっか**（＝そのような嘘をだれが本気にするものか）

ごせーやける……［県中］腹が立つ。怒る。

例文 **人のざんぞーしかいえねーやつにはごせーやけてしゃーね**（＝人の悪口しか言えないやつには腹が立ってしょうがない）

こっぺくせー……［県北・県中］ませている。おとなじみている。

例文 **この女の子は、おしれなんかつけて、なんぼこっぺくせーんだが**（＝この女の子は白粉などつけて、なんとませていることか）

ざっぽい……［県南］露っぽい。

例文 **あさっぱら、田んぼのあぜ道がざっぽかったもんだがら、膝っかぶから下がびっちょりになっちゃった**（＝朝、田のあぜ道の草が露っぽかったものだから、膝下がびっしょりになった）

じかきむし CD ……［県中］みずすまし。

例文 **田んぼん中でじかぎむしが、いせーよくぐるぐるまーってらー**（＝田んぼの中でみずすましが勢いよくくるくる回っているよ）

じごくのかぎっつるし……［県北・県中・県南］杉菜。

例文 **じごくのかぎっつるしの根っこは、**

ン、○○学園を○○ガクインというと誤解が生じやすい。

（語中・語尾のガ行音）

県北地域はガ行音がすべて鼻音になり、「鏡」「東」は「カカ゚ミ」「ヒカ゚シ」と発音される。対して県南地域はガ行音がすべて破裂音になり、「カガミ」「ヒガシ」と発音される。

〈文法〉

（推量の助動詞「べー」）

「べー」は、動詞・形容詞に接続して推量・勧誘・意志などの意を表す。同じ推量の助動詞に「ダンベー」があり、動詞・形容動詞に接続する。「べー」が推量・勧誘・意志などを表すのに対して、「ダンベー」は推量のみである。

（助詞「サ」）

場所・方向などを指示する助詞「サ」は、真岡市の南東から旧足尾町を除く日光市の南西を結ぶ線の北東部（宇都宮・鹿沼・日光・さくら・大田原など）に分布する。「机の上サ本を置く」

深くて多くて取り尽くせるもんじゃーねーよ（＝杉菜の根は、深くて多くて取り尽くせるものではないよ）

じなる……［県北・県中・県南］怒鳴る。

例文 **水わすらをしていると、きもんがくさるといって、とーちゃんがじなった**（＝水をいたずらしていると、着物が濡れるといって、お父さんが怒鳴った）

じゃんぼん CD……［県北・県中・県南］葬式。

例文 **じゃんぼんには、引き出物にでっけーじゃんぼん饅頭がでたったねー**（＝葬式には引き出物に大きな葬式饅頭がでたね）

ずずねー CD……［県中・県南］ぞくぞくする。

例文 **葉っぱのうらにずずねーほど毛虫がいたったね**（＝葉っぱの裏側にぞくぞくするほど毛虫がいましたね）

せーふろ……［県北・県中・県南］風呂。

例文 **せーふろふったけといたから、すぐにひゃれるぞ**（＝風呂に火をつけておいたから、すぐに入れるよ）

せっちょ……［県南］世話をやき過ぎること。おせっかい。

例文 **赤ちゃんをせっちょし過ぎたもんだから、とーとー泣ぎそっぺになった**（＝赤ちゃんにおせっかいをし過ぎたために、ついに泣き出しそうな顔になった）

ぜんて CD……［県南］すっかり。まるで。まったく。

例文 **ズボンがしっつぁばけて、ぜんて使いもんになんねぐなっちゃった**（＝ズボンが破けて、まったく使い物にならなくなってしまった）

そばえる……［県北・県中・県南］甘える。甘ったれる。

例文 **何がやんなんだが子どもは、母親の膝っかぶんとごでそばえてぐじっていた**（＝何が嫌なのか子どもは、母親の膝元で甘えてぐずぐず言っていた）

だいじ……大丈夫。心配がない。

「友達が家サ来る」（以上「サ」は場所を示す）、「東京サ行く」「山サ登る」（以上の「サ」は方向を示す）、「仕事サ行く」「旅行サ行く」（以上の「サ」八目的を示す）等は、衰退の傾向にあるが中・高年齢層で多く使われている。

（接尾語「メ」）

接尾語の「メ」は、牛メ・馬メ・猫メ・兎メ……のように、動物名に付いて親しみを表すため、「親愛の意を表す接尾語の「メ」」と呼んでいる。動物でも「メ」の付く動物は、①小さくて可愛いもの。②普段から見慣れているもの。③古くからその土地に棲んでいるものなどに限られる。パンダのようにいくら可愛い動物であっても、右の条件に合わないので、「メ」を付けて呼ぶことはない。「メ」は鬼怒川沿いとその東部に分布する。鬼怒川の西部にはほとんど存在しないが、その変化形である「べ」や「マ」が、わずかな限られた動物にだけみられる。蝶々に「メ」

例文 今日はあんべがわりーとゆえば、行がなくったってだいじだ（＝今日はからだの調子がわるいと言えば、行かなくても大丈夫だ）

たっぺ……[県南] 霜柱。

例文 今朝はさみーともったら、たっぺがはりやんしたねー（＝今朝は寒いと思ったら、霜柱が立ちましたね）

たなぎねこ……[県南] 人に懐かない猫。人見知りする猫。

例文 薄暗い所で生まれた猫じゃー、たなぎねこになるんだんべー（＝薄暗い所で生まれた猫では、人には懐かない猫になるだろう）

ちくらっぽ……[県中・県南] 嘘。でたらめ。

例文 ちくらっぽゆーと、えんまさまにべろ抜かれるど（＝うそをいうと、閻魔さまに舌を抜かれるよ）

ちっぽけっぽ CD……[県南] 蟻地獄。

例文 ありんどんが、ちっぽけっぽの穴ん中におっこったのを見たよ（＝蟻が、蟻地獄の穴の中に落ちたのを見たよ）

ちゃーる CD……[県中] 捨てる。

例文 ちんこくてめんごい猫なのに、だれがちゃーったんだんべ（＝小さくてかわいい猫なのに、だれが捨てたんだろう）

つっかけまんご……[県南の一部] なすり合い。

例文 としょりの面倒をだれがみるかで、つっかけまんごがはじまった（＝年寄りの面倒をだれが見るかで、なすり合いがはじまった）

つっぺる CD……踏み入る。入る。

例文 ぼやっと歩いてたら、みずったまりにつっぺっちゃった（＝ぼんやり歩いていたら、水たまりに足を踏み入れてしまった）

でっかす……[県北・県中・県南] 出会う。遭遇する。

例文 山ん中で鹿にひょこっとでっかしたので、おったまげた（＝山中で鹿と突然に出会ったので、びっくりした）

「ベ」「マ」が付くのは、佐野市の北部で、蝶々メ・蝶々ベ・蝶々マなどと呼んでいる。

（「マサカ」の下には形容詞を伴う）

　マサカは、とてもとか非常にの意。下に形容詞または形容動詞などの語を伴い、「マサカ美しい」「マサカ立派だ」などという。状態や心情をさらに強めて表現しようとする場合は、「マッサカ…云々」という。

〈アクセント〉

（大半の地域が無アクセント）

　足利市と佐野市を除く地域はすべて無アクセントである。語中のどの音節が高くまたは低く発音されるか、という決りがないために平板調に聞こえる。

（佐野市は曖昧アクセント）

　東京式アクセントの足利市と、無アクセントに挟まれた佐野市（葛生と多田は除く）は曖昧アクセントである。二音節語のアクセントの高低は、比較的明瞭に発音されるが、多音節語に

てんずだんず……[県北・県中]不揃い。

例文 **髪の長さがてんずだんずじゃみだぐりがわり**（＝髪の長さが不揃いでは見た目がわるい）

とこげる……[県中・県南]腐る。

例文 **ここんとご畳干しをしなかったもんだから、畳がぜんてとこげちゃった**（＝最近畳を干さなかったので、すっかり腐ってしまった）

とどろずく……[県南]あわてる。

例文 **ひょっこら来たんでとどろずいたよ**（＝ひょっこり来たのであわてたよ）

とろっぴ CD……[県中・県南]いつも。

例文 **隣のばーさんはとろっぴあすびにくる**（＝隣のおばあさんはいつも遊びに来る）

ぬすっくらい……[県北・県中]盗み食い。

例文 **戸棚にとっといた饅頭を、ぬすっくらいしたやつは誰だ**（＝戸棚に仕舞っておいた饅頭を、盗み食いしたやつは誰だ）

ねごんぼ……[県北]朝寝坊。目覚めの悪い人。

例文 **あしたなさねごんぼすっと、学校さ遅刻すっかんな**（＝明日の朝朝寝坊すると、学校に遅刻するからね）

ねんじこんじ……[県南]もじもじしているさま。

例文 **ねんじこんじしてっから、しょんべんでもしてんだんべ**（＝もじもじしているから、小便でもしたいのでしょう）

のざえる CD……[県北・県中・県南]（のどに物が）つかえる。ふさがる。

例文 **魚の骨がのどにのざえて、ちくちくしてしゃーね**（＝魚の骨がのどにつかえて、ちくちくしてしようがない）

はだつ……[県北・県中・県南]完成した状態になる。実る。

例文 **小豆ができはだっても、忙しくって取りにも行げねー**（＝小豆できても、忙しくて取りにも行けない）

なると曖昧さが目立つようになる。

（イントネーション）

声の上げ下げをイントネーションといい、親しくない人と話す場合は上昇調にはならないが、親しい人と話す場合は上昇調になる傾向がある。足利市を除く大半の地域は上昇調、つまり尻上がり調になる。一つの文を文節ごと区切ってゆっくり発音すると、文節の末尾音に近づくにつれて音調が徐々に高まる。しかし、各文節を継続的に発音すると、全体的に平板調になるという特徴がある。文節ごとに区切った場合のイントネーションは次の通りである。

①春になると　②桜見物があるので　③今から　④その日が　⑤待ち遠しいんだよ。

右のように文節ごとに区切ると、①の「と」②の「で」③の「ら」④の「が」などがやや高めに発音される。

はなぐら CD……［県北・県中・県南］いびき。

【例文】**酒飲むとはなぐらかぐんでねむれねー**（＝酒を飲むといびきをかくので眠れない）

はんかきらす……［県中の一部］いたずらする。

【例文】**この壁に、はんかきらしたのはだれだ**（＝この壁に、いたずらしたのはだれだ）

ひして……［県北・県中・県南］終日。一日中。朝から晩まで。

【例文】**隣りのおばーさんは、ひしておぎにあすびにやってくる**（＝隣りのおばあさんは、一日置きに遊びに来る）

ひっちょる CD……［県北・県中・県南］背負う。負う。

【例文】**赤っこをひっちょくって野良仕事に出てった**（＝赤ちゃんを背負って野良仕事に出て行った）

ひとかたげ……［県北］一回分の食。

【例文】**米五合あったら、ひとかたげたくさんだんべー**（＝米が五合あったら、一回分の食事は十分に間に合うだろう）

へんげる……［県北・県中・県南］心変わりする。心が一転する。

【例文】**昨日まで賛成していた人が、今日何でへんげっちゃったのかわがんねー**（＝昨日まで賛成していた人が、今日なぜ心変わりしたのかわからない）

ほきる……［県南］（草木が）伸びる。生い茂る。成長する。

【例文】**しばらく草刈りしなかったら、せったけぐれーほきちゃった**（＝しばらく草刈りしなかったら、背丈ほど伸びてしまった）

ぼしょぐされる……［県中］びしょ濡れになる。全身が濡れる。

【例文】**傘を持って行がなかったもんだから、ぼしょぐされになっちゃった**（＝傘をもって行かなかったので、びしょぬれになった）

ぼっとすると……［県北・県中・県

◎無敬語地帯

栃木県は無敬語地帯といわれ、敬語の用法が簡単である。年上の人にも上司にも、あるいは見知らぬ人にも、文末に「～ヤンス」「～ガンス」「～ゴザンス」といずれかを添えて敬意を表わす。これらの語は、一般的に丁寧語として用いるが、方言では尊敬語としても用いる。

「どちらへいらっしゃいますか」は、「どこへ行きヤンスか」という表現になる。

このように敬語表現が発達してない代わりに、「そうケー」のように、語末に「ケー」を添えたり、「ガネ」を添えて話調を和らげる方法が発達している。

◎その他の方言

いっける［県北・県中・県南］―載せる。積む。

えっちける［県南］―載せる。

おけーはく―お世辞。

けったくそわりー―いまいましい。

南〕ひょっとすると。もしかすると。
例文 **きなっくせーがらぼっとすると、はー、食べらんねーかもしんね**（＝焦げ臭いからもしかすると、もう食べられないかもしれない）

まねる CD……〔県北・県中〕告げ口する。言いつける。
例文 **火わすらすっと、父ちゃんにまねてやっかんね**（＝火遊びしたら、父ちゃんに言いつけてやるからね）

みそっつぐ……〔県中・県南〕みそさざい。
例文 **堀っこん中でみそっつぐが、チチッ、チチッと鳴ぎながら飛びまーってた**（＝堀の中でもみそさざいがチチッ、チチッと鳴きながら飛び回っていた）

むせー……〔県北・県中・県南〕長持ちする。容易に減らない。
例文 **この飴はむせーがらなめでがある**（＝この飴はなかなか減らないからなめでがある）

めめくる……〔県中〕芽差す。芽ぐむ。
例文 **春んなってめめくるのがはえー草は、もじぐさだんべー**（＝春になって芽を出すのが早い草は、蓬《よもぎ》でしょう）

もやいに……〔県北〕一緒に。共に。
例文 **みんなでこの道具をもやいに使うべと思ってきたんだよ**（＝みんなでこの道具を一緒に使おうと思って来たんだよ）

ゆっつける CD……〔県北・県中・県南〕結わえつける。縛る。
例文 **ゆっつけた稲束を、はでんぼーにかげな**（＝結わえた稲束を、稲掛け棒に掛けなさい）

ゆわがんけ……〔県中〕岩場。
例文 **この辺はゆわがんけだがら、おんのめって怪我しねよーにきーつけろ**（＝この辺は岩場だから、滑って怪我をしないように気をつけろ）

よろばる CD……〔県北・県中〕よろめく。
例文 **よっぱらって、よろばりながらあるぐ**（＝酔っぱらって、ふらふらしながら歩く）

じんぎ〔県北・県中〕—遠慮。辞退。
ずない〔県中の一部〕—非常に大きい。
つんめーる〔県北・県中・県南〕—燃える。燃焼する。
でちながる〔県中・県南〕—転ぶ。
とっぱぐる〔県北・県中・県南〕—取り逃がす。
のっこむ〔県北・県中・県南〕—夢中になる。一所懸命になる。
のまえる—ふさがる。
ふける〔県北・県中・県南〕—（動物が）発情する。さかりがつく。
ほろく—揺り動かす。ゆする。
みしみる〔県南〕—真剣にやる。
むすぐってー〔県北・県中〕—くすぐったい。
もじぐれる〔県北・県中〕—もつれる。
やぎる〔県中〕—焼く。燃やす。

あいさつ
朝＝おはようがんす
夕方＝おばんがたです
別れ＝さいなあ
感謝＝おーきにありがとう
訪問＝ごめんなんしょ

関東・甲信越

群馬県 CD 10

東部＝館林市、邑楽郡など
北部＝利根郡、吾妻郡など
中部＝前橋市、高崎市など
西部＝甘楽郡、多野郡など

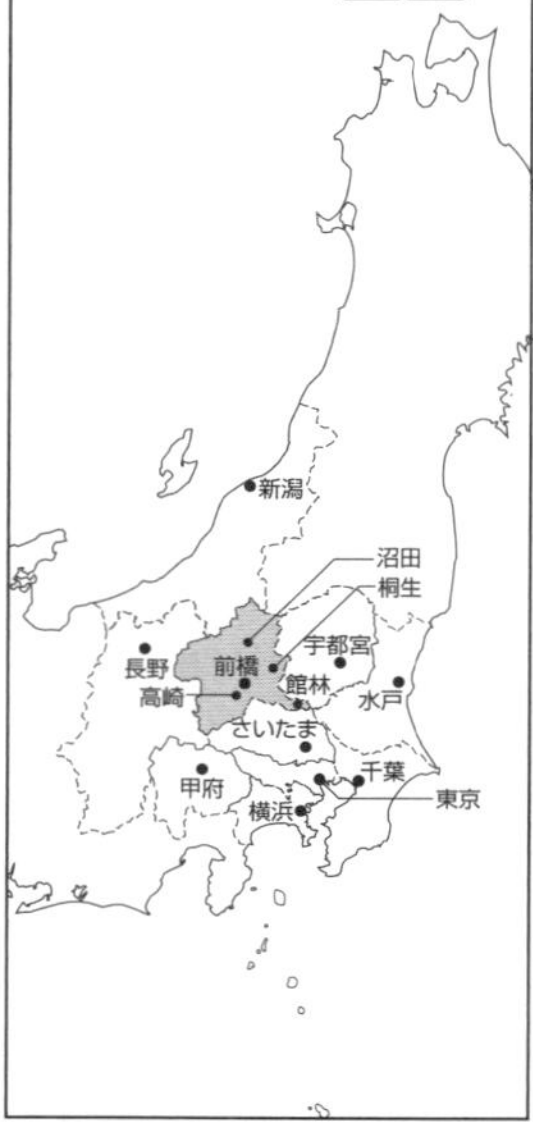

あいさ CD……隙間。
例文 **椅子持ってぐからあいさに入れて**（＝椅子を持っていくから二人の座席の隙間に入れて）

あいだ CD……間。平日。これといった行事のない日。
例文 **あいだにまんじゅーこせーて、法事でもあったんかい**（＝平日なのに饅頭こしらえて、法事でもあったのかい）

あさっぱか……朝食前の早い時間にする仕事。
例文 **くれーに起きてあさっぱかによく出たよ**（＝暗いうちに起きて早朝仕事によく出たよ）

あてこともねー……途方もなくたくさん。
例文 **あてこともねー、もってきらっといい**（＝こんなにたくさん持ってこなくてもいい）
＊量の予想外の多さに用いられる。

あんじゃーねー……［北・中・西部］心配ない。
例文 **何してもあんじゃねーから、やってみな**（＝何をしても心配ないからやってみなさい）

いいかぶ CD……いいご身分。気楽。
例文 **やつもいいかぶだ**（＝やつも気楽

群馬の方言

◎県内の地域差

群馬県の方言は、大きくは邑楽郡・館林市の東部地域とその他の広い地域とに分けられる。関東方言を二分する考えにしたがえば、前者は東関東方言に、後者は西関東方言に属する。その違いは、アクセントと音声に顕著に表れる。東部のアクセントは曖昧あるいは無アクセントであり、その他の地域は東京式アクセントである。また、西関東に属する地域の音声は共通語に近いが、東部のそれは東北方言的な傾向を帯びる。特に、母音「イ」と「エ」の音声は近似しており、語頭においては対立がない。東部以外の広い地域をさらに区分するとすれば、利根郡、吾妻郡の北部山間地域と前橋・高崎両市を中心とした中部平坦地域、甘楽郡・多野郡等の西部山間地域の三つが妥当か。なお、北部と南部とが対立する事

なもんだ)

*「いんきょかぶ」は「隠居の身分」の意。

いいしき……[中部]よいところ。よしとするところ。

例文 **こんなもんは持ってってもらうだけでいーしきだ**(＝こんな物は持っていってもらうだけでよいところだ)

いちかる……[東部]乗る。

例文 **おめーも車にいちかってげな**(＝あなたも車に乗って行きなさいよ)

いますでっこ……[西部]もう少しで。

例文 **いますでっこ犬にくわれるとこだったよ**(＝もう少しで犬にかまわれるところだったよ)

うでっこき CD……力の限り。精一杯。

例文 **あっちんでん、うでっこきかせいでこーな**(＝あっちでも精一杯稼いでこいな)

うら CD……木や棒の先。

例文 **あしたになったらあの木のうらを切っとくべー**(＝明日になったらあの木の先を切っておこう)

えむ……栗やざくろなどの実が熟す。

例文 **栗がえんだよ**(＝栗が熟したよ)

おーく CD……程度がはなはだしいさま。

例文 **そんなにおーく引っ張っちゃだめだ**(＝そんなにひどく引っ張ってはだめだ)

*「オーカ」とも。

おーごと……苦労が多く大変なこと。

例文 **昔は、おーごとだったよー**(＝昔は苦労が多くて大変だったよ)

*反対は「ゆさん(遊山)」。

おーふー……[北西部]気前がよいさま。

例文 **あそこんちの嫁さんは、おーふーだむし**(＝あそこの家の嫁さんは気前がいいですね)

おくり CD……限られた空間の奥。

例文 **部屋がせめーから、おくりにつめてくんなね**(＝部屋が狭いから奥に詰めてくださいよ)

おこさま CD……蚕《かいこ》。

例文 **このうちはおこさまに借りていたんだよ**(＝この家はお蚕様に借りてい

象も多い。いずれにしても、西関東方言に属する地域の下位区画は難しい。山間部と平野部の多様な生活があり、しかも古くから水上・陸上の両交通の要衝であって、中山道をはじめ多数の峠や利根川等によって人びとが行き交った地である。それと関わっていると思われるが、特に北西の山間部地域は東日本的な事象と西日本的な事象が混在し、さらに江戸語的な事象が重なり、しかもその重なり方は漸層的である。

◎上州のべいべいことば

・上州のべいべいことばがやんだらべい　なべやつるべはどうするべい

このような囃歌が今もなお人びとの口に上ることからも知られるように、群馬県の「べいべいことば」は健在である。都市部から離れた山間部では、推量表現には「べー」とともに「ダンベー(ダッペー)」があり、微妙

たんだよ）

おこんじょ CD……意地悪。

例文 **あのこは、まーずおこんじょだよ**（＝あの子は本当に意地悪だよ）

おたね……[北西部]麻の種。

例文 **昔はおたねも煎って食っただよ**（＝昔は麻の種も煎って食べたんだよ）

おっきりこみ CD……手打ちうどんを茹でずにそのまま野菜と一緒に煮込んだもの。

例文 **冬はおっきりこみにかぎるのー**（＝冬はおっきりこみに限りますねえ）

＊「おきりこみ」とも。なお西部には「にぼーとー」という地域もあり。

おつくべー……[北・西部]正座。

例文 **ちゃんとおつくべーしろよ**（＝ちゃんと正座しろよ）

おっつぁれる……[北・西部]怒られる。叱られる。

例文 **わりーことして、おやじにおっつぁれた**（＝悪いことして親父に叱られた）

おやげねー……かわいそう。気の毒。

例文 **幼稚園がとーくって、かよーのがおやげねーんだよ**（＝幼稚園が遠くて通うのがかわいそうなんだよ）

おやす……終わらせる。

例文 **はー、仕事おやして寝べー**（＝もう仕事を終わらせて寝よう）

おんか①……心配なく。心穏やか。

例文 **こんなにおんかで長旅できたんは初めてだ**（＝こんなに心穏やかに長旅ができたのは初めてだ）

おんか②……公然と。おおっぴらに。

例文 **盆の二日はおんかで休めるよ**（＝盆の二日間は公然と休めるよ）

かがやく① CD……[中・西部]探し回る。

例文 **栗のしたかがやいてみんなもってっちゃった**（＝栗の木の下を探し回って、栗をみんな持っていってしまった）

かがやく②……体を曲げて下を向く。

例文 **かがやきまーって、なにしてるだい**（＝下を向いてうろうろ歩いて何を

な推量の違いを表現し分けている。前橋や高崎の都市部では、「ベー」は意志・勧誘表現に、「ダンベー」は推量表現に使われ、明確に役割分担をして働いている。なお、「ばかり」に由来するベーが「べいべいことば」をさらに賑やかにしている。近年、「ダンベー踊り」が登場し、これまた多くのファンで賑わっている。

◎サ変・カ変動詞の上一段化

動詞「する」の終止形および連体形は、北部の山間部では「シル」となり、一段化の傾向が見られる。一方、動詞「来る」の未然形は、その北部では一段化せずに「コネー〜コナイ」であるのに対して、南部地域では「キネー」「キナイ」が勢力を持っている。この事象は北と南の対立の一例である。

◎特殊な打消表現

「〜しなくてもよい」の「しな

しているんだね）
＊探しものをしているかのような動作。

かしょー CD……誘う。
例文 **あいつかしょって、どっかあすびーいぐべー**（＝あいつを誘ってどこかへ遊びに行こう）

かてる①……合わせる。添える。
例文 **大根のゆでたんを、かててくー**（＝大根の茹でたものを合わせて食う）

かてる②……［**中・西部**］仲間に入れる。
例文 **ちいさい子もかててあすぶべー**（＝小さい子も仲間に入れて遊ぼう）

ぎす……［**西北部**］おしゃれ。
例文 **うちのお父さんは、まっさかぎすだったよ**（＝うちのお父さんは本当におしゃれだったよ）

けなりー CD……うらやましい。
例文 **なんともけなりーかぎりだよ**（＝何ともうらやましい限りだよ）

こじょやか①……［**西南部**］物静かなさま。
例文 **あの人は、こじょやかな人だいね**（＝あの人は物静かな人だよね）
＊清楚であるというような良い意味で使われる。

こじょやか②……［**西南部**］小さいさま。
例文 **こじょやかにまとまったむし**（＝小さくきれいにまとまりましたね）
＊小さくまとまって均整がとれているさまを表す。

さくい CD……如才ない。気さくな。
例文 **あそこんちのむすめは、まっさかさくいこだよ**（＝あそこの家の娘は、本当に気さくな子だよ）

しき CD……［**北・西部**］方法。やり方。
例文 **俺のやってるしきを見てみなよ**（＝俺のやっているやり方を見てみなよ）

じゅーく CD……生意気なこと。
例文 **おーくじゅーくこくな**（＝やたらと生意気言うな）

しんぜる……神仏にお供えする。
例文 **毎朝仏さんにご飯しんぜるんはお**

くても」に相当するところを、動詞未然形に「ット」「ラット」を付けた形で表す特殊な打消表現がある。「ット」は四段動詞に、「ラット」はその他の活用動詞に接続する。この表現は、山間部をはじめ都市部でも多用されている。
・「カカットイー（＝書かなくてもいい）」
・「オキラットイー（＝起きなくてもいい）」

◎可能表現
北西部に位置する吾妻郡六合村では、四段動詞の可能表現は可能動詞で表し、その他の動詞の場合はその未然形に「ラレル」をつけて表す。いずれも能力可能にも状況可能にも用いられる。ただし、能力可能には「エル」または「エール」という形式を用いた表現もあり、県内では特色ある地域である。

ばーさんだいのー（＝毎朝仏様にご飯をお供えするのはおばあさんですよ）

ずでー……すごく。えらく。程度が甚だしいさま。

例文 **ことしゃーずでー作物がわりー**（＝今年はすごく作物のできが悪い）

せき① CD……席。場所。

例文 **子どもの遊ぶせきー作ってやるべー**（＝子どもが遊ぶ場所を作ってやろう）

せき②……余地。理由。

例文 **そんなことー言われるせきはねー**（＝そんな事を言われる理由はない）

せっこがいー CD……よく働く。

例文 **あそこんちの嫁さんは、せっこがいー**（＝あそこの家の嫁さんはよく働く）

せっちょー……世話。

例文 **また余計なせっちょーやいて困るよ**（＝また余計な世話をやいて困るよ）

＊「せっちょー」だけで「余計な世話」の意にも。

そがれ……［北西・西部］作物などが盛りを過ぎて衰えること。

例文 **ナスも、はー、そがれになった**（＝茄子ももう盛りを過ぎた）

～ぞっき……～だけ。～のみ。

例文 **昔は、麦ぞっきのご飯もくったもんだ**（＝昔は麦だけのご飯も食べたものだ）

そんぶり CD……無愛想。

例文 **あの店の人はみんなそんぶりだ**（＝あの店の人は皆無愛想だ）

たまか……倹約。物を粗末にせず慎ましいこと。

例文 **男のかぜぎより女のたまかだ**（＝男の稼ぎより女の慎ましい生活ぶりの方が上だ）

つっかけわんな……［西南部］行き当たりばったりで無計画なこと。

例文 **そんなつっかけわんなじゃだめだ**（＝そんな行き当たりばったりの計画ではだめだ）

つぶあし……素足。

	「飲む」	「起きる」
能力可能	ノメル	オキラレル
	ノメール	オキエール
状況可能	ノメル	オキラレル

この六合村には、「～できない」に相当する不可能表現も多様で、細やかなニュアンスの違いを表現し分けている。

・「腰ん痛くて動きもされねー（＝腰が痛くて動くこともできない）」

・「動きのできねーまで働いた（＝動くことが出来なくなるまで働いた）」

・「いぐがならねーからここで待ってろよ（＝行くことはできないからここで待っていろよ）」

◎女ことばのない土地

群馬県前橋市生まれの詩人、伊藤信吉の著書『マックラサンベ』に「女ことばのない土地」がある。確かに、群馬県方言による会話を文字化すると、話し手の性別は判断不可能。女ことばがないというより、性差によることばの違いがない。男も女

例文つぶあしじゃー寒かんべ（＝素足では寒いだろう）

てんがけ CD……［北・西部］いきなり。

例文**てんがけ、そんなこと言ったってだめだよ**（＝いきなりそんなこと言ってもだめだよ）

てんぐるま CD……肩車。

例文**子どものころー親父によくてんぐるましてもらった**（＝子どもの頃は親父によく肩車をしてもらった）

とくせー……豊富。裕福。

例文**あすこんちはとくせーだから、絹ぞっきのきもん着てらい**（＝あそこの家は裕福だから絹のみの着物を着ているよ）

とろびー……［北西部］しょちゅう。たびたび。

例文**体が弱くってとろびー医者へいぐげだ**（＝体が弱くてしょっちゅう医者へ行っているようだ）

なから①……ほとんど。

例文**はー、なからできたよ**（＝もうほとんどできたよ）

なから②……たくさん。

例文**今年は柿がなからなったなー**（＝今年は柿がたくさんなったなあ）

になう CD……二人で物を手で支え持つ。

例文**ちゃぶ台になってくれる**（＝ちゃぶ台、一緒に持ってくれる）

ねそっかれる……寝そびれる。

例文**夜中におこされてねそっかれてしまったよ**（＝夜中に起こされて寝そびれてしまったよ）

はえる……卵がふ化する。生まれる。

例文**今年もメダカがこんなにはえた**（＝今年もメダカがこんなにふ化した）

はぐる CD……めくる。

例文**頁を一枚はぐってください**（＝頁を一枚めくってください）

はそんする CD……修繕する。衣類や足袋などの繕いをする。

例文**屋根のはそんしなくちゃー、雨漏りがするよ**（＝屋根の修繕をしなくては、雨漏りがするよ）

も、老いも若きも連発する「〜ナンサー」「〜ダガネ」は共通語訳すると男性語的な「そうなのさ」「〜じゃないか」。一方、「ソーナン」は共通語訳すると女性語的な「そうなの」である。なお、著書の題名「マックラサンベ」は「まっしぐら」の意。

◎ムシとナー

「今日は暑いねえ」の「ねえ」に相当する文末の助詞（文末詞）に「ムシ」がある。利根、吾妻、多野地域の山間部の、その中でもさらに山間部の地域で使われている。「申す」に由来すると考えられるこのムシは、聞き手が目上の場合と地域外からの来訪者に対して用いられる。目下の場合は専ら「ナー」。文末詞としてばかりでなく、間投詞としても使われることから、「ムシ」と「ナー」が頻繁に行き交う。耳を傾ければ、たちどころに会話に参加している人びとの年齢関係を知ることができる。

ひょーぐる……（水などが）勢いよく噴き出す。

例文 **ホースから水がひょーぐっておーごとしたよ**（＝ホースから水が吹き出して大変だったよ）

ぶちゃる……棄てる。

例文 **いらねーもんはぶちゃってくれる**（＝要らない物は棄ててやる）

＊「ぶちゃーる」「ぶっちゃる」とも。東部では「うっちゃる」「ぶっちゃる」とも。

ぶっこぬき……瓜二つ。

例文 **息子さん、お父さんにぶっこぬきなんね**（＝息子さんはお父さんに瓜二つなのね）

へずる CD……削り減らす。

例文 **もーちっとんべーご飯へずってくれ**（＝もう少しばかりご飯を減らしてくれ）

へた……［**北西部**］やたらに。むやみに。

例文 **へた食ったりゃー食い過ぎた**（＝やたらに食べたら食べ過ぎた）

ほきる……草木が成長する。勢いよく伸びる。

例文 **桑は、まー、ほきるんがはいぇーよ**（＝桑は、まあ、成長するのが早いよ）

ぼっと CD……［**中・西部**］偶然。

例文 **ぼっとなんだから、かんべんしてくんない**（＝故意ではなく偶然なのだから、許して下さい）

ほとばす……水に浸けてふやかす。

例文 **まめーほとばしておけや**（＝豆を水に浸けてふやかしておけよ）

ほまち……［**東・西部**］へそくり。

例文 **絵のうしろにほまちかくねておいた**（＝絵の後ろにへそくりを隠しておいた）

まっさか……本当に。実に。

例文 **まっさかきれーに咲いたんね**（＝本当にきれいに咲いたのね）

むぐす……くすぐる。

例文 **こどもーむぐしてかもーなよ**（＝子どもをくすぐってかまうなよ）

めかいご……［**東・中部**］ものもらい。

◎あいさつ

一九八三年から三カ年にわたって実施された文化庁の「各地方言緊急調査」の資料から、出かける夫とそれを見送る妻のあいさつの主要部を。（地点は旧市町村名）

邑楽郡大泉町	行ってくるからね	気をつけてえってきやっせ
利根郡片品村	行ってくらー	そいじゃー気をつけて行ってきらっしゃい
吾妻郡六合村	行ってくらー	あちゃー行ってござれ
甘楽郡下仁田町	行ってくらい	じゃー行ってきないのー
前橋市	行ってくるで	行ってきねーかい

◎上州江戸弁

群馬県出身の某落語家が語るには、江戸長屋がその舞台となる話を演ずると、師匠から発音がよいとほめられるという。それは群馬県方言の次の二つの特徴が関わっていると思われる。

例文 **めかいごできて、気持ちわりーんよ**（＝ものもらいができて気持ちが悪いんだよ）

＊北部では「めかご」、西部では「めっぱ」。

めためた……［中・西部］めったやたらに。どんどん。

例文 **そんなことべーめためたやってねーで、ちごーこともしろ**（＝そんなことばかりやたらにしていないで違うこともしろ）

めんめ CD ……めん類（特にうどん）。

例文 **いっくら飲んでも、最後はめんめだ**（＝どれほど酒を飲んでも、最後はうどんだ）

もとらねー CD ……なめらかに動かない。

例文 **さぶくって口がもとらねー**（＝寒くて口がなめらかに動かない）

よー……要ること。必要。

例文 **あの山にいぐにゃー弁当がよーだ**（＝あの山に行くには弁当が必要だ）

よじける……［北西部］よろける。

例文 **重くもねーのにかろーとしょーがよじけて歩いただよ**（＝重くもないのに荷物背負いの衆が重い物が入っているかのようによろけて歩いだのだよ）

よてる……［北・西部］得意としている。上手だ。

例文 **かずちゃんは釣りに関しちゃーよてる人だよ**（＝和ちゃんは釣りに関しては得意としている人だよ）

＊北部では「えてる」。

わざっと CD ……［北・中・西部］寸志。すこし。

例文 **わざとだけどこれやるから、これからもみーしみてやれよ**（＝寸志だけどこれをやるから、今後も心して仕事をしろよ）

わにる……［北西部］はにかむ。はずかしがる。

例文 **あすこんちの赤ん坊が俺見てわにてさー、しめーには泣いたよ**（＝あそこの家の赤ん坊が俺を見てはにかんでさ、終いには泣いたよ）

---

①「なかせんどう（中山道）」や「こぎたない」などのような合成語のアクセントが江戸語と同じく語頭が高く発音されること。②「おっくりけえる（＝倒れる）」や「ずんむぐる（＝潜る）」のように、つまる音（促音）やはねる音（撥音）がいたるところに現れること。

これらがあいまって、歯切れよく、リズミカルな話し方を作り出しているようである。

あいさつ（吾妻郡六合村）

朝＝おはよーがんす・はよーがんした

夕方＝おばんでがんす・ばんでがんした

別れ＝あちゃ、まあ・ごめんなして

感謝＝ありがとーがんした

訪問＝こんちわ、いたかや

関東・甲信越

埼玉県 CD 11

東部＝春日部市、幸手町、加須市など
中央部＝さいたま市、東松山市、熊谷市など
西部＝秩父市、長瀞市、児玉町など

あいさ……合間。
例文 **勤めのあいさに桑切りしたんさ**（＝勤めをしている合間に桑切りもしたのさ）

あぐ……顎。
例文 **あぐにできもんできた**（＝顎にできものができた）

あさっぱら……朝。早朝。
例文 **こんなあさっぱらからねーとりしてるんかい**（＝こんなに早朝から苗取りをしているのかい）

あにー……兄。
例文 **あにー、そこのしゃじとってくんろ**（＝兄さん、そこのさじを取ってくれ）

あめんぼー……つらら。
例文 **あめんぼーがさがった**（＝つららが下がった）

あわい……普段。平素。
例文 **あわいにゃー靴なんかはかなかったで**（＝普段は靴なんかはかなかったよ）

あんぶく……泡。あぶく。
例文 **あんぶくたった**（＝あぶくがたった）

いきれる CD……蒸している。
例文 **今日はいきれてらいねー**（＝今日は蒸しているね）

埼玉の方言

埼玉県の方言は「関東のべーべーことば」の領域に入り、「書くべー」「雨だんべー」「暑いべー」などと言う。

ただ県内部に差があって、関東地方の方言の縮図といえる。東部は利根川を隔てた栃木・茨城の方言に近い。アクセントの区別があいまいで、また発音の点では、語頭のイとエが混同され、シチジの音色がスツズに近くなる。

県の中央部は西関東、ことに東京の下町言葉に近い。西の秩父地方は、群馬方言に近く、古い言葉を残し、歯切れのいい発音である。

最近の若者で増えている東京新方言の一部は、埼玉起源または埼玉経由で区部に流入した。「ミタク（＝のように）」「チガカッタ（＝違っていた）」「ウザッタイ（＝うっとうしい）」「カッタルイ（＝疲れた）」などである。従

いまし……今。ちょうど今。
例文 **かあちゃんはいましけーったべーだいな**(＝母ちゃんはちょうど今帰ったばかりだよ)

いんごっぱち……強情者。頑固者。
例文 **とーちゃんはいんごっぱちだかんな**(＝父ちゃんは頑固者だからな)

うちゃる CD……捨てる。
例文 **そけーごみをうちゃるなよ**(＝そこへごみを捨てるなよ)／**なんでもうちゃるから子どもには目が離せねー**(＝なんでも捨てるから子どもから目が離せない)

うでっこき……思いっきり。
例文 **うでっこきいいもん作るど**(＝思いっきり良いものを作るぞ)

うむす……蒸す。
例文 **芯がなくなるように良くうむすんだよ**(＝芯がなくなるように良く蒸すんだよ)

えー CD……共同。手伝い合うこと。
例文 **今年の田植えはえーでやるべー**(＝今年の田植えは共同でやりましょう)

えら CD……大層。たくさん。大変。
例文 **今朝はえらさみーな**(＝今朝はたいそう寒いな)／**えら食うなー**(＝たくさん食べるなあ)

おこさま……蚕《かいこ》。
例文 **おこさまがめーつくった**(＝蚕がまゆを作った)

おだあげ CD……むだ話。
例文 **おだあげべーしてねーで、ちったー仕事しろ**(＝むだ話ばかりしていないで、少しは仕事をしろ)

おちわ……団扇《うちわ》。
例文 **おちわであおいでもあちーな**(＝団扇で扇いでも暑いな)

おっつぁばく CD……裂く。破く。
例文 **てねげおっつぁばいてしばっとけ**(＝てぬぐいを破いてしばっておけ)

おっぺす CD……押す。
例文 **呼び鈴をおっぺす**(＝呼び鈴を押す)／**車をおっぺしてくれ**(＝車を押し

って埼玉方言は過去も現在も東京の言葉と連続的といえる。

◎明後日の翌日、翌々日

東日本では元来、明後日の翌日は「ヤノアサッテ、ヤナ(ネ)サッテ」と言い、その翌日は「シアサッテ」と言っていた。だが東京都区内だけは関西の影響を受けて、明後日の翌日を「シアサッテ」と言うようになり、「ヤノアサッテ」が押し出されてその翌日になった。周辺の地域とまるで逆である。

都区内と隣接する埼玉県はその影響をまともに受けた。東日本式と東京都区内式の境界線は、老年層では埼玉南部にあったのだが、若年層では群馬や栃木の南部まで北上してしまったようである。

現在、埼玉県内は世代・南北によって、「ヤノアサッテ」と「シアサッテ」の意味が混在していて非常にややこしい。

埼玉県の人と日付の約束をす

てくれ）

おぶー CD……背負う。
例文 **あかっこおぶってりゃーぬくてーやいな**（＝赤ん坊を背負っていると暖かいよな）

かくねがんしょ CD……かくれんぼ。
例文 **今日はかくねがんしょしてあすんべー**（＝今日はかくれんぼして遊ぼう）

かまぎっちょ CD……とかげ。かなへび。
例文 **庭のすみっこにかまぎっちょがいたで**（＝庭の隅にとかげがいたよ）

きぬー CD……［東部以外］昨日。
例文 **きぬーはずいぶん雨が降ったなー**（＝昨日はずいぶん雨が降ったな）

きびしょ……急須《きゅうす》。
例文 **きびしょ落として足にやけっぱたした**（＝急須を落として足にやけどした）

きょーび……今日《こんにち》。近頃。
例文 **きょーびの子どもは落ち着きがねーな**（＝最近の子どもは落ち着きがないな）

くちべろ……唇。
例文 **ぶんなぐらいてくちべろ切った**（＝殴られて唇を切った）

くっかく……欠く。噛みくだく。
例文 **梅干しの種をくっかいて中身を食うとうめー**（＝梅干しの種を噛みくだいて中身を食べるとうまい）

くね……垣根。生け垣。
例文 **くねんとこにちっちぇー鳥がとまってた**（＝垣根の所に、小さい鳥がとまっていた）

けったりー CD……疲れた。だるい。
例文 **熱があるんでけったりーやいな**（＝熱があるのでだるいよ）

けなりー……うらやましい。
例文 **けなりーな、あの人はいいことべーあって**（＝うらやましいな、あの人はいいことばかりあって）

けんむし……毛虫。
例文 **けんむしがおっこちてきた**（＝毛虫が落ちてきた）

るときは、「三日後」「四日後」と言ったほうがよいかもしれない。

◎首都近郊の方言

埼玉県は南部を中心に「埼玉都民」と呼ばれるような東京への通勤・通学者が多く、方言意識も希薄である。しかし若年層でも方言は観察される。「あるって（＝歩いて）」「いくん？（＝行くのか？）」「うちんち（＝自分の家）」「かたす（＝片付ける）」「しょう（＝背負う）」「もす（＝燃やす）」「よさげだ（＝良さそうだ）」などが代表的である。

◎動詞・形容詞を強める接頭語

「まがる」を「ひんまがる（引曲）」という。「心棒がひんまがってちゃーしょーがねーやい（＝心棒が曲がっていてはしかたないな）」などと言う。この「ひん」は「引き」の転訛形である。「引き」の転訛形には他に「ひっ」「しっ」「びっ」「へっ」がある。

ごくやすみ CD……食事後の休み。

例文 **ごくやすみしなきゃーからだに毒だいな**（＝食事後の休みをとらなくてはからだに良くないな）

こそこそ……こつこつ。少しずつ。

例文 **田植えの準備はうんとめーからこそこそしとくもんだ**（＝田植えの準備はずっと前から少しずつしておくものだ）

さがねる CD……探す。

例文 **そけーらじゅーさがねたけんどめっかんねーや**（＝そこいら中を探したけれど見つからないよ）

ささらほーさら CD……ばらばら。めちゃくちゃ。

例文 **部屋ん中がささらほーさらだい**（＝部屋の中がめちゃくちゃだよ）

さむしー……寂しい。

例文 **今夜ひとりっきりじゃさむしーな**（＝今夜一人きりでは寂しいな）

しあんぼ……けち。

例文 **あいつはしあんぼだからためこんでらい**（＝あいつはけちだからいっぱい金をためているよ）

しった……（鍋などの）底。下。

例文 **もー少ししったのほーだと取るんが楽なんだけんどな**（＝もう少し下の方だと取るのが楽なのだけどな）／**樽のしったに隠れてる**（＝樽の下に隠れている）

じゃんか……あばた。

例文 **尻がじゃんかになってる**（＝尻があばたになっている）

じょーり……草履《ぞうり》。

例文 **ぬかってるとこをじょーりばきだとしりっぱねがあがっちまう**（＝ぬかるんでいる所を草履ばきだと尻まで泥がはねあがってしまう）

じんぎ CD……辞儀。挨拶。

例文 **世話になったから良くじんぎゅっとくんだよ**（＝お世話になったからよく挨拶をしておくんだよ）

ずー CD……上ぞくするころの成熟した蚕。熟蚕。

それぞれ「ひっからまる（＝絡まる）」「しっちゃばく（＝破く）」「びっこしょる（＝折る）」「へっぺがす（＝剝がす）」という語を作る。

動詞や形容詞に接続して、意味や口調を強めているこうした接頭語は多く、もとの形だけでも二七種類以上ある。そしてこれらの接頭語の転訛形までいれると六五種類以上になる。

「おったまげたなー。てねげが枝にひっからまってしっちゃばけちゃったい（＝驚いたなあ。てぬぐいが枝にからまって破けてしまったよ）」などと、接頭語は多用されている。

◎挨拶のことば

「なさんす（＝なさります）」という語がある。この語の命令形「なさんし」が挨拶ことばとむすびついて使われてきた。「おいでなさんし」「ごめんなさんし」「おはいりなさんし」などである。

おそらく、戦後も明治生まれの

例文 **ずーがでたからはーあげべー**（＝熟蚕がでたからもう蚕上げしよう）

すぐりみち CD ……隣家へ行くための近道となる細いぬけ道。

例文 **昔はどこんち行くにもすぐりみちがあったい**（＝昔はどこの家に行くにも細いぬけ道があったな）

ずねー……かなり大きい。

例文 **ずねーへーびがいたど**（＝かなり大きな蛇がいたよ）

せー CD ……〜して下さい。

例文 **はいく湯に入らっせー**（＝早く風呂にお入りください）

せなご……長男。

例文 **おめんちのせなごもえらくなった**（＝お前の家の長男もえらくなった）

せんみ……[秩父以外]蝉。

例文 **せんみにしょんべんひっかけらいた**（＝蝉に小便をかけられた）

そらっぺ CD ……うそ。虚言。

例文 **そらっぺこくな**（＝うそを言うな）

たっぺ……霜柱。

例文 **さみー日の朝はたっぺが立つ**（＝寒い日の朝は霜柱が立つ）

たぼこ……煙草《たばこ》。

例文 **ちょっくらたぼこ買ってくる**（＝ちょっとたばこを買ってくる）

たまか……倹約がうまい。粗末な。

例文 **たまかにしてりゃ金がたまらい**（＝倹約していれば金がたまるよ）

ちっとんべー CD ……少しばかり。

例文 **もうちっとんべーごはんをくれ**（＝もう少しご飯をくれ）／**しよがちっとんべーしかねー**（＝塩が少ししかない）

ちゃぞっぺー CD ……お茶菓子。

例文 **ちゃぞっぺーにゃーこーこが一番だい**（＝お茶菓子にはたくあんが一番だな）

ちょちょべっこ CD ……蝶々。

例文 **ちょちょべっこがいっぺー飛んでらー**（＝蝶々がいっぱい飛んでいるよ）

つっぺる CD ……落ちる。入る。

例文 **川につっぺるからあぶねーど**

人たちが元気なうちは使われていたのではないかと思われる。

「なさんし」は「なせー」に変化し、「おいでなせー」「ごめんなせー」「おはいりなせー」となった。

しかし、戦前の世代が方言を使わなくなるにつれて、「なさんし」や「なせー」は使われなくなり、「おいでください」「ごめんください」「おはいりなさい」のように標準語に近い表現になってきた。

「なさんし」や「なせー」は、もう復活しない。こうした表現が埼玉のことばの歴史の中に確かにあったことを胸に刻むのみである。

◎「きない(来)」と「こない(来)」

昭和四一年に行われた調査（『小針言語生活考』）によれば、「きない」は埼玉県のほぼ全域（九四％）で使われていた。調査者は「三〇年前と大差ないのではないか」といっている。

(＝川に落ちるからあぶないよ)

つばくろ……つばめ。

例文 **春なのにつばくろがからっきり見あたんねー**(＝春なのにつばめが全然見あたらない)

てんづけ……いきなり。すぐに。

例文 **練習もしねーでてんずけ歌いだした**(＝練習もしないでいきなり歌いだした)

どどめ……(熟した)桑の実。

例文 **どどめをくーと口がまっかになるよ**(＝桑の実を食べると口が真っ赤になるよ)

とぶぐち……玄関口。

例文 **とぶぐちの方へまわってくんない**(＝玄関口の方へまわってください)

なから CD ……かなり。たくさん。

例文 **なからへーがはいてたいな**(＝かなり稗が生えていたな)

なびる……塗る。

例文 **傷口に薬をなびっとけ**(＝傷口に薬を塗っておけ)

にしら……おまえ。おまえら。

例文 **にしら、わりーことするときかねーど**(＝おまえら、悪いことすると容赦しないぞ)

ぬくとい CD ……暖かい。あったかい。

例文 **ここは風がきねーから、ぬくといなー**(＝ここは風がこないから、暖かいな)／**おめーの手はぬくといな**(＝お前の手は暖かいな)

ねんじん……人参。

例文 **ゆんべはねんじんとでーこんの煮物だった**(＝昨晩は人参と大根の煮物だった)

のたくる……苦しそうにもだえる。

例文 **炎天下でめめずがのたくってた**(＝炎天下でみみずが苦しそうにもだえていた)

のめっこい CD ……つきあいやすい。遠慮がいらない。

例文 **おめんちのかーちゃんはのめっこくていいよ**(＝お前の家の母さんはつきあいやすくていいよ)

「きない」も、世代の交代とともに「こない」へと変わっている。幼児期に「きない」の洗礼を受けた五〇代から六〇代の世代は、押し寄せる標準語の波の中で「こない」を使うようになっている。それでもまだ七〇代以上の多くは「きない」を使っている。

◎「うそ」の類語

生活に密着しているということなのか。うそを意味する語には、おもしろいことに類語が多い。「うすらっぺ」「うすっくら」「うそっこ」「うそっぱち」「うそっぺ」「うそらっぺ」「すら」「すらごと」「すらっこと」「すらっぺ」「そそらっぺー」「そら」「そらこと」「そらっぱち」「そらっぺ」「でほ」「でっぽ」「でんぼ」など。「やつはそらっぺーゆってらいな(＝あいつはうそばかり言っているよな)」「だれがそんなそらっことなんかゆーもんか(＝誰がそのようなうそを言うものか)

はぐ……対になっているものの片方が違うこと。

例文 **この靴ははぐだ**（＝この靴は片方が違うな）

はぐる……〜しそこなう。

例文 **一度寝はぐったら、はー眠れねー**（＝一度寝そこねたら、もう眠れない）

ひぼ……紐。

例文 **ひぼで枝をまるくのがよかんべー**（＝紐で枝を束ねるのがよいだろう）

ふるしき……風呂敷。

例文 **ふるしきにつつんでおぶってけ**（＝風呂敷に包んで背負っていけ）

へーし CD……やたらに。しだいに。

例文 **へーがへーし増えてこまらい**（＝稗がやたらに増えて困るよ）

へーび……[秩父以外]蛇。

例文 **あそこはへーびが出るからおっかねーど**（＝あそこは蛇が出るから恐ろしいぞ）

へーる……入る。

例文 **湯いへーる**（＝湯に入る）／**だれもここにはへーれねーだんべ**（＝誰もここには入れないだろう）

べろ……舌。

例文 **べろがいてー**（＝舌が痛い）／**あかんべーと言いながら、べろを出す**（＝あかんべーと言いながら、舌を出す）

ほーたろ……蛍。

例文 **かわっぱたの草むらでほーたろめっけた**（＝川岸の草むらで蛍を見つけた）

ぼっち……小さなまとまりの山を数える単位。

例文 **田んぼん中に堆肥の山が六ぼっちあるかんな**（＝田んぼの中に堆肥の山が六つあるからな）

ほりっこ……[秩父以外]堀。用水堀。

例文 **かくねっこなんかでほりっこにおっこちんなよ**（＝かくれんぼなどで堀に落ちないようにしろよ）

まさか……とても。はなはだ。

例文 **この電球はまさかあかりーやいね**

か）」のように使われている。

◎最近聞く若者のことば

最近耳にすることばがある。「あざす（＝ありがとう）」「はずい（＝恥ずかしい）」「きしょい（＝気色悪い）」「きもい（＝気持ちわるい）」「むずい（＝難しい）」などだ。どうしたわけか三音節である。そういえば「ださい（＝格好良くない）」も三音節だった。

せっかちになった若者たちには、五や七ではなく、三音節が心地よく響くのだろう。

◎埼玉方言からの荒っぽい推測

種をまくために作る溝が「まね」。「まね」を作ると、「まね」と「まね」との間に土の盛り上がりができる。垣根のことを「くね」という。作（溝）と作（溝）の間の盛り上がった部分を「うね」という。埼玉県の方言「まね」「くね」「うね」の中には「ね」がある。推測すると「ね」には、盛り上がっ

（＝この電球はとても明るいね）

まみや……［秩父以外］眉毛。
例文 **じーさんのまみやはなげーな**（＝おじいさんの眉毛は長いな）

みしみっけーる……真剣になる。
例文 **みしみっけーんねーから怪我するんだ**（＝真剣にならないから怪我するんだ）

むる……漏る。
例文 **ふりーうちだから雨がむるんだい**（＝古い家だから雨が漏るのだ）

めめず……みみず。
例文 **石をどかすとめめずがいっぺーいたいな**（＝石をどかすとみみずがたくさんいたよな）

もーぼれる……もうろくする。
例文 **俺もおめーもずいぶんもーぼれたいなあ**（＝俺もお前も大分もうろくしたものだなあ）

やぶ CD……歩く。行く。来る。
例文 **はいくおらちーやべ**（＝早く私の家に来てください）

ゆいすいる……言い負かす。言って諭す。
例文 **しゃくにさわったんでゆいすいてくれたんさ**（＝しゃくにさわったので言い負かしてやったのさ）

よっぴて……夜通し。一晩中。
例文 **よっぴて仕事しちゃーからだに毒だんべ**（＝一晩中仕事していてはからだに良くないよ）

よんど……よほど。よくよく。
例文 **よんどからだのぐえーがわりんだんべ**（＝よほどからだの具合が悪いのだろう）

らちゃあかねー……仕事がはかどらない。
例文 **やすんでベーじゃーらちゃあかねー**（＝休んでばかりでは仕事がはかどらない）

わざと CD……少し。気持ちだけのもの。
例文 **わざとだけんど持ってってくんない**（＝少しだけれど持っていってください）

た土という意味がありそうだ。水たまりを意味する「ぬかりったま」「ぬかるみ」、ねぎぬたの「ぬた」などに「ぬ」が含まれている。「ぬ」にはどうも水でこねた泥のような意味がこめられているように思われる。「ぬかる（＝ぬかるみになる）」も「ぬ（沼）」「か（処）」「る」と分解できる。塗るという意味の「なびる」も「な（土）」「び（傍）」「る」と分析できる。

原初の日本語の多くは一つの音の組み合わせから発展してきたのかもしれない。

あいさつ（熊谷市）

朝＝おはよー・はよござい
んす
夕方＝こんばんは・おばんでが
別れ＝さいなら・さえなら
感謝＝すまねーねー・ありがて
ーな
訪問＝ごめんなせー・ごめんな
さんし

関東・甲信越

千葉県 CD 12

県東北＝銚子市、佐原市、香取郡など
県西北＝千葉市、船橋市、市川市、松戸市、柏市など
県南＝茂原市、勝浦市、鴨川市、館山市など

あおなじみ……青あざ。
例文 ぶっつけたらあおなじみできちゃって痛かっぺ（＝ぶつけたら青あざができて痛いでしょう）

あじょーにもかじょーにも CD……どうにもこうにも。
例文 あじょーにもかじょーにもしょーねーよー（＝どうにもこうにもしょうがないよ）

あだげる CD……騒ぐ。
例文 いづまでもあだっげっだねーど（＝いつまでも騒ぐんじゃないぞ）

あちこい……うらやましい。
例文 どさいくにもタクシーでいってあちこい（＝どこに行くにもタクシーで行ってうらやましい）

あったらもん CD……もったいないもの。
例文 そりゃーあったらもんだっぺよー（＝それはもったいないでしょうよ）

あっぱとっぱ……あわてるようす。あたふた。
例文 急に雨ガ降ってきたがら、あっぱとっぱしっちゃーよー（＝急に雨が降ってきたから、あたふたしちゃうよ）

あんとんねー……何ともない。
例文 こんくれーあんとんねーよ（＝これくらい何ともないよ）

千葉の方言

千葉県の方言は房総半島のほぼ中央を境に南北に分けられ、さらに北部は東端の銚子に向かう県東北部の地域と、県西北部に至る共通語の優勢な地域とに二分される。

◎県内の地域差

県南部の一帯では「袋」が「フーロ」、「畑」が「ハタエ」のように、カ行子音の脱落現象が、東京湾沿いの一部海岸地域では「案山子」が「カハシ」、「一匹」が「イッピヒ」となるような、k→hの変化がみられる。また県東北部では、「袋」が「フグロ」、「畑」が「ハダゲ」のように、語中のカ行とタ行の子音が濁音化する傾向がみられ、語中のガ行音は鼻濁音で発音される。

なお、例文の録音はすべて銚子（県東北部）で収録したものである。

いしてー CD……安っぽい。

例文 **おめーのかばん、いしてーなー。どこで買っただ**（＝おまえのカバン安っぽいなあ。どこで買ったんだ）

いしなご……くるぶし。

例文 **いしなごぶっつけちゃったよ**（＝くるぶしをぶつけてしまったよ）

うっちゃらかす……放っておく。ちらかす。

例文 **そこらん大事な物うっちゃらかしといたらなくなっちまうぞ**（＝そこら辺に大事な物を放っておいたらなくなってしまうぞ）

うなう……耕す。

例文 **そろそろ畑うなわなけりゃしょーねーぞ**（＝そろそろ畑を耕さないといけないぞ）

＊「たうない」は「田を耕す」こと。

うんてー……重たい。

例文 **こりゃうんてーもんだ**（＝これは重たいものだ）

うんならがす CD……はりきる。

例文 **うんならがして御輿かつぐべー**（＝はりきって御輿をかつごう）

えしたくする……粗末に扱う。

例文 **ものをえしたくしたらだめだよ**（＝ものを粗末にしたらだめだよ）

えしたくなる……古くなる。

例文 **いちんち着たらせんたくするだもの、えしたくなっちゃうべや**（＝一日着たら洗濯するんだから古くなっちゃうでしょう）

おいねー CD……いけない。

例文 **そんなこどしちゃおいねーよ**（＝そんなことをしてはいけないよ）

おかしい……はずかしい。

例文 **そんなのおかしくてできねーや**（＝そんなの恥ずかしくてできないや）

おじくそ CD……臆病者。

例文 **にしゃーおじくそだーなー**（＝お前は臆病者だなあ）

おしゃらぐ……おしゃれ。

例文 **そんなんおしゃらぐしてどご行っだー**（＝そんなにおしゃれしてどこへ

◎文法的な特色

〈カ行・サ行変格活用の一段化〉

「来る」の未然形が「まだキない（＝まだ来ない）」、仮定形が「早くキればいいのに（＝早く来ればいいのに）」などの形で現れ、活用が上一段化する傾向がみられる。

「する」にも、「しみじみシれば終わって（＝しっかりやれば終わるで）」のように同様の傾向がみられる。

〈意志／勧誘・推量の表現〉

意志／勧誘・推量の表現として、「関東のベーベーことば」と言われるように、古語の「べし」に由来する「～ベー」が多用される。

意志／勧誘の表現としては、「イクベー（＝行こう）」などとなる。また一段活用の動詞やカ変動詞の場合には、「オキベー（＝起きよう）」「クッベー（＝来よう）」のようになる。これは、もともと「オキルベー」「クルベー」だったものが、ルの促音化、

行ったんだ）

おっぱる CD……おんぶする。

例文 **かーちゃんさおっぱって、どごさ行ぐだーよー**（＝お母さんにおんぶしてどこに行くんだね）

おっぺす……押す。

例文 **そんなにおっぺすでねーど。ぶっくりげーっちゃーべーよ**（＝そんなに押すんじゃないよ。倒れてしまいそうだよ）

おんごしょる……折る。

例文 **手がおんごしょれちまったかと思った**（＝手が折れたかと思った）

おんもり CD……たくさん。

例文 **おんもりもらったがら持でながったよ**（＝たくさんもらったから持てなかったよ）

かーち CD……かわり。

例文 **りんゴもらったかーちに、みかんばやっぺーよ**（＝リンゴをもらったかわりに、みかんをやろうよ）

がい……たくさん。

例文 **今年はでーこががいにとれた**（＝今年は大根がたくさん取れた）

かなつらい……だるい。

例文 **足がかなつらくなっちゃってよー、あそこでやすんでた**（＝足がだるくなっちゃってよ、あそこで休んでいた）

かんくるりんと CD……すっかり。

例文 **おめーどきめだごど、おらーかんくるりんと忘れっちまった**（＝おまえと決めたことを、おれはすっかり忘れてしまった）

かんこずねー CD……際限がない。

例文 **かんこずねぐ醤油いれんな**（＝際限なく醤油を入れるな）

がんだめし……炊き損ねた、芯のあるご飯。

例文 **こりゃーがんだめしだっぺよー**（＝これは芯のあるご飯でしょうよ）

きーちゃう①……困る。

例文 **バスにのりおくれてきーちゃったよ**（＝バスに乗り遅れて困ったよ）

きーちゃう②……疲れる。

あるいは脱落によって形成されたと思われる。

推量の表現としては、動詞では、「イクベー（＝行くだろう）」「オヨグダッペ（＝泳ぐだろう）」、名詞では、「アメダベー（＝雨だろう）」「ソーダッペ（＝そうだろう）」、形容詞では「タカイベー（＝高いだろう）」「サムカッペ（＝寒いだろう）」などとなる。

〈その他〉

命令表現として、「タベタイヨ（食べなさいよ）」「ネタイヨ（寝なさいよ）」のように、「〜タイヨ」が使用される。

また禁止の表現として「（手に）負えない」に由来する「オイネー」が、「ソンナコト　シチャオイネー（＝そんなこと　しちゃいけない）」のように使用される。

◎方言文化

千葉県は、北部は茨城、西北部は埼玉と首都である東京に接

例文 **市役所のほーまであるったからきーちゃった**（＝市役所の方まで歩いたから疲れちゃった）

きもえる……腹を立てる。
例文 **まだ来ねーのか、きもえんなー**（＝まだ来ないのか、腹立つなあ）

きょーとましー CD……かん高い。
例文 **そんなにきょーとましー声出すなよ。耳ガいでぐなっちゃーど**（＝そんなにかん高い声を出すなよ。耳が痛くなっちゃうぞ）

くぐらける①……もつれる。
例文 **糸がくぐらけちゃって直すのたいへんだ**（＝糸がもつれちゃって直すのがたいへんだ）

くぐらける②……頭が混乱する。
例文 **おらもーくぐらけちゃって、何がなんだがわがらねー**（＝頭がこんがらがっちゃって、何がなんだかわからない）

くさる……錆びる。
例文 **ふるぐなってくさっちゃったがら抜けねーや**（＝古くなって錆びちゃったから抜けないや）

くむ……崩れる。
例文 **きんのの雨で土手がくんじまった**（＝昨日の雨で土手が崩れてしまった）

けーがわりー……体の具合いが悪い。
例文 **けーがわりーからはだけさいがねー**（＝体の具合が悪いから畑には行かない）

ごじゃまんかい CD……まとまりがないこと。乱雑。
例文 **あの野郎の話し、ごじゃまんかいだ**（＝あの野郎の話しはめちゃくちゃだ）

ごじゃらっぱ……わからずや。
例文 **そんなごじゃらっぱは連れでいがねーど**（＝そんなわからずやは連れて行かないぞ）

ざっかけ……おおざっぱ。
例文 **あら仕事がざっかけだね**（＝あの人は仕事がおおざっぱだね）

ざっぺーに CD……～のくせに。～の分

しているものの、ほぼ全域が海に囲まれており、その自然環境が方言の多様性を生み出していると言えよう。県の東端に位置する銚子は昔から江戸の台所として栄え、醤油の醸造技術や漁業を通じて関西から多くの人が移り住んできた。そのため、「スグモ（＝籾殻）」「タグ（＝煮る）」「ニナウ（＝担ぐ）」「オーキニ（＝ありがとう）」など、多くの関西方言が伝わってきている。また、県東北部では「学校サ行グ」「見サ行グ」のような助詞「サ」や、「コワイ（＝疲れる）」「マキメ（＝つむじ）」「シタキ（＝唾）」など、東北方言的特徴もみられる。なお、房総半島には、勝浦、白浜など、紀伊半島と同じ地名があり、交流の深さを伺わせる。

◎**若者ことば**

近年東京に隣接する地域を中心に、若者のあいだで、「カケレル」「ヨメレル」等の形式が目

際で。

例文 **こどものざっぺーにえらそうな口きくな**（＝こどものくせにえらそうな口をきくな）

しびれる……肉体的・精神的に参る。

例文 **仕事終わんねーでしびれちゃうよ**（＝仕事が終わらなくて参っちゃうよ）

しみじみ……しっかり。

例文 **もっとしみじみやれ**（＝もっとしっかりやれ）

じゃみる CD……にじむ。染みる。

例文 **紙に墨汁ガじゃみできた**（＝紙に墨汁がにじんできた）

すがれる……ねだられる。

例文 **あれかってこれかってとすがれる**（＝あれ買ってこれ買ってとねだられる）

ずくむ……座り込む。

例文 **疲れちゃってあそこにずくんでいた**（＝疲れてしまってあそこに座り込んでいた）

すっぱり……すっかり。

例文 **この天気じゃ桜もすっぱりだめんなっちゃうべや**（＝この天気で桜もすっかりダメになってしまうなあ）

だます……子どもをあやす。

例文 **大泣きしてっからだましたほーがいーど**（＝はげしく泣いているからあやした方がいいよ）

たまたま CD……初めて。

例文 **そんな話、たまたま聞いだなー**（＝そんな話、初めて聞いたなあ）

たらがす CD……散らかす。散乱する。

例文 **たらがしたまんまにすんな**（＝散らかしたままにするな）

ちっくり……背が低い。きゃしゃ。

例文 **あらちっくりだから弱々しいね**（＝あの人は体が細いから弱々しいね）／**ちっくりだ肩だねー**（＝きゃしゃな肩だね）

ちゃがる……退く。わきへのく。

例文 **そこちゃがれ**（＝そこをどけ）

ちょこす……だます。

例文 **おれのことちょこしたな**（＝私の

立ってきた。「書ける」「読める」といった可能動詞を、「ミレル」「タベレル」などの、いわゆる「ラ抜きことば」と混同し、「ラ抜き」であると誤認して、可能の助動詞を添加してしまったようである。さらには「見る」「来る」などで「ミレレル」「コレレル」という新たな変化形も生まれている。

◎気づかずに使う方言

共通語では、「生まれつき皮膚の一部が変色している部分」も「打撲による内出血で皮膚の一部が青黒く変色した部分」も「アザ」と言い、両者を語形によって区別していない。ところが千葉県の方言では、後者を「アオナジミ」と言って区別している。この「アオナジミ」は、高年層から若年層まで幅広い世代で方言と気づかずに使用されている。

◎「蟷螂」と「蜥蜴」

ことをだましたな）

つったぎる……突っ切る。
例文 **その先をつったぎって川にぶつかったら右に行ったいよ**（＝その先を突っ切って川にぶつかったら右に行きなさいよ）

つっとる……追突する。
例文 **前の車につっとっちったよ**（＝前の車に追突しちゃったよ）

てっぱる……無理する。何とかする。
例文 **少し残してもしょーねーがら、てっぱっておやしてきた**（＝少し残してもしょうがないから無理して終わらせてきた）

でれすけ……だらしがない人。
例文 **あの男はでれすけだ**（＝あの男はだらしがない）

とっぱどする CD……失敗する。
例文 **とっぱどしっちゃった、堪忍してくれ**（＝失敗してしまった許してくれ）

とんざーねー……届かない。
例文 **そんなたけーとーろじゃとんざーねーおー**（＝そんなに高いところでは届かないよ）

なじょしべーか……どうしようか。
例文 **いっちゃってからきたらしょーねーがら、なじょしべーか**（＝行っちゃってから来たらしょうがないからどうしようか）

ねっちょー……嫌がらせ。意地悪。
例文 **おめえはあんでそうねっちょーばりすっだや**（＝あなたは何でそんなに嫌がらせばかりするんだ）

ねねこ CD……赤ん坊。
例文 **おめーらいのねねこ、いげーなー**（＝お前の家の赤ん坊は大きいなあ）

のさくさ……のろのろ。
例文 **雨降ってくっど、のさくさすんな**（＝雨が降ってくるぞ、のろのろするな）

のぜえる CD……食物が喉につかえる。
例文 **餅ガのぜえでよー、死グとごだった**（＝餅がのどにつかえて死ぬところだった）

県北部では「蟷螂《かまきり》」を「トカゲ」、県南部では「蜥蜴《とかげ》」を「カマキリ」「カマゲッチョ」と言う地域が多く、奇妙な混線が生じている。

◎昼のあいさつ

香取《かとり》郡では昼のあいさつとして「おあがんなさいまし」「おあがんなさいましたか」という表現がある。お昼をはさみ、前者は「お食べなさい」、後者は「食べましたか」という意味である。食糧難の時代に食べたかどうかの確認によって相手を気遣っていた名残りが感じられる。

今日の共通語では「お元気ですか」のように「健康」の確認によって相手を気遣っており、時代状況の変化を感じさせる。

◎銚子の言い伝え

「カラスニブッツゲルツヂモネエ、ネゴガソベグルホドモネエ（鴉にぶっつける土もねえ、猫が寝そべる程もねえ）」

のめる……家が衰える。
例文 **えーに災難おきて、はー、のめっちゃったねー**（＝家に災難が起きて、身上つぶしちゃったね）

はごた①……余分。
例文 **すこしはごたになっちゃってどうしべー**（＝少し余っちゃってどうしよう）

はごた②……半端。不足。
例文 **二個はごたになっちゃったけど、これをなじょーしべーか**（＝二個足りなくなってしまったけど、これをどうしようか）

はんかもん……お調子者。
例文 **あんにゃろははんかもんだ**（＝あの野郎はお調子者だ）

びだげる……甘える。
例文 **このがきゃーいつまでんもびだげてでおいねーなー**（＝この子はいつまでも甘えていていけないなあ）

びたびた……びしょびしょ。
例文 **雨んなか走ってきてびたびたになっちった**（＝雨の中を走ってきてびしょびしょになっちゃった）

ひったてる……持ち上げる。
例文 **一人で持てねーからひったててくれ**（＝一人で持てないから持ち上げてくれ）

ひでっぷしー……まぶしい。
例文 **ひでっぷしくてめーあがんねー**（＝まぶしくて目が開かない）

びんちょ……対のものが揃っていないこと。
例文 **おめー靴下びんちょに履いてるぞ**（＝お前が履いている靴下は左右揃っていないぞ）

ふーがわりー……格好悪い。体裁が悪い。
例文 **あんでかふーがわりーね、もー少しなんとかしたらいいがっぺ**（＝なんだか体裁が悪いね、もう少し何とかしたらいいだろうに）

ぶしょーたかり……不潔な人。
例文 **あいつは風呂嫌いのぶしょーたか**

土地も財産もない人を馬鹿にしたことば。まだ一人前でない若者がなまいきなときにたしなめることば。（銚子市教育委員会『銚子のことば』より）

◎方言の有効活用
地域色をアピールするために方言を活用する例は少なくない。施設の名称もそのひとつである。

山武市蓮沼にある道の駅「オライはすぬま」の「オライ」は「俺の家」、つまり「我が家」を表し、都市と農村の地域間交流の推進と人々の往来する場所となることを願って名付けられた。その施設中央に位置する物産館「喜太陽」は「おいでよ」という意味の「きたいよ」と蓮沼のシンボル「太陽」をかけたネーミングである。

りだ（＝あいつは風呂嫌いの不潔なやつだ）

ぶっくらかす……なぐる。

例文 **ゆーことがねばぶっくらかしてやるがら**（＝言うこと聞かなかったら殴ってやるから）

ふったがる……火が勢いよく燃える。

例文 **しめった薪もようやくふったがった**（＝湿っていた薪もようやく燃え上がった）

までる……しまう。

例文 **物置さまでどげ**（＝物置にしまっておけ）

もじく……果物などを枝から取る。もぐ。

例文 **柿欲しんなら裏からもじいてこ**（＝柿が欲しいなら裏からもいできなさい）

もちゃぽい……あきっぽい。

例文 **ほしがってだのに、じきうっちゃらがして、もちゃぽいねー**（＝欲しがっていたのにすぐ放ったらかして、あきっぽいねえ）

もやもやしー……もったいない。

例文 **もやもやしーからくっちまえ**（＝もったいないから食べてしまえ）

やしやし……どんどん。

例文 **やしやし持ってってくらっしぇー**（＝どんどん持って行って下さい）

よでもねー……余計なこと。

例文 **よでもねーけど言わしてもらうべ**（＝余計なことだけど言わせてもらおう）

よわる……腐る。

例文 **食わねーで置いといたらよわっちゃーぞ**（＝食べないで置いておいたら腐っちゃうぞ）

りきむ……自慢する。いばる。

例文 **賞状もらってきてりきんでらー**（＝賞状をもらってきて自慢している）

わーか……少し。

例文 **わーかちゃがねーからよー、おめーにばしださいねー**（＝少ししかないからさ、あなたにばかり出せない）

◎**その他の方言**

あおなじみ―青あざ。

いましー―麦を煮たもの。

がんだめし―芯のあるご飯。

こなすー―けなす。

でごー―大きい。「こりゃでごだでれー」（＝これは大きい）

でれー―のろま。

あいさつ（銚子）

朝＝おはよー

夕方＝おしまいな

別れ＝さよならー

感謝＝ありがとう

訪問＝ごめんください

関東・甲信越

東京都

CD13

あいたちもーしそろ(相立ち申し候)……「時が立ちました」の古風な表現。

例文 **それから四十なん年、相立ち申し候の学校である**

あいのしゅく(合の宿)①CD……にぎやかな所とにぎやかな所の間の、ちょっとさびれている所。

例文 **ここらも合の宿だからね**

あいのしゅく(合の宿)②……あいの手。間にはいる物事。

例文 **合の宿に一杯やろー**

あたじけない……けちだ。欲が深い。

例文 **あたじけない話だが／そんなあたじけない料簡《りょうけん》の奴《やつ》**

いいまのふり……いい気になって。

例文 **そいつをまたいい間のふりで真似する役者がいるんだから情けねー**

いギたない CD……かっこうがだらしない。

例文 **昔はちょっと横っつわり**(=横座り)**なんかしていると、いギたないってよく言われましたよ**

いけぞんざい……いかにもなげやりなさま。ひどく雑なさま。

例文 **いけぞんざいな返事が聞こえた**

いさくさ……ごたごた。いざこざ。

例文 **返せばいいさくさはありません**

東京弁

ここにあげる東京弁とは、東京旧市内の方言である。

東京旧市内(旧十五区)というのは、東京都の東部に位置する二十三区の中心部分で、江戸の末に御府内といっていた地域と重なる。幕末から明治にかけて、士工商のあらゆる職業の人々が生活し、周辺の関東方言とは異なった言語の島をつくっていた。上にあげた方言は、その東京旧市内で生まれ育った高年層の人々が今でも使ったり聞いたりする言葉である。(方言の下に意味・例文をあげた)

◎東京弁の特徴

ⓐアクセントは東京式アクセントで、次のような特色がある。現在中高型に変化しつつある。数詞が単独で頭高型の「二十・三十・四(よん)十・九(きゅう)十・三百・四(よん)百・九(きゅう)百」に助数詞の「円・

いじょく（居職）……家の中で、多くはすわってする仕事、またその職業の人。屋職《やじょく》の対。

いじをやく（意地を焼く）……気をもむ。意地を張る。

例文 **つまらない意地を焼くもんじゃない**

いっぽんじめ（一本締め） CD ……「手締め」の一つ。シャシャシャン、シャシャシャン、シャシャシャンシャンの一回。

例文 **ただし、手は、一本じめである**

うんじょーする……疲れたり困ったりしていやになり、どうしてよいかわからなくなる。

例文 **入梅で洗い物も乾きゃしないし、本当にうんじょーしちゃう**

えどでない（江戸でない） CD ……江戸らしくない、田舎くさいという所から、道理に合わないこと。

例文 **こう見たところ、江戸じゃーねえ**

おーかわ（大川）……隅田川（の下流）。

例文 **川の近くの人はみんな大川と呼んでいた**

おーと……大きいバッタをいう。

例文 **バッタ仲間の王様は、でっかいオート。これは遠くまで飛んで逃げる**

おーね（大根） CD ……根本。本心。ほんね。

例文 **おーねはいー男なんだが**

おかちん（御餅）……女や子どものことばで、餅をいう。

例文 **おかちん焼いてちょうだい**

おかったるい……十分でない。もの足りない。

例文 **お昼が少しおかったるかったから／この給金じゃちょいとおかったるい**

おくれガくる（遅れが来る）……気おくれする。臆病な気持ちをおこす。

おさんじつ（お三日）……一日《ついたち》・十五日・二十八日をいう。

例文 **お三日には赤のご飯をたいた**

おしたじ（御下地） CD ……醤油。

例文 **おしたじをとって頂戴**

年・人・枚」などがつくと頭高になる。
例＝サンジューエン・キューヒャクニン等

ⓑ語頭以外の「がぎぐげご」が鼻濁音の「カ゚キ゚ク゚ケ゚コ゚」となる
例＝カカ゚ミ（鏡）、カキ゚（鍵）、イキ゚リス（英国）、ウク゚イス（鶯）、ツケ゚ル（告げる）、シコ゚ト（仕事）等

ⓒ母音の無声化が強く、それによってアクセントが変化することが多い。（゜は無声化する拍につけた）
例＝チ゜チ→チチ（父）、キ゜シャ→キシャ（汽車）、フ゜ク→フク（吹く）、ピ゜クピ゜ク→ピクピク等

ⓓ軽蔑や憎しみなど強調の意を含めた接頭語「こ（小）」「なま（生）」がつく言葉があり、語頭を高く発音することが多い。
こうるさい・こぎたない・こじれったい・こ生意気・こ憎らしい・こむずかしい・こめんどう・こやかましい等

＊男は「したじ」とも。

おしまい（お仕舞）……化粧。

例文 早くおしまいをしといで

おしまいちゃんちゃん……すっかりおしまいの意。

例文 ねっきり、はっきり、これっきり。これでもーおしまいちゃんちゃんよ

おしょさん（御師匠様）……「おっしょうさん」の転。

＊「おっしょさん」とも。

おしろこ（御汁粉）……「おしるこ」の転。

例文 おしろこを食べる

おすもじ（御酢文字）……「すし」の女性語。

例文 おすもじでもとりましょうか

おせおせ（押せ押せ） CD……延び延び。

例文 つい返すのがおせおせになっちゃって

おそなわる……遅くなる。

例文 どうもおそなわりましてあいすみません〈遅くなったときのあいさつ〉

おちゃおけ（お茶請け）……「おちゃうけ」の転。

例文 三時になるとお茶おけが出た

おちゃっぴー……おしゃべりで元気な女の子。

例文 おちゃっぴーな子だ

おっかない……こわい。おそろしい。

例文 おっかなくってしかたがない

おつくり（御作り）……化粧や扮装。

例文 その頃のおつくりは地味だから

おっこちる（落っこちる）……落ちる。

例文 おっこちるとあぶないよ

おつもり（お積り）……酒がなくなること。

例文 〈銚子をとってつぐ、出ない〉何だ、もうおつもりか／これでおつもりにしよう

おひざおくり（お膝送り） CD……あとからの人を入れるために座っている人につめてもらうときのあいさつ。

なまかじり・なまっかじり・なまっちょろい・なまっちろい（生白い）・なま半可・なまはんじゃく（生半尺）・なまびょうほう（生兵法）・なまやさしい等

ⓔウマ・ウメ・ウモレルなど、マメモの前は[m]で発音する。但し、近年は[ɯ]に変りつつある。

ⓕ「ウ」は平唇母音の[ɯ]で発音する。

ⓖ東京弁のなまり

○ヒをシと発音するもの（こちらが多い）

シト（人）、シガシ（東）、シトツ（一つ）、シバチ（火鉢）、シビヤ（日比谷）、オシタシ（お浸し）、シオシガリ（潮干狩）、シャクエン（百円）等

○シをヒと発音するもの

ヒク（ふとんを敷く）、ヒチゴサン（七五三）、ヒッツコイ（しつこい）等

○シュをシ、ジュをジと発音するもの

例文 恐れ入ります、お膝送りを願いいます

おみおつけ（御御御付） CD……味噌汁。

例文 毎朝おみおつけにおこうこだった

＊「おみょーつけ」「おつけ」とも。

おゆーや（御湯屋）……風呂屋。

例文 お風呂行ってくるって言わないで、おゆ（う）や行くといった

＊「おゆや」「ゆうや」とも。

おれくち（折れ口）……（知人の）死。

例文 急に折れ口があって行くんだ

＊葬式の忌み詞として使われる。

かいくれ（掻暮）……全然。全く。

例文 西も東もかいくれわからない

＊打ち消しの語を伴っていう。

かゲのぞき（影覗き）……ちょっと顔を出すこと。

例文 この頃ちっとも影のぞきもしない（＝この頃ちっとも顔をみせやしない）

きぶっせい CD……気がつまる感じ。

例文 おばーさんに会うとどこか気ぶっせい

きんぱくつき（金箔附き）……折紙つき。決定版。

例文 貧乏の方じゃ金箔附きの金さんだ

くかざり（九飾り）……「苦」に通じる「九」のつく日に飾ること。

例文 門松を飾るのはたいがいの家が二十八日でした。二十九日になったら飾らない。九飾りといって苦に通じるといって、縁起をかつぐ

くださいな（下さいな）……子どもが菓子屋などの店先で言うことば。女の子は「ちょうだいな」が多い。

例文 子どもの頃、店の人がいない時に、少し声を大きくして「くださいな」と言ったものだ

ぐれはま CD……「はまぐり」の逆である「ぐりはま」の転。食い違うこと。

例文 すっかりぐれはまになった

くろと（玄人）……「くろうと」の転。

例文 あの人はくろとの出だから

くわいのきんとん（慈姑金団）

ゲシク（下宿）、シクダイ（宿題）、シッチョー（出張）、センジ（千住）、ジク（塾）、シンジク（新宿）、ジミョー（寿命）、シジツシツ（手術室）

○「…て（で）しまう」を「…チマウ」「…ジマウ」または「…チャウ」「…ジャウ」と発音するもの

イッチマウ・イッチャウ（行ってしまう）、シンジマウ・シンジャウ（死んでしまう）、イッチマッタ・イッチャッタ（行ってしまった）、ヨンジマッタ・ヨンジャッタ（読んでしまった）等

○ai、ae、oi、ie、を「エー」と発音するもの

デーク（大工）、メール（参る）、オメー（お前）、ケール（帰る）、フテー（太い）、シデー（ひどい）、オセール（教える）等

CD……のみこみの悪い人や事。

例文 よっぽどくわいのきんとんに出来上ってるんだ

げんか（玄関）……「げんかん」のなまり。

例文 子どもの頃は「げんか」と言った

こーえん（公園）……浅草公園。またその花柳界。

例文 とど終に公園へ身を売るにいたるまで

こぎたない（小汚い）……うす汚い。

例文 こぎたない身なりをして

＊「こぎたねえ」とも。

こけら……魚のうろこ。

例文 まぐろのこけらを取る

こつ CD……千住小塚原《こづかっぱら》の遊里。

例文 公園ござれ、向島ござれ、コツござれ

こってす……ことです。

例文 そのころのこってすから

こびきちょー（木挽町）……銀座（中央区）の木挽町にあったところから、歌舞伎座をいう。

例文 歌舞伎座に行くことを「木挽町に行く」と、昭和の頃まで年輩者は言ったものである

こまっちゃくれる……「こましゃくれる」の転。子どもが小さなくせにませていること。

例文 こまっちゃくれた女の子だ

ざっかけない CD……粗野で、がさつで、丁寧でない形容。

例文 周囲が一般にざっかけない連中が多かったので

さんぼんじめ（三本締め）……「手締め」の一つ。「いっぽんじめ」を三回くり返すもの。

しじみっかい（蜆貝） CD……「しじみかい」の転。内弁慶な子ども。

例文 あの子はしじみっ貝でこまる

しっこしがない……根性・意気地がない。

例文 しっこしのない男

しばや……芝居《しばい》のなまり。

◎関西などでも言う（言った）東京方言

おかちん—お餅。女や子どもが言った。

おしたじ—しょう油。

おつくり—お化粧。

おっしょさん—お師匠さん。

おてしょ—小皿。

おてんとさま—御天道様、お日様。

ごきんとうさま、ごきんとさん—御丁寧なことで、おかたいことで。借りた物をすぐ返したり、進物の返礼をすぐしたりした時の挨拶ことば。

げんか—玄関。

ごんごう—五合。

さぶい—寒い。

だいこ—大根。

だいこおろし—大根卸し。

ふるしき—風呂敷。

◎気づかない東京弁

・モンジャヤキでなくモンジャヤキといった。

・ヘノヘノモヘジでなくヘヘノ

例文 今月のおしばや、どーでした
＊女たちは「おしばや」の形で多用。

～じまう……「～でしまう」の転。
例文 死んじまう／読んじまった

～じゃう……「～でしまう」の転。
例文 死んじゃう

じょーびったり（常びったり）……いつも。常々。始終。
例文 あいつの家にじょうびったりだ

しろと（素人）……「しろうと」の転。
例文 しろとはこれでこまっちまう。わからないんだから

すけない（少ない） CD……「すくない」の転。
例文 知る人がすけない

せけんさま（世間様）……世間の方々。
例文 そんな事をしたら世間様に申し訳がない

ぞろっぺー CD……だらしがないこと。いいかげんなこと。また、その人。
例文 あの人はどうもぞろっぺぇで困る

ぞんき……ぶっきらぼう。無愛想。不親切。ぞんざい。じゃけん。
例文 ぞんきなことを言うんじゃないよ

たまか……倹約すること。質素。けち。
例文 そこの奥さんが大変たまかな人で

～ちまう……「～てしまう」の転。
例文 言っちまう／やっちまった／買っちまえ／どこに行っちまったろう

～ちゃう……「～てしまう」の転。
例文 言っちゃう／買っちゃえ

ちんちんもカ゚もカ゚……片足とび。
例文 ちんちんもカ゚もカ゚をしながら

てく CD……てくてく歩くこと。
例文 帰りはてくだ

てじめ（手締め）……物事の成功や決着を願い、掛け声にあわせて手をしめる（打つ）こと。
例文 それを三度くり返すような、あんなやぼったい手じめはなかった

とうなす（唐茄子）……かぼちゃ。
例文 とうなすが二つなっていた

とんする……幼児語で、落ちること。

ノ・モヘジといった。
・ミソシル（味噌汁）でなくオミオツケといった。
・ムギチャでなくムギユ（麦湯）といった。
・カボチャでなくトーナス（唐茄子）といった。
・アキハバラ（秋葉原）でなくアキバノハラまたはアキバガハラ、アキバッパラといった。
・タカダノババ（高田馬場）でなくタカタノババといった。

◎「尻取り唄」
牡丹《ぼたん》に唐獅子《からしし》竹に虎《とら》、虎をふんまえ和唐内《わとうない》、内藤様は下《さが》り藤、富士見西行うしろ向き、むきみ蛤《はまぐり》馬鹿柱《はしら》、柱は二階と縁の下、下谷上野の山かつら、桂文治は噺家《はなしか》で、でんでん太鼓に笙《しょう》の笛、閻魔《えんま》は盆とお正月、勝頼《かつより》さんは武田菱《たけだびし》、菱餅《ひしもち》三月雛《ひな》祭、祭万《まん》燈《どう》花車《だし》屋台《やたい》、鯛にかつをにたこまぐろ、ろんどん異国の大港、登山するのはお富士山、三べん回って煙草にしょ…（後略）

例文そっちへ行くと、とんするよ

どんどんやき（どんどん焼き）……お好みやき。もんじやき。

例文町に来る屋台のどんどん焼きは、客には焼かせない、結構高級なものだ

のっかる（乗っかる） CD……乗る。

例文この間バスに乗っかったら

のっけに……最初に。いきなり。

例文会うとのっけにしゃべり始めた

のて（の手）……山の手。

例文のてだねー／あれはのての噺家だ（＝中心にはこられない〈二流の〉噺家だ）

＊下町っ子が山の手の野暮ったさを軽蔑して言う語。

はばかりさま（憚様） CD……お世話様。お気の毒様。恐れ入ります。

例文どうもはばかりさまだねえ

はんちく（半ちく）……中途半端。

例文何をやらしてもはんちくだねー／はんちくな仕事して

はんてんギ（袢纏着）……鳶職・大工・左官など屋職《やじょく》の人たち。

例文屋職っていう人は、もーいわゆるはんてん着ですね。これはもーことばが荒いんすよね

ひあわい（庇合わい） CD……くっついている家と家との間のせまい通路。

例文ひあわいの風が涼しいねー

＊なまって、「ヒヤワイ」とも。

ぶるさげる（ぶる下げる）……「ぶらさげる」の転。

例文荷物をぶるさげて

ふるしき（風呂敷）……「ふろしき」の転。

例文ふるしきをひろげて

べらぼー（篦棒）① CD……馬鹿。馬鹿野郎！　人をののしる言葉。

例文何言ってるんだ、べらぼーめー

べらぼー（篦棒）②……ひどく。

例文べらぼーに寒くなった

ほとほとする……困りきる。

例文もうあいつにはほとほとした

まきもの（蒔き物・撒き物）……

◎「手まり唄」

むこう横丁のおいなりさんへ一銭あげて、ざっと拝んでおせんの茶屋へ、腰をかけたら渋茶《しぶちゃ》を出した、渋茶よこ〳〵横目で見たらば、米の団子か土の団子か、お団子だアんご、まず〳〵一貫貸しまーしいた。

山王のお猿さーまは、赤いおべべが大《だい》おー好き。テテシャン、テテシャン、昨夜《ゆうべ》恵比寿講によばれてゆーけば、鯛の吸い物一杯オススラ、スースーラ、スースーラ、二杯オススラスースーラ、三杯めには名主の権兵衛さんが、さかなが無いとてお腹ーだち、先ずまず一貫貸しまーした。

◎「お手玉の唄」

一番初めは一の宮、二イで日光東照宮、三は佐倉の宗五郎、四イは信濃の善光寺、五つは出雲の大社《おおやしろ》、六つ村村鎮主様……

温習会や名びろめの時に、自分のお客様にさし上げる菓子などの配り物。
例文 **おさらい会のまき物に会合のお茶菓子に最適です**

まじくなう①……表面をまぎらかしてとりつくろう。
例文 **ちょいとそこ、まじくなっといてね**(＝ちょっとそこをとりつくろっておいてね)

まじくなう②……とりつくろう。言いつくろう。ちょっとごまかしてとりつくろっておく。
例文 **なんとかまじくなっておこう**

まみえ……まゆ。
例文 **わたくしが小さい時はまみえって言ってましたね**

みじんまく(身じんまく) CD ……自分の身のしまつ。
例文 **自分の身じんまくもつかないくせに**

みずガし(水菓子)……くだもの。
例文 **なにか水菓子でも買っておいで**

みそっかす(味噌っ滓)……子どもの遊び仲間にも入れてもらえないような小さい子ども。
例文 **まだあの子はみそっかすだから**

むきみやさん(むき身屋さん) CD ……筒っぽのような袖の上っ張り。
例文 **かすりのむきみやさんを着た女**
＊貝のむき身を売り歩く人の服装から。

むぎゆ(麦湯)……麦茶のこと。
例文 **筆太に「むぎゆ」と書いてあるのを立てて**

やじょく(屋職)……大工・左官・屋根屋など屋外でする仕事、またその職業の人。居職《いじょく》の対。

やっちゃば CD ……青物市場。
例文 **やっちゃばの旦那**
＊ヤッチャ、ヤッチャと取引きすることから。

やぼよー(野暮用)……つまらない用事。やぼな用事。
例文 **この近所まで野暮用で来たものだから**

あいさつ

〈訪問〉
(丁寧)
御免くださいまし
いらっしゃいまし・おいでなさいまし(古)
(普通)
御免下さい
いらっしゃい・おいでなさい(古)
(乱暴)
ごめんよ
こんちは

〈感謝〉
(丁寧)
ありがとう存じました
(普通)
ありがとうございました・ありがとう

関東・甲信越

神奈川県 CD14

県北＝津久井郡、愛甲郡北部など
県南＝小田原市、伊勢原市、綾瀬市など
三浦＝逗子市、横須賀市、三浦市など
足柄＝足柄上郡、足柄下郡など

あやくる……[県北]ごまかす。
例文 **人の目あやくってぬすんできた**（＝人の目をごまかして盗んできた）

あんきだ……[県北]安心だ。
例文 **おめーらガ、みんなこどまーでけーからあんきだなー**（＝お前の家は、みんな子どもが成長しているから安心だな）

あんで CD……[全県]なぜ。
例文 **「おらー、やだよー**（＝私はいやだよ）**」「あんでよ**（＝なぜだい）**」**

いきなりだ CD……[全県]なげやりだ。
例文 **でーじなもん、いきなりにしといちゃー、いけねーよ**（＝大切な物をなげやりに放り出しておいてはいけないよ）

いさしかぶり……[県南]ひさしぶり。
例文 **おめーにゃー、まー、いさしかぶりにあったなー**（＝お前には、まあ、久しぶりに会ったなあ）

いつのかまにか……[県南]いつのまにか。
例文 **おれの手袋よー、いつのかまにか、めーなくなっちゃったーよー**（＝私の手袋がね、いつのまにか見えなくなってしまったよ）

いとど……[県北]いっそう。
例文 **その犬、おっかなくってよー、い**

神奈川の方言

◎県内の地域差

全県よく似ているが、中部西部の丹沢山系を境として、南北が対立を示す傾向がある。語例として挙げた「ごとーべー（＝ひきがえる）」は北部の代表形で、南部では「おーひき」系が優勢である。ほかに、西部の足柄方面にも特徴形があり、「ばっくり・ばっけーる」等が現れる。また三浦半島方面も特異性を示すことがあり、語例とした「にばんざ（＝後妻）」は三浦半島だけのもので、他地区は「ごけいり」等となり、その他「あとめ」が足柄や北部に現れる。なおその他、南北対立で目立つのは南の「おにごっこ」と北の「おにどっこ」、南の「ひょっこ」（語例）と北の「いびつ・びっつく」等である。

本文で語例とした北部の「めーめーこーじ（＝かたつむり）」は西部・中部で「かーさんめ」、三浦半島では「でんべらこ・で

とど、**動悸ガおどってよー**（＝その犬が怖くて、いっそう、動悸が高まってね）

いも……［県南］もう。
例文 **りんゴよー、いもひとつとってけーろよー**（＝りんごをもう一個取ってくれよ）

いれんな CD……［県南］いろいろな。
例文 **いれんなもん、かってきたよー**（＝いろいろな物を買ってきたよ）

うざってー……［県南］気味が悪い。
例文 **けーむしってやつぁー、うざってーなー**（＝毛虫というものは気味が悪いなあ）

うたてー……［県北］いくじがない。
例文 **うたてーやろーだからよー、そんなこたーできやしめー**（＝いくじがないやつだから、そんなことはできないだろう）

うならかす……［県南］早く走る。
例文 **せーちゃん、うならかして、とんできたなー**（＝清ちゃんは、全力で走ってきたなあ）

うんめろ……［三浦］たくさん。
例文 **おー、ゆわしゃー、うんめろとれたなー**（＝おお、いわしがたくさんとれたなあ）

えーからかん CD……［県北］いいかげん。
例文 **えーからかんなこと、ゆーなよー**（＝いいかげんなことを言うなよ）

えぼとりむし……［三浦］かまきり。
例文 **さっきの、えぼとりむしよー、どっか行っちまったよー**（＝さっき居たかまきりがねー、どこかへ行ってしまったよ）

おいねー……［三浦］よくない。始末が悪い。
例文 **おりゃー、おいねーこと、しちまったなー**（＝私は、まずいことを、してしまったなあ）

おーよ……［県南］うん、そうだ。
例文 **「おめー、いま、きたのか**（＝お前は今来たのか）**」「おーよ、いま、きた**

んべすこ」等になる。

このような「南北対立」の場合の「南」の地域は、概して東海道沿線の地域であり、東からの「東京語の影響」を強く受けている。今、「南」に広く行われる「おにゴっこ」は、昭和初年の調査では、北から「おにどっこ」の続く地域が多かったが、「南」では恐らく東海道を通して「おにゴっこ」という東京語が進出し、次第に「南」一帯の語形となったものと考えられる。古形としての「おにーどっこ」には「鬼はどこにいる（早く逃げよう）」という子どもの心理が反映していたのだが、そういう「本来形」が今は「おにゴっこ」という新形によって駆逐させられているのであろう。「北」の本来形がそういう「生活感覚」を担っていたことは、「朝寝坊」につき、「北」がもと「あさねっぷし（朝寝っ臥し）」であった点にも現れている。「南」の「あさねぼう」よりも、この方が具体的・人間的で「生活

とこだ(＝そうだ、今来たところだ)」

おこじゅー CD……[全県]午後三時ごろの間食。
例文 **きょーの、おこじゅー、とんもろこしに、しべー**(＝今日のおやつは、とうもろこしにしよう)

かっぱしょる……[三浦]尻をはしょる。
例文 **けつ、かっぱしょってかけだしたーよー**(＝尻をはしょって、走り出したよ)

かめんどー……[足柄]クワの実。
例文 **かめんどー、食ったんで、べろまであけーよー**(＝クワの実を食べたので、舌まで赤いよ)

かんじゅーろく……[全県]えんどう豆。
例文 **かんじゅーろくたー、なんだ**(＝かんじゅーろくとは、何か)

きだす CD……[県南]ひどくはしゃぐ。
例文 **あいつ、きだしてらー**(＝あいつは、ひどくはしゃいでいるよ)

きぶっせーだ……[県北]気づまりでつきあいにくい。
例文 **あいつぁー、どーも、きぶっせーなやつだーなー**(＝あいつは、どうも、つきあいにくいやつだな)

きょーこつだ……[全県]大げさだ。
例文 **あいつ、きょーこつだーからよー、話はんぶんにきけ**(＝あいつは何でも大げさに言うから、あまり本気で話を聞くな)

くいぞー CD……[県南]食いしんぼう。
例文 **おめーは、まあ、くいぞーだなーやー**(＝お前は全く食いしんぼうだな)

くじっかてーに……[三浦]律儀に。かたく。
例文 **くじっかてーに、おけーしなんか、しなくっても、いーだよー**(＝律儀に、お返しなどしなくても、いいんだよ)

けつふり……[三浦]せきれい(鳥)。
例文 **ありゃー、けつふりっせーだ。けつぉー、よく振るだーよ**(＝あの鳥は、けつふりというんだ。尻をよく振るん

感覚」を伴っていたのである。

◎文法的な特色

〈知ってねー〉

東京の人間同士の会話なら「堀辰雄って知ってるか」「知らないな」のようになろうが、神奈川県では「知ってねー」となることが多いようだ。私は東京生まれで小学生時代に神奈川県に引っ越したことがあり、それ以来、敗戦のころをはさんで通算一五年ほどこの県に住んだが、神奈川県民も、そして他県の者も、この「知ってねー」をあまり問題にしないことに気づいた。しかし気づかれないことが多いとしても、これはぜひ指摘しておく価値があると思う。これは同時に「気づかずに使う表現」でもあるからだ。

よく考えれば「知らないか」と聞かれたならば「知らないよ」と答えるのが自然なのだから、「知ってるか」なら「知ってないよ」でよいはずだ。「君はパソコ

だよ）

ごとーべー……［県北］ひきがえる。

例文 **あのごとーべーよー、また、出てきやガったよー**（＝例のひきがえるが、また現れたよ）

ごとろ……［県北一部］ひきがえる。

例文 **ごとろガよー、出てきたよー**（＝ひきがえるがねえ、現れたよ）

ざっかけだ……［県南］こだわらない。

例文 **あのひたーざっかけだーからよー、気にしなくったってえーよー**（＝あの人は物にこだわらないから、気にしなくても平気だよ）

～じゃん……［全県］～ではないか。

例文 **やっぱ、そーじゃん**（＝やはり、そうではないか）

～せった……［全県］～といった。

例文 **あいつのなめー、なんせったっけよー**（＝あいつの名前は、何といったかなあ）

たっか……［県南］入道雲。

例文 **あっちょー、見てみろやー。たっかガ立ってんよー**（＝あちらを見てみろよ。入道雲が出ているよ）

つらめーる CD……［全県］つかまえる。

例文 **こんどこさー、つらめーたぞ**（＝今度こそは、つかまえたぞ）

でけー……［全県］大きい。

例文 **そこの穴のうろガよー、でけーだよー**（＝そこの穴の空洞が大きいんだよ）

でこー……［県北］大変に。

例文 **おめーは、でこー、幅跳び、とぶなー**（＝お前は、大変長い距離を幅跳びでとぶなあ）

てんグっぱな……［横浜市一部］やつで（植物）。

例文 **こけーらじゃー、てんグっぱなってゆーだ**（＝この辺りでは〈やつでを〉てんぐっぱなとよぶんだ）

てんグるめー CD……［三浦］肩車。

例文 **てんグるめー、やってやんべーよー**（＝肩車をやってやろうよ）

とろっぴょーし……［三浦］頭割り。

ンやってるか」「やってない」が自然だからだ。東京語的共通語的表現として「知ってるか」「知らない」の対応が安定しているために、神奈川の「知ってねー」が「特色」と言えるのである。

なお、「知ってねー」は「知っていねー（＝いない）」の「い」の発音が落ちたものであって、「て」という「助詞」に直接「ねー」という「助動詞」がついたのではない。これは右に引用した「やってない」（これは共通語でも言う）も同じである。

〈「あの魚何よ」「あ、サバだ、サバ」のような表現〉

生鮮食品としてのサバでも、水族館等で泳いでいるサバでもよい。相手に余裕をもって教えてやるような場面であれば、こんなやりとりになるだろう。答えのほうで、二度目の「サバ」には「だ」のつかない点に注目したい。

これに対してサバの大群が一度に目に入ったような場合、そ等分。

例文 とった魚、とろっぴょーしにわけべーじゃん（＝捕った魚を、皆で等分に分配しようではないか）

にばんざ……[三浦]後妻。

例文 **あの奥さん、にばんざだーからなー、こどまー、ちっちぇーだよ**（＝あの奥さんは、後妻だからね、子どもは小さいんだよ）

はらっかーだ……[中部・大磯・小田原]非常におかしい。

例文 **はらっかーよ**（＝非常におかしい）

＊「腹の皮をねじってしまうほどおかしい」の意。

ひグってー……[県北一部]まぶしい。

例文 **お日さま、じかに見りゃーよー、ひグってーに、きまってらー**（＝太陽を直接に見ればな、まぶしいに決まっているよ）

ひだりっぽい……[県中部]まぶしい。

例文 **おひさま、ひだりっぽいなー**（＝太陽が、まぶしいなあ）

ひとっきり CD……[全県]少しの間。

例文 **ひとっきり、休むべーよ**（＝少しの間、休もうよ）

ひぼっちー……[県北一部]まぶしい。

例文 **おひさま、ひぼっちーなー**（＝太陽が、まぶしいなあ）

びゃくガくむ……[全県]がけが崩れる。

例文 **あすこはなー、びゃくガくんでるからよー、とーれやしねーよ**（＝あそこはね、がけが崩れているからね、通ることはできないよ）

ひょーたくれる……[県北一部]ふざける。おどける。

例文 **あいつぁー、よく、ひょーたくれるからなー**（＝あいつは、いつも、ふざけるからなあ〈今回もそうだろう〉）

ひょっこだ……[県南]いびつだ。

例文 **風船つかんだらよー、ひょっこんなっちゃったよー**（＝風船をつかんだらねぇ、形がいびつになってしまったよ）

して、それに少しでも感動しているような時には、「あ、サバだ、サバだ。早くこっちー来て見ろよー」のように、二度言う「サバ」に両方とも「だ」のつくのが自然である。

これなら東京でもどこでも、「ダ」を使う地域なら日本のどこでも同じようなものではないかと言われるだろうが、そう考えてもよい。そうであればこそ、神奈川の「サバダ、サバ」式の、余裕ある場面での言い方が、「特色」として注目されるのである。

◎「だふらだふら」「ぽつりぽつり」の類

東京なら「だぶだぶの背広」「雨がぽつぽつ降ってきた」となるところを「この背広だふらだふらだ」「ぽつりぽつり降ってきたなあ」等に言う。つまり「ら」や「り」が付いて○○○○○○のように、三音節を二度重ねる語になるのである。アクセント

びりんべー……**[県北]**火の気のまじった熱い灰。
例文 **びりんべーに、入れてよー、芋ー焼くべーか**(=熱い灰の中に、芋を入れて焼こうか)

ぶしょってー CD……**[全県]**ちょっとしたことでも面倒がる様子。その結果、不潔なこと。
例文 **そんな、ぶしょってーかっこーすんなよ**(=そんな不潔で感じの悪い格好をするなよ)

ぶっさーる CD……**[全県]**「すわる」を強めたことば。
例文 **そんなとけー、ぶっさーってんなよー**(=そんな所にでんとすわっているなよ)

ふんだだ……**[県北]**水などの量が、十分だ。
例文 **ふろの湯、ふんだだにしといたから、へーろよ**(=風呂の湯を、たっぷり入れておいたから、入れよ)

へちゃむくれ……**[県中部]**ばか野郎。人をののしって言う言葉。
例文 **この、へちゃむくれ!**(=この、ばか野郎!)

ほーっぱれかぜ……**[県北]**耳下腺炎。おたふくかぜ。
例文 **子どもガなー、ほーっぽれかぜに、なっちゃってよー**(=私の子どもがね、耳下腺炎にかかってしまってね)

ほーれねこ……**[県北]**のら猫。捨て猫。
例文 **こんなほーれねこよー、どっから拾って来ただーよー**(=こんなのら猫をさ、どこから拾って来たんだよ)

ほきる……**[全県]**草木などが(人間も)成長する。
例文 **この桑《くわ》よー、よくほきたなー**(=この桑はね、十分に成長したなあ)

まグれっこ……**[県北]**まいご(迷子)。
例文 **こんな、くれー時に出てって、まグれっ子になんなよ**(=こんな暗い時に出て行って、迷子になるなよ)

まつっこゴれ……**[県北]**松かさ。松ぼっくり。

は、二番目から高くなり、終わりから三番目まで同じ高さが続き、次から下がる。音階で言えば、ドミミミドに近い。

◎「そーじゃんか」と「そーじゃん」

「そうではないか」を、今では「そーじゃん」と言うのが一般的になったようだが、もと「そうじゃんか」だったのが「そーじゃん」に変わったらしい。その「そーじゃんか」については、次のような「歴史」が考えられる。

東京なら「そんなことがあるか」と言う場合に神奈川では「そうじゃ、あんかよー」と言うことがあり、それが短くなって「そうじゃんかよー」になって行ったらしい。一方では、「そんなことあんか(=そんなことがあるか〈ないよ〉)」と、「そうじゃねーか」という二つの言い方が混交してしまい、その結果「そうじゃあんか」ができてから、「そうじゃんか」に縮まったとも考えられる。今は、最後の

例文 **まつっこゴれ拾ってこべーよ**（＝松かさを拾ってこようよ）

まんまじっこ……[県西] ままごと遊び。

例文 **まんまじっこ、おめーもせーてやんべー**（＝ままごとに、お前も入れてやろう）

みとーもねー……[県北] みっともない。見苦しい。

例文 **よしなよー、みとーもねーからよー**（＝やめなさいよ、みっともないからさ）

＊「よしな」は若い層では「やめな」となる。

むっかむてん……[県中部] 夢中で。一心に。むやみやたらに。

例文 **あいつぁーよー、むっかむてんに仕事やるからなー**（＝あいつはねえ、むやみやたらに仕事をするからな）

めーめーこーじ……[県北] かたつむり。

例文 **めーめーこーじ、やー、こーじ、つのー出せ…**（＝かたつむりよ、角を出せ…）

＊子どもがかたつむりに声をかけて遊んだ歌。触覚をもつこの虫の形状を「角のあるこーじ（子牛）」に見立てた。

めグらってー……[県北]（目の前で子どもが騒ぎ回ったりして）うるさい。

例文 **この餓鬼ども、めグらってーなー**（＝この子どもら、うるさいなあ）

もじゃくれる……[県北] 糸などが、もつれる。

例文 **ひぼガよー、もじゃくれちゃってよー、どーしょーもねーよー**（＝ひもがね、もつれてしまってね、どうにもならないよ）

ももっこ……[県北] むささび。

例文 **このへんじゃ、今、ももっこって見ねーな。ももんガーとも、ゆったっけよ**（＝この辺では今、むささびは見かけないな。〈昔は〉ももんがーとも言ったよ）

もやいで CD……[県南] 共同で。

「か」が落ちて、ただ「そーじゃん」と言うようになったものかと思われる。

◎文学作品に現れる方言

青森県なら太宰治の『雀こ』（一九三五年）、茨城県では長塚節の『土』（一九一〇年）のように、その土地の方言を純粋な形で使用した作品を数え上げることができるし、こういうものはかなり有名になっているが、神奈川県の方言は特色が少ないと思われてきた上に、実際に純粋な方言を応用した作品は少ない。その中にあって、厚木市恩《おん》名《な》（旧・愛甲郡南毛利《なんもうり》村恩名）出身の農民作家和田傳《つとう》（一九〇〇年～一九八五年）の作品には厚木周辺の農村の方言が非常に自然な形で現れている。

先に挙げた方言形が、その作品で実際に使われている例を示す。

○ほきる（ほきあがる）

草木や人間が育つことを言う

例文 **この仕事、もやいでやんべーよー**（＝この仕事、皆で共同してやろうよ）

やもーど……［**県北**］山地へ入って仕事をする人。山人。

例文 **やもーどなんてなー、今じゃよー、このへんにゃー、いねーよー**（＝やもーどなどという者はねえ、今ではね、この近くにはいないよ）

よくせき……［**県南**］よほど。よくよく。

例文 **こんなことゆーなー、よくせきのことだよ。きーつけな**（＝私がこんなことを言うのは、よほどのことだよ。よく気をつけなさい）

よこっちゃり……［**県北**］横の方向。横っちょ。

例文 **だまーって、よこっちゃり、見てたよー**（＝だまって横の方を見ていたよ）

よっぽどいい気だ……［**県南**］ひとり合点して喜んでいるのを批評することば。

例文 **あんなことばっかり言っちゃって、自慢ばっかりして、あいつ、よっぽどいい気だな**（＝あんな〈くだらない〉ことばかり言って自慢ばかりして、あいつは自分だけで喜んでいるなあ）

よまんどし……［**県北**］（子どもなどの）おない年。

例文 **あいつらー、よまんどしかよ**（＝あいつらはおない年かよ）

よらばさーらば……［**県中部**］よるとさわると。ややもすれば。何かチャンスさえあれば。

例文 **おめーはよー、よらばさーらば、女の子かまうだなー**（＝お前はなあ、折さえあれば、女の子をからかうんだなあ）

ろくすっぽ……［**県西部**］下に打ち消しのことばを置いて、不十分であるさまを示すことば。

例文 **ろくすっぽ、おれの話も聞かねーで、勝手なこと言うなよ**（＝十分に私の話も聞かないで、勝手なことを言うなよ）

のが本来の用法だが、それが次のように、「人間関係」の発展にも用いられている。

すでに、一つの世界がここにもできあがっている。和助とは別に、かかわりなく〈中略〉日々に莠きあがり、育ってゆく図である。（『鰯雲』一九五七年、和田傳全集八）

〇ろくすっぽ（ろくに）

［彼ハ病気ニナルト］蒲団をひっかむって二、三日はきっと飯もろくすっぽ食わねえで寝込むんだからな。（『祖先』一九三六年、同二）

あいさつ

朝＝おはよー

夕方＝おしまいなすって［農村部］・さよなら

別れ＝おしずかに［農村部］

感謝＝ありがとー

訪問＝こんちわ

関東・甲信越

新潟県 CD15

上越＝上越市、糸魚川市など
中越＝湯沢町、長岡市、柏崎市など
下越＝新潟市、新発田市、村上市など
佐渡

あえまち……怪我。
例文 **ころんでおーあえまちした**（＝ころんで大怪我をした）

あっきゃー……あれまあ。あれえ。
例文 **あっきゃー、茶碗おとしてしもーた**（＝あれえ、茶碗を落としてしまった）

あっちぇ CD……暑い。
例文 **あっちぇのー**（＝暑いねえ）
＊「あっちゃい」とも。

あなれ……霰。
例文 **あなれが降ってきた**（＝霰が降ってきた）

あね CD……若い女性。嫁。
例文 **あこのあねはよーはたらくのー**（＝あそこの嫁はよく働くねえ）
＊「あ」を高く言うほうが、「ね」を高くいう言い方よりも丁寧な言い方。

あんべー CD……ぐあい。加減。
例文 **あんべーなじらね**（＝調子はどうですか）

いちがいこき……頑固に自分の主張を押し通す人。
例文 **あらいちがいこきらすけ**（＝あいつは頑固者だから）

いっち……いっち。いちばん。
例文 **おめさんがいっちいー**（＝あなたがいちばんよい）

新潟の方言

新潟県方言は、日本の東西方言の接触地帯に位置し、東部方言に属しつつも、西部方言的な要素も重ね有する。全国方言の区分としては、多くの地域が中部方言に属する。

新潟の方言は、大きく、佐渡方言と越後本土方言とに分かれる。越後本土方言は、おおよそ阿賀野川以北方言、糸魚川以西方言、中央域方言に分かれる。阿賀野川以北方言は、東北方言領に属す。糸魚川以西方言は、北陸方言的である。上にあげた方言で地域の注記のないものは越後本土方言である。

◎強まる東京式アクセント

糸魚川以西域の方言は富山県方言に似ている。アクセントも、もとは青海町を境にして西は京阪式アクセントだった。最近調査したところ、その境界が西の方に移行しつつあることが

いっぺこと CD……沢山。
例文 **えんりょしねで、いっぺことくいなせや**（＝遠慮しないで沢山食べなさいよ）

いとしげだ……可愛らしい。綺麗だ。
例文 **いとしげなこらのー**（＝可愛らしい子だなあ）

いぼむし……かまきり。
例文 **いぼむしがいる**（＝かまきりが居る）

＊「いぼ」は「いぼる（＝怒る）」から。

いんが……犬。
例文 **どこのいんがら**（＝どこの犬だ）

おえる……生える。
例文 **草がおえる**（＝草が生える）

おっこっこ CD……［中・下越］おやまあ。
例文 **おっこっこ、ふっさしねっかねー**（＝おやまあ、久しぶりじゃないかねえ）

＊「おっこー」とも。

おまん……［上越］あなた。
例文 **おまん、それ、とってくんない**（＝あなた、それを取って下さい）

＊複数形は「おまんた」。

おめさん CD……［中・下越］あなた。
例文 **おめさん、どごいぐねー**（＝あなた。どこへ行くのかね）

＊路上での出会いの挨拶ことば。

かがっぽい……まぶしい。
例文 **太陽の光がかがっぽい**（＝太陽の光がまぶしい）

かける……指名する。
例文 **先生にかけられた**（＝先生に指名された）

＊気づかずに使う方言の一つ。

かねっこーり……つらら。
例文 **かねっこーりがさがった**（＝つららが下がった）

げぁーちま……おたまじゃくし。
例文 **げぁーちまがいた**（＝おたまじゃくしが居た）

＊「げぁ」の発音、広口。

こざく……またぐようにして歩く。
例文 **雪こざいてきた**（＝雪の中を歩い

わかった。東京式アクセントの勢力が東から西へと強まり押していっているのである。やがては、新潟県に接する富山県朝日町まで境界線が西遷するかもしれない。

◎**佐渡のことば、「らち」**
佐渡では、「らちかん（＝仕方がない、いけない、だめだ）」をはじめ、何につけても「らち〜」ということばがよく用いられる。また、「らちがあく」「らちがいく」「らちがつく」など、肯定形も存する。「らち」は佐渡の代表的なことばの一つ。

◎**越後のことば、「なじ」**
越後では「なじ〜」がよく使われる。親しい隣近所の家を訪問した時など「なじれー（＝どうだい）」といって上がっていく。一種の挨拶ことばとしても用いる。「おめさん、あんべーなじらね（＝身体の調子はいかがだね）」は、病気見舞いや、体調の

てきた）

＊雪の積もったところや川の浅瀬をかきわけるようにして歩く動作をいう。

こちょばっこい……くすぐったい。

例文 **足の裏、こちょばっこい**（＝足の裏、くすぐったい）

＊「くすぐる」ことは、「こちょば（か）す」。

～こてー CD……～さ。

例文 **そーらこてー**（＝もちろんそうさ）

＊文末に添えて表現を強める。

こびり……おやつ。昼食前後、なお一回食う飯。

例文 **腹へったすけこびり食おーて**（＝腹がへったから小昼飯を食べよう）

ざえ……薄く張った氷。

例文 **ざえがはった**（＝薄氷が張った）

＊田や道路の水たまり、洗面器等の表面に張ったものをいう。

さべっちょ……おしゃべり。冗舌家。

例文 **おめえは、さべっちょらすけな**（＝お前はおしゃべりだからなあ）

＊「さべっちょこき」とも。

さわぐ……忙しく動き回る。

例文 **めーんちさわいでる**（＝毎日忙しく動き回っている）

さんじょっぱらい……放ったらかしにする。

例文 **よばれっぱなしであとさんじょっぱらいだ**（＝ご馳走になるだけなって、あとのかたずけもしないで〈申し訳ない〉）

しかも……かなり。よほど。

例文 **しかも釣れた**（＝かなり釣れた）

じっき……間もなく。すぐに。

例文 **じっき来るすけ**（＝すぐに来るから）

しゃぎつける CD……なぐりつける。

例文 **わーりことしるとしゃぎつけるろー**（＝悪いことをするとなぐりつけるぞう）

＊「しゃぐ」とも。「しゃぎつける」の方が激しい。

しょーしー CD……恥ずかしい。

すぐれない人への声かけなどの挨拶ことばである。

「一杯なじらね（＝一杯どうだね）」は酒を勧めるとき、酒飲みに行こうと誘うときの両方に言う。

◎〈「ばか」いい〉ことば

「バカいー（＝ひどく良い）」「バカわーり（＝ひどく悪い）」「バカさーめ（＝ひどく寒い）」

越後では、「バカ」という接頭語が、「バカ便利に」「バカ盛んに」用いられている。形容詞・形容動詞の頭にこれを付けることにより、「非常に」「大変」という強調の意を表すことができる。若者ことばの「超」に、ほぼ似ている。

◎「シーレ」長音の位置

「シーレ（＝白い）」「アーケ（＝赤い）」「カーユェ（＝痒い）」

越後では、形容詞の言い方に特色がある。

例文 **ひとまえで挨拶させらってしょーしかったてー**（＝人前で挨拶させられて恥ずかしかったよう）

しょーたれ……不潔。不精。
例文 **あのもんはいつもしょーたれこいとる**（＝あいつはいつも不精をしている）
＊「不精な人」を「しょーたれこき」とも。

じょんのび CD ……のんびりくつろぐさま。
例文 **あー、じょんのびじょんのび**（＝ああ、ゆったりゆったり）
＊温泉にゆったりと浸かったようなときに言う。

すかす……菜っぱなどを間引く。空かす。
例文 **畑の菜っぱをすかす**（＝畑の菜っぱを間引く）

ずく……意気地。根性。
例文 **ずくがある**（＝根性がある）／**ずくがねー**（＝意気地がない）／**ずくなし**（＝意気地のない人）

～すけ……～から。～ので。
例文 **さーめすけいっぺこと着てる**（＝寒いからたくさん着ている）
＊佐渡では「～さけーにゃー」「～もんし」など。

ずる……移動する。
例文 **汽車がずる**（＝汽車が動く）
＊物の面に接したまま動く。

せつね……つらい。悲しい。
例文 **あんべわーりてせつーねですてー**（＝体調がすぐれなくて辛いですよ）
＊それほど大げさでなくても、よく使われる。

そろっと……ぼちぼち。そろそろ。
例文 **そろっとはじめっかねー**（＝ぼちぼち始めようかねえ）

そんま……直ぐ。直ちに。
例文 **そんま行って来る**（＝ちょっと行って来る）

だいろ（ー）……［**上・中越**］かたつむり。
例文 **だいろーやだいろー、つの出せだいろう**（＝だいろうやだいろう、角出

「白い」のoi連母音尾、「赤い」のai連母音尾は、同化して[eː]となる。が、その長呼部[ː]の位置が[e]と入れ替わって言われる。

すなわち、「白い」は「シーレ[ʃiːre]」、「赤い」は「アーケ[aːke]」「痒い」は「カーユェ[kaːje]」となるのである。

この習慣はきわめて強固であり、越後弁の一大特色となっている。

◎文法的な特色

〈可能表現〉
可能動詞によらずに、可能助動詞による。「行ける」は「行ガイル」、「行けない」は「行ガンネ」、「歩ける」は「歩カイル」、「歩けない」は「歩カンネ」である。

〈推量表現〉
「ダロー」によらずに「ロー」による。これを、活用語の終止形に後接させて言う。「行くだろう」は「行グロー」、「赤いだろう」は「アーケロー」、「食われる

せだいろう）〔岩室甚句〕

＊下越では「かたつむり」。

たがく……持つ。かかえる。

例文 **カバンたがいて学校へ行ぐ**（＝カバンを持って学校へ行く）

だーすけ CD……だから。

例文 **だーすけあーゆーたねっか**（＝だからああ言ったではないか）

＊「だっけ」とも。

だちかん……〔佐渡〕仕方がない。だめだ。

例文 **そのんことゆーたらだちかんちゃ**（＝そんなこと言ってはいけないよ）

＊「らちかん」とも。

たよさま……神主。

例文 **たよさまにおはらいしてもらう**（＝神主様にお祓いしてもらう）

たらかす……だます。子どもをなだめる。

例文 **子どもをたらかす**（＝子どもをなだめすかす）

だりこっぺー……乱雑な。きたない。

例文 **だりこっぺーな部屋だ**（＝乱雑な部屋だ）

＊「乱雑粉灰」「羅利骨灰」からという。「だりこっぱい」とも。

ちだらまっか……血みどろ。

例文 **手ー切ってちだらまっかんなった**（＝手を切って血まみれになった）

ちょーす……いじる。かまう。あやす。

例文 **おがもんちょーすなやー**（＝俺のものいじるなよう）

ちょーたくしる……打ち叩く。こらす。いじめる。

例文 **わーりことしたすけちょーたくしった**（＝悪い事したので叩いて叱りつけた）

ちょーはん CD……昼飯。おやつ。

例文 **へーちょーはんだえねー**（＝もう昼飯だよう〈昼飯にしよう。の意の慣用的な言い方〉）

てっこもり……山盛り。

例文 **ごはんてっこもりによそった**（＝ご飯を山盛りいっぱいによそった）

だろう」は「食ワレルロー」である。ただし、「静かだろう」は「静カラロー」である。

◎**終止形接続**

「ロー」の場合もそうだったが、当県方言には、とかく終止形接続法による言い方が目につく。

逆接表現を示す「ロモ（＝けれども）」も、その一つである。動詞に付く時も、

「行グロモ」「シルロモ」「見ルロモ」「来ルロモ」

と、「終止形＋ロモ」である。形容詞に付く時も、同様である。

「アーケロモ（＝赤いけれども）」「サーメロモ（＝寒いけれども）」「アッチェロモ（＝暑いけれども）」

仮定条件を示す「バ（＝ならば）」も、その一つである。形容詞に付く場合に、

「アーケバ（＝赤ければ）」「サーメバ（＝寒ければ）」「アッチ

＊「てんこもり」とも。

てんぽ……うそ。ほら。

例文 **てんぽこく**（＝うそを言う）

としや……大晦日の晩。徐夜。

例文 **としやにはあじをくー**（＝大晦日の晩には塩鮭を食べる）

なー……お前。

例文 **なーがわーり**（＝お前が悪い）

＊同輩以下の者を呼ぶのに用いる。「んな」「うな」とも。

ながまる……足を伸ばして横臥する。

例文 **つかれたすけながまって休もう**（＝疲れたから横になって休もう）

なく……溶けかける。粘つく。

例文 **飴がないてる**（＝飴が溶け加減になり柔らかく粘ついている）

＊砂糖、塩、飴などが湿気や暑さなどで溶けかけ粘ついて柔らかくなる。

なじ CD……いかに。いかが。どんな。

例文 **このなすなじらね。やーすしとくわね**（＝この茄子いかがかね。安くしておくよ）

なじょーも……［中・下越］いかようにも。

例文 **すきなだけなじょーもなじょーも**（＝好きなだけどうぞどうぞ）

＊好意的に応諾する気分を言い表す時に用いる。

なんぎー……体が苦しい。辛い。

例文 **きつい坂を登ってなんぎー**（＝急な坂を登って大変だ）

＊「心が辛い」ことは「せつね」という。

にどいも……じゃがいも。

例文 **にどいもを作る**（＝じゃがいもを栽培する）

のめし CD……怠けること。

例文 **のめしこくなやー**（＝怠けるなよう）

＊「怠け者」を「のめしこき」という。

ばーか～ CD……大変～。非常に～。

例文 **ばーかうんめ**（＝ひどくおいしい）

＊形容詞・形容動詞に上接して意味を強める。

はっこい……冷たい。

エバ（＝暑ければ）」となる。（動詞の場合は、一般に仮定形に付き、「行ゲバ」「見レバ」「シレバ」となるが、「来ル」に付く時だけは「来イバ」と命令形に付く）

◎越後のガンは食われんガン。佐渡のチャは飲まれんチャ。

これは、越後と佐渡の方言の特徴を最も端的に言い表した方言評句である。

越後では、共通語の「ノ」に当たる準体助詞として、「ガン」が盛んに用いられる。

「どご行ぐガンだ（＝どこへ行くのだ）」

「山行ぐガンだ（＝山へ行くのだ）」

「そいガンだ（＝そうなのだ）」

「これ誰ガンだ（＝これは誰のものだ）」

「おれガンだ（＝俺のものだ）」

「食えばいーガンに（＝食えばいいのに）」

といったありさまである。

例文 **プールの水がはっこい**（＝プールの水が冷たい）

はんばきぬぎ CD……旅帰りのお祝い。
例文 **はんばきぬぎしょーれね**（＝旅行帰りの宴会をしようよ）
＊「はんばき」は旅支度で脚に巻く「脚絆」のこと。

びちゃる……捨てる。投げ捨てる。
例文 **ごみびちゃってくるすけ**（＝ゴミを捨ててくるから）
＊「ぶちゃる」とも。

ふっとつ CD……沢山。
例文 **祭りで人がふっとつ出った**（＝祭りで人が沢山出ていた）

ふるしー……古い。
例文 **ふるしー服はびちゃれ**（＝古い服は捨てろ）

ほーんに……本当に。全く。非常に。
例文 **ほーんにせつーねですてー**（＝全くつらいですよう）

まめら CD……達者だ。健康だ。
例文 **まめらったかねー**（＝元気だったかねえ）

まんだら……それでは。さようなら。
例文 **まんだらやすまっしゃれ**（＝それでは、おやすみなさい）
＊「まず、それだら」から。

みよける……孵化する。
例文 **鳥がみよけた**（＝鳥が孵化した）

めぐさえ……見苦しい。みっともない。
例文 **そんげ姿、めぐさえ**（＝そんな格好、見苦しい）
＊「めくせー」とも。

もしかあんにゃ CD……次男。
例文 **おらおじらろも、もしかあんにゃら**（＝俺は弟だけど次男だ）
＊「もしかしたらアンニャ（嫡子）になれる可能性がある」の意。

もじける……人見知りをする。
例文 **この子はもじけてんらわね**（＝この子は、人見知りをしているんだよ）

やでまか CD……どうしても。飽くまで。
例文 **やでまか行がんばねー**（＝どうしても行かなければならない）

ただし、中越以西では「ン」なしの「ガ」が用いられている。

「どご行ぐガら（＝どこへ行くのだ）」

「そいガら（＝そうなのだ）」

しかも、その発音が、中越では[ga]と破裂音に言われ、上越では[ŋa]と鼻音に言われる。「ガン」の本場は、中越北部から下越である。

　一方の佐渡には、文末詞の「チャ（ー）」があり、それが頻用される。

「はよ来いチャ（＝早く来いよ）」

「食えっチャ（＝食べろよ）」

「分からんチャ（＝分からないよ）」

といったありさまである。

　越後の、ことばの「ガン」を食材の「雁」に見たて、佐渡の、ことばの「チャ（ー）」を飲みものの「茶」に見たて、どちらも飲食できないと言ったのである。

◎微妙なニュアンスの文末添えこ

＊「いやでもか」からという。

やめる……痛む。うずくように痛む。

例文 **歯がやめる**（＝歯が痛む）

＊歯・頭・腹などの痛みによく言う。

ゆきおろし……降雪前の雷鳴。

例文 **ゆきおろしが鳴ったすけ、しーれもんが降ってくるろー**（＝雪おろしの雷が鳴ったから、雪が降ってくるぞう）

ゆきほり……［中越］屋根の雪おろし。

例文 **雪がごーぎ降ったすけゆきほりせんばね**（＝雪がひどく降ったから屋根の雪おろしをしなければならない）

ゆさり CD……夜。夕方。

例文 **ゆさりに来てくんなせー**（＝夕方に来て下さい）

＊「ゆーさり」から。

よっぱらだ CD……充分だ。飽きた。

例文 **いちんちじゅーテレビみてよっぱらんなった**（＝一日中テレビを見て飽きてしまった）

よむ……（果実などが）熟す。

例文 **柿がよんだ**（＝柿が熟した）

らちがあく……［佐渡］事が解決する。

例文 **やっともめごとのらちがあいた**（＝やっともめごとが解決した）

らっくらしる……ほっとする。安堵する。

例文 **子どもが学校おわってらっくらした**（＝子どもが学校終わってほっとした）

〜ろも……〜だけれども。

例文 **そらろもそらよーねーわね**（＝そうだけれどもそれは良くないさね）

んな……お前。

例文 **んな、はよせーや**（＝お前、早くしろや）

＊「うな」とも。

んーま……すぐに。

例文 **んーまー来る**（＝すぐに来る）

＊時間的・空間的に近い様。「その間から。「そんま」とも。

とば

文末に付け添えて、話者の微妙な気持ちや訴えかけの気分を表す文末詞が発達している。

「あのネー（＝あのねえ）」に対し

「あのネッシー」

というのがある。「シ（ー）」が添えられると、よりていねいな気分が添えられる。また、県北では、

「あのネァー」

「あのネッシァー」

といった小さな「ァ」がある。これが文末に添えられ響くと、よりていねいで親愛の気分がこもることになる。文末詞という詞の段階にはなり切れない文末音的段階のものとも言える。

あいさつ（刈羽郡）

朝＝おはよーごぜんす

夕方＝おばんです

別れ＝ごめんなせぇー

感謝＝おごっつぉさんでした

訪問＝いたかね

関東・甲信越

長野県

CD 16

北信＝長野市など
東信＝上田市など
中信＝松本市、諏訪市、木曽など
南信＝伊那市、飯田市など
奥信濃＝下水内郡、栄村

あかる CD ……［北中南信］こぼれる。
例文 **花瓶に水いっぱい入れすギて、あかっちゃった**（＝花瓶に水を沢山入れすぎて、こぼれてしまった）

あばね……さよなら。
例文 **あばね。また、あした**（＝さよなら。また、あした）

あらずか・あらすか……［中南信］無い（反語）。
例文 **そんなことあらすか**（＝そんなことあるか、いやない）

いじやく CD ……［中北信］じれて怒る。
例文 **まあず、いじやいて、いじやいて、こまった**（＝まったく、じれて怒って、困った）

いちこつ……［中北信］がんこ。いっこく。
例文 **あの人は、いちこつで**（＝あの人は、がんこで）

いぼつる……［東北中信］怒る。
例文 **そんねにいぼつって、どうしたや**（＝そんなに怒って、どうしたんだ）

うつかる CD ……［中信］よりかかる。
例文 **気分わりいなら、そこにすわって壁にうつかりましょ**（＝気分が悪いなら、そこに座って壁によりかかりなさい）

うりもみ……うり（きゅうり）を薄く切

長野の方言

長野県は五つの方言区画に分かれる。奥信濃方言（栄村一帯）、北信方言（長野市など）、東信方言（上田市など）、中信方言（松本市、諏訪市、木曽地域など）、南信方言（伊那市、飯田市など）である。

アクセントは東京式。音韻・語彙・文法も全般に東日本方言的である。ただ、東日本の否定表現「ナイ」「ネー」のほか西日本の「ン」が県南部にあり、両者を併用する地域も分布するなど、東西方言接触地帯としての特徴も示す。敬語があることも西日本方言的である。

また、意志表現に「行かず」、推量表現に「行くずら」「行くら」など、「ズ」「ズラ」「ラ」を用いており、山梨・静岡と共通する中部方言的特色を有している。

奥信濃方言には越後、東信方言には西関東、中信方言には岐阜・愛知、南信方言には三河に

り、砂糖を加えた酒粕であえた夏の家庭料理。例文うりもみは、うまいねえ（＝うりもみは、おいしいね）

＊「きゅうりもみ」「かすもみ」とも。うり（きゅうり）を薄く切り、砂糖を加えた味噌であえたものは「みそもみ」。奈良漬のうりのことは、「本瓜《ほんうり》」と言う。

おいでる……［中南信］来る・居るの敬語形。例文**遠いところ、よくおいでたね**（＝遠いところよくいらっしゃったね）

おかんだっつぁま……［中信］雷。例文**おかんだっつぁま鳴るから、はやく帰れや**（＝雷が鳴るから、早く帰ろう）

おぞい CD……［中南信］わるい。例文**えらくおぞい靴はいてきちゃった**（＝ずいぶん悪い靴をはいてきてしまった）

おちょんき……児童の軽率な行動、またその子。例文**おちょんきな子だ**（＝軽率な子だ）

おつくべ……正座。例文**ちゃんとおつくべして**（＝きちんと正座して）

＊「おつんべこ」「おつくんべ」とも。

おった……落ちた。例文**木からおって、足おっぽしょった**（＝木から落ちて、足を折った）

おどける……［中北信］おどろく。例文**ああ、おどけた**（＝ああ、おどろいた）

おめったい CD……［中北信］おっくうだ。例文**風呂へえったから、外行くのはおめったい**（＝風呂に入ったから、外出するのはおっくうだ）

おやげねー……［東南信］かわいそうだ。例文**えくつになるっけ、親がしんでおやげねーなー**（＝いくつになったろう、親が死んでかわいそうだなあ）

おやす……［中信］終わりにする。

連続する特徴が一部みられる。

◎文法的な特色

〈推量表現〉

推量をあらわす表現は、たとえば「そうだろう」の場合、東北信では「ソーダラズ」、南信では「ソーダラ」と言う。また、「行くだろう」の場合は、東北信では「イクダラズ」、中東信では「イクンズラ」、南信では「イクラ」を用いる。東信では「イクダズ」「イクベー」も聞かれる。

〈意志表現〉

意志を表す表現は、「あしたは早く起きよう」を例にとると、北中南信では「オキズ」「オキズイ」、東信では「オキラズ」「オキラズヨ」を用いる。東信の一部にみられる「オキベー」は、群馬の影響である。

〈可能表現〉

能力を表す可能と、状況を表す可能とを区別する。東北信では「この着物は今年はまだ着ラ

例文 **そんねに働くと、体おやしちまうよ**（＝そんなに働くと、体をおしまいにしてしまうよ）

おりっと……降りる所。

例文 **おりっとんとこは、すべるから**（＝降りる所のその場所は、滑るから）

かっちゃ CD ……かしら。

例文 **そんなこと、できるかっちゃ**（＝そんなこと、できるかしら）

きなしに CD ……うっかりして。

例文 **きなしにやっちゃった**（＝うっかりしてやってしまった）

きばな……［中北信］細かな氷や雪が木の枝についたもの。

例文 **きばなガ咲いてきれいだ**（＝立木に氷がついて、きれいだ）

きもびしい……［中信］じれったいほど手がかかる。

例文 **種えり分けるのは、きもびしい**（＝種を選り分ける仕事は、辛抱がいる）

くるう CD ……［中南信］ふざける。

例文 **校内ではくるわない**（＝校内ではふざけない）

くるみ……足のくるぶし。

例文 **くるみんとこ、怪我した**（＝くるぶしのところを怪我した）

ぐるわ……回り。

例文 **家のぐるわ、掃く**（＝家のまわりを、掃く）

こうで……手首の筋が痛くなること。

例文 **こうではつらい**（＝腱鞘炎はつらい）

＊中南信では「すばこ」「そらうで」とも。

ごーさわく CD ……悔しくて腹が立つ。

例文 **ごーさわいて、ごーさわいて**（＝腹が立って、腹が立って）

＊「ごうわく」とも。

ござんす CD ……［北中南信］ございます。

例文 **おらえーあたりまで、よんでもらって、ありがとーござんした**（＝私の家まで招待してもらって、ありがとうございます）

ごしてー……ひどく疲れた様子。

レル」（能力可能）、「この子はひとりでもう着物がキール・キレール」（状況可能）などの表現がある。中信では「まだ着レル」など。南信では区別せず、「もう着ーエル」「まだ着レル」「もう着レル」。さまざまな言い方があり、分布も複雑である。

〈勧誘表現〉

相手を誘うとき、たとえば「映画に行こう」を例にとると、北信では「映画行カズ」、東信では「映画行カザー」、中信では「映画行クジャンカ」「映画行ケヤ・行キヤ」、南信では「映画行クメーカ」と言う。「映画行クシナイ？」は、北信の若い人々の言い方。

〈丁寧に勧める表現〉

丁寧に勧める表現として「寄れ」を例にとると、北信では「オエンナシテ」「オエンナサンシテ」「オクンナショ」、東信では「オ寄リナンシ」、中信では「寄リマショ」「寄ットイナスッテ」「オアガリナンショ」、南信では「寄ラ

例文 **あー、ごしてーなー**（＝ああ、疲れたなあ）
＊中信では「てきない」、東信では「しんのう」とも。

こずく……手間を惜しまない働き。
例文 **こずくがある人だねえ**（＝億劫がらずにこまめに働く人だ）

こめのあら……米に交じった籾。
例文 **それっこそ、米のあらだ**（＝それこそ、すぐれたよい人はなかなかいない）
＊よいものは少ない譬え。

こわい……[北信]濃い。
例文 **字をもっと、こわく書いてください**（＝字をもっと、濃く書いて下さい）

ごわす……[東信]あります（丁寧語）。
例文 **きんなは、それはたしかに、机のうえにごわした**（＝昨日はそれはたしかに机の上にございました）

こんぼこ CD……[中南信]幼児。赤ん坊。
例文 **こんぼこ、しょいましょ**（＝赤ちゃんを背負いなさい）
＊「こんぼ」「ぼこ」とも。

～じ CD……[中信]～ですよ。
例文 **忘れちゃいやだじ。こんだきっとよっとくれや**（＝忘れちゃいやですよ。今度は必ず寄って下さいよ）
＊親愛・敬意のある念押し。

しなっこい……軟らかい。
例文 **しなしなした、しなっこい大根**（＝やわやわとした、軟らかい大根）

しみる……冷える。凍りつく。
例文 **今晩はしみるから、大根しみないよーにしろ**（＝今晩はぐっと冷え込むから、大根が凍らないようにしろ）

しょー……[東中南信]人々。衆。
例文 **若いしょー（女しょー・男しょー）にまかせろや**（＝若い人達〈女の人達・男の人達〉にまかせようよ）

～ず CD……～しよう。
例文 **さー、おきず**（＝さあ、起きよう）／**いかずか、おかずか、どーしずか**（＝行こうか、やめようか、どうしようか）

ッシー」「オ寄リテ」「オ寄リテオクンナンショ」等々、表現が豊富である。

〈中信方言の文末表現一〉

○主張する表現「ダ」「ジ」「セ」

ことがらに「ダ」をつけて、話し手の断定的主張であることを相手に示す。「コレカラ、学校へ行クダ（＝これから、学校へ行く）」「蚊ニ刺サレテ、カユイダ（＝蚊に刺されて、かゆい）」「妹ワ、元気ダダ（＝妹は元気だ）」「アシタワ、日曜日ダダ（＝あしたは、日曜日だ）」「コレカラ、オツカイ、行カサレルダ（＝これから、買物に行かせられるのだ）」「ココニアッタダ（＝ここに、あった）」など。「―だ」にも「ダ」をつけるため、「―だダ」となって耳だつ。

話し手の主張に「ジ」をつけて、主張していることを相手に示す。「ソウダジ、山ワイイジ（＝そうですよ、山はいいですよ）」「サア、行クジ（＝さあ、行きますよ）」など。

ずく……惜しまず働く力。

例文 **ずくやんでちゃー、なんにもできねーじ**（＝やる気を惜しんでいたら、何もできませんよ）／**ずくがあるねー**（＝よく働くねえ）

ずくなし……怠け者。ぐうたら。

例文 **あんなずくなしはない**（＝あれほどのぐうたらはいない）

せう……[東北信]言う。

例文 **せったか、せわぬか、せってみろ**（＝言ったか、言わなかったか、言ってみろ）

ぞぜーる……子どもが甘える。

例文 **ぞぜーるじゃねー**（＝甘えるんじゃない）

たたる CD……建つ。

例文 **空き地に大きな家カ゚たたった**（＝空き地に大きな家が建った）

だれどう……誰々。誰の複数形。

例文 **だれどうで行くだ？**（＝誰々といくのか？）

つもい……[中南信]服などがきつい。

例文 **この靴つもい**（＝この靴、小さくてきつい）／**太ったらズボンのお腹のところがつもくなった**（＝太ったらズボンのお腹のところがきつくなった）

てきない CD……疲れて苦労だ。

例文 **てきねえなあ**（＝疲れて苦労だなあ）

とびっくら……かけっこ。

例文 **とびっくらしよー**（＝かけっこしよう）

＊「走る」ことを「とぶ」という。

〜なさんす……[北中信]尊敬語。

例文 **おうちじゃー、どーしなさんすね**（＝お宅ではどうなさいますか）／**おあがりなさんしょ**（＝おあがりください）

＊目上に対する丁寧な挨拶。

なっちょ……[北信]どう。

例文 **あんべーなっちょだい**（＝具合はどうだ）

なな……[全県]禁止を表す。

例文 **なな、お言いよ**（＝言ってはいけないよ）／**ななおし・ななしろ・なな**

「セ」は、話し手が判断を保留しながら考えを述べる。「ソウセ、イクッテモンセ（＝そうですね、行くというものですね）」「蚊ニササレリャ、カユイセ（＝蚊に刺されれば、痒いですよ）」

「ジ」「セ」は、親愛的敬意を含んだ丁寧表現である。それらに対して、敬意を含まない「ゼ」「サ」という言い方もある。

〈中信方言の文末表現二〉

○自問表現「ヤ」「ネ」

「ヤ」「ヤー」は、自問自答を表す。「ソウカヤ（＝そうかなあ）」「シュクダイアッタカヤー（＝宿題あったかなあ）」など。

「ネ」は、迷いながらも自分自身はそう考えている、ということを相手に示す。非上昇音調が多い。「ソウカネ（＝そうかね）」「チガウカネ（＝ちがうかね）」「アノヒト、イキマスカネ（＝あの人、行きますかね）」「ナニ、アルネ（＝何があるか）」など。共通語と形は似

おやり・ななするな(＝してはいけない)

＊係り結びの「な…そ」から。

ねこのしっぽ CD……末子。

例文 **あいつは、ねこのしっぽだ**(＝あいつは、末子だ)

のて CD……無器用で、怠け者。

例文 **のてで、どうしようもねえ**(＝不器用で怠け者で、どうしようもない)

はしゃばしゃ……[中東信]からりとかわいた様子。

例文 **この下着、はしゃばしゃして気持ちいいなー**(＝この下着、よく乾いてさっぱりして気持ちいいなあ)

ひとっきり CD……[東北中信]少しの時間。

例文 **ひとっきり、寝ておきろ**(＝少しの時間、寝ろ)

ひどろってー……[中南信]まぶしい。

例文 **まー、ひどろってーなー**(＝とてもまぶしいな)

＊北信では「かがっぽい」、東信では「まじっぽい」とも。

ぶちゃる CD……[中南信]捨てる。

例文 **そんなもん、はーくぶちゃり**(＝そんなもの、早く捨てろ)

へー……もう。

例文 **へー、いけるだかや**(＝もう行けるのか)／**へー、さびいから、またな**(＝もう寒いから、またね)

へぞる……[中信]そりかえる。

例文 **板がへぞっちゃった**(＝板がそりかえってしまった)

へら……舌。

例文 **へら、かんじゃった**(＝舌を噛んでしまった)

ほいじゃあ・ほんじゃあ CD……それじゃあ。

例文 **ほいじゃあね。またね**(＝それじゃあね。またね)

ほとばす……[東北信]水に浸す。

例文 **お茶碗、ほとばしといて**(＝お茶碗を水に漬けておいて)

ほんで・ほいで……それで。そして。

るが用法が異なる「気づかずに使う方言」のひとつである。

〈中信方言の文末表現三〉

○「イ」と「ン」

「それはそうだ」ということを言うのに、次の二通りの言い方ができる。

ソリャ　ソーダイネ

ソリャ　ソーダンネ

「イ」をつけると、「ソリャ　ソーダ」ということが話し手の気づきや主張であることを示し、「ン」をつけると、「ソリャ　ソーダ」ということが事実であることを示す。そのため、相手に「申し訳なかった」と詫びたい気持ちを示す時「ワルカッタイネー」とは言えるが、「ワルカッタンネー」とは言えない。「ソイウ歌手イタイネ」は、話し手が「そういう歌手がいた」と思っていることを示しているが、「ソイウ歌手イタンネ」は、「そういう歌手がいた」ことを事実だとして述べている。会話例を次にあげる。

例文 あっこへ行って帰ってきて、ほんで、また遊んだ（＝あそこへ行って帰ってきて、そして、また遊んだ）

まあず……まったく。
例文 蠅が、まあずうるさい（＝蠅が、まったくもってうるさい）

まえで CD……空間的な前。
例文 スーパーのまえでに、郵便局ガある（＝スーパーの前に郵便局がある）

～ましょ……［中信］～しなさい。
例文 はやくいきましょ（＝早く行きなさい）／はやくあがりましょ（＝早く召し上がりなさい）
＊軽い敬意のある命令。

まつめる……面倒をみてまとめる。
例文 あの人がまつめてくれたもんで、みんなで旅行にいけただ（＝あの人が面倒をみてくれたので、皆で旅行に行けたのだ）

まてー CD……ていねい。
例文 あそこのしょーは、まてーだから（＝あそこの人達は丁寧に仕事をするから）
＊時にけちくさいほどまめまめしく働く様子。

まま……崖。
例文 こうもりは、ままんとこに、巣うかける（＝蝙蝠は、崖の所に巣をかける）

まる……［中北信］排泄する。
例文 しっこまってくるから、まっててくれや（＝小便をしてくるから、待っていてくれ）

みぐさい……見苦しい。
例文 みグさいなりしてちゃいけねえ（＝見苦しい身なりをしていてはいけない）

みやましー CD……［中南信］手際がよい。
例文 〈掃除など〉みやましくやりなさい（＝てきぱきとやりなさい）／〈服装や仕草など〉みやましくしなさい（＝きりっとしなさい）

めったためった……［北東中信］いよい

「ワルカッタイネー、コンネニ　タクサンムラッチマッテ。フーン。アシタワ　胃カメラカイ。ホーカイ。オレモヤッタダガ、ソンネニ　エレーコタネーンネ（＝申し訳なかったねえ、こんなに沢山もらってしまって。ふうん。明日は、胃カメラですか。そうですか。私もやりましたが、そんなに大変なことはないですよ）」

◎**気づかずに使う方言**
○「雪ガ舞ウ」
日本の屋根アルプス山脈を西に望む信州松本は、冬に厳しい冷え込みを迎える。空からは、ちらほらと「雪が舞って」くる。湿り気のない乾いた細かい雪片が踊るように落ちてくるさまは、「あ、雪が舞ってきた」「雪が舞ってる」としか表現されない。共通語では「雪が降る」という。松本でも「雪が降る」ことがあるが、一冬で数回程度である。降りしきるさまは、「さんよ。

例文 めったなめった悪くなってっちまって（＝どんどん悪くなっていってしまって）

もーもーしー……［北中信］うっとうしい。

例文 もーもーしーお天気さまでござりまする（＝うっとうしいお天気でございますね）

＊雨が降りそうな時の挨拶。

もーらしー CD……［北中信］かわいそうだ。

例文 親がしんで、ふんとにもーらしーなー（＝親が死んで本当にかわいそうだなあ）

もろこし……とうもろこし。

例文 もろこし、むいできて、お昼にしよう（＝とうもろこしをもいできて、お昼ごはんにしよう）

やくやく……わざわざ。

例文 やくやく来たのに、留守だ（＝わざわざ来たのに、留守だ）

やしょうま・やしょんま……釈迦命日に作る団子。

例文 やしょうま、作れや（＝やしょうまを作ろう）

やぶせったい CD……［東信・中信］うっとうしい。

例文 前髪下ガってきて、やぶせったいなあ（＝前髪が下りてきて、うっとうしいなあ）

ゆきやけ……［北信］霜焼け。

例文 ゆきやけで、かゆい（＝霜焼けで、かゆい）

〜ら（っ）しー……［南信］〜なさい。

例文 こらっしー（＝いらっしゃい）／みらしー（＝ご覧なさい）／かせらしー（＝お貸しなさい）

＊親愛と軽い敬意のある命令。

わにる CD……はにかむ。人見知りする。

例文 わにちゃって、でてこない（＝人見知りして、出て来ない）

さんと雪が降っている」と表現される。

○「イタダキマシタ」

食事のときには「いただきます」と言って、ご飯を食べる。そして「いただきました」と言って、箸をおく。また、よそさまにご馳走していただいたり、何かおいしいものを頂戴したときには、「おご馳走様です」と挨拶をする。古くは、「おごっつぉさま」といった。

○「トブ」

自動車学校でのんびりアクセルをふかしていると、「早く、とべ」と注意される。遅刻しそうになって「学校までとんでいく」子どもの姿もみられる。「トブ」は「走る」の意味で使用される。

あいさつ（松本市）

朝＝おはよーござんす
夕方＝おつかれでござんす
別れ＝ごめんなさんし
感謝＝ありがと
訪問＝ごめんなさんし

関東・甲信越

山梨県 CD17

郡内＝大月市、富士吉田市など
国中＝甲府市、韮崎市など
奈良田

いく〜……何〜。

例文 **あれからいくねんたったかねー**（＝あれから何年たったかねえ）／**いくにん来るですか**（＝何人来るのですか）

＊不特定の数量を表す。

いっさら CD……［国中・郡内］全く。

例文 **ほーとーはへーいっさら残っちゃいんと**（＝ほうとうはもう全く残ってはいないって）

＊打消しを伴って使う。

いんめー……少し。

例文 **そんなこん言わでーで、俺にもいんめーくれでー**（＝そんなこと言わないで、俺にも少しくれよ）

うら……私。おれ。

例文 **うらーそんねなもんはいらん**（＝私はそんなものはいらない）／**うらーかじょーひーとー**（＝私は風邪を引いたよ）

えらい……［国中・郡内］大変だ。

例文 **荷物ん多くてえらいら、私ガ持つじゃん**（＝荷物が多くて大変でしょう、私が持ちますよ）

おいし……［奈良田］あなた。

例文 **おいしも体に気を付けれよ、はい若くはないどーよ**（＝あなたも体に気を付けてよ、もう若くはないのだよ）

おいつき……その土地で生まれ育った

山梨の方言

◎県内の地域差

山梨県の方言は、大きく三つに分かれる。西関東方言に属する山梨東部方言（郡内地方）と、長野・山梨・静岡方言（ナヤシ方言）に属する山梨西部方言（国中地方）と、言語島である早川町奈良田で使われる奈良田方言である。

◎文法的な特色

〈推量表現〉

推量助辞の「ズラ」「ラ」「ツラ」が全県で用いられる。

用言に接続する場合の現在推量では「〜のだろう」に「ズラ」、「〜だろう」に「ラ」が対応している。「寒いのだろう」は「サムイズラ」、「寒いだろう」は「サムイラ」となる。この使い分けは他の「ズラ」「ラ」使用県よりも明確に現れる。静岡県に接する山梨県最南の南部町富沢では「ズラ」に代わって「ダラ」がよく使

人。生え抜き。

例文 **おいつきの人に方言を聞いて歩いているです**（＝この土地で生まれ育った方に方言を聞いて歩いているのです）

おくたい……体育館。屋内体操場。

例文 **今日の体育はおくたいでします。ジャッシーに着替えてください**（＝今日の体育は体育館で行います。体操着に着替えてください）

＊漢字は「屋体」をあてる。

おだいじん……【国中・郡内】金持ち。裕福な人。

例文 **あのしはたいそーなおだいじんだ**（＝あの人は大変な金持ちだ）

＊「おでーじん」とも。

おだんな……夫。主人。

例文 **今日うちのおだんなはむじんで出かけてるじゃん**（＝今日うちの夫は飲み会で出かけているんですよ）

おぶどー……ぶどう。

例文 **うちのおぶどーだけどもらってくりょー**（＝うちのぶどうだけれどもらってください）

＊美化語の「お」をつけた「おぶどー」を通常用いる。

おまん CD……【国中・郡内】おまえ。

例文 **おまんガほとんど食っちまったずら**（＝おまえがほとんど食べてしまったのだろう）

＊同等か目下の人に対して使う。

かじる……【国中・郡内】爪でひっかく。

例文 **じぶん、そんねにかじるとあとになるからかじっちょ**（＝おまえ、そんなにひっかくとあとになるからひっかくな）

からかう……【国中・郡内】（物に対して）手を尽くす。工夫する。修理する。

例文 **一生懸命からかってやっと直した**（＝一生懸命手を尽くしてやっと直した）／**なんとかからかってみる**（＝何とか手を尽くしてみる）

＊「からこー」とも。

くむ CD……交換する。

われ、「サムイダラ」のように言う。

「ツラ」は「～たのだろう」「～ただろう」の意の過去推量を表す。「寒かっただろう」「寒かったろう」は「サムカッツラ」となる。今では「サムカッタズラ」「サムカッタラ」のように「ツラ」を使わないで言い表すこともある。

「ズラ」は相手に同意を求める時に単独で使われることもある。「イイジャン！（＝いいじゃない！）」「ズラー？（＝でしょー？）」のようなもので、「ホーズラ（＝そうでしょう）」の短縮形である。

「ベー」は郡内地方で使われる。「サムイベー（＝寒いだろう）」のように使う。

〈勧誘表現〉

勧誘助辞の「ズ」「ザー（ダー）」「チャー」「ジャン」が全県で用いられる。

「甲府に行こう」は「甲府にイカズ／イカザー（イカダー）／イッチャー／イクジャン」となる。

例文 **ふんじゃどーでー、こっちのーとくむじゃん**（＝それではどうだい、こっちのものと交換しよう）

＊名詞形は「くみっこ」。

くりょー CD……くれよ。～てくれよ。

例文 **俺にはおぶどーをくりょー**（＝俺にはぶどうをくれよ）／**半分に切ってくりょー**（＝半分に切ってくれよ）

くるみ……くるぶし。

例文 **みギ足のくるみょーたなのこばーぶっつけて痛かっとー**（＝右足のくるぶしを棚の角にぶつけて痛かったよ）

～け……～か。

例文 **せーせー食ったけ、たいへん食べろし**（＝十分食べたかい、たくさん食べなさい）

＊疑問や感嘆を表す。

～こーじ……学校の～時間目。

例文 **いちこーじは国語、にこーじは算数、さんこーじは社会です**（＝一時間目は国語、二時間目は算数、三時間目は社会です）

＊漢字は「校時」をあてる。

ごろ……子ども用自転車の補助輪。

例文 **うちの子はちっと前にごろを取っただよ**（＝うちの子はちょっと前に自転車の補助輪を外したんですよ）／**へーごろなしに乗れるだけー**（＝もう補助輪無しの自転車に乗れるんですか）

こん……こと。

例文 **学校であったこんみんなに話しとーけ**（＝学校であったこと皆に話したかい）

～さ CD……〔国中・郡内〕～んだよ。

例文 **先生ガへーいくにちも学校休んでるさ**（＝先生がもう何日も学校休んでるんだよ）

～ざー CD……〔国中・奈良田〕～う。～よう。

例文 **明日、見舞いに行かざー**（＝明日、見舞いに行こう）

＊意志や勧誘を表す。「だー」とも。

し……人。人たち。

例文 **男のしも女のしも年取ったしもわ**

このうち「イカズ」は「行かない」という否定の意味に間違われることもあり使用は少なくなっている。「イカザー」は中年層以上の世代に使用が多く、若年層は「イッチャー」「イクジャン」を使うことが多い。「チャー」はもとは依頼の助辞で「行ってください」にあたる意味を表していたが、現在ではもっぱら勧誘に使われる。

「ジャン」を「～じゃないか」という断定や確認の他に、勧誘でも使うことが他県の用法とは異なっている。「一緒に飲むジャン（＝一緒に飲もう）」のように使う。

郡内地方では「ベー」も勧誘に使う。「甲府にイクベー」のようになる。

〈意志表現〉

意志助辞の「ズ」「ザー（ダー）」「ジャン」が全県で用いられる。

勧誘助辞と重なるものが多いが、「私一人で行こう」は「私一人でイカズ／イカザー（イカダ

けーしもみんな集まっただよ（＝男の人も女の人も年を取った人も若い人もみんな集まったんですよ）

～し CD……（命令形につき）～よ。

例文 **すグにけーってこーし**（＝すぐに帰ってこいよ）

＊命令を強めたり、やわらげたりする。

じーけ……じゃんけん。

例文 **どっちがさきーするかじーけで決めるじゃん、じーけっぴ**（＝どちらが先にするかじゃんけんで決めよう、じゃんけんぽん）

しーける……［奈良田］元気がない。

例文 **このかー風邪でんまひーとーどーかしーけるよーだ**（＝この子は風邪でも引いたのか元気がないようだ）

じおい……［国中・郡内］土地の生まれの人。

例文 **この辺はじおいばっかで、きたりもんはいねー**（＝この辺りは土地の生まれの者ばかりで、よそ者はいない）

じぶり①……本降り。

例文 **よーだちかと思ったらじぶりになった**（＝夕立かと思ったら本降りになった）

じぶり②……長雨。

じぶん CD……［国中・郡内］あなた。おまえ。

例文 **ちょっとじぶん、じぶん、早く来てー**（＝ちょっとあなた、あなた、早く来てー）

＊親しい人や、同等もしくは目下の人に対しての二人称。

じゃっしー……ジャージ。体操着。

例文 **あした体育があるに、俺んじゃっしーはどこでー**（＝明日体育があるのに、おれのジャージはどこだい）

～じゃん① CD……［国中・郡内］～だよ。～じゃない。

例文 **うわギゃーたんすにへーってるじゃん**（＝上着はたんすに入っているじゃない）

＊断定や確認を表す。

～じゃん② CD……［国中・郡内］～う。

ー）／イクジャン」となる。「ジャン」を意志表現にも使うことが他県の用法とは異なっている。「私一人で飲むジャン（＝私一人で飲みますよ）」のように使う。

郡内地方では「ベー」も意志に使う。「私一人でイクベー」のようになる。

〈禁止表現〉

禁止助辞の「チョ」を用いる表現が全世代で多用される。

「行くな」は「イッチョ」となる。「チョ」は「～チョバ」の形で「～なければ」の意味も表す。「イッチョバイイニ（＝行かなければいいのに）」のように使う。

〈過去表現〉

過去の「た」は「トー」となる。「甲府にイットー（＝行った）」「一緒にノンドー（＝飲んだ）」のように使う。

〈可能表現〉

可能動詞の未然形に「レル」を付けた「イケレル（＝行ける）」「サガセレル（＝探せる）」のような形がよく用いられる。「デキレ

～よう。
例文 **寒いからきるじゃん、おまんも着るじゃん**（＝寒いから着よう、おまえも着ろよ）
＊意志や勧誘を表す。

しゅわい……強情で態度がよくない。
例文 **やーだなんてうてゲーしばかして、しゅわいぼこどー**（＝いやだなんて口答えばかりして、強情でよくない子だ）

～ずら CD……～のだろう。
例文 **人んとんでくるけんどどーしたずら**（＝人が走ってくるけれどどうしたのだろう）
＊現在推量を表す。

せつない……［国中・郡内］苦しい。
例文 **咳ん出てせつなくってね**（＝咳が出て苦しくてね）
＊身体的な苦痛に使われる。「せつねー」とも。

たいへん……［国中・郡内］たくさん。
例文 **遠慮しんでたいへん食べろし**（＝遠慮しないでたくさん食べなさい）
＊量を示す用法に多く使われる。

だたいガ……［奈良田］突然。
例文 **道に休んでいたいばだたいガ山崩れガあった**（＝道で休んでいたら突然山崩れがあった）

～ちゃー CD……［国中］～よう。［郡内］～たい。
例文 **あしたあすびー行っちゃー**（＝明日遊びに行こう）＊勧誘を表す。／**えいガー見ちゃー**（＝映画を見たい）
＊願望を表す。

ちゃきー……［国中・郡内］ずるい。
例文 **あいつはちゃきーこんばっかしるだよ**（＝あいつはずるいことばかりするんだよ）
＊名詞形は「ちゃく」。

～ちょ CD……［国中・郡内］～な。～するな。
例文 **なんちゅーやつずら、おまんはほんなこんしちょ**（＝なんというやつだろう、おまえはそんなことするな）

ル（＝できる）」という言い方も聞かれる。

他に可能助辞「サル」がある。「イケサル（＝行ける）」「オヨゲサル（＝泳げる）」「デキサル（＝できる）」のように使う。

「ンゲル」「ゲル」を使う表現は高年層にのみ使用が見られる。「ンゲル」のンは軽く発音され、「ヨメンゲル」「ヨメゲル（＝読める）」「ヨメンゲナイ（＝読めない）」のように使う。


〈文末助詞〉

よく使われる代表的な文末助詞を挙げる。
・ケ……疑問や、軽い詠嘆を表す。「へー行くケ？（＝もう行くか？）」「あーほーケ（＝ああそうか）」
・シ……意味を強めたり、やわらげたりする。「早く行けシ（＝早く行きなさいね）」「気を付けろシ（＝気を付けなさいね）」
・サ……「～んだよ」の意。「私合格したサ（＝私合格したんだよ）」

＊禁止を表す。

ちょびちょびする CD……〔国中・郡内〕いたずらする。

例文 **いつもちょびちょびして、このちょびかこき**（＝いつもでしゃばったりいたずらをしたりして、このいたずらっこ）

~つら……~たろう。~たのだろう。

例文 **きのーは運動会だっつら、準備えらかっつら**（＝昨日は運動会だったのだろう、準備大変だったろう）

＊過去推量を表す。

てっ CD……〔国中・郡内〕えっ。あら。まあ。

例文 **とびっこで一等け、てっ、すごいじゃん**（＝競走で一等か、まあ、すごいじゃない）

＊感嘆詞。

てっずし……〔奈良田〕不器用。

例文 **あのひたーてっずしどーで何を作ってても下手だ**（＝あの人は不器用だから何を作っても下手だ）

~とー CD……~た。

例文 **富士山に登っとー**（＝富士山に登った）／**へー行っとーか**（＝もう行ったのか）

＊過去を表す。

とぶ……走る。

例文 **俺はぼこのころからとぶは得意だから**（＝俺は子どものころから走るのは得意だから）

＊名詞形は「とびっこ」。

にゃー……〔郡内〕ない。

例文 **おみゃーは足ん早いけどうらー一等なんなったこんにゃー**（＝おまえは足が早いけれど私は一等なんてなったことない）

のぶい CD……〔国中・郡内〕ずうずうしい。

例文 **おやじにまそっくりののぶいぼこどー**（＝父親にそっくりのずうずうしい子だよ）

＊奈良田では「のぶとい」。

ひっちゃぶく……〔国中・郡内〕破る。

・サヨー……「当然~だよ」「当然~だろうよ」の意。「合格するサヨー（＝合格するよ）」「心配するサヨー（＝心配するよ）」

◎音韻・アクセントの特色

全県的に母音が明瞭で、無声化が少なく、ガ行鼻濁音がある。連母音の融合はよく見られ、例えば「若い」は国中の広い地域で「ワケー」、郡内や国中南部では「ワキャー」のようになる。後者の地域では「ない」が「ニャー」、「しない」が「シニャー」のようになる拗長音化が目立つため、「にゃーにゃー言葉」と称される。ザ行音とダ行音の混同もよく聞かれ、「座敷」が「ダシキ」、「絶対」が「デッタイ」、「わざと」が「ワダト」のようになる。地名の「塩山」も「エンダン」となることがある。

アクセントは基本的には東京式だが、語により多少違いがあり、それはより古い東京アクセントを反映している。

例文 ばらせんにひっかけてジャッシーをひっちゃぶいた(＝鉄条網にひっかけてジャージを破いた)

ぶさらう……たたく。殴る。

例文 あのしにかまわれてぶさらわれた(＝あの人にいじめられて殴られた)

ぶちゃる……捨てる。

例文 いらんもんは早くぶちゃってこー(＝いらないものは早く捨ててきなさい)／このふくーぶちゃる(＝この服を捨てる)

へー CD……[国中・郡内]もう。

例文 へーぶちゃるだけ、へー飽きただけ(＝もう捨てるのか、もう飽きたのか)

＊奈良田では「はい」。

〜べー……[郡内]〜だろう。〜う。〜よう。

例文 そのくらいでよかんべー(＝そのくらいでいいだろう)／あしたあすびーいくべー(＝明日遊びに行こう)

ほー CD……[国中・郡内]そう。

例文 ほーだね、どけー行かっか、晴ればいーじゃんね(＝そうだね、どこへ行こうか、晴ればいいよね)

ぼこ CD……[国中・郡内]子ども。

例文 ぼこガやまー行きたガってるじゃーやまー行くか(＝子どもが山に行きたがっているんだったら山に行くか)

まそっくり……そっくり。

例文 これとこれまそっくりじゃんけ、真似したずらか(＝これとこれはそっくりじゃないか、真似たのだろうか)

みグさい CD……見苦しい。みっともない。

例文 めめっちガってばかでみグさいぞ(＝面倒くさがってばかりでみっともないぞ)

むじん……[国中・郡内]仲間内での飲み会や交流の場。

例文 〈飲食店の看板で〉無尽・会合にどうぞ　無尽承ります(＝〈無尽での〉ご宴会や会合にどうぞ　〈無尽での〉ご宴会承ります)

奈良田方言では「ジ・ヂ」「ズ・ヅ」の発音に区別がある。また、「ネトゥ(熱)」「ミドゥ(水)」のように「トゥ」「ドゥ」の音が聞かれる。アクセントは周囲と全く異なり、この特異性が言語島とみなされる大きな要因でもあるが、これももとは東京式だったものが独自に変化したものであることが明らかにされている。

◎信玄公の逆さ言葉

山梨県の方言については、甲斐の領主だった武田氏にまつわる民衆語源がよく聞かれる。

例えば「信玄公の逆さ言葉」。武田信玄が敵を欺くために使用した隠し言葉だといわれているものには次のようなものがある。

・意志や勧誘を表すズ(「行かズ(＝行こう)」が「行かない」という否定の意味にとられる)。

・「でる」と「できる」が反対になる(「水がデキナイ(＝出ない)から洗濯がデナイ(＝できな

＊「無尽」の字をあてる。

めあて……小学校のクラスなどで掲げる目標。

例文 **小学校のめあてで「ウラと言わない」というのがあった**（＝小学校で掲げた目標で「ウラ〈私の意〉と言わない」というのがあった）

もちにいく CD……取りに行く。

例文 **駐車場に置いてある車をもちにいく**（＝駐車場に置いてある車を取りに行く）

＊手で持てないものにも使う。

やせったい……気ぜわしく落ち着かない。

例文 **ぼこん大きくなって歩き出してやせったい**（＝子どもが大きくなって歩き出して落ち着かない）

～ら CD……～だろう。

例文 **歩けるじゃーへーどこへだって行けれるら**（＝歩けるならもうどこへだって行けるだろう）

＊現在推量を表す。

わからんじん CD……［国中・郡内］わからずや。

例文 **あのしはなんちゅーわからんじんずら**（＝あの人はなんというわからずやだろう）

わゴる……［奈良田］川の流れが渦を巻く。

例文 **大雨で増水したいばわゴるようになった**（＝大雨で増水したので川の流れが渦を巻くようになった）

わにわにする……［国中・郡内］ふざける。

例文 **わにわにしてーておっちゃんにまーれた**（＝ふざけていておじさんに怒られた）

＊奈良田では「わにくる」。

い）」のように使う。

・「はそんする」は「修理する」、「くむ」は「交換する」、「そんけー」は「侮蔑」の意味になる。

・禁止のチョが勧めのように聞こえる（「行っチョ（＝行くな）」が「行け」の意にとられる）。

　また、「よまう（＝叱る）」は武田信玄が臆病者の名を読み上げたことからきているといわれ、「はんで（＝急いで）」は武田軍にいた駿足の兵、半出又兵衛（はんでまたべえ）のハンデからとった、といわれる。

　これらは俗説であるが、武田氏は山梨方言にもその存在を示している。

あいさつ（甲府市）

朝＝おはよーゴいす
夕方＝おつかれなって
別れ＝あばよ
感謝＝ありガとーゴいす
訪問＝ごめんなって

北陸・東海

富山県

CD18

呉東＝富山市、黒部市など
呉西＝高岡市、氷見市など
五箇山＝南砺市の一部（山間部）

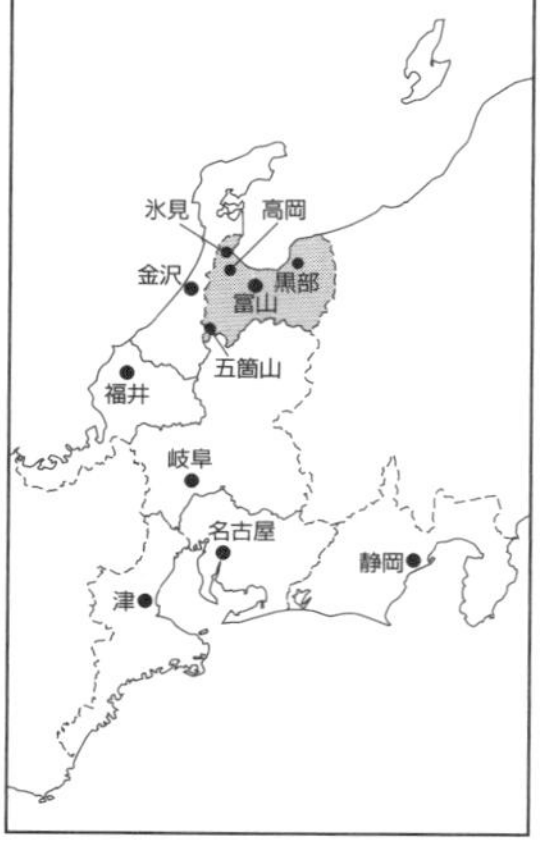

あいそんない CD……わびしい。
例文 **じーちゃんがいかれて、ほんまにあいそんないねー**（＝おじいさんが逝かれて、本当にわびしいねえ）

あじこと CD……[呉西] 心配。
例文 **何の便りもせんもんで、あじことしとったわ**（＝何の便りもしないものだから、心配していたよ）

あしめる……当てにする。
例文 **なんをあしめにしとるがけ**（＝何を期待しているのか）

あまみ……[呉東] 火に当たって、皮膚にできる斑点。
例文 **あまみができてしもた**（＝火だこが出来てしまった）

あわ……[五箇山] 表層雪崩。
例文 **あわがいった**（＝表層雪崩が起こった）

あんま……長男。
例文 **おら、あんまながやぜ**（＝俺は長男なのだよ）

いのく……動く。
例文 **なんやら、いのいとる**（＝何だか、動いている）

うい①……[呉東] つらい。苦しい。
例文 **風邪をひいたがか、なんやらからだがういわ**（＝風邪をひいたのか、なんだか、体がつらいよ）

富山の方言

◎県内の地域差

呉東方言と呉西方言に大きく分かれる。呉東、呉西というのは県の中央に位置する呉羽山（七六・八ｍ）にちなんだ呼び名である。この山を含む呉羽丘陵が県を文化的に二分する形になっている。呉東方言には東日本方言的な傾向があり、呉西方言は総体的に西日本方言的である。呉西には五箇山も含まれる。五箇山は南砺市の一部で、旧の平村・上平村・利賀村三村の総称であるが、加賀藩政時代には外界から遮断されていた山峡の地で、その方言には、特に語彙・語法において中世語的なものが残存している。富山県は日本列島の東西の結節点にあり、東北方言的要素、南西方言的要素の双方が混在している。平野部の一部で「シ・ジ・チ」と「ス・ズ・ツ」の区別がない。なお、「ワ」に対応する音節におい

うい②……気が進まない。

例文 **儲けのない仕事ばっかで、ういやのー**（＝儲けのない仕事ばっかりで、嫌になるねえ）

うざくらしい……気味が悪い。

例文 **なんちゅううざくらしい虫なが**（＝何て気味の悪い虫なの）

うしなかす CD……失う。無くす。

例文 **大事なもんながにうしなかしてしもた**（＝大事なものなのに無くしてしまった）

うやない① CD……[五箇山]気持ちが悪い。

例文 **毎日雨がふって、うやないのー**（＝毎日雨が降って、気持ちが悪いねえ）

うやない②……[五箇山]あやしい。

例文 **そんなうやない話にのるわけにいかん**（＝そんなあやしい話に乗るわけにはいかない）

えんなか……囲炉裏。

例文 **えんなかであたられ**（＝囲炉裏の火に当たって暖まりなさい）

おーどな……粗雑な。ぞんざいな。

例文 **そんなおーどな口きいたらだちゃかんぞ**（＝そんなぞんざいな口をきいたら駄目だぞ）

おたくらもん……[呉東]狡猾な人。

例文 **ありゃ、おたくらもんだちゃ**（＝あいつは狡猾なやつだよ）

かたがる……傾く。

例文 **はしらがちょっこしかたがっとるぞ**（＝柱が少し傾いているよ）

かりやすい……簡単だ。

例文 **そんなこと、ほんまにかりやすいことや**（＝そんなことは本当に簡単なことだ）

きずいな……わがままだ。

例文 **そんなきずいなことでは世の中とおらんぞ**（＝そんなわがままなことでは世間は通らないよ）

きときと CD……新鮮。精力的なこと。

例文 **こんさなか、きときとや**（＝この魚は新鮮だ）／**あのひとあ、きときと**

て、唇と歯で調音する[ʋ]が沿岸部で聞かれが、これなどは南西諸島の方言と類似する事象である。

◎文法的な特色

〈断定の助動詞〉

「ダ」と「ジャ・ヤ」の境界線は新潟との県境にほぼ沿って走っているが、富山市の周辺部ではダもかなり一般的に使われている（「行くがダ」）。これは東から借用したものではなく、本来の「デア」（中世末期の中央文献に見える）から直接に変化した形であろうと考えられる。現在もこのダの領域に隣接する中新川郡の一帯には「デァ」の存在が認められるからである。「デァ」からは「ジャ」も同様に派生した。五箇山では「ジャ」が普通であったが、最近は平野部での「ヤ」を受け入れている。そしてその受け入れは女性の方が先行し、「ジャ」に対して「ヤ」を〈ていねい〉な形式と認識する傾向

の人や(＝あの人は気力の充実した人だ)

きのどくな……申しわけない。ありがたい。

例文 **こんなことまでさせてしもて、きのどくなねー**(＝こんなことまでさせてしまって申しわけないねえ)

きぶい……［五箇山］窮屈だ。

例文 **この靴、ちっちゃすぎて、きぶてはけんわ**(＝この靴は小さすぎて、きつくて履けないよ)

くどい CD……［呉西］塩味が濃い。

例文 **このおつけ、ちょっこしくどいわ**(＝このお汁は少ししょっぱいよ)

〜け CD……〜ですか。

例文 **こっちにこられんけ**(＝こちらにいらっしゃいませんか)

＊親しみをもって問い、念をおす文末詞。

こわくさい……小生意気だ。

例文 **子どものくせにこわくさいことばつかゆー**(＝子どものくせに小生意気なことばかり言う)

さいさい CD……［呉西］毎度。

例文 **さいさいきのどくな**(＝いつもいつも申し訳ありません)

さんずい……［呉東］梅雨。

例文 **はや、さんずいのじきになった**(＝もう梅雨の時期になった)

しけしけ……［呉西］たそがれ時。

例文 **しけしけまでにもどってこられ**(＝夕暮れ時までには戻っておいで)

しし……［呉西］筋肉。

例文 **かっだにししつけんにゃあかん**(＝身体に筋肉を付けなくてはいけない)

じゃーま……主婦。奥さん。

例文 **じゃーま、いまうちにおいでるけ**(＝奥さんは今家いらっしゃいますか)

しょわしない……心が落ち着かない。

例文 **しょわしない、だまっとろ**(＝うるさい、黙っていろ)

しんがいぜん……へそくり。

例文 **しんがいぜんをよーけためとる**がある。

〈命令表現〉

命令表現は複雑である。〈親の命令形〉と〈疎の命令形〉が存在する。〈親の命令形〉というのは意志形と一致する。たとえば「ヨモ(＝読もう)」というのはふつう意志形であるが、富山ではこれを使って「はよ(＝早く)ヨモ」と相手に命令できるわけである。「こっちにコ(＝来う)」というのも「コイ(＝来い)」に対する〈親〉的な命令である。(ただし、この〈親〉的な命令は、目下・子どもには普通に言えるが、大人同士ではおしつけがましくひびき、逆に強制的な命令と受け取られる場合もある。)なお、〈疎の命令形〉の場合、上一段、下一段、サ変には地域差があり、上一段の「起きる」を例に取れば、五箇山では「オキヨ」、平野部では「オキー」が代表的である。呉東の一部には「オキロ」の形もある。

(＝へそくりをたくさん貯めている)

ずこいきり……うぬぼれ者。

例文 **ありゃ、ちょっこずこいきりや**(＝あいつは少しうぬぼれ者だ)

せだいて CD……[呉西]急いで。

例文 **せだいていかんとまにあわんよ**(＝急いで行かないと間に合わないよ)

そいあい……[呉西]連れ合い。配偶者。

例文 **そいあいにはよさきだたれてねー**(＝連れ合いに早く先立たれてねえ)

そくさい……健康。達者。

例文 **いつまでもそくさいでおられよ**(＝いつまでも達者でいらっしゃいよ)

そばまく……[五箇山]はしゃぎまわる。

例文 **こどもがそばまいてほんまによわった**(＝子どもがはしゃいで本当に困った)

だす……[五箇山]補助動詞、あげる。

例文 **てつだいしてだしゃよいがじゃれど**(＝手伝いをしてあげればいいんだけれど)

だちゃかん……駄目だ。

例文 **そりゃだちゃかんわ**(＝それは駄目だよ)

だやい……だるい。

例文 **なんやらだやいわ**(＝なんだか身体がだるいよ)

だら CD……馬鹿。

例文 **だらんことばっかいうなま**(＝馬鹿なことばっかり言うなよ)

だんない……差し支えない。

例文 **そんなことしてもらわんでもだんないわ**(＝そのようなことをしてもらわなくても構わないよ)

〜ちゃ CD……よ。

例文 **世の中っちゃー、そーゆーもんやちゃ**(＝世の中といえば、そのようなものなのだよ)

＊既定判断の文末詞。

ちゃべ……おしゃべり。

例文 **あの人ちゃべながで、きーつけられよ**(＝あの人はおしゃべりなので気をつけなさいよ)

ちょーだ……[五箇山]寝室。

〈敬語形式〉

尊敬の助動詞「レル」「ラレル」の運用には独特のものがある。この形式は当地では比較的柔らかい表現形式で、特に女性が子どもに対して使うことが多く、命令形を持っている(「行かレ」「来ラレ」)。ちなみに、この助動詞の命令形については、岡山県の備前あたりにも見られる(「行かレー」「来ラレー」の形で)。なお、五箇山ではレル・ラレル敬語がもともとは存在しなかったが、最近は多用されるようになった。五箇山ではかつてヤル敬語が代表的なものであった(「行きャル」「見ヤル」)。高岡市から氷見市にかけては、テヤシャル系敬語とともに、テヤ敬語も存在している(「行っテヤ・行っチャー」「見テヤ・見チャー」)。このテヤ敬語の打消形は、「行っテンナイ」「見テンナイ」の形になる、これは、「行っテデナイ」「見テデナイ」の変化形であろう。

例文はよ、ちょーだにいってねよよ（＝早く寝室に行って寝なさいよ）

ちょーつける……けりをつける。

例文今日の仕事、ここらへんでちょーつけまいか（＝今日の仕事はここいらへんでけりをつけようよ）

ちょーはい CD……親戚の家に泊まりこみで遊びにいくこと。

例文またちょーはいにきてくださいさい（＝また泊まりこみで遊びにきてください）

ちょこがしー……［呉東］くすぐったい。

例文なんやらちょこがしーわ（＝なんだかくすぐったいよ）

ちんちんかく……［呉東］正座する。

例文おちんちんかかんと、こっちでひろがらっしゃい（＝正座をしないで、こちらで楽になさい）

つかえん CD……かまわない。

例文なーん、つかえんちゃ（＝何も差し支えないよ）

つまつま……こじんまり。

例文つまつまとしたよいうっちゃ（＝こじんまりとした良い家だ）

～ていくす……～てくれる。～てやる。

例文あんたにもそのうちおくっていくすわ（＝あなたにもそのうち送ってあげるよ）

てんぽな……無鉄砲な。

例文なんちゅーてんぽなことをするがよ（＝何て無鉄砲なことをするのだ）

どまつく……まごつく。

例文いっつもどまついてばっかりおる（＝いつもまごついてばかりいる）

なーん CD……いいえ。

例文なーん、ちがうちゃ（＝いや、違うよ）

なえ……［五箇山］地震。

例文なえがいった（＝地震で揺れた）

なじみぞい……恋愛結婚。

例文あのひとたちゃ、なじみぞいなそーな（＝あの夫婦は恋愛結婚だそうだ）

ねばい……［五箇山］ねばっこい。

〈準体助詞〉

準体助詞としての「ガ」の存在が特徴的である。たとえば、「雨でも行くのか」「わたしのだ」などの文脈における上の句を体言化したり、体言を代用する「の」の部分は「ガ」「ノガ」となるのが一般的である。

「雨でも行くガか」

「わたしノガだ」

ちなみに、このような「ガ」の用法は、離れて四国の高知県の方言にも存在する。

◎気づかずに使う方言

富山県人が全国共通語だと思って使っている表現のランクは、次のようである（調査・富山大学）。

1位　だら（＝馬鹿）＊
2位　だやい（＝だるい）＊
3位　なーん（＝いいえ）＊
4位　かたがる（＝傾く）＊
5位　～け（＝疑問の文末詞）＊
6位　はらうい＊

例文 なっとはほんまにねばいもんじゃ（＝納豆は本当にねばっこいものだ）

のまえる……［呉西］堰き止められて水があふれる。

例文 おおあめでかわがのまえてきた（＝大雨で川に水があふれてきた）

はがやしー……くやしい。

例文 ぎゃくてんでまけたちゃ、はがやしーのー（＝逆転で負けたとは、くやしいなあ）

はちはん……平然とした振る舞い。

例文 ひとにめいわくかけてもはちはんのかおしとる（＝人に迷惑をかけても平然とした顔をしている）

ばっかい CD……始末。

例文 年とって、雪のばっかいによわってのー（＝年を取ったもので、雪の始末に困ってねえ）

はなが……臭い。

例文 なんやらおかしげなはながする（＝なんだか変な臭いがする）

はべん……［呉西］かまぼこ。

例文 はべんをみやげにしょまいけ（＝特産のかまぼこを土産にしましょうよ）

はらうい……［呉東］腹がいっぱいで苦しい。

例文 なんやら、くいすぎて、はらういわ（＝なんだか、食べすぎて、腹が苦しいよ）

ばんかけ……［呉西］小さめの風呂敷。

例文 ばんかけをもってきたがいけど（＝風呂敷を持ってきたんだけど）

ばんばいする……償う。

例文 すぐにばんばいするさかい（＝すぐに弁償するから）

ひねくらしい……年齢よりも老けてみえる。

例文 ほんまにひねくらしいこや（＝本当に大人びた子どもだ）

ひょーげる……ふざける。ひょうきんにする。

例文 あの人はひょうげた人や（＝あの人はひょうきんな人だ）

7位　いちだいめ、にだいめ（＝歌の一番、二番）
8位　ちいさい「を」（＝ワ行の「ヲ」のこと）〈ア行の「オ」は大きい「お」と言う〉
9位　がんぴ（＝模造紙）
10位　はがやしい（＝くやしい）＊

＊上記に見出し有り。

◎**若者の好きな富山弁**

県の教育委員会が、中・高校生を対象として、富山県の方言での好きな表現とその理由を尋ねた調査の結果では、特徴的な表現である「〜け」（〜まいけ＝〜しましょう）や「〜ちゃ」（そーやちゃ）といった終助詞、準体助詞の「〜が」（なにしとんが）、レル・ラレル敬語の命令形「〜れ・〜られ」などが挙げられている。また、新鮮である様子を表す「きときと」が好印象のものとして挙げられているほか、「まめ」（まめなけ?）、「きのどくな」「まいどはや」（＝こん

ほどらい CD……程度。程合い。
例文 **ほどらいちゅうもんがあろが**(=程合いっていうものがあるだろうが)

〜ま CD……〜よ。
例文 **はよせいま。なんしとるがよ**(=早くしろよ。何をしてるんだよ)
*強意の文末詞。

まいどー……ごめんください
例文 **まいどー。おられるけ**(=ごめんください。いらっしゃいますか)
*「まいどはや」とも。

ませる……[五箇山]差し上げる。
例文 **あんにゃにこの菓子ませるわか**(=あなたにこのお菓子をさしあげますよ)

またいする……しまう。
例文 **もったいないさかいで、半分またいしとかれ**(=もったいないので半分しまっておきなさい)

まばやしー……まぶしい。
例文 **まばやしてまばやして、めーがあけられん**(=まぶしくてまぶしくて目が開けられない)

まめ CD……達者。
例文 **まめでおられ**(=達者でおいでなさい)

みゃーらくもん……[呉東]道楽者。
例文 **ありゃ、ほんまにみゃーらくもんで**(=あいつは本当に道楽者で)

めぐら……めぐり。周囲。
例文 **うちのめぐらを掃除する**(=家の周囲を掃除する)

もくしょな……がむしゃらな。
例文 **あの人はなんとももくしょな人で**(=あの人はなんとも気の荒い人で)

もったいしゃ……やっかいなことだ。
例文 **まひかいね。あら、もったいしゃ**(=またですか。ああ、面倒なことだ)

やくちゃもない CD……とんでもない。
例文 **やくちゃもないことばっかゆーなま**(=とんでもないことばかりを言うなよ)

やこい……やわらかい。

にちは)」などのあいさつ表現が挙げられ、お年寄りの会話にあって、あったかい印象を受けているということが示されている。否定の応答詞「なーん」は優しくやわらかい言い方としてよく用いられるが、一方、軽蔑を表現する「だら」(このだらが!)でさえもが優しい言い回しとして受けとめられ、県外の人には知られない秘密の言葉として楽しみながら使っていることが示されている。

◎ズーズー弁的要素

富山県におけるズーズー弁的傾向について触れた最も古い文献は、新聞「北陸公論」における明治二三年六月一日の記事であろう。そこには次のように書かれている。

ツチ、ルリ、スシ　是まで富山県に於て小学校授業生試験の際彼の最も貴重なる五十音閣中のツチ、ルリ、スシの情音を分たざるものをも間々合

例文**この餅ほんまにやこい餅や**（＝この餅は本当にやわらかい餅だ）

やわしー……[呉東]見苦しい。
例文**やわしーかっこではずかしーわ**（＝見苦しい格好で恥ずかしいよ）

ゆきやけ……やや重度の霜焼け。
例文**このごろ、ゆきやけになるもんなあんまりおらん**（＝このごろ霜焼けになる者はあまりいない）

よむ……[呉西]数をかぞえる。
例文**こんどのせんきょはなかなかひょうがよめん**（＝今度の選挙はなかなか票がかぞえられない）

らんかやす……騒ぎ立てる。
例文**ほんまにじょうずやというて、らんかやいとられた**（＝本当にお上手だと言って、ほめそやかしておられた）

りくつな……[呉西]気が利いている。
例文**わかいがにりくつなあいさつをする**（＝若いのに気の利いた挨拶をする）

ろっぽもん……[呉東]乱暴者。
例文**あんなろっぽもん、相手にせんこっちゃ**（＝あんな乱暴者は相手にしないことだよ）

わけもない……[呉西]とんでもない。
例文**なんやらわけもないことをゆーとる**（＝何だかとんでもないことを言っている）

わに……鮫。
例文**わにが網にかかった**（＝鮫が網にかかった）
＊「わん」「ばん」とも。

わやく……めちゃくちゃ。乱雑。
例文**うちんなか、いつんかもわやくにしとった**（＝家の中をいつも乱雑にしていた）

わらべしい……[呉西]こどもっぽい。
例文**ありゃ、まだわらべしてだちかん**（＝あいつはまだ経験が足りなくて駄目だ）

んまそい……[呉西]よく太っている。
例文**このねんね、んまそいかっだしとるねー**（＝この赤ちゃんはまるまるとした体をしているねえ）

格者として免状を与ふることありといふが右は試験執行者其人の不注意に胚胎するものなるべしと思はるれども若し此等の事を其儘に差措くときは教育上大なる間違ひを生ずべければ当局者は注意ありたきものなり

あいさつ（砺波市）

朝＝おはよーござんます
夕方＝しまわっしゃい
別れ＝じゃましたね
感謝＝きのどくな
訪問＝まいどさん

北陸・東海

石川県

加賀＝金沢市、小松市、白山市、加賀市など
能登＝珠洲市、輪島市、七尾市、羽咋市など

CD 19

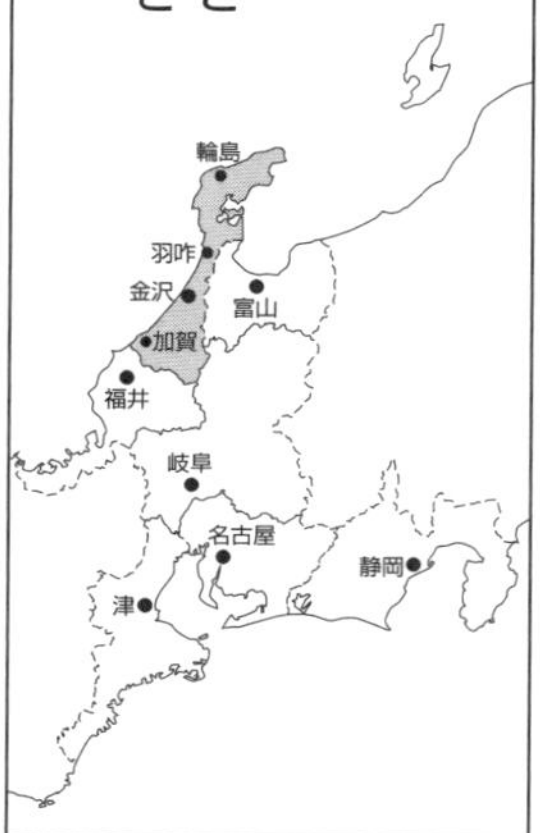

あいそむない CD……［加賀］つまらない。

例文 **この部屋、あいそむないさかい、花でもかざるか**（＝この部屋はさみしいから花でも飾ろうか）

＊「あいそんない」とも。

あいそらしー……［金沢市近辺］かわいらしい。愛想がいい。

例文 **あのこあいそらしー顔して、ゆーこときつい**（＝あの子はかわいらしい顔をして、言うことが厳しい）

あグちかく……あぐらをかく。

例文 **よそ行ったら、あグちかいて座っとったら、だちゃかんぞ**（＝よその家に行ったら、あぐらかいて座っていては駄目だぞ）

あグるしー……［能登］騒がしい。

例文 **あグるしーねー。ちょっこり、ちんとしとんまっしゃいま**（＝騒がしいね。少し静かにしていらっしゃいよ）

あせくらしー CD……忙しい。

例文 **あんたは、いつもあせくらしー人やねー**（＝あなたはいつも忙しい人だねえ）

＊「あせない」とも。

あたる……貰える。

例文 **あの会社は、いつもかもボーナスでっかいことあたるんやといね**（＝あ

石川の方言

◎県内の地域差

北陸方言圏に属する石川県の方言は、かほく市以南の加賀方言と羽咋郡以北の能登方言に大きく分かれる。加賀方言は、金沢市を中心とした北加賀方言、小松市を中心とした中加賀方言、加賀市の南加賀方言に分かれ、中加賀方言のうち白山麓の白峰方言は周辺と異なる特徴を多く持つ言語島として知られる。能登方言は、羽咋市・七尾市を中心とした口能登方言と、それより北の奥能登方言に大きく分かれ、奥能登方言は富山湾側の内浦方言と輪島市を中心とする外浦方言に分かれる。いずれも古くから京都を中心とした近畿方言の影響を受け続けたことから、文法的には近畿方言に共通する特徴が多くみられ、アクセントも全般的に京阪式に準ずるアクセント（能登地方の一部には東京式、曖昧アクセント

の会社はいつもボーナスがたくさん貰えるんだそうだよ）

あったらい……［能登］もったいない。
例文 **これ、まだあたらしーさかい、あったらてほーられんわ**（＝これはまだ新しいから、もったいなくて捨てられないよ）

あてガいな……いい加減な。
例文 **あいつは、あてガいなやつやなー**（＝あいつはいい加減なやつだなあ）

あへない……［能登］恥ずかしい。
例文 **失敗したもんで、あへなて、人前でられんわ**（＝失敗したから恥ずかしくて人前に出られないよ）
＊「あいへんない」とも。

いさどい……［加賀］立派な。えらそうな。
例文 **あの子、若いくせに、いさどいこと**（＝あの子、若いくせに偉そうなこと）

いじっかしー CD ……うっとうしい。うるさい。
例文 **あー、いじっかしーなー、くっついてくんなま**（＝ああ、うっとうしいな、くっついてくるなよ）
＊「いじくらしー」とも。

いちガいもん……頑固者。
例文 **うちのじーちゃん、いちガいもんで、よーよわった**（＝うちのお祖父さんは頑固者で、大変困った）

いちゃけな……かわいらしい。
例文 **あらー、よーわろて、いちゃけな子やなー**（＝あら、よく笑ってかわいい子だねえ）
＊「えちゃけな」とも。

いものこ……［加賀］里芋。
例文 **いものこ煮たガ、うっめぞいや**（＝里芋を煮たのはおいしいよ）

いんギらーっと CD ……［加賀］ゆっくりと。
例文 **そんなあわてんと、いんギらーっとしていくまっし**（＝そんなに慌てないで、ゆっくりとしていきなさいよ）

うざくらしー……［加賀］いやらしい。

も分布）であるが、石川県のアクセントの特徴は、多くの地域でアクセントと語末の母音の広狭（狭母音の場合は子音の有声性も）が関係することである。音韻的には、富山県沿岸部から連続する能登半島の富山湾側に、「シ・ス」「ジ・ズ」「チ・ツ」がそれぞれ同一音となるズーズー弁的特徴が高年層で確認できる。イントネーションでは、富山・福井両県とともに北陸三県に共通する、文節末で揺れるような独特のイントネーション「ゆすり音調」が聞かれる。

◎文法的な特色

〈断定表現〉

共通語の断定の助動詞「だ」にあたるものとして近畿方言に共通する「ヤ」が用いられる。「ヤ」はいくつかの文末助詞と組み合わせて、「ヤワ」「ヤゾイネ・ヤゾイヤ」「ヤワイネ・ヤワイヤ」「ヤガイネ・ヤガイヤ」などの形でも用いられる。若い世代（女面倒な。
例文 **うざくらしーこと、引き受けてきたな**（＝面倒なことを、引き受けてきたな）

うまそな……［加賀］元気そうな。
例文 **うまそーな子やね**（＝元気そうな子だね）
＊「うまそい」「まーそい」とも。

えびす……［加賀］寒天を煮とかし卵をまぜて固めた食べ物。
例文 **祭りの料理にゃ、えびすぁないと**（＝祭りの料理には、えびすがないと）

えんじょもん……［加賀］県外出身の人。
例文 **あの人、地の人やない、えんじょもんなガや**（＝あの人は地元の人ではない、県外出身の人なんだ）

おいかー……［能登］そうだ（応答詞）。
例文 **おいかー、昨日いってんちん**（＝そうそう、昨日行ったんだよ）
＊主に女性が使う。男性は「おいや」。加賀地方では「おいね」。

おいでます CD……［金沢市近辺］いらっしゃる。
例文 **先生、明日学校においでますか**（＝先生、明日は学校にいらっしゃいますか）
＊「行く」「来る」「居る」の尊敬語。「おいでる」とも。

おーどな CD……大げさな。大ざっぱな。荒っぽい。
例文 **そんなおーどなことせんといて**（＝そんな大げさなことをしないでおいて）

おてま……［加賀］子どもにやるお駄賃。お小遣い。
例文 **お使い行ってくれたおてまやぞ**（＝お使いに行ってくれたお駄賃だよ）

おらっちゃ……［能登］私。私たち。
例文 **おらっちゃ、みんなしてするわけ**（＝私たち、みんなでするよ）

おんぼらーと……［加賀］のんびりと。
例文 **今日は仕事わっせて、おんぼらーとしとったら**（＝今日は仕事を忘れて

性）には「～ヤヨ」の形も聞かれる。

共通語の「のだ」にあたる表現として、高年層を中心に「ガヤ」が、中年層以下の世代では「ガヤ」から「ゲ（ー）」を経て生まれた「ゲン」が盛んに用いられる。「ゲン」はまた、前接形態により「ケン」（～クゲンから）、「テン」（～タゲンから）、「ネン」（～ナゲンから）、「レン」（～ルゲンから）などの形でも実現する。

〈文末形式〉

別に取り上げた「マッシ」以外にも、今もなお根強く使われ続けている文末形式に「ガイネ・ガイヤ」「ゾイネ・ゾイヤ」「ワイネ・ワイヤ」（これらはいずれも「～ネ」で終わる形が主に女性、「～ヤ」で終わる形が主に男性に使われる）や「ジー」「ゼ」がある。

いずれも話し手の気持ちが込められるモダリティ形式で、「ガイネ・ガイヤ」は「聞き手に何かを認めさせる気持ち」、「ゾイネ・ゾイヤ」は「話し手自身が

のんびりとしていたら)

かさだかなCD……大げさな。

例文**何を、かさだかなことゆーとるガや**(＝何を大げさなことを言っているんだ)

がざむざと……[能登]とりとめもなく。乱雑に。

例文**がざむざとして、うちにおるわけ**(＝とりとめもなく、家で過ごしているよ)

かたい……[加賀]聞き分けのよい。

例文**なんでもゆーことききーて、かたい子や**(＝何でも言うことを聞いて聞き分けのよい子だ)

＊「かてー」とも。

かたガる……傾く。

例文**壁の絵ー、かたガっとらんけ**(＝壁の絵、傾いていないかい)

がっぱんなるCD……一所懸命になる。

例文**がっぱんなって走って、何しとらん**(＝一所懸命になって走って、何をしているんだ)

かやる……ころぶ。倒れる。

例文**ほーら、かやったガいね。きーつけまっしま**(＝ほら、倒れたじゃないか。気をつけないさいよ)

がんこCD……程度の甚だしい様子。

例文**今日は魚、がんことれたじー**(＝今日は魚がたくさんとれたよ)

きときと……元気なさま。魚介類の新鮮なさま。

例文**とれたばっかやさけ、きときとの魚やぞ**(＝とれたばっかりだから、新鮮な魚だよ)

きんかんなまなま……[金沢]雪道が凍ってつるつるの状態。

例文**道、きんかんなまなまんなっとっさけ、気ーつけて**(＝道の雪が凍ってつるつるになっているから、気をつけて)

くどいCD……[加賀]塩辛い。

例文**こんなくどいもんな、体によーないガや**(＝こんなに塩辛いものは体によくないんだ)

何かを認める気持ち」、「ワイネ・ワイヤ」は「自分の情報・認識を聞き手に伝えて相手にもその情報・認識を共有してほしいという気持ち」が込められる。

「ジー」(ゼからの変化形)は、「元気ないジー」「いいネクタイしとるジー」のように使われ、「話し手の予想や期待に反することが起こったことに対する意外な気持ちや驚きの気持ち」を表す。

〈可能表現〉

ほぼ全域で、五段動詞が可能動詞形か動詞未然形＋レル、一段動詞・カ変動詞が動詞未然形＋ラレル(レル)で表現される。能登半島先端の珠洲市方言など、一部の例外を除いて能力可能と状況可能の区別もない。

一段動詞・カ変動詞の可能表現における「ら抜き」(可能動詞化)は石川県でも進んでいるが、金沢市近辺では特に進んでおり、その結果、五段動詞の可能表現までも「レル」形で統一し

＊能登では「からい」。

～け CD……～かい（親愛の意を込めた疑問の終助詞）。

例文 **この服、ちょっと着てみていーけ**（＝この服をちょっと着てみていいかい）

けんけん……［加賀］先が尖った状態。

例文 **鉛筆の先、けんけんにけずった**（＝鉛筆の先を鋭く尖った状態に削った）

＊若い世代では「ぴんぴん」とも。

こーか……小・中学校の通学区域。学区。

例文 **あんたさん、どこの校下やったんや**（＝あなたはどこの学区だったの）

こーばこ……雌のずわい蟹《がに》。

例文 **ずわいよりこーばこの方がうっめぞいや**（＝雄のずわい蟹より、雌のずわい蟹の方がおいしいよ）

こけ……きのこの総称。

例文 **山行くゲんたら、こけ、たーんと取ってきてや**（＝山へ行くんだったら、きのこをたくさん取ってきてよ）

＊奥能登では「みみ」とも。

こそガしー……［加賀］くすぐったい。

例文 **そんなことしたら、こそガしーガいや**（＝そんなことをしたら、くすぐったいよ）

＊「こちょガしー」「こそばい」「こそばしー」「こちょばしー」などとも。動詞「くすぐる」は「こそガす」。

ごたむく……［加賀］理屈を言う。文句を言う。

例文 **そんな、ごたむくゲんたら、いっぺんやってみーま**（＝そんなに文句を言うんだったら、一度やってみろよ）

ごぼる CD……雪や泥に足がはまる。

例文 **人のとーったあとあるかんと、雪にあしゃごぼるぞ**（＝人の通った後を歩かないと、雪に足がはまるよ）

しちべた……尻。太もも。

例文 **そんな、地べたねまったら、しちべた、ちぶたーならんけ**（＝そんな、地べたに座ったら、お尻が冷たくならないか）

た「書けレる」「読めレる」などの「レ足す」形も観察される。

〈形容詞の副詞化〉

県下の広い範囲で、形容詞の連用形に接尾辞「～ラト」を付けて副詞化する用法が見られる。例えば「早い」だと「早《はよ》うラト」（「早く」の意）、「高い」だと「高《たこ》うラト」（「高く」の意）のように使われる。

◎「マッシ」は金沢弁の代表

福井県に接する加賀市を除いて、石川県加賀地方の方言では「飲むマッシ」「食べマッシ」「見マッシ」のように、「マッシ」が日常会話はもちろん、観光キャッチコピーや店の看板などで盛んに用いられている。

「マッシ」は京都から金沢に直接伝えられた尊敬の敬語助動詞「マサル」（加賀地方周辺部に分布する「マッシャル」からの変化形）の命令形で、五段動詞には終止形、一段動詞には連用形に接続し、「マサン、マサッタ・

じゃまないCD……［加賀北部］大丈夫だ。
例文 **顔色わるいけど、じゃまないけ**（＝顔色が悪いけれど、大丈夫か）

しょむない……味がうすい。
例文 **おかず、しょむなかったさけ、醤油かけてんて**（＝おかずの味がうすかったから、醤油をかけたんだって）

そくさいな……元気な。
例文 **そくさいにしとったかいね**（＝元気にしていたかい）

だだくさな……［能登］だらしない。
例文 **だだくさなやつやな**（＝だらしないやつだな）

だちゃかんCD……だめだ。
例文 **あの人おらんと、この店だちゃかんガや**（＝あの人がいないと、この店はだめなんだ）
＊「だっちゃかん」「らちゃかん」とも。

たつだ……［加賀］とても。
例文 **あいつ、たっだ元気やんな**（＝あいつは、とても元気だな）

だやい……病気や疲労で体がつらい。
例文 **風邪でもひーたガか、だやてだやてどんなん**（＝風邪でもひいたのか、体がつらくてつらくてどうしようもない）

だらCD……馬鹿。
例文 **ほんなだらなことばっかゆーとって、笑われっぞ**（＝そんな馬鹿なことばかり言っていると笑われるぞ）

ちきない……［能登］病気で体がつらい。
例文 **かぜひーいて、なんやらきちないわ**（＝風邪をひいて、なんだかつらいよ）
＊「ちきねー」とも。加賀では「てきない」。

ちびたい……冷たい。
例文 **井戸水はちびとて気持ちいーじー**（＝井戸水は冷たくて気持ちいいね）

ちみる……［加賀］つねる。
例文 **わりーことしとったら、ちみれんぞ**（＝悪いことをしていたら、つねるんだぞ）

マシタ、マサル、マサリャ、マッシ」のように活用したが、方言敬語の衰退とともに、命令形の「マッシ」だけが優しい命令、優しい相手への指示を表す言い方として使われることとなり、世代が若くなるにつれて五段動詞も「飲みマッシ」「頑張りマッシ」のように連用形接続に変化し、「マッシ」は動詞の連用形に接続する、優しい命令や勧誘の意味を表す独立した文末形式として用いられるようになった。

◎**気づかずに使う方言**
代表的なものの一つが、他の四五都道府県で言う「〜バン（番）」にあたる、歌の歌詞のまとまりを数える「〜ダイメ（題目）」という言い方である。石川県と富山県だけに使われ、学校教育の中（音楽の時間など）でも使われているために方言だと気づきにくい。学校で使われるために方言だと気づきにくいものには、ほかに共通語の「学区」に

ちゃべ……おしゃべりな人。
例文 **あんたちゃべやし、嫌われんて**（＝あなたはおしゃべりだから、嫌われるんだよ）

でかいこと CD……たくさん。
例文 **実家から、りんコ゚でかいこともろたんで、おすそ分けしよーとおもて**（＝実家からりんごをたくさんもらったから、おすそ分けしようと思って）

ととのわん……[加賀] 理屈にあわない。間抜けな。
例文 **いつまでも、ととのわんことばっかゆーとらんと**（＝いつまでも、理屈にあわないことばかり言っていないで）

なーん CD……[加賀] いいえ（応答詞）。
例文 **なーん、それは、わしとちコ゚ーカ゚や**（＝いいえ、それは私と違うんだ）
＊能登では「べっちゃ」「びっちゃ」とも。

はいだるい……[奥能登] 体がだるい。つまらない。
例文 **暑い中で仕事しとったさけ、はいだるい**（＝暑い中で仕事をしていたから、体がだるい）

はカ゚いしー CD……[加賀] 悔しい。
例文 **また宝くじあたらなんだ、はカ゚いしー**（＝また宝くじが当たらなかった、悔しい）
＊加賀南部では「はカ゚い」「はケ゚ー」とも。

はつめーな……聡明な。利口な。
例文 **あんたさんに似て、はつめーな子になってやわいね**（＝あなたに似て利口な子になるよ）

ひどい……[加賀] つらい。苦しい。
例文 **あんたの食べ方、見とったら、ひどーなってきた**（＝お前の食べ方を見ていたら、つらくなってきた）

へしない……[加賀] 待ちきれない。
例文 **あいつ、なかなかこんさかい、へしねー**（＝あいつ、なかなか来ないから待ちきれない）
＊「へしねー」とも。

べっちゃ……[能登] 違う。いいえ。（応答詞）

あたる小中学校の通学区域をさす「コーカ（校下）」もある。

　金沢市を中心に使われる「オイデマス」は、「いらっしゃる」にあたる敬語として公の場でも用いられるために方言だと気づかれにくい。

　「メモライ（＝麦粒腫《ものもらい》）」「カゼネツ（＝口内炎、口角炎）」は、北陸三県で通じる地方共通語的なものであること、共通語形を想起しにくいことから方言だと気づきにくい例。「アタル（＝もらえる）」「ヒドイ（＝つらい）」「ジャマナイ（＝大丈夫だ）」などは、共通語形と同じか似ているために方言だと気づきにくい例である。

◎方言グッズと方言イベント
　方言グッズの例として、たくさんの金沢方言を小さな字で散りばめ、デザインした方言ネクタイや、毛筆体で金沢の方言を表書きにした〈のし袋〉（「かたい子になるげんよ」は誕生祝い

例文「われか、こんなんしたガ（＝おまえか、こんなことをしたのは）」「べっちゃ（＝いいえ）」

べんこな……［能登］賢い。ませた。

例文**このこぁ、ほんとにべんこで**（＝この子は本当にませていて）

めとにする……［加賀］馬鹿にする。

例文**えーな、わりゃ、わしんこと、めとにしとらんか**（＝ええい、お前は俺のことを馬鹿にしていないか）

めもらい……ものもらい（麦粒腫）。

例文**めもらいできて、目ー開けられん**（＝ものもらいができて、目が開けられない）

ものいCD……［加賀］体調が悪くつらい。

例文**あたまガいとて、ものーい**（＝頭が痛くてつらい）

＊能登では「ちきない」とも。

もみじこ……着色した鱈子《たらこ》。

例文**もみじこと、あっちーご飯、食いてーぞいや**（＝鱈子と熱いご飯が食べたいなあ）

やくちゃもないCD……めちゃくちゃな。とんでもない。

例文**やくちゃもないことばっかゆーもんでない**（＝めちゃくちゃなことばかり言うものではない）

やっきねー……［加賀］やる気がない。

例文**今度の試合、やっきねーぞいや**（＝今度の試合は、やる気がないよ）

やねこい……［能登］汚い。むさ苦しい。

例文**汗かいて、からだやねこーなった**（＝汗をかいて体が汚くて気持ち悪くなった）

ゆきすかし……雪かき。

例文**さっき、ゆきすかししたガに、もうこんなに積もって**（＝さっき雪かきをしたのに、もうこんなに積もって）

りくつなCD……よくできた。巧みな。

例文**最近のうちは、はよーできて、りくつなもんや**（＝最近の家は早くできて、うまくできているもんだ）

用、「はよ～らとよ～なってや」は見舞い用など）があり、地元某テレビ局から読み手ＣＤ付き「金沢弁かるた」も発売された。

方言イベントとしては、県内方言の言語島として知られる旧白峰村（現白山市白峰地区）で一〇年ほど前に三年連続で開催されたのが唯一のものであったが、二〇〇七年度からは某大学の研究室が協力して、方言による地域づくりをめざす「白峰方言大会」が復活した。「白峰方言検定」の実施も計画されている。

あいさつ（金沢市）

朝＝おはよー・まいどさん
夕方＝おしまいさん
別れ＝ほんなら
感謝＝あんやとー・きのどくなね
訪問＝まいどさん・おってかい

北陸・東海

福井県 CD20

嶺北＝福井市、越前市、坂井市、大野市など
嶺南＝敦賀市、小浜市、美浜町、高浜町など

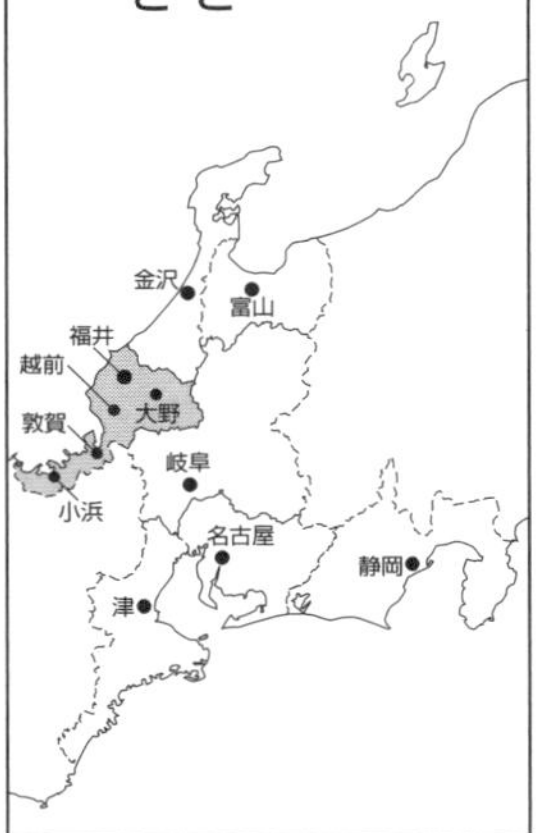

あガく……暴れる。騒ぐ。
例文 **きのーは、子どもらガあガいて、よーよわった**(＝昨日は子どもたちが騒いで大変困った)

あかる……中身がひっくり返って出る。
例文 **ゆれて、なかみぁあかってもた**(＝揺れて中身がひっくり返って出てしまった)

あたる……貰える。
例文 **ご飯、ぎょーさんあたって、腹はったわの**(＝ご飯がたくさん貰えて、お腹が一杯になったよ)

あっぱ……大便。
例文 **なんかひっで臭いけど、どっかにあっぱあるんでねんか**(＝何かとても臭いけれど、どこかに大便があるんじゃないか)

あばさける CD……[嶺北] ふざける。
例文 **いつまでもあばさけてえんと、はよしねーの**(＝いつまでもふざけていないで、早くしなさいよ)
*「きざえる」とも。

あんねー……味がまずい。うまくない。
例文 **あんねー刺身はくいとねー**(＝まずい刺身は食べたくない)

いけー CD……大きい。
例文 **いけー、うまそななんきんやのー**(＝大きい、おいしそうなカボチャだ

福井の方言

◎県内の地域差

福井県の方言は、敦賀市東部にある木の芽峠を境に、北の北陸方言圏に属する嶺北方言と、南の近畿方言圏に属する嶺南方言に大きく分かれる。嶺北方言は、福井市・坂井市を中心とした嶺北北部方言と鯖江市・越前市を中心とした嶺北南部方言(丹南方言とも)、そして勝山市・大野市を中心とした嶺北東部方言(奥越方言とも)に分かれ、嶺南方言は、敦賀市から旧三方郡の嶺南東部方言と小浜市を中心に旧遠敷郡・大飯郡を含む嶺南西部方言に分かれる。

語法面では嶺北方言・嶺南方言ともに、「書かン(＝書かない)」「雨ヤ(＝雨だ)」「コータ(＝買った)」「アコーナル(＝赤くなる)」など、近畿方言に共通する特徴が多く、嶺南方言がより近畿方言的になる。語彙面では両方言の差異が大きい。

ねえ）

いしな……石。

例文 **人に向けていしな投げたら、あぶねーざ**（＝人に向けて石を投げたら、危ないよ）

いらちか CD……**[嶺北]** 布を巻いたゴム紐。

例文 **パンツのいらちか伸びてもて、よーよわった**（＝パンツのゴム紐が伸びてしまって、大変困った）

うそうそ……服や布、顔などがうす汚れた状態。

例文 **うそうその顔して、顔あろてえんのやろ**（＝うす汚れた顔をして、顔を洗っていないんだろう）

うら CD……**[嶺北]** 私（自称代名詞）。

例文 **うら、いなんだで、なーも知らんのやって**（＝私はいなかったので、何も知らないんだ）

＊嶺南では「わし」（男）、「うち」（女）。

えん CD……**[嶺北]** いない。

例文 **くろーなったら、誰も公園にえんよんなってもた**（＝暗くなったら、誰も公園にいなくなってしまった）

おいでる CD……いらっしゃる。

例文 **おたくさん、どっからおいでたんえの**（＝あなたはどこからいらっしゃったんですか）

おーきに……ありがとう。

例文 **今日はぎょーさんこーとくんなって、おーきんのー**（＝今日はたくさん買って下さって、ありがとうね）

おーごっちゃ CD……大変だ。

例文 **ことしの冬は、よーけ雪ガふって、おーごっちゃった**（＝今年の冬はたくさん雪が降って大変だった）

おぞい①……**[嶺北]** 古い。ひどい。

例文 **こんなおぞい車、よーのってるのー**（＝こんな古い車によく乗っているねえ）／**毎日雪ふって、おぞいこっちゃった**（＝毎日雪が降ってひどいことだった）

おぞい②……**[嶺南東部]** 恐ろしい。

例文 **急に、さるぁでてきておぞかった**

福井県内はアクセントの地域差が大きく、特に嶺北方言は、坂井市・福井市・鯖江市・越前市およびその周辺部の人口集中地域にアクセントの型の区別が存在しない無型アクセント（無アクセントとも）、それを取り囲むように曖昧アクセント、さらにその外側に京阪式に似た二型アクセントなど、そして岐阜県境に近い大野郡に東京式アクセントと、複雑な分布を見せる。それに対して嶺南方言は、嶺南西部に垂井式アクセントが見られるものの、概ね京阪式アクセントに近い。

嶺北方言・嶺南方言ともに、北陸三県に共通する、文節末で揺れるような独特のイントネーション「ゆすり音調」が聞かれる。

◎文法的な特色

〈断定表現〉

共通語の断定の助動詞「だ」にあたるものとしては「ヤ」が多い

（＝急に猿が出てきて恐ろしかった）
＊嶺北では「おとろしー」、嶺南西部では「きょーとい」。

おちょきん CD……［嶺北］正座。
例文 **行儀よー、おちょきんしてたべなあかんざ**（＝行儀よく正座をして食べなくてはいけないよ）
＊嶺南では「おっちん」。

おっけ……［嶺北］（〜して）下さい。
例文 **いつまでも、もってえんと、はよおっけま**（＝いつまでも持っていないで、早く下さいよ）／**かいとっけ**（＝書いて下さい）

おつけ……味噌汁。
例文 **きんのの宿のおつけは、うまかったのー**（＝昨日の宿の味噌汁はおいしかったね）

おとましー① CD……［嶺北］惜しい。
例文 **大事なしなもん、こわいてもて、おとましーことしたのー**（＝大事な品物を壊してしまって、惜しいことをしたねえ）

おとましー②……［嶺南東部］うっとうしい。
例文 **こどもぁまとわりついて、おとましこっちゃった**（＝子どもがまとわりついて、うっとうしいことだった）

おぼこい……かわいい。子どもっぽい。
例文 **ほんなことしてるんでは、まだまだおぼこいのー**（＝そんなことをしているのでは、まだまだ子どもっぽいねえ）

おもいでな……楽しい。愉快な。
例文 **今度の旅行は、おもいでやった**（＝今度の旅行は楽しかった）

おもっしぇー CD……面白い。
例文 **きんのの晩は、おもっしぇーテレビやってたけど、見なしたか**（＝昨日の夜は面白いテレビ番組をやっていたけれど、ご覧になったかい）

かく……二人で持ち上げる。
例文 **この机おぼてーで、おめ、ほっちかいてくれや**（＝この机は重たいから、お前、そちらをいっしょに持ち上げて

が、高年層では「ヤ」に変化する前の「ジャ」が現れることもある。また、「ヤ」が「ノ」から変化した「ン」に後接した場合、嶺北方言の高年層・中年層を中心に「行くンニャ」「行ったンニャ」のように「ニャ」となることが多い。断定の「ヤ」は、「そうだ」にあたる「ホヤ」の一部としても使われる。

〈文末助詞〉
嶺北方言を特徴づける文末助詞に「ザ」と「サ・ッサ」がある。「ザ」は「わかったザ（＝わかったよ）」「いいザ（＝いいよ）」「えんザ（＝いないよ）」「きれいやザ（＝きれいだよ）」のように用言の終止形に後接して、「自分の情報・認識を聞き手に伝えて相手にその情報・認識を理解させたいという気持ち」が込められる。

「サ・ッサ」は動詞の意思形に後接して、相手に自分とともにある行為をしようと促す勧誘の意味をもつ文末助詞である。中

くれよ）

かざ……臭い。

例文 **腐ってえんか、かざかいでみんとよーわからん**（＝腐っていないか、臭いをかいでみないとよくわからない）

かしく……米を研ぐ。

例文 **米かしーて炊いといとっけま**（＝米を研いで炊いておいて下さいよ）

かすな CD……とても。大変。

例文 **お孫さん、しばらくみんまにかすないこなんなした**（＝お孫さん、しばらく見ない間にとても大きくなられた）

かぜねつ……風邪をひいたときなどにできる口角炎、口内炎。

例文 **かぜねつできてるで、あついもん食べると口のはたしみるわ**（＝口角炎ができているので、熱いものを食べると口の端がしみるよ）

かてー……元気な。丈夫な。

例文 **なガいこと、あわなんだけど、かてーけの**（＝長い間会わなかったけれど元気かい）

＊「かたい」とも。

がぼる……［嶺北］雪や泥に足がはまる。

例文 **雪に足がぼってよわったのー**（＝雪に足がはまって困ったねえ）

＊「ごぼる」「がぶる」とも。嶺南では「ぐいる」「ぐわる」。

からみ……ご飯なしのおかず。

例文 **ほんなくどいもん、からみで食べられんざ**（＝そんな塩辛いものを、ご飯なしでは食べられないよ）

きつい……強い。

例文 **あんね仕事して疲れんなんて、なんたきつい人やのー**（＝あんなに仕事をして疲れないなんて、なんと強い人だねえ）

くどい CD……塩辛い。

例文 **このおつけ、かすなくどいさけ、飲まれんて**（＝この味噌汁はとても塩辛いので飲めないよ）

けなるい……うらやましい。

例文 **いー車、こーてもろて、けなるい**

年層・高年層では「行こサ（＝行こうよ）」「見よサ（＝見ようよ）」のように「サ」が使われるが、それより若い世代では促音が加わった「ッサ」（「行こッサ」「見よッサ」のように）に変化している。

〈アスペクト表現〉

富山県以西の西日本方言では一般に存在動詞「いる」が「オル」になり、アスペクト形式「～ている」も「～トル」となるが、福井の嶺北方言では「イル」「～テル」となる。進行態と結果態の区別はなく、嶺北方言ではともに「～テル」、嶺南方言ではともに「～トル」で表現される。「イル」が使われる嶺北方言では「～ている」の否定形は「～テイン」、あるいは「～テエン」となる。

〈その他の表現〉

嶺北方言では「～て（で）しまった」にあたる「～テ（デ）シモタ」の変化形「～テ（デ）モタ」「～テ（デ）ンタ」や、珍しい「トゥ」音の現れる「～トゥンタ」などが

のー（＝いい車を買ってもらって、うらやましいね）

こそばい……くすぐったい。
例文 **ほんなとこなぶったら、こそばいゲの**（＝そんなところをさわったら、くすぐったいよ）

こっぺな CD……生意気な。
例文 **あいつぁこっぺなことばっかゆーてる**（＝あいつは生意気なことばかり言っている）
＊「こっぺくさい」とも。

しなっと……何気なく。いつのまにか。
例文 **ちっとも勉強せんてな顔してて、なに、しなーっといー点数取ってるんやって**（＝ちっとも勉強しないような顔をしていて、なにをいつの間にいい点数を取っているんだ）

じゃみじゃみ CD……［嶺北］テレビ画面の砂嵐状態。
例文 **テレビおぞいで、じゃみじゃみんなって見られん**（＝テレビが古いから画面が砂嵐状態になって見られない）

じょろかく……［嶺北］あぐらをかく。
例文 **じょろかいてご飯たべてると、ばちあたるざ**（＝あぐらをかいてご飯を食べていると罰があたるよ）
＊嶺南東部では「ぎっとかく」。

だわもん……［嶺北］面倒くさがり。
例文 **ちっとも仕事せんと、だわもんやな**（＝ちっとも仕事をしないで、面倒くさがりだなあ）

だんね……［嶺北］構わない。いい。
例文 **わかった、だんねんにゃ**（＝わかった、構わないんだ）

ちゃガちゃガ……［嶺北］ごちゃごちゃ。
例文 **掃除したことねーで、へやん中ちゃガちゃガや**（＝掃除したことがないから部屋の中はごちゃごちゃだ）

ちゃっちゃと……すばやく。さっさと。
例文 **ぐずぐずしてえんと、ちゃっちゃとしねま**（＝ぐずぐずしていないで、さっさとしなさい）

ちゅーぶ……［嶺北］輪ゴム。

使われるが、若い世代では「〜ツ（ズ）ンタ」（「行っツンタ」、「読んズンタ」）という新方言形も生まれている。

◎若者の方言

嶺北方言においては、語彙と一部の語法で共通語化がかなり進行しているが、無型アクセント地域ではいまだ多くの若者にその特徴が受け継がれ、独特の平板な話調も健在である。福井では、いまだに若者も含めて関西志向が強く、アクセントにおいても東京アクセント志向が弱いことと、自らのアクセントに無自覚な人が多いことなどが影響しているようだ。

一方、嶺南方言の場合は共通語化も見られるが、大阪を中心とした関西方言化も進んでおり、関西の新方言として知られる「コーヘン」（＝来ない）」は、「キーヒン」などを使っていて抵抗している京都を飛び越してすでに使われ始めている。

例文 **お菓子しみるさけ、袋の口ちゅーぶでとめときね**（＝お菓子が湿気ないように袋の口を輪ゴムでとめておきなさい）

ちょーだる……下さる。

例文 **隣の人がお土産ちょーだった**（＝隣の人がお土産を下さった）

ちょか……軽率な。そそっかしい。

例文 **うちのこ、ちょかやさけ、けガばっかしてる**（＝うちの子はそそっかしいから、けがばかりしている）

～っさ……［嶺北］～しようよ。

例文 **いっしょに、遊びに行こっさ**（＝いっしょに遊びに行こうよ）

＊上の世代は促音の入らない「～さ」。若い世代では「～っせ」とも。

つるつるいっぱい CD……［嶺北］溢れるほどいっぱい。

例文 **ほんねつるつるいっぱい入れたら、こぼれてまうゲの**（＝そんなに一杯一杯に入れたら、こぼれてしまうよ）

つんつん……鉛筆の芯の先などが鋭く尖った様子。

例文 **明日試験やで、鉛筆つんつんにけずっとけや**（＝明日は試験だから、鉛筆の芯を鋭く尖った状態に削っておけよ）

てきねー CD……［嶺北］病気で体がつらい。

例文 **こどもぁてきねーっちゅさけ、がっこやすましたんにゃ**（＝子どもが体がつらいと言うから、学校を休ませたんだ）

てなわん……ずる賢い。生意気な。

例文 **あんなてなわんやつ、めったにえんやろ**（＝あんなにずる賢いやつはめったにいないだろう）

てんぽな……［嶺南］非常に。とても。すごく。

例文 **てんぽな雪降って、よーよわった**（＝とてもたくさんの雪が降って、大変困った）

ながたん……菜切り包丁。

例文 **このながたん、切れやんでもた**

◎誤解される方言

県外の病院に入院していた母親を見舞った嶺北地方出身の娘が、着替えに手間取る母に向かって「早《は》よシネ」と言ったところ、それを聞いた同室の女性は、母親に「早く死ね」とは何てひどいことを言う薄情な娘だろうと驚いたという。

この「シネ（ー）」は、嶺北地方出身者が使って誤解される方言の代表的なものである。「シネ（ー）」は、「死ね」ではなく「しなさい」の意味である。嶺北地方（北に続く石川県加賀市も）の方言では、「書きネ（ー）」「しネ（ー）」のように、「動詞連用形＋ネ（ー）」（「ネ（ー）」の部分を高く発音）で、「～なさい」と相手にある行為を促すときの優しい命令表現として盛んに用いられる。

◎外国語・外来語が方言に

嶺北方言では、下着の腰の部

（＝この菜切り包丁は切れなくなってしまった）

なぶる……［嶺北］触る。

例文 **手ーよゴれるで、なぶったらあかんざ**（＝手が汚れるから触ってはだめだよ）

にんならん CD……構わない。

例文 **ほんね気にせんときねー、うら、なーもにんならんのやで**（＝そんなに気にしないでおきなさい、私は何も構わないのだから）

〜ね（ー）……［嶺北］〜なさい。

例文 **いつまで寝てるんにぇの。はよ起きねーま**（＝いつまで寝ているんだい。早く起きなさいよ）

のくてー ①……［嶺北］暖かい。

例文 **だいぶのくとなってきた**（＝だいぶ暖かくなってきた）

のくてー ②……［嶺北］馬鹿な。

例文 **のくてーことばっか、ゆーていんなま**（＝馬鹿なことばかり言っているなよ）

はしかい ①……すばしこい。

例文 **はしかい子やのー**（＝すばしこい子だなあ）

はしかい ②……かゆい。

例文 **藁が首筋にはいって、はしけーんにゃって**（＝藁が首筋に入ってちくちくかゆいんだって）

はじし CD……歯茎《はぐき》。

例文 **虫歯ではじし腫れて、いてんにゃわ**（＝虫歯で歯茎が腫れて痛いんだよ）

はすかい……斜め。

例文 **うちのはすかいに、いけーアパートぁ建った**（＝我が家の斜め前に大きいアパートが建った）

ばんば……［嶺北］木製雪かき具。

例文 **昔ぁ、屋根のぼって、ばんばで雪おろいたもんや**（＝昔は、屋根にのぼって、木製の雪かき具で雪を下ろしたもんだ）

＊嶺北では「こすき」「ばんばこ」、嶺南では「こすき」「てんずき」などとも。

ひっでもんに……［嶺北］とても。す

分に入れたりする布を巻いたゴム紐を「イラチカ」と言う。イタリア語でゴム紐をさす「エラスティコ(elástico)」に由来する方言と考えられ、大正時代ころから使われ始めたようだ。繊維産業が盛んだった福井で布製ゴム紐を作るためにイタリアから技術者を呼んだことと関係があるらしい。

外来語「チューブ」は、共通語としては絵の具や練歯みがきなどを詰めた入れ物やタイヤの内側にある空気を入れるゴムの管をさすが、福井の嶺北地方の方言では「輪ゴム」のことも「チューブ」と言う。輪ゴムが製品として発売される前に自転車の古チューブを輪切りにして輪ゴムのように使ったことから、たまたま福井限定方言になったものらしい。

◎方言グッズ

・方言菓子……福井市内の某洋菓子店の「うらら（＝私たち）」と

ごく。

例文 **ひってもんに腹立ったたって**（＝すごく腹がたったよ）

＊「ひっで」「ひって」「ちっかっぺ」とも。

べと CD……［嶺北］土。

例文 **べとにばいちゅっくりさいて、よーあそんだのー**（＝土に棒を突き刺してよく遊んだねえ）

へんもねー……［嶺北］たいくつな。物足りない。

例文 **いつもさーも一人でいると、へんもねーの**（＝いつも一人でいると、たいくつだね）

ほっこりする……［嶺南］疲れる。

例文 **秋の稲刈り仕事終わって、ほっこりした**（＝秋の稲刈りが終わって、疲れた）

ほ（ー）や CD……そうだ。

例文 **ほーやー、おめのゆーとーりやって**（＝そうだ、お前の言うとおりだよ）

むだかる CD……糸などがもつれる。

例文 **細い紐やさけ、むだかってもて、もーほどけんわ**（＝細い紐だから、もつれてしまって、もうほどけないよ）

もちゃすびする……おもちゃにする。

例文 **食べるもんで、もちゃすびしてると、ばちあたるざ**（＝食べるものをおもちゃにしていると、罰があたるよ）

もつけねー……［嶺北］かわいそう。大変だ。

例文 **とーちゃん、けがで入院したんにゃって。もつけねーのー**（＝お父さん、けがで入院したんだって。かわいそうだね）

ものゴい CD……悲しい。心配な。

例文 **地震で、よーけ人ガしギなして、ものゴいこっちゃったのー**（＝地震で、たくさんの人が亡くなられて、悲しいことだったたねえ）

よーけ CD……たくさん。

例文 **お土産、よーけもろて、きのどくな**（＝お土産をたくさんもらって、ありがとう）

いう菓子で、五種類の蒸菓子に「かたいけの（＝お元気ですか）」「てなわん（＝かなわない）」などの方言名が使われている。

・方言Tシャツ……数種の製品があるが、ネット販売されているものには、「つるつるいっぱい」「じゃみじゃみ」「おちょきん」などの方言がプリントされている。

・方言包装紙……福井市内の某ギフトショップが方言研究者の協力を得て作成。福井市を中心とした方言による四八の文例を載せており、ギフト商品の包装用に使われている。

あいさつ（武生市）

朝＝おはよさん・おはよごぜんす

夕方＝あがれんしょ・おやすみなれんせ

別れ＝さいなー・さいならー

感謝＝おーきに・きのどくな

訪問＝いなはるけのー

北陸・東海

岐阜県 CD21

北飛騨＝高山市、飛騨市、白川村
南飛騨＝下呂市
西美濃＝岐阜市、大垣市、揖斐郡、海津市ほか
東美濃＝多治見市、土岐市、瑞浪市、恵那市、中津川市ほか
奥美濃＝郡上市

あぐましー……［奥美濃］億劫だ。
例文 **ほっとねー、手では時間かかってあぐましーもな**（＝本当にね、手では時間がかかって億劫だものね）

あまだかぞ……［奥美濃］おびただしく。
例文 **おまいあまだかぞ金儲けしたそーじゃのー**（＝おまえはものすごく金儲けしたそうだね）

いきる……［美濃・飛騨］蒸し暑い。
例文 **今日は、きんのうに比べて、朝からよういきる日じゃのう**（＝今日は、昨日に比べて、朝から蒸し暑い日ですね）

いずまかす……［南飛騨］あぐらをかく。
例文 **まあ、うちのつもりで、いずまかしとくれ**（＝まあ、自分の家のつもりで、あぐらをかいて下さい）

うい……［南飛騨・奥美濃］嫌な。気の毒な。
例文 **そりゃあ、まあ、ういことじゃったのう**（＝それは、まあ、気の毒な〈嫌な〉ことでしたね）

うむす……［奥美濃］蒸す。蒸し暑い。
例文 **こわいをうむす**（＝強飯を蒸す）／**今日はばかにうむすのー**（＝今日はばかに蒸し暑いね）

岐阜の方言

岐阜県は東西方言の境界地帯にある。岐阜県は内陸県で七つの県と隣接していて、それぞれの県境地帯は大なり小なり方言の境界地帯となっており、県内の方言実態も複雑である。

県内の方言は、飛騨方言と美濃方言に大別できる。さらに、飛騨方言は北飛騨方言と南飛騨方言に、美濃方言は西美濃方言と東美濃方言に分けられる。美濃方言の中には、奥美濃方言（旧八幡町を中心にした郡上市で南飛騨方言との類似点も多い）という捉え方もある。

音韻では美濃西部、東美濃西部で顕著に見られるai連母音融合現象がある。例えば、美濃西部では「ダイコン（大根）」を「デエャーコン」、「ウンドウカイ（運動会）」を「ウンドーケェァー」と言い、東美濃西部では「ダーコ」「ウンドーカー」と言う傾向が強い。アクセントは西美濃

えげる……[東美濃]飽きる。

例文 **まーにち、おんなじよーなおかずばっかじゃが、おんしえげへんか**(=毎日、同じような副食ばかりで、あなたは飽きませんか)

えせらっこい……[東美濃](喉が)痒い。

例文 **なんやしらん、喉がえせらっこいなー、風邪じゃろか**(=何か分からないが、喉が痒いなー、風邪を引いたのだろうか)

おとましー……[飛騨]もったいない。

例文 **まんだ使えるのにすててしまうとはおとましーこっちゃ**(=まだ使えるのに捨ててしまうとはもったいないことだ)

*「惜しい」「気の毒な」の意でも使う。

おわたいで……[奥美濃]お陰さまで。

例文 **ことしゃおわたいでかぜもふかなんでよかったのーし**(=今年はお陰さまで台風もこなくてよかったですね)

かーしま……[奥美濃]裏返し。

例文 **こわいんな、この子きものかーしまに着とるがな**(=あらいやだ、この子着物を裏返しに着てるじゃないの)

かがはえー CD……[美濃]眩しい。

例文 **天気がえーとおてんとさまがかがはえー**(=天気がよいと太陽が眩しい)

きめる……[美濃]捕らえる。

例文 **おめーさん、なかなかきめるのうめーなも**(=あなたは、とても捕らえるのが、上手ですね)

ぎんつ……[西美濃]鯰の子。

例文 **水がきれいになったで、たまにぎんつおるよーになったんな**(=水が美しくなったので、時々鯰の子がいるようになりましたね)

くだしーよ CD……[西美濃]下さいよ。

例文 **そんなけっちいこと言わんと、わてにもぎょーさんくだしーよ**(=そんなけちなこと言わないで、私にも沢山下さいよ)

くつばかしー……[飛騨]くすぐったい。

の一部を除き、概ね東日本式である。

語法については、東日本的要素(「買った」「幾ら」「借りてくる」等)と西日本的要素(「あこーなる(=赤くなる)」「起きよ」「行かへん」等)が入り組んでいる。また、上一段活用動詞(起きる)、下一段活用動詞(寝る)等に可能の助動詞が付くと、「起きれる」「寝れる」のように下一段活用となりいわゆる「ら抜き言葉」となる傾向が強い。さらに「出す」「話す」の過去形は「出いた」「デァータ」のようにイ音便化したり、ai連母音が融合したりする。

語彙は、東西両方言、東海方言等の各要素が入り組み、非常に複雑な様相を呈している。

◎**美濃の「じゃ(断定の助動詞だ)言葉」**

美濃というよりは、岐阜県全域で断定表現に「〜じゃ」「〜や」が使われる。その「じゃ」と大蛇

例文 足のうらにさわられるとくつばかしー（＝足のうらにさわられるとくすぐったい）

けそかんと……［奥美濃］ぼんやりと。

例文 あのじん、さっきからけそかんとしちょるが、でーじょーぶか（＝あの人、先ほどからぼんやりとしているが大丈夫ですか）

げばいた……［飛騨］失敗する。

例文 げばいたはなし（＝失敗した話）／げばいたおとこ（＝醜態な男）／げばいたこと（＝恥じ入ったこと）

こっぱい……［東美濃］迷惑。

例文 むりなこといってこっぱいやったのー（＝無理なこと言って迷惑でしたね）

＊奥美濃では「苦労」の意で使う。

こっぺちょる……［美濃］威張っている。

例文 あいつ、学級委員になったもんじゃでこっぺちょるぞ（＝あれは学級委員になったから威張っているぞ）

こわい……［飛騨］恥ずかしい。

例文 しらん人にあうのはこわいもよ（＝知らない人に会うのは恥ずかしいよ）

＊「心配な」「嫌な」「面倒な」「気の毒な」「寂しい」などの意でも使われる。

さがし……［飛騨］竹馬。

例文 昔は男の子んたー、うめーことさがしにのって、遊んだもんや（＝昔は男の子たち、上手に竹馬に乗って遊んだものです）

～さる……［飛騨］～なさる。

例文 いわさらなんだ（＝言われなかった）／いわさいよ（＝言いなさいよ）／いわさった（＝言いなさった）

しみる……［飛騨］凍る。

例文 今年の冬は、さぶい日がおおて朝晩よーしみるなー（＝今年の冬は、寒い日が多くて朝や夜よく凍りますね）

しんびきする……［北飛騨］迷う。

例文 いっけのあねま、旅行にさそったが、えろーしんびきしておいでる

の「蛇（じゃ）」をかけて作られた次のような言い方がある。

「美濃の蛇池（じゃいけ）に大蛇（だいじゃ）が住むそうじゃ。雄蛇（おじゃ）じゃか雌蛇（めじゃ）じゃか、何じゃかかんじゃか分からんじゃ」

また、長野と岐阜の県境の峠に「だじゃ松」という大きな松の木があったという話があった。機会のある度に、地元の人たちにも聞いてまわったが、そんな松の木はどこの峠（長野と岐阜の県境の）にもなかった。

後年、それが県境ではなく、恵那市三郷町の峠にあった松ノ木のことだということが分かった。この峠の南側、旧の山岡町側では「～だ」を多く使い、北側の旧恵那市側では「～じゃ」を多く使ったので、峠にあった大きな松ノ木を「だじゃの松」と呼んだのであった。残念ながらこの松ノ木は枯れてしまったとのことだが、土地の有志により近年石碑が建てられ代わりの松ノ

(＝親戚の嫁さん、旅行に誘ったが、大変迷っていらっしゃる)

ずくたれ……［飛騨・東美濃］怠け者。
例文 **あいつはずくたれじゃのー**(＝あいつは怠け者だね)
＊「ずくたれた」は「だらしのない」、「ずくでなし」は「ろくでなし」のこと。

〜ずら……［東美濃］〜だろう。
例文 **あしたりは、ちゃんと一緒に行くずら**(＝明日はきっと一緒に行くだろうね)

せせる CD ……［西美濃］弄る。
例文 **おい、浮きよー見とらなあかんがや、せせっとるやねーか**(＝おい、浮きよく見ていなければ駄目ではないか、餌をいじっとるではないか)

せぶる CD ……［西美濃］ねだる。
例文 **小遣いせぶってばっかで、なんにそー使うのや**(＝小遣いをねだってばっかりで、何にそんなに使うのだ)

そめ……［飛騨・奥美濃］案山子。
例文 **稲がでーぶいろんでったで、そめ立てよか**(＝稲がかなり実ってきたので、案山子を立てようか)

ためらう……［奥美濃］注意する。
例文 **雪道はあぶねーでためらっとくれ**(＝雪道は危険だから注意してください)

だちかん……［飛騨］だめだ。いけない。
例文 **そんなにあくれまわっちゃだちかん**(＝そんなにあばれ回ってはだめだ)
＊「だちかまい(＝だめだろう)」「だちきません(＝だめです)」。

ちじくなる……［東美濃］うずくまる。
例文 **隣のじいさま、ちじくなってござるが、だーじょーぶか**(＝隣のお爺さん、うずくまっていらっしゃるが大丈夫ですか)

〜ちょる CD ……［美濃］〜ている。
例文 **そんなとこで何やっちょる**(＝そんな所で何をやっているか)。**なんにもやっちょらへん**(＝何もやっていない)

つずりさせ……［南飛騨］蟋蟀。
例文 **もー秋やなー、つずりさせが、あ**

木が植えられた。

◎美濃の「ど(接頭語)言葉」

「どたーけたこと、言っとたらあかんぞな(＝そんな馬鹿なことを言っていては、駄目ですよ)」などのように美濃ではよく語頭に「ど」をつけてそのことを強調して言うことが多い。

その他「ど馬鹿なこと(＝馬鹿なこと)」「どえらいこと(＝大変なこと、ものすごいこと)」「どなまかわもん(＝なまかわ者)」などのように使うことが多い。

◎トーマメ

「トーマメ」というと、県内の多くは「空豆(ソラマメ)」のことである。ところが、県内でも関市の一部(旧板取、洞戸両村)だけは「玉蜀黍(トウモロコシ)」のことを言う。「トーマメ」はおそらく「唐の豆」か「唐豆黍(トーマメキビ)」の「キビ」が脱落した形であろう。植物にはその伝播から国名、地名を付けたものが多

っちゃこっちゃで鳴いとる（＝もうあきですね、こおろぎがあちこちで鳴いている）

つもい……［西美濃・奥美濃・南飛驒］窮屈だ。

例文 **メタボリックシンドロームやろか？えろーずぼんがつもなった**（＝内臓脂肪型肥満だろうか？…えらくズボンが窮屈になった）

てきない……［飛驒］苦しい。

例文 **こんだけ熱がたこーてはてきなかろー**（＝これだけ熱が高くては苦しいだろう）

てにゃわん……［奥美濃］手におえない。

例文 **あのどびんた、あすびにいってまって、てにゃわんやっちゃ**（＝あの女の子は遊びに行ってしまって手に負えないやつだ）

どす(〜)……［飛驒］ひどく(〜)。

例文 **わーわーとどすぼえる**（＝わーわーと泣く）／**こりゃまたどすえらいもんじゃ**（＝これはまたひどく大きなものだ）

＊接頭語。

どっぺ CD……［西美濃］釣った魚を入れる竹で編んだ籠。

例文 **昔は魚釣りによーどっぺ持っていったもんじゃが**（＝昔は魚釣りにはよく竹で編んだ籠を持っていったものだが）

ながたん……［美濃］包丁。

例文 **昔のながたん、たまに研がんならんで、面倒じゃったのう**（＝昔の包丁は、時々研がなければならないので、面倒であったね）

〜なれる……［奥美濃・東美濃］〜なさる。

例文 **何を書きなれるな**（＝何を書かれますか）

＊最上級の敬意。やや丁寧は「何書くな（＝何を書きますか）」。

ぬくとい CD……［西濃・奥美濃・南飛驒］暖かい。

い。

県内の「玉蜀黍」の方言は、共通語の「トウモロコシ」（唐＝とう唐土＝もろこし［全県］）、「コウライキビ」（高麗＝こうらいの黍＝きび［西美濃］）、「トウナ」（唐＝とうの菜＝な［飛驒］）、「ナンバンキビ」（南蛮＝なんばんの黍＝きび［郡上市］）、などがある。一つの作物について同一県内で「唐、高麗、南蛮」のように三つも古い地名が出てくるのは「玉蜀黍」の伝播のルーツを探る上で興味深いことである。

◎コワイ

共通語では「恐ろしい」の意であるが、高山市と飛驒北部では多様な使い方をしている。例えば、「知らん人に会うのはコワイモ（＝恥ずかしいもの）」、タバコ売り場で希望のタバコが品切れの時、店番のおばさんが「せっかく買いにきとくれたのにコワイコッチャナ（＝申し訳ないことですね）」などと使われ

例文 きんのーはぬくとかったけど、きょーはさぶいなー（＝昨日は暖かかったけれど、今日は寒いね）

ねちこい……［西美濃］くどい。

例文 なんやしらんおんなじことなんけーも言って、ねちこえやっちゃなー（＝何か分からないが同じことを何回も言ってしつこい奴だなー）

ねばり……［飛騨］真綿。

例文 むかしは、布団に綿入れる時、上にねばりのばいたもんやさ（＝昔は、布団に綿を入れる時、綿の上に真綿を伸ばしたものですよ）

のっけから CD……［西美濃・奥美濃］最初から。

例文 のっけからそんなにとベーたら、せーごにばてるぞ（＝最初からそんなに速く走ったら、最後に弱るぞ）

のま……［飛騨］雪崩。

例文 こんだけぬくとーなると、のまおきるのー（＝これだけ暖かくなると、なだれが発生するね）

はじかい……［飛騨］ざらざらしている。

例文 ばさまの手ははじかいなー（＝おばあさんの手は皮膚が荒れてざらざらしているね）

はしゃぐ……［飛騨・奥美濃］乾く。

例文 こんだけ雨がつづいちゃ洗濯物がはしゃがんでこまった（＝これだけ雨が続いては洗濯物が乾かないので困った）

ひずがねえ CD……［美濃］元気がない。

例文 ひずがねえ顔しちょるが、どっか悪いことねーか（＝元気のない顔をしているが、どこか悪いことないか）

ひどろい……［東美濃］眩しい。

例文 夏はおてんとさまの光がひどろい（＝夏は太陽の光が眩しい）

＊西美濃北・飛騨南・飛騨北部では「まこい」とも。

ひねくましー……［飛騨］年齢よりもふけて見える。

例文 苦労するとみえてひねくましー顔しとる（＝苦労をするとみえて年より

る。そのほか、「不安な」「心配な」「いやな」「いまわしい」「困る」「面倒な」「気の毒な」「寂しい」「不満な」など多様な場面で多様な意味に使われる。飛騨地方の人々には、便利な言葉であるが、他の地方の人々にとって微妙な意味の違いはなかなか理解しにくい言葉の一つである。

美濃地方では「恐ろしい」の意の他、「今朝のご飯、えろーコワエナー（＝固いな）」が多用される。

◎**出身地は何処?**

昔から方言は国の手形と言われ、ている。例えば岐阜県内でも、高山市を例にした飛騨地方、恵那市を例にした東濃地方、大垣市を例にした西濃地方では方言にそれぞれ特徴があり、話を聞きながら出身地を当てることはかなりの確率で可能である。

例えば、話の文末に「〜そうなんやさ」が出てくれば飛騨、

もふけた顔をしている）

ぶちゃける CD……［西美濃・奥美濃］（水などを）こぼす。

例文 **お茶ぶちゃけてまって、みっともねーこっちゃ**（＝お茶をこぼしてしまって、恥ずかしいことだ）

ぶっとく……［東美濃・南飛騨］ほおっておく。

例文 **そんなやんちゃもん、だちかん、ぶっとけ**（＝そんなやんちゃな子は、だめだ、ほおっておけ）

へーともねえ CD……［西美濃］大変な。とんでもない。

例文 **そりゃーまた、へーともねえこっちゃったのー**（＝それはまた、とんでもないことでしたね）

へんねしがる CD……［美濃］妬む。羨ましがる。

例文 **おめー、そーへんねしがっちゃあかん**（＝あなたはそんなに羨ましがっては駄目だ）

ほっこりせん……［西美濃］はかばかしくない。

例文 **おとといから、どーもほっこりせんで、困ったことじゃ**（＝一昨日から、どうも体の調子がはかばかしくなくて、困ったことです）

ほとばかす CD……［西美濃］水に浸す。

例文 **ちょぼっと、ほとばきゃーておきゃ、やーこなるじゃろ**（＝少し水に浸しておけば、軟らかくなるでしょう）

～まいか……［美濃］～しましょう。

例文 **一緒に行かまいか**（＝一緒に行きましょう）＊「行こまいか」とも。／**やらまいか**（＝やりましょう）＊「やろまいか」とも。

まいこまいこ……［東美濃］いつもいつも。

例文 **おんし、まいこまいこおんなじよーなこと、いっちょるのう**（＝あなたは、いつもいつも同じことを言っているね）

みよ……［西美濃］かいつぶり。

例文 **せーきんは、池も少のーなって、**

「きんのうよー、忙しかってよー」のように、共通語で「～ね」にあたる部分を「～よー」と言えば東濃、「デェャーコン、そうきゃー」のように、ai連母音の融合現象があれば西濃ということになる。ai連母音が「ダーコ、ソウカー」となれば、東濃西部ということにもなる。

◎「いも」ってどんな芋？

「イモ」と言えば「馬鈴薯、甘藷、里芋、山芋」などいろいろあり、県内でもそれぞれ方言がある。高山市［飛騨］のA子さんが、岐阜市［美濃］のB男さんと結婚したとします。ある朝、B男さんから「今晩、イモの煮たのを食べてー、な」と言われ、A子さんはいそいそと飛騨牛の上等の肉を買い、「馬鈴薯」と一緒に煮ておいた。B男さんが帰ってきて、せっかくA子さんが腕をふるった料理を見て、「何や、肉ジャガか」と言ったので、A子さんが泣き出しそうになったと

みよも見れんよーになった（＝最近は、池も少なくなって、かいつぶりも見られなくなった）

みらずに……［東美濃］見ないで。見ずに。

例文 **あのじん何にもみらずにはなしなれるが、なんたらすこびんたのえー人ずら**（＝あの人は何も見ずに話をされるが何と頭の良い人だろう）

むさらっこい……［東美濃］汚い。

例文 **なんたらこっちゃ、このちらかりよーは、むさらっこい部屋じゃのー**（＝何ということですか、この乱雑さは、汚い部屋ですね）

もじゃくる CD……［西美濃・奥美濃］こんがらかる。

例文 **そんなふーにやったら、よけーもじゃくってまうがや**（＝そんなふうにやったら、よけいにこんがらかってしまうでしょう）

やいと CD……［西美濃・奥美濃・南飛騨］灸。

例文 **やんちゃばっかやっとると、てんこにやいとすえるぞ**（＝いたずらばかりやっていると、あたまのてっぺんにお灸をするぞ）

やっとかめ CD……［美濃］久しぶり。

例文 **やっとかめじゃなも。元気かな**（＝久し振りですね。元気ですか）

＊東美濃・奥美濃では「やっとめ」、郡上東・飛騨東では「やっとこめ」とも。

やわう……［東美濃］着飾る。支度する。

例文 **今日は、えらーやわっておいでたのー**（＝今日は、たいそう着飾っていらっしゃいましたね）

ゆきしな CD……［西美濃・奥美濃］行きがけ。

例文 **ゆきしなに、ちょぼっとけーもんしてってくれんか**（＝行きがけに少し買い物をしていってくれませんか）

よこいとる……［南飛騨］変だ。腐っている。

例文 **この筍の煮もん、よこいとらへんか**（＝この筍の煮物、腐っていないか）

いう話を聞いことがある。

飛騨地方では一般に「イモ」と言えば「馬鈴薯」のことで、美濃（南飛騨も含む）では「里芋」を指す。つまり、B男さんは「里芋」の煮たのを食べたかったのである。

◎その他の方言

しんがい［飛騨］—へそくり。

なまかーもん［全県］—なまけ者。

にかご［飛騨］—赤んぼう。

あいさつ（飛騨）

朝＝おはよー

夕方＝こんばんわ

別れ＝あばよ・あば

感謝＝ありがとございした

訪問＝ごめん・ごめんください

北陸・東海

静岡県 CD22

東部=沼津市、御殿場市、三島市、富士宮市、富士市、伊豆市、下田市など

中部=静岡市、焼津市、藤枝市、島田市、牧之原市、掛川市など

西部=浜松市、袋井市、磐田市、湖西市など

あいまち……[中・西部]怪我。

例文 **えらいあいまちょーしてお医者さんへいったっきねー**(=大怪我をしてお医者さんへ行ったったっけねえ)

あてこともない……とんでもない。途方もない。

例文 **そんなあてこともねーことばっかゆーな**(=そんなとんでもないことばかり言うな)

あんもー CD……[中・西部]餅。

例文 **正月にゃーあんもー焼いて食ったっけなー**(=正月には餅を焼いて食べたっけなあ)

いかい CD……大きい。

例文 **あすこでいかい声ではなしょーしてる**(=あそこで大きな声で話をしている)

*「いいっかい」とも。

いきる・いきれる……蒸し暑い。

例文 **今日は朝からいきりっぽいのー**(=今日は朝から蒸し暑いなあ)

いと……[東・中部]うち。間。

例文 **そのいとにくるらよ**(=そのうちに来るだろうよ)/**やすむいともねー**(=休む暇もない)

うっちゃる CD……捨てる。放り投げる。

例文 **いらんもんはうっちゃるといーー**(=要らないものは捨てるといい)

静岡の方言

東海道沿いに広がる静岡県には、日本本土の方言を東西に二分して対立する否定の「ナイ」と「ン」(言わナイ/言わン)、命令語尾の「ロ」と「ヨ」(食べロ/食べヨ)、進行態の「イル」と「オル」(降ってイル/降ってオル)などの境界線がある。

また語彙の面でも東西二大対立型の分布を示す「塩辛い/しょっぱい」「くすり指/べにさし指」、あさっての翌日をいう「やのあさって/しあさって」などの語形の境界線が県内に広がっている。

そのため県内は東から西へ進むにつれて西部方言的な色彩が少しずつ加わり、逆に東に進めば進むほど東部方言的特徴が認められるようになる。

県内の方言は四つに区分される。東部方言(富士川以東と伊豆地方)、中部方言(富士川以西~掛川以東)、西部方言(周智郡

うら・うらっぽー……先端。
例文 **枝のうらっぽーにちょっちょが止まってる**（＝枝の先端に蝶が止まっている）

えーかん……かなり。だいぶ。
例文 **えーかんありーてくたびれたよ**（＝かなり歩いて疲れたよ）

えらい① CD……大変な。
例文 **いちんちで終えるのはえらいっけ**（＝一日で終わらせるには大変だった）

えらい②……たくさん。
例文 **えらい人だなー**（＝たくさんの人だなあ）

えらい③……つらい。苦しい。
例文 **かぜひーてーえらくてしょんねー**（＝風邪をひいて体がつらくて仕方ない）

おえる・おやす①……終わ（らせ）る。
例文 **早くおやいてあすびーいかざー**（＝早く終わらせて遊びに行こうよ）

おえる・おやす②……壊す。だめになる。
例文 **踏んづけたらおえちゃうぞ**（＝踏みつけたら壊れちゃうぞ）

おーぼったい CD……［中・西部］はれぼったい。
例文 **寝不足でかおんおーぼったいやー**（＝寝不足で顔がはれぼったいよう）

おぞい……［東・中部］粗悪な。
例文 **こりゃーおぞいお茶だ**（＝これは良くないお茶だ）／**顔はえーガきガらガおぞい**（＝顔はいいが性格が悪い）

おそんガい……［西部］恐ろしい。怖い。
例文 **夜道はおそんガいだでとんで来たよ**（＝夜道は怖いので走って来たんだよ）

おだっくい……［中部］お調子者。おだてに乗る人。
例文 **あのひたーおだっくいので困ったもんだ**（＝あの人はお調子者で困ったものだ）

おちゃらかす……冷やかす。嘲笑する。
例文 **ひとーおちゃらかすもんじゃねー**

から袋井以西）、井川方言（静岡市井川と本川根町北端）。

◎文法的な特色

〈可能表現〉

「～することができる」を表す能力可能は「～エル・～エール」を使って「読メル・読メール」「食ベル・食ベール」「来レル・来レール」のように言う。一段動詞・カ変動詞のラ抜き表現は全域盛んでラレルは使われない。富士・富士宮では「～エンゲル」を使い「読メンゲル・見レンゲル」も言う。また西部では「読メレル・読ミエル」とも。

〈推量表現〉

推量を表す表現には「ズラ・ダラ」「ラ」が用いられ、「明日は暑いズラナー／暑いラナー」この「ズラ」は用言や名詞に接続するが「ラ」は用言のみに続く。昨今では「ズラ」は高年層が用いるのみで、「ダラ」が取って代わり、その意味・用法を担っている。「ラ」は年齢層の区別なく全

よ（＝人を嘲笑するものではないよ）

おとましー①……見苦しい。

例文 **おとましーなりーしてる**（＝見苦しい身なりをしている）

おとましー②……つらい。

例文 **えれーおとましーしコ゚とだっけやー**（＝大変苦しい仕事だったよう）

おとましー③ CD……気の毒な。

例文 **そりゃーふんとにおとましーこんだ**（＝それは本当に気の毒なことだ）

かこくさい……［**中・西部**］焦げ臭い。

例文 **なんかいぶっててかこくせーぞ**（＝何かくすぶっていて焦げ臭いぞ）

かたす……仲間に入れる。まぜる。

例文 **おらっちもかたしてくりょーやー**（＝俺たちも仲間に入れてくれやあ）

＊「かてる」とも。

がとー・がとーもない……［**中・西部**］大変。たくさん。

例文 **がとーにあるでたんとくいな**（＝沢山あるからたくさん食べな）／**がとーもねー時間かかるに**（＝大変な時間がかかるよ）

がらい CD……ついうっかり。つい誤って。

例文 **がらいあしょーふんずばいた**（＝ついうっかり足を踏みつぶした）

かんじかなる……かじかむ。

例文 **さぶくて手カ゚かんじかなっちゃったやー**（＝寒くて手がかじかんじゃったよ）

かんだるい……疲れている。だるい。

例文 **働きすキ゚てからだんかんだりー**（＝働きすぎて体が疲れている）

くすがる CD……［**中・西部**］刺さる。

例文 **足にとケ゚んくすカ゚っていたくてしょんない**（＝足にとげが刺さって痛くて仕方がない）

ぐれる……［**東・中部**］捻挫する。

例文 **いしょーけっとばかいて足がぐれちゃった**（＝石を蹴っ飛ばして足を捻挫した）

くむ……崩れる。

例文 **裏山のカ゚けカ゚大雨でくんで困ったっけよー**（＝裏山の崖が大雨で崩れて

域で使われる。また東部では関東の「べー」も用いられる。

過去の推量を表すのは「ツラ」で「行ッツラ（＝行っただろう）」のように言う。

〈過去表現〉

過去を表す表現は「ケ」で、「行ッタッケ」「赤イッケ」「山ダッケ」のように用い、主に中部を中心に盛んである。この「ケ」は単純に過去を表し、完了の意味を表す「タ」とは区別される。例えば「昨日は学校へ行ッタッケヨ」（過去）、「宿題はあー終えタヨ」（完了）のように。ちなみに方言の形容詞は「赤イッケ」のみで「赤カッタ」は言わない。「ケ」はほかに「昔はよく釣りに行ッタッケナー」（回想）、「あーそーダッケ」（確認）、「娘が一人いるッケナー」（気づき）を表す。

〈勧誘表現〉

勧誘を表す表現、例えば「行こうよ」の場合、東部・伊豆は「ベー」を用い「行くベー」。中部では「ズ・ス」で「行カズ・行カ

困ったっけなあ）

くろ……端。隅。角。

例文 **そこのごみょー畑のくろによせとけ**（＝そこのごみを畑の隅に寄せておけ）

けける……[東部]載せる。

例文 **棚のうえーけけときゃーえー**（＝棚の上に載せておけばいい）

けっこい……きれい。

例文 **おまっちねーさんけっこいやー**（＝お前の家の姉さんはきれいだなあ）

けなるい CD……[西部]うらやましい。

例文 **あんたっちゃー夏涼しいでけなるいやー**（＝あんたの家は夏は涼しいのでうらやましい）

ごーガわく……腹が立つ。しゃくにさわる。

例文 **あんなことゆわれてごーガわいてしょんねーなー**（＝あんなことを言われて腹が立ってしょうがないなあ）

こずむ・こぞむ……沈殿する。

例文 **搔きまーさんと砂糖ガ下のほうにこずんでるっしょ**（＝搔き回さないと砂糖が下の方に沈殿しているでしょう）

ごせっぽい CD……[東・中部]せいせいする。

例文 **今日はまゴんいなくてごせっぽいね**（＝今日は孫がいなくてせいせいするね）

こそくる……[中・西部]繕う。

例文 **かギざきをこそくっといたよ**（＝かぎ裂きを繕っておいたよ）

こつい……[中・東部]小さい。

例文 **なりはこついけーが力がある**（＝体は小さいが力がある）

こんきー……疲れた。苦しい。

例文 **ちゃっととんできたでこんきーら**（＝急いで走ってきたから息が苦しいでしょう）

さーたりまーる……[中・西部]うろつきまわる。

例文 **夜中この辺をわけーしガさーたりまーって困るに**（＝夜中この辺を若者

ズカ」、また「ザー」も盛んで「行カザー」と言う。西部は「マイ（カ）」で「行カマイカ」のように使う。浜松人の気質を表す「ヤラマイカ」はよく知られている。

〈サ行イ音節〉

サ行イ音節は全域盛んで、「出イタ」「落とイタ」「探イタ」といい、連母音が融合する東部・中部では「ダぁータ」「オテータ」「サギぁータ」となる。ただし、「押す」「越す」「足す」など二拍動詞平板型のイ音便化は主に西部で用いられる。

◎暮らしに見る方言的表現

(1)親しい人や身内の家を訪ねた時、「おじーさんイタカネー」と古語の「たり」に由来する「タ」を用いて呼びかける。これに対しては「アー、イタヨ（イルヨ）」と応ずる。

また、県内で「居る」が「オル」となる地域では「オルカヤー」と言う。

(2)食事の時の挨拶は中部を中心

たちがうろつきまわって困るよ)

～さらCD……［中・西部］～ごと。～まで。

例文 **みかんをかわさら食う**(＝ミカンを皮ごと食べる)

＊東部では「～まし」とも。

さばく……破る。裂く。

例文 **障子をさばくなよ**(＝障子を破くなよ)／**くギに引っかけてさばいちゃった**(＝釘にひっかけて裂いてしまった)

しなべる……［中部］片づける。

例文 **ものおきーしなべるのーてんだってくりょー**(＝物置を片づけるのを手伝ってくれ)

しょずむ……つまむ。

例文 **ごっそうしょずみ食いしるでねーぞ**(＝ご馳走をつまみ食いをするんではないぞ)／**鼻をしょずむ**(＝鼻をつまむ)

しょろしょろCD……ぐずぐず。のろのろ。

例文 **なにしょろしょろしてんだ**(＝なにをぐずぐずしているのだ)

しょんない……仕方がない。しょうがない。

例文 **くるまんとばかいてしょんないに**(＝車をとばしてしょうがないよ)

＊「しかたがない」の短縮形。

しょんばい……［中・西部］しょっぱい。

例文 **けさのおつけはちーとしょんぱいなー**(＝今朝のみそ汁は少ししょっぱいねえ)

じるいCD……［中・西部］やわらかい。

例文 **道ガじるいで気をつけな**(＝道がぬかっているから気をつけな)

ずない①……強い。丈夫だ。

例文 **としょーとってもずねーなー**(＝歳を取っても丈夫だなあ)

ずない②……気が強い。

例文 **うちのこぞーはずなくてしょんねー**(＝うちの息子は気が強くてしょうがない)

ずない③……賢い。

例文 **ありゃーずない子だ**(＝あれは頭

に古くから「イタダキマスーイタダキマシタ」が普通で、特にご馳走になった時などは「ゴチソーサマデシタ」という。外出の場合も「イッテキマスーイッテキマシタ」で同じ言い方だが、帰った時は「タダイマ」が多い。

(3)静岡市周辺では買い物をしたとき、店員が「二〇〇円のオカエリです」といって釣り銭を返してくれる。一般には「オカエシ」とか「オツリ」というところである。東北や新潟では釣り銭の意味で「カエリ・カエリッコ」が使われており、静岡も似た使い方であるが、昔は「オカエリ」とは言わなかったというから、新しい方言である。

(4)発音の簡略化によって、元の形式が異なるのに同形になったものに「オマッチ」「オレッチ」などがある。「オマッチ」は①「オマエタチ(お前たち)」②「オマエノウチ(お前の家)」が、「オレッチ」は①「オレタチ(俺たち)」②「オレノウチ(俺の家)」が簡略短

のいい子だ)

せせくる……[中・西部]いじる。もてあそぶ。
例文 **あんまりせせくると傷が腫れるぞ**(=あんまりいじくると傷が腫れるぞ)

そらーつかう CD……とぼける。知らないふりをする。
例文 **そらーつかったって顔に出てるぞ**(=とぼけたって顔に出ているぞ)

ぞんグりする……[中・西部]ぞっとする。
例文 **そんなはなしょー聞きゃーぞんグりするらよ**(=そんな話を聞けばぞっとするだろうよ)

たこる……[東・中部]サボる。
例文 **部活たこってどけー行っただ**(=部活サボってどこへ行ったんだ)

ちいっと……少し。
例文 **けさはちいっとばかさぶいなー**(=けさは少しばかり寒いなあ)

ちみくる CD……つねる。
例文 **えらいきつくちみくられたもんでちーしんだ**(=大変きつくつねられたので内出血した)

ちょーらかす……ばかにする。
例文 **ヒトーをちょーらかすなーわりーこんだぞ**(=人をばかにするのは悪いことだぞ)

ちんぶりかく……[中・西部]ふくれっ面をする。すねる。
例文 **ちーとばか怒られたぐりゃーでちんぶりかくじゃねー**(=少しばかり怒られたぐらいでふくれっ面するんではない)

とじかる……[東・中部]絡まる。
例文 **糸ガとじかっちゃって凧ガあがらねー**(=糸が絡まっちゃって凧があがらない)

とぶ……走る。駆ける。
例文 **そんなにとぶとあぶにゃーぞ**(=そんなに駆けると危ないよ)

なりき CD……[中・西部]不作法。粗雑。
例文 **あのやの衆はなりきだ**(=あの家の人たちは不作法だ)/**なりきな仕事**

縮化したもの。

(5)土地っ子は「静岡」を「シゾーカ」、浜松を「ハーマツ」「ハンマツ」、「焼津」は「ヤーズ」と訛って発音する傾向がある。

その他、中部・西部では近年おもに若者たちの間で「~してごらん」を例えば「見てごー」「食べてごー」のように「ごー」を使って言う。また東部・中部では女性を中心に「~でしょう」を「行かないっしょ」(疑問)、「買ってもいーっしょ」(念押し)と「~っしょ」を用いる。

◎ちゃっきり節

全国によく知られている北原白秋作詞の新民謡「ちゃっきり節」。その最後のくだりは「蛙(きゃァる)が啼くんで雨づらよ」と、「きゃァる」「啼くんて」「雨づら」の三つの静岡を代表する方言が用いられている。

「きゃァる」はカエルの発音が訛った方言音を写したもの。

「啼くんて」のンテは原因・理

はすんなよ（＝粗雑な仕事はするなよ）

にーしー……［東・中部］新しい。
例文 **にーしー服きてったらいいじゃーないか**（＝新しい服を着ていったらいいではないか）

ねグさる CD……（食べ物が）腐る。
例文 **ねグさるといかんで冷蔵庫にちゃっとしまいな**（＝腐るといけないから冷蔵庫に早くしまいなさい）

はだって……わざと。故意に。
例文 **あのこははだっておひんぶっとる**（＝あの娘はわざと上品ぶっている）

ばった……（場所を）確保した。押さえた。
例文 **この席ばった**（＝この席押さえた）／**いーとこばっといていてくりょー**（＝いい場所を取っておいてくれ）

ひどろしー……まぶしい。
例文 **おてんとーさんがひどろしー**（＝お天道さんがまぶしい）
＊「ひずるしー」とも。

ぶしょったい……不潔だ。だらしない。
例文 **そんなぶしょってーなりーしてどけーいくだ**（＝そんなだらしないだらしない格好してどこへ行くんだ）

ぶそくる……［中・西部］不機嫌になる。
例文 **じゃんけんにまけたからってぶそくるなよ**（＝じゃんけんに負けたからって不機嫌になるなよ）

まめったい① CD……よく働く。
例文 **隣の嫁はまめったいね**（＝隣の嫁はよく働くね）

まめったい②……達者だ。
例文 **あのおじーさんまめったいね**（＝あのおじいさんは達者だね）

みガましー①……よく働くこと。
例文 **隣のわけーしはみんなみガましー**（＝隣の若い者はみんな働き者だ）

みガましー② CD……ちゃんとした。まともな。
例文 **ぶしょったいでまっとみガましーなりーをしなよ**（＝見苦しいからもっとちゃんとした格好をしなよ）

みこ CD……ひいき。お気に入り。
例文 **あの子先生にみこんいー**（＝あの

由を表す助詞で、東部・中部に特有の用法。「ので」「から」の意味。これを濁ってンデと歌われることが多いが、方言としては正しくない。このンテは古語の「にて」に由来するとみられる。

「雨づら」のズラは推量の「だろう」の意味である。このズラは県内全域で聞かれ、さらには長野、山梨、愛知の各地および岐阜の一部にまで広く分布している。

◎ギラと無アクセント

大井川上流の中部山岳地帯に位置する静岡市井川と川根本町北部の山間部は、中部東海地方で唯一の無型アクセントの地域で、共通語のように「橋」と「箸」をアクセントによって区別する習慣がなく、すべての語がアクセントによる型の決まりを持たない。住民は概して尻上がり風の一本調子で話すが、その言葉の全体の調子を指して、かつて近隣の人たちは「ギラ」と呼び

子は先生にひいきされている）

みずらい……［東・中部］見苦しい。

例文 **そんなみずれーなりーしんな**（＝そんな見苦しい恰好をするな）

みるい……若い。未熟だ。

例文 **お茶をみるいいとにつむ**（＝お茶を柔らかいうちに摘む）／**あのひたーまーだみるいなー**（＝あの人はまだ未熟だなあ）

もぞぐったい……痛がゆい。くすぐったい。

例文 **麦ののギガ背中にへーってもぞグってーや**（＝麦の穂先が背中に入ってくすぐったいや）

やくたいもない CD……役に立たない。くだらない。

例文 **そんなやくたいもないことしんな**（＝そんなろくでもないことをするな）

やっきりする……腹が立つ。

例文 **そんなこと言われりゃー誰だってやっきりするさ**（＝そんなことを言われれば誰だって腹が立つさ）

やぶせったい CD……うっとうしい。

例文 **ぶとガたんといて、やぶせったくてしょんない**（＝ブヨがたくさんいて、うっとうしくてしょうがない）

ゆるせい CD……［中・西部］のんびりできる。気楽な。

例文 **まゴたちん来ててゆるせくないねー**（＝孫たちが来ていてのんびりできないねえ）

＊普通は否定の形で使うことが多い。

よせる……（洗濯物を）取り込む。

例文 **あめん降ってきたで早くよせてくんにゃーか**（＝雨が降ってきたから洗濯物を早く取り込んでくれないか）

らっちもねー……［東・中部］くだらない。

例文 **まったくらっちもねーはなしだ**（＝全くくだらない話だ）

らんゴく……［中・西部］乱雑。

例文 **部屋をいつもらんゴくにしてる**（＝部屋をいつも散らかしている）

「あすこはギラだ」、「あの衆らはギラを使う」のように言った。この大井川沿いの川根一帯は上流が無型アクセント、中流に特殊アクセント、下流は遠州アクセントとそれぞれ特徴の異なったアクセントが行われており興味深い。

あいさつ（静岡市）

朝＝おはよー
夕方＝こんばんは
別れ＝どーも、またなね
感謝＝わるいっけや・ありがと
訪問＝いたかや・いるかね

北陸・東海

愛知県

尾張＝名古屋市、一宮市など
西三河＝岡崎市、豊田市など
東三河＝豊橋市、北設楽郡など

CD23

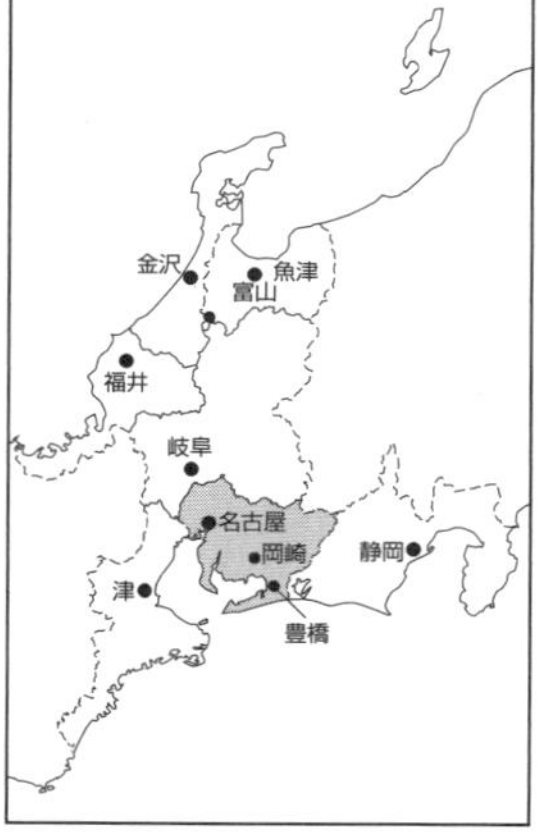

あかべっそ……［尾張］皮膚の赤むけ状態。
例文 **こけてあかべっそになってまった**（＝転んで赤むけになってしまった）

あかみ……［尾張］他人の欠点などを探すこと。
例文 **あのしとはすぐあかみさっせるでねー**（＝あの人はすぐにあら探しをなさるからね）

あけなべ①……浪費家。
例文 **あけなべだでお金をもっとらん**（＝浪費家だからお金を持っていない）

あけなべ②……秘密を保てない人。
例文 **あのしとあけなべだで、なんでか言ってかんよ**（＝あの人はおしゃべりだから、いろいろ言っては駄目だよ）

あだに……［尾張］思いのほか。
例文 **このお菓子あだにおいしーに食べてみてちょ**（＝このお菓子は思いのほかおいしいから食べてみてください）

あつら……［尾張］辺り。
例文 **今夜あつら雨が降るで傘持ってけー**（＝今夜あたり雨が降るから傘を持って行け）

あぶつ CD……［尾張］あおぐ。
例文 **団扇であぶってやりゃーすずしーわ**（＝団扇であおいでやれば涼しいよ）

あらいまーし CD……炊事の後始末。

愛知の方言

愛知県の方言は、西日本方言と東日本方言の境目に位置するため、東西双方の特徴が見られる。例えば、断定の「（雨）だ」や「買う」の過去形は東日本と同じ「（雨）ダ」「カッタ」であるが、否定の「（見）ない」や「起きる」の命令形は西日本と同じ「（見）ン」「起きヨ」である。

愛知県の方言はかつての尾張藩域の尾張方言と、岡崎藩及び諸藩域の三河方言とに分かれる。さらに、三河方言は多分に地形が影響して、岡崎市を中心とした西三河方言と、豊橋市を中心とした東三河方言（奥三河方言を含む）とに分けられる。

アクセントは尾張も三河も東京式アクセント体系に属するが、三河がより東京式に近い。

尾張と三河の違いが特に顕著に出ているのが形容詞である。東京式及び三河では「赤い」類はアカイ（平板）、「白い」類はシロイ

例文 あらいまーしが済んだら行こまい(＝炊事の後始末が済んだら行きましょう)

あらけない CD ……[尾張]乱暴な。荒々しい。

例文 そんなあらけねぁーことやらずにおけ(＝そんなに乱暴なことをしないでやめろ)

ありやい……全部。

例文 釜の飯ありやい食べてまった(＝お釜の飯を全部食べてしまった)

*「ありあい」とも。

いせて……[西三河]わざと。

例文 急いで行くやつをいせてゆっくり行くのん(＝急いで行くところをわざとゆっくり行くね)

いだぐい……[尾張]間食。

例文 夕食前にいだぐいしていかんぞよ(＝夕食前に間食をしては駄目だよ)

うっとーたい……[東三河]うるさい。煩わしい。

例文 まごんたーが巻き付いてきてうっとーたいけどが(＝孫達がまとわりついてきてうるさいけれども)

えらい CD ……疲れる。大変な。

例文 きょーはえらかったなー(＝今日は疲れたね)／えれぁーひとでだなもんな(＝大変な人出だね)

おーだいする……[尾張]満腹で満足する。

例文 ごっそーいっぺぁー食べておーでぁーしたか(＝ごちそうをいっぱい食べて満足したか)

おーばかる……[尾張]広く陣取る。

例文 荷物をいっぺぁー横におぇーて、おーばかってござる(＝荷物を一杯横に置いて、自分一人で広く陣取っている)

おこれる CD ……腹が立つ。

例文 どえれぁーおこれてきた(＝すごく腹が立ってきた)

おざない……[三河]大雑把でだらしがない。

例文 おざねー仕事しやがったな(＝大

(中高)の二種類だが、尾張はどちらも中高型のアカイ、シロイである。「悲しい」類のカナシイ(平板)、「正しい」類のタダシイ(中高)も尾張ではカナシイ、タダシイである。また、名詞の中で、「力」「頭」「鏡」「鋏」などがチカラ、アタマ、カガミ、ハサミとなり、チカラ、アタマ、カガミ、ハサミになる共通語アクセントとの違いが尾張のアクセントを特徴づけている。

　音声面で、尾張方言の「メァーメァー言葉」(連母音アイの融合化)はよく知られているが、「ウイ」や「オイ」も「ウィー」「オェー」と融合化する。これが、同じ尾張方言域の瀬戸市では「アー」「ウー」「オー」となり、三河方言では「エー」「ウイ」「オイ」となる。三河で融合化するのは「アイ」のみである。

甘い　アメァー[尾張]
　　　アマー[瀬戸]
　　　アメー[三河]

雑把でだらしのない仕事をしたね)

おしし(ぴっとろ)……[尾張]蜜柑の袋をむいた状態。

例文 **おししぴっとろにして食べさせようか**(=蜜柑の袋をむいて食べさせようか)

＊主に幼子にいう。

おそがい CD……恐ろしい。

例文 **そんなおそげぁーこといやーすな**(=そんな恐ろしいことをおっしゃるな)

おどける CD……驚く。

例文 **ゆーべはひでーかぜがふいておどけたのん**(=夕べはひどい風が吹いて驚いたね)

おとましー①……[三河]もったいない。

例文 **おとましーでちゃんと食べんさい**(=もったいないからきちんと食べなさい)

おとましー②……[三河]かわいそう。

例文 **怪我したっちゅーでおとましかったなん**(=怪我をしたというからかわいそうだったね)

おぼと(ー)……[東三河]日向。

例文 **昔はおぼとで遊んだだに**(=昔は日向で遊んだんだよ)

おぼわる CD……覚えられる。

例文 **ちっともおぼわらんなぁ**(=なかなかおぼえられないねぇ)

おもこましー……[尾張]ずうずうしい。

例文 **おもこましてとってけれなんだ**(=ずうずうしいので〈恥ずかしくて〉持っていけなかった)

おもる CD……[尾張]おごる。

例文 **きょーはおもったるわ**(=今日はおごってあげるよ)

およずく①……[尾張]手だけを伸ばす。

例文 **なましーもんで、いざらんとおよずいとる**(=怠惰なので、動かないで手だけ伸ばしている)

およずく②……[東三河]ためらう。よろける。

例文 **およずいとらんとやれ**(=ためら

薄い　ウスィー[尾張]
　　　ウスー[瀬戸]
　　　ウスイ[三河]
匂い　ニオェー[尾張]
　　　ニオー[瀬戸]
　　　ニオイ[三河]

文末助詞では「ね」に違いがある。例えば「あのね」が、尾張では「あのナモ」、西三河では「あのナン」、東三河では「あのノン」となる。尾張の「ナモ」はよく知られているが、「ナモ」を使うのは今では一部の高年層のみである。それに対して、三河の「ナン」「ノン」は今でも盛んに使われている。また、三河方言を代表する言葉に「じゃんだらりん」がある。「ジャン」は「～じゃないか」という同意確認の意味を持ち、「雨ジャン(=雨じゃないか)」「行ったジャン(=行ったじゃないか)」などという。「ダラ」は推量「～だろう」で、「雨ダラ(=雨だろう)」「行くダラ(=行くだろう)」などという。「リン」は勧告の意味を持ち、「食べリン(=食べなさい)」

っていないで勇気を出してやりなさい）／**石につまずいておよずく**（＝石につまずいてよろける）

かかまんじる……［東三河］独占する。例文**ひとりでかかまんじちゃいかん**（＝一人で独占しては駄目だ）

かしま……［尾張］几帳面で、きちんとした様。例文**あのしとはかしまにしとるでえーわ**（＝あの人はきちんとしているからいいよ）

がとーもない……［東三河］非常に多い。予想外。例文**がとーもねーくれたのん**（＝とてもたくさんくれたね）／**がとーもねーことしやがったぞん**（＝とんでもないことしたよ）

かんかない……［尾張］どうにもならない。例文**きょーは朝からあつーてかんかなーわ**（＝今日は朝から暑くてどうにもならないよ）

かんこーする CD……熟考する。例文**かんこーしてやりゃーよ**（＝よく考えてやりなさいよ）

＊「勘考する」から。

きさんじー……［東三河］すばらしい。例文**大事にしとねたもんだい、この菊きさんじーのん**（＝大事に育てたから、この菊はすばらしいね）

ぎっとー……［東三河］融通の利かない様。例文**ぎっとーなやつだもんだい、相手になれん**（＝融通の利かない人だから、相手にできない）

きみじん……［尾張］清潔好きなきちんとした女性。例文**きみじんだで、きちんとやらしたな**（＝きちんとした人だから、〈仕事を〉きっちりとなさったね）

ぐるめ……［尾張］～ごと。例文**皮ぐるめ食べてまった**（＝皮ごと食べてしまった）

＊三河では「さら」「ぎし」。

「来リン（＝来なさい）」などという。これらは今も盛んに使われている。

◎尾張方言と三河方言の違い

尾張方言と三河方言とで言い方が違うものに次のような言葉がある。

〈疲れる〉
えらい［尾張］
こんきー［三河］

〈～だろう〉
～だろー［尾張］
～だらー・～ずらー［三河］

〈見ない〉
みーせん［尾張］
みやせん［三河］

〈行こう〉
いこまい［尾張］
いかまい［三河］

〈ください〉
ちょーでぁー［名古屋］
おくれん［三河］

〈来てください〉
いりゃーせ［尾張］
おいでん［三河］

けっこい……[東三河]美しい。
例文 **あっこの嫁さんはけっこいしとだのん**(=あそこの嫁さんは美しい人だね)

こ(っ)さらしー……[尾張]生意気な。
例文 **あの子はこっさらしーことゆーよーなったんだわ**(=あの子は生意気なことを言うようになったんだよ)

こすこす……[尾張]満杯な様。
例文 **お茶をこすこすについじゃいかん**(=お茶を満杯についでは駄目だ)

こんきー……[三河]疲れる。
例文 **荷物をよけ持ちすぎてこんきーなね**(=荷物をたくさん持ちすぎて疲れるね)

こんきと……しばしば。
例文 **魚とりーこんきと川にいっとる**(=魚を捕りにしばしば川に行っている)

ししび……[尾張]濡れた物を広げ干して水気を取ること。
例文 **この服濡れとるで、ししびせよか**(=この服は濡れているから、〈広げ干して〉水気を取ろうか)

すっぺすっぺ……[尾張]貸し借り無し。
例文 **ありがとだけでおいて、すっぺすっぺにしとこまい**(=有り難うと言うだけで、貸し借り無しにしておこう)

すばる……[奥三河]非常に恥ずかしがる。
例文 **あの子はすばっちゃって何もいわん**(=あの子は恥ずかしがって何も言わない)

ずる……[西三河](二人で持ち上げて)運ぶ。
例文 **一緒にずっておくれん**(=一緒に持ち上げて運んでください)
＊尾張では「つる」。

すんと……[尾張]すぐに。
例文 **駅はすんとそこだわなも**(=駅はすぐそこだよ)

そーましー CD……[尾張]騒がしい。
例文 **あのしとはそーましーでかんわ**

〈食べてください〉
たべてちょーでぁー[尾張]
おたべましょー[三河]

また、尾張方言の中には「あすばせ言葉」がある。名古屋市内には、戦前まで商家が集中していた碁盤割区域(現在「中区丸の内」辺り)があり、その区域の言葉を「上町(うわまち)言葉」と言い、その特徴から「あすばせ言葉」とも言った。「おいであすばせ(=いらっしゃい)」「ごめんあすばせ(=ごめんください)」「おあがりあすばせ(=おあがりください)」などを使い、これが東三河地方に行くと、「おいでておくれましょー」「ごめんましょー」「おあがりておくれましょー」という違いになる。

◎**気づかずに使う方言**
地元の多くの人が方言だと気づかずに使っている言葉には次のような言葉がある。
えらい―疲れる。大変な。＊
おこれる―腹が立つ。＊

（＝あの人は騒がしいから駄目だよ）

ぞーやみ……[尾張]取り越し苦労。

例文 **ぞーやみせんでもえーわ**（＝無駄な心配をしなくてもいいよ）

そそくる・そそくう……（衣類を）繕う。

例文 **よーなびで足袋をそそくったわ**（＝夜なべ仕事で足袋を繕ったよ）

＊東三河では「そこばう」。

たいだい……[尾張]わざわざ。

例文 **遠くからてぁーでぁー来てまって悪いねー**（＝遠くからわざわざ来ていただいて悪いね）

たしない……不足している。

例文 **きょーのおかずはたしないじゃないか**（＝今日のおかずは足りないじゃないか）

だだくさもない……[三河]たくさん。

例文 **なんばをだだくさもねーもらったぞん**（＝トウモロコシをたくさんもらったよ）

ちんちん CD……非常に熱い状態。

例文 **やかんがちんちんになっとるぞ**（＝やかんが非常に熱くなっているよ）

どーねき……[三河]強情。

例文 **どーねきなやつだのん**（＝強情なやつだね）

とーめんこ CD……[尾張]通行止め。

例文 **とーめんこしたろめぁー**（＝通れないようにしてやろう）

どさまく……[東三河]たくさん。

例文 **そんねんどさまくくれるのかん**（＝そんなにたくさんくれるのか）

とぶ……[東三河]走る。

例文 **とんでってごろんとでんぐりかーただに**（＝走っていってごろんとひっくり返ったんだよ）

＊「徒競走」は「とびっこ」という。

ねがる……[東三河]腐る。

例文 **ごはんがねがったぞん**（＝ご飯が腐ったよ）

はば CD……仲間はずれ。

例文 **友達からはばにされてまったな**（＝友達から仲間はずれにされてしま

おぼわる―覚えられる。＊
かう―鍵を掛ける。
かす―米を研ぐ。
こわす―お金を細かく両替する。
ざらいた―下駄箱の前の三和土に置く簀の子。
つる―（二人で持ち上げて）運ぶ。
とき(ん)とき(ん)―先が尖った様。
ぱかぱか―光が点滅する様。
びーし―模造紙。
ほーか―学校の休憩時間。
ほかる―捨てる。
みえる―いらっしゃる。＊
＊上記に見出し有り。

◎**新方言**

従来の方言に対して、新たな方言には次のような言葉がある。

〈自転車〉
[方言]じでんしゃ
[新方言]けった(ましん)

〈とても〉

ったね）

はむ……[三河] かがむ。
例文 **庭にはんで草みしりしとる**（＝庭でかがんで草むしりをしている）

ひーとい……[東三河] 一日中。
例文 **こんなことにひーといかけただか**（＝こんなことに一日中時間をかけたのか）
＊尾張では「ひーて」。

ひきずり CD……[尾張] すき焼き。
例文 **きょーはひきずりにしよめぁーか**（＝今日はすき焼きにしようか）

ひこつい①……趣がある。
例文 **その着物ひこつぃーねー**（＝その着物は趣があるね）

ひこつい② CD……理屈っぽい。
例文 **子どものくせにひこつぃなー**（＝子どものくせに理屈っぽいね）

ひずるい……[西三河] 眩しい。
例文 **きょーはひずるいなん**（＝今日は眩しいね）
＊東三河では「ひずるしー」、尾張では「ひどるい」「ひどろい」。

べっとー……[三河] 最後。
例文 **とびっこでべっとーだったよ**（＝徒競走で最後だったよ）
＊「べと」とも。

べんこーな……[東三河] 生意気な。
例文 **子どものくせにべんこーなことゆーな**（＝子どものくせに生意気なことを言うな）

へんねしー CD……[尾張] うらやましい。
例文 **えー着物きとるでへんねしーんだわ**（＝いい着物を着ているのでうらやましいのだよ）

ぼっくー……[東三河] わんぱく。
例文 **あのこぞーはぼっくーだのん**（＝あの少年はわんぱくだね）

ほとびる……[奥三河] 火傷する。
例文 **ほとびるよーな風呂に入ったもんだい**（＝火傷するような風呂に入ったから）

またい CD……[尾張] 確実で間違いがな

[方言] どえれぁー
[新方言] でら・どら
〈「来る」の命令形〉
[方言] いりゃー
[新方言] こやー
〈「（来）ない」の過去形〉
[方言] （こ）なんだ
[新方言] （こ）んかった
〈（良い）じゃないか〉
[方言] （いい）がやー・（いい）ぎゃー
[新方言] （いい）がー・（いい）がん

◎歌謡から見る方言
「名古屋名物」は「名古屋甚句」とセットで様々に謡い次がれている民謡である。方言豊かな「名古屋名物」の中で、服部鋭夫氏がまとめた作品を紹介する。
名古屋名物 おいて頂戴もに／すかたらん①に おきゃァせ②／ちょっとも だちゃかん③と ぐざる④ ぜえも／そうきゃも そうきゃも なんでゃァも／いきゃすか⑤ おきゃ

い。
例文 あのしとは何事につけてもまてぁーでなー（＝あの人は何事につけても間違いがないからね）

ままえる……[尾張]弁償する。
例文 **なくしたらままえてちょーよ**（＝紛失したら弁償してくださいよ）
＊「まます」とも。

まわしする CD……準備する。
例文 **ちゃっとまわしせなかん**（＝急いで準備しないと駄目だ）

みえる CD……いらっしゃる。
例文 **本をよんでみえる**（＝本を読んでいらっしゃる）
＊「いる」の敬意表現。

めーげらしー……[尾張]可愛く、見栄えがよい。
例文 **めーげらしー赤ちゃんでしょー**（＝可愛らしい赤ちゃんでしょ）

もーやー（こ） CD……[尾張]共有。
例文 **この消しゴムもーやーこで使おめぁー**（＝この消しゴムを共有で使おう）

＊三河では「もやい（こ）」「（お）もやいっけ」。

やけずる CD……火傷する。
例文 **ストーブに寄るとやけずってまうぞ**（＝ストーブに近づくと火傷してしまうよ）
＊「火傷」は「やけずり」。

やっとかめ CD……久しぶり。
例文 **やっとかめだわなー**（＝久しぶりだね）

ら（っ）しもない……[尾張]無精な。いい加減な。
例文 **破れたよーなもん着てらしもねぁーなー**（＝破れたような服を着て無精だね）／**らっしもねぁーやりかただなー**（＝いい加減なやり方だね）

らんごかない……[三河]乱雑な。
例文 **わしゃがらんごかないが寄ってくりょ**（＝私の家は乱雑だけど寄ってくれ）

すか⑥ どうしゃァす／おみゃ様⑦ この頃 どうしゃァた／どこぞに ひめ⑧でも できせんか／できたら できたと言ゃァせも／私も勘考⑨があるわゃァも おそぎゃァ⑩ぜえも

（意味）①すかたらん…嫌だ②おきゃァせ…止めなさい③だちゃかん…だめだ④ぐざる…機嫌を損ねる⑤いきゃすか…行きますか⑥おきゃすか…止めますか⑦おみゃ様…あなた⑧ひめ…愛人⑨勘考…考え⑩おそぎゃァ…怖い

（服部鋭夫著『中部の民謡を訪ねて』より）

あいさつ（名古屋市）

朝＝おはよーごぜぁーます
夕方＝こんばんわ
別れ＝せぁーなら
感謝＝ありがと（ー）ごぜぁーます
訪問＝ごめんくだせぁー

北陸・東海

三重県 CD24

伊勢＝いなべ市、桑名市、四日市市、鈴鹿市、亀山市、津市、松坂市、度会郡、伊勢市、多気郡など
伊賀＝伊賀市、名張市
志摩＝鳥羽市、志摩市
紀伊＝尾鷲市、熊野市、北牟婁郡、南牟婁郡など

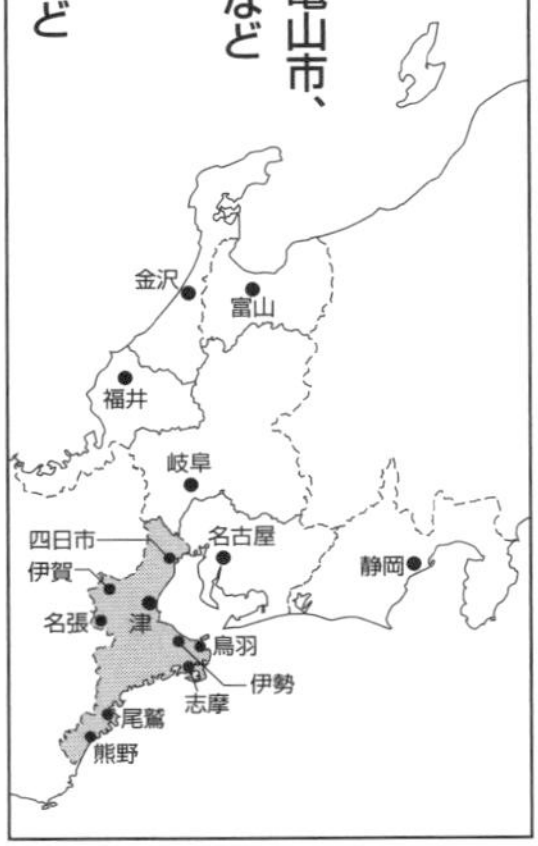

あいべ……[南三重]歩け。行け。
例文 **いっしょにあいべ。えーなんかれー**(＝いっしょに行こう。いいじゃないかい)

あげん CD……[南勢・志摩]あのように。
例文 **あげんおそろしーもんかいなー**(＝あのように恐ろしいものかなあ)
*「こげん(このように)」「そげん(そのように)」も。

あこわー……[北三重]あれまあ。
例文 **あこわー、ひまずえしてつくんなさんのやでなー**(＝あれまあ、手間暇かけて作りなさるのですからねえ)
*「あれこわい」「あれこー」とも。

〜あす CD……[伊勢・伊賀]〜です。
例文 **きょうはまたえらいさぶあすなー**(＝今日はまたひどく寒いですね)
*形容詞および形容詞型活用の語の語幹について丁寧の意を添える。

あたりがほー……[伊勢]くじびきで決めること。
例文 **あたりがほーでよろしあすで**(＝くじびきで決めてよろしいですから)
*「当たり果報」の意。

いこら CD……[紀伊]行こうよ。
例文 **えーいこら、いこら**(＝家へ行こう、行こう)

三重の方言

◎県内の地域差

単純化していえば、伊勢・志摩・紀伊(の東部域)・伊賀の四つのお国ことばが、それぞれの特徴を持ちつつ、伊勢湾を隔てて中部東海方言と接する「外近畿」の、特色ある一方言域をなしている。これを一段高所から見れば、北三重(伊勢・伊賀)方言と南三重(志摩・紀伊)方言とに見分けられる。断定の助動詞は県下はおおむね「や」であるが、南にいくにしたがって「じゃ」が多く聞かれるし、敬譲表現にしても、北三重方言は多彩であるのに対して、南三重方言のそれは総じて簡素である。北三重方言は畿内の京阪方言に近似し、言語改新波の波及がより速いのに対して、南三重方言は由緒深いシェ・ジェ音や古態の表現法・語彙を温存しがちであり、アクセント面でもしばしば異色を示す。

＊「いこらい」「いこれ」とも。「いこ」だけでも勧誘になるが、「ら」や「れ」がついて誘いの表現に決まる。

いぬる CD……［伊賀］行く。帰る。

例文 **いぬるつもりでゆーたんや**（＝帰るつもりで言ったんだ）

おいそれと……［伊勢］すぐ簡単に。

例文 **あいてがあいてや。おいそれといくもんか**（＝相手が相手だ。すぐ簡単にいきゃしないよ）

＊掛け声を副詞に造語している。

おーとっしゃー……［志摩］あれまあ。

例文 **おーとっしゃー、がいなもんじゃねや**（＝あれまあ、たいしたもんだなあ）

おーばけんたいに……［伊勢］おおっぴらに。無遠慮に。

例文 **ほしたらおーばけんたいにやすめるやないかな**（＝そうしたらおおっぴらに休めるじゃないか）

＊「けんたいに」だけもある。

おむし……［伊勢・伊賀］お味噌。

例文 **このおむしゃじょーとだす**（＝このお味噌は上等です）

＊「醤油」を「おしたじ」と言う。

おもーさま……［志摩］たくさん。存分に。

例文 **かつおのなぶらがおもーさまおって**（＝カツオの群れがたくさんいて）

～かれ……［南三重］～か、おい。

例文 **はよこんかれ**（＝早く来ないか、おい）

＊呼びかけ、促しの文末詞。

かんぴんたん……干からびた状態・物。

例文 **ごはんさんかんぴんたんなっとるわ**（＝お供えのご飯が干からびてかちかちになってるわ）

＊漢字は「寒貧短」。

ぎなぎなと CD……［北三重］まずまず。どうにか。

例文 **まーおかげさんでぎなぎなとなー**（＝まあおかげさまでどうにかかねえ）

＊病気というほどでもなく頑健でもな

このうち伊勢は一番広域で、その南勢地域の方言は志摩方言とのつながりが密であり、一方北勢地域の方言は「イカッセル（＝行かれる）」など中部方言への自然なつながりが認められる。また伊賀は京阪方言に近い事象をより多く蔵する。

◎アクセントについて

　衆知のように、三重県方言アクセントはおおむね甲種アクセント（京阪アクセント）であり、東隣りの愛知県岐阜県方言のアクセントは乙種アクセント（東京アクセント）とされている。そのような対立状態が揖斐川を境に見られることを、昭和の初め最初に体系的に明らかにしたのは、文化勲章に輝く服部四郎博士（亀山市出身）であった。

　その三重県方言のアクセントのうち特に熊野灘沿岸諸地域（南三重）では、甲種から変化したと見られる幾種類もの異なる体系のアクセントが見出され

い健康状態をいう。

きびょーやみCD……［伊勢］極端な潔癖症。

例文**あのこーはそらきびょーやみやに**（＝あの子はそれはそれは潔癖症だよ）

くれる……［志摩］遣る。あげる。

例文**うちゃーよっかーあるよってまーくれるわ**（＝うちはたくさんあるからまああげるわ）

＊「くれる」を「あげる」の意に使っている。

こーっとCD……ええっと。

例文**あっこのやごうはなー。こーっと**（＝あそこの屋号はねえ。ええっと）

＊ひとり思案に発する語。

ござる……おられる。

例文**今ござったらげんなりしなるわさ**（＝今生きておられたら、がっかりされるわよ）

＊「呼んでござる」のように補助動詞としても用いられる。

～こされCD……［北三重］～こそ。

例文**おやなりゃこされゆーのやさ**（＝親なればこそ言うんだわよ）

＊「こそあれ」のつづまった強意の助詞。

～こそCD……［伊勢］～しか。

例文**さけはたまにこそのまへん**（＝酒はまれにしか飲まない）

＊志摩では「～より」「～から」、伊賀では「～はちゃ」。

さいこやく……不要な口出しする。

例文**あさからばんまでさいこやいてござるわ**（＝朝から晩まで余計な世話焼いておいでだよ）

～ざったCD……［志摩・南勢］～しなかった。

例文**とーかもくわざったんじゃひてなーおい**（＝十日も食わなかったんだからねえ、あなた）

＊「～だった」「～はった」とも。

しくた……［伊勢・志摩］出来損ない。

例文**しくたみたいなはながあがっとったが**（＝出来損ないのような花がお墓にあがっていたわよ）

た。「全国屈指の複雑なアクセント分布」と言われている。

◎注目すべき文法面
〈文末詞・間投詞〉

「伊勢のナことば」という言い慣わしがある。文末に盛んに「なー」をつける。「なー」とともに「のー」もよく言うが、「なー」は男女ともいろんな相手に盛んに言うのに対して、「のー」はたいてい男ことばである。ただし南三重では「のー」を男女とも目上に用いる。南三重には親しい間で言う地ことばとしての「ねー」もある。「えんめやねー（＝いい梅だねえ）」。その「ね」に「や」がついた「ねや」もよく言う。

また、「れ」が特徴的である。文末に「われ」と呼びかけて訴えの効果をあげようとしたのが元とされる。「あんなれ（＝あのね）」「なっとしたんぞれー（＝何としたのかね）」「あろかれ（＝あるものか、おまえ）」「へってきたがれ（＝減ってきたじゃない

＊雨の降ったりやんだりを「しくたびより」という。また、一人前でない人を指して「ひとりだけしくたがおるなー」などともいう。

～して……[伊賀]～よ(文末詞)。

例文 **せんどたことられてー。かなんして**(＝たびたび高く買わされて。閉口よ)

＊「そやてー(＝そうなんだよ)」とも。

しもてく……[北三重]亡くなる。

例文 **えーちゃんしもてきなした**(＝英次さんは亡くなられた)

＊この世に終わりを告げてあの世へ往くという言い方。人の死を悔やむ丁重な心情からの造語である。

しゃだれ……[伊勢]横なぐりの激しい雨。

例文 **えらいしゃだれにおーてなー、おーじょーしたわ**(＝ひどい土砂降りの雨で大弱りだったよ)

しょずむ……指先で細かい物を少しつまむ。

例文 **ちょっとおちゃのはーしょずんでな**(＝ちょっとお茶の葉をつまんでね)

せんど……[北三重]たびたび。思う存分に。

例文 **そらあんたさんはせんどくろーしてきなったひとやで**(＝それはあなたは存分に苦労してきなさった人だから)

そーだす CD……[北三重]そうです。

例文 **知らんもんだすでなー。そーだすのかー**(＝知らないものですからね。そうなんですか)

そやでこり CD……[紀伊]だからね。

例文 **そやでこり、このまえな**(＝だからね、この前ね)

＊「そやでこれ」より丁寧。全県的には「そやもんで」「そやよって」「そやさかい」などがある。

だいひょー……[伊勢]大柄・長身、またその人。

例文 **だいひょーのひとやったでな**(＝大柄な人だったからね)

か)」

そのほか、本文欄にもとりあげた文末詞「のし」があり、また「かい」がよく聞かれる。これは疑問の「かい」とは異質の、念を押して話しを進める間投詞である。「むかっしゃ、かい、かい、りょーしゃみんな、かい、やられよったん(＝昔は、ほら、ほら、漁師はみんな、ほら、よくやられたもんだったんだ)」

〈打ち消し過去の言い方〉

五段活用の動詞と一段活用の動詞とで次のような違いがある。例えば、五段活用「行く」の場合は「いかんだ・いかへんだ・いかなんだ・いかんかった」。また、志摩には古形「いかざった」や、その変化形「いかだった・いかはった」がある。一段活用「寝る」の場合は「ねんだ・ねやんだ・ねやせんだ・ねやへんだ・ねやんかった・ねやせなんだ」および古形「ねやはった」があり、旅人にはこの一段活用動詞の打ち消し過去形に現れる

たばる CD……[伊賀]お供え物を下げる。
例文 **あれひとつたばっといで**(＝あのお供えを一つ頂いておいで)
＊「賜る」から。南勢・志摩では「ならう」とも。

だりやめ……[伊勢]疲れてだるい感じのするゆるい痛み。
例文 **こないだからえらいだりやめでさなー**(＝先日からひどいだりやめでね)

だんない CD……[志摩以北]かまわない。
例文 **ひとつやそこらはだんない**(＝一つや二つくらいはかまわない)
＊志摩・伊勢市では「だんね」。

ちょこちょこしー CD……[伊勢]気ぜわしく落ち着きがない。
例文 **とっさんはちょこちょこしーわのー**(＝利雄さんは気ぜわしいよね)

ついぞ……[北三重]いっぺんも。
例文 **まーついぞれーいーにきたことないわ**(＝まあ一度も礼を言いに来たことがないよ)

つぎやいにしとく CD……[伊勢]申し合わせで互いに贈答を省く。
例文 **なんでもつぎやいにしときゃえーわさ**(＝なんでもつぎやいにしておけばいいのさ)

つる……二人で物を持ち上げて運ぶ。
例文 **おーい、つくえつってくれーれ**(＝おおい、机をいっしょに運んでくれ)

てこしー……[北三重]こまごましたことを器用にこなす。
例文 **あんたはなんでもてこしーしなはるで**(＝あんたは何でも器用にしなさるから)

〜てだーこ CD……[伊賀]〜てください。
例文 **ちょっとこれあずかってだーこ**(＝ちょっとこれを預かってください)
＊「〜て下さい」という依頼を「〜て頂こう」で表す発想。

〜てたもれ CD……[南三重]〜てください。
例文 **まーだいじにしてたもれまー**「や」が耳につくようである。

〈動作の進行や状態の継続、終結を表す言い方〉

例えば「雨が漏れている」という事柄には、①「現に今も漏れつづけている」(進行態)と②「漏れた結果の状態が存在する」(存続態)との二通りがある。そして、この二態を表現するのに、ⓐ二態を区別して言う(「もれやる(進行態)」「もれたある(存続態)」)のと、ⓑ区別せずどちらも一つの言い方で表す(「もっとる」)のとがある。ⓐは「あり」動詞が関わり、ⓑは「おる」動詞が関わっている。ⓐは紀伊に、ⓑはそれ以北に広くおこなわれる。なお、伊賀には「もってる」がよくおこなわれており、これには「いる」動詞が関わっている。

終結の言い方では、志摩で「忘れてしまった」を「わすれたった」「わすれたた」と言う。

〈習慣・反復の事柄を回想する表現〉

（＝まあ大事にしてくださいよ、まあ）
＊敬語。

～てみえる CD……［北三重］～ておられる。
例文 **このぜん、ごいんさんがゆーてみえたがー**（＝この前、御院主〈住職〉さんが言っておられたじゃないの）
＊敬語。

てれこ……［伊賀］逆。あべこべ。
例文 **うえしたてれこになっとるわして**（＝上下が逆になってるよ）

～とさいが CD……［志摩以北］～と。
例文 **おひきゅーとさいがなー**（＝おひき〈贈物の容器に入れて返す品〉ということねえ）
＊「～とさいご」とも。

とびしゃり……［伊勢・伊賀］雨水などのとばしり。飛沫。
例文 **いっちょらやのにとらっくのとびしゃりにやられてさ**（＝一張羅の服なのにトラックの水しぶきにやられてさ）

～どん……［志摩］殿。様。
例文 **あのいしゃどんなかなかなかなー**（＝あのお医者さんはなかなかねえ）
＊敬意の接尾辞。

なぐさみ……［伊賀］いたずら。冗談。
例文 **よーてよっさかいなぐさみしょんにゃさ**（＝酔ってるからいたずらするんだよ）

～に CD……～よ。
例文 **またあたんすんのやに**（＝また仕返しの乱暴をするんだよ）
＊勧誘の用法もある。「こいつは横にしましょに（＝これは横にしましょうよ）」。

ねー CD……［南三重］無い。
例文 **まあこのごろはくさやがねーよになった**（＝まあこのごろはわら葺の家が無いようになった）
＊ai連母音同化の痕跡か、これがよく耳につく。

のー・んのー……［南三重］おまえ（目下に）。

「～おった」「～よった」の言い方が県下によくおこなわれる。「もーなさけなかりおったねや（＝もういつも情けなかったものだったねえ）」「おばーさんによーおこられよったわさ（＝おばあさんによく叱られたものだったさ）」

〈敬語法の諸相〉

「行く」という動詞をもとに尊敬語法の諸相を列記すれば、「いかっせる」「いかんす」「いかす」「いきる」「いきなる」「いきなさる」「いきなはる」「いかはる」「いかしゃる」「いかさる」「いかっしゃる」「いかる」などがあり、「～て」を介した尊敬語法には、「いっとらっせる」「いっとらんす」「いってござる」「いってや」「いっといでる」「いっといなる」「いってなさる」「いっておいなさる」「いっといなはる」「いってみえる」などがある。これらの多くは北三重に属するが、南三重にも多様ではないものの由緒ある敬語法がおこなわれる。

例文 **のーもよーねーよったんじゃろ**（＝おまえもよく寝たもんだったろう）

＊「うぬ」の転化形。

～のし CD ……［紀伊］～ねえ。

例文 **ゆわんよーになるわかいのし**（＝言わないようになりますよねえ）

はざん CD ……［志摩・南勢］だめ。いけない。

例文 **いーなはざんよになったじょー**（＝胃がだめになったぞ）

＊「筈合わん」のつづまったもの。

はだてる……［伊勢・志摩］新しく事を起こす。

例文 **つきまいりもいまさらはだてやんとこにーゆて**（＝月忌参りもいまさら始めないでおこうよと言って）

ひっこみがはいる……物を飲み込み損ねて咳き込む。

例文 **としよるとよーひっこみがはいんねや**（＝歳寄るとよくひっこみがはいるんだ）

＊いわゆる誤嚥《ごえん》のこと。

ほっこりせん CD ……［伊勢・伊賀］思わしくない。

例文 **えー、それがねっからほっこりしませんのやわ**（＝ええ、一向に思わしくないんですのよ）

＊「ほっこり」は「せん」という否定の形で行われることが多い。

ほめき……［伊勢］火のそばなどで顔がほてる。

例文 **ごみもやしとったらえらいほめきでなー**（＝ごみを燃やしていたらひどい火照りでね）

まーり……支度。準備。

例文 **早いことおなりのまーりもせんならんし**（＝早く炊事の支度もしなければならないし）

＊「まーし」とも。

～まいか ① CD ……［伊勢・志摩］～しようよ。

例文 **はよよばれよまいか**（＝早くご馳走になろうよ）

＊勧誘。動詞の意志形につく。ちなみ

〈バ・マ行五段活用動詞の古い音便形〉

例えば「飛ぶ」「飲む」は下に「て」がくると、普通撥音便形「とんで」「のんで」となるが、志摩では狂言などによく見られた古いウ音便形「とーで」「のーで」がおこなわれる。「かーがとーできてくわれたがねー（＝蚊が飛んできて食われたんだよ）」「むぎちゃあんたらのーでください（＝麦茶をあんたたち飲んでください）」

〈比喩造語〉

あしがわらう―足が疲れきってがくがくする。

いろがなく［伊勢］―色が泣く。色がにじむこと。

てーしゅばしら―亭主柱。大黒柱の次に大事な柱。大黒柱と向かい合わせの柱。

さとやのかいどーはしっとる―砂糖屋の街道を走っている。砂糖屋の前の道を走って通るというところから、砂糖味の薄いことをいう。

に志摩で「行かまいか」と言うときは、「行かずにおこうか」という意味である。

〜まいか②CD……〔伊勢・志摩〕〜だろうよ。

例文 **かってにいくやろまいか**（＝勝手に行くだろうよ）

＊推量。

もっぱ……〔南三重〕布を厚く縫いこんだ着物。襤褸《ぼろ》。

例文 **おー、もっぱからげてのー**（＝おお、ぼろの着物をひっかけてのう）

〜もてCD……〔南三重〕〜しながら。

例文 **しごとしーもてききおったがれ**（＝仕事をしながら聞いていたものだよ）

＊二つの動作が同時におこなわれることをいう。

〜もんで……〜ものだから。

例文 **いつもいっしょにまいるもんで**（＝いつもいっしょに参るものだから）

＊順接の接続助詞。

〜よってCD……〔南三重〕〜だから。

例文 **やっちゃんらよーのむよってにゃー**（＝やっちゃんなんかよく酒を呑むからねえ）

よれ……〔志摩〕たくさん集まる。

例文 **もてけ。うちゃーよれやよってに**（＝持って行け。うちはたくさんあるから）

＊「寄り」の転。

〜ら……〔南三重〕〜なんか。

例文 **あのとーじのし。ふくろらつけなんだ**（＝あの当時はね。袋なんかつけなかった）

らちあく……〔伊勢〕こわれてだめになる。

例文 **きーつけな、いーらちあけんに**（＝気をつけないと、胃をこわすよ）

らんぱちやる……〔伊勢〕大騒ぎする。

例文 **きんじょまーしのこどもらとらんぱちやっとるわさ**（＝近所の子らと大騒ぎしているわ）」

＊「らんやる」とも。

にばんな—二番な。一つ置いてきている。「ちょっとにばんなよめさん」などと評する。

おいね—お嫁さんのほうが夫より年上である。「あっこはひとつおいねやわ」

とちめんぼよこにふる—栃麵棒横に振る。あわてふためく。「とちめんぼよこにふってもってったやが」

てりふりにしんにゅーかけたような—照り降りに進入かけたような。甚だしいお天気屋を評する。「てりふりのへんこつ」ともいう。

ひらいしょくにん〔伊勢〕—拾い職人。どこの得意先の仕事でも受ける二流の職人。

あいさつ（伊勢市）

朝＝おはよー・おはよーさん
夕方＝こんばんわ
別れ＝さいなら
感謝＝おーきに
訪問＝ごめんなして

近畿

滋賀県

CD 25

湖東＝彦根市、東近江市、近江八幡市など
湖南＝大津市、草津市、甲賀市、守山市
湖西＝高島市、大津市西部
湖北＝長浜市、米原市など

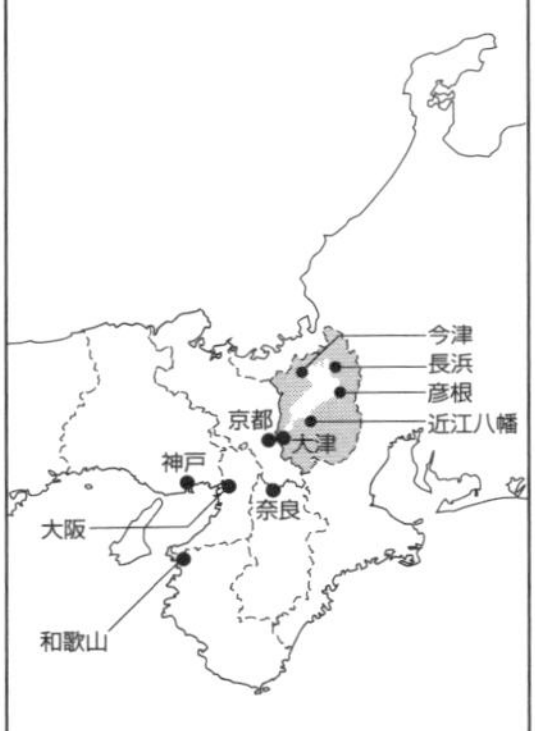

あくさもくさ……[甲賀]洗いざらい。
例文 **やめとけさ。あくさもくさゆーのは**（＝やめて置きなよ。洗いざらいに、ぶちあけるのは）

いっせつ……[湖北・湖東]いつも。
例文 **いっせつありゃこりゃばっかりしてて、わやなこっちゃ**（＝いつもあべこべばかりしていて、拙《まず》いことだ）

いつも……[湖西]妹。
例文 **いつもの婿は、ぎっとかいては、いやらせん**（＝妹の婿は、あぐらかいては、いらっしゃらない）

うい CD ……[湖北・湖東]申しわけない。
例文 **ほんなにぎょーさんしてもらうと、ういガね**（＝そんなにたくさんしてもらうと、申しわけないよ）

うまくさい……[湖北]おいしそうな匂いがする。
例文 **つぶを炊いてたさかい、うまくさかったんやろ**（＝田螺《たにし》を煮ていたので、おいしそうな匂いがしていたのだろう）

おーさわな……大層な。大げさな。
例文 **あほいえ、ほんなおーさわな話ガあろかい**（＝馬鹿言え、そんな大げさな話があるものか）

おーぼ……[湖北・湖東]世間の付き合い。

滋賀の方言

近江盆地は琵琶湖を真中にして、東西南北の四方を平野が囲む。県内を概観するのには、この四区画を用いるのが通例で、方言区画も概観には、この四区画を準用する。

主流は京言葉。京都市から大津市を起点に、東山道（中仙道）を北へ、北陸道を西へ、さらに東海道を東へと、県内全域に広まった。

〈四区画の例〉

○念を押す意味の間投助詞
[湖東]なーし
[湖南]にょー
[湖西]のー・なーへ
[湖北]んな

○昆虫「きりぎりす」
[湖東]ちんぎす
[湖南]ぎす
[湖西]すいっちょん
[湖北]ぎっちょ

音声も県内の大部分が京都ア

例文ちゃんと、おーぼしとかんならんのや（＝きちんと、付き合いをしておかないと、いけないのだ）

おきらす……［湖北］火を起こす。

例文先に炭をおきらしてから、ほこへ鍋を架けとくれ（＝先に炭を火起こししてから、そこへ鍋を架けておくれ）

おせんどさんCD……［湖北・湖東・湖西］ご苦労さん。慰労の挨拶。

例文はよしとくれて、おーきに。おせんどさんどしたなー（＝早くして下さって、ありがとう。ご苦労さんでした）

おちょばい……［湖西］へつらい。

例文あいつはべんちゃらこきや。おちょばい人間や（＝彼奴はお世辞屋だ。へつらい人間だ）

おなりCD……［湖南］炊事。

例文「おなり」てゆーてるとこは、もーめったにおへん（＝「おなり」と言っている所は、もう僅かしかありません）

かざガく……匂いを嗅ぐ。

例文かざガいたら、やグさかったたゆーはけ、びっくりしたんやで（＝匂いを嗅いだら、キナ臭かったと言うので、びっくりしたのだよ）

かてる……［湖北］凍り付く。

例文よさりは、かちんかちんに、かてるさかい、きーつけや（＝晩は、かちんかちんに凍り付いているから、気をつけな）

かんぱCD……［湖西・湖北］漬け物。特に大根漬け。

例文おばやんガ漬けやんしたかんぱは、しょかろーてかなん（＝おばさんが漬けなさった大根漬は、塩っぱくて、かなわない）

きとろCD……［湖北］隣家。特に北隣り。

例文ほや。ビールは、きとろの池で冷やしてもろてこ（＝そうだ。ビールは、北隣りの家の池〈井戸〉で冷やしてもらって来よう）

きなんば……［湖南］いちじく。無花果。

例文「きなんば」ちゅーことばは、今は、もー聞かんなー（＝「きなんば」と言うクセントで、福井県と岐阜県に隣接する湖北だけは、京都アクセント周縁部に特有の、いわゆる「あいまいアクセント」の性格を持ち、アクセントの型が定まらない。

なお、甲賀市には一部、三重県伊賀地方の言葉が通用する。

◎方言ベストテン

〈良い言葉〉、〈お国自慢の言葉〉、〈いつまでも残したいふるさと言葉〉などとして取り上げられる方言のベストテンは、

おーきに—ありがとう。
おいでやす—いらっしゃい。
おきばりやす—精が出ますね。
おしまいやす—お休みなさい。
おせんどさん—お疲れさま。
あかん—いけないよ。
かんにん—ごめん。
うい—申し訳ない。
だんない—構わないよ。
まいどー—毎度サンキュー。

挨拶・応対など、すべて対人関係の言葉が並ぶ。

言葉は、今は、もう聞かないねえ)

きんまい……[湖南・湖東]美しく立派。

例文 **どーや。ごっつー、きんまい飾りもんやろガ**(＝どうだ。大変立派な飾り物だろうに)

~くらい……当然視を強調の接尾語。

例文 **せつかれんかて、ほらー、するくらい**(＝せき立てられなくても、そりゃ、当然するとも)

~け……[湖南]軽い疑問。~か。~かい。

例文 **発表は今日け。ほーけ。ほな、おまいとみにいこけ**(＝発表は今日かい。そうか。そんなら、お前と見に行こうかい)

けでん CD ……[湖西・湖東・湖北]がっかり。

例文 **のーなっても、けでんしなはんな**(＝たとえ、なくなっても、がっかりしなさるな)

げべっちゃ……最後尾。どんじり。

例文 **てまえは、いつもげべっちゃやんか。はよはしらい**(＝お前は、いつも最後尾じゃないか。早く走りな)

けんずい……[湖西]小昼。中間の食事。

例文 **昼、たんとくてなガら、もーはい、けんずい待ちしとる**(＝昼にはたくさん食べていながら、も早、小昼待ちをしていよる)

こーらい……[湖北]とうもろこし(玉蜀黍)高麗黍。

例文 **焼いたるこーらいは、こーばしてうまいもんや**(＝焼いてあるとうもろこしは、香ばしくておいしいものだ)

こギる……[湖南・湖西]田畑の土を砕いて耕す。

例文 **もっと、こまこー、こギってくれへんか**(＝もっと細かく砕いて耕してくれないか)

こべガうつ……[湖西・湖北]頭痛がする。

例文 **ういわいな。こべガうつゆーてはるのに**(＝申し訳ないね。頭痛がすると言っていなさるのに)

こらえて CD ……勘弁して(おくれ)。

◎滋賀に残る古語

首都の京都市で育成された古典の言葉。それら多くの古語が湖北に、より多く残存する。

例えば、

あかい―明るい。
いぬ―去る。帰る。
おこり―マラリア。
げこ―下向。辞去。
こしらえ―支度。準備。
ぞーよ―経費。出費。
しょーぞく―服装。着衣。
つわる―実が熟する。
もる―摘み取る。
よんべ―昨晩。

◎滋賀の敬語

話し相手(聞き手)と、自分(話し手自身)との人間関係を明示する表現が発達していて、改まった他人行儀の表現から、親愛の表現へ、軽い見下げへとランク付けする多段階敬語のシステムを備える。

例えば、「行く・来る」に付く助動詞

例文 **ほっこりすまんこっちゃ。どーか、こらえとくれ**(＝全く以って済まない事だ。どうか勘弁しておくれ)

ごんす……[湖北]来なさる。

例文 **『ごんせ食堂』の看板の脇道から、まっすグごんせ**(＝『ごんせ食堂』の看板の脇道から、真っ直ぐにお出で)

さっさる……[甲賀]なさる。しなさる。

例文 **えろー高い山やのに、おじーは、さっさと登らさっさる**(＝ひどく高い山だのに、おじいさんは、さっさと登りなさる)

ざんざかばき……[湖東・湖北]普段履き。

例文 **上品なもんでのーて、ただのざんざかばきのほーや**(＝上品な物でなくて、ただの普段履きの方だ)

じちらかと……[湖北]落ち着いて。じっくりと。

例文 **朝はせわしないさかい、じちらかと新聞も読めん**(＝朝は気ぜわしいので、じっくりと新聞も読めない)

しまく CD……雨が、ひとしきり、ひどく降る。

例文 **ほやかて、しまってるはかい、やっぱ待ってるわ**(＝そうだからと言ったって、ひとしきりひどく降るから、やはり待っているよ)

しもとくない……[湖北]取り片付けてください。

例文 **もー日ガ暮れるさかい、その辺でしもとくない**(＝もう日が暮れるから、その段階で取り片付けてください)

じょーだい……[湖西]おおかた。

例文 **じょーだい、しる田やさけー、しるするのも、えろおすわ**(＝おおかた湿田だから、田掻きも辛いですね)

すける……[湖北]手助けする。

例文 **はよもんで来て、ちっとでも畑仕事をすけとくない**(＝早く戻って来て、少しでも畑仕事を助けてください)

せつろしー CD……煩わしい。

例文 **あの人の話はなごーて、ほんま、せつろしして、かなん**(＝あの人の話は

---

①イカれる・コられる
全国共通語
②イカる・キらる
[湖南・湖東]文語系
③イキなはる・キなはる
[湖北・湖東]
④イカはる・キやはる
関西共通語　やや親愛
⑤イカんす・コんす※
[湖北・湖西]親愛
⑥イカれる・キられる
[湖東・湖南]身内尊敬※
⑦イキやる・キやる
[湖東]目下への親愛
⑧イキよる・キよる
親愛的な軽い見下げ

※コンす
語幹の「コ」を濁って「ゴんせん・ゴんす」とし、または、助動詞の「やんす」が付く「キやんす」「キテやんす」を使うことが多い。

※身内尊敬
例えば、妻(話し手自身)が、

長くて、ほんとうに煩わしくて、嫌だ)

ぞーさなCD……[湖北・湖東]おっくうな。

例文 **こんなことに、ぞーさガってたら、あこかい**(=こんな事に、億劫がっていたら、だめだぞ)

たい……[湖東]頂戴。ください。

例文 **甘いもん、わいにも、たい。もちっと、くらい**(=甘い物、俺にも頂戴な。もう少し下さい)

だしかいなCD……[湖北・湖西]いいじゃないか。「遠慮しなさるな」の挨拶。

例文 **だしかいな。ゆっくりしてかんせ**(=いいじゃないか。ゆっくりくつろいで行きなさいな)

だだけ……[湖北]むやみに、たくさん。

例文 **壁際に、だだけにもたらかすのは、たおれるし、よーない**(=壁際に、とめどなく立て掛けるのは、倒れるし、よくない)

たなぼと……[湖北]台所の流し元。

例文 **ほれ、ほれ、こぼれる。たなぼとまで、ちんと持って行き**(=それ、それ、こぼれる。流し元まで、しっかり持って行きな)

ちん……[湖北]携える間食物。

例文 **ぎょーさん、ちんもって、二人てらって、どこいくんや**(=たくさんおやつを持って、二人連れ立って、どこに行くのかい)

ちんちん……[湖北・湖東]親密な間柄。

例文 **ほーやろ。やっぱ、あの二人は、ちんちんやろ**(=そうだろう。やはり、あの二人は大の仲良しだろう)

てざらいCD……[湖西]熊手。熊ざらい。

例文 **りんちょくに、てざらいつこて遣り直しとかる**(=几帳面に、熊手を使って遣り直して置きなさる)

てべす……[湖北]手拍子。

例文 **いかえ声して、てべす叩いて、わろてやーる**(=大きい声して、手拍子を叩いて、笑っていなさる)

てんこもり……山盛り。

例文 **よくどしー、めしをてんこもりし**

話題の夫を、敬意を持つ聞き手にさえも「うちの人はさっき出かけられました」と身内(夫)に敬語を使うこと。

〈レベル修正〉

聞き手に対して不釣合いな言動をするまいという意識が働くので、話し途中で不釣合いに気付くと、即座にレベル修正をする。

例えば、他人行儀な①「行カれる・コられる」を、親愛の④「イカはる・来やはる」に下方修正する。または(湖北を例にとれば)親愛の⑤「イカんす・コんす」を、③「行キなはる・来なはる」に上方修正する。

◎**方言うた**

大津そやガな　(そうなんだ)
小松ノうら言葉　(俺は)
彦根ないない　(はいはい)
高島そやけんど　(そうだけど)

て、くとった(＝欲張り、ごはんを山盛りして食べていやがった)

てんじょつく CD……[湖北]べったりと両手をつく。

例文 **あガりとにてんじょついて、謝らはったゲな**(＝戸口にべったり両手をついて、謝罪しなさったそうな)

～とこと……[湖北]締め括る意。

例文 **じょーずゆーてるやろ。ほんなことしたら、あかんとこと**(＝いつも言っているだろう。そんなことしたら、いけないてば)

～とさいガ CD……[湖東]「～としたら」の意味の条件句。

例文 **おこるとさいガ、もーはい、泣き立てよるんや**(＝叱るとすぐに、もう早く、泣き立てやがるのだ)

とひょーもない……とてつもない。

例文 **しょーむないもんを、とひょーもない値で、こーてしもた**(＝つまらぬ物を、とてつもない値段で、買ってしまった)

なまずけない CD……[湖北・湖東]物ぐさな。

例文 **なまずけない。懐手してて、でけよかい**(＝物ぐさだ。懐手していて出来るものか)

なんば①……[湖北]とうがらし(蕃椒)。南蛮胡椒。

例文 **こーとに、な。なんばの味噌炊きばっかのさいやて**(＝旧来の簡素に、ねえ。とうがらしの味噌煮ばかりのおかずだって)

なんば②……[湖東・湖南・湖西]とうもろこし(玉蜀黍)。南蛮黍。

例文 **「なんば」たら、「はちぼく」たら、皆、コーンのことやろ**(＝「なんば」とか、「はちぼく」とか、皆、コーンのことだろう)

にゴはち……[湖東・甲賀]おおよそ。

例文 **何やっても、にゴはちで、お粗末なことやんけ**(＝何をやっても不徹底で、お粗末なことよね)

のーなる……無くなる。

栗太ぐらい　(接尾語「～ぐらい」)
　ハ
野州ノかい　(接頭語「かい～」)
神埼ナマリ　(いや全く、そりゃ
ハとっとほ　そうだ)
らほーや

◎ポイ捨て禁止の道路標識

捨てたら　あ缶

「缶」は赤文字。「捨て」はフテと読む。

◎湖北方言クイズ

日刊紙の『滋賀夕刊』が、「全問わかれば湖北博士！」というクイズを発表。その中の共通語訳を求めた方言クイズから四例を紹介する。(解答は、敢えて省略した)

問　インデコホン。ダシカイナもうチョット、オリ。

問　ホンナことアロカイナ。ネーメがモンデキタんで、セーザイ、イナナ。

問　イカイコト、クダアッタ。オーサムナイ、ゴミヨサンにシ

例文 **のーなったんは、ちっこいほーのビー玉やった**（＝無くなったのは、小さい方のビー玉だった）

ぱっぱ CD……［湖東］餅。団子。（幼児語）

例文 **昔は「ぱっぱ」ゆーたんやガ、今の子には通じんわなー**（＝昔は「ぱっぱ」と言ったのだが、今の子どもには通じないよねえ）

ひどい①……むごい。あきれる意。

例文 **かわいそーに。よーも、ひどいことするもんや**（＝可愛いそうに。よくも、むごいことをするものだ）

ひどい② CD……すばらしい。ほめる意。

例文 **あんな、おぼたいもん持たーる。ひどい人や**（＝あのような重い物を持ちなさる。すばらしい力持ちだ）

ぼさりつく……［湖東］背中にしがみつく。

例文 **ぼさりつくとさいガ、ねてまうのんやった**（＝背負ってもらおうものなら、すぐにも眠ってしまうのだった）

ほしばる CD……［湖北・湖東］星がたくさん出ている。

例文 **よんべは、ほらもー、星ばってた**（＝昨夜は、そりゃもう、たくさん星が出ていた）

ほだれ……［湖東・湖北］つらら。氷柱。

例文 **ほだれんぼガさガったるつべたい時やかて、我慢したんや**（＝つららが下がっている冷たい時だって我慢したのだ）

ほっこり……［湖北］うんざり。

例文 **ほっこりした。もーはい、かなんて、ゆーてやんした**（＝うんざりした。もう、これっきり嫌だと言っていなさった）

〜ほん CD……［湖北］〜ね。強調の接尾語。

例文 **ほいたら行ってこほん。おとなしーしてやんせ**（＝そうしたら行って来ようね。おとなしくしていなさい）

まとう……つぐなう。弁償する。

例文 **誰やい。ガラス割ったもん、まとえよ**（＝誰だ。ガラスを割った者は、トクレ。

問　イニシマに家のカドグチでケツマズイテ、コブラガエリ打って、イトテ、イトテ。

◎**カイツブリの歌**

守山市の株式会社まちおこしキャラクター事業部に所属する「藤井組」は、歌やアニメを製作する集団で、琵琶湖放送と一緒に滋賀を盛り上げている。その「藤井組」が、「ソーラン節じゃないよ」というソーラン節に似た滋賀の方言ばかりを集めてテンポよく歌うコトバ遊びの歌を公表したので紹介する。

ソーラン節じゃないよ（繰り返し）

やーれん　（おられない）
しょーらん　（しない）
きょーらん　（来ない）
よーらん　（居ない）
とーらん　（通らない）

弁償しろよ）

まんまんさん……［湖北］仏様。円いお月様。（幼児語）

例文 **こりゃ。ごえんさんの横にちんして、まんまんさんを拝まんせ**（＝これこれ。住職さんの横に座って、仏様を拝みな）

むくる……［湖北］沸騰する。

例文 **むくった湯をいれたら、茶ガ出くってまうでー**（＝沸いた湯をいれたら、お茶が濃く出てしまうよ）

もらう……［湖北］子を授かる。

例文 **こないに赤ちゃん、もらわったんやて**（＝近頃に赤ちゃんを授かりなさったのだって）

もる……摘み取る。

例文 **お蚕さん上ガるまで毎朝、気ばって桑もりや**（＝蚕が上蔟《じょうぞく》するまで毎朝、精出して桑摘みだ）

ゆーて……［湖北］浴場で使う手ぬぐい。

例文 **バスタオルをゆーてと一緒にあろとかんせ**（＝バスタオルを湯手ぬぐいと一緒に洗っておきな）

よぞい CD……［湖北］おぞましい。

例文 **かきだすのは、ほんまによぞい仕事でなー**（＝掻き出すのは、本当におぞましい汚い仕事でねえ）

＊「よぞくろしー」とも。

りんちょくに……折り目正しく。律儀な。

例文 **ちーんと、ずんつけて、りんちょくな仕事しやはる**（＝きちっと道筋をつけて、律儀な仕事をしなさる）

わけ……食べ残し。

例文 **この子は、じょーず、わけするさけ、よそで、ひけんせきや**（＝この子は、いつも食べ残しをするので、他家で、気が引けるよ）

～んやて CD……～のだって。伝聞の意。

例文 **補聴器かて高いのは六〇万もするんやて**（＝補聴器だって高価なものは六〇万円もするのだって）

こーらん　（凍らない）
はいはい　（以下略）

◎その他の方言

いにしな―帰り際。
かみこ―麦焦がし。
けなりー―羨ましい。
こける―縦の物が横に倒れる。
しばく―細い棒で叩く。
ずつない―気分が優れない。
ねじくる―なすり付ける。
はしかい―痛痒い。才気走る。
～まいか―誘い掛けことば。

あいさつ（長浜市）

朝＝おはよーさんで
夕方＝おしまいやす
別れ＝さいなら
感謝＝おーきに・おきのどくさんに
訪問＝ごめんやす

京都府

CD26

あがる CD……北へ行く。

例文 **丸太町通りを上がったとこかいなー**（＝丸太町通りを北に行ったところかなー）

＊南へ行くことを「下がる」と言う。

あかん①……だめだ。効果がない。むだ。

例文 **なんぼゆーてもあかんわ**（＝どれだけ言ってもむだだ）

あかん② CD……（しては）いけない。

例文 **そんなんしたらあかんえ**（＝そんなことしてはいけないよ）

あじない CD……（食べ物が）まずい。おいしくない。

例文 **ここのおつゆあじないわ**（＝ここのお吸い物まずいよ）

あて CD……私。

例文 **あてかてしてみとおす**（＝私だってしてみたいです）

＊女性が用いる。まれに男性も。

あまえた……甘えん坊。

例文 **あんたは甘えたやなあ**（＝あんたは甘えん坊だなあ）

いか……凧。

例文 **お正月はいか揚げして遊ぼうな**（＝お正月は凧揚げして遊ぼうね）

いきし・いきしな CD……行きがけ。

例文 **行きしに先生におーたわ**（＝行きがけに先生に会ったよ）

京都の方言

京都市は平安京以来、文化の中心として長く栄え、御所方の言葉など古い表現を残している。

京都府は、北部は丹後国、中部は丹波国、南部は山城国とそれぞれ呼ばれてきた。福井・兵庫などの五県と大阪府とに隣接するが、大阪府を除けばこれらの地域からのことばの影響はあまり受けていない。

方言区画上、アクセントは京阪式アクセントに属するが丹後では東京式アクセントがみられる。上の表は京都市の方言を中心に掲げた。

◎府内の地域差

京都府の方言は、北部地域と中南部地域とに大きく分けられる。北部地域の方言は丹後方言で、舞鶴市の北部や宮津市などが含まれる。中南部地域の方言は、奥丹波方言、口丹波方言、

＊帰りがけのことを「帰りし」「帰りしな」と言う。

いちびる……調子に乗る。調子に乗ってふざける。

例文 **おまえ、いちびってんなや**（＝おまえ、調子に乗るなよ）

いらう CD……（物に）触る。いじる。

例文 **大事なもんやからいろたらあかんえ**（＝大事なものだからいじったらだめだよ）

いらち CD……せかせかして落ち着きのない人。せっかちな人。

例文 **あの人いらちやし、待たせたらあかんで**（＝あの人はせっかちだから、待たせてはいけないよ）

いらやき……生焼け。

例文 **この魚いらやきや**（＝この魚、生焼けだ）

＊十分に焼けていないこと。

うち……私。

例文 **うっとこ（うちとこ）おいないな**（＝私の家においでよ）

＊女性が子どもの頃から用いる。男の子は「わし」「ぼく」「おれ」などと言う。

～え CD……～よ。軽く念を押す。

例文 **さっき帰らはったえ**（＝先ほどお帰りになったよ）

＊主に女性が用いる。

えずく……吐き気をもよおす。嘔吐する。吐く。

例文 **食べすぎでえずいてしもたわ**（＝食べすぎで吐いてしまったよ）

えらい……ずいぶん。大層。

例文 **あんた今日はえらい親切どすな**（＝あなた今日はずいぶん親切ですね）

えんばんと……あいにく。折り悪しく。

例文 **えんばんとそのひぃはぐつわるおす**（＝あいにくその日は都合が悪いです）

おあげさん……油揚げ。

例文 **おあげさんとなっぱとたいたらおいしおす**（＝油揚げと葉野菜と煮たらおいしいです）

＊「あげおかべ」「おいなりさん」とも。

山城方言の三つである。奥丹波方言には福知山市など、口丹波方言には南丹市などが含まれる。山城方言には京都市などが含まれており、「京ことば」が知られているが、周辺地域と大きく異なるところはない。

◎文法的な特色

〈否定表現〉

否定を表わす表現には、たとえば共通語の「書かない」は「書かん」、あるいは「書かへん」となるように、「―ン」「―ヘン」を用いる。語によっては「起きひん」「いーひん」など、「―ヒン」が使われることもある。共通語の「来ない」は「きやへん」「きーひん」となるが、「こーへん」ということも多い。「こーへん」は、共通語の「来ない」に影響を受けてできた新しいかたちだとされている。

〈理由を表わす接続助詞〉

理由を表わす接続助詞には、「―サカイ」とその音訛形（「―

おいいる……おっしゃる。

例文 **そうおいいるさかい**（＝そう言われるから）

＊「言う」の軽い敬意をもった尊敬語。

お〜やす……〜（なさい）ます。

例文 **じょーずにお書きやすなー**（＝上手に書かれますねえ）

＊動詞連用形をはさんで、動作主を高める。「はる」よりも丁寧な言い方。

おくどさん……かまど。

例文 **おくどさんで、にたきします**（＝かまどの火で煮炊きします）

＊かまどの神様「くど神」は平野神社に祀られている。

おさがり①……雨降り。

例文 **今日もおさがりどすなー**（＝今日も雨降りですねー）

おさがり②……神仏への供え物を下げたもの。

例文 **これ地蔵盆の御下がりやさかい、みなさんでおあがりやす**（＝これは地蔵盆のお供えを下げたものですので、みなさんで召し上がってください）

おすCD……ございます。

例文 **ここにおす**（＝ここにあります）／**うれしおす**（＝うれしいです）／**そんなことおへん**（＝そんなことありません）

＊「ある」の丁寧語。

〜おし・〜よしCD……〜なさい。

例文 **はよきよし**（＝早く来なさい）／**行きおし**（＝行きなさい）／**しおし**（＝しなさい）

＊「〜よし」は新しい言い方。

おてしょー……小皿。手塩皿。

例文 **おてしょーに取って食べよし**（＝小皿に取って食べなさい）

おてまいりCD……手間のかかること。

例文 **お手間入りのごちそうばっかしやないの**（＝手間のかかるごちそうばっかりじゃないの）

おばんざい……ふだんの日のお惣菜。

例文 **こんなおばんざいしかおへんけど**（＝こんなふだんのお惣菜しかございませんけど）

サケァー」「ーシケァー」）がある。たとえば共通語の「雨が降るから帰ろう」は、「雨（が）降るさかい帰ろ」となる。また「ーサカイ」に「ニ」がつくこともあり、「せやさかいに言ったんやんか（＝だから言ったんじゃないか）」などとなる。ただし若い人は「ーサカイ」を使用せず、共通語の「ーカラ」を使うことがほとんどである。また京都市を中心に「雨（が）降るし帰ろ」のような「ーシ」が、丹後に「雨が降るで帰ろ」のような「ーデ」がある。

〈丁寧表現〉

丁寧表現では「ーマス」がある。「行きません」「行きましょう」などは「行きまへん」「行きまひょ」（ややぞんざいな言い方）などとなることがある。

丁寧な断定の表現には、京都市を中心とする口丹波・山城に「ードス」がある。たとえば共通語の「そうです」は、「そうどす」となる。「暑い」や「明るい」などの形容詞には「ードス」は接続し

かざ……香。におい。
例文 **えーかざがしますな**（＝よい匂いがしますね）
＊良い匂いも悪い匂いもいう。

かちん・おかちん……餅。
例文 **かちんおくない**（＝餅を下さい）
＊「あも」とも。

かなん CD……いやだ。困る。
例文 **明日雨やったらかなんなー**（＝明日雨だったらいやだなー）

かんこくさい……きなくさい。こげくさい。
例文 **なんか、かんこくさいえ**（＝何かきなくさいよ）
＊「かんこくさいこ」は「鼻が上を向いたかわいい子」のこと。

きさんじ CD……気楽。呑気。
例文 **きさんじなこーやな**（＝のんきな子だね）

きなしぼ……やる気のない人。
例文 **あの人はきなしぼやさかい、あてにならん**（＝あの人はやる気がない人だからあてにならない）

きばる……がんばる。
例文 **あの人きばってはるなー**（＝あの人がんばってるなー）

ぎょーさん CD……たくさん。
例文 **こんなぎょーさん買うてきてどないするん**（＝こんなにたくさん買ってきてどうするの）
＊「よーさん」とも。

きょーび……いまどき。近頃。最近。
例文 **今日日の若いもんはなにを考えとるんや**（＝近頃の若い者はなにを考えてるんだ）

ぐつわるい……都合が悪い。
例文 **今日はぐつわるいさかい、あしたにしてんか**（＝今日は都合が悪いので、明日にしてくれないか）

けなるい……うらやましい。
例文 **えーべべたんともってはって、けなるいわ**（＝よい着物をたくさんもっておられて、うらやましいわ）
＊「けなりい」とも。

ないのが普通で、形容詞には「ーオス」か「ーデス」を使用する。たとえば共通語の「暑いですね」は、「あつおすなー」、あるいは「暑いですなー」となる。「ーオス」は「そんなことおへん（＝そんなことはありません）」のように、動詞として使用されることもある。

〈敬語表現〉

敬語表現には、たとえば共通語の「先生がお手本をお書きになった」は、丹後では「書きなった」「書きなはった」という「ーナル」「ーナハル」が、奥丹波・口丹波では「書いちゃった（書いてやった）」という「ーテヤ」が、口丹波・山城では「先生がお手本を書かはる」のような「ーハル」がある。また京都市では「お書きやした」という「オ〜ヤス」などがあり、これは「ーハル」よりも敬意の高い表現である。「おやすみやす（＝おやすみなさい）」「おきばりやす（＝がんばってください）」などの表現は府下全

こーとな CD……地味で上品な。

例文 **いや、こたち、こーとなべべきてはるなー**（＝いや、子どもさん　上品な着物を着ておられるねえ）

こげつき……祖父以来長くその土地に住んでいること。

例文 **わたし、京都のこげつきですがな**（＝私は、先祖から長く京都に住んでいますよ）

こたち……他人の子。

例文 **おうちはこたちはおひとりどすか**（＝あなたの子どもさんは一人ですか）

＊「おこたち」「おこさん」とも。単数でもこの形。

こないだうち……このあいだ。先だって。

例文 **こないだうちから主人風邪引いてるんやわ**（＝この間から主人が風邪を引いてるのよ）

さかい（に） CD……〜から。

例文 **そやさかい（に）いかんときゆーたのに**（＝そうだから行かないように言ったのに）

＊「さけ（に）」とも。〜ので。

〜し……〜から。

例文 **あてがいくし、道おせて**（＝私が行くので道を教えて）

〜しか……〜より。

例文 **これしかおもい**（＝これより重い）

＊比較の用法。

しまつする……節約する。倹約する。

例文 **始末せなあかんよ**（＝節約しないといけないよ）

しんきくさい CD……もどかしい。じれったい。

例文 **あーしんきくさい、あーしんきやの**（＝あーもどかしいねえ、あーじれったいねえ）／**あーしんきくさやの**（＝あーもどかしいねえ）

＊「しんきくさ」とも。

しんどい ① CD……くたびれている。

例文 **今日はよう歩いたさかいしんどいわ**（＝今日はよく歩いたのでくたびれているよ）

◎気づかずに使う方言

京都府の多くの地域で、共通語の「もっと勉強すればよかった」は、「もっと勉強したらよかった」となり、「〜すれば（よかった）」に「〜たら（よかった）」を使うが、方言として意識している人は少ないようである。

飴を指して「飴ちゃん」ということがあり、日常的に使われているが、これも気づかずに使う方言の一つと言えよう。

◎あいさつことば「おーきに」

京都のあいさつことばとして「おーきに」がよく知られている。「ありがとう」の意味で使われ、「おーきに、ありがとーございます」と言うとより丁寧。また、何かをしてもらった後には、「おーきにはばかりさんどした（＝たいへんありがとうございました）」などと言う。

訪問して帰るときのあいさ

しんどい②……骨が折れる。大変である。

例文 **こんな大きなもん運ぶんしんどいやろ**（＝こんな大きなものを運ぶのは大変でしょう）

すもじ……すしを丁寧に言う語。

例文 **すもじ、よばれます**（＝鮨を食べさせていただきます）

＊「おすもじ」「おもじ」とも。

たく……煮る。

例文 **お豆さんたいたんが、よーけあるさかい持っていき**（＝豆を煮たものがたくさんあるから持っていきなさい）

だんない……さしつかえない。

例文 「**かまへんか**（＝かまわないか）」「**だんない、だんない**（＝大丈夫、大丈夫）」

＊「大事ない」の意。

つろくする……調和がとれる。

例文 **あの着物にこの帯つろくするやろか**（＝あの着物にこの帯がよくあっているだろうか）

＊家格の比較によく用いる。

てんご……悪ふざけ。いたずら。

例文 **ほててんごしなや**（＝ひどい悪ふざけをしたらいけないよ）

～とーみ CD……～してごらん。～してごらんなさい。

例文 **あそこよー見とーみ**（＝あそこをよく見てごらん）

～どす……～です。

例文 **いわはるとおりどす**（＝言われるとおりです）

＊若い層では使われなくなってきている。

なおす……しまう。片づける。

例文 **買うてきたもん冷蔵庫になおしといてや**（＝買ってきたものを冷蔵庫にしまっておいてよ）

なむなむ……まずまず。まあまあ。

例文 **まーなむなむいきてますねん**（＝まあ何とか生きていますよ）

におぐ……匂いを嗅ぐ。

例文 **ちょっと匂いでみ**（＝これちょっ

つには「おやかまっさんどした（＝おさわがせしました）」などと言う。また、食事をいただいてすぐに退去しなければならないときには「およばれだちですいません」とあいさつする。

◎「いけずやなー」

京都では、意地悪な人に対して、遠回しな言い方として「いけず」ということばを使う。語呂合わせで「池の端のずいき」ともいう。

◎京ことばのイメージ

一般に、京都のことばはゆったりとしたテンポで話される、優しい雰囲気をもったことばというイメージがあるようだが、実はそうではない。おそらく、芸舞妓さんの話すことばからの連想によってできたイメージであろう。確かに芸舞妓さんの話すことばはゆったりとした、そして柔らかいものであるが、これはお座敷においての特殊なこ

と匂いを嗅いでごらん）

のく……どく。よける。

例文**そこのいてくれへん**（＝そこどいてくれない）

〜はるCD……補助動詞（尊敬・丁寧の意）。

例文**よーふらはりますなー**（＝雨がよく降りますねえ）

＊（自分以外の）人・動物・天候などを主語とする動詞につけて、尊敬、あるいは、聞き手に対する丁寧を表す。

はんなりCD……明るくて上品な。

例文**はんなりした帯やなー**（＝明るくて上品な色合いの帯だねえ）

＊主に色彩について陽気で上品な明るさをいう。性格にも言う。

ぶっちゃけたはなし……打ち明けた話。ほんとのところ。

例文**ぶっちゃけた話、うちあの人あんまり好きやないんやわ**（＝ほんとのところ、私あの人あんまり好きじゃないのよ）

べべたこ……びり。最下位。

例文**今日もまたべべたこやったわ**（＝今日もまたびりだったよ）

＊「べべた」「べったこ」などとも。

へんねしCD……すねること。ねむたいこと。

例文**したのこーが生まれて、うえのこーがへんねしおこしてますねん**（＝下の子が生まれて、上の子がすねていますよ）

ほかすCD……捨てる。

例文**それほかしといて**（＝それを捨てておいて）

ほたえる……ふざけて騒ぐ。暴れる。

例文**廊下でほたえたらあかんがな**（＝廊下でふざけて騒いではいけないでしょう）

ほっこりする……ほっとする。

例文**やらんなんことがすんで、ほっこりしますなー**（＝しなければならないことが済んで、ほっとくつろぎますねえ）

とばであり、一般市民の日常会話における話しことばは、かなりテンポの速い、また決して柔らかいとは言えないどちらかといえば語調のきついものである。

◎「お」のつくことば

京都では、「おなす（＝茄子）」や「おまん（＝饅頭）」、「おだい（＝大根）」など、名詞に「お」をつけて呼ぶことが非常に多い。これらは「おトイレ」や「おかばん」のようないわゆる美化語とは異なるもので、「お」がつくものとつかないものはわりにはっきりと区別されている。たとえばきゅうりやごぼう、にんじんなどに「お」をつけることはない。「お」をつけてさらに「さん」をつける場合もある。たとえば「お豆さん」、「お芋さん」、「おあげさん（＝油揚げ）」、「おかいさん（＝粥）」などがそうである。身近なものに対する親愛の気持ちを込めた呼び方ということであろうか。

ほんま CD……本当。真実。

例文 **これほんまにもろてええのかいな**（＝これ本当にもらっていいの）

まったり CD……やわらかくおだやか。

例文 **まったりした味で、おいしおす**（＝やわらかい味で、おいしいです）

＊食事などのやわらかくおだやかな味に言う。

むしやしない……食間の軽い食べ物。

例文 **つまらんもんですけど、お虫養にどうぞ**（＝つまらないものですが、軽食にどうぞ）

もみない……味ない。おいしくない。

例文 **もみないもんどすけど**（＝おいしくないものですけれど）

＊食物を人にあげる時のあいさつ語としてよく使われる。「もむない」とも。

もらいずて……贈り物をもらってお返しをしないこと。

例文 **もらいずてはあかんよ**（＝贈り物をもらってお返しをしないのはいけないよ）

まどす……弁償する。

例文 **まーどせ　まどせ　もーとのとーりにまどせ**（＝元の通りになるように弁償しろ）

＊例文は子どもたちがはやしたてることば。「まどう」とも。

やにこい CD……壊れやすい。ひよわい。

例文 **あのこーは、やにこいさかいよー病気します**（＝あの子はひよわでよく病気します）

よめいり……貰い物をたらい回しにすること。

例文 **いただきもんのこのお菓子、悪いけど嫁入りさそか**（＝いただきもののこのお菓子、悪いけどよそにまわそうか）

わらける……つい笑ってしまう。

例文 **ほんま笑けんなー**（＝ほんとうに笑えるねー）

＊若い世代で使われる。

◎**言語意識**

京都で生まれ育った人が東京の人に、京都のことばを「なまり」と表現され、非常に驚き、また憤慨したという話を耳にすることがある。京都の人間は、自分たちの話していることばを「なまり」などとは決して思わない。無論、いわゆる「標準語」とは異なることばであるということは知っているが、それは単に異なっているというだけであり、「なまり」などというのはとんでもない話である。京都の人間に「なまり」などと言うと、大変なことになるので気をつけたほうがよい。

あいさつ（京都市）

朝＝おはよーさん・おはよーさんどす

夕方＝こんばんわ・おばんどす

別れ＝さいなら

感謝＝おーきに

訪問＝ごめんやす（女）

近畿

大阪府 CD 27

摂津＝大阪市、豊中市、箕面市、吹田市など
河内＝門真市、寝屋川市、八尾市、東大阪市、富田林市など
泉南＝岸和田市、貝塚市、泉南市、阪南市など

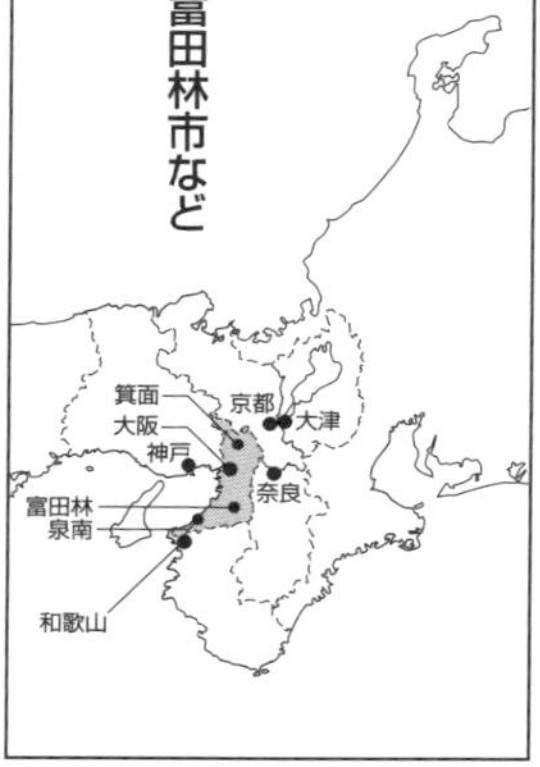

あいそ CD……愛想。
例文 **えらいすんまへんな。あいそなしで**(＝たいへんすみません。愛想のないことで)

あかんたれ CD……弱虫。駄目な奴。
例文 **そんなこともよーせんのか。あかんたれやなー**(＝そんなこともできないの。よわむしだなぁ)

あほくさい CD……馬鹿馬鹿しい。
例文 **そんなん、あほくさてやってられるかい**(＝そんなの、馬鹿馬鹿しくてやってられないよ)

あらしょ……[泉南]あるじゃないか。
例文 **どこ、さがしてんや。そこにあらしょ**(＝どこを探しているのよ。そこにあるじゃないか)

あんじょー CD……うまく。上手に。
例文 **あんじょーたのんまっさ**(＝うまく頼みますよ)

いかーしめへん CD……行きはしません。
例文 **そんなところまでいかーしめへんやろ**(＝そんな所までは行きはしませんでしょ)

いけず……意地悪。
例文 **そんなことばっかし言ーはって、ほんまいけずやわー**(＝そんなことばかりおっしゃって、本当に意地悪だ

大阪の方言

◎府内の地域差

大阪府の方言は、摂津や河内を中心とした摂河方言と、泉南を中心とした泉南方言の二つに大別される。摂河方言のうち、摂津方言には、大阪府中央部の大阪市や堺市の方言をはじめ、北部の能勢地方の方言などが属する。河内方言には、枚方市・門真市・寝屋川市などの方言が北河内方言に、八尾市・東大阪市などの方言が中河内方言に、富田林市や河内長野市、千早赤阪村などの方言が南河内方言にそれぞれ属する。

音韻・アクセントの上では、府下の方言に大差はないが、特に語彙・文法には地域差がみられる。単語の例では「面白い」を大阪市などでは「オモロイ」、貝塚市や岸和田市などでは「オモシャイ」という。両者が接する和泉市では「オモシャロイ」という。「明日」は摂津方言で「アシ

わ）

いちびるCD……［摂津・河内］ふざける。
例文 **いちびってんとしゃんとしーや**（＝ふざけていないでちゃんとしなさい）

いてこますCD……やっつける。
例文 **しょーもないことばかりゆーてたらいてこますぞ**（＝くだらないことばかり言っていたらやっつけてしまうぞ）

いてるCD……いる。
例文 **いてるかいてへんかしらんけどいっぺん電話してみたらどないや**（＝いるかいないか知らないけれど一度電話してみたらどうだ）

いのく……［摂津・河内］動く。
例文 **よーいのきはる人やなー**（＝よく動かれる人だねえ）

いらちCD……落ち着きのないこと。
例文 **いつもせわしのーて、ほんまにいらちな人やなー**（＝いつもせかせかして、本当に落ち着きのない人だねえ）

いんじゃんほい……じゃんけんをする時のかけ声。
例文 **いんじゃんほい。あいこでしょ**（＝じゃんけんぽん。あいこでしょ）

うっとこ……私のところ。私の家。
例文 **こんど一回うっとこきーや、ごっつぉしたるさかい**（＝今度一度、私のところに来なさいよ。ご馳走をしてやるから）

えーし……金持ち。財産家。
例文 **わてらとえーしのこはほんまにちゃいまんなあ**（＝私たちと金持ちの子は本当に違いますねえ）

えげつないCD……ひどい。悪い。
例文 **あんまりえげつないこと言わんといてーや**（＝あまりひどいことを言わないでね）

おいえ……［泉南］そうだ。そのとおり。
例文 **おいえ、あぶないわしよ**（＝そうだ、危ないよ）
＊相槌を打つ時のことば。

おえはん……大奥様。女主人。

タ」だが、河内方言や泉南方言の一部で「アイサ」となる。

◎文法的な特色

〈待遇表現〉

摂津・河内などの方言では、共通語には対応する形がない「〜ハル」（軽い尊敬語）や「〜ヤル」（親愛語）を用いるが、岸和田市以南の泉南方言ではこれらを用いない。また、摂津・河内では、やはり共通語に対応する形がない「〜ヨル」（軽卑語）を用いるが、泉南地方ではこれらを用いない。なお、「〜ヨル」は西日本大半の方言では「〜ている」といった進行形の意味を表す。

〈疑問を表す文末表現〉

疑問を表す文末助詞は大阪市方言で「カ」であるのに対し、南河内方言や泉南方言では「ケ」が用いられる。また、能勢町方言の一部や泉南地方の深日方言や大木方言では「コ」が用いられる。大阪市内では「カ」に対して「ケ」はぞんざいな響きがあると

例文 **おえはんに相談してからにしょーか**(＝大奥様に相談してからにしようか)

おーきに……ありがとう。

例文 **おーきに。すんまへんなー**(＝ありがとう。すいませんね)

おがる……[泉南](大声で)叫ぶ。呼ぶ。

例文 **ちょっとむこうにいる人におがっちょーえ**(＝ちょっと向こうにいる人に大声で叫んでよ)

おかん CD……お母さん。

例文 **おかんとおとんどっか行っておれへんねん**(＝お母ちゃんとお父ちゃん、どこかに行っていないのよ)

おはよーおかえり CD……お早くお帰りなさい。

例文「**いてさんじます**(＝行って参ります)」「**おはようおかえり**(＝お早くお帰りなさい)」

おます CD……あります。

例文 **ないちゅーてさがしてはるもん、そこにおますで**(＝ないと言ってお探しになっている物、そこにありますよ)

おもしゃい……[泉南]面白い。変な。

例文 **おもしゃいことばっかゆーちゃら**(＝面白いことばかり言っているよ)／**おもしゃいかざするなー**(＝少し変わった匂いがするねえ)

おもろい CD……[摂津・河内]面白い。

例文 **なんぞおもろい話あれへんかなー**(＝何か面白い話がありはしないかね)

おもんない……おもしろくない。

例文 **なんも　おもんないわ**(＝何もおもしろくないよ)

かく……持ち上げる。持ち上げて移動する。

例文 **ちょっとそっちかいてんか**(＝ちょっとそちらを持ち上げてよ)

～がな……～ではないか。～じゃない。

例文 **そんなんもー、どーでもえーがな**(＝そんなのもうどうでもいいじゃない)

がめつい CD……けちな。

思っている者が多い。これに対して南河内や泉南では、「ケ」は高齢の女性にも用いれられ、柔らかく優しい響きがあるが、逆に「カ」はよそよそしさがあると感じている者が多い。

〈「のだ」にあたる文末表現〉

「今日は学校に行くのだ」の「行くのだ」にあたる形式として「行くノヤ」「行くンヤ」が大阪府全域に使われる。これから変化したとみられる「行くネン」は大阪市方言を中心に摂津・河内方言で使用されるが、泉南地方の高年層では「ネン」が用いられず、「行くンヤ」の形式のみである。最近になって、泉南地方の中若年層の間では「行くネン」が使われるようになってきた。ところが、大阪市方言などでは使用されない「行ったネン(＝行ったのだよ)」のような形式も使われだし、一種の過剰修正といった現象が生じている。因みに大阪市方言では「行ったネン」とはならず、「行ったンヤ」が用いら

例文 **あいつ、がめついやっちゃなあ**（＝あいつはけちな奴だねえ）

かめへん CD……かまわない。

例文 **心配すな。かめへんかめへん**（＝心配するな。かまわない。かまわない）

かんてき……七輪。

例文 **かんてきで何やいてるかおもたら、さいらやいてんか**（＝七輪で何を焼いているかと思ったら、さんまを焼いているのか）

かんにん CD……ごめん。

例文 **かんにんかんにん。まちごてもた**（＝ごめんごめん。間違ってしまった）

ぎょーさん……たくさん。

例文 **ぎょーさんあるかおもてたら、なんもあれへんかったで**（＝たくさんあるかと思っていたら、何もなかったよ）

ぐっすり……[泉南]たくさん。

例文 **ぐっすりくーてぴゅーすけ走れ**（＝たくさん食べてぴゅっと走れ）

けったいな……奇妙な。変な。

例文 **けったいなことばっかし言わんといて**（＝変なことばかり言わないでよ）

げっと……[泉南]びり。

例文 **はしりごくに出てもいっつもげっとやして**（＝徒歩競争に出てもいつもびりだよ）

けなりー……うらやましい。

例文 **えらいけなりー話やな**（＝非常にうらやましい話だね）

こすい……ずるい。狡猾な。

例文 **あんなことしてこすいわ**（＝あんなことしてずるいよ）

こそばす……くすぐる。

例文 **こそばいさかいあんまりこそばさんといてーや**（＝くすぐったいからあまりくすぐらないでよ）

ごっかぶり……ごきぶり。

例文 **なにかとおもたらおーきなごっかぶりや**（＝何かと思えば大きなゴキブリだ）

ごわへん……[船場]ございません。

れる。

〈打消表現〉

大阪府の北部では「行かない」にあたる形式として「イカヘン」が用いられるのに対し、南部では「イケヘン」が用いられる傾向がある。また、北・南河内方言では「イカヒン」、中河内方言では「イカイン」が用いられる。一方、岸和田市や泉佐野市の山間部では「イカシン」が用いられる。

〈確認・要求表現「あるじゃないか」にあたる表現〉

大阪市方言を中心として、摂津・河内方言では「あるじゃないか」にあたる形式として、「〜ヤンカ」（中高年層）、「〜ヤン」（若年層）を用いるのが一般的である。これに対し、岸和田市や泉佐野市などを中心とした泉南方言では、いずれも中高年層中心に「アルワシテ」「アラシ」「アラ」などの形式が用いられる。

ただ、昨今、泉南地方の若年層では大阪市方言などの影響を受

例文 **皆さん、おかわりごわへんか**(＝皆さん、お変わりございませんか)

＊「ごわす」の打消し形。

ごんたくれ CD ……腕白。いたずらっ子。

例文 **あいつほんまにごんたくれやなー。ゆーことひとっつもきけへんし**(＝あいつは本当に腕白だねえ。言うことを一つも聞かないし)

～さかい CD ……～から。～ので。

例文 **今日は雨やさかい、傘もっていき**(＝今日は雨だから傘を持っていきなさい)

さよか CD ……そうか。

例文「**もうそろそろでっせ**(＝もうそろそろですよ)」「**さよか。ほな行こか**(＝そうか。じゃあ行こうか)」

じゅんさいな……いい加減な。

例文 **じゅんさいなことばっかしゆーとったら、あかんで**(＝いい加減なことばかり言ってたらだめだよ)

しょーもない……くだらない。

例文 **しょーもない話ばっかしてて。えーかげにせー**(＝くだらない話ばかりして。いい加減にしなさい)

じょら……あぐら。

例文 **あし、しんどいさかい、じょらかかせてもらいまっさ**(＝足がきついのであぐらをかかしてもらいます)

ずぼら CD ……無精。じだらく。投げやり。

例文 **ずぼらせんとちゃんとやらなあかんで、ほんまに**(＝無精しないでちゃんとしないと駄目だよ。本当に)

せーだい CD ……せいぜい。

例文 **せーだいきばってべんきょうしーや**(＝うんとがんばって勉強しなさいよ)

せわしない CD ……忙しい。

例文 **せわしないやっちゃなあ。もうちっとおちついたら、どないや**(＝忙しい奴だね。もう少し落ち着いたらどうなの)

そげ……とげ。

例文「**そげたっていたいねん**(＝とげが刺さって痛いのよ)」「**そらーぬかなあ**

けており、「～ヤン」の使用が目立ってきている。

◎全国に拡がる大阪府の新方言

大阪市内では、「自転車」をチャリ、「大変・非常に」をメッチャという。これらの形式は、もともと「チャリンコ」や「メチャクチャ」といった形式から大阪で生じたものである。九〇年代当初、大阪市内の一〇代しか使わない新方言であったが、現在では東京をはじめとして、全国の若者に用いられ出している。これらは全国的に拡がった大阪発の新しい方言といえるであろう。

◎大阪弁の全国進出

従来は、大阪を中心に活動していたタレントや漫才師などの芸能人が東京に次々に進出し、東京から全国ネットで放送されるバラエティ番組などで毎日のように大阪弁を聞くことができるようになった。まさに大阪弁

かんわ（＝そりゃあ抜かないと駄目だよ）」

だんない……構わない。差し支えない。
例文 **だんない。だんない。気にせんでえー**（＝かまわない。かまわない。気にしなくていい）

～ちゃーる……［泉南］～ている。
例文 **まだ雨、ふっちゃーるわ**（＝まだ雨降っているよ）

ちゃう……違う。
例文 「**チャウチャウ、ちゃう**（＝チャウチャウ〈中国犬〉と違うの）」「**ちゃうちゃう**（＝違う、違う）」

でぼちん……おでこ。
例文 **でぼちんうったんか。まっかっかやん**（＝おでこを打ったの。真っ赤じゃない）

てれこ CD……互い違い。
例文 **これ、てれこになってるやないかい**（＝これ交互に食い違っているじゃないか）

どたま CD……「ど」＋「あたま」。（卑語）
例文 **どたま、どついたろか**（＝頭をなぐってやろうか）

どない CD……どう。どのように。
例文 **どないなってんねん、ほんまに**（＝どうなっているの、本当に）

どんならん CD……どうにもならない。
例文 **そないなことされたら、どんならんなー**（＝そのようなことをされたらどうにもならないねえ）

なおす……片付ける。仕舞う。
例文 **えらいちらかしたなあ。ちゃんとなおしときや**（＝たいへん散らかしたねえ。ちゃんと片付けておいてよ）

～なはれ……～なさい。
例文 **あんたらもうええかげんにしなはれや**（＝あなた方、もういい加減にしなさいよ）

なんぎや……困難だ。難儀だ。
例文 **えらいなんぎなはなしやなあ**（＝非常に難しい話だねえ）

なんしか……何しろ。
例文 **なんしかえーねんて。こんどいっ**

は、その勢力を拡大し、第二標準語の地位に上りつめる勢いである。

◎消えゆく大阪のあいさつことば

訪問時のあいさつで「ごめんやす（＝ごめんください）」と声をかけると、中から「おいでやす（＝いらっしゃいませ）」といって客を迎えるというあいさつのやりとりが昔よく行われた。客に応じて改まる度合いが強くなると、「おいでやす」にかわって「おこしやす」が使われることもあった。

通りすがりに顔見知りの人に出会うと、「儲かりまっか」と声をかける。直訳すると、「儲かっていますか」ということになるが、これは、大阪のあいさつことばで「最近いかがですか」といったような意味合いである。この「儲かりまっか」に対しては「おかげさまで」というような応答は少なく、「あきまへ

ぺん行きはったらどない（＝とにかく良いんだって。今度いっぺんいらっしゃったらどう）

なんでれでー……[河内]どうして。なぜ。

例文 **なんでれでーやい**（＝どうしてなんだよ、おい）

なんぼ……いくら。どれくらい。

例文 **おっさん、これなんぼや**（＝おじさん、これいくら）

にくそい……[泉南]憎らしい。

例文 **にくそいことばっかしゆーたらあかな**（＝憎たらしいことばかり言ってはだめよ）

にっちょ CD……日曜。

例文 **こんどのにっちょ、まっちゃまちへにんぎょかいにいてくるわ**（＝今度の日曜に松屋町に人形を買いに行ってくるよ）

にぬき……ゆで卵。

例文 **にぬきなと食べへんか**（＝ゆで卵でも食べないか）

~ねん……～のだ。

例文 **このなんば、めっちゃすっきゃねん**（＝このとうもろこし、すごく好きなんだ）

のんもる……[河内]のみやがる。

例文 **あいつは　よー牛乳飲んもるなー**（＝あいつはよく牛乳飲みやがるなあ）

~はる……～なさる。

例文 **いまからどこいきはんの**（＝今からどこへいらっしゃるの）

へてから CD……それから。

例文 **へてからつぎ何すんねん**（＝それから次に何をするの）

べべ……びり。

例文 **競争してもいつもべべばっかしや**（＝競争してもいつもびりばかりだ）

ぼちぼち CD……少しずつ。

例文 **「もうかりまっか**（＝儲かっていますか）**」「まあ、ぼちぼちでんなあ**（＝まあ、そこそこですね）**」**

ほめく……（湿気が多くて）蒸す。火照《ほて》る。

例文 **「今日はえらいほめきやなあ**（＝今

んわ（＝だめですね）」となるか、やや肯定的に「ぼちぼちでんな（＝まあまあですね）」と応じることが多い。大阪特有のあいさつのやりとりである。

食事のあと、「ごっつぉーさん（＝ごちそうさま）」というと、間髪を入れず、給仕してくれた女性から「よろしゅーおあがり」ということばが返ってくる。共通語にはない応答だが、「よく食べて頂きました」というような意味である。

昔は、このようなあいさつことばが大阪のあちこちで聞かれたが、最近ではこのようなやりとりもほとんど聞かれなくなった。

◎その他の方言

いちゃもん[摂津]―文句。言いがかり。「いちゃもんつける」

ごーせもん[泉南]―熱心に仕事をする人。

しゃくば[泉南]―トゲ。「いびがえらい痛いおもたら、しゃくば

日はたいへん蒸し暑いねえ)」「**ほんまによーほめくなー**(＝本当によく蒸すねえ)」

まいっぺん……[摂津・河内]もう一度。
例文 **お願いやさかいに、まいっぺんゆーてみて**(＝お願いだからもう一度言ってみて)

めっちゃ……たいへん。非常に。
例文 **めっちゃおもしろいやんなー。今度行ってみたろ**(＝すごく面白いよねえ。今度行ってみよう)

めばちこ……[摂津・河内]ものもらい。
例文 **めー痛いおもたら、めばちこができてるわ**(＝目が痛いと思ったらものもらいができているよ)

もむない……[泉南]まずい。
例文 **このすいかもむないわ**(＝この西瓜、まずいよ)

〜やす……[泉南]〜です。
例文 **ほんまそーやすなあ**(＝本当にそうですねえ)

やつす……おめかしする。化粧する。
例文 **そんなにやつして、今からどこいきはんの**(＝そんなにおめかしして今からどこへいらっしゃるの)

ややこ……赤ん坊。
例文 **えらいかわいーややこやなー**(＝たいへん可愛い赤ん坊だね)

〜やんか……〜じゃないか。
例文 **そんなんせんでえーやんか**(＝そんなことしなくてもいいじゃない)

よってに……から。ので。
例文 **今日はさぶいよってに、はよかえっておいなはれ**(＝今日は寒いから早く帰ってきなさい)

わや……無茶苦茶。
例文 **もーわやや。どないしょー**(＝もう無茶苦茶だ。どうしよう)

わらかす……笑わす。
例文 **そんなおもろいことばっかゆーてわらかさんといてーな**(＝そんなに面白いことばかり言って笑わさないでよ)

たってんしぇ(＝指が大変痛いと思ったら、トゲが刺さっているのよ)」

じんじり[泉南]—つむじ。

どれまか[泉南]—じゃんけん。「どれまかしょ(＝じゃんけんぽん)」

やおやひろげる[中河内]—嘔吐する。

よかんべー[泉南]—やっこ凧。「しょんがつにはよかんべーとのぼそけ(＝正月にはやっこ凧でも揚げようか)」

れいこー—アイスコーヒー。「なにしまひょ(＝何にしますか)」「れーこ(ー)一杯たのんます(＝アイスコーヒー一杯頼みます)」

あいさつ(和泉地方)

朝＝おはよーさん・はやいなー
夕方＝おしまい
別れ＝さいなら
感謝＝おーきに
訪問＝ごめん

近畿

兵庫県 CD28

阪神〔阪〕＝尼崎市、西宮市、宝塚市など
播磨〔播〕＝神戸市、姫路市、西脇市など
丹波〔丹〕＝篠山市、丹波市
淡路〔淡〕＝淡路市、洲本市、南あわじ市
但馬〔但〕＝豊岡市、養父市、朝来市など

あだける……〔播・丹・淡〕転がり落ちる。
例文 **そないな狭いあぜ通ったら、あだけるでー**（＝そんなに狭いあぜ道を通ると転がり落ちるよ）

あたんする……〔播〕仕返しをする。
例文 **そないな意地悪しよったら、いつかあたんされっど**（＝そんな意地悪をしていたら、いつか仕返しをされるよ）

あつかましー CD……〔播〕忙しい。
例文 **今日はあつかましーいちにちやったのー**（＝今日は忙しい一日だったねえ）

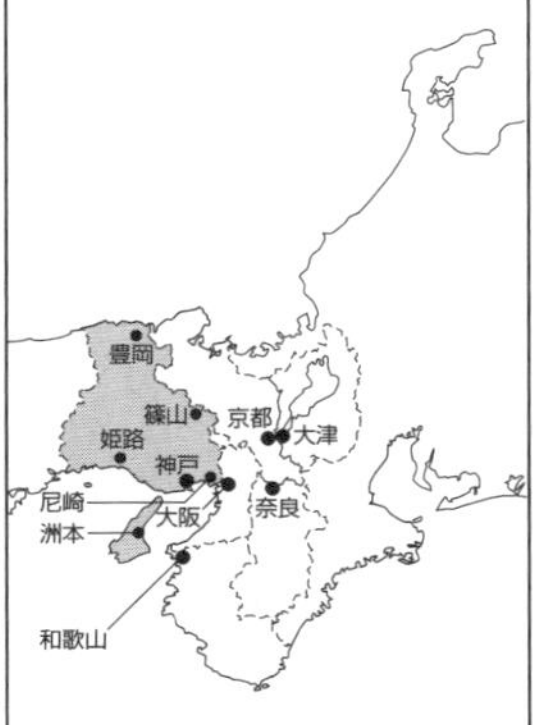

あはー……〔但〕阿呆。馬鹿。
例文 **このあはーたれ**（＝この馬鹿野郎）

ありこまち……〔播・丹〕あるだけ全部。
例文 **空き巣にありこまち持って行かれてもた**（＝空き巣にあるだけ全部持って行かれてしまった）

いかめー……〔播・淡〕羨ましい。
例文 **めーのえー人がいかめーてなー**（＝目のいい人が羨ましくてね）

いごく CD……〔阪・播・但・丹〕動く。
例文 **いごいたらあかん。じっとしとけ**（＝動いたら駄目だ。じっとしておけ）
＊「いのく」とも。

いしこい……〔播〕ずるい。

兵庫の方言

兵庫県の方言は中国方言圏に属する但馬《たじま》方言と、近畿方言圏に属するその他の方言に大きく分かれる。

その他の方言は淡路方言と中央方言に区分され、中央方言はさらに阪神、神戸・東播磨《はりま》・中播磨、西播磨、丹波の各方言に細分される。

但馬方言とその他の方言の差は極めて大きい。前者が東京アクセントであり、断定の助動詞「ダ」を使うのに対して、後者は京阪アクセントで「ジャ・ヤ」を使うなど、その差は際立っている。

また、淡路方言も他方言に比べて特徴的である。潮流の関係で、島の北側に海を挟んで接する播磨地方との交渉が比較的少なく、兵庫県以外の、大阪や和歌山、徳島等との海上交通による交流が盛んに行われたため、それらの方言の影響を受けたこ

例文 **おまえ、いしこいやっちゃなー**（＝お前はずるいやつだね）

いぬ CD……帰る。

例文 **ほな、いんでくるわ**（＝それじゃあ帰るよ）

いらう……触る。

例文 **そんなとこいろたらめげるぞ**（＝そんな所を触ったらこわれるぞ）

おいやか……[播]静か。穏やか。

例文 **今年の正月はおいやかやのー**（＝今年のお正月は穏やかだね）

おしょ(ー)し……[播]粗末。

例文 **これおしょーしなもんでっけど**（＝これはつまらないものですが）

おせらしい……[播・淡]大人びた。

例文 **いつの間にかおせらしなったなー**（＝いつの間にか大人びたねえ）

おとち CD……[播]こわがり。

例文 **この子おとちで、夜そとによーでーへんねん**（＝この子は恐がりで夜そとに出られないんだよ）

おとんぼ……末っ子。

例文 **あいつはおとんぼのあまえたや**（＝あいつは末っ子の甘えん坊だ）

おわえる CD……追いかける。

例文 **おわえまわってやっと捕まえた**（＝追い掛け回してやっと捕まえた）

かく……持ち上げる。持ち上げて運ぶ。

例文 **おい、ちょっとそっちのすま、かいてくれや**（＝おい、ちょっとそっちの隅を持ち上げてくれよ）

かつける……[阪・播・丹・但]ぶつける。

例文 **こら、犬に石かつけたらあかんどー**（＝こら、犬に石をぶつけてはだめだよ）

がや①……[但]信念や根性がない。

＊「かちける」とも。

例文 **あの人はがやだなー**（＝あの人は根性がないね）

がや②……[但・淡]内容が駄目。

例文 **がやなはなしんだ。あけへん**（＝内容がなってない話だ。駄目だ）

かんこくさい……[阪・播・淡]紙・布・綿などの焦げたにおいがする。

とが、その大きな要因と考えられる。島内の方言に地域差が大きいのも、このことが大いに関係していよう。また、島であるため、多くの古語が方言の中に温存されていることも特徴のひとつに挙げられる。

播磨方言は、西播磨方言・中播磨方言・東播磨方言の三つに分けられるが、その中では中国方言に接する西播磨方言が特徴的であると言えよう。また、神戸市は、旧・摂津の国に属するが、方言的には西、あるいは北に隣接する東播磨方言の特徴が著しいので、神戸・播磨方言と一括して扱われることが多い。

◎文法的な特徴

〈多彩な敬語表現〉

県内の尊敬語の使用は変化に富んでいる。「ハル」[阪神・神戸]、「テヤ」[播磨・丹波]、「チャッタ」[北播磨・丹波]、「ナ(ー)ル」[西但馬]、「ンサル」[中央・東但馬]など、それぞれ地域色の強い言葉となっ

例文 **おい、なんかかんこくさいど。べっちょないか**（＝おい、なんか焦げ臭いにおいがしているよ。大丈夫か）

けんたいげ……[播]偉そう。

例文 **あいつはいっつもけんたいげやなー**（＝あいつはいつも偉そうだね）

ごーがわく CD……[播・淡]腹が立つ。

例文 **ほんま、あたごーがわくやっちゃ**（＝本当にまあ腹の立つ奴だ）

こおつと……[阪・播・但]（思案するときの）さてと。

例文 **こおつと、あれはどこにやったかいな**（＝さてと、あれはどこに置いたかなあ）

こーと……[播・丹・淡]地味。

例文 **こーとなきもんこーてもた**（＝地味な着物を買ってしまった）

こくば CD……[播・但・丹・淡]落葉。

例文 **山へこくばかきに行こか**（＝山に落葉集めに行こうか）

こそばい CD……[阪・播・丹・淡]くすぐったい。

例文 **そんなとこいろたらこそばいがい**（＝そんな所を触ったらくすぐったいよ）

＊但馬では「こそばいい」とも。

こっぴんかたげる……[播]小鬢《こびん》を傾ける。思案する。困る。

例文 **どないしたん。さっきからずっとこっぴんかたげて**（＝どうしたの。さっきからずっと困った様子で）

こまい CD……[阪・播・丹]小さい。

例文 **ちいとこまいもん貸してくれへんか**（＝ちょっと小銭を貸してくれないか）

こんね……[播・丹]この家。

例文 **こんねは昔から醤油屋や**（＝この家は昔から醤油屋や）

さっちもない……[阪・播]つまらない。

例文 **そんなさっちもないことゆーな**（＝そんなつまらないことを言うな）

さのめ……[播]今さら。

例文 **さのめそんなことゆーてどないす**

ている。

・「上手に書いて**はった**わー」
・「勝手に食べたらおこっ**てや**でー」
・「植えてしも**ちゃったら**休んでよー」
・「読んでみ**なった**か」
・「よう来ん**さった**なー」

　これらの尊敬語は、兵庫県独特のものではなく、大部分が周辺地域と共通するものである。たとえば、「ハル」は京都・大阪に広く分布しており、「テヤ」は京都府下から北陸地方に、「ナ（ー）ル」は京都府北部・丹後地方に広がっている。一方、「テジャ（チャッタ）」「ンサル」は西の方、中国地方にも広い分布域を持って現在も盛んに使われている。

　これらの敬語は、共通語の敬語に比べてかなり敬意が低いため、身内のことを外部の人に話す場合に使われたり（身内尊敬用法）、自らの言葉遣いを上品で丁寧なものにする美化語的用

んのん(＝今さらそんなことを言ってどうするのだ)

さんこにする CD……［播・丹・淡］散らかす。

例文 **部屋、あんまりさんこにしたらあかんでー**(＝部屋をあまり散らかしては駄目だよ)

さんよ(ー) CD……［播・丹］予定。計算。

例文 **どないしてもさんよーがあわへんねん**(＝どうしても計算が合わないんだよ)

＊「さんにょう」とも。

じげ……［播・丹・淡］同じ村。地元。

例文 **じげにおっても挨拶もしくさらん**(＝同じ村にいても挨拶もしない)

しゃーままげる……［但］お節介を焼く。

例文 **あんだこーんだしゃーままげて**(＝ああだこうだとお節介を焼いて)

＊播磨では「さーまえる」とも。

じゃみる……［播・淡］壊れる。中止になる。

例文 **また縁談じゃみてんてなー**(＝また縁談が壊れたそうだね)

じゅるい CD……ぬかるんでいる。

例文 **じゅるい田んぼで麦まきしてん**(＝ぬかるんだ田で麦まきしたんだよ)

＊但馬では「じるい」とも。

しょーし……［但］かわいそう。

例文 **ほんとしょーしんだなー**(＝本当に可哀相だね)

しょむ……［播］草木が密集する。混雑する。

例文 **杉の木がよーしょんどる**(ー杉の木がよく密集している)

しりこぶた CD……［播・丹・淡］尻(の肉の多い部分)。

例文 **尻こぶたがちーと痛いわ**(＝尻がちょっと痛いよ)

すけない CD……［阪・播・但・丹］少ない。

例文 **今日は客がえらいすけないなー**(＝今日は客がたいへん少ないね)

法もよく見られる。

　なお、このような多彩な敬語使用が見られる県下にあって、淡路地方だけはこれらの方言敬語の使用がほとんど見られず、敬語の薄い地域となっている。

〈文末詞「け」と「こ」〉

　姫路市を中心とする中播磨地方では、文末詞の「け」がよく使われている(「行くんけ？(＝行くのか)」「ほんまけ？(＝本当か)」)。老若男女を問わず用いられ、若い女性の口からも盛んに聞かれるが、周辺地域の人々にはあまり評判がよくないようである。

　隣接する北播磨地方(西脇市・加東市など)では、この「け」はほとんど聞かれず、代わりに「こ」が使われている(「行くんこ？」「ほんまこ？」)。ただ、こちらは男子専用であって、女性に用いられることはない。

　これらの文末詞は丹波地方でも用いられ、「け」は北部(篠山市)、「こ」は南部(丹波市)で聞

ずつない……[阪・播・丹・淡]胸や腹が苦しい。

例文 **肉食べ過ぎてずつないわー**(=肉を食べ過ぎて腹が苦しいよ)

せちべん……[播]けち。

例文 **そんなせちべんなことばっかりしとったら笑われっど**(=そんなけちなことばかりをしていたら笑われるよ)

せんど CD……[阪・播・丹・淡]長い間。

例文 **せんど来てなかったなあ**(=長い間来られませんでしたね)

そーばい……[淡・播]にわか雨。

例文 **こらそーばいがきそーななー**(=これはにわか雨が降りそうだね)

*「そばい」とも。

たなもと……[播・淡]台所。炊事。

例文 **たなもとてつとーてくれっか**(=炊事を手伝ってくれるか)

たばう……[播・淡]貯める。

例文 **あの人はたばいがええ**(=あの人は貯えがよい人だ)

*但馬では「たばる」とも。

だぼ CD……[播・丹]馬鹿。

例文 **またエラーして。だぼこー**(=またエラーをして、馬鹿だな)

たんのする……飽きる。退屈する。

例文 **水浴びもーたんのしたんか**(=水泳はもう飽きたのか)

*「たんのうする」とも。

〜つか……[淡](〜して)下さい。

例文 **まあこっちゃへきて、あがってつか**(=まあこっちへ来て、上がって下さい)

つくなむ CD……[播・丹・淡]しゃがむ。

例文 **そんなとこでつくなんで、何しとんどい**(=そんな所でしゃがんで何をしているのだ)

つくねる……[阪・播・丹]こねる。まるめる。

例文 **この餅もつくねんのか**(=この餅もまるめるのか)

つついっぱい……精一杯。

例文 **つついっぱい頑張れよ**(=精一杯頑張れよ)

かれる。

◎神戸方言と大阪方言

神戸市と大阪市はいずれも旧・摂津の国に属し、特急電車に乗れば三〇分足らずで往来できるほどの近さである。しかし、近さの割には両者の方言に大きな違いが見られる。

例えば、大阪の人にとって神戸人の「トー(=ている)」はかなり耳につくようである。「食べとー(=食べている)」「寝とー(=寝ている)」と用いられ、大阪人の「食べてる」「寝てる」にあたる。神戸は「ておる→とる→とー」のオル圏、大阪は「ている→てる」のイル圏というのが、その原因と考えられる。

また、「こけよった」という表現も、神戸と大阪では意味が違ってくる。神戸のヨッタは、「危ない。もーちょっとでこけよった」などと「今にも〜しそうだった」の意になり、大阪のヨッタは、「あいつ、こけよった」など、

てーろ CD……[播]とても。

例文 **今日はてーろ暑いな**（＝今日はとても暑いね）

〜てや……[播・丹]（〜て）いらっしゃる。

例文 **はよいなな、えーのひとが心配しとってやどー**（＝早く帰らないと家の人が心配していらっしゃるよ）

どつく CD……殴る。

例文 **えーかげんにせなどつくぞー**（＝いい加減にしておかないと殴るよ）

なやすい……[播・但・丹]簡単だ。

例文 **なやすいやつじゃで覚えいよ**（＝簡単なものだから覚えなさいよ）

なるい……[播・但・丹・淡]平坦だ。

例文 **なるいとこに櫓が組んだるわ**（＝平坦なところに櫓が組んであるよ）

ぬまこい……[播]しまりがない。

例文 **あいつのすっことぬまこいのー**（＝あいつのすることはしまりがないね）

はしかい ① CD……[阪・淡・丹・播]かゆい。

例文 **のどがはしこーてこまっとんねん**（＝喉がかゆくて困っているんだ）

はしかい ②……[阪・淡・丹・播]すばしっこい。

例文 **なにさしてもはしかいやっちゃ**（＝何をさせてもすばしっこいやつだ）

はめ……[阪・播・丹・淡]まむし。

例文 **はめにきーつけんねんでー**（＝まむしに気を付けるんだよ）

はりこむ……おごる。

例文 **今日はわしがはりこんだろ**（＝今日は私がおごってやろう）

ひなか CD……[播・但・丹・淡]半日（主に午前）。

例文 **ひなかだけ出てくれたらえーから頼むわ**（＝半日だけ出てくれたらいいから頼むよ）

ぴりぴりする CD……[播・丹]雨が少し降る。

例文 **あっ、ぴりぴりしてった。いそごか**（＝あっ、雨が少し降ってきた。急ごうか）

やや見下した気持ちや親しみを表すことになる。

◎気づかずに使う方言

「おい、式に出るから、白いカッター出して」この会話文の「カッター」は、ナイフではなくワイシャツのことである。ワイシャツも使わないことはないが、普段は「カッター（シャツ）」で通しており、方言と気付いている人は少ない。クリーニング屋やショッピングセンターにも、「カッター（シャツ）」とはっきり表示されているが、特に違和感を持つ土地人はいない。

◎「テヤハル川」

昭和三三年に鎌田良二氏が須磨・大阪間の中学生を対象に行った調査の結果、尊敬語の「テヤ」と「ハル」の境目は、神戸市東灘区の御影町と本山町と判明した。ちょうどその境目には住吉川が流れているところから、宮崎修二朗氏はこの川を「テヤ

へっさ……[西播磨]久しく。

例文 **へっさみずじゃったが、元気だったかいや**（＝久しく見なかったが、元気だったかい）

*「ひっさ」とも。

べっちょない CD……大丈夫だ。別状ない。

例文 **そんなつめたいもんばっかりくーてべっちょないか**（＝そんな冷たいものばかり食べて大丈夫か）

へらへっと……[播]いっぱい。

例文 **おこわへらへっとくーてずつないわー**（＝赤飯を一杯食べて苦しいよ）

ほえねー……[但・丹・淡]何か物足りない。

例文 **きれーな家たちんさったけど、なんかほえねーな**（＝きれいな家をお建てになったけれど、何か物足りないね）

*「ほげない」とも。

ほげない CD……[播・淡・丹]はかない。

例文 **ほげない死によーやったなー**（＝はかない死にようだったねえ）

*「ほえない」「ほいない」とも。

ほたえる……ふざけて暴れる。

例文 **そんなとこでほたえたら、他のお客さんにめーわくやろ**（＝そんなところで暴れたら、他のお客さんに迷惑だろう）

ほな CD……[阪・播・丹]さようなら。

例文 **先帰るわー。ほななー**（＝先に帰るよ。さようなら）

ほめく……[播・丹]蒸し暑くなる。

例文 **今日はほんまよーほめくなー**（＝今日は本当によく蒸すね）

ほる……[阪・播・但・丹]捨てる。

例文 **このゴミ、ほってきてくれ**（＝このゴミを捨ててきてくれ）

*但馬では「ほーる」とも。

ほろせ CD……[播・但・淡]蕁麻疹などのあとにできる発疹。

例文 **ほろせがなおらへんねん**（＝発疹が治らないんだよ）

まくれる……[阪・播・但・丹]転がり

ハル川」と命名した。だが、半世紀近くが経過した現在、「テヤ・ハル」の境界線はずいぶん西に移動して、若者に関していえば、「ハル」に押された「テヤ」は、中播磨の姫路市あたりまで後退している。

◎訪問のあいさつ

播磨では「オッテカー」、但馬では「ヘイ、アー」と言って知り合いの家を訪問する。客を迎えるときは、但馬では「ヨーキンサッタナー」と言って迎える。

◎出石弁で観光再生へ

二〇〇九年三月の上旬、但馬の小京都と呼ばれている豊岡市出石町で「方言による観光再生」の取り組みが始まったとのニュースが報じられた。出石町はお城（城跡）と皿そば（四〇軒以上もある）と出石焼き（磁器）が有名で、多くの観光客を集めていたが、このところの不景気の影響か、訪問客がにわかに減落ちる。
例文 **もーちょっとで溝にまくれよった**(＝もうちょっとで溝に転がり落ちそうになった)

またい CD……[播・丹・淡]動作が鈍い。
例文 **またいやっちゃなあ、こけたりして**(＝鈍いやつだね、転んだりして)

またことない……[播]間違いない。
例文 **あの道いったら、またことないわ**(＝あの道を行ったら間違いがないよ)

まつべる……[播]集める。
例文 **くろーなってきたし、そろそろこくばまつべて帰ろか**(＝暗くなってきたし、そろそろ松落ち葉を集めて帰ろうか)

まどう……[播・淡]弁償する。
例文 **わしがまどたるさかい、心配せんでえーで**(＝私が弁償してやるから、心配しなくていいよ)

めぐ……[播・淡・但]こわす。
例文 **誰がめんだんや。この壺高かったのに**(＝誰が壊したんだ。この壺は高かったのに)

もみない……[播・但・丹・淡]不味い。
例文 **こんなもみないもん食えっかい**(＝こんな不味いものが食えるものか)
＊「もむない」とも。

やつす……[阪・播・丹]おしゃれをする。
例文 **そないにやつしてどこ行きや**(＝そんなにおしゃれをしてどこへ行くんだ)

やにこい……[淡]弱々しい。
例文 **もーあかんのか、やにこいやっちゃのー**(＝もう駄目なのか、弱々しいやつだね)

よーがい……[淡・但]用意・用心。
例文 **よーがいが悪いしけー、そんなことになるんだー**(＝用意が悪いから、そんなことになるのだ)

よぼる……[播・淡]伝ってこぼれる。
例文 **はよ飲まな、ビールがよぼんりょんどー**(＝早く飲まないとビールが〈コップのふちを〉伝ってこぼれているよ)

ったそうである。そこで、この窮状を脱すべく一計を案じたのが皿そば屋のご主人たちで、皿そばを食べに来た客に土地ことばの「出石弁」で接しようという作戦である。まだ取り組みが始まったばかりで、客をもてなす側の店員さん達も戸惑いがちであるが、「(共通語より)柔らかい感じ」「温かみがあっていい」と観光客達にはおおむね好評のようである。もう少しすれば、出石へ行けば、美味しい皿そばと、「よう来ておくれんちゃった(＝ようこそいらっしゃいました)」、「ゆっくり食べてみておくれんしゃあ(＝ゆっくりお召し上がりください)」、などの土地言葉が十分に堪能できるのではなかろうか。

あいさつ(神戸市)

朝＝おはよー
夕方＝こんばんわ
別れ＝さいなら
感謝＝おおけに
訪問＝ごめん(ください)

近畿

奈良県 CD29

北部＝奈良市、天理市、大和郡山市、桜井市など
東部＝大宇陀、宇陀市など
南部＝十津川村、吉野郡など

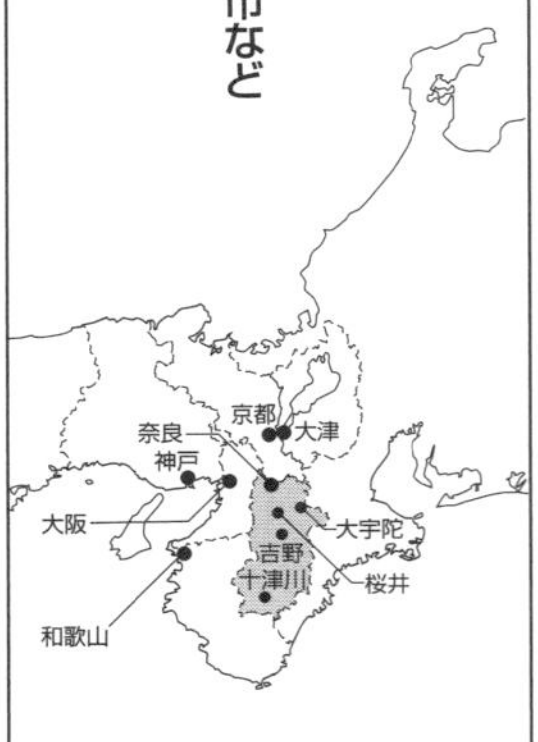

あいさに CD……たまに。時々。
例文 **あいさにわしとこへも遊びにきとくんなはれ**（＝時々、私のところにも遊びに来てください）

あいやこ CD……共有。
例文 **荷物がふえてもなんぎやさかいに、この道具、あいやこしょーか**（＝荷物が増えても困るので、この道具、共有しようか）

あくち……口のふちが赤くただれる。
例文 **おまはん、最近忙しいのかしてあくちきれてるがな**（＝あなた、最近忙しいからか、口のふちが赤くただれてるよ）

あっぺ……大便（幼児語）。
例文 **しっかりきばってあっぺ出しなはれ**（＝しっかりきばって大便をしなさい）

あまい……菓子の総称。
例文 **昨日、おっちゃんとこで食べたあまいはおいしかったなあ**（＝昨日、おじさんの家で食べたお菓子はおいしかったね）

いけいけ CD……［北部］間に合わせ。相殺。
例文 **おまえからかったお金、今日のひる飯でいけいけにしてなあ**（＝あなたから借りていたお金、今日の昼食代で

奈良の方言

奈良県は大きく、北部＝奈良盆地の「国中《くんなか》」と、東部＝大和高原の「東山中《ひがしさんちゅう》」、南部＝吉野地方の「奥《おく》」に区別される。

北部の奈良盆地は京都や大阪に近く、早くから上方との交流が盛んで、ことばや文化の面で京阪との類似度がたいへん高い。これに対して吉野地方の南部、特に十津川《とつかわ》村や上北山、下北山あるいは天川《てんかわ》村洞川といったかつての辺境の地域では、東京式アクセントが認められる。

このように奈良県は、奈良盆地を中心とする北部と、独自の言語文化を有する南部の吉野地域という二つの方言世界から成り立っている。

	［北部］	［南部］
・アクセント	京阪式	東京式
・連音	アイ	アー
・断定助動詞	ヤ	ジャ
・打消助動詞	ヘン	ン
・継続態	降ットル	降リヨル

相殺にしてね)

いっけ……親戚。

例文 **うちときーやんとこは昔からのいっけや**(＝我が家ときーちゃんの家は昔から親戚だ)

いぬ CD……帰る。

例文 **わし、もう仕事すんださかいにぼちぼちいぬで**(＝私は仕事が終わったので、そろそろ帰るよ)

いのく……[北部]動く。

例文 **細かい仕事してんねんさかい、いのくな**(＝細かい仕事しているのだから、動くな)

いらう・いろー……[北部]触る。

例文 **ごちゃごちゃいろたらあかんがな**(＝ごそごそと触ったらだめじゃないか)

うんつく……馬鹿者。

例文 **こんうんつくめ、何ぬかしてんのど**(＝この馬鹿者め、何を言ってるのだ)

えーし CD……資産家。よい家柄。

例文 **高田のまちで商売したはる家はみなえーしばっかりや**(＝高田のまちで商売していらっしゃる家はみんな資産家ばかりだ)

えらい……たいそう。大変。

例文 **えらい火事や、誰ぞみてきい**(＝大変な火事だ、誰か見てこい)

＊「賢い」「苦しい」「つらい」の意も。

おこり……マラリヤ・マラリアによるふるえ。

例文 **おじいちゃんは南方からの復員やさかいにようおこりにならはるわ**(＝おじいさんは南方からの復員兵なので、よくマラリアによるふるえが起こるなあ)

おたいまつ CD……東大寺二月堂の修二会。

例文 **奈良はおたいまつが終わらんと春がけーへんなあ**(＝奈良では東大寺二月堂の修二会が終わらないと春が来ないねえ)

＊「お水取り」とも。

◎「大和ことばに讃《さん》打つな」

あれこれと批評したりけちをつけることを、関西では「讃を打つ」あるいは「讃を入れる」という。奈良県、特に奈良盆地のことばは、京都や大阪のことばと類似度が高く、端正なことばなので、ここのことばにけちをつけるなと主張している。

つまりこの表現には、奈良県の、自分たちのことばは都会的なことばであるという、この地域の人々の強烈な言語意識を表現したものである。

◎山田孝雄が残した方言資料

明治維新に成功した日本は、近代国家にふさわしい国語(標準語)を制定するために東京帝国大学国語研究室と国語調査委員会を創設した。後に山田孝雄もこの国語調査委員会のメンバーになるが、山田は、明治三一年に奈良県尋常中学校五條分校の教諭となって、明治三四年に高知県立第一中学校分校に転出

おとろしい……[北部]わずらわしい。

例文 **そんなおとろしいことわしよーしやんで**(=そのようなわずらわしいことを私はできないよ)

おとんぼ CD……[北部]末っ子。

例文 **隣のおとんぼ、嫁さんもらわはるらしいで**(=隣の末っ子、嫁さんをもらうらしいよ)

＊男女を問わず、末っ子のこと。

おんづまり……[北部]無理の結果。

例文 **しまいにおんづまりが来るで**(=最後にはどうにもならなくなるぞ)

＊無理を重ねたためどうにもならなくなること。

かいとまわり CD……(へび)青大将。

例文 **かいとまわりは家の主やで殺さんときや**(=青大将は家の主なので、殺さないようにね)

＊奈良では集落のなかがいくつかの垣内《かいと》と呼ばれる小区画に分かれていて、青大将はこの垣内をまわると言われている。

かえこと……交換。

例文 **わしの福袋とおまはんの、かえことしてんか**(=私の福袋とあなたのを交換してよ)

がしんたれ CD……吝嗇家。けち。

例文 **あいつは、ほんまにがしんたれや**(=あいつは本当にけちだ)

がっそ……頭髪がぼうぼうとしている状態。

例文 **えらいがっそな頭して、どないしたん**(=たいそうボサボサな頭髪だけれども、どうしたの)

きさんじ……素直。きまじめ。

例文 **この子は親のゆーことをよく聞くきさんじなぼんやなー**(=この子は親の言うことをよく聞く素直な男の子だねえ)

きっしょ CD……しおどき。

例文 **病気をきっしょにたばこをやめた**(=病気をしおどきにたばこを止めた)

きりこ……餅を「サイ」の目に刻んだあられ、焼いて粥や茶に入れてたべる。

するまでの三年間奈良に滞在した。

その頃、東京帝国大学国語研究室は、わが国ではじめての全国的な方言調査に着手した。奈良県教育会は、後に奈良の歴史研究の中心となる奈良県尋常中学校(郡山)の水木要太郎に方言取調編纂委員を委嘱した。その調査報告は、明治三三年の『新大和新聞』に掲載され、山田孝雄はこれを保存し、後年この新聞記事を故郷・富山出身の方言研究者である太田栄太郎が書写している。太田は、この新聞記事といくつかの方言集を資料として重要な『方言集覧奈良県方言』を刊行させたのである。

◎大和の国名地名

奈良県には長い歴史によって形成された難解な地名が数多く存在している。

京終(きょうばて)[奈良市]・帯解(おびとけ)[奈良市]・平群(へぐり)[平群町]・耳成(みみなし)

例文 **冬はおかいさんにきりこ入れて食べるのが一番や**(＝冬は粥に「サイ」の目に刻んだあられを入れて食べるのが一番だ)

くもじ……菜漬物。大根菜のつけもの。

例文 **おせち料理にもあいたさかいにくもじでぶぶ漬け食べとこか**(＝おせち料理に飽きたので、菜っ葉の漬け物でお茶漬けを食べておこうか)

こすい CD ……ずるい。

例文 **おまえはなんでそねんこすいねん**(＝おまえはどうしてそんなにずるいんだ)

さかむけ……手の爪の付け根の皮膚が細長くむける症状。

例文 **あんたは親不孝やさかいにさかむけいくねんで**(＝あなたは親不孝なので、手の爪の付け根の皮膚が細長くむけるだよ)

さかめいる……酒乱。

例文 **あいつがさかめいったら難儀やで**(＝あいつが酒乱になったらたいへんだよ)

じょうだり……いつも。

例文 **うちの姉ちゃんはじょうだり食べたはるねん**(＝我が家の姉さんはいつも食べているの)

しょーぶわけ……[北部]形見分け。

例文 **おばあさんのしょーぶわけに西陣の帯もろてん**(＝おばあさんの形見分けに西陣織の帯をもらったんだ)

しわい……けち。吝嗇な。

例文 **あこのうちは婚礼やゆうてもしわいなあ**(＝あそこの家は結婚式だというのにけちだねえ)

ずつない CD ……体調や気分がわるい。

例文 **ゆーべ夜ふかししたよって、ちょっとずつないねん**(＝昨夜夜ふかししたので、少し気分がわるいんだ)

せすい……[北部]利益の薄い。

例文 **この儲け、そねんせすいんか**(＝この儲けは、そんなに薄いのか)

せたらう……背負う。

例文 **この風呂敷をせたらって(せたろ**

[橿原市]・巨瀬(こせ)[御所市]・纏向(まきむく)[桜井市]・櫟本(いちのもと)[天理市]・浮孔(うきあな)[大和高田市]・新口(にのくち)[橿原市]・磐余(いわれ)[橿原市]

奈良県内には、旧の国名のつく地名が各地にあって、これは奈良に都城を建設したおりに各地から集まった人々が移り住んだことによると言われている。

出雲[桜井市]・吉備[高取町]・薩摩[高取町]・土佐[高取町]・飛騨[橿原市]・武蔵[天理市]・丹波市[天理市]・越[明日香村]・豊前[桜井市]・備前[天理市]・稲葉[天理市]・伊豆[大和郡山市]・丹後庄[大和郡山市]・美濃庄[大和郡山市]・上野町[五條市]・但馬[三宅町]・石見[三宅町]・筑紫[天理市]

◎海のない奈良県と海産物

奈良は海から遠く、ほんの少し前までは海産物と言えば、干物や塩鯖、塩鮭などが中心であった。江戸時代に書かれた井原西鶴の『世間胸算用』「奈良の庭

ーて)帰ってんか(＝この風呂敷を背負って帰ってね)

せんぐり CD……次々に。

例文 **秋祭りのだんじりはせんぐり出てくるなあ**(＝秋祭りのだんじりは次々に出てくるねえ)

せんど……[北部]何度も。十分に。

例文 **あの子にはせんどゆーて聞かしたはずやで**(＝あの子には十分に注意したはずだよ)

そーのー……[吉野郡]家屋に隣接する畑。

例文 **ちょっと悪いねんけどよ、そーのーでネギとってきてくれよ**(＝ちょっと悪いのだけれども、家の隣の畑でネギとってきてよ)

たいこう(太閤)さん……背丈の低い人。

例文 **うちのお父ちゃんは太閤さんやさかいにお母ちゃんより小さいねん**(＝うちの父は背丈が低く、母より小柄なんだよ)

たばる……神仏の前から供物を下げて戴くこと。

例文 **仏さんの団子たばってきてよばれようか**(＝仏壇に供えてある団子を下げてきて、食べようか)

ため CD……[北部]贈答品の返礼。

例文 **結婚祝いのためは一割が相場や**(＝結婚祝いの返礼は一割が相場だ)

ちょつくぼる……しゃがむ。

例文 **そんなとこでちょつくぼってんとこっちおいで**(＝そんなところでしゃがんでいないで、こっちへおいで)

つかえる……混雑する。

例文 **この時間、大安寺のへんはえらいつかえてんでえ**(＝この時間、大安寺あたりはすごい混雑しているよ)

つべい……[十津川村]できる。

例文 **もう中学生やで、ひとりで行くつべい**(＝もう中学生なのだから、ひとりで行くことができる)

てれこ……反対。逆さ。

例文 **おまはんの服、そら、てれこやが**

竃」には、長年奈良で蛸を売り歩く八助が、蛸の足を一本切って売っても悪事は露見しなかったが、二本ずつ切って六本にして売って露見し、「足切り八助」と呼ばれ商売ができなくなった話が記されている。海がなくとも蛸の足が二本も少なくては、さすがの奈良の人もだまされることはなかったようだ。

◎大和の寝倒れ

「大仏商法」ということばに象徴されるように、奈良は、東大寺の大仏のおかげで大した努力や工夫をしなくても商売が成り立つところから、何かに積極的に取り組んだり苦労を厭わず人生を切り開いたりというような人材はほとんど出していない。「そないにきばらんと、ほどほどにしとき」「ぼちぼちやったらええねんがな」とは子どものころまわりの大人の常套句でもあった。

関西では、よく「京の着倒れ」

な（＝あなたの服、反対じゃないか）

＊裏表・前後・上下などが逆であること。

てんごする CD……戯れる。いたずらする。

例文 **誰や、ここおいといた自転車てんごしたんわ**（＝誰だ、ここにおいてあった自転車にいたずらしたのは）

とこぎり……［北部］徹底的に。十分に。

例文 **長い道中帰ってきてんさかいに今晩はとこぎり食べてや**（＝長い道中帰ってきたんだから今夜は十分に食べてね）

とこねん……夕涼み用の台。

例文 **仕事をしもて、とこねんで食べるまっかはほんまおいしいなあ**（＝仕事を終えて夕涼みの台に座って食べるマクワウリは本当に美味しいね）

とっきょり……盆や正月などのハレの日。祭りなどの休日。

例文 **おかあちゃん、今日はえらいごっつおやな。とっきょりやさかいけ**（＝お母さん今日はすごいご馳走だね。ハレの日だからか）

＊「遊山の日」の意でも用いられる。

どやぐ……大声で叫ぶ。

例文 **そないどやがんでも、聞こえてるがなあ**（＝そのように大声で叫ばなくても、聞こえているよ）

どやす……叱りとばす。なぐる。

例文 **お客さんになめた口きいてたら、おやっさんにどやされるで**（＝お客さんに生意気な口をきいてたら、親方に叱りとばされるぞ）

ながたん CD……［北部］包丁。

例文 **子どもがそんなながたんもって、てんごしたら怪我すんで**（＝子どもががそんな包丁もって、いたずらしたら怪我するぞ）

にこ……道から立つ白い土埃。

＊「菜刀」からか。

例文 **農道を舗装してくれはったさかいに雨がふらんでもにこがたたんな**（＝農道を舗装してくれたので雨が降

とか「大阪の食い倒れ」という言葉を耳にするが、保守的な奈良県では、家の普請に大金をつぎ込むことから「大和の建て倒れ」という言葉を口にされたりもするが、積極性がなく何もしないまま日々を過ごし、機を逸することもまれでなく「大和の寝倒れ」と揶揄されることもある。

◎鹿をめぐる昨今

奈良は、歴史のある土地だけに多くの遺跡や神社仏閣、名勝や文化財があるが、わけても大仏と鹿は有名である。奈良の鹿は、七六八（神護景雲二）年、常陸の国の鹿島神社の大明神が鹿に乗って春日山に入ったという春日大社の縁起によって、神の使い神鹿《しんろく》の扱いを受け、江戸時代にはこの鹿に年三千石の餌料が与えられ、特別な扱いがなされていたという。したがって、鹿を殺そうものなら重罪に処せられ、興福寺の大御堂の庭には、文鎮を投げ誤って鹿を殺

らなくても白い土埃が立たないね）

ねき CD……［北部］そば。

例文 **タケやんの母屋は宮さんのねきにある家や**（＝タケさんの実家〈本家〉は神社のそばにある家だ）

はそん……［吉野］修繕。

例文 **台風で土手がくえたさかいにはそんしてきたで**（＝台風で土手が崩れたので修繕してきたよ）

はちがつだいみょう CD……農家の八月は、大名のようにゆっくりできることからこのように呼ばれる。

例文 **もうたーの水も心配せんでええし、この時期の百姓はほんまはちがつだいみょうや**（＝もう田んぼの水についても心配がないので、この時期の農家はほんとうに大名のようにゆっくりできるね）

はわす……もらいものをよそへ回す。

例文 **わしこの土産あんまり好きちゃうさかいに、隣へはわそか**（＝私はこの土産はあまり好きではないので、隣へ回そうか）

はんざいこ……［北部］隙間。

例文 **あおんじょ、家と風呂場のはんざいこへ入りよったわ**（＝青大将が、家と風呂場の隙間へ入って行った）

はんつ CD……［北部］数の不揃い。

例文 **この靴下、片一方しかないさかい、はんつかなー**（＝この靴下、片一方しかないから、不揃いかもねえ）

ひだるがみ……［吉野］山中で出くわす悪霊。

＊これに取り憑かれるといくら歩いても歩いても、いつの間にか元の場所に迷い戻るという。この悪霊は食べ物を供えると祓うことができるので山中を歩く時は弁当を少し残して、持って歩く必要があると考えられていた。

ほーせき……［北部］おやつ。

例文 **今日のほーせきは、まっくぁや**（＝今日のおやつはまくわうりだ）

ほげたあく……［南部］口答えする。

例文 **親にほげたあくとは一〇年早いわ**

してしまい「石子詰」（穴に生き埋めにされ、石を投げ込まれて処刑）にされた三作の塚も残っている。また、奈良は「大仏に、鹿の巻き筆、あられ酒、春日灯籠、町の早起き」と言われるが、人々の早起きも、自分の家の前で鹿が死んでいると三文の罰金を取られたので、朝早く起きて、家の前の鹿を見つけ損をしないように早起きになったと言われている。

近代以降、規制や人々の考え方にも変化があって、社会的に混乱した時期には捕獲され食用される事もあって、一九四七年に春日大社を中心に奈良の鹿愛護会が、一九五七年には文化財保護法による天然記念物に指定された。

近年、奈良の鹿は、野犬による被害や交通事故などの問題とともに、近隣地域の農作物や樹木を荒らす加害者となって、住民がシカ害の補償を求めて春日大社及び財団法人奈良の鹿愛護

（＝親に口答えするとは一〇年早いぞ）

ぼっこ……すごい。ひどい。

例文 **おまえ、そないなことぐらいでぼっこなこと言いな**（＝おまえ、そのようなことぐらいで、そんなひどいことを言うなよ）

まとう CD ……［北部］弁償する。

例文 **おまえ、不注意で自動車壊してんさかいちゃんとまとてや**（＝あなたの不注意で自動車を壊したのだからしっかりと弁償してね）

まわり CD ……準備。

例文 **はよ、まわりしーや。電車乗り遅れるでー**（＝早く、準備しなさいよ。電車に乗り遅れるよ）

むねやま……［高田・橿原］畝傍山。

例文 **こっから見るむねやまはえろきれいやなあ**（＝ここから見る畝傍山はすごく綺麗だねえ）

もむない……［北部］まずい。

例文 **このうどんもむないなー**（＝このうどんまずいなあ）

やくたい CD ……手のつけ様もない。

例文 **そこまで借金かさんだら、もう親戚もやくたいやで**（＝そこまで借金がかさんだら、もう親戚も手のつけ様もないわ）

やにこい……粗悪で貧弱な。

例文 **このばった屋でこうたテレビはなんともやにこいんちゃうか**（＝この量販店で購入したテレビはなんだか粗悪で貧弱と違うか）

よーず……梅雨時の蒸し暑い天候。

例文 **ぼちぼちよーずやなー**（＝そろそろ、梅雨時の蒸し暑い時期だあ）

よさり CD ……夜。

例文 **この時期はよさり冷えるさかいにぬくうせなあかんで**（＝この時期の夜は冷えるので温かくしないとだめだよ）

ろっく……平坦。平ら。

例文 **土台はろっくに削らなあかん**（＝土台は、平坦に削らなければだめだ）

会を相手に訴訟を起こすまでに至った。この訴訟で、春日大社は、鹿は神社の資産にも含まれておらず、所有権も管理権もないこと。愛護会の業務は、鹿の保育業務であってやはり鹿の管理者ではないことを主張して、「奈良の鹿には所有者がないのか。」と大きな騒ぎになったことは記憶に新しい。神鹿と言われた奈良の鹿は、長い年月を経て神さまの意に沿わない困った存在になったようである。

あいさつ（桜井市）

朝＝おはよーさん
夕方＝こんばんわ
別れ＝さいなら
感謝＝おーきに
訪問＝ごめん

近畿

和歌山県

CD30

紀北＝和歌山市、海南市など
紀中＝有田市、御坊市など
紀南＝田辺市、新宮市など

あが……自分。

例文 **あがのこと、いわれたーるともしらんと**（＝自分のことを言われてるともしらずに）

あかい……[紀北・紀中]明るい。

例文 **その電気のたま、ほんまにあかいなー**（＝その電球は本当に明るいなあ）

あかせな CD……[紀南]駄目だ。

例文 **そんがなことしてもあかせな**（＝そんなことをしても駄目だ）

あた CD……[紀南]とても。非常に。

例文 **あた、あいそない**（＝非常につまらない）

あたくる……[紀中]甘える。

例文 **えー年をして、あたくるではない**（＝いい年をして甘えてはいけない）

あらくたい CD……[紀南]荒々しい。乱暴な。

例文 **あらくたいことすんなよ**（＝乱暴なことをするな）

あらくる……[紀中]整理する。掃除する。

例文 **先祖の墓をあらくる**（＝先祖の墓を掃除する）

あらして……[紀北]あるじゃないか。

例文 **ここにあらして**（＝ここにあるじゃないか）

ある……[紀中・紀南]いる。

和歌山の方言

◎県内の方言差

全般的には近畿方言圏に属し、紀北方言、紀中方言、紀南方言の三方言に区分される。ただし、紀中に属する有田市には紀北的な要素も認められるし、紀南に属する田辺市の山間部、龍神村などは方言区画上、紀中に属する。このように、行政区画と方言の状況とは必ずしも一致しないことに留意すべきである。

紀北方言は関西中央部、特に大阪からの影響を強く受けつつある。紀中方言は比較的保守的で、山間部では動詞の二段活用を残存させている（「暮ルル」「起クル」など）。なお、山間部では、生物の存在を表すのに「おる」が一般に用いられ、平野部では「ある」が用いられる（「魚がおる」「魚がある」〈上表〉など）。紀南方言は隣接する三重県からの影響によって変化してきた。二

例文 あそこの川、前は魚、よーさんあったんや（＝あそこの川は前は魚がたくさんいたんだ）

いっけ……親戚。
例文 あのいえと、いっけや（＝あの家とは親戚だ）
＊反対語は「ないい」。

うたとい……［紀中・紀南］面倒だ。
例文 うたといことになったのー（＝面倒なことになったねえ）

うら CD……［紀南］私。
例文 うら、うといなあ（＝私はどじだなあ）

おおきに CD……ありがとう。
例文 今日はおまいりしてもーて、おおきによ（＝今日はお参りしてもらって、ありがとうね）

おがる……叫ぶ。
例文 だれか、おがっちゃーら（＝誰かが叫んでいるよ）

おこし……いらっしゃい。
例文 よーおこし（＝ようこそいらっしゃいました）

おたぐらかく……あぐらをかく。
例文 女の子は、おたぐらかいたらあかん（＝女の子はあぐらをかいてはいけない）

おとろし……恐ろしい。
例文 ゆーれんでた、おとろしよう（＝幽霊が出たら恐ろしいよう）

おまはん CD……［紀中］お前。
例文 こい、おまはんのか（＝これはお前のものか）

おもしゃい……面白い。
例文 いつもおもしゃいことばっかりゆーてら（＝いつも面白いことばっかりを言ってるよ）

おゆるし……［紀南］ごめんください。こんにちは。
例文 おゆるしー（＝ごめんくださーい）
＊なお、「ごいされませ（＝ごゆるされませ）」という表現があるが、これは許諾を求めるものである。

おんしゃ……お前。貴様。

段活用は紀南の平野部では消滅している。

和歌山県方言を特徴づける、その指標の一つにザ行子音の音声がある。この地域では一般的な傾向としてザ行の子音がダ行音化してダ行の子音と同じ発音になるのである（例えば、「ざぶとん」が「ダブトン」、「全国」が「デンコク」、「銅像」が「ドードー」のように発音される）。

◎**文法的な特徴**

〈存在動詞〉

紀中の平野部では、存在を表すのに、生物／無生物ともに「アル」を用いる。その否定は「ナイ」である。「猫がアル（＝猫がいる）」／「窓がアル」、「猫がナイ（＝猫がいない）」／「窓がナイ」のようになる。

〈アスペクト表現〉

存在動詞が「アル」の地点では、「て＋ある」が、「チャール」や「タール」の形で表現される。有田市あたりでは、継続相、完

例文ごてごてぬかすな。おんしゃ、なにさらしてけっかんな（＝ごちゃごちゃ言うな。お前、何をしてやがるんだよ）

かたた……［紀南］かたつむり。

例文**かたた、よーさんあるで**（＝かたつむりがたくさんいるよ）

きける……疲れ弱る。

例文**はしりまわって、ほんまきけたわ**（＝走り回って、本当に疲れたよ）

きばる……［紀南］許す。

例文**そのごうら、命とんのきばったらしい**（＝その河童は命を取ることを許してくれたらしい）

ぎり……［紀北・紀中］つむじ。

例文**あのこ、ぎりふたつあら**（＝あの子はつむじが二つあるよ）

ぐつわりー……［紀南］都合が悪い。

例文**そいはちょっとぐつわりーなー**（＝それはちょっと都合が悪いなあ）

～ごー……［紀中］念を押す文末詞。

例文**それでえーごー**（＝それでいいじゃないか）

こーとな……地味だ。

例文**こーとな柄やなー**（＝地味な柄だねえ）

こたぐる……［紀中］こじ開ける。

例文**牛がかんぬきをこたぐる**（＝牛がかんぬきをこじ開ける）

＊「突き上げる」の意でも用いられる。

ごんしょ……［紀南］いらっしゃい。

例文**そがいにえんりょしやんすな。うちいごんしょ**（＝そんなに遠慮しないでよ。わが家にいらっしゃいよ）／**きいつけてにい。はよ、ごんしょ**（＝気をつけてね。はやくもどっていらっしゃいよ）

～さか……～から。

例文**ねつあるさか、いかんほーがえーで**（＝熱があるから、行かない方がいいよ）

さす……［紀北・紀中］はめる。

例文**ひやこいさか、てふくろさした**（＝冷たいから手袋をはめた）

成相がともに「チャール」で表されるようになっている。「手紙書いチャール（＝手紙を書きつつある／手紙を書いてある）」。ただし、紀南の新宮市では、継続相は「ある」、完成相は「て＋ある」で表す。「手紙書きヤル（＝手紙を書きつつある）」、「手紙書いタール（＝手紙を書いてある）」。

〈否定表現〉

否定表現に「～ン」と「～ヘン」がある。「～へん」は関西中央部の影響を受ける地域で多用される。なお、不可能を表す「～ヤン」がある。「高いから買えヤン（＝買うことができない）」「風邪引いたさけ行けヤン（＝行くことができない）」のように。

〈文末助詞〉

「ネ・ネー」「ナ・ナー」「ノ」がある。「ネ・ネー」は、多少改まりがあり、やや上品なものである。女性が比較的多く使用する。「ナ・ナー」は、間投助詞としても普通に使われるもので、

～しかえー……[紀北]～の方が良い。

例文 **うら、酒しかえーよ**（＝私は日本酒の方が良いよ）／**焼酎のむしかえーよ**（＝焼酎を飲む方が良いよ）

しゃーない……しかたがない。

例文 **しゃーないやろ**（＝しかたがないだろう）

しゃるく……[紀中]歩く。

例文 **毎日毎日、駅までしゃるいた**（＝毎日毎日駅まで歩いた）

しゅっせいらち……早く出世したがる人。

例文 **てきや、しゅっせいらちや**（＝あいつは出世したがる奴だ）

しょくにん……大食漢。

例文 **てきや、しょくにんや**（＝あいつは大食いだ）

せーない CD……[紀南]つまらない。

例文 **そんがんせーないわ**（＝そんなことつまらないよ）

だすい……粗い。

例文 **だすいしあげやなー**（＝粗い仕上げだねえ）

たなる……[紀中]熟す。

例文 **この柿、ほんまにたなってあるのー**（＝この柿は本当に熟しているねえ）

たる……[紀南]飽きる。

例文 **おんなじことばっかりで、たってくる**（＝同じことばかりで飽きてくる）

ちっちりこ……[紀中]松かさ。

例文 **ちっちりこ、おちちゃーる**（＝松かさが落ちている）

ちゃっと……[紀中]ついに。とうとう。

例文 **ちゃっとあかんよーになった**（＝とうとう駄目になった）

ついり……[紀南]梅雨。

例文 **知らんまに、もー、ついりになってしもーて**（＝知らないあだにもう梅雨の時期になってしまって）

つー……[紀南]よだれ。

例文 **つー、たらしやる**（＝よだれを垂らしている）

つく……押す。

例文 **じてんしゃ、つく**（＝自転車を押

特に敬意などはない。「ノ」は、親しみの感じの強いもので、女性が多用する。

◎二段活用動詞「見ゆる」

和歌山県中部における二段活用動詞の存在に触れた最も古い文献は、『紀伊名所図絵』（嘉永五年・一八五二）であろう。そこには次のように書かれている。

「凡て活用の語雅言には五十音の第三音列ウにていふ語を俗説にては第二音列イ第四音列エにていふ事諸国大かた同じ、其一二を言はゞ見ゆるを見えるといひ、起くるを起きるといふ類なり、然るに蕪坂《かぶらざか》以南熊野の地の半に至るまでの言語は猶ほ雅言のままに第三音に正しくいへる事方言皆同じければ俳諧狂歌等の雑体の作といへども土人此活用を誤る事なし」（後編、巻之四）

◎わかやまことばの探検隊

す）

つむ……混む。

例文 **みち、つんじゃーる**（＝道が混んでいる）

～つろー……［紀中］～ただろう。

例文 **きんのー、おまい、映画みにいったろー**（＝昨日お前は映画を見に行っただろう）

てがう CD……［紀南］相手になる。手向かう。

例文 **あいにてがうな**（＝あの人に手向かうな）

てき①……あの人。あいつ。

例文 **てきゃ、黙って休むよなこと、せーへんやろ**（＝あいつは黙って休むようなことはしないだろう）

てき②……お前。

例文 **てき、すまんけど、ちょっとこっちーきてんか**（＝お前、すまないがちょっとこちらに来てくれないか）

てち……［紀中（龍神村）］すごい。

例文 **てち、はしりがはやい**（＝すごく走りが早い）

でばつく……ものもらい。

例文 **でばつく、できちゃーら**（＝ものもらいができているよ）

どしゃんばら……［紀中（龍神村）］草むら。

例文 **どしゃんばら、よーけある**（＝草むらがたくさんある）

とも……［紀中・紀南］かかと。

例文 **足のともがいたい**（＝かかとが痛い）

＊「ハイヒールの靴」を「ともだか」と言う。

なかどる……［紀中・紀南］二人で担ぐ。

例文 **もっこをなかどる**（＝もっこを二人で担ぐ）

なっとか……［紀南］どうにか。

例文 **なっとかせなあかん**（＝どうにかしなくてはならない）

ななこ……お手玉。

例文 **むかしゃ、ななこしてあそんだもんや**（＝昔はお手玉をして遊んだもの

県の教育委員会は、二〇〇六年度に和歌山県の方言を調べる「わかやまことばの探検隊」事業を実施した。その趣旨には、「和歌山の方言を調べることを通して、ことばに対する感覚を磨くとともに、ふるさと和歌山の伝統や文化に対する誇りや愛着の心をはぐくみ、自らのアイデンティティの確立を促します。また、調べた成果を広く伝え、和歌山のことばについて、その文化の普及に努めます」とある。この事業には、県内各地から四八名の中高校生が探検隊員として参加し、約半年にわたって調査研究に取り組み、その結果を報告書としてまとめた（『わかやまことばの探検隊報告書』和歌山県教育委員会、二〇〇七・三）。たとえば、「雨、降っている？」「いや、降ってないよ」に対応する各地の中学校・高等学校での回答は、次のようである。

・「アメ、フットル？」「ウーン、

だ）

なんき……［紀北］かぼちゃ。
例文 なんき、たべちゃーる（＝かぼちゃを食べている）

ぬがる……［紀北・紀中］刺さる。
例文 もの、ぬがる（＝とげが刺さる）

ねっから……まったく。
例文 ねっからおもしゃない（＝まったく面白くない）

〜のう CD ……〜ねえ。
例文 そうやのう（＝そうですねえ）

〜のし……［紀北・紀南］〜ねえ。
例文 おまんとこ、みな達者でけっこーやのし（＝あなたのところは皆が達者で結構ですねえ）

〜のーら……［紀中（龍神村）］〜なあ。
例文 なんど、うまーもんくいたいのーら（＝何か、おいしいものを食べたいなあ）

はしりごく……かけっこ。
例文 はしりごっこしょうら（＝かけっこをしようよ）

はずむ CD ……［紀南］贅沢をする。
例文 ちょっとはずんで、ええもん食べよう（＝少し贅沢して、おいしいものを食べましょう）

はだ……［紀南］うろこ。
例文 さなかのはだとる（＝魚のうろこを取る）

ぴりきる……［紀南］疾走する。
例文 あまり、ぴりきらすさか、でんぐりかえったんや（＝あんまり早く走らせるからひっくりかえったんだ）

ひる……［紀北・紀中］卵を産む。
例文 亀がおかい卵ひりにきた（＝亀が陸に卵を産みにきた）

ふい CD ……［紀南］余分。
例文 ふいに持っていく（＝余分に持っていく）

ふーがわるい……［紀北・紀中］みっともない。
例文 へんな格好で、ふーがわるい（＝変な格好ではずかしい）

べっこう CD ……［紀南］余計なこと。

フッテヘン」（学文路中）
・「アメ、フットル？」「イヤ、フッテヘン」（橋本高）
・「アメ、フッテル？」「ウーン、フッテナイデ」（貴志川高）
・「アメ、フッチャール？」「イヤ、フッテナイデー」（紀之川中）
・「アメ、フッチョル？」「イヤー、フッチョランヨ」（星林高）
・「アメ、フッチャウ？」「ウーン、フッテナイデ」（海南第三中）
・「アメ、フッテンノ？」「ウーン、フッテナイデ」（石垣中）
・「アメ、フットル？」「イヤ、フットラヘンデ」（耐久高）
・「アメー、フッタール？」「ウーン、フッテヘンデ」（大成中）
・「アメ、フットル？」「ンーン、フットランヨ」（東陽中）
・「アメ、フリヤル？」「ウーン、フリナイヨー」（那賀中）

◎**方言意識**
県庁の企画室が、かつて県

例文**べっこうすんな**（＝余計なことをするな）

べった……びり。
例文**いつもべったやった**（＝いつもびりだった）

へらこい……人なつっこい。
例文**あのこ、へらこいこやなー**（＝あの子は人なつっこい子だねえ）

ほいたらCD……そしたら。
例文**ほいたら家にいのらよ**（＝そしたら家に帰りましょう）

ほいない……[紀北]つらい。残念だ。
例文**ないよになったちゅー話やして、ほんとにほいないこっちゃのー**（＝亡くなったという話だけど、本当に残念なことだねえ）

～ほか……～しか。
例文**たったいっぽんほかないで**（＝たった一本しかないよ）

ほーかな……[紀中]すばらしい。
例文**あの人、ほーかなひとやなー**（＝あの人はすばらしいことをする人だなあ）

ほたえるCD……[紀南]騒ぐ。ふざける。
例文**ほたえんなよ**（＝ふざけるな）

～まいする……[紀南]～でおく。
例文**仕事をせんとまいしょーか**（＝仕事をしないでおこうか）
＊「～せんとまいする」の形で言う。

～まいてんす……[紀南]～ました。
例文**さかな、もう、買いまいてんすか**（＝魚はもうお買いになりましたか）

まっさけ……彼岸花。
例文**まっさけ、さいたなー**（＝彼岸花が咲いたねえ）

～まってんひょー……[紀南]～ましょう。
例文**ほれ、かいまってんひょー**（＝それを買いましょう）

みずせった……ビーチサンダル。
例文**みずぎとみずせった、よーして**（＝水着とビーチサンダルを用意して）

もじく……壊す。
例文**壁をもじく**（＝壁を破壊する）

政モニターの二〇〇人に「和歌山のことば」について聞いた結果は、次のようであった（一九八六年実施、有効回答一五八人）。

Q1　あなたは和歌山のことばが好きですか。
　好き（四九人）
　嫌い（三九人）
　どちらともいえない（七〇人）

Q2　県外の人との会話で戸惑ったことはありますか。
　ある（六八人）
　ない（九〇人）

Q3　県外の人と話すときはどんなことばを使いますか。
　できるだけ標準語を使う（八一人）
　ふだんのことばで話す（三九人）
　特に意識しない（三八人）

もじける……壊れる。つぶれる。
例文 **おもちゃ、もじけた**（＝おもちゃが壊れた）

もむない……まずい。味が悪い。
例文 **このまんじゅー、もむないなー**（＝この饅頭、まずいなあ）

〜やいしよ CD……〜じゃありませんか。
例文 **えーやいしょ**（＝良いじゃありませんか）

〜やして CD……〜じゃないですか。
例文 **やっぱりそやして**（＝やっぱりそうじゃないですか）

やつす……おめかしする。
例文 **えらいやつして、どこいくんよ**（＝随分おめかしして、どこに行くんだよ）

やにこい CD……［紀南］ものすごい。
例文 **やにこいことする**（＝ものすごいことをする）

〜やん……［紀北］〜できない。
例文 **フナ、釣れやんかったん、ちょっと残念やけどなー**（＝フナが釣れなかったのは少し残念だけどねえ）

〜よ CD……〜だよ。
例文 **がいにあるんよ**（＝意外に多くあるんだよ）

よーよ CD……［紀南］つい。
例文 **よーよさっき**（＝つい、さきほど）

〜よし……〜なさい。
例文 **いきよし**（＝行きなさい）

よじむる……［紀中］片付ける。
例文 **蚕をひとつによじめてしまおー**（＝蚕を一つにまとめてしまおう）

〜ら……〜よ。
例文 **こんどの旅行、つれもて行こら**（＝今度の旅行は一緒に行きましょうよ）

わせ CD……［紀南］私の家。
例文 **こい、わせの山や**（＝これは私の家の山です）

〜わん……［紀南］〜ますよ。
例文 **そーかん、わしゃいくわん**（＝そうですか、私は行きますよ）

Q4　あなたの好きな和歌山弁は？
①〜ら（例、行こら）
②〜やして（例、そやして）
③〜のし
④おおきに
⑤〜のう
⑥〜よ（例、あるんよ）

あいさつ（和歌山市）
朝＝はやいのー
夕方＝おしまい
別れ＝さえなら
感謝＝おーきに
訪問＝ごめんなして

中国

鳥取県 CD31

東部＝鳥取市、気高郡、八頭郡、岩美郡など
中部＝倉吉市、東伯郡など
西部＝米子市、境港市、西伯郡、日野郡など

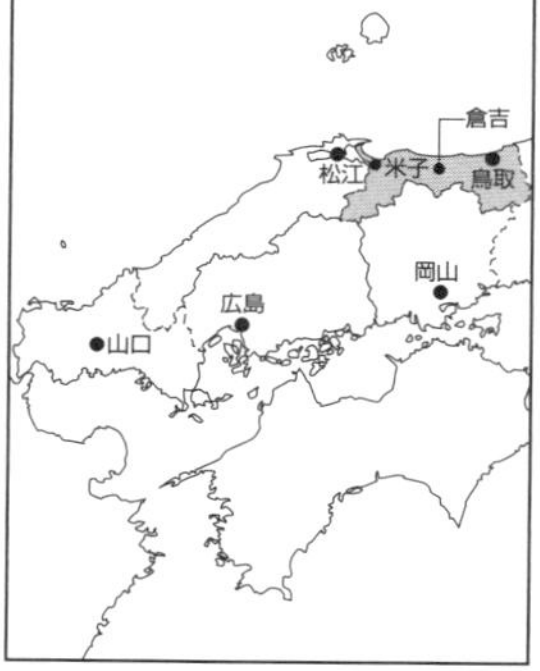

あばかす CD……[西]だます。いつわる。
例文 **おかやんをあばかして、じぇにもらってはいけんよ**(＝お母さんをだまして、お金をもらってはいけないよ)
＊「あばやかす」とも。

あわだくる……[中・西]冗談をいう。くだをまく。
例文 **仕事を放り出して、あわだくって遊んでおる**(＝仕事をしないで冗談言って遊んでいる)
＊「うだーくる」「うだおくる」とも。

いぎちない CD……[東]気の毒な。
例文 **あんまりにもひでーやりよーで、あのもんもいぎちないわいや**(＝あまりにもひどいやり方で、あの人もかわいそうだ)

いらくる……[西]うるさがる。
例文 **ばさんの長話に、おじじがいっつもいらくってござったよ**(＝おばあさんの長話に、おじいさんがいつもうるさがっていたよ)

えーたいこーたい CD……[西]いつも。
例文 **年とったらなー、えーたいこーたいあっちこっちが、いたーなってなー**(＝年をとったらね、いつもあっちこっちが、痛くなってね)

えなげな①……[西]いい加減だ。でた

鳥取の方言

〈区画〉

鳥取県には、鳥取市を中心とする東部方言、倉吉市を中心とする中部方言、米子市を中心とする西部方言がある。


〈音声〉

(中舌母音)

米子市およびその周辺地域の人(特に高齢者層)は、「イ」と「ウ」が中舌化し同じ音のように聞こえる。「ウ」が「イ」のように発音されるため、煤(すす)と獅子(しし)の区別が容易にできにくい。


(r子音の脱落)

語頭、語中、語尾のr子音が脱落する地方は、米子・境港市など西部が中心で、例えばそれは次のような語にみられる。
(1)腹[hara]→ハー　栗[kuri]→クー　来る[kuru]→クー
r子音が脱落し、残った母音をそのまま発音する。
(2)猿[saru]→サー　汁[siru]→シ

らめだ。

例文 **あの男はえなげなもので相手にならんよ**（＝あの男はいい加減だから相手にならないよ）

えなげな②……[西]怪しい。

例文 **きょはあさまからえなげなもよだった**（＝今日は朝から怪しい天気だった）

えらがる……[西]苦しがる。

例文 **うちのてておやは、きやり腰でえらがっとる**（＝私の父親は、ぎっくり腰で苦しがっている）

＊「いやがる」の意でも用いられる。

えらしじー……[西]忙しい。せわしない。気ぜわしい。

例文 **今、仕事がえらしじーけん、またあとでなー**（＝今、仕事が忙しいからまたあとでねー）

おいだし CD……[中・西]解熱剤。

例文 **かぜを引いて熱が出たけー、おいだしを飲んだ**（＝風邪を引いて熱が出たので、解熱剤を飲んだ）

＊「ぎゃーけ」とも。

おーどーな……[東・中・西]大胆な。図太い。

例文 **そげーなことをゆっちゃーな、ちーとおーどーげなわいや**（＝そんなことを言うなんて、ちょっと大胆不敵だ）

おーばんで CD……[東]平気で。公然と。当然のごとく。

例文 **よそげの屋敷をじょーじゅーおーばんで歩いて行くやつがいる**（＝よその家の屋敷のなかをいつも当たり前のように歩いて行く男がいる）

＊「おーびらに」とも。

おせげな……[中・西]おとなびた。おとなっぽい。

例文 **あのにょばのこも、最近めっきりおせげになったなー**（＝あの女の子も、最近めっきりおとなっぽくなったなー）

おめる……[西]尻込みする。ためらう。

例文 **おめるこどもには、気楽に話しか**

ー　盛る[moru]→モー

r子音が脱落し、残った二つの母音のうち、後母音は消えて前母音が長音化する。

(3) 辛い[karai]→カエ　白い[siroi]→シエ

r子音が脱落し、残った前母音と後母音が融合し中間母音となる。

（連母音の融合化）

大根[daikon]・赤い[akai]・高い[takai]・無い[nai]などに含まれる連母音[ai]は、地域によって[a:]・[ja:]・[e:]に変化し融合化する。東部鳥取市では融合化する現象はほとんど見られないが、八頭郡などでは[a:]になったり、[e:]になったりすることがある。倉吉市やその周辺の地域では[ja:]となり、米子市・境港市で長音化せず[ja]となる。日野郡は鳥取市と同様に連母音には変化がみられない。

（セがシェになる）

セが語頭にあっても語中語尾にあってもシェと発音され

けることもできんよなー（＝人前で尻込みする子には、気楽に話しかけることもできないよねー）

おわえる……［東］追う。追いかける。

例文 **行きて渡してやれーや**（＝弁当を忘れて出たがな、おわえて出て行ったよ、追いかけて行って渡してくれ）

がいな……［中・西］大きな。巨大な。

例文 **がいな目してほんとにかわいげな子だなー**（＝おおきな目をして本当にかわいい子だね）

＊「かただい」「おっけな」とも。

かぐる……［東］引っ掻く。かきむしる。剝ぐ。

例文 **あのこが猫をかまったけー、かぐられて血が出た**（＝あの子が猫をいじめたので、引っ掻かれて血が出た）

かけりやこ……［東・西］駆けっこ。

例文 **畑道でかけりやこして、こーんであいまちした**（＝畑道で駆けっこして、転んで怪我をした）

かずむ……［西］臭いをかぐ。

例文 **あつてまんまが、すえておるけんか、かずんでみる**（＝暑くてご飯が、すえているかどうか、臭いをかいでみる）

かばち CD……［東・中・西］おしゃべり。減らず口。

例文 **おめーらはえらそーにかばちばっかりたたいとんな**（＝お前は偉そうに減らず口ばっかり言ってるな）

からむ……［東・中・西］結ぶ。しばる。

例文 **新聞紙をそこらへんでからんどいてごっしゃい**（＝新聞紙をそのあたりでしばっておいてください）

かんちょろい……［東］弱い。病弱な。

例文 **あれっくらいで骨折るっちゃーな、かんちょろいっちゃ**（＝あれぐらいで骨を折るなんて、軟弱だよ）

きがせれる……［中・西］いらいらする。苛立つ。

例文 **これだけ教えてまうても、わからんけんきがせれるかいな**（＝これだけ

る。シェにはセに近い音と、完全にシェと発音されるシェとがある。セに近い音のシェは、東部から中部にかけて多く聞かれる。セが明瞭にシェとなる地方は西部で、特に高年齢層に目立つ。

（連母音）

連母音［アイ］を含む語には、大根・美味い・赤いなどがあるが、これらの連母音は南東（八頭郡など）では、［アー］になったり、［エー］になったりする。また、中部（倉吉・東伯郡など）は、「赤い」がアキャーと発音されるように、［アイ］は［ャー］となる。

〈文法〉

（「為（す）る」の尊敬表現）

「する」の尊敬表現として、東部方言では「シンサル」を用い、中部方言と西部方言では「シナハル」「シナル」を用いる。西部方言に「シナー」もあるが、これは「シナル」の「ル」が脱落したものである。

教えてもらっても、わからないからといっていらいらするな）

きさじー……[西]快い。感じがいい。気持ちがいい。

例文 **えーたいたくやつが、みんなの前でしくじってきさじかった**（＝いつも威張っているやつが、大勢の前でしくじって気持ちよかった）

きずい……[東]頑固な。

例文 **うちのおとりはきずいなけー、言ったたって、げーがないわ**（＝私の弟は頑固だから、言ってやっても無駄だよ）

きょーさめー CD……[東・中]不思議な。珍しい。予想外な。

例文 **なんぼ探してもぜにぶくろがないなんて、きょーさめーことだ**（＝いくら探しても財布がないなんって、不思議なことだ）

きょてー……[西]恐ろしい。怖い。

例文 **暗闇にあるせんぼの前を、ひとりで通るのはなにってきょてーなー**（＝暗闇の墓場の前を、ひとりで通るのはとても怖いね）

ぐやすや CD……[東]体調の悪いさま。

例文 **おばはんは、かじぇが治らないでぐやすやしとんなる**（＝おばさんは、風邪が治らなくて体調が優れないでおられるようだ）

けーかす……[中・西]消す。消火する。消灯する。

例文 **焚火《たきび》をしたら、どがでも水をかけてけーかせ**（＝焚火をしたら、かならず水をかけて消せ）

けっぱなずく①……[東・中]つまずく。

例文 **年を取ると、ちっしゃな石でもけっぱなずいてもくれる**（＝年を取ると、小さな石でもつまずいて転ぶ）

けっぱなずく②……[東・中]失敗する。しくじる。

例文 **事業にけっぱなずいた**（＝事業に失敗した）

＊「けっぱんずく」とも。

（推量の助動詞）

米子市周辺の推量表現は、「買うだろう」を「カウダラー」、「来るだろう」を「クッダラー」のように、「ダラー」を用いる。

〈アクセント〉

（一つ上がりアクセント）

東部方言や中部方言のアクセントは、一つ上がりアクセントである。「田舎」「着物」等は、「イナカ」「キモノ」のように、「カ」「ノ」の音節だけが高く発音される。これは多音節語であっても同様である。語末の音節に助詞の「が」や「の」が付いた場合でも、その音節だけが高く発音される。

頭　アタマ|ガ

田舎　イナカ|ガ

着物　キモノ|ガ

（二つ上がりアクセント）

中央部（倉吉市・東伯郡など）アクセントには、複数の音節をもつ語に、別々に二つの高さを示す型があり、これを「二つ上がりアクセント」と呼ぶ。二

ごーがわく CD……［東・中］怒る。立腹する。

例文 **人をそがいにだらにすりゃー、ごーがわくけー**（＝人をそんな に馬鹿にすれば腹を立てるから）

こーへーな……［東・中・西］小ざかしい。利口な。

例文 **わきゃもんは、こーへーな口をたたくもんだ**（＝若い者は、小ざかしい物言いをするものだ）

こーへた……［中・西］大人びた。

例文 **この蛇はこーへたやつだ。石をかっけてもびくともせんわい**（＝この蛇は老成したやつだ。石を投げてもびくともしないよ）

こだらかす CD……［東・中・西］あやす。なだめる。

例文 **きゃーりーことをゆーもんは、適当にこだらかしときゃーえー**（＝うっとうしいことを言う者は、適当にあやしておけばよい）

ごもくた……［西］ごみ。

例文 **ごもくたを出すときは、何でもかんでもまぜこぜにしてはいけんよ**（＝ごみを出すときは、何でもかんでも一緒にしてはいけないよ）

さいがはやい……［中・西］すばしこい。はしこい。

例文 さいがはやい子は、**物覚えがえーし、なんたってかしけー**（＝はしこい子は、物覚えがいいし、何と言っても利口だ）

さくい……［東］脆《もろ》い。裂けやすい。粘り気がない。

例文 **この長芋はまんださくいけー、よー折れるわ**（＝この長芋はまだ粘り気がないから、よく折れるよ）

＊「にゃくい」とも。

さでくる……［西］落ちる。

例文 **柿をとらかともって、木に登り枝がおえてさでくりおった**（＝柿を取ろうと思って、木に登り枝が折れて落ちた）

さんぐりがえし……［東］転倒。宙返

つ上がりアクセントは、共通語の平板型または尾高型に対比されるもので、例えば、共通語の三音節語アタマ（頭）・オトコ（男）・タカラ（宝）は、次のように発音される。（点線はやや高めに発音する）

アタマ・アタマガ
オトコ・オトコガ
タカラ・タカラガ

共通語の四音節語「鶏」・「二股」・「村雨」は、次のように発音される。

ニワトリ・ニワトリガ
フタマタ・フタマタガ
ムラサメ・ムラサメガ

二つ上がりアクセントは、中・高年齢層に多くみられ、若年齢層にみられることはほどんどない。

（「カラ」方言）

校庭で遊ぶ、川で泳ぐの「で」は、動作の行われる場所を表す助詞であるが、東部・中部ではこの「で」を「カラ」といい、山で弁当を食べるは「山カラ弁当を

り。

例文 **飛行機がさんぐりがえしをした**（＝飛行機が宙返りをした）

しかけ CD……［東・中・西］にわか雨。村雨。

例文 **あなじから黒い雲がくるけん、しかけがくーぞ**（＝西の空から黒い雲が来るので、にわか雨が降るよ）

じきのまに……直ぐに。間もなく。

例文 **こりゃーばらけだけー、じきのまにやむわいや**（＝これは夕立ちだから、間もなく止むよ）

しじる①……［西］素焼きする。さっと焼く。

例文 **烏賊《いか》をしじるとやおんなる**（＝烏賊をさっと焼くと柔らかくなる）

しじる②……［西］煮る。

例文 **牛肉は焼いてもしじってもまい**（＝牛肉は焼いても煮てもおいしい）

じなくそゆー……［西］無理をいう。片意地を張る。

例文 **やつは自分の意見が通らんといって、いっつもじなくそゆってだだをこねる**（＝あの男は、自分の意見通らないといって、いつも片意地張って駄々をこねる）

しびがわりー……［東・中］恥ずかしい。きまりが悪い。

例文 **ぬすっと猫は、しびがわりげにくらまかいて、逃げたわいな**（＝ぬすっと猫は、悪いことをしたというようすで、逃げていったよ）

しゃーまこく CD……［東・中・西］余計なお節介をする。

例文 **ひとげのことに、しゃーまこくな**（＝人の家の問題に、余計なお節介をするな）

しゃつかがない……［東］常識がない。

例文 **わの考え方は、ちーとしゃつかがないっちゃ**（＝お前の考え方は、ちょっと常識がないよ）

じゃんこと……［西］たくさん。多く。

例文 **ことしゃぶらんが、じゃんことなったけん、枝がぶらさがった**（＝今年

たべる」、校庭で遊ぶは「校庭から遊ぶ」という。「二階カラ転んで怪我をした」は、「二階で転んで怪我をした」の意で、二階から転げ落ちて怪我をしたの意ではない。

（原因・理由を表す「ケンとケー」）

「淋しいから行かない」「やかましいから眠れない」のように、原因や理由を表す「から」には「ケ」・「ケー」または「ケン」が用いられる。

・やかましいから眠れない→やかましいケ（ケー）眠れん

東部や中部では「ケ」または「ケー」を用い、西部では「ケン」を用いる。

・淋しいから行かない→淋しいケン行かん

◎その他の方言

あきゃ［中・西］―明るい。「夏になると日がなぎゃけん、八時を過ぎてもまんだあきゃ（＝夏になると日が伸びたから、八時が

はビワが、たくさんなったので、枝が曲がった）

しょーやくする……［東］始末する。調理する。

例文 **魚を獲ったら、てめーでしょーやくせーよー**（＝魚獲ったら、自分で調理しなさいよ）

しょのむ……［東］そねむ。妬《ねた》む。

例文 **蔵を建てると、しょのんでなんぞかんぞ言うもんがおっただってなー**（＝蔵を建てると、妬んで何やかやと言う者がいたそうだね）

すてんぽてん CD……［西］だらしない。しまりがない。放縦だ。

例文 **あの男はすてんぽてんだけん、職を転々と変える。**（＝あの男はだらしないから、職を転々と変える）

せじゃな……［西］頑固な。お節介な。わがままな。

例文 **せじゃな老人は、気に入らんと何をいっても、なんぼしても耳を傾けようとせん**（＝頑固な老人は、気に入らないと何をいっても、どうやっても耳を傾けようとしない）

そげーな……［東］そんな。そのような。

例文 **そげーなもののいーよーはないわいな**（＝そんなものの言い方はないよ）

だらず……［東・中］馬鹿（者）。愚か（者）。

例文 **とろいからといって、だらずあつかいするな**（＝のろまだからといって、馬鹿者扱いするな）

とーから……［東・中・西］前から。

例文 **今年のふいはさぶいと、とーからわかっとった**（＝今年の冬は寒いと、前からわかっていた）

どがでも……［西］無理に。強いて。どうしても。

例文 **医者からどがでも食べろといわれりゃー仕方ない**（＝医者から無理に食べなさいといわれれば仕方がない）

ちんちん……［東］親しい仲。親友。

例文 **彼とは家がつかかったけー、げだごの頃から一緒にあそんだりろこーに行ったり、ずーっとちんちんだった**

過ぎてもまだ明るい）」

いぬる［東］—帰る。帰宅する。「ひゃー、一〇時だけー、えーにいぬるけー（＝もう、一〇時になったから、家に帰るよ）」

えんばと［中・西］—あいにく。運わるく。折あしく。「今日はえんばとどの店もたばこだなー（＝今日はあいにくどの店も休みでねー）」＊「いんばと」とも。

おらぼ［西］—梢。末端。先端。

かいさま［東］—逆さま。裏返し。転倒。「おめーは、きものをかいさまに着とるよ（＝お前は着物を裏返しにして着てるよ）」

がめる［東・中・西］—やつれる。閉口する。「しんきくさい仕事でよーにがめる（＝めんどうくさい仕事なので本当に閉口する）」

かやる［東・中・西］—倒れる。傾く。「田んぼのはでが、かじぇでかやるかもしれん（＝田んぼのはでが、風で倒れるかも知れない）」

くそたれごし［中・西］—へっぴり

（＝彼とは家が近かったので、子どもの頃から一緒に遊んだり旅行に行ったり、ずーと親しい仲だった）

てこい CD ……［東］大きい。

例文 **てこい、ちーしゃーなどとつべこべ言っても、埒《らち》があかんわ**（＝大きい、小さいなどとあれこれ言っても、埒があかないよ）

でごへご……［中・西］でこぼこ。

例文 **舗装してないあのおーかんは、でごへごしとーけんなー**（＝舗装してないあの道路は、でこぼこしているよねー）

にしくりつける……［東］塗りつける。なすりつける。

例文 **ほせーこらが、体につつをにしくりつけてあそんでた**（＝子どもたちが、体に泥をなすりつけて遊んでいた）

はたはた……［西］元気よく。景気よく。

例文 **彼は今でも商売をはたはたよーやっておるそーだ**（＝彼は今でも商売を景気よくやっているそうだ）

ひょろずく……［東・中・西］よろめく。よろける。

例文 **年のせいかひょろずくよーになったわ**（＝年を取ったせいかよろめくようになったよ）

＊「よろつく」「よろばう」とも。

もえる CD ……［東・中・西］増える。増す。

例文 **ほっけとったら、あっちゅーまにへこきむしがもえた**（＝放って置いたら、あっという間にカメムシが増えた）

やおい……［西］歯応えがなくやわらかい。

例文 **この菓子あ、あんまりやおていけんなー**（＝この菓子は、あまりにも歯応えがなくやわらか過ぎて口に合わないね）

やくちゃもにゃ CD ……［西］無駄な。

例文 **いらしじーけん、そがなやくちゃもにゃ話をすんな**（＝忙しいから、そんな無駄話はするな）

腰。「腰をえがめて、くそたれごしで歩いている人はだれかなー（＝腰を曲げて、へっぴり腰で歩いているのはだれかね）」

げんくそ［東］―運。縁起。気持ち。

しべる［西］―滑る。滑り落ちる。転げる。転げ落ちる。

じゃれ［西］―冗談。ふざけて言う話。

しわぐ―打つ。殴る。叩く。

なんぞーかんぞー［東・中・西］―あれやこれや。あれこれ。

ほた［西］―火照《ほて》る。熱く感じる。

あいさつ（境港市）

朝＝はえのー
夕方＝ばんじまして
別れ＝さいなら
感謝＝わりかったのー
訪問＝こんにちわ

中国

島根県

出雲＝松江市、出雲市など
石見＝浜田市、益田市など
隠岐＝隠岐郡（隠岐諸島）

CD 32

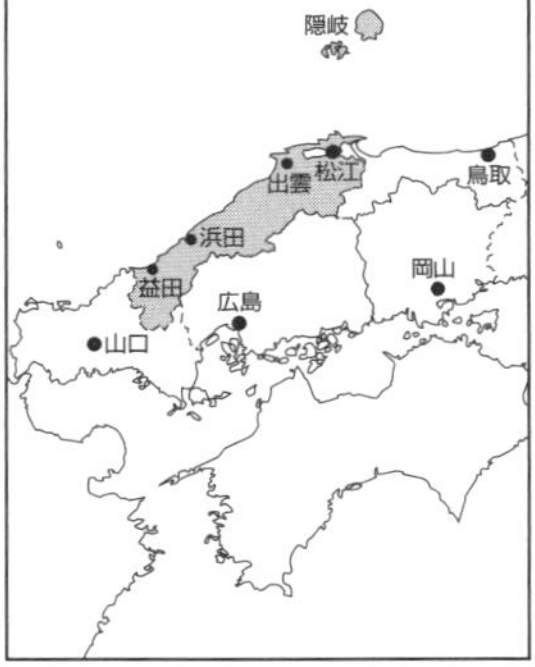

あいまち CD……事件や事故。（やや大きい）怪我。

例文 **あいまちせんやに、かえってごしない**（＝事故がないように帰って下さい）

あとかた……［出雲・隠岐］先日。先ごろ。

例文 **あんた、あとかた、おちにごだっしゃったげなの**（＝あなた、先日、私の家へ来られたそうですね）

あばかん……ありあまるほど。

例文 **柿が、あばかんほどなった**（＝柿が食べきれないほどなった）

あまる……［出雲・隠岐］落雷する。

例文 **かんなりのあまーやーな声で、えわっしゃー**（＝雷の落ちたような声で言われる）

あんきな……安心な。安楽な。

例文 **ひとりぐらしも、あんきなもんでえーですわ**（＝一人暮らしも、気楽でいいですよ）

いびせー……［石見］恐ろしい。気味が悪い。

例文 **夜んなって、いびせーなってきた**（＝夜が更けて、恐ろしくなってきた）

えっと①……［出雲］沢山。

例文 **いおがえっととれた**（＝魚が沢山獲れた）

島根の方言

島根県の方言は、本土の出雲《いずも》方言と石見《いわみ》方言、離島の隠岐《おき》方言の三方言に区別される。

出雲方言（松江市・出雲市など）は隠岐方言（隠岐島の島前・島後）とともに雲伯《うんぱく》方言に属して、鳥取県西部の伯耆《ほうき》方言と共通する特徴が多い。

石見方言（浜田市・益田市など）は西中国方言に属して、広島方言や山口方言と通ずる。

出雲・隠岐方言は、東北方言的な中舌的な母音の発音や母音「イ」「エ」の混同、カ行合拗音（クヮ・グヮ）、ラ行音の長音化など、音声面で石見方言と大きく異なり、文法・語彙の面でも特徴的な点がある。ここでは、主として出雲方言に重点をおいて掲げた。

◎**「因幡の白うさぎ」の「わに」**

出雲神話による昔話「因幡の白うさぎ」に出てくる「わに」は、

えっと②……最も。一番。

例文 **えっとえーのをもろーた**（＝一番良いのをもらった）

えっと③……[出雲]久しく。

例文 **えっとしてから、やーやこできた**（＝暫くしてから、ようやく出来た）

おきしき……[出雲]好き嫌い。

例文 **孫が、おきしきばっかーえって、こまっちょー**（＝孫が好き嫌いばかり言って困っている）

おちらと……[出雲・隠岐]長居をして。

例文 **おちらと、ごっつぉーになーました**（＝長居をしてご馳走になりました）

＊「落ち着いてゆっくりするさま」を言う。

おどろく……[石見]目が覚める。

例文 **ゆめをみておどろいた**（＝夢を見て目が覚めた）

おべる CD……[出雲]驚き恐れる。

例文 **隣にくゎじがでて、おべたのー**（＝隣で火事があって驚いた）

おんぼらと……[出雲・隠岐]おだやかな。

例文 **おんぼらとした、えー天気だわのー**（＝穏やかな良い天気ですね）

＊「ほんわかとおだやか」の意で人柄についても言う。

かいしき……[石見・出雲]まったく。

例文 **あんしのゆーこた、かいしきわからん**（＝あの人の言うことはまったく分からない）

きこ……[出雲]頑固。強情。

例文 **そげんきこはーな**（＝そんな強情なこと言うな）

＊隠岐では「じゃーしき」、石見では「いっこく」。

きさんじ……[出雲]痛快なこと。[石見]気晴らし。

例文 **やっぱし、しょーぶは勝たんときさんじにならん**（＝やっぱり、勝負は勝たないと面白くない）

＊「かゆいところを掻いてもらう快感」の意もあるらしい。

きょーとい……[出雲]恐ろしい。

サメ・フカの類を意味する山陰方言で、動物園にいる「鰐」（クロコダイル・アリゲータ類）ではない。江戸時代には、サメ・フカの類を出雲をはじめ越中国（富山県）まで「わに」と呼んでいた。中国山地では、今日でも「わに料理」としてサメ類を食べる習慣がある。

◎出雲方言の「ほそい」は「小さい」

出雲方言では、物の大小を「おーきな・おっけな」と「ほしぇ・ほーしぇ」の対比で表す。「小さい」を意味する「ほしぇ（＝細い）」は、「（皿の）ほしぇほー、とってごさんか（＝小さいほうを取って下さい）」などと用いられ、この用法は江戸時代中期の文献でも確認することができる。土佐や北部九州にも分布するから、古い起源を持っているのかも知れない。

例文あのさんのきょーとい顔で、子どもないちょー（＝あの人のこわい顔つきのために、子どもが泣いている）
＊「きょーて」とも。

きんにょ……［出雲］昨日。
例文そげなはなし、きんにょしちょった（＝そんな話を昨日していた）

くじ……小言。苦情。
例文親から、くじばかりでかなわんった（＝親から小言ばかり言われて嫌になった）

ごだっしゃい CD……［出雲］いらっしゃい。
例文はやこと、こっちーごだっしゃい（＝早くこちらへいらっしゃい）

さばる①……さわる。
例文めしにはいがさばった（＝ご飯に蝿がさわった）

さばる②……とりかかる。
例文やーやと、仕事にさばるやーな（＝ようやく仕事にとりかかるようだ）

さばる③……しっかりとつかまえる。
例文手にさばっちょらんと、怪我すーじ（＝手を握っていないと、怪我するよ）

ざまくな①CD……粗雑な。
例文ざまくな仕事はすんな（＝いいかげんな仕事をするな）

ざまくな②……見苦しい。
例文ざまくなふーで、でかけちょー（＝見苦しい格好で外出している）

しおはいー……塩辛い。
例文この魚は、しおはいーの（＝この魚は塩辛いよ）

じじらに……［出雲］しきりに。間断なく。
例文そげん、しじらにくゎしくわせても、えかの（＝そんなに次々とお菓子をたべさせてもいいのか）

じゃん……［出雲］たくさん。
例文いおが、じゃんこと、とれた（＝魚がたくさん釣れた）

すばり……手足にささる刺《とげ》。
例文すばーがたって、いたーてかなわ

◎出雲弁の四段活用

県外出身の学生が命名した「出雲弁の四段活用」というのがある。学生が日常耳にする次の四つの指示詞のことである。
こげ（＝こんな）・そげ（＝そんな）・あげ（＝あんな）・どげ（＝どんな）
このうち、「そげ」「あげ」は、何かを指示するだけでなく、会話で相手の言葉に同意を示す場合にも用いられる。
「あげ、あげ（＝そう、そう）」「あげだ、あげだ（＝そうだ、そうだ）」という返事に初めて接すると、思わず「どれ？」と問い返したくなるものである。

◎気づかずに使う方言

共通語と語形を同じくする場合、方言的用法だと気づかないまま使用されている。

松江城の一角に「柵にすがらないで下さい」という注意書きがある。「寄りかかる」「もたれる」ことを「すがる」というのだ

ん(＝刺がささって、たいへん痛い)

＊「すいばり」とも。植物の刺は「かたら」「いが」「いぎ」など。

ずる①……滑り落ちる。

例文 **雪がずって、あぶねーよ**(＝雪が落ちてきて危ないよ)

ずる②……ずれる。

例文 **あてがずって、こまっちょー**(＝予定が狂って困っている)

そらやま……[出雲]家の近くの山。

例文 **そらやまのはたけで、しごとしよーとですよ**(＝近くの山の畑で働いていますよ)

ただもの①……度々。何度も。

例文 **ただもの、あーがとござんした**(＝いつも、有り難うございます)

ただもの②……[出雲]次第に。段々に。

例文 **ただもの、さむんなーましてね**(＝段々に寒くなりましたね)

たばこする CD……休憩する。休息する。

例文 **くたーべたけん、たばこしょー**(＝疲れたから休憩しよう)

だら……愚か者。怠惰なこと。無意味なこと。

例文 **しごともせんで、だらばっかーいっちょー**(＝仕事もしないで、怠けている)

＊「だらず」とも。

たわ……峠。谷間。

例文 **となりのむらは、あんたわのむこーにあーます**(＝隣村はあの峠の向こうにあります)

＊石見では「たお」とも。

だんさん……旧家や特定の職業の男性。

例文 **むかしゃー、だんさんばっかーが、わしゅーてのー**(＝昔は、旧家の旦那さんだけが、自分のことを「わし」と言っていた)

ちょーしき……[出雲・隠岐]食事。

例文 **ちょーしきたんびに用ができてこまっちょー**(＝食事のたびに用が出来て困っている)

ちょっこし……すこしばかり。ちょっと。

が、「寄りすがる」「すがりつく」という共通語があるためか、方言とは気づかれていない。大学の中でも、かつて、廊下に出した衝立に、「すがらないで下さい」と貼り紙した地方出身の教員があった。『島根県方言辞典』にも「すがる」は立項されていない。

子どもが小学校から持ち帰った「学級便り」に、担任から「(休み明けに)雑巾を二・三枚持たせていただければ喜びます」とあるのを見て、驚かされる(県外出身の)親が多い。「喜びます」のどこが方言かと反問されて、説明に困ったことがある。

松江では「うれている・うれちょー」を「売っている」の意味で用いる。「よく売れている」という意味ではないため、時に珍妙なやりとりを生むことがある。

助詞では「ほど」が面白い。「生徒が弁当ほど持って行く」は、弁当「だけ」持って行くの意味

例文ちょっこし、まってごせ（＝少し待ってくれ）
＊「ちょんぼし」とも。

てご CD……手伝い。
例文孫じゃー、てごんならん（＝孫では手伝いにならない）

てこにあわん……仕事などの能力が足りない。
例文こげなもんだいは、わしのてこにあわん（＝こんな問題は、私の手に負えない）

てれぐれする……仕事などがはかどらないこと。
例文てれぐれして、なんもすすまん（＝ぐずぐずして、仕事がはかどらない）

なんぎこんぎ……[出雲]苦労。困難。
例文なんぎこんぎして、やーやとついた（＝苦労してようやく着いた）

にげる……[出雲]去る。転居する。
例文あのさんは、はやことにげなったけん（＝あの人はとっくに転居されましたよ）

にょーばんこ……[出雲・隠岐]女の子。
例文えーにょーばんこに、なーました（＝可愛い女の子になりました）

はいごん……[出雲]大騒ぎ。
例文よんべは、こんれーではいごんでしたわ（＝昨夜は婚礼で大騒ぎでした）
＊「はえごん」とも。

ばくらとする……[出雲・隠岐]くつろぐ。
例文孫らちがいんで、ばくらとした（＝孫たちが帰ってほっとした）
＊「のんびりする」の意でも。

はしま……[石見・出雲]午後の間食。
例文はしまでやすんじょーがの（＝間食で休んでいるところです）
＊「こばしま」「こびる」とも。

はしる……痛みが激しい。
例文はがはしって、よーねられん（＝歯が痛くて、ぐっすり寝られない）
＊特に、きりきりと鋭い痛みをいう。

で、教科書やノートは教室に置きっぱなしのダメな生徒のことをいう。「印鑑ほど持ってきて下さい」と電話があり、筆記用具を一式揃えて事務室へ出向いたら、妙な目で見られた経験がある。これが方言だとは誰も考えていない。

◎出雲方言をさかのぼる

方言を歴史的にさかのぼるのは、資料不足のため大変むずかしい。魅力的な神話をもつ出雲方言もその例外ではないが、かすかな可能性は存在する。

室町時代の後期に伯耆（鳥取県西部）と出雲に住んだ禅僧の著作のなかに、出雲方言と同じ語形を見出すことができる。

例えば、『中興禅林風月集抄』という抄物に「オンボラト」の例がある。

村ノヤブヤ木トモハ、烟ニウツマレテ、影モミヘヌヲ、マレナリト云ソ。トコロマダラニ、ヲンボラト影ノミ

はっこーな……[出雲・隠岐]盛んな。
例文 **あの店、はっこーにやっちょー**
(＝あの店は繁盛している)

はらがなえる……腹が減る。空腹になる。
例文 **腹がなえたら、めしくわっしゃい**
(＝腹が減ったらご飯をたべなさい)

ばんげ CD……夕方。
例文 **ばんげにいきたら、おらんだった**
(＝夕方訪ねたら、いなかった)

ばんじまして……[出雲・隠岐]夕方の挨拶。
例文 **ばんじまして。ごくろーさんでした**
＊夕方、仕事帰りに交わす挨拶。「こんばんは」より早い時間帯に言う。

びーびー……[石見]魚をいう幼児語。
例文 **びーびーくわにゃ、おーきならんぞ**(＝魚を食べなければ、大きくなれないよ)
＊出雲では「たいたい」。

べったーべったー CD……[出雲]何度も。毎度。
例文 **べったーべったー、だんだん**
(＝毎度いつも、ありがとう)

へんがえ……[出雲]変更。取り消し。
例文 **こんよてーは、へんがえがならんけんね**(＝この予定は変更できないからね)

ぼえちゃげる……[出雲]追いかける。
例文 **きんによ、えのにぼえちゃげられた**(＝昨日、犬に追いかけられた)

ほえる……(特に子どもが)泣く。
例文 **ほえちょーばっかーで、どげんならん**(＝泣くばかりで、どうにもならない)

ぼっこー……[石見]大変に。非常に。
例文 **けさは、ぼっこーはよーおきた**
(＝今朝は大変早く起きた)

ほんがほんが……[出雲]ゆっくり(ぼんやり)歩くさま。
例文 **ばーさんが、ほんがほんがして、いきなった**(＝お婆さんがぼんやり歩いて行かれた)

ユル木モアラウソ。
文脈からすると「ぼんやりと・ほのかに」の意味だと思われ、現代の出雲方言でもそうした用法がある。「穏やか」へつながる変化に無理はない。
同じ著者の『玉塵』には「アイマチ」が見える。

ソバアタリノ者カキモヲツブイテ、ヲサナフテ、シヤレコトニ、アイマチニコロサレタト云タレバ・・・

夕方を意味する「バンゲ」は同書の「晩景」から変化した。

ソコエイテ遊テ、一日酒ヲノウテ酔テ、晩景ニ帰タソ。

仮に、これらが出雲方言を記したとはいえないとしても、中世の京都語と出雲方言との関係を考える上で興味深いものとなるのは確かである。

◎ドンタクは「鳥打ち帽」
各地の方言集のなかには篤志家の努力によって完成されたも

島根県

ほんそご……［出雲・隠岐］最愛の子。
例文 **こんこは、わしのほんそごでの**（＝この子は、私の可愛がっている子どもです）

まくれる CD……ひっくり返る。転ぶ。
例文 **まくれて、ほえんなよ**（＝転んで泣くなよ）

みいりがする……［出雲］筋肉痛になる。
例文 **きんにょのうんどーくゎいで、みいりがしてこまっちょー**（＝昨日の運動会のために、筋肉痛で困っている）

むさい……［石見］丈夫で、長持ちする。
例文 **むそーて、かれこれ二〇年もつこーとる**（＝丈夫だから、かれこれ二〇年も使っている）

めーわくする……［出雲・隠岐］有り難く思う。
例文 **こないだはおみやげもらーまして、めーわくしました**（＝先日はお土産を頂戴して有り難うございました）
＊老人に稀に残る。

もそぶ……［出雲・隠岐］重いものを運ぶ。
例文 **こんはこ、もそんでごさんか**（＝この箱を運んでくれませんか）

もっけな①……あきれた。思いがけない。
例文 **もっけなことがおこった**（＝思いがけないことが起こった）

もっけな②……［石見］気の毒な。困った。
例文 **おおけがさせれたげで、もっけなことでした**（＝大怪我されたそうで、気の毒なことでした）

もろもき……［出雲］夫婦連れ。
例文 **もろもきであるいちょー**（＝夫婦連れで歩いている）
＊「ばおじ」とも。

やーやこ①……ようやく。
例文 **やーやこついた**（＝ようやく着いた）

やーやこ②……せっかく。
例文 **やーやこきたに、あわれんだった**

のがある。出雲地方の松江市に属する旧美保関町でも、「大阪に住む孫のため」に発案された方言辞典が、多くの協力者を得て刊行されている。

それを見て驚いた語の一つに、町内の一地点で採集された「ドンタク」がある。その意味が「鳥打ち帽」というからである。

ドンタクといえば、オランダ語のzontag「休日」に由来し、その意味で各地の方言で使用され、九州は博多の祭の名としても有名である。

大分県にも類例があり、休日の装いとしての「ドンタク帽子」の省略形が起源らしい。

底引き網漁法の発祥の地である旧美保関町では、九州とは海をなかだちとする交流が深く、恐らくこのドンタクという語もそれを証する貴重な例になるのであろう。専門家の手になるものでなくても、貴重な方言資料は存在する。

（＝せっかく来たのに、会えなかった）

＊「やーや」とも。

やご……［出雲・隠岐］子どもが駄々をこねること。

例文 **やごばっかーいってかなわん**（＝駄々ばかりこねて困る）

やっきっき……［出雲・隠岐］じゃんけん。

例文 **こどもは、やっきっきであそんじよった**（＝子どもはじゃんけんで遊んでいた）

よざる……［出雲・隠岐］夜更かしをする。

例文 **子どもが、よざってかなわん**（＝子どもが夜更かしをして困っている）

らしがない……［出雲］だらしがない。

例文 **孫らちが、かけらかしだけん、らしがあーませんわ**（＝孫たちが走り回ったので、散らかっております）

＊石見では「だっせがなー」。

ろーちき……［出雲］たいそう。たくさん。

例文 **ろーちき、人があつまった**（＝たくさん人が集まった）

ろくにする……膝をくずす。あぐらをかく。

例文 **どーぞ、ろくにしてごはっしゃい**（＝どうぞお楽にして下さい）

わやくちゃ CD……乱暴。乱暴なさま。

例文 **わやくちゃして、こまっちょー**（＝乱暴ばかりして、困っている）

◎**出雲方言と東北方言**

出雲方言と東北方言との類似を推理小説のトリックに用いたのが松本清張の『砂の器』であることは有名だが、別項であげた「中舌的な母音」や「イ・エの混同」を除けば、案外に共通するところは少ない。

「出雲のズーズー弁」は事実としても、東北方言の大きな特徴である語中のカ・タ行音などが濁音となる「有声化現象」が存在しない。「ヤクモ（八雲）」を「ヤグモ」と発音する人もいるが、これは連濁と考えるべきだろう。かえって、ラ行子音の消失（長音化）などは九州方言と共通するようにも思える。

あいさつ（出雲市）

朝 ＝おはよーごあんす

夕方＝ばんじまして・こんばんわ（夜）

別れ＝さえなら

感謝＝だんだん

訪問＝ただものー

中国

岡山県 CD33

備前＝岡山市、備前市、瀬戸内市など
備中＝倉敷市、総社市、高梁市、新見市など
美作＝津山市、美作市、真庭市など

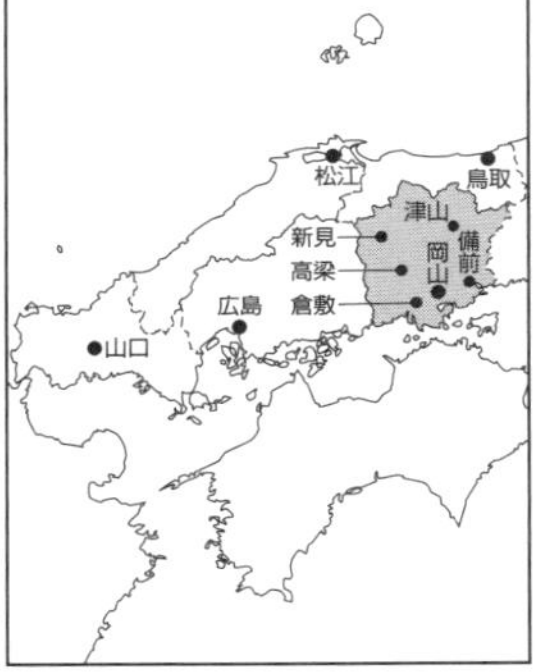

あしたり……明日。
例文 **あしたりゃー、どねんすりゃー**（＝明日は、どうするの）

あずる CD……もがく。動き回る。
例文 **あずるばーしょーたら風邪引くが**（＝動いて布団から出てばかりいたら風邪を引くよ）

あまる……腐る。
例文 **あーあ、こりゃ、魚があまっとるわ**（＝あーあ、魚が腐っているよ）

あんごー……馬鹿。
例文 **あのかー、そねーなことしてあんごーじゃ**（＝あの子は、そんなことして馬鹿だ）
＊さらにひどい場合を「大あんごー」とも。

いがる CD……大きな声で泣き叫ぶ。
例文 **子どもがいがりょーるが。はよ行っちゃれー**（＝子どもが泣き叫んでいるじゃないか。早く行ってやりなさい）

いく……起こる。発生する。
例文 **こねーだ近所で、かじがいったんじゃ**（＝この間近所で、火事が起こったんだ）

いくまー①……行かないだろう。
例文 **まさかあいつぁー行くまー**（＝まさかあいつは行かないだろう）

岡山の方言

◎県内の地域差

岡山県の方言は大きく、備前・備中・美作《みまさか》の旧国境により区分され、共通語の命令表現「しなさい」に当たる敬語の命令表現「セラレー」〔備前〕、「シネー」〔備中〕、「シンチャイ」〔美作〕に見られる地域差はよく知られている。

また、連母音の融合が盛んな県南部とあまり盛んでない県北部、あるいは、「せ・ぜ」の発音に「シェ・ジェ」が多く現れる県西部と現れない県東部のような地域差もある。

アクセントは全般に東京式に属するが、県南および県北東部では「昼・夏・冬」を頭高型で発音するなど一部違いがある。また、兵庫県境や香川県隣接地域においては、京阪式に属する地域や、東京式と京阪式が混ざったような地域がある。

◎文法的な特色

いくまー②……行かないでおこう。
例文 **といーけー、行くまーや**（＝遠いから、行かないでおこうよ）
＊「行かまー」とも。

いらまかす CD ……からかう。
例文 **そねーなことーゆーて、ひとーいらまかすな**（＝そんなことを言って、人をからかうな）

いろー……さわる。いじる。
例文 **そねーに、きずーいろーちゃーおえん**（＝そんなふうに、傷口をいじっていてはいけない）

うがす……剝がす。剝く。
例文 **いまー、蒸してから、かわーうがすんじゃ**（＝芋は、ふかしてから、皮を剝くんだ）

うったて CD ……最初。手始め。
例文 **何でもうったてがでーじじゃが**（＝何事も最初が大事だよ）

えれー……しんどい。
例文 **熱があるけー、えれーわ**（＝熱があるから、しんどいよ）

えろー……とても。
例文 **こりゃー、えろーたけーなー**（＝これは、とても高いなあ）
＊「えれー」とも。

おえん……だめだ。いけない。
例文 **どーやっても、もーおえんが**（＝どのようにしても、もうだめだよ）
＊「おえりゃーせん」とも。

おらぶ……大きな声で叫ぶ。
例文 **あの人、なんかおらびょーらー**（＝あの人、何か大きな声で叫んでいるよ）

～が①……～じゃないか。
例文 **ありゃー桃じゃが**（＝あれは桃じゃないか）

～が②……～よ。
例文 **そねーに呼ばんでもすぐ行くが**（＝そんなに呼ばなくてもすぐ行くよ）

かさにのせる CD ……傘に入れる。
例文 **こっちこられー。傘に乗せたげらー**（＝こっちに来なさい。傘に入れてあげるから）

〈断定の助動詞〉

共通語の「だ」に当たる断定の助動詞には、「雨ジャ（＝雨だ）」「ジャロー（＝だろう）」のように「ジャ」が用いられる。県内ほぼ全域で、全世代男女問わず盛んに使用される。

〈終助詞〉

終助詞には「ソージャナー（＝そうだねえ）」「行クデー（＝行くよ）」「行コーヤ（＝行こうよ）」「ソージャワ（＝そうだよ）」などがある。「ワ」が動詞に接続する場合には「スラー（＝するよ）」「カカー（＝書くよ）」「起キラー（＝起きるよ）」のように前接音と融合して発音されることが多い。

また「アリャー桃ジャガ（＝あれは桃じゃないか）」「スグ行クガ（＝すぐ行くよ）」に見られる「ガ」は意味・用法が広く、全世代で多用される特徴的な終助詞である。

＊傘に入ることは「傘に乗る」。「傘に乗りんせー（＝傘にお入りなさい）」

がっそー……髪がぼさぼさであるさま。

例文 **あたまーがっそーにして、そてー出な**（＝髪の毛がぼさぼさのまま、外へ出るな）

＊さらにひどい状態を「大がっそー」とも。

かなぐる……引っかく。

例文 **ここ見られー。猫にかなぐられたんじゃー**（＝ここを見てよ。猫に引っかかれたんだよ）

きてじゃ……[備中]いらっしゃる。

例文 **そろそろ先生が来てじゃけー、座っときねー**（＝そろそろ先生がいらっしゃるから、座っておきなさい）

ぎょーさん……たくさん。

例文 **こねーだの祭りのときゃー、ぎょーさん人がおったなー**（＝この間の祭りの時には、たくさん人がいたね）

きょーてー……恐ろしい。気味が悪い。

例文 **あそこのお化け屋敷、ぼっけーきょーてーんでー**（＝あそこのお化け屋敷はとても怖いんだよ）

ぐしー……ゆるい。

例文 **このズボン、ぐしーわ。ゴム入れ替えにゃおえん**（＝このズボンはゆるいよ。ゴムを入れ替えないといけない）

～けー……～から。

例文 **しょーがねーなー、まだ子どもじゃけーなー**（＝しょうがないね、まだ子どもだからね）

＊「～けん」とも。

けっぱんずく……つまずく。

例文 **こねーだ、うちのじーさんが神社の石段にけっぱんずいたんじゃー**（＝この間、うちのおじいさんが神社の石段につまずいたんだよ）

けなりー CD……うらやましい。

例文 **そねーなことーきーたら、子どもがけなりがらー**（＝そんなことを聞いたら、子どもがうらやましがるよ）

こがーな……こんな。このような。

〈進行態と結果態〉

動作の進行・継続を表す「ている」には「走リョール」「見ユール」のように「ヨール（ヨール／ユール）」が、動作が完了した結果の存続を表す「ている」には「落チトル」「消エトル」のように「トル」が現れる。ただし、「走ットル」「見トル」のように「トル」が動作の進行・継続を意味する場合もある。

〈ト抜け〉

「勉強スルユータ（＝勉強すると言った）」「旅行ショーオモータ（＝旅行をしようと思った）」のように、「～と言う／思う」の引用の助詞「と」は脱落することが多い。また、「言う」の場合には、「勉強スルユーテユータ」のように「ユーテ」を挿入することも多い。

〈推量表現〉

共通語の「だろう」に当たる「ジャロー」のほか、意志・勧誘

例文 **学校にこがーなもん持ってぃかれな**（＝学校にこんなものを持っていくんじゃないよ）

＊「こげーな」「こねーな」とも。

ごじゃ……筋の通らないこと。無茶。

例文 **ごじゃばーゆーな**（＝無茶なことを言うな）

さばる……しがみつく。くっつく。

例文 **そねーにさばったら、あちーがないか**（＝そんなにくっついたら、暑いじゃないか）

しうぇー CD……繊維質があって嚙み切りにくい。

例文 **ばーちゃん、入れ歯じゃけー、しうぇーにかー食べれりゃせんわ**（＝おばあちゃんは、入れ歯だから、固い肉は食べられやしないよ）

しねー……［備中］しなさい。

例文 **ぐずぐずせんと、はよしねー**（＝ぐずぐずしないで、早くしなさい）

じりー……水気が多くて柔らかい。

例文 **雨が降ったけー、道がじりーわ**（＝雨が降ったから、道がぬかるんでいるよ）

しんちぇー……［美作］しなさい。

例文 **はよ、しんちぇー**（＝早くしなさい）

＊「しんちゃい」とも。

すける CD……乗せる。

例文 **そりょーそけーすけてーて**（＝それをそこに乗せておいて）

すばろーしー CD……ゆううつな。不機嫌な。

例文 **すばろーしー顔せられな**（＝ゆううつな顔をするんじゃないよ）

すらー CD……するよ。

例文 **そねーに言わんでもすぐすらー**（＝そんなに言わなくてもすぐするよ）

せられー……［備前］しなさい。

例文 **えー加減にしてはよーせられー**（＝いい加減にして早くしなさい）

せわーねー……大丈夫だ。心配ない。

例文 **それぐれーのけがじゃ、せわーねーわ**（＝それくらいのけがなら、大丈夫だろう）

表現と同じ「書コー（＝書くだろう）」「食ビョー（＝食べるだろう）」「起キュー（＝起きるだろう）」が、推量の意を表す場合にもよく使われる。

〈打消推量・打消意志表現〉

打消推量・打消意志の表現には、「行クマー」「書クマー」「スマー」「食べマー」「見マー」のように、共通語の「まい」に当たる「マー」が多用される。また、五段活用動詞では、動詞の終止形に接続するほか、「行カマー」「書カマー」のように未然形に接続する場合も多い。

〈疑問・反語表現〉

「デーガヤリャー（＝誰がやるのか）」「イッガエーンナラ（＝いつがいいのか）」「コカードコナラ（＝ここはどこなのか）」「ナニガウレシケリャ（＝何が嬉しいのか）」のような疑問詞を用言・助動詞の仮定形で結ぶ疑問・反語表現はよく使われる。

岡山県

夫だよ)

そねーな……そのような。そんな。

例文 **そねーな物ばー買われな**(＝そのような物ばかり買うんじゃないよ)

＊「そがーな」「そげーな」とも。

〜たー……〜よりも。

例文 **わしたー、おめーのほーが勉強できよー**(＝僕よりは、君のほうが勉強ができるだろう)

たてーて CD ……立てておいて。

例文 **そのほーき、立ててーてん**(＝そのほうきを立てておいて)

＊「たてる」は「立つ」の意。「子どもが立てっとらー(＝子どもが立っているよ)」

たてり……物事の道理や規則。

例文 **そりゃー、たてりゃー、そねーになっとるがな**(＝そりゃあ、規則は、そのようになっているよ)

たびょー CD ……食べるだろう。

例文 **こけー置いとったら、帰ってきて食びょー**(＝ここへ置いておけば、帰ってきて食べるだろう)

ちーたー……少しは。

例文 **あんたも、ちーたー手伝われ**(＝あなたも、少しは手伝いなさい)

ちばける……ふざける。

例文 **けがするけー、ちばけられな**(＝けがをするから、ふざけるんじゃないよ)

ちょれー……愚鈍な。頼りない。

例文 **またせーふ落としたんかー。ちょれーやつじゃのー**(＝また財布を落としたのか。馬鹿なやつだなあ)

つかーせー……ください。

例文 **そけー置いてーてつかーせー**(＝そこへ置いておいてください)

〜っちゃ……[美作]〜よ。ってば。

例文 **もーそのはなしゃーきーたっちゃ**(＝もうその話は聞いたよ)

でーれー① CD ……すごく。とても。

例文 **先生にでーれー叱られたんじゃー**(＝先生にすごく叱られたんだよ)

でーれー②……ものすごい。

◎デーコン、テーテーテ

岡山県方言の特徴の一つに連母音の融合(長音化)現象が挙げられる。連母音「アイ」(「挨拶」「赤い」…)・「アエ」(「蛙」「押さえた」…)・「オイ」(「来い」「太い」…)・「オエ」(「覚えた」「添えて」…)は「エー」のように、連母音「ウイ」(「西瓜」「寒い」…)は「イー」のように長音化して発音される。岡山でよく耳にする「デーコン、テーテーテ(＝大根、炊いといて)」とは、このような発音上の特徴をうまく捉えた言い回しである。

連母音の融合により、形容詞終止形は「タケー(＝高い)」「オセー(＝遅い)」「ヤシー(＝安い)」と発音される。そのため、過去形では「タケカッタ」「オセカッタ」「ヤシカッタ」のような語形も聞かれる。

このほか、助詞が前接の語末音と融合し、「カキャー(＝柿は)」「ハナー(＝花は)」「フター

例文 **くじで一等が当たったんでー。でーれかろー**（＝くじで一等が当たったんだよ。すごいだろう）

てご……手伝い。手助け。

例文 **あんたー、ちょっとてごーして**（＝あなた、ちょっと手伝って）

どーすりゃー……どうすればいいのか。

例文 **もー稲かりゅーせにゃーいけん。どーすりゃー**（＝もう稲刈りをしないといけない。どのようにしようか）

＊反語の意でも使われる。

とらげる……片付ける。しまう。

例文 **元のとけーとらげときねー**（＝元のところへ片付けておきなさい）

～なり CD……～のまま。～ごと。

例文 **このぶどー、皮なり食べれるけー、食べやしーわ**（＝この葡萄は、皮ごと食べられるから、食べやすいよ）

＊「～まま」とも。

なんなら……なあんだ。

例文 **雨が降りょーるわ。なんならー。畑しょー思よーったのに**（＝雨が降っているよ。なあんだ。畑仕事をしようと思っていたのに）

にがる……腹が苦しく痛む。

例文 **はらーにがって、どねんしょーもなかったわ**（＝腹がひどく痛んで、どうしようもなかったよ）

のーなる……無くなる。亡くなる。

例文 **みな、のーなってしもーたわ**（＝すべて、なくなってしまったよ）

のりょーる① CD……乗りつつある。

例文 **よーけ人がバスに乗りょーらー**（＝たくさん人がバスに乗りつつあるよ）

のりょーる②……乗りそうになる。

例文 **別のバスに乗りょーたが**（＝別のバスに乗りそうになったじゃないか）

～ばー……～ばかり。

例文 **遊ぶばーしょーたら、おえんでー**（＝遊んでばかりいたら、だめだよ）

はしる……ピリピリ痛む。

例文 **きずーしとるけー、足がはしらー**

（＝蓋を）」「ミョー（＝目を）」「ウシュー（＝牛を）」「コケー（＝ここへ・に）」「ニシー（＝西へ・に）」のように発音されることも多い。

◎おきゃーま弁はええもんじゃ！

岡山県のほぼ中央に位置する岡山市建部《たけべ》町（旧御津《みつ》郡）では、二〇〇〇（平成一二）年から年一回、「岡山《おきゃーま》弁はええもんじゃ～ことばの祭り・建部～」と題する方言大会が開催されている。

会場となる建部町文化センターの開館を機に始められたこの大会は、衰退の危機にある方言の保存・継承を行うとともに、地域の活性化を促すことを目的に行われている地域住民主体のイベントである。

大会では、方言による詩の朗読や漫談、コントなどを行う「岡山弁パフォーマンス」、方言を用いた台詞で演じる「岡山弁劇」、講師による「岡山弁入門講座」などが行われ、県内全域か

（＝けがをしてるから、足がピリピリ痛むよ）

ひょんなげな CD……変な。奇妙な。

例文 **ひょんなげな顔じゃなー。どーしたんならー**（＝変な顔だなあ。どうしたんだ）

ふーがわりー CD……みっともない。体裁が悪い。

例文 **あねーな格好してから、ふーがわりー**（＝あんな格好をして、みっともない）

ほかる……火照る。

例文 **今日はあつーて、体がほかるわー**（＝今日は暑くて、体が火照るよ）

ぼっけー①……すごく。とても。

例文 **ぼっけーさみーなー**（＝とても寒いなあ）

＊「ぼっこー」とも。

ぼっけー②……ものすごい。

例文 **これ、ただでもろーたんじゃー。ぼっけかろー**（＝これを無料でもらったんだよ。すごいだろう）

まける CD……こぼれる。

例文 **味噌汁がまけてしもーたわ**（＝味噌汁がこぼれてしまったよ）

まん……運。

例文 **こねーだ、あっこの子が事故におーたらしいでー。まんが悪かったなー**（＝この間、あそこの子が事故に遭ったらしいよ。運が悪かったなあ）

みてる……なくなる。尽きる。

例文 **もー、米がみてたわ。つぎゅーこーてこんと**（＝もう、米がなくなったよ。次の米を買ってこないと）

めげる……壊れる。

例文 **このとけー、めげとらー。動きゃーへんが**（＝この時計は壊れているよ。動かないじゃないか）

＊「めぐ」は「壊す」の意。「めーでしもーたわ（＝壊してしまったよ）」

もっとで CD……もう少しで。

例文 **もっとで落ちゅーるところじゃったわ**（＝もう少しで落ちるところだったよ）

ら多くの参加者が集う。また、大会の記念として「岡山弁かるた」や、デザインに岡山弁がちりばめられた団扇や手帳などの方言グッズも作成されている。

◎吉備の国の夏祭り

毎年八月、岡山市で開催される夏祭りのひとつに「おかやま桃太郎まつり」がある。岡山市内を流れる旭川河川敷での納涼花火大会とともに、大勢の市民が参加する「うらじゃ踊り」で、町は大いににぎわう。

「うらじゃ」とは、吉備の国岡山に古くから伝わる温羅《うら》伝説に由来する。鬼である温羅《うら》を吉備《きび》津彦命《つひこのみこと》が退治するというこの伝説は、昔話桃太郎の原型だと言われている。つまり「うらじゃ」とは「温羅《うら》じゃ」、すなわち「鬼だ」の意である。

うらじゃ踊りに参加する踊り連は、この伝説にちなんで、顔に鬼をイメージした温羅化粧《うらメーク》を施し、「うらじゃ、うらじゃ」と

もとーる……口が達者だ。よく喋る。
例文 **あいつぁー、よー口がもとーるやつじゃのー**（＝あいつは、なかなか口が達者なやつだなあ）

～やこー CD ……～なんか。～など。
例文 **お父さんやこー、ゴルフばー行きよーるが**（＝お父さんなんか、ゴルフにばかり行っているじゃないか）

やっちもねー……つまらない。ばかばかしい。
例文 **やっちもねーテレビばー見てから。ちーたー勉強せー**（＝つまらないテレビばかり見て。少しは勉強しろ）

やりますらー……やりますよ。やりましょう。
例文 **そんならわしがやりますらー**（＝それなら僕がやりますよ）
*「～ですらー」も。「そりゃ無理ですらー（＝それは無理でしょうね）」

～ゆーてゆー……～と言う。
例文 **明日するゆーて言よーたけど、ほんまにするんじゃろか**（＝明日すると言っていたが、本当にするんだろうか）

ゆーに CD ……ゆっくりと。
例文 **今までよー働いたんじゃけー、ゆーにせられー**（＝今までよく働いたんだから、ゆっくりしなさいよ）

よーけ……たくさん。
例文 **こりゃー、よーけ余っとらー**（＝これは、たくさん余っているなあ）

よーせん……とてもできない。
例文 **そねーなこと言われても、わしゃーよーせん**（＝そのようなことを言われても、僕はとてもできない）

よだつ……気が進まない。億劫になる。
例文 **お客さんが来るけー、よだつわー。あの部屋、まだ掃除してねーわ**（＝お客さんが来るから億劫だよ。あの部屋はまだ掃除していないよ）

らく CD ……大丈夫だ。差し支えない。
例文 **そのまんまにしとかれ。らくじゃ、らくじゃ**（＝そのまんまにしておきなさい。大丈夫だ、大丈夫だ）

連呼するうらじゃ踊りのテーマソングに合わせて岡山市内を練り歩き、踊りのパフォーマンスを披露する。

あいさつ（岡山市）
朝＝おはよー
夕方＝こんばんわ
別れ＝ごめんさぇー
感謝＝ありがとー
訪問＝ごめんさぇー

中国

広島県

CD34

安芸＝広島市、呉市、大竹市、東広島市、江田島市、廿日市市、竹原市、安芸郡、山県郡、豊田郡など

備後＝福山市、尾道市、庄原市、府中市、三原市、三次市、神石郡、世羅郡など

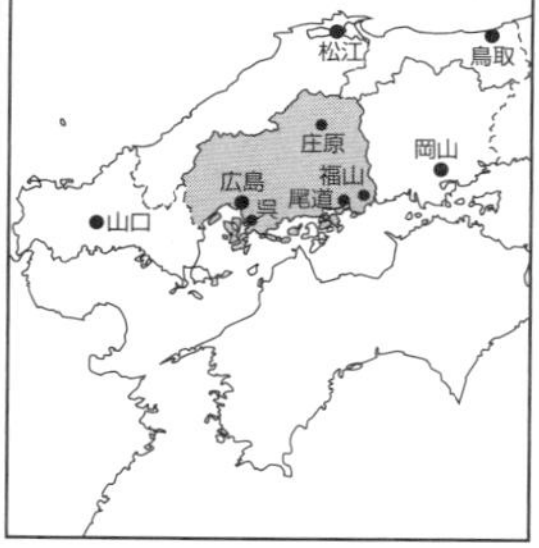

あずる……てこずる。あがく。難儀する。

例文 **近頃、着物めったにきんけー、着付けにあずってしもーた**（＝近頃、着物をめったに着ないから着付けにてこずってしまった）

あばすれる……騒ぎたてる。ふざける。

例文 **お姉ちゃんが勉強しょーるんじゃけー、あばすれちゃー、いけんじゃないか**（＝お姉ちゃんが勉強をしているのだから騒ぎ立ててはいけないじゃないか）

あらましな……粗雑だ。ぞんざいだ。

例文 **やってもろーてもえーが、あの人は仕事があらましなけーのー**（＝やってもらってもいいが、あの人は仕事が粗雑だからねえ）

あんびん……餡入り餅。

例文 **秋の取り入れも済んだけー、あんびんつくろーや**（＝秋の収穫も済んだから餡入り餅を作ろうよ）

いたしー CD……窮屈だ。難しい。わずらわしい。

例文 **肥えたんかのー、この上着はちーといたしゅーなった**（＝太ったのかねえ、この上着は少し窮屈になった）

いちがいもん CD……一概者。強情者。頑固者。いっこくもの。一徹者。

例文 **ありゃーいちがいもんじゃけー、**

広島の方言

◎県内の地域差

広島県は、江戸時代に安芸地方と備後地方とに分かれていた。安芸には有名な世界遺産の「宮島」がある。備後には備後絣《かすり》や畳の生産、琴の生産、鯛網、寺の町の尾道、などがある。安芸と備後は明治の廃藩置県で一緒になったものである。本来異質な歴史が、合わさったところに、特色がある。

〈世界遺産の宮島〉

平清盛が平家一門の繁栄を祈念して建てた「嚴島神社」には、国宝の『平家納経』をはじめ、平安時代に国家の中心が宮島に存したことを伺わせる文化財が見られる。喜多流の能舞台も当時の風格を示し、京都の栄華をそのままに再現したかのようである。その能舞台では今でも能が舞われ、謡曲が謡われている。

〈備後は瀬戸内海の玄関口〉

三原、尾道、福山は四国や瀬

しまつがわりーよ(=あいつは頑固者だから始末が悪いよ)

いぬる……去る。帰る。もどる。

例文 **陽も暮れたけー、はよー、いぬらにゃー、みんなしんぱぇーするでよ**(=陽も暮れたから早く帰らなくては皆が心配するよ)

いびせー……[安芸]恐ろしい。こわい。

例文 **家の裏手に蛇がおって、いびせかったで**(=家の裏手に蛇がいて、怖かったよ)

うつり……返礼の品。おかえし。

例文 **隣家から温泉旅行の土産、もろーたけー、こんだー何かうつりゅー、かえさにゃー、いけんのー**(=隣家から温泉旅行の土産を貰ったから、今度は何か返礼の品を返さなくてはいけないね)

えーかわん CD……買うことができない。

例文 **銭がたらんけー、えー買わなんだ**(=お金が足りなかったので買えなかった)

えっと CD……たくさん。分量多く。仰山。

例文 **えっと、もーけた**(=たくさん儲けた)

えんこー……河童。

例文 **昔えんこーがおって、人を川へ引きずり込んだけー、えんこー橋ゆうんじゃ**(=昔河童がいて、人を川へ引きずり込んだから、猿猴橋と言うのさ)

おじゃみ……お手玉。

例文 **こまーおりにゃー、よー、おじゃみゅー、しょーった**(=幼いころには、よくお手玉をしたものだ)

おどれ CD……お前。貴様。汝。

例文 **おどれ、そーがな、とこで、何しよーんなら**(=貴様、そんな所で何をしているのか)

おどろく……目が覚める。

例文 **このごらー、夜中に何度もおどろいてしまう**(=この頃は、夜中に何度も目が覚めてしまう)

おぶける……驚く。びっくりする。

戸内海島嶼からの海産物や物資の港として栄えていた。穏やかな海は、格好な往来の「道」であった。新鮮な生活物資が三原や尾道に入荷した。最近になって福山が栄えているが、以前は三原、尾道が備後の玄関口であった。備後地区の特色は、人・物・文化の流通の要所と言えるかもしれない。

〈県下全域に盛んな神楽〉

出雲の神楽が備後、備中に伝播するとともに、安芸地方にも伝えられ、一年中盛んに演じられている。特に収穫の済んだ秋には、豊作を神社に感謝する神楽が夜通し、奉納された。県下の各地で、盛んに子ども神楽が受け継がれ行われている。

〈世界で最初の被爆地ヒロシマ〉

一九四五年八月六日、午前八時一五分、世界で最初の原子爆弾が広島に投下され、一瞬にして多数の尊い命が奪われた。ヒロシマと片仮名で書けば、被爆地としての広島を表現すること

例文 火事じゃー、ゅーてんじゃけー、おぶけるよのー（＝火事だと言われるから驚くよね）

おらぶ……叫ぶ。大声をあげる。

例文 **広場で誰かがおらびよるが、どがーしたんじゃろーか**（＝広場で誰かが叫んでいるが、どうしたんだろうか）

かざむ……嗅ぐ。

例文 **かびども生えたんかの、かざんでみいや**（＝かびでも生えたのかな、嗅いでみろよ）

かたぐ……（荷物を一人で）肩に担ぐ。

例文 **材木をかるがるとかたいでいきよる**（＝材木を軽々と担いで行きつつある）

かもう CD……からかう。もてあそぶ。

例文 **犬をかもーてかまれんさんな**（＝犬をからかって咬まれないように）

がんす CD……[安芸]ございます。あります。

例文 **今日はえー天気でがんすのー**（＝今日は良い天気でございますね）

きばる……励む。精を出す。がんばる。

例文 **朝とーから、きばりよるのー**（＝朝早くから、精を出すねえ）

きょーとい……[備後]恐ろしい。こわい。不安だ。とんでもない。ひどい。

例文 **あないなきょーとい事件、初めてや**（＝あんな恐ろしい事件は初めてだ）

きりば……[備後]まな板。俎板。真魚板。

例文 **きりばー、よー、ながしておけよ、鱗がちーとるけー**（＝まな板をよく洗い流しておけよ、魚の鱗が付いているから）

くじゅーくる……むずかる。ぐずる。

例文 **孫が、くじゅーくってきかんのじゃ**（＝孫がむずかって聞かないのだ）

くわいちご……桑の実。

例文 **食べるものも無ゃあけー、くわいちごがご馳走じゃったよのー**（＝食べるものも無いから桑の実がご馳走だったよねぇ）

けんげん……[安芸]片足跳び。

例文 **ここからあそこまで、けんげんで、**

になった。悲惨な過去の教訓を語り継ぐ活動が続けられている。

〈海のカキに山のカキ〉

広島県では広島湾の豊かな入り江で牡蠣の養殖が盛んである。全国の生産量の六割を水揚げしている。また、山も深いので、柿や松茸がよく採れる。そこで、〈海のカキに山のカキ〉と洒落た言い方が聞かれるが、最近は自動車や鉄鋼などの近代産業に変わってきている。

◎県内の方言

備後の方言と安芸の方言とは大きく異なる。勿論共通する言葉もありはする。そこで、ものの言い方や特色をぶつぶつに切断して解説するよりは、一つながりの方言会話をお聞きいただくことにしようと思う。先に備後の方言会話を挙げ、次に安芸の方言会話を挙げる。

府中市高木町の会話である。一九七七年に収録。Aは六七歳

いこーでー（＝ここからあそこまで片足跳びで行こうよ）

ごきあらい……水すまし。御器洗い。

例文 **水の上で、ごきあらいが舞いよる**（＝水の上で水すましが舞っている）

こくば……［備後］枯れ松葉。落ち松葉。

例文 **秋ん、なりゃー、こくば集めて、いもー焼くかのー**（＝秋になったら松葉を集めて薩摩芋を焼くかねえ）

さでくりおちる CD……ころげ落ちる。

例文 **崖からさでくりおちて、大怪我ぁ、しちゃったそうな**（＝崖からころげ落ちて大怪我をなさったそうだ）

さばる……［備後］しがみつく。すがる。

例文 **振り落とされんよーに、よーさばっとれよ**（＝振り落とされないように、よくしがみついていろよ）

ざまくな……乱雑だ。放埒だ。

例文 **ざまくな所でがんすが、あがってつかーさい**（＝乱雑な所でございますが、上がってください）

すぼれる CD……すぼむ。しぼむ。縮む。

例文 **収穫後に日がたってミカンがすぼれてしもーた**（＝収穫後に日が経ってミカンがしぼんでしまった）

そーれん……葬式。葬儀。葬礼。葬列。

例文 **立派なそーれん、あげんさったそうな**（＝立派な葬式をあげなさったそうだ）

そそね……うたたね。仮り寝。

例文 **寒いけー、そそねどもしたら、風邪ひくぞ**（＝寒いからうたた寝でもしたら風邪をひくぞ）

そばり……［備後］棘。とげ。

例文 **人指し指にそばりが、刺さって、いたしーのーや**（＝人指し指に棘がささって煩わしいねえ）

たお……とうげ。峠。

例文 **たおー、こえるなー、いちんちしごとじゃて**（＝とうげを越えるのは、一日仕事だよ）

たばける CD……［備後］驚く。びっくりする。

例文 **やーれ、昨日の地震にゃー、たば**

の男性。Bは八八歳の男性。Cは六八歳の女性。

Bなんに　しても　変わることじゃ。世の中がのー（＝何にしても変わることだ。世の中がね）

Aほんまよのー。しゃかぇーゆーもなー　変わっていく。じねんにのー（＝本当よねえ。社会というものは変わっていく、自然にね）

Bとしも　ひろーて　変わるんじゃが、世の中の変わり　ゆーたら　ま、ほんにひでーわなー（＝年をとって変わるのだが、世の中の変化と言ったらまあ、本当に酷いよねえ）

Aほんまよー。そりゃー、まー、わしらも、明治じだぇーの　生まれじゃけーどのー。ここにも、おたがぇーに、めーじ時代のもんばーじゃけーども、今頃のなにゃー、昭和のじだぇーになってから、ほんま、急速に、変わったでー（＝本当よ。それは、まあ、私らも明治時代の生

けたでよ（＝やあ、昨日の地震には驚いたよ）

だんだん……ありがとう。感謝の挨拶。

例文 **だんだん、おせわんなりました**（＝ありがとう、お世話になりました）

つまらん CD ……［備後］だめだ。つまらない。

例文 **おとーさんのおってんときに言わにゃーつまらん**（＝お父さんのいらっしゃるときに言わなくては駄目だ）

でいえ CD ……［安芸］分家。分かれ。別家。

例文 **でいえゃー、盆暮れに、本家へ、きゅー、使うのー**（＝分家は本家へ盆と暮れに歳暮で気を使うねぇ）

どがーに CD ……どのように。いかさまに。

例文 **あとのこたー、どがーにでもしんさい**（＝後のことは、どのようにでもしなさい）

どろおとし……田植え休み。慰労日。

例文 **六月に田植ょー、済まいて一服するんを、どろおとし、ゆうんで**（＝六月に田植えを済ませて一服するのを田植え休みと言うのさ）

どんどろさん……雷。神鳴り。いかずち。

例文 **どんどろさんに、へそー、取られるぞ**（＝雷さんに臍を取られるぞ）

なす……返す。戻す。返却する。

例文 **借りた銭ゃー、はよー、なさにゃー忘れてしもーが**（＝借りたお金は早く返さないと忘れてしまうよ）

なば……茸。きのこ。たけ。木の子。

例文 **よーけ、なばとれたけー、こんやー釜飯にしよーやー**（＝たくさん茸が採れたから今夜は釜飯にしようよ）

なるい……［県北］平坦だ。平らだ。

例文 **なるい道をまっすぐ行きんさい**（＝平坦な道を真っ直ぐ行きなさい）

にーな……新しい。新奇な。新規な。

例文 **にーなふくー、着とってじゃ**（＝新しい服を着ていらっしゃる）

にぎり CD ……けち。物惜しみをする人。

例文 **地震の寄付金じゃのゆーても、出**

まれだけれどね。ここにもお互いに明治時代の者ばかりだけれども、今頃の何は、昭和の時代になってから、本当に急速に変わったよ）

B変わったなー（＝変わったね）

A話しにゃーならん（＝話しにはならない）

Bまー、しぇんそーじだぇーにゃー、ほんまに、なにゅー食おー　ゆーて　なにゅー買おー　ゆーて、ほんまに、じぇにの価値も、なぇーが、なんよのー。皆、なんぎゅー　して、何したもんよな（＝まあ、戦争時代には本当に何を食おうといっても何を買おうといっても、本当に銭の価値も無いが何よねえ。皆難儀をして何したものよね）

Cまー、ほじゃが　あの　戦争中の　まー　あたしゃー土手の　あのー　くさー　ゆでて食べたが、くさを（＝まあ、だが、あのう、戦争中の、まあ、私は、土手のあのう、草をゆでて食べ

しゃーへん、にぎりじゃけーのー（＝地震の寄付金だと説明しても出しはしない、吝嗇だからね）

にゅーになる……動物が妊娠する。孕む。身籠もる。

[例文] **にゅーになったけー、小牛が楽しみじゃー**（＝妊娠したから小牛の誕生が楽しみだ）

ねつい……[備後]しつこい。くどい。

[例文] **ありゃ、ほんまにねつい人じゃ**（＝あれは本当にしつこい人だ）

ねんごーたれる……くどくど説明する。気の利いたことを得意気に言う。

[例文] **やたらにねんごーたれるよーじゃー嫌われる**（＝やたらにくどくど言うようでは嫌われる）

のーたくれる……[安芸]怠ける。ずるける。横着をする。

[例文] **朝からのーたくれて酒のんどる**（＝朝から怠けて酒を飲んでいる）

のすける CD ……[安芸]手渡す。近寄せる。

[例文] **手がたわんけー、こっちーきて、のすけてくれんかいのー**（＝手が届かないから、こちらへ来て、手渡してくれないかね）

はちまん……お転婆娘。

[例文] **あっこなんは、はちまんじゃけー、家にゃー、おってなーけー**（＝あそこの娘はお転婆娘だから家にじっとしていらっしゃらないよ）

はぶてる CD ……腹を立てる。怒る。

[例文] **そがーなことで、はぶてちゃーみっともなー**（＝そんなことで、腹を立ててはみっともない）

ばやく……[備後]騒ぐ。にぎやかす。ふざける。たわむれる。おどける。

[例文] **めをはなすとすぐに、ばやくんじゃけー**（＝目を離すとすぐに、騒ぐんだから）

びき CD ……蛙。

[例文] **このごらー、びきがおらんよーんなった、どがいしたんじゃろー**（＝このごろは蛙がいなくなった、どうした

たよ、草を）
ABあー（＝はい）
Cありょー　あんた、かってきて、なんじゃろー、九人ぐらぇー　うちも　おったけー　くさー　かって　ゆでて　胡麻　入れて　あえて　そりゃー　えーけど　蓬、よもぎめし　あれまー　喉い　詰まりよったもん。ありょー　たべたりしょーったがー。まー　いまごろの　くえ　ゆーても　くわんのー（＝あれをあなた、刈ってきて何でしょう、九人ぐらい家も家族もいたから草を刈ってゆでて胡麻を入れて、あえて、それは未だ良いけれど、蓬、蓬メシ、あれはまあ、喉に詰まったものだよ。あれを食べたりしていたよ。まあ、今頃の者は、食えと言っても食わないよねえ）

　次は安芸の国の方言である。安芸郡江田島町（現江田島市）秋月の方言。一九七四年の収録。老男二人。

Aまー　あのごろに　こーしょ

のだろう）

ふるつく……梟。

例文 **ふるつくが「のりつけほーせ」ゆーて、鳴きよるぞ**（＝梟が「糊つけ干せ」と鳴いているよ）

へこさか……逆さま。さかさ。あべこべ。

例文 **はなしこんでおったら、ありゃ、へこさか、ぬーてしもーたでよ**（＝話し込んでいたら、ありゃ、逆さまに縫ってしまったよ）

へたるCD……座る。正座する。うずくまる。

例文 **きちんと、へたらにゃーいけん**（＝きちんと正座しなくてはいけない）

ほーた……［備後］頬。ほっぺた。

例文 **働き過ぎじゃー、ほーたが、こけとってじゃ**（＝働き過ぎだ、頬がこけておられるよ）

ぼーぶら……［備後］南瓜。かぼちゃ。

例文 **ことしの夏ぁー、暑かったけー、ぼーぶらが、よく採れた**（＝今年の夏は暑かったから南瓜がよく採れた）

ほかすCD……［県南部］捨てる。放る。

例文 **ここへごみゅーほかしちゃーいけん**（＝ここへゴミを捨ててはいけない）

ぼっこー……［備後］たくさん。どっさり。大量に。いっぱい。仰山。

例文 **鰯がぼっこーとれた**（＝鰯が大量に捕れた）

ぼてる……［備後］水分を吸って膨らむ。

例文 **ゴザがぼててしもーて、おもーなっとるわい**（＝ゴザが水分を吸ってしまって重くなっているぞ）

ぼに……［備後］盂蘭盆会。盆祭り。

例文 **インドから来た言葉らしーがのー、盂蘭盆のことー、ぼに、ゆーんじゃが**（＝印度から来た言葉らしいがね、盂蘭盆会のことをボニと言うのだよ）

ほぼろをうる……嫁が勝手に里へ帰る。

例文 **夫と喧嘩して、ほぼろをうったげな**（＝夫と喧嘩して〈嫁が〉勝手に里へ帰ったそうだ）

まつぼり……内証金。へそくり。

ーえ　通う人、何人ぐらい　おったんか　知らんが　船のおーきな　サンパン　ゆー　やつよのー（＝まあ、あの頃に呉海軍工廠《こうしょう》へ通う人が何人ぐらいいたか知らないが、船の大きな「さんぱん」という船よね）

Bよんちょーろーで　のー（＝四丁櫓でね）

Aえー　よんちょーろーで　まー　宮島さんの、あのー　何かいの、ありゃー　あれのよーなかっこーよのー。よんちょーろーで　押して　きよったんじゃけー（＝ええ、四丁櫓でまあ、宮島神社の、あのう、何かね、あれはあれのような格好よね、四丁櫓で押してきたものだから）

Bえーえー、そーそー、よーしたもんじゃ、わしらー。おしたー　ゆーうちに　取りつけの方じゃったら　わしらー　見習いこーじゃったけんね、とりつけるのに　そーとー　夜あそびしちゃー　ねぶたいもんじゃけー

例文 **亭主に内証で、一〇〇万円もまつぼりゅー、貯めた**（＝亭主に内証で一〇〇万円も内証金を貯めた）

みてる CD……無くなる。尽きる。死ぬ。

例文 **いっぱいあったのに、もーみててしもーた**（＝たくさんあったのに、もう無くなってしまった）

みやすい CD……たやすい。簡単だ。

例文 **この問題はみやすい**（＝この問題は簡単だ）

むかわり……一周忌。一回忌。小祥忌。

例文 **はー、もー、むかわりじゃゆーて、はやぁーもんじゃのー**（＝早くも一周忌だと言って、早いものだね）

めげる CD……壊れる。毀れる。砕ける。だめになる。

例文 **ていねいにせんと、めげるでー**（＝丁寧にしないと壊れるよ）

もとーらん CD……つまらない。首尾一貫しない。役に立たない。訳が分からない。賢明でない。

例文 **おーきゅーなっても、もとーらんことばー、ゆーてからに、やれんよ**（＝大人になっても賢明でないことばかり言ってやりきれないよ）

やねこい CD……難儀だ。面倒だ。むずかしい。

例文 **今度の仕事はこまこーてやねこいけー、疲れるよ**（＝今度の仕事は細かくて難儀だから、疲れるよ）

やんす……［備後］ございます。

例文 **みやすそーにありゃんすが、じっしゃーはいたしーけーなー**（＝簡単そうでございますが、実際は、難しいからねえ）

よざるひき……夜遅くまで起きている人。

例文 **はよー、ねにゃー、よざるひきゅー、てんぐーが掠《さら》いに来るぞ**（＝早く寝なくては、夜遅くまで起きている人を天狗が掠いに来るぞ）

怒られるよ。眠たーのに　ころげられて　やりょーたに。五時ん　出るですけーのー。えらーわのー（＝えええ、そうそう、よくしたものだ、私たちは。押し手は、夕方の内に船の取り付けの方だったら、私らは見習工員だったからね、取り付けるのに、相当夜遊びしては、眠たいものだから、怒られるよ。眠たいのに転げられてやっていたものだ。五時に出るのですからね。体が怠いよね）

あいさつ（安芸市）

朝＝おはよーがんした
夕方＝おしまいなさんせー
別れ＝ごめんなさい
感謝＝ありがとーがんした・だんだん
訪問＝おりんさるのー・おってかの

中国

山口県

周防＝岩国市、柳井市、周南市、山口市、周防大島町など
長門＝萩市、長門市、宇部市、美祢市、下関市など

CD 35

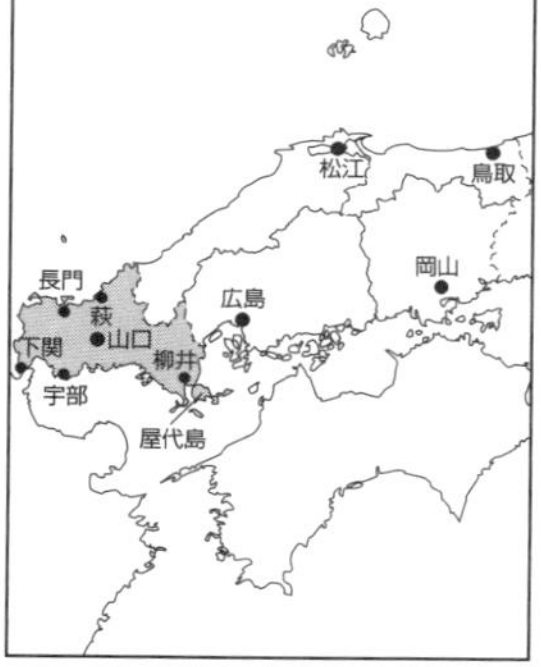

あずる……手こずる。困る。

例文 **おやつばっかり食べよるけー、あの子にもあずったもんじゃねー**（＝おやつばかり食べているから、あの子にも困ったものだね）

～あります……～ございます。

例文 **おはよーあります**（＝おはようございます）

いかい……大きい。

例文 **こりゃーいかい田んぼじゃのー**（＝これは大きい田んぼだな）

いぎ……のどに刺さった魚の小骨。

例文 **いぎがささって、とれんじゃん**（＝小骨が刺さって取れないなあ）

えーころはちべー CD……［周防］いい加減に。

例文 **えーころはちべーに帰り**（＝いい加減に帰りなさい）

えずい……頭がいい。ずるがしこい。

例文 **本当にえずい子じゃ**（＝本当に頭がいい子だ）

えどる……なぞる。

例文 **えどってかきゃーえー**（＝なぞって書けばいい）

＊「えぞる」「などる」とも。

えぶ CD……落ち葉用の竹編みのざる・ちりとり。

例文 **はよえぶとりいや**（＝早く竹ちり

山口の方言

◎県内の地域差

山口県の方言は、東部の周防《すおう》方言と西部の長門《ながと》方言に大きく分かれる。

周防方言は、東周防方言（岩国市・柳井市など）、西周防方言（周南市・山口市など）、そして屋代島（周防大島町）を中心とした大島方言の三つに区分される。

長門方言は、北長門方言（萩市・長門市など）、南長門方言（宇部市・美祢市など）、そして豊関方言（下関市など）の三つに区分される。

周防方言と長門方言の違いはあまり顕著ではない。また、東周防方言・豊関方言ではそれぞれ隣接する広島県・北九州市方言の影響も大きい。北長門方言は島根県の石見方言と共通する項目も多い。

とりを取れ）

＊周防では「てみ」「そうけ」。

おいでませ……いらっしゃいませ。

例文 **おいでませ、山口へ**（＝いらっしゃいませ、山口へ）

＊観光のキャッチフレーズとして使われるが、実際にはあまり聞かれない。

おだん……［長門］私。

例文 **おだんのことはほっちょいて**（＝私のことは放っておいて）

＊「あなた」のことは「おんしゃー」。

かく CD……髪を櫛でとく。

例文 **お風呂からあがったら、髪かいちやげて**（＝お風呂からあがったら、髪をといてあげなさい）

かぶる……噛む。刺す。

例文 **この夏はよー蚊にかぶられるねー**（＝この夏はよく蚊に刺されるなぁ）

～かん CD……～かね。

例文 **どっから来たんかん**（＝どこから来たのかね）

がんぜき CD……［長門］熊手。

例文 **勝手に人のがんぜき使うなっちゃ**（＝勝手に人の熊手を使うなよ）

＊周防では「がんざき」。

きっぽ……傷跡。

例文 **頭の後ろにきっぽができちょーね**（＝頭の後ろに傷ができているね）

きなる……［周防］得意になる。

例文 **ちょっと成績がえーぐらいで、そねーきなるなーや**（＝少し成績がいいぐらいで、そんなに得意になるな）

きびる CD……結ぶ。束ねる。

例文 **よーきびっちょき**（＝よく結んでおいて）

＊「てねる」とも。

きゃしゃげな……［長門］汚い。

例文 **きゃしゃげなやつには近寄るな**（＝汚い人には近寄るな）

＊「きしゃない」「きしゃな」とも。

～くさし……～残し。

例文 **食べくさし**（＝食べ残し）

＊食べている途中で、食べるのをやめているもの（あとで食べるかもしれな

◎文法的な特色

〈連母音の融合〉

「アカ＋イ→アケー・アカー（赤い）」「オオ＋イ→オイー（多い）」のような連母音の融合が活用において見られる。特に「オイー（多い）」は方言であるという意識が低い。中国地方共通の特徴でもある。

〈ウ音便〉

「ウレシ＋ク→ウレシュー（嬉しく）」「カウ（買う）＋タ→コータ」のようなウ音便が活用において見られる。中国地方共通の特徴でもある。

〈アクセント〉

アクセントは東京式アクセントである。ただ、語によっては標準語と異なるものもある。例えば、「りんご」「くつ」は一拍目が高い頭高型である。

〈文末助詞〉

「そーじゃ（＝そうだ）」のように、中国地方共通の特徴でもある断定を表す「じゃ」が使われる。西部では「や」が聞かれる。

い）のこと。「飲みくさし（＝飲み残し）」という表現もある。

くじをくるCD……叱る。むずかる。
例文**おーくじくられたっちゃ**（＝ひどく怒られた）
＊周防では「くじょーくる」「くじゅーくる」とも。

くずぬく……しゃがむ。姿勢を低くする。
例文**くずぬいて、探しいや**（＝しゃがんで、探しなさい）

けつる①……［周防］ける。
例文**ボールをけつる**（＝ボールを蹴った）

けつる②CD……［長門］つまずく。
例文**机の脚でけつった**（＝机の脚につまずいた）

こつる……咳をする。
例文**昨日からこつってばっかりっちゃ**（＝昨日から咳ばかりだ）

ごんごんちー……［長門］妖怪。幽霊。
例文**ゆうこときかんと、ごんごんちーがでるよ**（＝言うことを聞かないとお化けが出るよ）
＊幼児語。

さしくる……［長門］都合をつける。
例文**さしくっていく**（＝都合をつけて行く）
＊自分に都合よくする意でも。「羊羹をさしくっちゃろー（＝羊羹を多めに取ってやろう）」

さでこむCD……かき集める。放り込む。
例文**はよせんたくもんさでこみー**（＝早く洗濯物を取り込め）
＊長門では「さらばえる」とも。

さでしてる……放り捨てる。
例文**なおっしょかんと、さでしてるよ**（＝かたづけておかないと捨てるよ）
＊長門では「さでくりだす」とも。

～さん……～しなさい。
例文**はー行きさん**（＝もう行きなさい）

さんしのみっつ……［周防］いちにのさん。
例文**さんしのみっつで走るそ**（＝いち

最も特徴的な文末助詞は「～いね（＝～よね）」である。「～じゃ」よりも柔らかい言い方になる。前述の「そーじゃ」を柔らかく言うと、「それいね」となる。また、「ほ」「そ」もある。例えば、「どこ行くそ（＝どこに行くの）」という。おおよそ、周防では「そ」、長門では「ほ」が使われるようである。

「～っちゃ」も山口方言の特徴である。「ぶちわやするほっちゃ（＝すごく無茶苦茶するよね）」という。

〈進行と結果〉

山口方言では、「～よる」は進行・継続を表し、「～ちょる」は結果を表す。例えば、「雨が降《ふ》りよる」は現在降り続いているという意味を表し、「雨が降《ふ》っちょる」は現在は雨が止んでいるが雨が降った痕跡が残っている状態を表す。

〈テ敬語〉

山口方言では、「て」によって相手に対する敬意を表す。例え

にのさんで走るよ)
＊「せーのでみっつ」とも。長門では「さんのーがーはい」。

しかぶる……[長門]大小便を漏らす。
例文 **そねーなとこでしかぶるな**(＝そのような所で小便を漏らすな)

じら CD……わがまま。
例文 **じらをくる**(＝駄々をこねる)
＊「じら」を言う人のことは「じらくり」「じらくい(むし)」。

しわい……しつこい。
例文 **お母さんはおんなじことばっかりゆーけー、ぶちしわいっちゃ**(＝お母さんは同じことばかり言うから、とてもしつこいよ)

すいばり CD……木の棘。
例文 **すいばりがささっちょらーね**(＝棘が刺さっているよ)

せんない……面倒くさい。つまらない。
例文 **こがーな仕事、ぶちせんないで**(＝こんな仕事、大変面倒くさいぞ)

〜そ……〜の。
例文 **「そーなそ?**(＝そうなの?)」
＊周防では「〜のんた」、長門では「〜ほ」とも。

そーそーする CD……あちこち出歩く。
例文 **そーそーしんないや**(＝出歩くなよ)

それいね……そうだよね。その通り。
例文 **暇じゃけー、どっか行きたいねー。それいね**(＝暇だから、どこかに行きたいね。そうよね)
＊相手のことばに対して同意・同感を表す。

そんとな……[周防]そのような。
例文 **そんとな、ゆーちゃーいけん**(＝そんなことを言ってはいけない)
＊長門では「そんと」とも。

だいしょ(ー) CD……[長門]多少。
例文 **だいしょ歩くよーになった**(＝多少歩くようになった)

だだんだー……[周防]乱雑。むちゃくちゃ。
例文 **いっつもだだんだーにしちょるね**

ば、
・「先生が来《き》てんよ(＝来られるよ)」
・「来《き》ちょっちゃって(＝来られていて)」
・「先生は山口に住んじょってですいね(＝先生は山口に住んでいるのですよね)」
などはすべて敬語表現になる。この「て」は、共通語の連用形の「て」(例えば、「来てから」の「て」)と形が同じであるため、誤解を招く原因ともなっている。

◎気づかずに使う方言
最も顕著な例は「しあわせます(＝好都合です・助かります)」という表現。山口県ではかなり根付いていて、共通語と意識されている(正式な表現という規範意識を持っている)。先日もある公文書に「第三希望までお知らせいただけると幸せます」という表現を発見。書きことばではすでに定型句になって

（＝いつも乱雑にしているね）

＊広島の一部でも言う。

た(っ)ける CD……叫ぶ。

例文 **こねーな夜中にたっけりんなーや**（＝こんな夜中に叫ぶなよ）

〜ちゃ CD……〜よ。〜ね。

例文 **おちゃっちゃ**（＝お茶よ）／**ゆーたっちゃ**（＝言ったよ）

ちゃりこい……［周防］すばしこい。

例文 **隣の家の子どもはちっちゃいころからぶちちゃりこい**（＝隣の家の子どもは小さい頃からとてもすばしこい）

つくだる……疲れ果てる。つぶれる。腐る。

例文 **今日は仕事が多くて、つくだったっちゃ**（＝今日は仕事が多くて、疲れ果てたよ）

つくなむ……［周防］しゃがむ。

例文 **つくなんだら、えらいんちゃ**（＝しゃがんだら、苦しいのよ）

〜っちゃろ(ー)……〜でしょう。

例文 **あんときなんべんも言うたっちゃろー**（＝あのとき何回も言ったでしょう）

っぺ……引き分け。同じ。

例文 **この勝負はっぺじゃのー**（＝この勝負は引き分けだね）

つばえる CD……ふざける。じゃれる。

例文 **ごはん食べよーるときは、つばえんな**（＝ごはんを食べているときはふざけるな）

つまらん……だめだ。いけない。

＊「ひょうげる」とも。

例文 **大事なことじゃけー忘れちゃつまらんよ**（＝大事なことだから忘れたらいけないよ）

てれんこぱれんこ……ふらふらする。ぐずぐずする。

例文 **時間がないけー、てれんこぱれんこするなっちゃ**（＝時間がないから、ぐずぐずするな）

＊「てれーぐれー」とも。長門では「てれんぱれん」とも。

でんきな……意地っ張り。頑固。

いる。話しことばでも、公的なスピーチなどではよく聞かれる。もちろん、「幸せます」は「幸せです」の誤用ではない。山口方言には「しあわせる（＝うまくいく・都合がいい）」という動詞があり、その連用形に「ます」がついたのである。

語彙的なものとしては、「てみ（＝竹編みのざる）」「すいばり（＝棘）」「たう（＝手が届く）」などは方言であると意識していない。ちなみに、「たう」は中国地方全域に広く分布している。

表現としては、例えば「背中をすっちゃげよーか。」がある。これは背中を擦って痛くするのではなく、「背中を流してあげようか」という意味である。ちなみに、「大根おろし」のことも「大根すり」という。

◎若者の方言

東西に長い山口県だけあって、同じ意味を表すのに地域によってさまざまな表現がある。

例文 あの人はでんきなけーのー(=あの人は頑固だからね)
＊「でんきさく」「でんきぼーず」(=頑固者)、「でんきはる」(=意地を張る・わがままをとおす)」という表現もある。

てんくら……仕事もなく信用ができない人。うそ。
例文 あのひたーてんくらじゃー(=あの人は信用できない人だ)
＊「てんくらだめじゃのー」(=全くだめだな)」という表現もある。

どーかん CD……[長門]悪ガキ。腕白。
例文 近所のどーかんにはまいるっちゃ(=近所の悪ガキは手におえない)
＊「どーかんぼーず」「どーげん」とも。周防では「がんぼー」。

にーさま……義兄。お兄さん。
例文 あ、ちょっと、にーさま(=あ、ちょっと、お兄さん)
＊お姉さんへは「ねーさま」という。

にくじ……[長門]悪口。皮肉。嫌み。
例文 お父さんは酒をのむと、いっつもにくじばっかりっちゃー(=お父さんは酒を飲むと、いつも悪口ばかりだ)

ねき……[周防]側。
例文 ねきにいきんさい(=側に行きなさい)
＊「へリ」とも。

～のんた……[周防]～だよ。～だね。
例文 明日は雨じゃのんた(=明日は雨だねえ)

はー CD……もう。
例文 はー、えー(=もう、いい)／はー宿題やったん?(=もう宿題やったの?)

はしかいー……気が短い。歯がゆい。
例文 さっさとしいや、はしかいーのー(=さっさとしなさい、歯がゆいなあ)

はぶてる CD……すねる。
例文 そねーにはぶてんないや(=そんなにすねるなよ)

びっしゃ CD……ビシャビシャ。
例文 雨びっしゃじゃー(=雨がひどく降っているなあ)

その代表例が「とても」を表すことばである。
　伝統的な方言形としては、「ぶち」をはじめ、周防では「えーと」「えっと」、長門では「じょーに」「ごっぽー」がある。若者では実に様々な形が現れている。「ぶり」[全県]、「ばり」[岩国市]、「ばち」「ばちかん」(古い表現)である。他にも「ちゅーに」「ばくだぇー」「どひょーしもなぇー」「めーで」とか、「こんげん」[長門]、「おもいでに」[美祢市]、「いよいよ」[周南市北部]、「どえー」[長門市]などというのもある。また、程度がより強い表現としては、「ぶち」より強い「ぶちくそ」(古い表現)、「ぶり」より強い「まぶり」[宇部市]がある。

◎**方言グッズ**
　山口県の商品名にも方言が使われている。銘菓『ふく笛』の「ふく」は「吹く」ではなく「河豚」のこと。また銘菓『げってん』の「げってん」は「偏屈な人」という

＊長門の「びっしゃこ」はずぶ濡れの状態をいう。

びったれ……[長門]不精者。
例文 **一週間も髪をあらわんっちゃ、びったれじゃね**（＝一週間も髪を洗わないなんて、だらしないね）
＊周防では「びんたれ」。

ひゃっかん……[長門]もみあげ。
例文 **はーひゃっかんがなごーなっちょる**（＝もうもみあげが長くなっている）

びんぶく CD……肩車。
例文 **びんぶくしちゃげる**（＝肩車をしてあげる）
＊幼児語。「びんびく」「びんぼく」とも。

ふ CD……運。
例文 **ふが悪い**（＝運が悪い）
＊長門では「まんくそ」「まん」とも。

ぶち CD……とても。たいそう。
例文 **今日はぶちえらかった**（＝今日はとても大変だった）
⇩コラム「ぶち」

ぶるとっぴん……急いで。フルスピードで。
例文 **ぶるとっぴんで支度せーや**（＝急いで支度しろ）

へ CD……そう。
例文 **へじゃけど**（＝そうだけど）
＊「へでも（＝そうだけど）」「へで（さー）（＝それで〈さー〉）」「へでから（＝それで）」という表現もある。

へんくー CD……屁理屈をいう人。変わり者。
例文 **隣の人はへんくーじゃねえ**（＝隣の人は変わった人だね）
＊「へんくーたれ」とも。

へんじょーこんごー……逆らって、つべこべ言う。
例文 **へんじょーこんごーゆーないや**（＝つべこべ言うな）

ほーたる……投げる。投げ捨てる。
例文 **宿題をほーたっちょっちゃーいけんよ**（＝宿題を投げ出していてはいけないよ）
＊「ほーかる」「ほーくる」「ほったる」と

意味。『ごっぽう漬け』の「ごっぽう」は「ぶち」と同じ「たいそう」の意味である。

◎**方言番付**

山口方言の方言番付には数種類あるが、『山口縣方言番附』（昭和三九年五月五日発行・杉本書店）には、次のことばが掲載されている。

○東方（周防之国）
横綱　ええころはちべえ（出鱈目）
大関　ぶすけ（よく怒るもの）
関脇　てんばをやく（いらぬ世話をする）
小結　じらいう（強情をはる）

○西方（長門之国）
横綱　きもやき（人に心配をかけること）
大関　はぶてる（反抗する）
関脇　じゅうしれる（強情をはる）
小結　きんくろう（我侭勝手）

も。

ほーとくない……[周防]汚い。不潔な。みっともない。

例文 **ほーとくないやつじゃのー**（＝不潔な人だな）

＊「よーそけない」「よーさけない」とも。

ほろける……[長門]落ちる。

例文 **ボタンがほろけたけー、つけちょってーや**（＝ボタンが落ちたから、つけておいてくれ）

まっつい CD……[長門]そっくり。

例文 **しゃべり方がまっついじゃーねー**（＝しゃべり方がそっくりだね）

まめ CD……元気。健康。

例文 **ぶちひさしぶりやけど、まめなかったー**（＝とても久しぶりだけど、元気だったか）

めんたし……ごめんなさい。

例文〈家の敷居を踏んだとき〉**めんたし、めんたし**（＝ごめん、ごめん）

ももくる CD……くしゃくしゃに丸める。

例文 **それ、ももくって捨てちょって**（＝それ、くしゃくしゃにして捨てておいて）

やし……ずるいこと。インチキ。

例文 **じゃんけんのおそだししたやろー、やしくりんなーや**（＝じゃんけんの遅出しをしただろー、ずるいことをするな）

やぶれる CD……壊れる。

例文 **この時計、やぶれた**（＝この時計、壊れた）

＊長門では「やぶつ」とも。

よいよ CD……本当に。全く。

例文 **この子にはよいよ泣かされた**（＝この子には本当に泣かされた）

ろーま……春菊。

例文 **いちじく、にんじん、さんしょうに、しいたけ、ごぼうに、ろーま**〈下関の数え歌〉

＊滋賀・島根・福岡の一部でもいわれる。

◎数え方の方言

物を数えるときにも方言が聞かれる。例えば、鉛筆などの場合は「いっぽん、にほん、さんぼん、よんぼん、ごほん」と数える。「よんぼん」という言い方は珍しく、山口のほかわずかな地域にしか見られない。

◎地名

中国地方では、「峠」に独特な文字が使われる。例えば、山口県（広島県）では「垰（たお）」が多く見られる。「大垰」[長門市]、「垰」「垰の畑」[新南陽市]などがある。「梅ヶ峠」と書いて、「うめがとう」と読んでいるのは、「たお」から「とう」への音変化の結果であろう。

あいさつ(下関市)

朝＝おはよーございました
夕方＝こんばんわ
別れ＝おやかましござんした
感謝＝たえがたーなー
訪問＝もーし

四国

徳島県

CD36

北方（上郡・下郡）＝徳島市、鳴門市、板野郡、吉野川市、阿波市、美馬市、三好市など
南方（うわて・灘）＝小松島市、阿南市、海部郡など
山分＝三好市（西祖谷山村、東祖谷）、那賀町（木頭）など

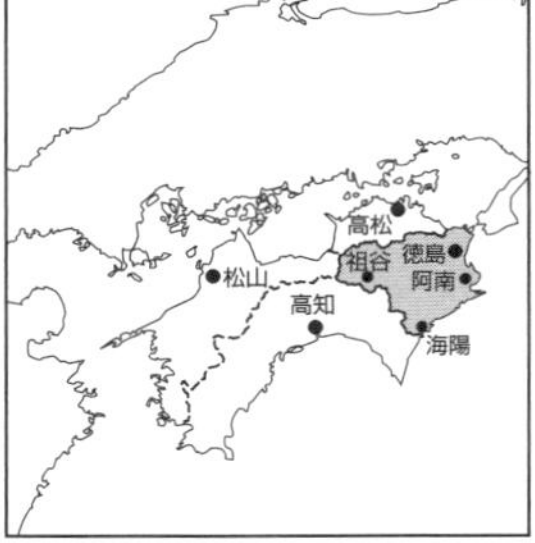

あずる……てこずる。

例文 **大きい弁当買うたら食べるんにあずったわ**（＝大きい弁当を買ったら食べるのにてこずったわ）

あばさかる CD……調子に乗ってはしゃぐ。

例文 **あばさかんりよったら怪我するんでよ**（＝はしゃぎまわっていたら怪我をするよ）

あばばい……まぶしい。

例文 **天気がええけん、外へでたらあばばいなあ**（＝天気がいいから外へでたらまぶしいなあ）

いんぐりちんぐり……不揃いな。

例文 **どしたんこれ、セットになっとるけんど、いんぐりちんぐりでー**（＝どうしたの、これセットになっているけれど、不揃いだなあ）

いんでくる……帰る。

例文 **もー、おそーなったけん、いんでくるわな**（＝もう遅くなったから帰るよ）

＊戻ってくる意味はない。

うちんく……私の家。

例文 **うちんくの犬はまだ子どもじゃ**（＝うちの犬はまだ子どもだ）

＊「く」は「家」のこと。

えっと CD……長い間。

徳島の方言

◎県内の地域差

徳島県の方言は、徳島市を含む県北部の北方《きたがた》、小松島市以南の南方《みなみがた》、三好市西祖谷山村、東祖谷や那賀町木頭などといった剣山周辺山間部である山分《さんぶん》の三つに区分される。

北方は、吉野川中流の美馬市以西の上郡《かみごおり》、以東の下郡《しもごおり》とに分けられ、上郡ではアクセントをはじめとして讃岐《さぬき》山脈を隔てた香川県の影響がみられる。

南方は阿南市を中心としたうわてと、海部郡を中心とした灘に分けられる。灘では、海上交通や明治より戦前まで行われていた女中奉公の風習により近畿方言の影響が強くみられる。

山分では「死ぬ」の古い形「死ぬる」や、打消の助動詞「ざった」（行カザッタ＝行かなかった）を用いるなど、古い語彙・語法が比較的保たれている。

例文 えっとぶりじゃな。えっとあわなんだでー（＝久しぶりですね。長い間会わなかったね）

おきる……満腹になること。

例文 よーけたべたけん、おなかおきたわ（＝たくさん食べたからお腹がいっぱいになった）

おげ CD……うそ。でたらめ。

例文 あいつはおげばっかりいいくさる（＝あいつはうそばかりいいやがる）

＊「うそつき」は「おげった」と言う。

おとんぼ……末っ子。

例文 私は九人兄弟のおとんぼじゃ（＝私は九人兄弟の末っ子だ）

おぶける……驚く。

例文 車がとびだしてきたけん、おぶけたわ（＝車が飛び出してきたから驚いた）

おまはん CD……あなた。おまえ。

例文 おまはんも一緒に食べるで（＝あなたも一緒に食べますか）

おもっしょい……おもしろい。

例文 この漫画、おもっしょいなぁ（＝この漫画、おもしろいなあ）

かー CD……ください。

例文 ちっか、かー（＝竹輪を下さい）

＊「つか」「つかはれ」とも。

がい①……強く。たくさん。

例文 がいにひっぱっといて（＝強くひっぱっておいて）

がい②……性格がきつい、強い。

例文 あの子、かわいーけんどわりとがいなわよ（＝あの子はかわいいけれど割と性格がきついよ）

かく CD……担ぐ。

例文 この机おもたいけん、いっしょにかいてくれるで（＝この机は重いから、一緒に持ち上げて運んでくれるか）

かさ……［南方］たくさん。大変。

例文 かさあるいた（＝たくさん歩いた）／きにょーはほんまにかさおぶけたのー（＝昨日は本当に大変驚いたねぇ）

かす……水に浸す。

例文 お茶碗、かしといてよ（＝お茶碗

◎**文法的な特色**

疑問を表す終助詞では、多くの場合「カ」が用いられるが、県南部では「行クンケ」のように「ケ」が多用される。南方の「ケ」は、県南部の方言の大きな特徴として県民に広く認識されている。また、山分では「コ」が用いられる。断定の助動詞は「ジャ」が若い世代にまで多く用いられるが、推量の場合には「ジャロー」よりも「ダロー」が主流なのが大きな特徴である。また、若い世代を中心として「ヤ」、推量では「ヤロー」も使われることが多くなってきている。

可能表現では能力可能の意味で「ヨー～スル」「エー～スル」を用いるのが一般的であるが、「ケッコ（ー）～スル」「ミジョ（ー）～スル」という形式が用いられることもある。「ミジョ（ー）～スル」は県西山間部を中心として使用されているが、現在では高齢者にまれに使用が認められるのみである。

を水に浸しておいてよ）

かんまん CD……かまわない。

例文 **ほなにあやまってくれんでもかんまんよ**（＝そんなにあやまってくれなくてもいいよ）

きち……うるち米。

例文 **これってきちじゃなあ。餅と違うなあ**（＝これはうるち米だ。餅米ではないなあ）

きどい……じれったい。

例文 **こんなきどい仕事はやっとれん**（＝こんなじれったい仕事はやってられない）

＊「きどくさい」「きしんどい」とも。

きぶい……坂がきつい。

例文 **あしこの坂はきぶいけん、馬力のある車で行きなはれよ**（＝あそこの坂はきついから、馬力のある車で行きなさいよ）

～け……[灘]疑問を表す。

例文 **おまはん、きょーは学校行くんけ。明日が休みけ**（＝おまえ、今日は学校に行くのか。明日が休みか）

げしなる……「寝る」の尊敬語。

例文 **おじーさんはもーげしなっとるかいな**（＝おじいさんはもうお休みになっているかしら）

＊古語「ぎょしん（御寝）なる」から。

げと……最下位。

例文 **わたしやいつもげとじゃ**（＝私なんかいつも最下位だ）

＊「げっとー」「げとっぱ」「げとべ」「どべ」なども。

けない……なくなるのが早い。

例文 **これびゃーのお菓子、けないなあ**（＝これだけのお菓子ならなくなるのが早いなあ）

～けん……～から。～ので。

例文 **ほなけん言うたで。私が行くけんって**（＝だから言ったじゃないか。私が行くからって）

＊理由を表す。

ごじゃ……でたらめ。間違い。

例文 **あいつのいーよることはごじゃば**

理由を表す接続助詞は、主に「ケン」が使われる。他に上郡では「キン」、灘では「サカイ」が使われる。また高齢層では「ケニ」「キニ」もまれに聞かれる。

◎音声面での特徴

音声的な特徴としては、サ行音とハ行音の交代がよく見られる。例えば「それから」は「ほれから」となる。また、高齢層にカ行やガ行の合拗音「クヮ・グヮ」が聞かれ「コックヮイ（国会）」のような発音も聞かれる。

◎関西方言の影響

徳島は四国における関西の玄関口となっている。四国の他県との交流よりも関西方面とのつながりが強い。そのため、言葉の面でももっとも関西的である。例えば「行かない」の場合、四国では「行かン」のように「ン」を用いるのが一般的だが、徳島県東部では「行ケヘン」のように「ヘン」を用いる。また、同様に

っかしじゃ。**本気にせられんよ**（＝あいつの言ってることはでたらめばかりだ。本気にしてはいけないよ）

さどい……機敏な。機転が利く。
例文 **この子は何してもさどいなあ**（＝この子は何をしても機敏だなあ）
＊「さどこい」とも。

じいも CD……［吉野川中流域］里芋。
例文 **今夜はじいもでもたこうか**（＝今夜は里芋のおかずでも作ろうか）

しにいる……あざ。
例文 **どこやかししにいっとんでないか**（＝あちらこちらにあざができているではないか）

～じょ……［徳島市周辺］～ですよ。
例文 **きにょーお花見いってきたんじょ**（＝昨日お花見に行ってきたんですよ）
＊主に女性が用いる。

しょーたれ CD……だらしない。
例文 **背中からシャツが出とるでよ。しょーたれじゃなあ**（＝背中からシャツがでているよ。だらしないなあ）

しりうち……泥はね。
例文 **じるたんぼで歩いてきたけん、ようけしりうちしとるわ**（＝道のぬかるんでいるところを歩いてきたからたくさん服に泥がはねているわ）

しんだい① CD……（体が）だるい。
例文 **暑い日が続くけんしんだいわ**（＝暑い日が続くから体がだるいわ）

しんだい②……しょうもない。あほらしい。
例文 **しんだいことばっかり言よらんとはよ行け**（＝しょうもないことばかり行っていないで早く行きなさい）

せこい① CD……肉体的に苦しい。
例文 **えっとぶりに走ったらせこい**（＝久しぶりに走ったら苦しい）

せこい②……気苦しい。
例文 **宿題ができとらんけんせこい**（＝宿題が出来ていないから気が苦しい）

せんぐり……次々に。順番に。
例文 **せんぐりお土産もろうてすまんな**

「だめだ」の意味の「イカン」に変わり、関西的な「アカン」が県東部で優勢となってきている。

◎方言看板

徳島県では、方言を用いた看板をよく見ることができる。中でも一番多くみられるのは「禁止」の看板である。川の近くや資材置き場などで「泳ガレン」「遊バレン」「入ラレン」といったように子どもに向けて呼びかける看板を多く見ることができる。この可能表現の否定形を用いる禁止表現は、「泳グナ」など「～ナ」という禁止表現より柔らかい表現だからであろう。「捨てたらイ缶」というようなものもある。個人が設置しているものだけでなく、公共的な団体の設置しているものも多い。

　土産物を含め方言グッズはほとんど存在しないが、最近少しずつ増えつつある。これも同様に「禁止」を表したものだ。交通標語を表した「方言のれん」に

あ（＝次から次へとお土産をもらってすまないなあ）

そら CD……川の上流の地域。特に吉野川上流域を指して言う。

例文 **あの人はそらから来たみたいなでよ**（＝あの人は吉野川の上流から来たみたいですよ）

たしない……［祖谷］稀少だ。

例文 **ようけあったように思うた銭も使うてしもうたらたしないもんじゃ**（＝たくさんあったように思ったお金も使ってしまったら少ないものだ）

たっすい CD……馬鹿らしい。

例文 **ほんなたっすいこと言われん**（＝そんな馬鹿らしいことを言うな）

たてる……閉める。

例文 **戸をたてて出ていてよ**（＝戸を閉めて出て行ってよ）

たもれ……［祖谷］下さい。

例文 **わんくでよけりゃー、また来てたもれ**（＝私の家で良かったら、また来てください）

ちょうず……便所。

例文 **ちょっとおちょうず行てきます**（＝ちょっと便所に行って来ます）

＊上品な表現。

つくなむ……しゃがむ。

例文 **つくなんで待っちょったら、足がすくんでしもーた**（＝しゃがんで待っていたら、足がすくんでしまった）

＊「つくまむ」とも。

つべくそ……よけいなお節介。

例文 **いらんつべくそいうけんど、このほうがええでよ**（＝よけいなお節介だけど、このほうが良いよ）

つまえる CD……片付ける。

例文 **はさみつこーたら引き出しにつまえときない**（＝はさみを使ったら引き出しに片付けておきなさい）

てれこ……ものの位置が入れ違っていること。

例文 **数字がてれこになっとったけん、計算が合わなんだ**（＝数字の順番が違っているから計算が合わなかった）

「飲んだらのれん」。

◎阿波弁の王様「で」

阿波方言の文末詞に「で」がある。「あるデ（＝あるのか？）」「行くデ（＝行くのか？）」のように、主に疑問の意味で使われ、共通語の「か」に相当する。ところが、この「で」は疑問以外の意味にも用いられるため、他県の人にとっては意外に理解しにくい。

例えば、「あるデないデ」。この言葉を初めて聞いた人は、あるのかないのかどちらなのかと首をかしげる。「ないデないデ」となると、もう途方にくれるしかない。これは、「あるではないか」「ないではないか」という意味である。

このほかに、勧誘、詰問などの意味でも「で」は使われ、さらには他の文末詞と一緒にも使われる。「するデわ（＝するよ）」「ほーデか（＝そうか）」「来たんデよ（＝来たよ）」「食べるデわだ

どくれる……すねる。
例文 **いつまでもどくれとらんと、えーかげん出てきてご飯食べない**（＝いつまでもすねていないで、いいかげんに出てご飯を食べなさい）

どちらいか……どういたしまして。
例文 「**こないだはありがとー**（＝この間はありがとう）」「**いえ、どちらいか**（＝いいえ、どういたしまして）」

どびる CD……野菜などが腐り崩れること。
例文 **ほんなもん、どびてしもうて食べれるかだ**（＝そんなもの、腐ってしまって食べられないよ）

どぼれ……［上郡］あほ。馬鹿。
例文 **なんしょんな。どぼれが！**（＝何しているの。ばか！）

なしになる……［上郡］なくなる。
例文 **お菓子がみななしになった**（＝お菓子が全部なくなった）

なるい……傾斜がゆるい。
例文 **なるい坂じゃけん、せこーないな** あ（＝ゆるい坂だから苦しくないなあ）

はいりょ……［北方］ください。
例文 **先生の話をよーきーて、勉強してはいりょ**（＝先生の話を良く聞いて、勉強して下さい）

はしかい ①……痛がゆい。むずがゆい。
例文 **稲刈りしたけん体中がはしかいわ**（＝稲刈りをしたから体中がむずがゆいわ）

はしかい ②……意地が悪かったり生意気だったりして面倒な性格。
例文 **あの子は小さい時からはしかかったんよ**（＝あの子は小さいときから面倒な性格だったのよ）

はめ CD……まむし。
例文 **はめがおるけん、山ん中へや行かれん**（＝まむしがいるから、山の中になんか行ってはいけない）

ひこずる ①……引きずる。
例文 **若い子がズボンのすそひこずって歩っきょるんは妙ななあ**（＝若い子がズボンの裾を引きずって歩いているの

（＝食べるよ）」など。
「で」は日常最もさかんに使われる阿波弁の王様である。

◎せこい、えらい、しんどい、しんだいの使い分け

苦しい、疲れたという意味を表すことばとして、徳島市近郊では「せこい」、「えらい」、「しんどい」、「しんだい」を使いわけている。「えらい」と「しんどい」は、他の地方でもよく使われることばであるが、「しんだい」と「せこい」は、徳島特有のことばである。ともに、肉体面、精神面の両方に対して使われる。

体の不調を表す場合、息が荒くなるほど苦しいときは「せこい」を、熱っぽい、だるい程度の場合には「しんどい」や「しんだい」が使われる。「急に胸がせこーなって死ぬかと思うた（＝急に胸が苦しくなって死ぬかと思った）」「この子、熱があるんかなあ、しんだそうなよ

は変な感じだなあ）

ひこずる②……散らかす。
例文 **この部屋はえらいひこずっとんな**（＝この部屋はかなり散らかっているね）

ひだるい CD……空腹だ。ひもじい。
例文 **ひだるーて仕事にならん**（＝空腹で仕事にならない）
＊上郡では「ふだるい」。

ひどい……すごい。えらい。
例文 **あんなこまい子が一人で大阪まで行ったんでよ。ひどいなあ**（＝あんなに小さい子が一人で大阪に行ったんだよ。すごいなあ）
＊程度が甚だしい場合に良い意味でも用いられる。

〜びゃー CD……〜ばかり。〜しか。
例文 **これびゃーかのこっとらんの**（＝これだけしか残っていないの）
＊少ない様を表す。山分では「〜ば」。

ひんける……干からびる。
例文 **どしたん、この野菜ひんけとんでー**（＝どうしたの、この野菜干からびているよ）

ひんず……余分。
例文 **ほなにひんずにつがれても食べれんよ**（＝そんなに余分に盛られても食べられないよ）

へらこい……ずる賢い。
例文 **あいつはへらこいやっちゃけん、いつでもばーやんに菓子もらいよるわ**（＝あいつはずる賢い奴だから、いつもおばあさんに菓子をもらっている）

へんしも……すぐさま。
例文 **へんしもいんでこないかん**（＝すぐさま帰らないといけない）

ほなけんど……だけど。しかし。
例文 **おまはんの言よることはわかるでよ。ほなけんど、うまいことといかんのと違うで**（＝あなたの言うことはわかるよ。だけど、うまくいかないんじゃないの）

まがる CD……邪魔になる。
例文 **ほこまがるけん、どきないよ**

（＝この子、熱があるのかなあ、だるそうだよ）」

「しんだい」は「しんどい」とほぼ同様に用いられるが、大きく違う点は、次の例のように「つまらない」という意味で用いることができる点である。どちらかといえばこの意味で使用することが多い。「することがないけん、しんだいなあ（＝することがないからつまらないなあ）」「しんだいこと言よらんと、早よせえ（＝つまらないこと言っていないで早くしろ）」

また、激しい運動などをして、息が切れるような場合には「せこい」を、同じ姿勢が続いて、足や腰などが苦しい場合には「えらい」を使う。「えっとぶりに走ったけん、せこかった（＝久しぶりに走ったから、苦しかった）」「下向いてばっかりじゃけん、えらいわ（＝下を向いてばっかりだから、疲れたわ）」

この中でも「せこい」は、お腹

（＝そこは邪魔になるからどきなさいよ）

＊南方では「まぎる」。

まける……液体があふれる。

例文 **お風呂の水がまけよるよ**（＝お風呂の水があふれているよ）／**おしっこがまけた**（＝おしっこをもらした）

むつごい……味がしつこい。油っぽい。

例文 **焼き肉はうまいけんどちょっとむつごいな**（＝焼き肉はおいしいけれど少し油っこくてしつこいな）

めげる CD……壊れる。

例文 **変にいらいよったらめげるでよ**（＝変にさわっていたら壊れるよ）

めんどい①……難しい。

例文 **この問題めんどいわ**（＝この問題難しいわ）

めんどい②……気難しい。理屈っぽい。

例文 **何ごちゃごちゃめんどいこと言よんな**（＝何をごちゃごちゃと理屈っぽいこと言っているんだ）

やね……［下郡］上腕部。

例文 **仕事し過ぎたけん、やねがこわってしゃーないでわだ**（＝仕事をし過ぎたから、腕が痛くて仕方がないよ）

よ(ー)たんぼ CD……酔っぱらい。

例文 **よたんぼは、はよ家いんで寝なはれ**（＝酔っぱらいは早く家に帰って寝なさい）

よわざ……夕方。

例文 **よわざになってからや出かけんと、明日の朝にしなはれ**（＝夕方になってからなんか出かけないで、明日の朝にしなさい）

わがでに……自分で。

例文 **わがでにご飯食べて行きないよ**（＝自分でご飯食べて行きなさいよ）

〜わて CD……〜ずつ。

例文 **いっちょわてやるけんな**（＝一つずつあげるからな）

わるそ CD……いたずら。いたずら者。

例文 **わるそばっかししよったらこらえへんのぞ**（＝いたずらばっかりしていたら許さないよ）

が痛くなるほど大笑いしたときや、おいしいものをたくさん食べたときといったような楽しい場面でも使い、使用できる範囲が広く、使用頻度も高い。

　しかし、この「せこい」は、一歩徳島県から出ると、「けち」の意味に受け取られてしまうため、県外では使わないように気をつけている徳島県人が多いようだ。

　「せこいって言わんようにするんもせこいんでよ（＝せこいって言わないでおくのも辛いんだよ）」

あいさつ

朝＝おはよーがーす
夕方＝おしまいなはれ
別れ＝ごめんなして
感謝＝ありがとー
訪問＝ごめんなして

四国

香川県 CD37

東讃＝高松市、さぬき市、東かがわ市、三木町
島嶼部＝小豆島町、土庄町、直島町、その他
中讃＝丸亀市、坂出市、善通寺市、多度津町、宇多津町、綾川町、琴平町、まんのう町
西讃＝観音寺市、三豊市

あじわる……［中・西讃］気持ち悪い。
例文 **うじがわっきょる。あーあじわる**（＝蛆虫がわいている。ああ気持ち悪い）
*「あんじゃる」とも。

あずない CD……幼稚な。
例文 **図体が大きゅうなっても、あずないなぁ**（＝成長しても、子どものように幼稚で世間知らずだ）

あっぱがお……あきれ顔。
例文 **あっぱがおして、何みよんぞ**（＝あきれ顔で、何を見ているんだ）

あまばい CD……［さぬき市・東かがわ市］まぶしい。
例文 **お日さんがきつうて、あまぼうていかん**（＝太陽の光がきつくて、まぶしい）

いぐい① CD……えぐい。
例文 **ずきがいぐうて食えん**（＝ずいきが十分あくがとれずえぐい）

いぐい②……したたか。
例文 **いぐいけん、きぃーつけよ**（＝したたかな一筋縄でいかん人やから気をつけよ）

いた CD……［東讃（旧高松藩）］下さい。
例文 **あいやこにさしていた**（＝共同使用にさせて下さい）
*西讃（旧丸亀藩）では「つか」。

香川の方言

香川県の方言は、東讃（旧高松藩）、西讃（旧丸亀藩）、島嶼部、あるいは、東讃（高松以東）、中讃（丸亀平野）、西讃（三豊平野）、島嶼部に分けられる。

音韻、語彙、語法いずれも関西方言に近いが、(1)「ヨル」（進行態）と「トル」（結果態）の区別、(2)促音・撥音の多用（「オモッショイ（面白い）」「ニンギョシ（賑わしい）」「フッリョル・フンリョル（降りよる）」）、次に徳島県境鳴門市近くの相生地区は「フンジョル」、小豆島は「フリヨル」がある。(3)老年層に残る合拗音（「クァ、グァ」）、(4)原因・理由の「セニ・シニ・サカイ」［小豆島］、また、小豆島では「映画」を「エイガ」、「よい」を「エイ」と発音する。近年調査では直島はより岡山弁に、小豆島は東讃の言葉に大きく変わりつつある。(5)様子・推定の「ゲナ」の頻用、(6)形容動詞のナ終止

うたてげ……［小豆郡］気の毒な。
例文 **うたてげに、みている**(＝気の毒そうに、みていた)

うっしょやみ・うっしゃやみ……［さぬき市・東かがわ市］病的な潔癖症。自分だけ潔癖症だと思っている。
例文 **あの人は、うっしょやみでいかん**(＝あの人は、自分だけが清潔だと思い込んでいる)

うったて CD……手始め。習字等の起筆をいう。
例文 **うったてが、大事や**(＝なにごとも、見通しが大切だ)

うまげな CD……立派な。
例文 **うまげな服きとるのー**(＝立派な服を着ているね)
＊中讃・西讃では「うまたげな」。

うれしげな……生意気な。
例文 **げんしゃやきんゆーてうれしげんすな**(＝金持ちだからといって生意気な態度をとるな)

えどる……なぞる。
例文 **えどっとるだけやんか、そななんいっかー**(＝なぞっただけじゃないか、そんなのだめだ)

おうろい・おうるい……恵みの雨。
例文 **ええ、おうろいや**(＝ようやく、恵みの雨が降った)

おきる CD……満腹になる。
例文 **うどん二玉でもーおなかがおきた**(＝うどん二玉でもうおなかいっぱいになった)

おくもじ CD……菜っ葉の漬物。
例文 **おくもじ、はよだしていた**(＝菜っ葉の漬物を早く出せ)

おげ……ずる。無理。
例文 **だれっちゃ見よらへん、おげしたって、かむかいや**(＝だれも見ていない、ずるしたって構うものか)

おごく……叱る。
例文 **あいとは、いっぺんおごっきゃげないかん**(＝あいつは一度厳しく叱りつけなければならない)

おことい……忙しい。

(今日は静かナなあ)などが特徴的。

アクセントは、京阪式に似ているが「山・犬」などを平らに発音する讃岐《さぬき》式が大半を占める。また、島嶼部には極めて珍しいアクセントが点在しており、特に県最西部の伊吹島は、平安時代の京都アクセントの面影を最もよく残していると言われている。

◎「なー」と「のー」

全県で、文末や呼びかけに「なー」「のー」をよく用いるが、西讃・東讃・中讃ともに、「な」が「の」より丁寧語の意識がある。但し高松市及び新市内牟礼、さぬき市一部に「のー」の使用が顕著な場合がある。近年に至って、若者たちは「な」「の」の使用区別がなくなった。むしろ、このごろの傾向として若い女性は「やん」を使用するようになった。

例文 おことい のに、よーきてくれました（＝お忙しいのに、よくいらしてくれました）

おちらし……麦こがし。はったい粉。

例文 **おやつゆうても、おちらしがええほうで**（＝おやつの中でも、麦こがしの方が上等です）

おとっちゃま……臆病者。

例文 **ぎゃいるに飛びのくっちゃ、いかさまおとっちゃまやのー**（＝かえるに飛びのくとはまったく臆病者だね）

おみーさん……（おじゃといわれるものより軟らかい）雑炊。

例文 **今日もおみーさんか**（＝今日も軟らかい雑炊か）

＊さぬき市、高松市では「おみみさん」。

おろこばえ・おろかばえ CD……実生。

例文 **いつのまにやら、おろかばえがでとるぜ**（＝種をまいてないのに木〈野菜〉が生えている）

かさにのせる……［高松・東かがわ市引田］傘に入れる。

例文 **すまんけど、傘にのせて**（＝すみませんが傘に入れさせて）

かぼそ……［小豆郡］かわうそ

例文 **かぼそがでた**（＝人を化かすかわうそがでた）

きざから……［東讃］いじわる。

例文 **こんまいこーにきざからしたらいかん**（＝小さい子にいじわるをしてはいけない）

きびる CD……［坂出市・東かがわ市］惜しむ。

例文 **また、きびっとる**（＝また、けちっとる）

きゃっきゃがくる CD……いらだちの擬音語。

例文 **きゃっきゃがきて、いんでしもうた**（＝仕事がうまく捗らないないので、いらいらして、返っていった）

きょ（う）とい……［小豆郡］恐ろしい。

例文 **あっきゃあ、きょうとー**（＝あれー、おそろしい）

◎香川のあいさつことば

なにができよん・なにしよん—香川で使われる出会いのあいさつのことば。「なんがでっきょん」とも。

なんしんですか［中・西讃］—誉められたときに謙遜して言うことば。「あんたんきのこー、よーできるんやてなー（＝お宅のお子さん、よくできるんですってねー）」「なんしんですか（＝どうして、そんなことありませんよ）」

◎「うどんは別腹」「うどんにかきまぜ」

一昔前、お祝い事は一般家庭で行われた。お祝いの膳は腕達者の主婦が料理を作った。一方、旧家等は料理人を雇っていろいろな料理を作った。包丁と七輪そして鍋等が主要な道具だった。朝早くから取り掛かった料理も、お昼近くまで、かかる。そこで、取敢えず出されるのがうどんだった。

くろみ……［東かがわ市引田・新川］梅雨。
例文 **くろみに入ったぜ**（＝梅雨に入ったよ）

けっこい……美しい。きれいだ。
例文 **あんたんくの嫁さんよいよけっこいなー**（＝お宅のお嫁さんすごくきれいですね）

こうねん CD……［東かがわ市・さぬき市］立ち入った内容。
例文 **あの人はこうねん〈たれ〉で弱る**（＝あの人は何事も必要以上にいわく因縁を言って困る）

ごー……［丸亀市以西］ごらん。
例文 **見てごー、まちごてしもたやろ**（＝見てごらん、間違ってしまっただろう）
＊中讃では「ごんな」。

ごろたひく CD……［東かがわ市・さぬき市・小豆郡・高松市南部］おおいびき。
例文 **あれと同じ部屋はいやでぇ、ごろたひくけん**（＝大いびきをかくので、同部屋はお断り）

さいあがる……［中・西讃］調子に乗りすぎる。
例文 **いずみのはたで、さいあがっじょったらあむないで**（＝井戸のそばでふざけていたら危ないよ）

しける CD……人見知り。
例文 **まだ、しけていかんなー**（＝まだ、人見知りをして困る）

しょーたれ……だらしがない。
例文 **いつまでたっても、しょーたれでいかん**（＝だらしがない）

しょーらしい① CD……おとなしい。
例文 **しょーらしい子や、くるくるあそんどる**（＝おとなしい子で、よく遊ぶ）

しょーらしい②……まじめ。
例文 **しょーらしい人や**（＝まじめな人だ〈大人〉）

じょんならん……どうにもならない。
例文 **おまいとこの息子はじょんならんやっちゃのー**（＝君んちの息子はどうにもならない奴だなあ）

田休みやお祭には御馳走といえば、「うどん」と「かきまぜ」だった。酢めしに季節の野菜、干瓢、おあげ、その上、瀬戸内で取れた「小エビ」と「穴子」（焼いて味付けをし、細かく刻む）をいれた「かきまぜ」はその家々によって酢の具合が違い、その近所の評判も楽しい話題であった。

　うどんが独立した主食になったのは、昭和四〇年代頃で、うどんの容器も「うどん鉢」から「どんぶり」に変わってしまった。「うどん鉢」は、うどんが一玉はいるくらいの鉢であった。

◎旭川発「讃岐弁　どちらえ(い)か」
　北海道のラジオ放送「桃栗金曜日」は人気番組のひとつだった。その番組のパーソナリティ河村アナに旭川の主婦から質問が寄せられた。「私たちの日常話している『どちらえか』『どちらいやら』は讃岐弁と違うんです

しりうち……泥はね。
例文 **今日も雨やけん、しりうちしてしもうた**（＝今日も雨だから、泥はねを受けた）

じるい CD……ぬかるんでいる。
例文 **じるいけん、長靴はいていきまいなさい**（＝ぬかるんでいるから、長靴を履きなさい）

ずぼ……［**綾川町・琴平町・まんのう町・三豊市・観音寺市**］ずぶ濡れ。
例文 **傘もささんと、まっずぼやないか**（＝傘もささないで、ずぶ濡れじゃないか）

せかれる……［**小豆郡**］腹が立つ。
例文 **ひとりせかれてくる**（＝一人、腹が立ってくる）

せに……［**小豆郡**］から。
例文 **お土産こーてきて、やるせに**（＝お土産を買ってきて、あげるから）

せらう……妬む。
例文 **せろーて、どなんするんや**（＝人を妬んで、どうするの）

せる……［**さぬき市から高松市東端・坂出市一部まで**］する。
例文 **お客せるか**（＝祝宴をするか）

せんぐり(に)……次々と。
例文 **せんぐりに、お客さんがきよって**（＝次々と来客があって）

ぞーらいな……［**中・西讃**］整頓ができない。
例文 **ぞーらいなけん、ひろげさがしとる**（＝整頓ができないから、あたり一面散らかしている）

たってき……［**東かがわ市**］取敢えず。
例文 **たってき、百万円ぐらいはいる**（＝取敢えず、百万円は必要）

つか……［**西讃(旧丸亀藩)・東かがわ市相生地区**］下さい。
例文 **ちびっとこば残しといてつかよ**（＝ほんの少し残しておいて下さいよ）
＊東讃（旧高松藩）では「いた」。

つばえる……［**東かがわ市・三豊市**］贅沢する。
例文 **あの人は口がつばえとる**（＝あの

か」。

そこで、ぐるっと回って私（島田）のところへ問い合わせが来た。旭川は讃岐と阿波からの入植者が多い。讃岐の主婦の立話などでは、いたって当たり前の会話。

「あとには、ありがとう（ございました）」。

「どちらぇか」「どちらいやら」今日もどこかで聞こえてきそうだ。先日はありがとう。どういたしまして。という会話である。旭川は明治時代、政府による入植者政策で発展した町である。地元の言葉がないだけに、入植者の大半を占める人たちの言葉である讃岐弁・阿波弁が根付いたものと思われる。

読売新聞『新日本語の現場』「方言の今」45・46は、「標準語引き日本方言辞典」を紐解けば、「最下位」を表す方言は香川県に「どんけつ」など四〇種類以上あるという。インタビューを受けた折、その数の多さには驚いた。

人は贅沢して、口が肥えている）

つむ……きる。

例文**今日、髪をつんだ**（＝今日、散髪をした）

できあい・でっきゃい……あり合わせで作った食事。

例文**でっきゃいですけんど、おあがんな**（＝あり合わせのもので、作った食事ですが、お食べ下さい）

てんこつ……てっぺん。頂上。

例文**あの山は、てんこつがとんぎっとる**（＝あの山は、頂上がとがっている）

てんまいCD……［**東かがわ市・まんのう町・琴平町・高松市南部**］よい都合。

例文**その話、てんますぎってでー**（＝話がうますぎる）

どくれる……ふてくされる。

例文**おごかれても、どくれたらいかん**（＝叱られても、ふてくされたらいけない）

とつけもない……とんでもない。

例文**きゅーにとつけもないことゆーな**（＝急にとんでもないことを言うな）

＊「とっけもない」とも。

のどっせCD……［**東かがわ市・三木町・高松市東部・三豊市・まんのう町**］ずうずうしい。下品な。

例文**のどっせな人はいや**（＝ずうずうしい人はいやだ）

はがいまし一CD……じれったい。

例文**なにしとん、はがいまし一**（＝いつまでかかっとん、じれったい）

はく……はめる。

例文**手袋をはく**（＝手袋をはめる）

＊若者の一部に、手袋をつけるがある。

はせ……ボタン。

例文**はせぐらい、わがでんつけな**（＝ボタンくらい自分でつけなさい）

はめる……仲間に入れる。

例文**はしりごくするんやったらあたしもはめてー**（＝かけっこするんだったら私も仲間に入れて）

ひんけるCD……［**東かがわ市・さぬき市**］しなびる。

一つの私の試論は、現代の話し言葉の原点を中世に遡るとすれば、室町幕府の権力者細川氏の所領である讃岐・阿波は四天王とか言われる武将の領地も両国に多い。その上、彼らの出自は関東が多い。それだけに、いろいろな言葉が交じり合ったことだろう。

このことと、近世海運における讃岐廻船の活躍は特筆に価する。北前船による言葉の交流は間違いなく語彙の豊富さに繋がるものといえよう。新聞社の調査網は佐渡をはじめ、北前船で有名な湊町の言葉は不思議と共通する事をつきとめた。私の試論の後半の部分は信憑性があるという。運動会で「いつも、おいどで、走りょる」と言われた私の苦い思い出がよぎる。

◎「**おしゃまな子**」

女の子は物心がつく頃になると、何かと気を回すようになる。お客さんが来ると、足元が

例文 **雨が降らんけん、大根がひんけて**(＝雨が降らないから、大根がしなびた)

＊「やせた人」を「ひんけ」と言う。

ふつむ……目を閉じる。

例文 **おとろしかったら、めーふつんどれ**(＝こわかったら、目を閉じてなさい)

ぶに……運。

例文 **ぬしとに入られたんやて、ほんまにぶにのないやっちゃのー**(＝泥棒に入られたんだって、本当に運のないやつだな)

ぶる CD……漏る。

例文 **どっからぶっりょんぞ、かーらがはっぜとんか**(＝どこから漏っているんだ、瓦がはずれているのか)

へっぱくげな……[高松市以西]へんてこな。

例文 **けっこなかったのに、へっぱっけな顔になった**(＝きれいだったのに、おかしな顔になった)

＊「へっぱっけな」とも。

へらこい CD……ずるい。

例文 **あんたー、へらこー**(＝あなたはずるい)

ほーけにする CD……軽くみる。馬鹿にする。

例文 **とっしょりを、ほーけにしたらいかん**(＝老人を馬鹿にしてはいけない)

ぼっこ……[小豆郡]非常に。

例文 **ぼっこ、おおきになった**(＝非常に、大きくなった)

～まい……[東・中讃]～ませ。

例文 **まぁ、いっぺんたべてみまい**(＝まあ一度食べてごらんなさい)

まがる CD……邪魔になる。

例文 **こんなところに、おったらまがっていかん**(＝こんな所に座っていたら、仕事や通行の邪魔になる)

まける CD……あふれてこぼれる。

例文 **「そなんついだらまけるぞ**(＝そんなに注いだらこぼれるよ)**」「まけまけいっぱい**(＝こぼれるほどいっぱい)**」**

おぼつかないのに、お茶を持って行きたがる。好奇心が手伝った「おませさん」。それが「おしゃまな子」です。両親は、そんな我が子も満更ではないようだ。

◎**「おきずする」「おきじゅする」**

年頃の女の子に母親から、食事をしている大切なお客さんに「おきずしてきぃ」と言われると、顔を赤らめるのも、微笑ましい光景と言える。「お給仕する」が訛った言葉で「おきじゅする」とも言われ広く香川県で使われている。

◎**「からかみ」**

「からかみ、ちゃんとしめとけ」子どもの頃、両親からよく叱られた。「襖」と同様、共通語ですが、四国地方、中国地方東部、中部地方で使われる。近代住宅は「からかみ」もなくなり、思い出の中に。

まっつい……酷似している。同じ。
例文 **まっついやけん、どっちがあたしのかわからん**（＝まったく同じだから、どっちが私のかわからない）

まんでがん……［まんのう町・三豊市・観音寺市・さぬき市］全部。
例文 **ここにあるくずし、まんでがんいた(つか)**（＝ここにあるかまぼこ、全部下さい）

むつごい CD……(味が)濃い。脂っこい。
例文 **朝からあげもんはむつごい、こんこでえーわ**（＝朝からてんぷらは脂っこい、こい、たくわんでいいよ）
＊人の性格では「えげつない人」をいう。

めぐ CD……壊す。
例文 **おもちゃ、めいだら、まぞわないかん**（＝おもちゃ壊したら弁償しなければいけない）

めめろ・めめり……［小豆郡］目のごみ。
例文 **めめろが入った**（＝目にごみが入った）
＊「めめろが入った」は壺井栄の小説にも。

もさぶる CD……［東かがわ市］もてあます。
例文 **いつまで、もさぶっとん**（＝仕事や食事を時間がかかりすぎて、もてあます）

〜やか(こ)し……〜など。なんか。
例文 **わたしやかし、まんがに行くだけ**で（＝私なんか、たまに行くだけよ）

やぎろしー CD……面倒くさい。
例文 **こんなん、やぎろしーていかん**（＝こんな仕事〈話〉は面倒くさい）

りくつげな……(何やら)えらそうな。
例文 **りくつげな服きとるでないか**（＝カッコつけたわけのわからん服を着ているじゃないか）

ろっぷん……［中讃・東かがわ市］丸裸。
例文 「**がっこまでろっぷんではしれるか**（＝学校まで素裸で走れるかい）」「**はしれらいや**（＝走れるよ）」

◎その他の方言

いただきさん［高松周辺］―魚を桶に入れ、頭上に載せて売り歩く女性。＊愛媛では「おたたさん」という。

おじょも―化け物。妖怪。＊「おじょもん」「おじゃも」とも。

ごま―車輪。「うしろのごまがはっぜてしもたが（＝後輪がはずれてしまったよ）」

ねんご―自慢。

はしりごく―かけっこ。

ほっこ―バカ。あほう。「くそぼっこが（＝大バカ野郎が）」

あいさつ

朝　＝はやいのー・おはようござんした

夕方＝こんばんわ・おしまいでござんす・仕事をしている人には「はぜとんなー」

別れ＝さよなら・いんでくるわなー「そろそろおしなはんせ」

感謝＝ありがと・すまんなぁ

訪問＝親しい人に「おらんのな」・「こんにちは」・「ごめんなさんせ」

四国

愛媛県 CD38

東予＝今治市、西条市、新居浜市、四国中央市など
中予＝松山市、伊予市、伊予郡など
南予＝大洲市、八幡浜市、宇和島市など

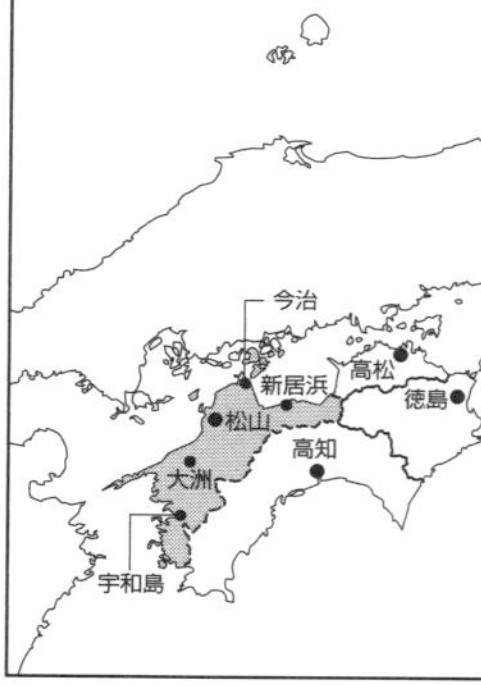

あらける……間隔をおく。

例文 **よー、あらけとかんと、ひょーひょーになっていかんぜ**(＝じゅうぶん間隔をあけておかないと、ひ弱になってだめですよ)

あらやけ……食器洗い。

例文 **あらやけが済むまで、まちーと待っとって**(＝食器洗いが終わるまで、ちょっと待ってて)

*「あらいやけ」とも。

あろん……[今治]あれをご覧。

例文 **あろん。木が倒れてしもた**(＝あれを見て。木が倒れてしまった)

*「あれをお見」の略。「ころん(＝これをお見)」「そろん(＝それをお見)」もある。

あんきまごろく……[南予]のんきもの。

例文 **こがなあんきまごろくた、思わなんだ**(＝こんなのんきものとは思わなかった)

いいえのことよ CD……どういたしまして。

例文 **いいえのことよ、こっちこそごっつぉになってから**(＝どういたしまして、こちらこそご馳走になってしまって)

いでらしい……長持ちしている。

愛媛の方言

◎県内の地域差

東中予方言、南予方言、瀬戸内海島嶼方言に大きく分けられる。さらに、東中予方言は、燧灘に面した東予方言と、松山市を中心とする中予方言に、南予方言は、大洲市周辺の大洲方言と、西南の宇和方言に分けられる。

東中予方言は、東へ行くほど香川県方言に近づき(「おんかれる(＝叱られる)」)、アクセントも京阪式から讃岐式に変わる。島嶼方言は、広島県につながる「しまなみ街道」の言葉であり、語彙・語法・アクセント、すべて広島風である(「はしる(＝ずきずき痛む)」「食びょーる(＝食べている)」)。南予方言、特に南部は、高知県西部方言と特徴が多く一致し(「～がじゃ(＝～のだ)」)、海岸部は大分県方言との類似点も見られる(「聞いちみち(＝聞いてみて)」)。大

例文まだつかいよんかな。いでらしいなー（＝まだ使っているの。長持ちしているね）

いなげな①CD……奇妙な。

例文いなげなひとじゃなー（＝変な人だね）

いなげな②……いやな。

例文いなげな天気じゃ（＝いやな天気だ）

いぶしこぶし……でこぼこ。

例文蚊《かー》に刺されて、顔中いぶしこぶしよ（＝蚊に刺されて顔中でこぼこだよ）

いんでこーわい……帰ります。

例文もうすんだけん、そろそろいんでこーわい（＝もう終わったから、そろそろ失礼します）

うずむCD……抱きかかえる。

例文一人ではうずめんけん、だれぞかいておくれんか（＝一人では抱えられないから、だれか一緒に持ってくれないか）

えー～ん……［東中予］～できない。

例文よいよほしーけんどたこーて、えーかわん（＝とても欲しいけど高くて買えない）

えっぽど……よほど。

例文昼のほーがえっぽどしずかなかった（＝昼の方がよっぽど静かだった）

えんこ……河童。水中の化け物。

例文土用にうみぃはいったら、えんこにつべぬかれるぞ（＝土用に海へ入ったら、河童にお尻を抜かれるぞ）

＊「猿猴」から。

お～る・お～ん・お～た……軽い尊敬の語法。

例文おいきる（＝行かれる）／おいりんか（＝いりませんか）／おいた（＝おっしゃった）

おせらしい……大人っぽい。

例文ほんまにおせらしいなったのう（＝ほんとに大人っぽくなったね）

おたたさんCD……［中予］桶を頭に載せ、魚の行商をする女性。

例文誰まりにおたたさんの真似が出来

洲方言は、アクセントが語の区別に働いておらず、宇和島市以南は東京式アクセントである。

　地域差のある語としては、魚の幼児語は、東予で「びー・びーこ」、島嶼と今治周辺で「たいたい」、中予・南予では「じじ」。「正座」は、東予で「おかしこまり」、島嶼で「おじんじょ」、南予で「おちょっぽ」。島嶼以外では「おつくばみ」を正座の意で使う。

◎文法的な特色

〈可能表現〉

　一段活用などではいわゆる「ら抜きことば」、「見れる」「起きれる」などを用いる。一方、五段活用でも、可能動詞形にさらに「れ」を加えた「書けれる」「行けれる」（「レタスことば」）が聞かれる。

〈禁止表現〉

　不可能表現は「見れん」「行けん・行けれん」であり、「見られん」「行かれん」は禁止表現であ

るかや（＝誰も彼もにおたたさんの真似が出来るわけがない）

おっぽ……［中予］おんぶ。
例文 **おばあちゃんにおっぽしてもろて、えーのー**（＝おばあちゃんにおんぶしてもらって、いいねえ）
＊「おんぼ」とも。東予・南予では「おっぱ」。

おとどしい……久しぶり。
例文 **おとどしゅーございます**（＝お久しぶりでございます）

がいな……強い。乱暴な。
例文 **あこは嫁さんの方ががいな**（＝あそこは嫁さんの方が強い）

がいに……非常に。たいそう。
例文 **がいに降ってきたなー、もういのや**（＝ずいぶん降ってきたなあ、もう帰ろうよ）

かく……二人以上で持ち上げて運ぶ。
例文 **遊んどらんと机かいて**（＝遊んでないで机をいっしょに運んで）
＊複数でなくても、机なら「かく」と使う若者も。

かわくろしい……喉がかわいて苦しい。
例文 **かわくろしいけん、はよお茶くれや**（＝のどがからからだから、早くお茶をくれ）

かんち……［南予］芯の残るごはん。
例文 **ありゃ、かんちになっとらい**（＝あれ、芯が残ってるよ）
＊「かんちめし」「かんちまんま」とも。

きっぽ……［島嶼］傷跡。
例文 **きっぽがおーきゅーて、なんぎしよーります**（＝傷跡が大きくて困っています）

きない……黄色い。
例文 **赤い服ときない服**（＝赤い服と黄色い服）／**赤よりきなが好き**（＝赤より黄が好き）

ぎり CD……ばかり。だけ。
例文 **うそぎり言うけん、きらわれるんよ**（＝うそばっかり言っているから、嫌われるんだよ）

る。「ここにゴミを捨てられません」などと書いた標識も立っている。

〈推量表現〉
名詞、動詞は「雨じゃろ（やろ）」「行くじゃろ（やろ）」だが、形容詞は「白いじゃろ（やろ）」よりも「白かろ」、形容動詞は「静かなかろ」を多く用いる。この「〜かろ」は、「できんかろ（＝できないだろう）」などとも用いる。南予には過去推量「つろー」も残る。

〈命令表現〉
連用形を用いる「やさしい命令」がある。すなわち「お食べな」「お食べ」「食べ」（命令形とはアクセントが異なる）。「してごらん」にあたる言い方は、「してお見」となり、さらに「しとーみ」となる。今治周辺では「み」の母音が落ちてさらに約まって「しとん」となる。

〈「よる」と「とる」〉
「よる」（進行態・未完了）、「とる」（結果態・完了）を区別する。

くじくる CD……不平を言う。むずかる。

例文 **いつまでくじくるんぜ**（＝いつまで駄々をこねるの）

＊夜ぐずるのは「ねくじをくる」と言う。

けつる……蹴る。

例文 **机はけつるもんじゃないがな。そななことおしなや**（＝机は蹴るもんじゃないよ。そんなことをしてはいけません）

ごくどされ……［中予］ごくつぶし。

例文 **このごくどされが**（＝この放蕩者が）

＊「げどされ」とも。東予では「ごくどれ」。罵るときに用いる。

～し～……～できるだけ～。

例文 **袋にいれられしいれて持っといにお帰り**（＝袋に入れられるだけ入れて持ってお帰り）

しゃぐ CD……押しつぶす。

例文 **道におんびきがよーけしゃがれとる**（＝道路でカエルがたくさんぺちゃんこになっている）

しゅむ CD……鼻をかむ（拭う）。

例文 **鼻はちり紙でしゅむもんよ**（＝鼻はちり紙でかむもんだよ）

しょうけ……［南予］ご飯を入れるザル。

例文 **ご飯、はよしょーけん入れて吊っときさい**（＝ご飯を早く飯ざるに入れて吊っておきなさい）

＊東中予では「したみ」。

じるたんぼ……ぬかるみ。

例文 **じるたんぼい、車がにえこんだ**（＝ぬかるみへ、車がめり込んだ）

そうたいぶり……［南予］ひさしぶり。

例文 **ほん、そーたいぶりじゃなーし**（＝ほんとに久しぶりですね）

たいぎい CD……おっくうだ。

例文 **たいぎい言うて、動きもすごきもせん**（＝おっくうだといって、ちっとも動かない）

たいたい……［島嶼・今治］魚の幼児語。

例文 **言うことよーきけ、たいたい買《こー》てやるけん**（＝言うことをよくききなさい、お魚を買ってあげるから）

・「蛇が死んどる（＝死んでいる）」
・「蛇が死による（＝死にそうだ）」
・「バスが来とる（＝停留所に着いている）」
・「バスが来よる（＝向こうから来ている）」

「よる」「とる」の尊敬語「よいでる」「といでる」もある。

・「見よいでな（＝見ていなさい）」

南予には、意志性のある「～しとく」に対する「～しよく」も存在する。

・「先に食べよいて（＝先に食べはじめていて）」

◎気づかずに使う方言

「を」と「お」とは発音が異なると教えられ、それが身についている。「を」は[wo]と読むので、隣県に「下のオ」「くっつきのオ」といった呼称が存在することが理解できない。

「麦粒腫」は「目にできるイボ」

＊東予では「びーこ」「びー」、中南予では「じじ」。

たごる……咳をする。

例文 **がいにたごるのー、ちーと離れとかんと、うつりゃせんかいのー**（＝ひどく咳き込むなあ、ちょっと離れておかないと風邪がうつってしまわないかなあ）

ちんちべべ……[南予]きれいな着物。

例文 **ちんちべべきーていきさいや**（＝きれいな着物着て行きなさいよ）

＊幼児語。

ついな……同じ。そっくりな。

例文 **親子で、ついな柄にしたんよ**（＝親子で同じ柄にしたんだよ）

つばえる CD……じゃれる。ふざけ騒ぐ。

例文 **つばえるけん、やーがおきてしもた**（＝騒がしく遊ぶから、赤ちゃんが起きてしまった）

つべかやり……でんぐり返り。とんぼ返り。

例文 **何遍もつべかやりしよったら、目《めー》まかすぞな**（＝何遍もでんぐり返りしてたら、目を回すよ）

～つろ……[南予]～ただろう。

例文 **せーとりに、うみいいっつろー**（＝カメノテを採りに海へ行っただろう）

～ですらい……[南予]～ですよ。

例文 **そーですらい、そのとーりですらい**（＝そーですよ、そのとおりですよ）

てて……～といったって。

例文 「**いまからいくてて、大雨ぞな**（＝今から行くといったって、大雨ですよ）」「**かんまん、かんまん**（＝かまわない）」

とう CD……届く。

例文 **せえがひくいけん、どがいしてもとわんかい**（＝背が低いから、どうやっても届かないよ）

～なもし……[中予]～でございますね。

例文 「**お寒いなもし**（＝お寒うございます）」「**そーじゃなもし**（＝そうでございますね）」

であるから「目＋イボ→めいぼ」が正式名称で、「めーぼ」「めぼ」はその崩れた形ととらえている人がいる。「ものもらい」を方言・俗語だと思っている人も。

学校で掲示や発表に使う大きな白い紙（模造紙）を、「とりのこようし」という。本来、「鳥の子紙」を真似た西洋紙＝「鳥の子洋紙」であったはずだが、「鳥の子用紙」ととらえられ、「とりのこ」と略されることもある。

「黒板消し（黒板拭き）」は「ラーフル」、外回りの掃除でゴミを集める竹製の道具は「じょうれん」。これらも学校で先生に教わったことばであり、方言意識は希薄である。「かく（＝複数で持ち上げて運ぶ）」も最大の使用例は、学校での「机をかく」だろう。

◎イベント名になった方言

今治市民の祭り「おんまく」、宇和島牛鬼祭りの前夜祭「ガイヤカーニバル」、八幡浜みなと

*南予では「なーし」「なし」、東予では「のもし」「のんし」。

ねき……すぐ近く。そば。

例文 **昔、学校のねきにおーけな桜の木《きー》があったんよ**（＝昔、学校のすぐそばに大きな桜の木があったんだよ）

*「にき」とも。

ねんがける CD……狙う。目をつける。

例文 **前からねんがけとったんじゃけど、取られてしもたかい**（＝以前から狙っていたんだけれど、取られてしまったよ）

のふぞー……粗末。

例文 **ごはんをのふぞーにしたら、めえがつぶれまさい**（＝ご飯を粗末にしたら、目がつぶれますよ）

ばう CD……奪い合う。

例文 **また、兄弟で、ばいよる**（＝また兄弟で取り合っている）

はせだ……［中予］仲間はずれ。

例文 **わるさぎりしよったら、はせだにされるぞ**（＝悪さばっかりしてたら、仲間はずれにされるよ）

はちこる……はびこる。

例文 **草がはちこって、どんならんかい**（＝雑草がはびこって、どうにもならないよ）

はなのす……鼻の穴。

例文 **虫が鼻のすへ入って、こそぼていかんが**（＝虫が鼻の穴へ入って、くすぐったくて困る）

*「つべのす」は「肛門」。

はねがい CD……互い違い。

例文 **男の子と女《おなご》の子がはねがいに並んどる**（＝男子と女子が一人おきに並んでいる）

*「ひしてはねがい」は「一日おき」。

はぶてる……［東中予］ふてくされる。

例文 **何言うても、はぶてるけん困らい**（＝何を言ってもふてくされるから困るよ）／**ちーと何ぞ言おうもんなら、すーぐにはぶてるんじゃねや**（＝ちょっと何か言おうものなら、すぐにふてくされるんだなあ）

祭の「てやてや踊り競演大会」、鬼北町の「でちこんか」がある。

◎料理の方言

愛媛の食べ物というとまずミカンだが、このところ人気なのが「じゃこ天」。魚のすり身を油で揚げたものを「てんぷら（天ぷら）」と呼ぶのは西日本共通であるが、小魚を骨ごと潰して揚げたものを「じゃこ（雑魚）天ぷら」と呼んだ（身だけの白っぽいものは「身天ぷら」）。共通語化によって、「天ぷら」の指すものが東京と同じになる一方、健康食ブームにも乗ってか「じゃこ天」だけは知名度が上がり、すり身を揚げたものを「天ぷら」と言わなくなった若年層では、従来の「天ぷら」に当たる語として「じゃこ天」を用いる者もいる。つまり、材料が「じゃこ」でなくても「じゃこ天」となりつつある。

今治では鶏のから揚げを「せんざんき」、新居浜では「ざんき」といい、県内に広まりつつ

びんだれ……服装などのだらしない人。
例文 **ズボンからシャツ出して、びんだれじゃのー**（＝ズボンからシャツを出して、だらしないなあ）
＊原義は「鬢垂れ」。南予では「びったれ」。

へーさし……[中予]長い間。
例文 **へーさしこざったのー**（＝長い間来なかったねえ）
＊「ひーさし」とも。南予では「そーたいぶり」。

へっちょ……[中予]見当違いの方。
例文 へっちょ**見よらんと、前向いとらないかんぞな**（＝あさっての方を見るんじゃなくて、前を向いてなきゃだめだよ）

へんじょうこんごう CD……理屈。
例文 へんじょーこんごー**ぎり言よる**（＝あれこれと理屈ばかり言っている）
＊「南無大師遍照金剛」から。

ぽんし……[南予]綿入れ袖なし半纏。
例文 **寒なったけん、ぽんし着なはいや**（＝寒くなったから、綿入れ半纏を着なさいよ）
＊「ぽんしん」とも。東中予では「でんち」。

まがられん CD……触ってはいけない。
例文 **鍋にはまがられんよ**（＝鍋には触ったらだめだよ）
＊「～られん」は不可能でなく禁止の意を表す。

～ますらい……[南予]～ますよ。
例文 **お天気になりますらい**（＝お天気になりますよ）
＊東中予では「まさい」。

みぞい……短い。
例文 **ほーしこは、まだみぞいのぎりじゃわい**（＝ツクシは、まだ短いのばかりだよ）

むつこい CD……脂っこい。味がしつこい。
例文 **ちーとむつこいかなー、ゆー差しとおみや**（＝ちょっと味が濃すぎるかな、湯を差してごらん）

ある。郷土料理としてメニューに「せんざんき」を載せる居酒屋が松山にも増えてきたが、中予の高年層にはまだ馴染みが薄い。

新鮮なカタクチイワシは、ほっぺたが垂れるほど美味であることから伊予では「ほーたれ」と呼ばれている。

南予の郷土料理に「ひゅうが飯」、「伊予さつま・さつま汁」がある。豊後水道から九州方面に漁に出る漁師たちが、日向、薩摩から伝わったとして名付けた料理であろう。「ひゅうが飯」はアジなどの刺身をタレに漬け込んで飯に乗せたもの。「さつま汁」は、魚のすり身を火であぶり、味噌のだし汁でといたもの。ちなみに、サツマイモは、「りゅーきいも（琉球芋）」と呼ばれていた。

農村部には「もぶりめし」がある。具を飯に混ぜることから、こう呼ばれる。「おもぶり」と略されるほか、音転化して「おも

＊東予では「むつごい」。

めぼ……ものもらい。

例文 **めぼは、井戸い大豆落として、めぼが落ちた言うたら治るんじゃと**（＝ものもらいは、井戸へ大豆を落として、ものもらいが落ちたと言ったら、治るんだそうだ）

＊「めーぼ」「めいぼ」とも。

めんどしい……［南予］恥ずかしい。下品だ。

例文 **そがいな格好しなはんな、めんどしい**（＝そんな格好をしなさんな、恥ずかしい）

やぎね……［中予］軒下。

例文 **こってがやぎねにずんどる**（＝雄牛が軒下でうずくまっている）

やねこい CD……めんどう。気難しい。汚い。

例文 **あいとは、やねこいわい**（＝あいつは一筋縄ではいかない）

やりつける CD……［東中予］疲れきる。バテる。

例文 **あんまり無理しよったら、やりつけるぞな**（＝あんまり無理してたら、疲れきってしまいますよ）

～やんなはい……［南予］～して下さい。

例文 **とってやんなはい**（＝取ってください）／**教えちゃんさいや**（＝教えてくださいよ）

＊「やんさい」とも。東予・中予では「つかーさい」。

よもだ CD……いい加減な人。無責任な。

例文 **あいとはよもだじゃ**（＝あいつはいいかげんなやつだ）／**よもだおしな**（＝とぼけるな）

らっしもない……［中予］とんでもない。

例文 **らっしもないことをおいなや**（＝とんでもないことをおっしゃいますな）

＊「らっしょもない」とも。

ぐり」と呼ばれることも。

◎その他の方言

愛媛でよく話題になるのはカメムシ。南予の宇和地方では「しゃくぜん・じゃくぜん」、大洲周辺では「しゃくじ・じゃくじ」。「じゃぐじ」もあるようで、ジェットバスと混同しそう。中予の山間部では「じゃこ」。若年層では、「じゃっく、じゃっきー」あるいは「じゃーこ」などとも呼ぶ（雌雄で区別する）らしい。

あいさつ

朝＝おはよーございました
夕方＝おしまいたかな
別れ＝いんでこーわい・おみちよう［南予］
感謝＝だんだん
訪問＝はーい［南予］

※用例の一部に、高市沖見『松山あたりの昔のことば』からご許可いただいて転載したものがある。

愛媛県

四国

高知県

高知(東ことば)=高知市、南国市、安芸市、室戸市、長岡郡、香美郡など

幡多(西ことば)=中村市、宿毛市、土佐清水市、幡多郡、高岡郡など

CD39

あがいに……あのように。

例文 **あがいに言わいじゃち、えいじゃいか**(=あんなに言わなくてもいいじゃないか)

いごっそー……頑固。意固地。

例文 **あの人はいごっそーやきに、そんなことゆーてもいかんきに**(=あいつは頑固だから、そんなことを言ってもだめだから)

いっつもかっつも CD……いつもいつも。

例文 **いっつもかっつもうもーいくとはかぎらん**(=いつもいつもうまくいくとは限らない)

いんげの……いいえ。

例文 **いんげの、こちらこそありがとーございました**(=いいえ、こちらこそ有難うございました)

うてる……[大豊町]怪我をする。

例文 **きーを切りよってうてた**(=木を切っていて怪我をした)

うるさい①……苦しい。

例文 **病気してうるさかった**(=病気をして、苦しかった)

うるさい② CD……うっとうしい。

例文 **服が雨でぬれてうるさい**(=服が雨で濡れてうっとうしい)

おいでる CD……「行く・来る・居る」の

高知の方言

高知県の方言は県中部から東部にかけて分布する高知方言(東ことば)と幡多《はた》地区の幡多方言(西ことば)に大別できる。東西二つの方言の言語上の差異は特にアクセントの上で大きい。高知方言はおおむね京阪式アクセントであるのに対し、幡多方言は東京式アクセントである。

高知県方言は四つ仮名の区別のある方言として知られるが、高知市など都市部ではこの区別を保持している人は少なくなり、若年層では全域において区別がない。

アスペクト形式が高知方言ではユー、チューとなるのに対し幡多方言ではヨウ、チョウとなる。

全域で連体助詞の「の」に相当する「ガ」が用いられる(「あもーにーたガがすきや(=甘く煮たのが好きだ)」)。また、推量は「だろう」ではなく「ロー」が使

尊敬語。

例文 **県外からおいでちゅーがやき**（＝県外からいらっしゃっているから）

おーの……感動詞。

例文 **おーの、みちのまんなかにねこがしんぢゅーが**（＝ああ、道のそばに猫が死んでいるよ）

＊どちらかと言うとあまり良い感じを持たないときに多く使う。

おかしげな CD……通常と異なる。

例文 **彼はおかしげなことばーゆーてまーりをこまらせゆー**（＝彼は不都合なことばかり言って周囲の人々を困らせている）

おっこーな……面倒な。大儀な。

例文 **もーばんごはんもすんだき、これから出かけるのはおっこーな**（＝もう晩ご飯もすんだから、これから出かけるのは面倒くさい）

おんぼ CD……おんぶ。（幼児語）

例文 **ゆーこときよったら、あとでおんぼしちゃうきね**（＝言うことを聞いていたら後でおんぶしてやるからね）

がいな……強い。手荒な。粗暴な。

例文 **そんなにがいにいわいじゃちえーじゃいか**（＝そんなに強く、遠慮会釈なく言わなくてもいいじゃないか）

かざ……匂い。

例文 **このかざこーでみーや、くさったかざしちゅー**（＝この匂い嗅いでみなよ、腐った匂いがしている）

～かたけ……ごときに。なんか。

例文 **女かたけにまけていくかー**（＝女なんかに負けてなるものか）

かまえる……準備する。支度する。

例文 **きょーお客するきにかまえちょいてね**（＝今日、宴会をするから支度しておいてね）

かまん……かまわない。よろしい。

例文 **これつこーてもかまんかねー**（＝これ、使ってもかまわないか）／**お願いしてもかまんか**（＝お願いしてもよろしいか）

～き CD……［**高知市**］～だから。

われる。

原因・理由を表す助詞には「ケン、ケニ、ケ」「キニ、キー、キ」などのバリエーションがある。形容動詞の終止形は「きれいなねー」「元気なねー」のように「ナ」の形になることが多い。

限定・程度を表す助詞に「バー、ッパ」がある。「これバーありゃーえいろー（＝これほどあれば良いだろう）」「これッパのことで泣きなや（＝これ位のことで泣くなよ）」「これバーわやっちょいてもらーないかん（＝これだけはしておいてもらわなければならない）」「これバーはお願いします（＝これ位だけはお願いします）」

◎高知方言の難しさ①

共通語と同じ言い方で意味が異なることがある。

ふとい―「大きい」を高知ではフトイと言う。「寿司のねたがフトイ」「金額がフトイ」「フトイ顔をする」のように広く使われてい

例文 雨がふってきたきー、ここでまちより（＝雨が降ってきたからここで待っていなさい）

＊幡多では「けん」「けに」。

ぎっちり①……しょっちゅう。

例文 **ぎっちりゆーたがやけんどきーてくれざった**（＝たびたび言ったのだけど聞いてくれなかった）

ぎっちり②……たゆむことなく。

例文 **ぎっちり勉強しゆーき、成績もえいちや**（＝精を出して勉強をしているから成績も良いよ）

く CD……所。転じて、家。

例文 **あんなくへは行かれん**（＝あんなところへは行ってはいけない）／**あんたんくのほーがひろい**（＝あなたの家の方が広い）

くるめる……しまい込んで片付ける。

例文 **おもちゃを出しっぱなしにせんとくるめちょき**（＝おもちゃを出しっぱなしにしないでしまっておきなさい）

げに CD……本当に。実に。

例文 **げにまっこと、おもしろい**（＝まったく実に、面白い）

＊強調して「げにまっこと」とも。

〜けにならん CD……都合で〜できない。

例文 **忙しーき飲みよりけにならん**（＝忙しいので飲んでいられない）

＊連用形に続く。「行っけにならん」は都合でいけない意。

けん・けに……［幡多］〜だから。

例文 **あんたがゆーたけん、私もこーたがやけんどおおまちがいやった**（＝あなたが言ったから私も買ったのだけど大間違いだった）

けんつ……［高知市］先が鋭くとがった状態のもの。

例文 **鉛筆をけんつにといじゅー**（＝鉛筆を鋭くとがるまで研いでいる）

こーべる……気取った態度をする。

例文 **テレビにうつっちゅーきこーべってしゃべりゆー**（＝テレビに写っているから気取って話している）

る。

つむ—「自動車に積む」は共通語では荷物を載せるときに言うが、高知では人間もツムと言う。

かく—相手が「机をカイてやー」と声をかけてきたら「机の片方を持ってくれ」という意味である。

いよいよ—「イヨイヨ困った」は「実に困った」の意味。

てんぷら—「さつまあげ」を言う。

◎高知方言の難しさ②

擬声語・擬態語の方言形が多い。

・「ザブザブ食べる」は掻き込むように食べる様子。

・「ロイロイする」は「うろうろする」「おろおろする」ことを表す。

・「ゴンゴン来る」は水が押し寄せる場合に使う。

こかす①CD……崖や段から落とす。例文**この石をこかいてくれ**（＝この石を突き落としてくれ）

こかす②……予定を繰り延べる。例文**この会は月末にこかさんとできん**（＝この会議は月末に繰り下げないとできない）

こじゃんと CD……ひどく。徹底的に。例文**こじゃんとひやかった**（＝とても寒かった）／**こじゃんとやられた**（＝徹底的にやられた）

こた（ー）ない CD……大したことはない。例文**骨おって入院したけんどこたない**（＝骨折で入院したけど大したことはない）

こたう①……肉体的・精神的に応える。例文**あつけがことーてまだよーおきん**（＝暑気あたりが応えてまだ起きられない）／**らくだいしたががことーちゅー**（＝落第したことが応えている）

こたう②……支える。

例文**杭にくくったけんどなわがゆるいきちっともことーちゃーせん**（＝杭にくくったけれど縄がゆるくてちっとも応えていない）

さがしい……（上から見て）急だ。例文**あのさがしい道を走ったきにまくれた**（＝あの急な道を走ったので転げ落ちた）

ざっとした CD……粗末な。乱雑な。例文**部屋がざっとしちゅーき来たらいかん**（＝部屋が散らかっているから来てはいけない）

さびわけする……選り分けて整理する。例文**あんたが役員やき、意見をさびわけせないかなー**（＝あなたが役員なのだから意見を整理しなければ行けないよ）

ざんじ……すぐに、またたく間に。例文**ざんじ来とーせ**（＝すぐに来てちょうだい）

しかう……柄などを付ける。

◎高知方言の難しさ③

高知には東京などでは見かけない魚や貝がある。また魚の方言形もあるので、他府県の人には食べてみないとわからない。「ガシラ」「メヒカリ」「ホタレ」「オキウルメ」「ドロメ」「ノレソレ」「チョータロー貝」「チャンバラ貝」など。また、鮪の幼魚を「ヨコ」、成魚を「ハツ」と区別する。「かんぱち」は「ネイリ」と言う。

◎高知方言の難しさ④

人柄を表す方言形に珍しいものが多い

どくれ―すぐに拗ねてふて腐れる人。

いられ―短気でせっかちな人。

りぐり―理屈を言い立てて人を非難する癖のある人。

わりことし―いたずら坊主。＊「わる」とも。

たっすい―たよりない。未熟で頼りにならない人や体に力が入らない状態、あるいは十分な味

例文えがぬけたけんしこーちくり（＝柄が抜けたから付けてくれ）

しらった……白紙。未使用の紙。

例文全国のアンケートながやきしらったでかえすわけにいかん（＝全国のアンケートだから白紙で返すわけにはいかない）

しるい……[県東部]土が水を多く含んでぬかるんでいる、あるいは軟弱な状態。

例文雨がうんと降ったき道がしるーなってとーれな（＝雨がたくさん降ったから道がぬかるんで通れないよ）

ずつない……つらい。やるせない。

例文あいつにずかれてずつない（＝あいつに叱られてやりきれない）

せわがる……世話を焼く。

例文あのいとが準備をせわがってくれたきあてわなんにもすることがなかった（＝あの人が準備の面倒を見てくれたので私は何もすることがなかった）

〜だち……〜したばかり。〜したて。

例文このぶんたんはちぎりだちやきまだあもーない（＝この文旦はもぎたてだからまだ甘くない）／このこーひーいれだちやきおいしーがで（＝コーヒーは淹れたてだからおいしいよ）

たてり……たてまえ。原則。

例文誰かひっとりがはらわいでめんめにはらうとゆーたてりでいこー（＝誰か一人が払わないで銘々が払うという原則で行こう）

たまー（るか）……感嘆詞。

例文たまーるか、こんなふとい西瓜はめったにないが（＝まあ、こんなに大きいスイカは滅多にないよ）

たるばー……思う存分。

例文毎日たるばーお酒を飲みよったら肝臓にわりーちや（＝毎日思い切りお酒を飲んでいたら肝臓にわるいよ）

ちゃがまる①……[県東部]壊れる。

例文石の上に落といたき、せっかくもろーたとけいがちゃがまった（＝石の上に落としたからせっかくもらった時計がない状態を表す。

◎高知方言の難しさ⑤

明るいうちのお休みなさい

年配の人は昼間でも「おやすみなさい」と言う。その日は相手にもう会わないと判断したら「さようなら」の意味で使う。

◎「いごっそー」と「はちきん」

「いごっそー」は頑固、意固地、へそまがりなどのことばを全部合せたような意味で、高知の男性の特色として強く意識されている。近年は褒めことばとして使われることが多い。

また、「はちきん」は向こうみずで男まさりな性格・人をいい、やはり高知の女性の気性を表す代表的なことばである。近年は元気ではつらつとした女性というイメージに変わりつつある。

◎感動詞と間投詞

「タマールカ」「オーノ」「メッ

計が壊れた）

ちゃがまる②……［県東部］だめになる。

例文 **一人だっけでやろーとするき全体の計画がちゃがまってしもーた**（＝一人だけでやろうとするから全体の計画がだめになってしまった）

ちん……［県東部］男性にとっての古くからの親しい男性の友人。

例文 **あれはわしのちんやきなんでもいえるがよ**（＝彼は私のごく親しい友達だから何でも言えるのだよ）

〜つろー・づろー……「〜しただろう」の古い言い方。

例文 **きにょーわ高岡あたりまでいっつろー**（＝昨日は高岡〈現土佐市〉あたりまで行っただろう）／**三合ばーは飲んづろー**（＝三合ほどは飲んだだろう）

＊「づろー」はナ行・バ行・マ行の動詞の撥音便に続く。ウ音便・促音便、一段動詞には「つろー」が続く。

てがう……からかう。

例文 **おこらいちゃおーとおもーて、てごーちゃった**（＝怒らせてやろうと思ってからかってやった）

とぎ……道連れ。仲間。

例文 **きょーはとぎがおったけん、はよーついたよーな気がする**（＝今日は道連れがいたので早く着いたような気がする）

に①CD……逆説を表す。

例文 **せっかくたべるもんをかまえまちよったにこざった**（＝せっかく食べる物を用意していたのに来なかった）

に②……目的を表す。

例文 **がそりんはじどーしゃをはしらすにつかうがやき**（＝ガソリンは自動車を走らせるのに使うのだから）

にかーらんCD……〜であろう。（推定）

例文 **あしたは雨がふるにかーらん**（＝明日は雨が〈きっと〉降るだろう）

ねぜる……寝ていて身動きする。

例文 **〈添い寝をしている親が子どもに〉ねぜりな**（＝身動きするな）

タ」「バッサリイタ」など驚きや感動を表す語が多く、ときには「タマー、ショーメッタ、オーノ（＝わあ、実にまずいことをした、いやだなあ）」のように使われる。

次に言うことを考えながら、「ホラ」「ヒョット（＝もしかして）」「ナニヤロー（＝何と言うのだろう）」などの表現が使われる。

◎若者ことば

相手に伝える内容を強調する表現に「〜ナガッテ」がある。相手の発言を受けて「そうなんだ」という若者ことばを方言に直訳して「ソーナガヤ」と言う。最近では相手の話の内容を理解し賛成する応答詞として「アーネ」が広まりつつある。

◎同音異義語

まける（＝こぼす）、まける（＝負ける）。

たてる（＝立つ）、たてる（＝建

のー……都合。具合い。調子。
例文 **このズボンははいちょったらのーがえーがやき**（＝このズボンをはいていると調子がいいから）

のーがわるい……具合が悪い。
例文 **あの人から言われたらしょーのーがわるいぜよ**（＝あの人から言われると実に具合いが悪いよ）

のく① CD……抜ける。
例文 **むしばだらけで歯が皆のいたちや**（＝虫歯だらけで歯が全部抜けたのさ）

のく②……落ちる。
例文 **あろーたらしみがのいたねや**（＝洗ったら染みが落ちたね）

のく③ CD……剝がれる。取れる。
例文 **かべのたいるがのいてしもーた**（＝壁のタイルがはがれてしまった）

はぐ……むく。剝ぐ。
例文 **柿の皮をはいで食べや**（＝柿の皮をむいて食べなさい）

ばぶれる……ふざけて騒ぐ。暴れる。
例文 **よーたんぼらーが夜にばぶれてしょーめいわくや**（＝酔っぱらいたちが夜に騒いで本当に迷惑だ）

ふてる① CD……捨てる。
例文 **かーぶちにちりをふてるがはほーりついはんでー**（＝川端にゴミを捨てるのは法律違反だよ）

ふてる②……紛失する。
例文 **ぽけっとにお金をいれちょったがやけんどふてた**（＝ポケットにお金を入れていたのだけれどなくした）

へち CD……見当違いなところ。
例文 **道をまちごーてへちへ来てしもーた**（＝道を間違えてまったく違うところへ来てしまった）

へんしも CD……急いで。
例文 **へんしも返事を出さんとまにあわん**（＝すぐに返事を出さないと間に合わない）

ほたくる……ほったらかしにする。
例文 **ぎっちりさいそくしてきたけんどほたくっちょいた**（＝しょっちゅう催促してきたけれどほうっておいた）

てる）。

◎その他の方言

からたち―さるとりいばら。＊「さんきら」「さんきらい」とも。柏餅を作るときこの葉を使う。

しゃらくがはやい［高知市］―手際が良い。「あのひたーしゃらくがはやいき、頼んじょったら間違いない（＝あの人はてきぱきしているから頼んでおけば間違いない）」

どろめ―鰯の生の稚魚。生しらす。＊旧赤岡町では毎年四月下旬のどろめの解禁の時期にどろめを肴に酒を飲むどろめ祭りが開かれる。

ひーとい―一日。「ひーといがいでまにあわざった（＝一日違いで間に合わなかった）」＊共通語的には「いちじつ」と言う。

よびきり―呼び捨て。「娘のむこーよびきりにしたらしつれいやおか（＝娘の婿を呼び捨てにしたら失礼だろうか）」

りゅーきゅー―はす芋。＊里芋

ぼっちり……ちょうど合う。
例文 **にろぎをちょっとあぶったがはさけのあてにぼっちり**（＝にろぎをちょっとあぶったのは酒の肴にちょうど良いよ）

めっそー①……たいそう。
例文 **めっそーむくりゆー**（＝一生懸命頑張っている）

めっそー②……あまり。
例文 **こんなこためっそー言われんけんど**（＝こんなことはあまり言えないけれど）

めっそーな……素晴らしい。
例文 **めっそーなむこーもろーた**（＝素晴らしい婿をもらった）

めった……しまった。
例文 **めった、汽車に間にあわんなったき遅れるゆーて電話で連絡しちょいて**（＝しまった、汽車に間に合わなくなったから遅れると電話で連絡しておいて）

もる……[**幡多**]（小豆などを）もぐ、摘む。
例文 **あんづきをもっちょう**（＝小豆を摘んでいる）

りぐる①CD……方法・材料を吟味して選ぶ。
例文 **たまー、この庭はしょーりぐっちゅーねー**（＝いやあ、この庭は実に凝って作ってあるね）

りぐる②……理屈を言い立てて、相手を責める。
例文 **こっちもよわみがあるき、あしもとー見られてうんとりぐられてしもーた**（＝こちらも弱みがあるから、足もとをみられてすごく責め立てられてしまった）

〜ろー……〜だろう。（推量）
例文 **こんなところにおったらひやいろー**（＝こんな所にいたら寒いだろう）

わくCD……間引く。
例文 **だいこんをわいちゃらないかんい**（＝大根を間引いてやらないといけない）

のような葉をつけるが、その茎を酢の物や汁の実にして食べる。

りょーしんいち―果物や、野菜を道ばたの台などにおいて、無人で販売するところ。店をかまえて売ることもある。

あいさつ（高知市）

朝＝おはよー
夕方＝こんばんわ
別れ＝ほんならまた
感謝＝ありがとー
訪問＝ごめんください

高知県

福岡県

東部＝北九州市、直方市、行橋市、豊前市など
西部＝福岡市、宗像市、糟屋郡など
南部＝久留米市、柳川市、大牟田市、八女郡など

CD40

あいらしか……かわいらしい。
例文 **このややさんな、あいらしかー**（＝この赤ちゃんはかわいらしいね）

あごとー……下あご全体。おしゃべり。
例文 **あっちのむすかー、あごとーのきーとる**（＝あそこの息子は無駄口を叩く）

いさぎよー……[西部] とても。元気がいい。
例文 〈朝の路上で〉**いさぎよー、はやかなー**（＝ずいぶん早いねえ）
*「いさぎー」とも。

いぼる……[西部] ぬかるみにはまる。
例文 **いぼって、うごかれんごとなった**（＝ぬかるみにはまって動けなくなった）

いんにゃ……いいえ。
例文 **いんにゃ、うちはしらんばい**（＝いいえ私は知りませんよ）
*「いんや」「うんにゃ」とも。

うたちー……[東部] 汚い。卑劣な。
例文 **そんなうたちーもん、いらうな**（＝そんな汚いものを触るな）／**あん人のすることは、うたちー**（＝あの人のすることは卑劣だ）

うわめくる……[東部] ずるく怠ける。
例文 **うわめくるとが、じょーず**（＝要領よくなまけるのがうまい）

福岡の方言

◎県内の地域差

福岡県の方言は、東部（北九州市など）は、中・四国方言との共通性をもちながら大分・宮崎を含む豊日方言に属す。南部（久留米市など）と西部（福岡市など）の広い地域は佐賀・長崎・熊本につながる肥筑方言に属す。

アクセントは南部が無型アクセント、東部は東京式アクセント、西部は東京式に準ずるが、平板型を欠く。

語音では、シェンシェー（先生）、ジェーキン（税金）などの音が北九州市域と糸島地方を除く全域の高年層に聞かれる。

◎文法的な特色

〈二段活用〉

下二段活用の「ウケン（＝受けない）・ウクル（＝受ける）」が高年層に残る。上二段活用の「オチン（＝落ちない）・オツル

＊仕事をするようなふりをして人の目を盗んでなまけることをいう。

えずー……[西部]たいそう。

例文 **えずー、ご念のいりまして**(＝たいそう心細やかななさりかたで)

えずか……[西・南部]恐い。

例文 **ゆーべはえずか夢ばみた**(＝昨夜は恐い夢を見た)

＊西部では「えずか」、南部では「えすか」。

おひめさま……ものもらい。

例文 **おひめさまの、でけとる**(＝ものもらいができている)

おろいー……[東部]悪い。物憂い。

例文 **そげなことゆーたち、もーおろいーけやめた**(＝そんなこと言ったってもう気が進まないから止めた)

＊西部・南部では「おろよか」。

かてる……仲間に入れる。

例文 **あたきも、かたしぇちゃらんなー**(＝私も仲間に入れてくれないかい)

＊「かたせる」「かたす」とも。

がまだす……[西・南部]精を出す。

例文 **がまだしよんなはっですかー**(＝ご精が出ますか)

＊例は南部。

がめに……大根、レンコン、ごぼう、にんじん、こんにゃく、里芋などを食べやすい大きさに切り、鶏肉のぶつ切りとともに醤油と砂糖で煮た料理。

＊「筑前煮」とも。

〜から……に。

例文 **犬から吠えられた**(＝犬にほえられた)

かるう……おぶう。背負う。

例文 **まごばかるーて、どこいきよんしゃーと**(＝孫をおぶってどこに行くの)／**にもつばかるーて、いきよんなさった**(＝荷物を背負っていらっしゃるところだった)

きびしょ……取っ手の付いた小型の急須。

例文 **きびしょのおちゃば　したむる**(＝急須のお茶の汁気をきる)

(＝落ちる)」は東部方言域を中心に分布し、下二段化、下一段化した「オテン(＝落ちない)・オツル(＝落ちる)」、「デケン(＝できない)・デケル(＝できる)」も聞かれる。助動詞「オゴラルル(＝叱られる)」ではより若い世代でも聞かれる。

〈一段(二段)活用のラ行五段化〉

もと一段(二段)活用が「オキラン(＝起きない)・オキロー(＝起きよう)・オキレ(＝起きろ)」のようにラ行五段化する現象が西部・南部方言域を中心に高年層から若年層までさかんである。南部方言域では連用形「オキッタ(＝起きた)」も聞かれる。

〈進行態と既然態〉

「食べヨル」「火が消えヨル」は動作・変化が進行中で、「食べている」「消えつつある」こと、「食べトル」「消えトル」は動作・変化が完了して「食べてしまっている」「消えている」ことを表す。

＊「こつぎ」とも。

きびる……紐と紐を結ぶ。束ねて縛る。

例文 **くつのひぼば、きびる**（＝靴の紐を結ぶ）／**たきもんばきびって、うらい、こずーどけ**（＝薪を縛って裏に積み上げておけ）

きんしゃい CD……［西部］おいでなさい。

例文 **はよーきんしゃい**（＝早くおいでなさい）

＊シャルは動詞の連用形に続いて、親しみを表す語。

～くさ……［西部］～ね。

例文 **かえりたかっとるくさ**（＝帰りたかったにちがいないよ）／**とーかの晩なくさ…**（＝一〇日の晩にね…）

ぐらぐらこく……［東・西部］頭に来る。

例文 **もー、たいがいぐらぐらこいたばい**（＝もういい加減頭にきたよ）

＊「はらかく」よりも強いが「ぞうのきりわく」よりは弱い。

くらす CD……げんこつで強く打つ。

例文 **くらすぞ**（＝なぐるぞ）

くる……［西・南部］あなたの所に行く。

例文 **〈電話で「遊びに来ないか」などと誘われて〉今から、くるけん**（＝今から行くから）

＊相手側に身を置いての表現。

～げな CD……［西・南部］伝聞。例示。

例文 **あのひたー、ごーかくしたげな**（＝あの人は合格したそうだ）／**なんでがっこーげな、いかんといかんとねー**（＝どうして学校なんか行かないといけないの？）

こーかる……［西部］自慢して威張る。

例文 **自分のことば、こーかりよーる**（＝自分のことを自慢して威張っている）

＊威張っている様子を「こーたかか」と言う。

こしょー……唐辛子。

例文 **こしょー、かけてんやい**（＝唐辛子をかけておくれ）

〈可能表現〉

文字を知らないので読めない場合「ヨマレン・ヨメン（＝読めない）」（能力〈不〉可能）と、文字は知っているが暗くて読めない場合「ヨミキラン（＝読めない）」（情況〈不〉可能）を区別して表現する。

〈文末表現〉

「バイ」は相手にとって未知の情報を教示する。「アメノ　フッテキタバイ（＝雨が降ってきたよ）」独話の場合も「アメノ　フリヨーバイ（＝雨が降っているなあ）」のように使われる。

「タイ」は自分の意見や判断に、より客観的に裏付けられるものがあるというニュアンスを含んで、それを相手に投げかける働きを持っている。「トタイ」「ッタイ」の形でよく使われる。これは「のだ」に相当する。「ハヨイカンケン　ノリオクレタッタイ（＝早く行かないから乗り遅れたんだよ）」

＊粉状の唐辛子を「こごしょー」と言う。

こなす……いじわるしていじめる。

例文 **わるそーが、とーしぇんぼして、こなしよる**（＝いたずら小僧が通せんぼしていじめている）

＊「にくじ」は精神的意地悪。

こまか……細い。

例文 **こまかごたいばして**（＝小さな体をして！）

＊紐、木、腕、網の目などいずれにも使える。

こまめる……こまかくする。両替をする。

例文 **こぜにのなかけん、しぇんえんさつば、こまめちゃらんね**（＝小銭が無いから千円札を両替してくれないかな）

さっち……かならず。

例文 **さっち、くるけんね**（＝かならず来るからね）

＊「しゃっち」「さっちが」とも。「さっちみち」という言い方もあるがやや意味が弱まる。

しぇからしか CD……［西・南部］うるさい。

例文 **しぇからしか。だまっときない**（＝うるさい。少し黙っておけ）

＊他に「子どもなどが騒がしい」「気ぜわしい」「煩しい」などの意も。

～しておく……［西部］～する。

例文 **これ、なおしておいて**（＝これ、しまってくれ）

＊「～する」だけで十分だが、あえて「～しておく」と表現する。

じょーもん……［西部］美人。

例文 **どーした、じょーもんかいな**（＝えらい美人だな）

じょーもんさん……［西部］若い女性。娘。

例文 **あっちのじょーもんさんな、よめい、いかっしゃるげな**（＝あそこの家の娘さんは嫁にいかれるそうだ）

しろしか CD……うっとうしい。

例文 **どーした、しろしかもんかい**

◎待遇表現

西部・南部では尊敬の助動詞として「ゴザル・ゴザー」「ラッシャル・ラッシャー」をよく使う。「キゴザル・キゴザー（＝いらっしゃる〈来るの尊敬語〉）」「イカッシャル・イカッシャー（＝いらっしゃる〈行くの尊敬語〉）」

傘を持っていくよう勧める場合、男性なら「モッテ　イキヤイ」と言うところを女性なら「モッテ　イキンシャレンネ」と「ンシャル」を使う。男性も「モッテ　イキンシャイヤ」と使うこともある。

南部の柳川市では「メス（召す）」が「キテンメセ（＝来てみなさい）」のように用いられ、旧柳川藩域特有のものである。

◎気づかずに使う方言

アタル―触る。熱いものに触らないように注意するとき「アタランヨーニ　シナサイ（＝触らないようにしなさい）」のように

福岡県

（＝まったくうっとうしいことだ）
＊つぶやいて言う。本来じとじとと降る雨にぬれる不快感をいう語。

すいとー……好きだ。
例文 **ミカンば、すいとー**（＝ミカンが好きだ）／**あのおなごば、すいとー**（＝あの女が好きだ）

すらごと……［西部］うそ。
例文 **すらごとゆー**（＝嘘をつく）
＊南部では「すらごつ」。

そーつく……［東・西部］歩き回る。
例文 **明月様ゆーてから、お重箱もって村じゅーそーつきよった**（＝明月様といって重箱を持って村中を歩き回った）

〜たい……［西・南部］〜よ。
例文 **どげーしたるじゃろーかて、時々、思いよりますたい**（＝どうしていらっしゃるだろうかと時々思っていますよ）

たっぱい……［西部］姿。ふうさい。
例文 **あたきは別の人ば、考えとったばってん、たっぱいのよーなかもんね**（＝私は別の人を考えていたけど、風采がよくないものね）

たまがるCD……驚く。
例文 **じしんで、たまがった**（＝地震で驚いた）

〜ち……［東部］伝聞。
例文 **もーでけたち**（＝もうできたって）

つくばむ……ひざを曲げ背中をまっすぐにしゃがむ。
例文 **つくぼーて、くさとりしござる**（＝しゃがんで草取りをしていなさる）

つまらんCD……いけない。だめ。
例文 **そげなことしたら、つまらんばい**（＝そんな事をしてはいけないよ）／**あいつは、なにさしぇてもつまらん**（＝あいつは何をさせてもだめだ）

てんてれやすいCD……［西部］気安く、容易だ。
例文 **おにーちゃんな、てんてれやーす、入学試験、合格したとじゃなかとばい**（＝お兄ちゃんは簡単に入学試験に合

言う。
アッテイル—行われている。「テレビで野球がアッテイル」
クルー—（あなたの所に）行く。「すぐクルけんね。待っとってね。」（＝すぐあなたの家に行くからね。待っててね）」
ナオス—仕舞う。「教科書ナオシなさい」
ヤル—くれる、やる。「その本ヤリー（＝くれ）」「野菜バコーチャランネ（＝野菜を買ってくれないか）」「俺がヤッチャー（＝やってやる）」

◎**柳川の方言**
筑後の柳川方言は城下町のことばを残す独特のもので、丁寧なもの言いも発達している。例えば、道で会った相手に「どこに行くのか」と聞くとき、次のような表現から選択される。①から順に敬度が高くなり⑥が最も高い。「も」は「もし」の略。
①どこさんいきよるか
②どこさんいきよるかい

格したんじゃないかね）

～と……［西部］～の。

例文 **よかとの、あった**（＝良いのが有った）／**いつ、くると**（＝何時来るの？）／**きょうは、やすみと**（＝今日は休みなの？）

＊準体助詞。疑問や念押しを表す文末助詞。名詞の後につくのは新しい用法。

とー……かさぶた。

例文 **とーができて、かゆかー**（＝かさぶたが出来て痒い）

＊南部では「かさぶた」の他「柿のへた」「亀のこうら」の意で「つー」という。

とーきび……とうもろこし。

例文 **あらー、なんな。あらー、とーきびたい**（＝あれは何ですか。あれはとうもろこしだよ）

とぜなか……退屈だ。寂しい。

例文 **ひとりでとぜなかなー**（＝一人でさびしいなあ）

＊話し相手がいない場合など。「とぜんなか」とも。東部では「とぜんない」。

とつけむなか……とんでもない。

例文 **とつけむのー、たけーばな**（＝とんでもなく高価なのよ）

＊東部では「とつけもない」。

なんかかる……よりかかる。もたれかかる。

例文 **かべー、かかっとー、えのおちるけん、なんかからんでくれん**（＝壁にかかっている絵が落ちるからよりかからないでくれない）

なんのあーた……［西部］どういたしまして。

例文 **「えずーご念のいりまして**（＝大変細やかななさりかたで）**」「なんのあーた**（＝どういたしまして）」

＊感謝辞をおし戻すことば。東部では「なんがあんた」。

ぬっか……暑い。暖かい。

例文 **きょーはえらい、ぬっかなー**（＝今日はすごく暑いね）／**はるになって、ぬくーなったなー**（＝春になって暖かくなったね）

③どこさんいきよるかん
④どこさんいきよるかんも
⑤どこさんいきよりめすかんも
⑥どこさんおいでよりめすかんも

◎若者のことば

【あーね】

二一世紀初頭、福岡県を発生源とする相づち「あーね」が高校生たちに広がり始めた。「あー」の部分を低く「ね」は上昇させるタイプのイントネーションが優勢。小中学生や幼児たちにまで広がっている。

「お昼寝したらお絵かきしましょうね」と保母さん。「あーね」と相づちを打たれ、とまどったという話も聞いた。「あーね」は同輩や年下の相手には使えるが、年上に使うのはルール違反。親しい親族であれば年上にも使えるようで学生が祖父に対して「あーね」を使う例もある。

二〇〇八年現在、大学生や二〇代の社会人も使うようにな

ねまるCD……料理やご飯が腐る。
例文**このがめにゃー、ねまっとーばい**（＝このがめには腐っているよ）

～ば……［西・南部］～を。
例文**ほんば、よみよー**（＝本を読んでいる）

～ばい……［西・南部］～よ。
例文**雨のふってきたばい**（＝雨が降ってきたよ）

はがいかCD……悔しい。
例文**もうちょっとやったとい、はがいか**（＝もう少しだったのに悔しい）

ばさらか……［西・南部］とても。
例文**せーろむしば、くーていかんかんも。ばさらうまかばんも**（＝せいろう蒸しを食べていきませんか。とてもおいしいですよ）

ばってんCD……［西・南部］～だが。
例文**かいげいったばってん、手のでらんやった**（＝買いに行ったけど、手が出なかった）

はらかく……腹を立てる。
例文**そげん、はらかかんでもよかろーもん**（＝そんなに怒らなくてもいいでしょう）

はわく……掃く。
例文**にわば、はわいとってくれんね**（＝庭を掃いておいてくれないか）

びったれおどし……［東・西部］初秋の冷気。
例文**びったれおどしがくる**（＝晩夏・初秋のころの冷気が来て初冬のしたくを急がせる）
＊「びったれ」は「無精な女」の意。

ひょくっと……［西部］突然。
例文**ひょくっと言われたっちゃ、こたえよーのなか**（＝突然言われても答えようがないよ）

ふくぞむ……はいつくばう。
例文**いしろーろーのしたい、わくろのふくぞーろるばい**（＝石灯籠の下にがま蛙がはいつくばっているよ）

ふつ……よもぎ。
＊「ふつもち」はよもぎ餅。

った。次は女子高校生同士の車中での会話。「昨日、九時に寝たんよ」「あーね」「それで朝五時に起きて宿題したとよ」「あーね」

二〇〇四年時点で二〇代前後の「あーね」の使用域の分布は福岡県の西部・南部が中心。隣接県の都市部にも広がっている。宮崎や鹿児島県では使わない。

◎漢語・外来語起源の方言

「がまだす」は福岡県の方言ではがんばる、精出して働くという意味である。「がま」は仏教語で悪魔を退治し降伏させること。悪魔の誘惑を克服すること。古代インドの梵語マーラタルヤナの漢訳「降魔」に由来する。源氏物語にも「がまの相をいだして」と使われている。江戸時代の久留米藩の儒学者は「我慢出す」と解釈した。一般にはこの解釈の方が広く受け入れられているようだ。

ふとか……大きい。太い。背が高い。

例文 **ナゴー　ミランヤッタラ　ニーチヤンナ　フトーナッタナ**(＝しばらく会わなかったらお兄ちゃんは大きくなったね)

ふてーがってー CD……[西部]これは驚いた。

例文 **ふてーがってーな、どーじゃろかい**(＝これは驚いた、どうだろう)

＊博多にわかの決まり文句。

へっぱく……[西部]屁理屈。

例文 **へっぱくこくな**(＝屁理屈を言うな)

ほげる……穴があく。

例文 **かべがほげとー**(＝壁に穴があいている)

ほとめく……十二分にもてなす。

例文 **おきゃくば、ほとめかっしゃった**(＝お客を十二分にもてなしなさった)

ほめく……暑さが極度に強い。

例文 **きょーは、ほめくなー**(＝今日はひどく暑いね)

まいまい……[西部]かたつむり。

＊「まいまいくじら」とも。

ますぼり……へそくり。

＊もとは米などをためておいて臨時の出費の時に使うこと。

やる……[西部]くれる。

例文 **おばさんのお菓子ばやらっしゃった**(＝おばさんがお菓子をくれた)／**野菜ばこーてやらんですか**(＝野菜を買ってくれませんか)

よかよか……[西・南部]いいよ。

例文 **よかよか、気にせんでよか**(＝いいよ、気にしなくていいよ)

＊「よい」を重ねたもので、感情表出を伴なう。

よこう……休む。

例文 **きのーはしごとのきつかったけん、きょーはよこうばい**(＝昨日は仕事が大変こたえたから今日は休むよ)

よござっしょ CD……よいでしょう。

例文 **おねがいしてもよござっしょーか**(＝お願いしてもよいでしょうか)

「ばさら」(婆娑羅)は遠慮なく、勝手に振る舞うこと。これの形容詞化したものが「ばさらか」。福岡県では程度のはなはだしい「とても」という意味で使う。これも仏教語、梵語のバジラ(金剛・伐折羅《ばざら》)から転訛したことば。筑後では「ばさろ」ともいう。産地直売所で「バサロ」という名の所がある。

「ばんこ」は縁台だが、ポルトガル語の banco に由来する。

福岡市で五月の連休に行われる祭り「ドンタク」はオランダ語の zontag (日曜日)に由来する。

あいさつ(筑前)

朝＝きょーはよかおひよりになったらすなー(天候を言うのが普通)

夕方＝こんばんわ

別れ＝これは

感謝＝えずーごねんのいりまして

訪問＝ごめんなざっしぇ

九州・沖縄

佐賀県 CD 41

佐賀＝佐賀市、鹿島市、伊万里市、武雄市、小城市、神崎市など
唐津＝唐津市、東松原郡など
基養父＝鳥栖市の一部、基山町、三養基郡など

あさん CD……あなた。
例文 **久しゅー見らんじゃったばってん、あさんなどこさいいとったこー**（＝久しく見なかったけれど、あなたはどこに行っていたのかい）
＊自称は「おい」。

あばかん CD……入りきれない。
例文 **ありゃーあんまいうーしてあばかんばい**（＝あれはあんまり多くて入りきれないよ）

あゆっ CD……落ちる。降る。
例文 **あめんあゆっけんが、とーばたのぬれんごとうじゃーてもどろ**（＝雨が降るから、凧が濡れないように抱いて帰ろう）

うーいってんぎゃー CD……［佐賀］あたり一面。
例文 **うーいってんぎゃーさぎゃーたばってんなかったばんた**（＝あたり一面探したけれどもなかったですよ）

うーばんぎゃーか……大ざっぱ。
例文 **ほんにあいはうーばんぎゃーかもんにゃー**（＝本当にあいつは大ざっぱだものねえ）

えすか……こわい。
例文 **あの先生くーえすか**（＝あの先生はとてもこわい）／**帰りはくろーなったけんえすかった**（＝帰りは暗くなっ

佐賀の方言

◎県内の地域差

佐賀県の方言は、九州域方言の三つの方言圏のうちの肥筑方言圏に属している。県内は佐賀方言（佐賀市を含む県中央部）、唐津方言（唐津市・伊万里市北部、東松浦半島域など）、基養父方言（鳥栖市・基山町など）に区分される。これは旧藩領域とほぼ重なっている。なお、対馬藩領であった鳥栖市の田代地区は取り立てて田代方言とされる。

佐賀方言は東部方言（小城市・佐賀市・神崎市など）と西部方言（伊万里市・武雄市・鹿島市など）に分かれ、土地人はヒガシメ、ニシメと呼ぶ。ニシメは各地域ごとに特色がある。ことに太良地方や陶業地の有田は特色が濃い。基養父方言は地理的に近接する福岡県の筑後方言に似る。唐津にはかつて言語島とみなされた唐津城内ことば

たからこわかった)

おがまんばとーせん……［唐津］カマキリ(蟷螂)。

例文 **おじしゃん、こがんふとかおがまんばとーせんのおったとん、こーちよかね**(＝おじさん、こんなに大きなカマキリがいたが飼っていい?)

おらぶ CD……叫ぶ。

例文 **じさんおるかーんておらぶばってん、こそらーっとにげた**(＝おじいさん居るかと叫んだけれど、こっそり逃げた)

おろよか CD……良くない。

例文 **あんしとは人間のおろよかもんない**(＝あの人は人間が良くないものね)

がばい……ものすごく。

例文 **さかなつりよったぎ、がばいふとかとのつれたくさい**(＝魚を釣っていたら、ものすごく大きいのが釣れたよ)

がまだす……［基養父］精出して働く。

例文 **むかしんこどま、ちんかもんもがまだしよりましたばな**(＝昔の子どもは年少者も懸命に働いていましたよ)

～かんた……［佐賀］～ですか。

例文 **あさん、きゅーはなんしよっかんた**(＝あなた、今日は何をしているのですか?)

～ぎ……～ならば。～たら。

例文 **こっかいみよっぎー、おんちゃんのきんさっとのみゆっぱい**(＝ここから見ていると、おじさんが来ておられるのが見えるよ)

きたんぼらつか……［佐賀］汚い。

例文 **おいの飴がたにゃひゃーのちいた。きたんぼらつかー**(＝俺の飴には蠅がとまったから、汚い!)

ぎゃーけ CD……風邪。

例文 **がばい寒かぎー、ぎゃーけばせんごとしときんしゃい**(＝とても寒いから、風邪をひかないようにしておきなさい)

＊「咳気」。

きゃーふかぶい……引っ込み思案。

があった。

佐賀方言では語中語尾の「リ」の音が「クスイ(薬)」や「クイ(栗)」のように「イ」になるが、唐津方言や基養父方言では「リ」である。ニシメには「クヮジ(火事)」や「ショーグヮツ(正月)」のような古態の音のカ行合拗音がある。また、「シェンシェー(先生)」や「カジェ(風)」になるのはヒガシメに著しい。継続態「～ておる」を見れば、佐賀方言「～トッ・トー」、唐津方言「～チョル」、基養父方言「～トル」となる。

アクセントは、唐津方言と基養父方言および佐賀のヒガシメ(小城は二型音調)が型の区別のない崩壊一型音調であり、佐賀のニシメが頭高型と平板型を区する二型音調である。文の音調を見れば、崩壊一型音調の地域は文全体がゆるやかにふくらむように聞こえる。

逆接の接続詞は、九州西南域の代表的な事象である、「～

意気地なし。

例文 **嫁くさんの尻にしかれとんさったい。きゃーふかぶいばい**（＝お嫁さんの尻にしかれておいでだよ。意気地なしだよ）

ぐぜっ CD……（子どもが）むずがる。

例文 **くーぐぜっよっごたっばってん、こん子わ腹のしーっとっとやなかね**（＝ひどくむずがっているようだけど、この子はお腹がへっているのではないかい）

こざにっか……［唐津］小面憎い。

例文 **こまかくせ屁理屈どんばっかりゆーち、ほんなこてこざにっか**（＝年少のくせに屁理屈ばかり言って、本当に小面憎い）

ごちゃー……背中。

例文 **ごちゃのじかーじかしてかいかー。搔いてくいろ**（＝背中がじかじかして痒い。搔いてくれ）

＊語源は「五体」。

ごっくーさん……神仏に供える飯。

例文 **水あび行くときゃ、ごっくーさんくーて、手にゃ唾つけち行かんかい**（＝水泳に行くときは、お供えの飯を食べて手に唾をつけていきなさい）

＊「御供」。

ごっとい CD……ずっと。

例文 **きゅーはほとめかいたけん、ごっといしみゃーまでおったじゃ**（＝今日はご馳走をなさったから、ずっと最後までいたよ）

さばくっ……仕事が捗る。

例文 **仕事ばあんのすっぽにたのーじみたばってんが、ちーにさばけん**（＝仕事をあの怠け者に頼んでみたけれど、ちっとも捗らない）

さろく……歩き回る。

例文 **あすこんにきまでーちかっとさろてくっけんがー**（＝あそこの近くまで少し行ってくるよ）

しぇからしか CD……うるさい。

例文 **わいどんがなんじゃかんじゃゆけん、しぇからしか**（＝お前達がなんだ

バッテン（ガ）・～バッテ」が全県的に聞かれるが、ニシメでは、「～ドン」が多い。疑問表現をつくる「カイ」は待遇面で「カン・キャー・コー・カンタ」と変化するが、唐津では「ケー」が多く、ニシメでは「ヨカヤー」のように、やわらかな語感のある「ヤー」を多用する。順接条件をつくる「～なら」に相当するものは、佐賀方言では「ギー・ギニャー、ギンタ」であるが、唐津では「ナリャー」、田代方言では「ギリ（ー）」を用いる。

在来の佐賀県方言の色合いや地域差は薄れつつあるのが現状である。テレビ・ラジオの放送局は、佐賀県にもあるが、福岡県の放送局を複数視聴できる。視聴率もこちらが高い。生活圏の広がりもあり、福岡県の北九州言語文化圏の影響を大きく受けつつある。

◎文法的な特色

〈佐賀の三拍子〉

かんだと言ってくるから、うるさい）

しっきゃー CD……全部。

例文 **こんがんづけばすっぴゃーしっきゃーおいにうってくれんこー**（＝この蟹漬けを残らず全部俺に売ってくれないかい）

～しゃーが CD……～さえ。

例文 **いきしゃーがすっぎーよかよ**（＝行きさえすればいいよ）

しゃればー……［唐津］おしゃれ。

例文 **おっかさんなしゃればーじゃったけん、ずっちひまんいったちゃー**（＝お母さんはおしゃれだったから、出掛けるのに時間がかかったのだよ）

しゅーとがが……姑。

例文 **ほんにしゅーとががもーやかましかけんなたー**（＝とても姑がいろいろとうるさいからねぇ）

＊「おかさん」「おかっさん」より悪い姑のイメージ。

しれーっと……［基養父］にっこりと。

例文 **じーしゃんばーしゃんたちもしれーっとわらよんなさる**（＝お爺さんお婆さんたちもにっこりと笑っていらっしゃる）

すらごつ……［唐津］嘘。

例文 **なめた口ばききよるどん、すらごつもほどほどにしとかんけ**（＝なめた口をきいているけれども、嘘もほどほどにしておけよ）

ずんだるっ……ずり下がる。

例文 **こん頃の若っかもんなきもんばずんだらきゃーてさろきよっ。ほんにざまなか**（＝この頃の若者は着物をずり下げて歩いている。まったくみっともない）

せつなか……［有田］窮屈だ。

例文 **また肥えたけん、シャツんボタンのせつーなかごとしとったいえー**（＝また太ったから、シャツのボタンが窮屈そうにしているじゃないか）

ぞーたんのごと……冗談じゃない！

例文 **こりゃあ、ぞーたんのごと。なんのことじゃいさっぱいわからん**（＝こ

擬音語・擬態語（オノマトペ）は、全国共通語では二回反復が普通であるが、佐賀方言では三回反復されることが多い。この時には「～で」の形式になる。例えば、「サッサッサーであゆぶ（＝さっさと歩く）」「雨んジャージャージャーで降りよっ（＝雨がざあざあと降っている）」「おーかんばツーツーラツーで行く（＝大通りをスイスイと行く）」。語調が滑らかになるとともに、状態を臨時的に名詞化するはたらきがあり、情景がイメージ化されやすくなる。

〈文末詞〉

文末詞（文末助詞・終助詞）は、人間関係の度合いや情意的なニュアンスを含んでいて、「バイ・タイ・ダイ・クサイ・ザイ・ナイ・カイ・ノマイ‥‥」など多様な様相を見せている。一部を紹介する。断定や推量表現をつくる「バイ」系は「バン・ボー・バンタ・バマイ・バナ‥‥」というように音訛や他の語

れはまあ、冗談じゃない。なんのことやらさっぱりわからない）

ぞーんわく……［唐津］腹が立つ。

例文 **じんべんあんわりゃぞーんわかんじゃっとん、やおなかばいな**（＝不思議にあの人も腹を立てないが、大変だよ）

そんきー……切り杭。

例文 **そんきーばついにーたばい。ぎりーっとしたさい**（＝切り杭を踏んでしまったよ。ずきんとしたよ）

たまがる……驚く。

例文 **そん話ばきーち、たまがってこそらっとにげだしたげな**（＝その話を聞いて、驚いてこっそり逃げ出したそうだ）

だんだん……いつも。たいそう。

例文 **だんだん世話なってなー。あいがとーござっすっ**（＝いつも世話になってねえ。ありがとうございます）

ちーはしる……［佐賀］つい行ってしまう。

例文 **あんにきの道さんいかやんてちーはしった**（＝あの傍の道を行かないといけないのに〈他に〉行ってしまった）

ちかっと……［佐賀］少し。

例文 **ちかっとばっかいやしぇたごたっぼ。食ったい食わんやったいすっけんがたい**（＝少しばっかり痩せたようだよ。食ったり食わんかったりするからだよ）

ぢご……はらわた。

例文 **こん魚んぢごーねまっとっ。うしててきんしゃい**（＝この魚のはらわたは腐っている。捨ててきなさい）

ちゃーぎゃー……とても。

例文 **ちゃーぎゃー時の経つが、もーにゃーしてしもーとろーざい**（＝とても時間が経っているが、今はもうし終わっていろうだろうよ）

ちゃんぎりみゃー……［佐賀］忙しいさま。

例文 **いそがしゅーして朝かいちゃんぎりみゃーしよったい**（＝忙しくて朝か

との融合などによって地域的に特色を見せる。なお、唐津は「バイ」が優勢。「タイ」系は「ター・タン・タンタ」などがあり、ニシメには「タイエー・タイノー」、ヒガシメには「チャー・トー・テー」、田代地区には「タナ」があり、唐津では「チャー」が盛ん。「バイ」系は「明日は雨の降っバイ」のように推量表現を仕立てるが、「タイ」系にはこの用法はない。係結びをつくる係助詞であった「こそ」が、「クサイ・クサ・クサン・クサンタ・サイ（ク音の脱落）」などのかたちで文末詞として残存する。例えば「ヨカクサン」となれば、「いいさ、かまわないよ」といった突き放した認容の語感がこもる。

◎気づかずに使う方言

例えば、「私がそこに行くから」という場合に、動詞「行く」の位置に「来る」を用いて、「おいがそけクッけん」と言う。相手側に焦点を当てた、いわば相

らてんてこ舞いしているよ）

つ（ー）……瘡ぶた。（蟹の）甲羅。

例文 **こん前怪我したとけつーんでけて、くーかいか**（＝この前怪我したところに瘡ぶたができて、とても痒い）

＊「つーたん」は「役に立たない者」の意。

でけん……駄目だ。

例文 **よごれじぃじぇんもーくっぎでけんじゃー**（＝汚れないで金儲けしてはいけないよ）

どーどーで……盛んなさま。

例文 **あめんどーどーどーでふいよっけんが、いかれんばんたー**（＝雨がひどいから、行けないよ）

＊「どー」を三回反復する。

どっぺすっ……腹いっぱいになる。

例文 **ひのっちんちふんみゃーで、見たばっかいでどっぺーしたのまい**（＝一日中ご馳走で、見ただけで腹いっぱいになったよ）

ととしか……不器用。愚図。

例文 **あがんととしかもんなーこんにきにゃおらんばんたー**（＝あんなに不器用な者はこのあたりにはいないですよ）

〜とん……**［唐津・伊万里・太良］**〜が（接続助詞）。

例文 **あんやったちゃーちーん来られんとん、どぎゃんしたろーか**（＝あの人たちはちっとも来られないが、どうしたのだろうか）

なんなんすっ……背負う。おんぶする。

例文 **こんこのやーらしさー。ばっちゃんがなんなんしゅー**（＝この子のかわいらしいこと。おばあちゃんがおんぶしよう）

ぬらーぬら……ゆっくり。

例文 **ぬらーぬらありーて、まちーたはよいかんかー**（＝ゆっくり歩いて、もう少し早く行かないか）

ねまる CD……腐る。

例文 **こん飯ゃがばい臭かぼ。きゅーわぬっかったけん、ねまったとばい**

手本位の発想。また、「行かん方がマシですね（＝行かない方が良いですね）」のような「マシ」は、共通語では負の選択肢のうちでわずかでもいい方を選ぶことを表すが、佐賀弁ではより良い方を選ぶという意味である。選択肢の事項の想定に違いがある。

◎方言を用いた文芸・芸能

かんね話は、唐津弁で語られる唐津の有名な民話である。風変わりで、とんちが利き、悪知恵もはたらく「かんねどん（勘右衛門）」奇行話を面白おかしく伝えたものである。佐賀にわかは、古態の佐賀弁による笑いと涙の小演劇。滑稽な会話が交わされ、世情の風刺とともに、生活者の義理人情が展開される。なんとも言えない懐かしさとあたたかみがただよう。

◎あっても「ない」のが佐賀方言

おばっちゃんの店番する煙草

（＝この飯はひどく臭いよ。今日は暑かったから、腐ったのだろう）

のーぶぞか……［唐津］横着な。

例文 **あぎゃんのーぶぞかばばしゃんなおらっさんちゃー**（＝あんなに横着なばあさんはおられないよ）

ばさらか……［基養父］たくさん。

例文 **おくんちのごっつぁばさらかありよるごたったばな**（＝おくんちのご馳走はたくさんあったようですよ）

ひだるか……ひもじい。

例文 **はよーさばけてかえらんば、こどんがひだるかしゃしよっ**（＝早く仕事を終えて帰らないと子どもがひもじがっている）

ひやか……寒い。

例文 **きゅーわほんなこてーひやかない。ひやひやこーずーにゃきつかー**（＝今日はとても寒いねぇ。寒がりにはつらいよ）

ふーけもん……馬鹿者。

例文 **こげんこつばゆーち、こんふーけもんが。とんこじーて**（＝こんなことを言って、この馬鹿者が。反抗して）

みたんなか CD ……みっともない。

例文 **そがんみたんなかきもんばきとっといかんざい**（＝そんなにみっともない着物を着ていると駄目だぞ）

むぞーか……かわいい。

例文 **こん赤ちゃんのむぞさー**（＝この赤ちゃんのかわいいこと）

もいと……うんと。

例文 **きつかろばってん、こんだーもいときばらんばいかんたい**（＝たいへんだろうが、今度はうんと頑張らないといけないよ）

やーまち……怪我。

例文 **かけごろしてあすーどったら、ちー転んじゃーまちした**（＝かけっこをして遊んでいたら、つい転んで怪我した）

やぐらしか CD ……うっとうしい。うるさい。

例文 **〈家の中で騒いでいる子どもに〉あ**

屋にやってきた他県出身者が「煙草をください」と声をかけた。おばっちゃんはにこやかに「なーい」。「ないのですか?」「あるばんた」「あるならください」「なーい」。他県出身者「??」。（「なーい」は佐賀方言で「はい」の意）

「長崎ばってん西部《にしめ》どん、あってないのが東部《ひがしめ》ない」という、この地域の方言の特徴についての言い回しがある。

◎佐賀の諺・俗語

佐賀県に伝承される諺や俗語のいくつかを紹介しよう。

・「佐賀のはっしゅうがい（八升粥）」――倹約家の意。

・「有田男に伊万里のおなご」――さしずめ「東男に京女」の佐賀版。

・「ごーつびゃー（業突張り）の一生苦」――自己中心主義への戒め。

・「猫ば追うよい、魚のけろ」――根本の原因を解決せよとの

ーやぐらしか。まちーっとじっとしとんさい（＝ああうるさい。もう少しじっとしていなさい）

ゆっつらゆーっと……［佐賀］ゆっくり・ゆったりと。

例文 **きゅーわなーんもせーじ、あさんなゆっつらゆーとすっぎよかばんた**（＝今日は何にもしないで、あなたはゆったりとしたらいいですよ）

ゆんにゅ CD……たくさん。余計に。

例文 **きにゅーかっみっぎー、ゆんにゅあつかない**（＝昨日からすると、余計に暑いね）

よそわしか……汚い。

例文 **よそわしか！ そがんとけーごみばすつんな**（＝汚い！ そんな所にごみを捨てるな）

よみおんさっ……［佐賀］読んでいらっしゃる。

例文 **おばっちゃんの本ばよみよんさっぼ**（＝おばさんが本を読んでいらっしゃるよ）

＊基養父では「よみおらっしゃる」。

よめくさん……お嫁さん。

例文 **よかよめくさんばよーだなたー。もーこいであんたも安心したろーだ**（＝よいお嫁さんをもらったねえ。もうこれであなたも安心したろうね）

りっぱか①……綺麗だ。

例文 **むすめさんなりっぱかきもんばきとんさっ**（＝娘さんは綺麗な着物を着ていらっしゃる）

りっぱか②……全部。すっかり。

例文 **またこりゃりっぱとくーてしもーて**（＝またこれは全部食べてしまって）

わり……［唐津］お前。

例文 **わりばかりおもしろーてん、おどみゃいっちょんおもしろーなかばい**（＝お前ばかり面白くても、俺たちは少しも面白くないよ）

わんわんわんで……頭の痛いさま。

例文 **今日は寒のすんねー。わんわんわんで頭んいとーして**（＝今日は寒いねえ。がんがんと頭が痛くて）

意。

・「褒められて腹かく（＝怒る）者なおらん」――人との交際の要訣。

◎その他の方言

ずくにゅー［佐賀］―頭。「ずくにゅーのいたか（＝頭が痛い）」

にきー―あたり。近く。

はんづがめ［佐賀］―引っ込み思案。出不精。＊水がめの意も。

へくそかずらもひとさかえ［佐賀］―悪いものでも輝く時がある。

ぼーぶら［唐津］―かぼちゃ。

ほけまくい［佐賀］―忙しい時に子どもを遠ざけるために「ほけまくいば借ってけー」と言う。

あいさつ(佐賀市)

朝＝おはようござんしたー

夕方＝こんばんわー

別れ＝そいぎー

感謝＝あいがとー

訪問＝おいさっかんたー

九州・沖縄

長崎県

CD42

北部＝松浦市、平戸市、佐世保市、北松浦郡など
中南部＝大村市、諫早市、島原市、長崎市など
島嶼部＝五島、壱岐・対馬

あかちょかべ……あーかんべ。

＊熊本県民謡「おてもやん」に出てくるお囃子「あかちゃかべっちゃか　ちゃかちゃかちゃ」の前部分と関係があるかもしれない。

あせがる……あわてる。急ぐ。

例文 **はよあせがっていかんね**（＝早く急いで行きなさいね）

あったらか……惜しい。

例文 **あったらかばよ。ふつっとは。まだ使わるっとに**（＝惜しいなあ。捨てるのは。まだ使えるのに）

あもよ・あもじょ CD……おばけ。

例文 **泣きよったら、あもよの来るよ**（＝泣いていたら、お化けが来るよ）

＊幼児に向けて脅すようなしぐさとともに言う。

いが……赤ん坊。

例文 **あすこんいがは、かわいかなあ**（＝あそこの赤ん坊はかわいいねえ）

＊今は使わない。「いがいがと泣く」の古語から生まれたと言われるが、擬声語「いがいが」が使われることはない。

いっちょく……［**五島・北松・南高・大村**］放っておく。

例文 **そがんとはいっちょかんね**（＝そんなものは放っておけよ）

いっちょん……ちっとも。全然。

長崎の方言

長崎県の方言は、島嶼部と本土部とに大別され、島嶼部は、五島、壱岐《いき》・対馬《つしま》に分けられる。

本土は北部（松浦・平戸・佐世保三市と北松浦郡）と中南部とに、中南部内は、中部（大村市、西彼杵郡、東彼杵郡）、東部（諫早市、北高来郡）、東南部（島原市、南高来郡）、長崎市部など八区画に分けられ、それぞれが旧藩域（五島藩、平戸藩、対馬藩、大村藩、佐賀藩、島原藩、天領＝長崎市部）とよく対応をみせる。

アクセントは中南部が二型アクセント、五島と北部が一型アクセント、壱岐・対馬が福岡県西域のアクセントに近似する。

音声上では、撥音化（「イン（犬）」）、促音化（「タッカ（高い）」）、O段音のU段音化（「シユージ（小路）」）が注目される。

文法では、「とね」「とや」「とよ」など、「と」を取る文末詞が

例文 **おうちんゆーことは、いっちょんわからんばい**（＝あなたの言うことはちっとも解らないよ）

いら……お盆すぎの海で人の皮膚をさすクラゲ。

例文 **いらの出るけん、盆すぎにゃ泳がんとよ**（＝クラゲが出るから、お盆過ぎには泳がないのよ）

うったまぐる……［長崎］びっくりする。

例文 **あんときの雷にはうったまげたばよなー**（＝あの時の雷にはびっくりしたよなあ）

おーどもん……横着者。

例文 **あんわれはおーどもんやっけん**（＝あいつは横着者だから）

おーばんぎゃーな……［平戸・北松］無謀な。

例文 **あいつはおーばんぎゃーなやつでこまったばい**（＝あいつは無謀なやつで困ったよ）

おっちゃける CD……落ちる。

例文 **もーちっとで、おっちゃけるとこやった**（＝もう少しで〈木から〉落ちるところだった）

おっとろし CD……おや、まあ。驚いたときに言う。

例文 **おっとろし。どっかでふとか地震のあったごたっ**（＝おや、まあ。どこかで大きい地震が起きたようだ）

＊あきれたような気分が入ることも多い。形容詞はおとろしか。

おとろしか……恐ろしい。

例文 **やっぱ地震なおとろしかねー**（＝やはり地震は恐ろしいねぇ）

おめく CD……叫ぶ。

例文 **あすこでおめきよっとは、だいじゃろか**（＝あそこで叫んでいるのは、誰だろう）

かずむ CD……嗅ぐ。

例文 **ねまっとらんか、かずんでみんね**（＝腐っていないか、嗅いでごらん）

〜がと CD……〜分。

例文 **千円がともなかばい。こん料理は**

多い、「ふとカ」などカ語尾の形容詞、多彩な動詞接頭辞、動詞の二段活用などが目をひく。

◎**「さとーやの遠か」**

長崎市では、おはぎなどの砂糖味のうすいことを「さとーや（砂糖屋）の遠か」と表現する。これは作り手側の不出来の言いわけとして、砂糖を手当てしようにも、砂糖屋が遠いので間に合わなかったの意である。ところが、はじめ作り手の言いわけであったものが今は食べ手の評言として、「かあさん、きょうんおはぎは　ちぃーと　さとーやのとーかごたる（＝母さん今日のおはぎは少し砂糖味がうすいみたい）」と表現する。

長崎発のこの表現（長崎が砂糖の貿易港であったことに起因）は、県下各地でさまざまな展開をみせている。

・砂糖屋の前ば走って通った［島原市］

・砂糖屋の前ば自動車で通った

（＝千円分〈の価値〉もないよ。この料理は）

からう CD……背負う。

例文 **昔は弟や妹ばかろーて、がっこに行きよったってなあ**（＝昔は弟や妹を背負って、学校に行っていたけれどねえ）

きびしょ……急須。

例文 **きびしょは両手で持つごとなっとっと**（＝急須は両手で持つようになっているの）

きゃーなえる……ひどく疲れる。

例文 **きゅーは仕事のきつーして、きゃーなえたばい**（＝きょうは仕事が辛くてひどく疲れたよ）

ぎゃーなか……[北部]頑固だ。

例文 **あん人はぎゃーなかことばっかいゆーとっばい**（＝あの人は頑固なことばかり言っているよ）

きんなか……黄色い。

例文 **実のきんなかとは熟れとる証拠**（＝実が黄色いのは熟れている証拠）

ぐーばみる CD……業を見る。苦労する。つらい思いをする。

例文 **ぐーば見とらすたい**（＝つらい思いをしていらっしゃる）

こっぺのわるか……[長崎]きまりが悪い。

例文 **こっぺのわるかことば平気でいーなっとよ**（＝格好の悪いことを平気で言いなさるのよ）

さかとんぼ……さかさま。

例文 **さかとんぼなって落ちていた**（＝さかさまになって落ちていった）

さばく CD……髪を梳《くしけず》る。

例文 **かんげのやぼくれなっとるけん、さばかんば**（＝髪がもつれているから、梳らないといけない）

さぶなか……[長崎・諫早・大村]味がうすい。

例文 **こんチャンポンはさぶなかねー**（＝このチャンポンは味がうすいねぇ）

さるく……歩く。歩き回る。

例文 **たまにゃそとさんでてさるかんね**

[佐世保市]

・長崎ん遠かった[東彼川棚町]

・砂糖船ん沈んだとばいね[北松生月町]

◎がんばらんば

さだまさしが作って歌う長崎弁丸出し応援歌、歌詞はこうだ。（●＝「がんばらんば」）

● 何でんかんでん ●●
愛ちゃ恋ちゃ ●● どいで
んこいでん ●● 我ちゃ俺
ちゃ ●ね わいなんばしょ
っと 何で泣いとっと 苦し
かと辛かと悲しかと よかよ
かようあるばってん 泣いて
泣いて元気呼んで どうちゃ
こうちゃどんげんかすーです
ーで 負けられんけんね ち
からとっとっと わいばかろ
うてでんほうてでん行っけん
どんげんね起きあがりゆん
ね 待っとっけんいつでんよ
かでてこんばぞ
（中略）
わいはまた涙でぶくれんごと

ー（＝たまには外へ出て歩きなさいねえ）

～しこ CD……～だけ。

例文 **こがしこあれば、一ヶ月はもつやろ**（＝これだけあれば、一ヶ月はもつだろう）

しゃっちで CD……何が何でも。無理にでも。

例文 **雨んふっとに、しゃっちで出かけんでもよかろーに**（＝雨が降るのに無理に外出しなくてもいいだろうに）

すそご・しりご……末っ子。

例文 **すそごやけん、たいがい甘やかされとる**（＝末っ子だから相当甘やかされている）

すらごつ……嘘。

例文 **あいつすらごつばっかゆーてからに**（＝あいつは嘘ばかり言いやがって）

そびく……引っ張る。

例文 **そびーたら破るっよー**（＝引っ張ったら破れるよ）

＊長いものを地面につけてそのままの状態で引きずる場合は「ぞろびく」。

たぎる……［長崎］沸騰する。

例文 **薬缶のたぎりよる、ひばけさんね**（＝薬缶が沸騰している、火を消しなさいね）

ちんちょか……大変に珍らしい。

例文 **こいはちょおっとちんちょかもんばい**（＝これは、たいそう珍らしいもんですよ）

ちんわすれる……うっかり忘れる。

例文 **かいちゅうーば、ちん忘れた**（＝財布を、うっかり忘れた）

つ・つーくれ……かさぶた。かす。

例文 **つーくれしか残っとらんやった**（＝かすしか残っていなかった）

つんのむ CD……連れ立っていく。

例文 **今度の旅行には、みんなつんぬじ行きまっしょでー**（＝今度の旅行には、皆連れ立っていきましょうよ）

＊「つんのーで」「つんのーて」とも。式見では「つんぬじ」。

てれんぱれん CD……ぶらぶらと何も

せんばたい　胸んびっしゃげて　穴のほげたとね　よかよかそんげんときこそ笑わんばたい　明日もあるたい　笑おうで　わいなんばしょっと　そんげんきつかとね　すいたか放題呑んで　おめーてさらこうで　どんげんね　来られんごたっとね　待っとっばってんあんまいやったらちゃんぽん喰うて寝っ

〈訳〉

がんばらなければ、何でもかんでも●●愛でも恋でも●●どうでもこうでも●●おまえでも俺でもがんばらなければね。おまえ何をしてるの？どうして泣いてるの？苦しいの？辛いの？悲しいの？いいよいいよ、よくあるけれど、泣いて泣いて元気を呼んで何とかかんとかどうにかしようよ、しようよ。負けられないからね。力をとっておいてるんだよ。おまえを背負ってでも這ってでも行くから、どうせず。

例文 てれんぱれんしとらずに、手がせすればよかたー(＝ぶらぶらしていないで、家の手伝いぐらいすればいいだろうに)

どーはっしぇん……[長崎・島原半島]南京豆。

例文 どーはっしぇんばたべすぎたばい(＝南京豆を食べすぎたよ)

＊中国語「落花生」に由来。

どーも……[長崎]ありがとう。

例文 どーも、どーも(＝ありがとう、ありがとう)

＊後上りに発音。

とんすい……陶製の匙。

例文 とんすいばやらんね(＝陶製の匙を取っておくれよ)

＊中国語「湯匙」に由来。

ねずむ CD……つねる。

例文 そこばねずんだら痛かてー。やめんね(＝そこをつねったら痛いんだから。やめてよ)

ばさらっか……[長崎・西彼・五島]ずさんだ。

例文 あんひたーちょおっとばさらっかもんねー(＝あの人は、たいそうずさんだものねぇ)

～ばしするごと CD……～もしないくせに。

例文 食いばしするごと、次から次こーてきておーじょすっ(＝食べもしないくせに、次から次へと買ってきて全く困ったものだ)

＊非難する意味合いが強い。

はだぐい……間食。

例文 あんおんばやんな、よーはだぐいばしなっと(＝あのおばあさんはよく間食をされるの)

ばたぐるう……[長崎・諫早・大村]苦しくて暴れる。

例文 釣ったいよは、ばたぐるて死んでしもーた(＝釣った魚は、暴れて死んでしまった)

ばちかぶる CD……罰が当たる。責め

だね、起き上がれるかね。待ってるからいつでもいいから出てこないといけないよ。

(中略)

おまえはまた涙で溺れないようにしなければならないよ。胸が押しつぶされて穴があいたんだね。いいよいいよ、そんな時こそ笑わなければいけないよ。明日もあるじゃないか。笑おうよ。おまえは何をしているの?そんなに苦しいのかね。好きなだけ呑んで大声をあげて歩き回ろうよ。どうだね。来られないようなのかね。待ってるけれどあまり(気が進まないの)なら(俺は)チャンポンを喰って寝る。

一応共通語に翻訳してみたが、なかなか難しい。とくに傍線部「ごたっ(＝～ごとくある)」は、様態の推量を表しながら、「おまえが来たくないのなら」といった動作主体の願望も含まれるような文脈である。ことばに凝るこのシンガーソングライター

を負う。

例文 悪かことしたら、いんま、ばちかぶっとやっけん（＝悪事を働いたら、そのうちにきっと、罰が当たるんだから）

はってく……［北部・西彼］立ち去る。

例文 **どけーはっていったとじゃいろ**（＝どこへ立ち去ったのだろうか）

ばってん……だが。

例文 **目はよかばってん耳のとおーしてね**（＝目はいいんだが耳が遠くてね）

はらかく CD……［全県］腹を立てる。

例文 **そがんはらかかんちゃよかやかねー**（＝そんなに腹を立てなくてもいいんじゃないの）

はわく CD……掃く。

例文 **おもてばはわかんね**（＝表を掃きなさいね）

ばんこ……踏み台。涼み台。縁台。

例文 **昔のばんこはもーなかごとなった**（＝昔の踏み台はもうないようになった）

＊ポルトガル語 banco に由来。

びーどろ……［五島］つらら。

例文 **びーどろんさがっとる**（＝つららが下がっている）

＊ポルトガル語 vidro に由来。「ガラス」のこと。現在はほとんど言わない。

ひけしか……臆病だ。

例文 **うちの子はひけしかと**（＝うちの子は臆病なの）

びっしゃげる……押しつぶされる。

例文 **卵ば落としてびっしゃげた**（＝卵を落としてつぶれてしまった）

ひっとずる……ちょっと出る。

例文 **頭のひっとでとる**（＝頭がちょっと出ている）

＊「ひっ」「ひん」は、「少し」「つい」など空間・時間的に小の程度を付加する接頭辞。

ひゅーなし……［長崎・島原・西彼］無精者。

例文 **ひゅーなしはおとこにおーかねー**（＝無精者は男に多いねー）

が、郷里の方言をかくも巧みにあやつって、サンバのリズムに乗せて歌う応援歌には、最後のオチ、「ちゃんぽん喰うて寝《ぬ》っ」も含めて、飾らない男どうしの友情あふれる心根が吐露されているようだ。

◎長崎さるく博

平成一八年に長崎市が開催した観光イベントで、「さるく」をネーミングに取り入れて成功を収めた。市内を走る路面電車は、多くの観光名所がひしめく市街地のどこまで乗っても百円の格安均一料金で、市民はもとより観光客の重要な足となっている。しかし、坂道の多い土地柄、電車を降りたら、オランダ坂の石畳はぶらぶらと「さるく」ほかない。狭い通りに足を踏み入れ、だらだらと続く石段に息を切らしながら、ふと歩みをとめれば、眼下に開ける「鶴の港」風景が疲れを忘れさせる。「長崎さるく博」情報紙には「長崎弁も

ひんのむ……（つい）呑み込む。

例文 **しーかの種ばひんのんでしもーた**（＝西瓜の種を呑み込んでしまった）

＊「ひっ」「ひん」は、「少し」「つい」など空間・時間的に小の程度を付加する接頭辞。

ぶくれる……溺れる。

例文 **深かとこにいて、ぶくれんごとせんば**（＝深いところに行って溺れないようにしなければ）

ふとか……大きい。

例文 **昨日はふとか魚ばつりおとしてねー**（＝昨日は大きい魚を釣り落してねえ）

ふのわるか……運が悪い。

例文 **ふの悪して交通事故におーた**（＝運が悪くて交通事故に遭った）

＊ふのよか（＝運がいい）。

へをふる……屁を放る。おならをする。

例文 **だいか屁ばふったろー。くさかー**（＝誰か屁を放っただろう。臭いよ）

べんたろさん CD……お人形さん。

例文 **まあ、かわいかねー。べんたろさんのごたっ**（＝まあ、かわいいねえ。お人形さんのようだ）

＊「弁天さん」からきたことばだろうか、女の子にしか使わない。

ぼーぶら……カボチャ。

例文 **ことしゃどこでんぼーぶらのよんにゅーとれたげな**（＝今年はどこでもカボチャがたくさん獲れたそうな）

＊ポルトガル語 abōbra に由来。

ほーらつか……途方もない。誇大な。とても多い。

例文 **ほーらつかなあ。あん人の言わすこたー**（＝おおげさだなあ。あの人の言われることは）

ほげる・ほがす CD……穴があく（自動詞）。穴をあける（他動詞）。

例文 **耳んすばほがしてよーっときーとかんね**（＝耳の穴を開けてよく聞いておきなさい）

ほめく CD……暑くなる。

例文 **こん夏はもうほめーてほめーて、**

のがたり」で五〇語以上の長崎の方言語彙の連載が織り込まれ、旅人の目と耳を楽しませた。

◎島嶼部の方言

長崎県は他に例を見ない多島県である。大きなものでは五島・壱岐・対馬、その数は鹿児島県をしのいでおり、面積こそ小さいものの、海岸線の長さでは日本一を誇る。当然ながら、そこには方言の複雑さの生まれる土壌が横たわっており、例えば、長崎から五島に渡ると、これが同じ県かと思えるほど違った印象を受ける。「あが（＝あなた）」「ざまに（＝たくさん）」「いんなっか（＝いたずらな）」「あっぱよー（驚いたときの感動詞）」、促音化の激しさなど、海を隔てて、長崎県よりも鹿児島県に似通うことばが話されているのだ。確かに、日本海流の流れに沿えば、南九州に繋がることばの海の道が見えてくる。

のさんやった(＝この夏はもう暑くて暑くてたまらなかった)

まおなき……仰向け。

例文 **まおなきにして寝れば、体によからしか**(＝仰向けにして寝れば、体によいらしい)

まっぽし……まっ正面。

例文 **きたかじぇん、まっぽしやもんねー**(＝北風がまっ正面だものねえ)

みじょか……[五島・北部]かわいい。

例文 **こんいがんえがおん、みじょかねー**(＝この赤ちゃんの笑顔がかわいいねえ)

みどーか……かわいそうだ。

例文 **親ののーなって、子どんがみどーかよ**(＝親が亡くなって、子どもがかわいそうだよ)

＊五島の「みじょか」と同語だが、意味が異なる。

むすこんこ・むすめんこ……男の子・女の子。

例文 **○○さんとこにゃ、むすこんこの生まれたげな**(＝○○さん宅には男の子が生まれたそうな)

やーのいおばつる……[長崎]寝小便をする。

例文 **よんべもまた、やーのいおばつってこらしたばい**(＝昨晩もまた寝小便をしでかしたよ)

＊隠喩で皮肉っぽい表現。

やおなか CD ……容易でない。難しい。

例文 **やおなかばい。たったのいっしゅかんでやりあぐっとは**(＝たやすくないわ。たったの一週間で仕上げるのは)

やぐらしか……うるさい。わずらわしい。

例文 **やぐらしかねー、あっちーいっとらんねー**(＝うるさいねえ、あっちへ行っていなさいねえ)

よんにゅー CD ……たくさん。

例文 **きのーいもばよんにゅーもろーたばい**(＝昨日さつまいもをたくさんもらったよ)

◎その他の方言

あらかぶ[対馬以外]―カサゴ。
えたり[長崎、西彼]―カタクチイワシ。
おがみたろー[長崎]―カマキリ。
じゃがたらいも―馬鈴薯。
ずっきゃんかん[長崎]―肩車。
とーがき[大村]―イチジク。
どんく―蛙。
なんきいも[長崎、大村、北高]―サトイモ。
へんぶ―トンボ。

あいさつ(長崎市)

朝＝おはよー
夕方＝こんばんわ
別れ＝さいなら
感謝＝おーきに
訪問＝おるかねー・おるなねー

熊本県 CD43

北部＝熊本市、荒尾市、玉名市、菊池市、山鹿市、菊池郡、鹿本郡など
南部＝八代市、水俣市、人吉市、上天草市、天草市、球磨郡など
東部＝阿蘇市、阿蘇郡

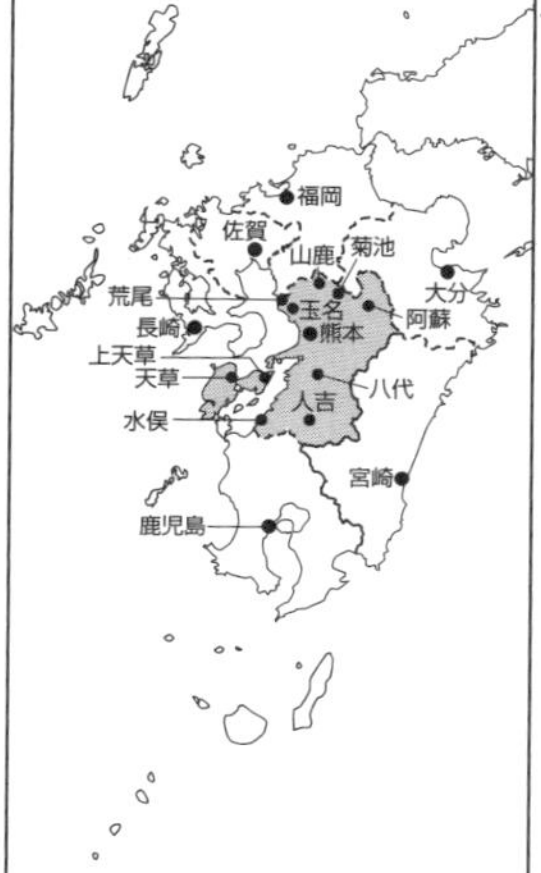

あからん①CD……[南部]ものにならない。
例文 **ことしんトマトはしゅるばっかおーしてあからんな**（＝今年のトマトは水気ばかり多くてものにならないな）

あからん②CD……[南部]つまらない。
例文 **最近な、巨人なまけちばかっでほんにあからん**（＝最近は、巨人は負けてばかりでほんとうにつまらない）

あくしゃうつ……ほとほと困りはてる。
例文 **あやつん態度にはあくしゃうったばい**（＝あいつの態度にはほとほと困りはてたよ）

あたじゃ……急に。突然。
例文 **あたじゃ弁当んいるて言うたっちゃ、間に合わん**（＝急に弁当がいると言っても、間に合わない）

あとぜきCD……戸・ドアを閉めること。
例文 **ちゃんとあとぜきばせんかい**（＝ちゃんと戸を閉めないか）

あばかん……たくさん。多く。
例文 **昔ゃあばかん鰯のとれよったった**（＝昔はたくさん鰯がとれていた）

あゆる・あえる……汚れが落ちる。
例文 **手であらうとあゆるばい**（＝手で洗うと汚れは落ちるよ）
＊南部では「穂・実が落ちる」意でも。

熊本の方言

熊本県の方言は、九州方言のなかの肥筑方言域に属する。肥筑方言域には、九州方言の特有語彙が多数存在するが、その典型が熊本県方言である。古語、文語を濃厚に保持しており、例えば語頭の「きゃー」（「キャー消ス」など）や「ひっ」（「ヒッパガス」など）、文末の「〜い」（「行かい」）、「〜さい」（「見さい」）などは中世の日本語にみられたものである。また、敬語の「〜す」「〜さす」「〜もす」は鎌倉時代ころから、「〜やる」「〜なはる」は江戸時代から使用されている。

県内の方言は下益城郡から八代郡にわたる地域を境にして、北部方言と南部方言に分かれる。

北部方言域は県都熊本市の方言を含んでおり、地域共通語としての役割を担う。

南部方言域は、八代・芦北方

いさぎー・いさぎゅー……大変。非常に。

例文 **いさぎゅー暑か日の続くけん、用心しなっせ**（＝大変暑い日が続くから、用心しなさい）

いっちょん……少しも。まったく。

例文 **きょーんテストはいっちょんわからんだった**（＝今日のテストは少しもわからなかった）

いひゅーもん……風変わり者。

例文 **あん人はいひゅーもんだけん、人の言うこつぁ聞かっさん**（＝あの人は風変わり者だから、人の言うことは聞かない）

うーばんぎゃー CD……大ざっぱだ。

例文 **うーばんぎゃーなこつばしよっと、わらわるるばい**（＝大ざっぱなことをしていたら、笑われるよ）

うすとれー……てれくさい。

例文 **あんまりほめられ過ぎっと、うすとれーぞ**（＝あんまりほめられ過ぎると、てれくさいぞ）

うっちょく……置き去りにする。

例文 **てれっとしとっと、うっちょかるるばいた**（＝ぼんやりしていると、置き去りにされるよ）

うんぶくるる……おぼれる。

例文 **滝壺におちっと、うんぶくるるぞ**（＝滝壺に落ちると、おぼれるぞ）

えすか……こわい。恐ろしい。

例文 **あすこん竹やぶは幽霊のずるげなけん、えすかばい**（＝あそこの竹やぶは幽霊が出るそうだから、こわいよ）

＊北部では「えずか」とも。

おこなえん……しょうがない。たまらない。

例文 **どんこん寒しておこなえん**（＝どうにもこうにも寒くてしょうがない）

おずむ……目を覚ます。

例文 **そろっと歩かんと子どもんおずむが**（＝そっと歩かないと、子どもが目を覚ますよ）

おたい CD……［阿蘇小国］わたし。

例文 **おたいは毎日孫に囲まれちょるけ**

言（八代市、水俣市など）、球磨方言（人吉市、球磨郡など）、天草方言（上天草市、天草市など）に分かれる。

また、東部方言（阿蘇方言）は、その発音、文法的な特徴から北部方言・南部方言とは区別される。

◎断定表現の回避

熊本方言では「私は高校生だ」とか「ぼくは小学生じゃ」のような断定表現をしない。「私は高校生」「ぼくは小学生」のように、断定の言葉を省くか、「私は高校生たい」「ぼくは小学生ばい」のような文末のことばを添える。形容動詞でも、「波の静かだ」とは言わず、「波の静か」という。熊本県民は、断定が性に合わず、おだやかな文の結び方を好むようだ。ただし、丁寧の断定「〜です」は、方言文脈の中でも用いる。

熊本県

ん幸せですたい（＝わたしは毎日孫に囲まれていますので、幸せですよ）

おろよか……あまりよくない。おんぼろだ。

例文 おろよかくつぁはごごんなか（＝おんぼろな靴は履きたくない）

かつがつ……少しずつ。適度に。

例文 いっぺんにたべんで、かつがつ口にいれんかい（＝一度に口に入れないで、少しずつ適度な量を口に入れなさい）

かっとーしゅー……［球磨］順繰りに。

例文 山芋はかっとーしゅーほっていくと、上手にほるっばい（＝山芋は順繰りに掘っていくと、上手に掘れるよ）

がまだす……精を出す。頑張る。

例文 頑張りどころだけんいっちょがまだそーかね（＝頑張りどころだから、ひとつ精を出そうかな）

＊南部・天草では「せしかう」。

からう CD……背負う。おんぶする。

例文 ちかごら赤ちゃんばからう人は、あんまり見らんごつなった（＝近ごろは赤ちゃんをおんぶする人は、あんまり見ないようになった）

がる……［球磨］叱る。

例文 わるこつばっかしよっと、せんせにがらるっぞ（＝いたずらばかりしていると、先生に叱られるぞ）

きぜんのたっか……気位が高い。

例文 きぜんのたっか人にゃものも言われん（＝気位が高い人にはものも言えない）

きっちゃする……つらい思いをする。

例文 ずーっと早起きだったけん、きっちゃしよるごたんな（＝ずっと早起きだったから、つらい思いをしているようだな）

ぐぜる……ぐずぐず言う。むずがる。

例文 赤ちゃんのぐぜるとばすかすとにゃおおごつせにゃん（＝赤ちゃんがぐずぐず言うのをあやすには一苦労しなきゃならない）

ぐっさり CD……たくさん。どっさり。

◎可能表現

「山に行っきる」は、自分の能力で「山に行ける」ことを言う。「山に行かるる」は、外部の状況によって「山に行ける」ことである。「山に行きゃえん」［球磨］は、不可能表現だが、自分の能力で「山に行けない」だし、「山に行きがならん」［球磨］は、外部の状況によって「山に行けない」ことを意味する。このように、熊本方言では能力可能と状況可能を区別して表現する。

◎形容詞語幹＋接尾語「さ」による感動表現

「眺めんよさ」は「眺めのいいこと！」、「桜ん美っさ」は「桜のきれいなこと！」という感動表現である。「眺めんよさー」「桜ん美っさー」と長音化したり、「眺めんよさよさ」「桜ん美っさ美っさ」と繰り返したりしたら、感動が一層深まる。「よさー」「美っさー」は、それだけで感動の強調であるから、「よさーよさー」

例文 みやげはぐっさりもろち、うれしか(＝みやげをたくさんもらってうれしい)

こーとーか……(性格・着衣が)上品だ。

例文 **あんひとんきとらす服はこーとーか**(＝あの人が着ている服は上品だ)

こすたくりん……けちん坊。

例文 **あやつぁ一円もださん。ほんにこすたくりんだもん**(＝あいつは一円さえも出さない。ほんとうにけちん坊だもの)

こずむ……うず高く積む。

例文 **本なこずんどくばかっでいっちょん読みゃせん**(＝本はうず高く積んでおくばかりで少しも読みはしない)

～ごたる①……～のようだ。

例文 **こんごろんメロンなふとかなー、まっですいかんごたる**(＝このごろのメロンは大きいなあ、まるでスイカのようだ)

～ごたる②……～したい。

例文 **はらへったなー。ごはんばくおごたる**(＝お腹が減った。ごはんを食べたい)

さかたくりん……逆さま。

例文 **自転車かるさかたくりんにつっこけた**(＝自転車で逆さまに転んだ)

されく・さろく CD……歩き回る。

例文 **あん子はまだひとつにもならんて、もーされきまわりよる**(＝あの子はまだ一歳にもならないのに、もう歩き回っているよ)

しこる……格好つける。威張る。

例文 **うちんた、ちーとばかしこるごてなったね**(＝うちの子は少しばかり格好つけるようになったね)

じゅーぐりっと CD……[球磨]ぐるりと。

例文 **じゅーぐりっと見回したどん、だーれもおらんじゃなっか**(＝ぐるりと見回したけれど、だあれもいないじゃないか)

しょなむ・しょのむ……ねたむ。

例文 **大金ば持っとっとしょなまるる**

「美っさー美っさー」と繰り返すことはない。このような、体言止めによる古典的な表現は、若年層の間では次第に聞かれなくなりつつある。

◎漢語形容動詞の形容詞化

標準語の漢語形容動詞、たとえば「上品だ」「元気だ」「窮屈だ」などは、当方言では形容詞化され、それぞれ「上品か」「元気か」「窮屈か」と言う。「断定表現の回避のところで述べたように、断定の「～だ」を避けるための形容詞化であろうと考えられる。

◎標準語の二音節の感動詞が一音節となる方言

「お！(＝おう！)」「こ！(＝こら！これ！)」「そ！(＝そら！それ！)」「ど！(＝どら！どれ！)」「ほ！(＝ほら！ほれ！)」「も！(＝もう！)」＊「お！」は、「きのう虹ば見たか」「お！見たぞ」のように、応答表現として用いる。このように、オ段音にこれ

(＝大金を持っていると、ねたまれる)

しょんなか……仕方がない。

例文 **しょんなかけんてあきらむっとは、まだ早かぞ**(＝仕方がないからってあきらめるのは、まだ早いぞ)

せからしか CD……うるさい。

例文 **師走の忙しかときせからしかこつば言いなすな**(＝師走の忙しいときにうるさいことを言いなさんな)

そーにゃ・そーん……とても。大変。

例文 **ラーメンのそーにゃうんまか店んあってったい**(＝ラーメンの大変うまい店があるそうだよ)

そーよー……あるものすべて。

例文 **あるしこそーよーはいよ**(＝あるだけ全部ください)

＊「そーよーとめ」とも。

たいぎゃ……本当に。

例文 **熊本城は、たいぎゃむしゃんよかね**(＝熊本城は、本当に武者ぶりがいいね)

＊「大概に」「ほどほどに」の意でも用いられる。

ちこらしか……親しい。

例文 **あやつとおらちこらしかけん、頼うじやろか**(＝あいつとおれは親しいから、頼んでやろうか)

どけだっか……味がしつこい。

例文 **こん肉は脂身のつきすぎとるけん、どけだっか**(＝この肉は脂身がつきすぎているから、味がしつこい)

とぜんなか……さみしい。退屈だ。

例文 **最近なだっともおーとらんけん、とぜんなか**(＝最近はだれにもあっていないので、さみしくて退屈だ)

とつけむにゃー……とんでもない。

例文 **こん子はとつけむにゃーわるさばかっする**(＝この子は、とんでもないわるさばかりする)

なめる CD……[上天草・天草](刺身を)食べる。

例文 **魚んよんにゅ釣れたで刺身ばなみゅかい**(＝魚がたくさん釣れたから、刺身を食べようかね)

らの現象が生じるのが特徴である。

◎「肥後んいっちょ残し」

たとえば西瓜をみんなで食べるとき、最後のひときれを遠慮しあって残すこと。どこの土地でもありがちなことだが、それが肥後だけのおくゆかしい風習と思い込んだものらしい。こういうことばが今も言われている。

◎肥後の三気質

・いひゅーもん……風変わり者。

・もっこす……頑固一徹者。

・わまかし……自分は話題の渦中に入らず、傍観者として当事者を冷笑したり、話題を混ぜ返したりすること。

◎気づかずに使う方言

○「～時前～分」

たとえば、「七時五〇分」を標準語では「八時一〇分前」と言う

なわす①……しまう。
例文 **大事かもんなおっとられんごつなわしとけ**（＝大事なものは盗まれないようにしまっておけ）

なわす②……修理する。
例文 **自転車んチェーンのつくざれたつば、なわしてくれんや**（＝自転車のチエーンがこわれたのを修理してくれないか）

にくじ……わざと。故意に。
例文 **にくじたまがらしゅーて思たっだろ**（＝わざとびっくりさせようと思ったんだろう）

ぬすくる CD ……［球磨］知らん顔する。
例文 **あら、ひとんとばおっとったっちゃぬすけとる**（＝あいつは、人の物を盗んでも知らん顔している）

ぬたーっと……ゆったりと。
例文 **ぬたーっと温泉にどんつかり行こか**（＝ゆったりと温泉にでもつかりに行こうか）

ねずむ……つねる。

例文 **おるが腕ばそぎゃんねずむと、痛かじゃにゃーや**（＝おれの腕をそんなにつねると、痛いじゃないか）

ねまる……腐る。
例文 **なつんくいもんな、はよくてしまわんとねまってしまうもんな**（＝夏の食べ物は、早く食べてしまわないと腐ってしまうよ）

のさん……いやだ。
例文 **こんごら、雨ばっかでのさんな**（＝このごろは雨ばかりでいやだな）

〜ばい……〜のだ。〜だぞ。〜ぞ。
例文 **そら、はっきり言って迷惑ばい**（＝それははっきり言って迷惑なんだ）／**俺が行くばい**（＝俺が行くぞ）

はいよ①……いただく。
例文 **おいしかおかしばはいよした**（＝おいしいおかしをいただいた）

はいよ②……（〜して）ください。
例文 **こっとこっばはいよ**（＝これとこれをください）／**こぎゃんしてはいよ**（＝このようにしてください）

が、本県では「八時前一〇分」という。

○「〜時ある」
　標準語・方言ともに重量・距離では「六〇キログラムある」「一〇キロメートルある」と言う。時間になると、標準語では「もう八時になる」と言うが、県方言では「もう八時ある」と言う。時間を重量・距離と同等に見た表現であろう。

○「おはようございました」
　もう七〇歳代くらいまではこのように言う人は少なくなったが、八〇歳代以上の人にはこのような言い方をする人が少し残っている。東北地方でも現在形の「いる」を「いた」と言うそうであるが、これと同様に、現在であることを確認する用法であろう。

◎**熊本は敬語のデパート**
　熊本県方言には、中世以降の敬語が今も残っていて、「敬語のデパート」の観がある。例

ばさろCD……［阿蘇］大変。たくさん。

例文 **阿蘇にゃ一足はよとんぼんばさろ飛ぶごつなった**（＝阿蘇には一足早くとんぼがたくさん飛ぶようになった）

〜ばし……〜なんか。

例文 **あたにばし言《い》よんね**（＝あんたになんか言ってはいない）

＊強調。「ばし」は仮定条件・反語文・疑問文・推量文の中で用いられる。

はってく①……行ってしまう。

例文 **黙ってはってくとは失礼かぞ**（＝黙って行ってしまうのは失礼だぞ）

はってく②……死んでしまう。

例文 **あんしは元気かったばってん、去年はってかした**（＝あの人は元気だったけど、去年死んでしまった）

はよおそ……早く。

例文 **はよおそ起きっとしゃが眠かっだもん**（＝早く起きると、眠いんだもの）

はわく……掃く。

例文 **ほーきではわかんかい**（＝ほうきで掃かないか）

ひだるか……ひもじい。空腹だ。

例文 **きょーは朝くとらんけんひだるか**（＝今日は朝ご飯を食べていないからひもじい）

びっすいか……何となくすっぱい。

例文 **こんみそしゅらびっすいか味のすんねー**（＝このみそ汁は何となくすっぱい味がするねえ）

ひっちゃかましか……めんどくさい。

例文 **ひっちゃかましか話ゃやめちくれ**（＝めんどくさい話はやめてくれ）

ひでる……ひりひりと痛む。

例文 **傷口ヨードチンキばぬりたくっとひでるこつが**（＝傷口にヨードチンキを塗るとひりひりと痛むことよ！）

びんたCD……［球磨］頭。

例文 **先生、びんたん痛かで暇くだっせ**（＝先生、頭が痛いから休暇をください）

＊天草では「かんぱ」。

ふのよかCD……運がいい。

例文 **宝くじの当たるちゅうは、ふのよ**

えば、会話の中で「○○さんは東京に行った」などというとき、「行った」は敬意の高い順に、「行きなさった」「行きなはった」「行きなった」（または「行かした」）「行った」と表現される。ちなみに、軽べつ的には「行かいた」となる。さらに、地域によっては「行かっしゃった」「行きなした」［天草］、「行きなはんもした」［球磨］などがある。

◎若者の方言

以下は熊本市の若年層で使われている方言。

〜かぶる―〜しそうになる。「きょん体育は運動場ば三〇周はしたけん、しにかぶろーでした（＝今日の体育で運動場を三〇周はしたので死にそうになった）」

へんない―変だ。「あのバッグ、へんないよね」

◎その他の方言

おどん―わたし。「おどんが行

かなー（＝宝くじが当たるというのは、運がいいなあ）

＊ふのわるか（＝運が悪い）。

ふゆじ①……怠け者。

例文 **ふゆじの盆ばたらき**（＝怠け者が盆になって慌てて働くこと）

ふゆじ②……寒がりや。

例文 **ふゆじはこたつにばっかり入って離れきらん**（＝寒がりやは炬燵《こたつ》にばっかり入って離れられない）

ほー……ほら。

例文 **雨んほー降っだしたたい**（＝雨がほら降り出したよ）

ほたゆる CD……［天草］騒ぐ。

例文 **あんまっほたゆっとでけんばい**（＝あんまり騒ぐといけないよ）

みろごつもなか……見たくもない。

例文 **食い過ぎてもー食いもんな見ろごつもなか**（＝食い過ぎてもう食べ物は見たくもない）

やおいかん……簡単ではない。

例文 **朝から晩までたちっぱなしもやおいかんばい**（＝朝から晩まで立ったままというのも、生易しいものではない）

やぜくるしか……暑苦しい。

例文 **ぬっかときセーターば着とっとやぜくるしかど**（＝暖かい時セーターを着ていると、暑苦しいだろう）

よーと CD……すっかり。

例文 **あんばさんな最近よーとふけこみなはった**（＝あのお婆さんは、最近すっかりふけこみなさった）

わからん……だめだ。いけない。

例文 **あぶなかとこばっかいきよっと、わからんぞ**（＝危ないところばかり行っていてはだめだぞ）

わさもん①……新しもの好き。

例文 **あやつぁわさもんだけん**（＝あいつは新しもの好きだから）

わさもん②……初物。

例文 **わさもんのスイカの珍っさーよ**（＝初物のスイカの珍しいことよ）

くけん、あーたは行かんでよか（＝私が行くから、あなたは行かなくてよい）」

おどまー「おどんは」の転。「おどま（＝私は）盆ぎり盆ぎり…」（五木の子守歌）

かんまえ［北部］―晩酌。

じゃるばって［天草］―だけど。しかし。

だりやみ［南部］―晩酌。

むぞなげ［北部］―かわいそう。

むしゃんよか―武者ぶりがいい。格好いい。

りょーる［天草］―調理する。

あいさつ（熊本市）

朝＝いじいてらすごたんなー

夕方＝しもーたかい

別れ＝こらちょーじょー（重畳）あーた

感謝＝ちょーじょー（重畳）あーた

訪問＝おんなはっどか

九州・沖縄

大分県 CD44

北部＝中津市、宇佐市など
西部＝日田市、玖珠郡など
東部＝国東市、杵築市、佐伯市など
南部＝大分市、臼杵市、豊後大野市、竹田市など

あだむねをつく CD……期待過剰で、当てが外れる。

例文 **そげえ当てにしちょるとあだむねをつくぞ**（＝そんなに当てにしていると後でガッカリするぞ）

あばかる……収容できる。

例文 **今度ん会は、あん会場であばかるかのー**（＝今度の会は、あの会場で十分収容できるかなあ）

（あん）たなー……［県北］～ですねえ。

例文 **今日はいーひよりじゃ、（あん）たなー**（＝今日はいい天気ですねえ）

＊二人称の「アンタ」に終助詞の「ナー」が付いたもの。「たなー」はその短呼形。

～い……［県南］～が。主語を表す。

例文 **あめい、ふりでーた**（＝雨が、降りだした）

＊全国的に見ても非常に珍しい助詞。県北では「ぐ助詞」が使われる。

いきたむながる CD……行きたくないと強く思う。

例文 **こん子は学校にいきたむながっち、こまる**（＝この子は学校に行きたくないと言って、困る）

いころ……根気。意気地。

例文 **このごろ、どーもいころがのーなった**（＝このごろ、どうも根気がなくなった）

大分の方言

◎県内の地域差

県内の方言は、①県西部の福岡・熊本県に接する日田市・玖珠郡の「西部方言」が「バッテン」や「バイ・タイ」などの肥筑方言に通じる特徴を持ち、②国東半島東部の国東市・杵築市、県南東部の津久見市～佐伯市海岸部が、「白い・広い・…」など連母音のoiを「シレー・ヒレー・…」と言うなど、特徴がある（大分県一般には、「シリー・ヒリー・…」）。また③県北部の旧豊前（海岸部）地域などでは、主語を表すのに「雨ぐ降る」のように「ぐ助詞」を使い、④県南（豊後大野市など）では「雨い降る」のように「い助詞」を用いるなど、各地で特色がある。

◎若者の方言

大分県方言のアクセントは東京式に準ずる点で、九州方言の中では特徴があるが、若者世代

いちみちきちくりー……行って見てきてくれ。

例文 **すまんけんど、ちょいといちみちきちくりー**（＝すまないが、ちょっと行って見てきてくれ）

＊接続助詞の「て」が「チ」となる。

いっすんずり CD……車のひどい渋滞。

例文 **別大国道は、いっつもいっすんずりじゃ**（＝〈別府と大分を結ぶ〉別大国道はいつも大渋滞だ）

＊「一寸ずつズル」の意。

いばかり……わがまま。

例文 **こどもはそげーいばかりゅー言うもんじゃねー**（＝子どもはそんなにわがままを言うものではない）

いびしー CD……気味が悪い。

例文 **へびが死んじょる。いびしーのー**（＝ヘビが死んでる。気味が悪いなあ）

＊古語「いぶせし」の転。「汚い」「恐ろしい」「いやらしい」など多義。

いみる……（人やものの）数量が増える。

例文 **この頃畑ん草がいみっち、どんこんならん**（＝この頃畑の草が増えて、どうにもならない）

いら……鱗《うろこ》。

例文 **こんさかなは、いらがとりにきー**（＝この魚は鱗が取りにくい）

うたちー CD……汚くていやだ。

例文 **あんやたー、うたちーやっちゃのー**（＝あいつはいやな性格の奴だなぁ）

＊古語「うたてし」の転。「うっとうしい」「面倒だ」「情けない」など多義。

うっせー……［主に県西部など］まずい。

例文 **言うちゃすまんけんど、こん団子はうっせーなー**（＝こう言っては申し訳ないが、この団子はまずいなあ）

えーすろー……相手にする。ご機嫌をとる。

例文 **あんしはむつかしーき、えーすろーのがおーごとじゃー**（＝あの人は素直でないから、対応するのが容易ではないよ）

えごんいーし CD……いつも笑顔で愛想のいい人。

では東京式に大きく傾いている。形容詞を「たけー（く）ねー・たけー（く）なる・たけーなった・たけーかった・たけー・たけーとき・たけーけりゃ」のように、終止・連体形の「たけー」を語幹相当として〈無活用化〉の傾向も顕著。また強調する場合に「しんけん暑い」「しんけん走った」などのように「しんけん」を多用する。高年層での「しゅらしんけん・しらしんけん」が短縮されて、様々な品詞の語に付くようになったものだと思われる。

◎方言イベント

豊後高田市では昭和五八年から「大分方言まるだし弁論大会」が二〇年以上にわたって開催され、秋の名物行事として定着し人気を博している。審査の基準としては「表現力」よりも「方言力」に比重があり、方言ならではの持ち味を活かして発表者の熱い思いをどれだけ聴き手に届

例文 **あん人はいっつもえごんいーしじやなあ**（＝あの人はいつもにこにこと笑みをたたえた人だなあ）

えらしー……かわいらしい。

例文 **こん子は、だーねーえらしーなー**（＝この子は、非常にかわいらしいなあ）

＊「愛らしい」の転。

おじー CD……恐ろしい。恐い。

例文 **夜、墓場を通るんなやっぱおじーでー**（＝夜、墓場を通るのはやっぱり怖いよ）

＊共通語の「怖気づく」「おずおずと…」と同根。

おたから……「幼児」を大切な存在ととらえて表現する語。

例文 〈転んで泣きそうな幼児に〉**痛いけんど、おたからじゃから、泣かん、泣かん**（＝痛いだろうが、かわいい子どもだもの、泣かない泣かない）

おっちょる CD……いる。

例文 **佐藤さん、おっちょるかえ？**（＝佐藤さん、いますか？）

＊直訳すると「いている」だが、こう言うことが多い。

おめれとごだいます……おめでとうございます。

例文 **あけましておめれとごだいます**（＝明けましておめでとうございます）

＊ザ行・ダ行・ラ行が混同した言い方。老年層で言う。

おらぶ……叫ぶ。

例文 **まちっとおらばんと、向こうまじ聞こえんわい**（＝もっと大声で叫ばないと、向こうまでは聞こえないよ）

がいてー……画鋲。

例文 **あ痛！　がいてーを踏んだ。いとーじこたえん**（＝痛い！画鋲を踏んでしまった。痛くてたまらない）

＊「蓋」の付いた「釘」の意からか？

かかれてください CD……書いて下さい。

例文 **ここに名前を、書かれて下さい**（＝ここに名前を書いて下さい）

けられたかで優劣が分かれる。

その他、由布市挟間町の「きちょくれ祭り」や、宇佐市などでも祭りの出し物のひとつとして「方言弁論大会」が開催されたことがあるなど、県内ではすっかりおなじみのイベントになっている。

◎方言グッズ

九州は各地に特色のある焼酎がある。大分では麦焼酎が有名だが、一般から公募して命名された「いいちこ」は今では全国区のブランドになっている。古典文法の係り結びの「いいとこそあれ」が変化したもので、「いいに決まってるよ、いいってば」の意。その他にも「やつがい（＝晩酌）」「なしか（＝なぜか？）」「どっとん（＝どんどん〈飲める〉）」「ほげほっぽ（＝ほら、大言壮語）」など方言名の付いた焼酎、「好いちょん（＝好きだよ）」という日本酒もある。

＊若年層が使う新しい敬語表現。

かくうつ……(飲み屋でなく)酒屋の店内で、枡で酒を飲むこと。

例文 **きょうはちょーいとかくうっち帰ろうかのー**(＝きょうはちょっと一杯立ち飲みをして帰ろうかなあ)

かたる……仲間に加わる。

例文 **あんたもこっちー来ちかたらんかえ？**(＝あなたもこっちに来ていっしょに参加しませんか？)

〜きー……〜だから。

例文 **雨が降るきー、行かん**(＝雨が降るから、行かない)

＊都市部や若者は「けん」、国東半島東部では「ほで」、日田では「なき」。

ぎしめく……威張る。

例文 **あんしはなんちゅーちゃぎしめくきー、嫌わるる**(＝あの人は何かというと威張るから、嫌われる)

きちょくれ CD……来て下さい。

例文 **みんな、よろーちきちょくれ**(＝みんな揃って来て下さい)

＊「来ておくれ」の転。

ぎゅーらしー……大仰な。大層な。

例文 **そんぐらいのことじ、ぎゅーらしーこつ言いなんなえ**(＝そのくらいのことで大層なことを言いなさんなよ)

くされ CD……意地悪。

例文 **そげーくされを言うもんじゃねーで**(＝そんなに意地悪を言うもんじゃないよ)

くじまえじっぷん CD……八時五〇分。

例文 **いま、九時前じっぷんじゃ**(＝今九時前一〇分＝八時五〇分だ)

＊共通語の「九時一〇分前」よりも合理的でわかりやすい。

けとろく……つまらぬこと。

例文 **そげなけとろく言うもんじゃねえ**(＝そんなつまらないことを言うものではない)

＊「愚か者」の意でも使う。

けんちょいき(県庁行き)……よそ行きの上等の服。一張羅。

◎放送と方言

放送でも方言名の番組がある。現在、NHK大分放送局の昼前の情報番組のタイトルは「好きっちゃ おおいた(＝好きなんだよ 大分が…)」。民放の大分放送のラジオでは「大分弁川柳」を募集して紹介している。水曜日の午後のワイド番組は「方言」を軸にした番組編成で視聴者との一体化を図ろうとしている。テレビ大分は週末夕方の若者向けの番組で、各高校のかわいい生徒を取り上げ、「今週のエーラシアン」(「えーらしー」はかわいらしい意の方言)と命名して紹介している。

◎交通安全の方言看板

大分空港近くの杵築市大田(旧大田村)は、地区内で長年にわたって交通死亡事故が起きておらず、その一万日達成をめざして交通安全に力を入れている。その一環として、地区内の主要道路に交通安全を呼びかけ

例文 あんた、けんちょいき着ち、どきー行きよるかえ（＝あんた、そんないい服装をして、どこに行こうとしているの？）

ごてーしん CD……不精者。

例文 あいつは、ごてーしんじゃーきーのー（＝あいつは不精者だからなあ）

＊「五体惜しみ」あるいは「五体死に」の転か。

こばす……気取って言う。

例文 あん人は、いっつもこばす（＝あの人は、いつも気取ってものを言う）

ざーねー・だーねー CD……非常に。多量に。

例文 ことしゃー、ざーねー雨がふる（＝今年は、雨が大量に降る）

＊「ざまもない」の転。

さかしー……元気だ。壮健だ。

例文 あんじーちゃんな、もー九〇じゃーけんど、さかしーもんじゃ（＝あのお爺ちゃんはもう九〇歳だけど壮健だなあ）

さじー CD……すばしっこい。利に敏い。抜け目がない。

例文 あん子はこんめーときからさじー子じゃったなー（＝あの子は小さいときから抜け目がない子どもだったなあ）

じりー……道などがぬかって歩きにくい。

例文 雨が降った後は道がじりーじ、歩みにきーのー（＝雨が降った後は道がぬかって歩きにくいなあ）

しんけん……一生懸命。

例文 バスにおくれそーになっち、しんけん走った（＝バスに遅れそうになって、懸命に走った）

＊若年層で言う。

ずつねー……苦しい、情けない。

例文 仕事が思うようにいかん。ずつねーのー（＝仕事が思うようにいかない。苦しいなあ）

＊「術なし」の転。

すもつくれん CD……役に立たない。

る標語を方言で書いて掲示。一m四方の白地の板に黒い文字で「シートベルトを　ビシッと　しちょるかえ」「飛ばすんなえ　ヘルメットんひも　しめちょるかえ」「走るときゃ　携帯電話は　やめようえ」「気をつけちょくれ　のうなった命は　かえらんでえ」などのメッセージを書いた看板が約七〇個、点々と並んでいる。方言だけに目立つのが特徴だが、くれぐれもそれに気をとられて事故を起こさないように…。

◎きめ細かな表現

九州各地の方言など、西日本では、①「雨が降りヨル」と②「雨が降っチョル」とでそれぞれ進行と完了の区別を表現するところが多い。

大分の方言でもそれは同様だが、大分の若年層ではさらに、③「食べヨク」と④「食べチョク」という区別も生まれている。例えば昼休みに三人でいっしょに

例文 **そげなすもつくれんこつー、言うな**（＝そんなつまらないことを、言うな）
＊語源は「巣（または酢）も作れない」からという。

ずりきー……ずるい。
例文 **あーっ、じゃんけんの後出しはずりきーでー**（＝あっ、じゃんけんの後出しはずるいよー）
＊「ずるい」よりも強い語感。他に、「こしきー（＝狡い）」「おーちゃきー（＝横着だ）」も同様。

せらいご……養子をもらって育てているうちに生まれた実子。
例文 **後藤さんとこにゃせらいごが生まれたそうな**（＝〈養子をもらって育てていた〉後藤さんの家にはせらいご〈実子〉が生まれたそうだ）
＊「（跡目を争う）競り合い子」の転。

せる CD ……押す。後ろから力を加えて前に進める。
例文 **すまんけんど、ちょーいと車椅子ーせっちくれんかえ**（＝すまないけれど、ちょっと車椅子を押してくれませんか）

そーでー……そうだよ。
例文 **そーでー。あした運動会があるんでー**（＝そうだよ。あした運動会があるんだよ）
＊「でー」は「〜だよ」という断定の意を表す。

だぶとん どーど……ざぶとんをどうぞ。
例文 **さーこっちーあがっちょくれ。だぶとんどーど**（＝さあこっちに上がっておくれ。ざぶとんをどうぞ）
＊高年層で、ザ行・ダ行の混同。

ちょくしばり……酒を飲ませて恩を着せ、自分の思うようにすること。
例文 **あん人はちょくしばりにおーち身動きがとれめぇ**（＝あの人は酒で恩を着せられ身動きがとれないだろう）
＊「チョク（盃）で縛る」意。

できられん CD ……絶対できない。

食事をするつもりだったが一人が用があって遅れる場合、③は「先に食べ始めておく」意で、後から合流して三人で食べることができるが、④は「食べてしまっておく」意で、一人が駆けつけたときには二人はすでに食事を済ませてしまっていることを意味する。

　さらに「可能表現」では三つの場合を区別して表現する。⑤嫌いなものは「食べキラン」（その能力がない場合）、⑥腐ったものなどは「食べラレン」（客観的な根拠や理由でそうしてはいけないという場合）、⑦腹いっぱいのときには「食べレ（レ）ン」（主観的な根拠や理由で、そうしたくないという場合）と、それぞれ表現し分ける。

　共通語ではうまく言い表せない違いを端的・的確に表現できる点、方言ならではの描写力・表現力に感心する。

例文 **あん人は選挙違反なんかできられん**（＝あの人は選挙違反なんか絶対にできるような人ではない）

＊「デキン」「デケン」の強調形。

とこなえ……婿養子をもらった、家付きの女性。

例文 **河野さんのばーちゃんなとこなえじゃ**（＝河野さんのおばあちゃんは〈嫁に来たのではなく〉婿養子をもらっている）

どべ CD ……（競争で）ビリ。最後尾。

例文 **運動会でこけて、どべじゃった**（＝運動会で転んで、ビリだった）

なおす……片付ける。修理する。

例文 **おもちゃを、ちゃんとなおさんか**（＝おもちゃをちゃんと片付けなさい）／**とけゅーなおす**（＝時計を修理する）

にごじゅー……お手上げ。降参。敗北。

例文 **きのーん運動会のリレーは、白は赤ににごじゅーじゃった**（＝きのうの運動会のリレーは、白組は赤組に完敗だった）

ねぶる……舐める。

例文 **そげー皿をねぶるごとしち食うたらいかん**（＝そんなに皿をなめるようにして食べたらいけない）

のきぶとり……立ち退きの補償金で裕福になること。

例文 **あっこは県道ん拡幅じ、のきぶとりじゃ。いーのー**（＝あの家は県道の拡幅工事で補償金がどっさり入った。いいなあ）

はなんたれぶりがいー CD ……洟の垂れぶりがよい。

例文 **うちん子は、はなんたれぶりがいー**（＝うちの子は、洟のたれぶりがいい）

＊親が取り柄のない子どもをほめることば。親馬鹿の極致⁉

はわく……掃く。

例文 **部屋はもっときれーにはわかんかね**（＝部屋はもっときれいに掃かないかね）

ひかり……出し合い会飲。

◎野上弥生子の『海神丸』

野上弥生子は県南海岸部の臼杵市出身の作家。幼少期を臼杵で過ごしたのち上京し、漱石に見出されて作家として頭角を現した。出世作の小説『海神丸』には臼杵から出港した小帆船が嵐のために難破して数十日にわたって漂流し、水や食料を巡って四人の乗組員が二手に分かれて激しく対立するシーンが描かれている。荒くれ者の船乗りたちの荒っぽいやりとりが臼杵の方言を生かして活写されており、この作品に迫力とリアリティーを与えている。

◎その他の方言

あたる―触る。「こらー大事なもんじゃきーあたったらいかんぞ（＝これは大事なものだから触ったらいけないよ）」

こたえん―たまらない。がまんできない。「今日はさみーじこたえん（＝寒くてたまらない）」

たまがる―驚く。ビックリす

例文 **今度ん飲み会やーひかろうかやーねえ**（＝今度の酒盛りはひかりでやろうかねえ）

＊公平な割り勘とは違う、一種の傾斜配分。動詞は「ひかる」。

ひとすばえする CD……（子どもが）来客などに興奮してまつわりつくこと。

例文 **こら！お客さんにひとすばえすんな！**（＝これ！お客さんにまつわりついたらいけないよ）

＊「人見知り」の反対。

ひらくち……（改まった言い方でなく）ふだんのもの言い。

例文 **あんしはひらくちじ話すきー話がゆーわかる**（＝あの人はふだんの平易な話し方をするから話がよくわかる）

＊同じ語形で「マムシ」の意もある。

へのつっぱりにもならん CD……まったくものの役に立たない。

例文 **おまえの言うこたー屁のつっぱりにもならん**（＝おまえの言うことはまったく何にも役に立たないよ）

ほげ……でたらめ。

例文 **まーたそげなほげを、言うち**（＝またそんなでたらめを言って…）

＊「法外」の転。「ほげほっぽう」は強調形。

むげねー……かわいそうだ。

例文 **赤ちゃんが死んだちゅーが、むげねーのー**（＝赤ちゃんが死んだっていうが、かわいそうだなあ）

めんどしー CD……はずかしい。面倒くさい。

例文 **めんどしーじ、こたえん**（＝恥ずかしくてたまらない）

＊若年層では「面倒くさい」の意で言う。

やつがい CD……晩酌。

例文 **やつがいが楽しみじ、毎日はたらく**（＝晩酌が楽しみで、毎日働く）

よだきー……億劫《おっくう》だ。

例文 **よだきーけんど、行かにゃならん**（＝億劫だけど、行かなければならない）

＊古語「よだけし」の転。

る。「あんたがケガしたち聞いちたまがったでー（＝あなたがケガをしたと聞いてびっくりしたよ）」＊「魂消える」の転。

よだつー企画する。企てる。「青年団がよだっち、盆踊りゅーするこちーなったんと（＝青年団が企画して、盆踊りをすることになったんだそうな）」＊県西部では「よだきー」の動詞形として使う。

あいさつ（大野郡）

朝＝はえーのー
夕方＝すんだなえー
別れ＝さいなら
感謝＝おーきん
訪問＝おごめーん・おんなえー

九州・沖縄

宮崎県 CD45

日向＝宮崎市、延岡市、日南市、児湯郡、東臼杵郡など
諸県＝都城市、小林市、東諸県郡、西諸県郡など

あいがとぐわしたCD……ありがとう。

例文 **きぬは、あいがとぐわしたなー**（＝昨日は、本当にありがとうございました）

あせくる……かきまわす。いじくる。

例文 **あせくっといかんど、わからんごつなるかい**（＝かき回すといけないよ、わからなくなるから）

あたれー……[日向]もったいない。

例文 **まだ、すつっとにはあたれーが**（＝まだ捨てるのにはもったいないよ）

＊「あったらしー」とも。

あば……[日向]新しい。

例文 **わりがた、あばじゃねー。おりにも、こっくりー**（＝あなたのは、新品だね。私にも買ってちょうだい）

あんどした……飽きた。

例文 **このしごとはあんどした、つぎのしごとをさがそかい**（＝この仕事は飽きた、次の仕事を探そうか）

あんべらしゅー……あんばい良く。

例文 **あんべらしゅー、してくんない**（＝上手い具合にやってください）

いたぐら……あぐら。

例文 **いたぐらをかかんね**（＝あぐらをかきなさい）

いっちゃが……いいよ。

宮崎の方言

温暖で豊かな風土で暮らす宮崎県人は、のんびりした性格といわれるが、その話し方もゆったりのんびりしている印象をもたれるようだ。

◎県内の地域差

宮崎県の方言は、大きく分けると日向《ひゅうが》方言と諸県《もろかた》方言（薩摩藩の影響を受けていた鹿児島方言グループのことば）に分けることができる。

日向方言は「雨」「飴」、「箸」「橋」などもアクセントによる区別はない（アクセントの型の意識をもたない）無アクセント地域、一方都城《みやこのじょう》方言を中心とした諸県方言は文節の最後の拍を高く発音する尾高一型というアクセントパターンをもっている。

単語では、「叱られる」を日向方言では「ヤケラルル」、諸県方言では「ガラレル」。比較的豊か

例文 いっちゃが、それでいっちゃが（＝いいんだよ、それでいいんだよ）

うっせる CD……すてる。

例文 そんげなもんは、はよ、うっせやん（＝そんなものは、早くすてなさい）

えーら……[日南]おっと。あらまあ。

例文 えーら、どんげしたつな（＝あらまあ、どうしたんですか）

おーきん……ありがとう。

例文 きぬは、おーきんなー（＝きのうは、ありがとう）

おくる……起きる。

例文 はよおけんと、まにあわんよ（＝早く起きないと、まにあわないよ）

＊「起けん」「起けた」「起くる」「起くれば」と活用する。

おじー CD……怖い。

例文 あぬさ、おじーがね（＝あの人は怖いよね）

おっこね……[日向]大きい。

例文 おっこねししがとれたげな（＝大きい猪がとれたそうだ）

おめく……叫ぶ。

例文 よべ、だれかがおめっとがきこえたがね（＝夕べ、誰かが叫ぶのが聞こえたよね）

おやっとさま……人を労うときのことば、お疲れ様。

例文 おやっとさまでしたね、ゆっくりやすみないよ（＝お疲れ様でした、ゆっくりお休みくださいね）

＊北諸では「おやっとさん」「おやっとさーぐわした」とも。

およばん……めんどくさい。いやだ。

例文 そんしごつは、およばんつよねー（＝その仕事はめんどくさいんだよね）

おらぶ……叫ぶ。

例文 たんぼでびっきがおらんじょる（＝たんぼでカエルが鳴いている）

おんじょんぼ……夫婦。

例文 おんじょんぼんなって何年じゃろか（＝夫婦になって何年だろう）

かずむ CD……臭う。

例文 こんつ、かざんでん（＝これを臭

なバリエーションをもつ「麦粒腫（ものもらい）」を宮崎市周辺域では「メイボ」、諸県方言では「メモレ」、高千穂などの県北では「インノメ（インノクソ）」、日南市を中心とした県南域では「メバチコ」を用いる。

◎**文法的特徴**

〈**可能表現**〉

「起きることができない」など可能の否定表現は、宮崎市周辺では「エーオケン」、日向市周辺では「ヨーオキン」、延岡市周辺では「ヨーオケン」、諸県方言では「オキ（ー）ガナラン」などと表現する。

〈**文末表現**〉

「～ですね」を表す文末表現として、日向方言の「ノー」、諸県方言の「ナー」が挙げられる。朝の挨拶として「朝はやいですね」という場合、日向方言では「ハエノー」「ハエガエー」などという。諸県方言では「ハエナー」になります。この「ノー」「ナー」は

ってみて）

かてむん……おかず。

例文 **なんかかてもんな、なかとね**（＝なにかおかずはないのかな）

かてる……［日向］一緒にする。仲間にする。

例文 **わたしもいっしょにかててよー**（＝私も一緒に仲間に入れてよ）

＊諸県では「かたして」。

がもじん・ががんも……［県北］おばけ。

例文 **わりこつすっと、がもじんがくっどー**（＝悪いことをするとお化けが来るよ）

がられる CD……［諸県］おこられる。

例文 **がられて、なっかたじゃ**（＝叱られて、泣いているところだ）

かりこぼ（ーず）……［西米良］山の妖精、妖怪。

例文 **かりこぼーずが、おるげな**（＝山の妖怪がいるらしい）

きかんたろ……いたずらっ子。

例文 **きかんたろは、しょがいらん**（＝いたずらっ子は改心しない）

きんきん……正座。

例文 **なんなんさんのまえじゃ、きんきんせんといかんよ**（＝仏様の前では正座をしなければいけないよ）

くせらしか……気取っている。

例文 **くせらしかこつゆーなて**（＝気取ったことを言うな）

ぐらしー CD……［諸県］かわいそう。

例文 **あんこはぐらしー、くもんがねげな**（＝あの子はかわいそうに、食べる物がないらしい）

げな……〜そうだ。

例文 **げなげなばなしはうそじゃげな**（＝〜らしいよって話は、嘘だということだ）

げんね CD……［諸県］はずかしい。

例文 **あんひとんあうのは、げんねー**（＝あの人に会うのは恥ずかしい）

〜こっせん……〜じゃない。

例文 **てっげかわいーこっせん？**（＝と

目上の人や改まった時に使う。両地域ともにくだけた表現として「ネー」を用いる。

◎宮崎方言のオノマトペ

宮崎県内で使われる独特な擬音語・擬態語として、「イッペコッペ（＝あちこち）」「ガジュクレ（＝ふにゃふにゃ）」「ゴンズメンズ（＝ずっと）」「シッタンカッタン（＝めちゃくちゃ）」「タンダタンダ（＝だんだん）」「ぱやんぱやん（＝ぼやぼや）」「ヒョッカリ・ヒョカット（＝急に）」「ベラッツ（＝全部）」、「ヨンゴヒンゴ（＝よろよろ）」

◎じゃんけんのかけ声

子どもの遊びで、延岡では「ジャンケンチョス、アイコデショ、ジンジンショ」、県内広範域で「ジャンケンジャガイモサツマイモ、アイコデアメリカヨーロッパ」「ジャンケンピースガクイツイタ」、その他「ジャンケンツッ」「ジャンケンヒッツ」

ってもかわいいんじゃない？）
＊若者が使うことば。

さかしんめ……[日向]逆さま。
例文 **また、さかしんめきちょいがー！**（＝また、逆さまに服を着てるよ！）

ざっといかん CD……簡単にはいかない。
例文 **ざっといかんで、かしせーよ**（＝簡単にはいかないから手伝いをしなさいよ）

さのぼい CD……田植え後の祝宴。
例文 **さのぼいはたのすんじゃね**（＝田植えのあとの祝宴が楽しみだね）

しかしかもねー……[日向]生意気。こざかしい。
例文 **しかしかもねーこつゆうなて**（＝生意気なことを言うな）
＊「しかしかむね」とも。

しめなったか……こんばんは（夜の挨拶）。
例文 **しめなったか、おんなるな**（＝こんばんは、いらっしゃいますか）

じゃがじゃが……そうだそうだ。
例文 **じゃがじゃが、それでいいとよ**（＝そうだよそうだよ、それでいいんだよ）

しゃち……弟。
例文 **わがしゃちはよか子じゃねー**（＝あなたの弟はいい子だね）

じゅじゅまき・ぎぎまき……旋毛《つむじ》。
例文 **じゅじゅまきがふたつあっとは、あまのじゃく**（＝つむじが二つあるひとは、ひねくれ者）
＊諸県では「ぎぎまき」が優勢。

すいー CD……酸っぱい。
例文 **こんみかんなすいねー**（＝このみかんは酸っぱいね）

ずし……雑炊。
例文 **ずしがでけたで、くていきないよ**（＝雑炊ができたので、食べて行きなさいよ）

ずる……移動する。詰める。
例文 **ちょっつ、ずっくんないよ**（＝ちょっと、詰めてください）

などのバリエーションがある。

◎天気とことわざ
方言で語り継がれることわざも多く残っている。「真風《まじ》と田舎の婆やんは手ぶらじゃ来ん」、真風とは夏の季節風。夏の南風は必ず土産ならぬ雷雨を必ず連れてくるという意味。「あまめが飛ぶかい、あした雨」、「あまめ」はゴキブリのこと。「キョロロが鳴くかり雨じゃろ」、「キョロロ」とは鳥のアカショウビン。

◎東国原知事の方言
一躍全国的にも有名になった「宮崎をどげんかせんといかん」は、東国原氏が生まれ育った都城市の方言（諸県方言＝鹿児島方言グループ）で、これを宮崎市などの日向方言に直すと「ドンゲカセントイカン」になる。

◎諸県《もろかた》地方のあいさつ
めあげんそーごめんください。
「めあげんそ、おじゃんすか

ずんだれ CD……だらしがない。

例文 **ずんだれちょらんで、はしとしとしなさい**(＝だらしなくしていないで、ぴしっとしなさい)

そがらし……非常にたくさん。

例文 **こらまた、そがらしもんじゃ。こんからいもはどっかいもっきたんな**(＝これはまた、たくさんだ。この薩摩芋はどこからもってきたの)

だいやみ・だいやめ……晩酌。

例文 **しごっがおわったら、だいやみがたのしんじゃ**(＝仕事が終わったら晩酌が楽しみだ)

~ちゃわー……~だよね。

例文 **今そんげおもちょったっちゃわー**(＝今そんな風に思っていたんだよね)

ちんがらっ CD……めちゃくちゃ。

例文 **ちんがらっなったな**(＝めちゃくちゃになったね)

つぐろじんがする……あざになる。

例文 **足をうったら、つぐろじんがした**(＝足をぶつけたら、あざになった)

＊「つぐるじん」「くろじん」とも。

でーじゃ……[日向]大変だ。

例文 **そらまたでーじゃ**(＝それはまた大変なことだ)

てげ・てげてげ①……とっても。

例文 **てげおもれ**(＝とってもおもしろい)

てげ・てげてげ② CD……大概。

例文 **てげてげでよかっちゃが**(＝大体でいいよ)

てにゃわん……始末におえない。

例文 **てにゃわんしごつよのー**(＝始末におえない仕事だね)

~ないよ……~したらどうですか。

例文 **それしないよ**(＝それやったらどうですか)／**食べないよ**(＝食べたらどうですか)

なんかかる……寄りかかる。

例文 **そきなんかかっといかんど**(＝そこに寄りかかるといけないよ)

ねりくり……餅の一種。餅米と薩摩芋をふかしたものをつきまぜたもの。

(＝ごめんください。いらっしゃいますか)」

またぐぁんそ—さようなら。「またぐぁんそなー(＝またお会いしましょうね)」

あいがとぐゎした—ありがとうございます。

◎**県内の世代差**

①高年層ではかなり方言が分布していたが中年層から急激に共通語化したもの「おたまじゃくし」などが該当するが、動植物名などもこの類。

②中年層まではある程度全県下に分布していても、若年層で急激に全県で共通語化したもの、「肩車」「蛙」など。

③地域差はあるが、若年層までもある程度方言形が残っているもの、「つむじ」「ものもらい」断定の「ジャ・ヤ」など。

④若年層、中年層ともに、全県的に方言使用が盛んなもの。「テゲ(＝とても)」「よだきー(＝お

例文このねりくりはうめーじ（＝この芋餅はうまいよ）

＊「ねったくり」「ぼったげ」とも。

のさる……運の良い。授かる。

例文のさっちょるひとは、よかなー（＝運のいい人は良いな）

のさん CD……つらい。めんどくさい。

例文まーこちのさんこっじゃ（＝本当にめんどくさいことだ）

はげらしー……［日向］残念だ。くやしい。

例文はげらしー、こん靴下は買ってすぐ穴がほげっしもた（＝くやしい、この靴下は買ってすぐなのに穴があいてしまったんだ）

はばしー……［日向］はげしい。荒い。

例文まこち、はばしー子じゃねー（＝ほんとに、荒っぽい子だね）

びっきょ……［諸県］かえる。

例文びっきょがげろげろせからしか（＝かえるがゲロゲロうるさい）

＊「びきたろ」とも。

びびしゃんこ……［宮崎市］肩車。

例文こんね、びびんしゃんこにのするどー（＝来なさい、肩車に乗せるよ）

＊諸県では「びんずい」、延岡では「てんぐるま」。

ひょーすんぼ……かっぱ。

例文ひょーすんぼに、しーこをぬかるるよ（＝かっぱに尻こだまぬかれるよ）

ひんつけ……かっこつけ。

例文ひんつけばっかいしちょってんだめど（＝かっこつけだけしていてもだめだよ）

ふうたん……ほっぺた。

例文ふうたんがまっかじゃね（＝ほっぺたが真っ赤だね）

べっしゃげる……つぶされる。

例文あらしもた、べっしゃげてしもた（＝ああ、しまった、潰れてしまった）

べぶ CD……牛。

例文べぶんこがうまれたげなど（＝牛の子がうまれたんだってよ）

べら……薪。

っくうだ）」など感情がこもった代表的な語彙。

⑤老年層では使われず中年層で使われはじめ、若年層では全県的に使われるようになったもの。「ラーフル（＝黒板拭き）」地方学校用語の一つ。

⑥若年層で発生し広範囲に広がりを見せたもの。「こっせん（＝～じゃない）」などの使用は若者の他人と対立を嫌う感覚が共感を得られたからか。

◎「おたまじゃくし」

「おたまじゃくし」の方言形のバリエーションは、県北では「ゲロ」「ゲロンコ」「ゴゴレ」、諸県地域では「ゲーノコ」「ゲロンコ」、宮崎市周辺では「ゲリ」「ゲン」などがみられる。

◎「おまじないや迷信」

・足がしびれたらメゲ（＝眉毛）に唾をつくるとゆなる（＝唾をつけると治る）

・乳離れにゃ（＝乳離れをさせ

例文 **やまかいべらをとっこんといかんね**（＝山から薪を取ってこなければいけないね）

べらっなる……全部だめになる。

例文 **霜がふっせー、さっもんがべらっなった**（＝霜が降りて作物が全滅した）

ほがね CD……頼りない。しっかりしていない。

例文 **ほがねもんじゃ、しっかいせんといかんが**（＝頼りないな、しっかりしなさい）

ぼくじゃ……大変だ。

例文 **あいらいらいらいらい、ぼくじゃー**（＝あらまー、大変なことだ）

ほげる……穴があく。

例文 **壁に穴がほげちょるが、どんげしたつか**（＝壁に穴があいてるけど、どうしたんだい）

ほこる……茂る。

例文 **ここんかたのにわは、くさがほこちょる**（＝ここの家の庭は草が茂っている）

まこち CD……［諸県］ほんとうに。

例文 **まこち、せからし子じゃ**（＝ほんとうにうるさい子どもだ）

まばいー……まぶしい。

例文 **お日さんがまばいー**（＝太陽がまぶしい）

みごち CD……すばらしい。

例文 **みごちはながせたもんじゃ**（＝見事な花が咲いたね）

むじー……かわいらしい。

例文 **んーだまー、ちんこめしてむじもんじゃ**（＝あらまあ、小さくてかわいらしいこと）

＊「むぞらし」「むぞらしー」とも。

めあげんそ CD……［諸県］ごめんください。

例文 **めあげんそ、おじゃひか**（＝ごめんください、いらっしゃいますか）

＊「めーやげめもそ」とも。

もえ……共同でする、寄合。

例文 **こんどのもえはあんたげでやろかいね**（＝こんどの寄合はあなたの家で

るためには）乳に鯉の字を三度書けば良い

・山にへっときゃ（＝入る時）「アブラオンケンソアカ」ととなえながら行くと蛇にあわん

・ムカデが噛んだら（＝刺されたら）「コッケラコー」とおらべ（＝叫べ）

・虹の下をくぐるとぶげんしゃ（＝お金持ち）になる

・鶏の頭を食うと早起きになる

・山椒を摘む時に歌を歌うと枯れる

・ときび（＝唐黍）が低く実をつけると時化（＝悪天候）が多い

◎その他の方言

けしぬ―死ぬ。

すば―唇。

だいやめ―晩酌。＊「だりやめ」とも。

びっきょ［諸県］―かえる。＊「びきたん」［日向］とも。

べぶ［諸県］―牛。

べら―薪《まき》。

よだきー―おっくうだ。いや

やりましょうか）

もぞなぎ……[日向]かわいそう。

例文 **たまろか、そんげもぞなぎこつすんなて**（＝がまんできないよ、そんなかわいそうなことをしたらだめよ）

やけらるる……[日向]叱られる。

例文 **しぇんしぇーに、やけらるるっとよー**（＝先生にしかられるよ）

＊「がられる」とも。

やまいもをほる……酔ってくだをまく。

例文 **山芋をほっせー、しったんくぁったんなったげな**（＝酔ってくだをまいて、めちゃくちゃになったんだって）

やんかぶる……髪の毛がぼさぼさになる。

例文 **そんげやんかぶっちょっとげんねよー**（＝そんなに髪がぼさぼさだと恥ずかしいよ）

ゆるり……囲炉裏。

例文 **ゆるりのはたにきないよ**（＝いろりのそばにきなさい）

＊諸県では「ゆるい」「よろり」とも。

よくー……[日向]休む。

例文 **てげてげにして、よくーおや**（＝たいがいにして、休もうよ）

よだきー……面倒。

例文 **はやおきするとはよだきーわ**（＝早起きするのは面倒くさいよ）

わやく……冗談。

例文 **そんげなわやくゆーなて**（＝そんな冗談は言いなさんな）

んだもしたん CD……[諸県]あらまあ。

例文 **んだもしたん、あぬさどげんこげんじゃったげな**（＝あらまあ、あの人は、あんなこんなだったそうです）

んーにゃ……いいや。

例文 **んーにゃ、ちごよ**（＝いいや、違うよ）

だ。

あいさつ（宮崎市）

朝＝はえのー
夕方＝しめなったか
別れ＝さよなり
感謝＝おーきん
訪問＝おんなるか

宮崎県

九州・沖縄

鹿児島県 CD46

薩隅＝［本土］鹿児島市、出水市、枕崎市、鹿屋市、国分市など
［島嶼］熊毛郡(種子島・屋久島など)、鹿児島郡(トカラ列島など)
奄美＝奄美大島、徳之島、喜界島、沖永良部島、与論島など

あったらしか CD……［薩隅］もったいない。

例文 **まだつこがなって、あったらしかことしやんな**(＝まだ使えるのに、もったいないことをするな)

＊古語の「あたらし(惜)」の意味を残している。

あばてんね CD……［薩隅］たくさん。

例文 **ことしゃ、あばてんねかっがなっちょいなー**(＝今年はたくさんの柿がなっているなあ)

＊「あばけん(＝さばききれない)」の転じた語か。

いっぺこっぺ……［薩隅］たくさん。

例文 **いっぺこっぺ、さるっもした**(＝あちらこちらたくさん歩き回りました)

＊「いっぺ(＝いっぱい)」に語呂合わせで「こっぺ」を付けたもの。

いて CD……［薩隅］お湯が熱い。

例文 **こん風呂はいとして、いやならんなー**(＝この風呂は熱くて入れないなあ)

＊「いたか」とも。

うがみんしょーらん……［奄美］こんにちは。

＊朝昼晩の別なく用いられる。

おい……［薩隅］僕。

鹿児島の方言

◎県内の地域差

鹿児島県の方言は、トカラ列島の宝島と奄美大島の間を境にして、それより北側で話される薩隅方言と南側で話される奄美方言の二つに分けられる。

薩隅方言の最も大きな特徴は、語末音の変化が激しいことである。例えば「くち(口)」は「クッ」、「かみ(紙)」は「カン」と発音される。ただし、熊本県寄りの出水市や離島では変化が比較的小さく、「くーち」「かーみ」と長くのばして発音されることもある。薩摩半島南部では語中のカ行・タ行子音をg・dに発音したり(カダガイダガ(＝肩が痛い))、語中のガ行子音を鼻濁音に発音したり、東北方言に似た特徴を持っている。

奄美方言は琉球方言の一種で、中舌母音をもつ(奄美大島・徳之島)、ハ行子音がp(与論)やF(沖永良部)で現れるなどの

例文 おいがいっで、おはんなこけおいやい（=僕が行くから、君はここにいなさい）

＊男の人が親しい友人同士で使う。

おかべ CD……［薩隅］豆腐。

例文 **あひこんおかべは、んまかどー**（=あそこの豆腐はおいしいよ）

＊女房ことば「御壁（白くて平らなことから豆腐を表すようになった）」に由来する。

おさいじゃす CD……［薩隅］いらっしゃる。

例文 **ゆくさ、おさいじゃしたもした**（=ようこそいらっしゃいました）

＊「いる」「行く」「来る」の尊敬語。

おまんさー CD……［薩隅］あなた。

例文 **おまんさーの、いやったとーいごあした**（=あなたのおっしゃった通りでした）

＊敬意の高い二人称代名詞。

おやっとさー……［薩隅］お疲れさま。

例文 **きゅは、おやっとさーごあした**（=今日はお疲れさまでした）

かずん……［薩隅］嗅ぐ。

例文 **かずんみやい。よかかざがしもんで**（=嗅いでみなさい。いいにおいがしますから）

＊名詞は「かざ」、動詞は「かずん」。

～かた①……［薩隅］～すること。

例文 **きゅはのんかたじゃ**（=今日は飲み会だ）

～かた②……［薩隅］～しているところ。

例文 **てがんぬ、かっかたごあした**（=手紙を書いているところでした）

がっつい CD……［薩隅］ちょうど。ぴったり。

例文 **がっついせんいぇんじゃっど**（=ちょうど千円だよ）

～がなっ CD……［薩隅］～ことができる。

例文 **あいがいとして、すわいがならんがお**（=足が痛くて座ることができませんよ）／**しがなっ**（=することができる）

からいも……［薩隅］さつまいも。

特徴を持っている。

◎文法的な特色

〈名詞の語尾変化〉

語末にiとuの母音を持つ「口」「首」などに助詞の「は」「に」「を」が続くと、「クチャ（口は）・クチ（口に）・クッ（口を）」、「クビャ（首は）・クビ（首に）・クブ（首を）」のように語尾が変化する。

〈動詞の活用形〉

古語の下二段活用（建つる）がよく残っている。上一段活用の「起きる」は「オキッ・オキラン・オキッタ・オキレバ」のようにラ行五段に活用する。また、サ行五段活用の「貸す」が「カスッ・カセン・カセタ・カスレバ」のように下二段に活用する。

〈可能表現〉

可能表現は「～ガナッ」である。「（字を覚えたから）書くことができる」（能力可能）、「（明るくなったので）書くことができる」（条件可能）はどちらも「カ

例文 **からいもん、ゆでたとが、あいもんど**(＝サツマイモの蒸したのがありますよ)

＊「唐《から》の芋」の意。屋久島では「とういも(唐芋)」の変化した「とんぼ」を、奄美大島では「とん」を使う。

がらるっ CD……[薩隅]叱られる。

例文 **そげんことすっとがらるっど**(＝そんなことをすると叱られるよ)

＊「がる(＝叱る)」の受身形。

ぎった……[薩隅]ゴム。

例文 **むかしゃ、ゆ、ぎったまいであすっごった**(＝昔はよくゴム鞠で遊んでいた)／**ぎったとっ**(＝ゴム跳び)

きばっ CD……[薩隅]頑張る。

例文 **どーか、きばいやんせ**(＝どうか、頑張ってください)／**きばれ**(＝頑張れ)

きょらさ……[奄美]きれいだ。

例文 **うんはなぬ、きょらさやー**(＝その花はきれいだねー)／**きょらさんういなぐ**(＝きれいな女の人)

＊「清らさ」に由来。

きんとすわっ……[薩隅]正座する。

例文 **きんとすわっせえ、えさつしやい**(＝正座をしてあいさつをしなさい)

ぐらしか……[薩隅]かわいそうだ。

例文 **かかさーの、けしんみゃったち。ぐらしかなー**(＝お母さんがなくなったんだって。かいわそうだねえ)

＊「ぐらし」とも。

け〜……[薩隅]動詞の意味を強める接頭語。

例文 **たのまれちょったどん、けわすれた**(＝頼まれていたけれども忘れた)／**あや事故で、けしんだちよ**(＝あの人は事故でなくなったそうだよ)

〜けりゃー……[種子島]〜だったんだ(終助詞)。

例文 **きょーでじゅーにねんに、なっとったけりゃー**(＝今日で一二年になっていたんだ)

＊古語の「けり」に由来。意外な事実に気づいたときに使う。

ッガナッ」である。種子島方言では完全に成し遂げることができた場合に「〜キル」を使う。例えば、「向こう岸まで泳ぐことができた」を「オヨギキッタ」。

〈進行形と完了形〉

古くは進行形に「〜オッ・〜ゴッ」を、完了形に「〜チョッ」を使って区別した。例えば、「イマ、カッオッ(＝今書いている)」、「モ、ケチョッ(＝もう書いている)」。しかし、最近は「〜チョッ」で進行と完了の両方を表すようになってきた。若年層は「いま書いてる」「もう書いてる」のように、「〜テル」で進行と完了の両方を表す。

〈文末助詞〉

高年層では、質問の文末詞に「ナ」「カ」「ヤ」を使う。これらは敬意度が異なり、「あれは何ですか」と尋ねるときに、目上に対しては「アヤナイナ」を、同輩に対しては「アヤナイカ」を、目下に対しては「アヤナイヤ」を使う。若年層では「アレワナニケ」

げんね CD……[薩隅]恥ずかしい。
例文 **おかまいもせんじ、げんねこっごあした**(＝おかまいもしませんで、お恥ずかしいことでした)
＊「げんなか」とも。

ごあす CD……[薩隅]ございます。
例文 **あやは桜島ごあんど**(＝あれは桜島でございますよ)／**うれしゅごあんが**(＝嬉しゅうございますよ)
＊丁寧語。

～ごたっ①……[薩隅]～のようだ。
例文 **こんはなよめじょは、にんぎょんごたっなー**(＝この花嫁さんは人形のようだねえ)

～ごたっ②……[薩隅]～したい。
例文 **なさけんのして、なこごたっ**(＝なさけなくて泣きたい)

～ごろ……[薩隅]人を卑める接尾語。
例文 **じごろ**(＝地元生え抜きの田舎者)／**うそひーごろ**(＝嘘つき野郎)

さだっ……[薩隅]にわか雨。
例文 **さだっがくれば、よかて**(＝にわか雨がくればよいのに)

～し CD……[薩隅]人々。「衆」の意。
例文 **おとこんしもおなごんしも、あつまいかたごあした**(＝男の人たちも女の人たちも、集まっていました)

じゃっど……[薩隅]そうですね。
例文「**きゅはぬくごあんどなー**(＝今日は暑うございますね)」「**じゃっどなー**(＝そうですね)」
＊相づちに使うことば。

～じょ……[薩隅]～さん。
例文 **おとっじょ**(＝弟さん)／**よめじょ**(＝およめさん)／**とのじょ**(＝旦那さん)
＊親愛の意を表す接尾語。

すんくじら……[薩隅]隅っこ。
例文 **かぎゃそんすんくじれ、あやしもはんか**(＝鍵はその隅っこにありはしませんか)

ずんだれ CD……[薩隅]だらしのない人。
例文 **あんやちゃ、ほんにずんだれじゃ**(＝あいつは本当にだらしない人だ)

のような「ケ」を使う。

　事実や判断を伝える文末詞に「ド」と「ガ」がある。「ド」は聞き手がその事実を知らない場合に、「ガ」は聞き手にもその事実を認めてもらいたい場合に使う。例えば、「コンタ、ンマカド(＝これは美味しいよ)」は「美味しい」という事実を相手に教える場合に、「コンタ、ンマカガ」は「美味しいよ。あなたもそう思うでしょう」などの意味を伝えたい場合に使う。「行く」を「食べる」のような意志的な動作に「ド」「ガ」が続くと、意志の表明になる。この場合も「モ、イッド(＝もう行くよ)」が「行く」ことを相手に伝えるだけなのに対し、「モ、イッガ」は「行くよ。あなたもそう思うでしょう」などの意味を表す。これが発展して、「イッガ」は「いっしょに行こう」といった勧誘表現にもなる。若者は「ド」は使用しないが、「ガ」は伝達・勧誘の両方で使用する。

ずんばい CD……[薩隅]たくさん。

例文 **かつおがずんばいとれもしたど**（＝カツオがたくさん捕れましたよ）

～せー CD……[薩隅]～して。

例文 **あがっせー、かたいやはんか**（＝上がって話をしませんか）

＊「～してから」に当る接続助詞。

だいやめ……[薩隅]晩酌。

例文 **やどんしゃ、めばんだいやめをしもすとお**（＝主人は毎晩晩酌をしますのよ）

＊「だれ（＝疲れ）やめ（＝止め）」の意。

たもっ CD……[薩隅]食べる。

例文 **ひとくったもっみやはんか**（＝一口食べてみませんか）

＊「食べる」の上品な言い方。

～だりょーん……[奄美]～です。

例文 **あれぃや太郎だりょーん**（＝あれは太郎です）

＊否定のときは「太郎やありょらん（＝太郎ではありません）」という。

ちぇすと……[薩隅]それ。

例文 **ちぇすといけ**（＝それ行け）

＊動作を始める時のかけ声。

ちゃじょおけ……[薩隅]お茶請け。

例文 **ちゃじょおけにゃ、くろざとがいっばんよか**（＝お茶請けには黒砂糖が一番いい）

＊「しょおけ（塩気）」は一般に「おかず」を表す。「茶の塩気」で「お茶請け」。

ちんがらっ……[薩隅]めちゃくちゃ。ぴったり合わないこと。

例文 **きゅのくゎいぎはちんがらっじゃした**（＝今日の会議は意見が合わず、さんざんでした）

てぃだ……[奄美]太陽。日。

例文 **てぃだぬいじてぃ**（＝日が出た）／**てぃだぬてぃりつけぃてぃ、めぃひきやるさ**（＝太陽が照りつけてまぶしい）

＊太陽を神格化して言うときは「てぃだがなし」。

てげてげ CD……[薩隅]中くらい。適当。

例文 **てげてげでよかが**（＝適当なところでいいよ）

◎気づかずに使う方言

あいさつことばとして「おつかれさま」がよく使われる。別れのときだけでなく、朝初めて会ったときにも使われる。会社や店などで職場語として使われたのが始めという。

形容詞の過去形を「楽しいでした」という。方言の「楽しゅごあした」をもとにして生まれた表現で、文章やスピーチの中で使われ、「楽しかったです」よりも正式な表現だと思っている人が多い。

「高くで買います、安くで売ります」（新聞広告）のように、「高く」「安く」を「タカクデ」「ヤスクデ」と言う。

「黒板消し」を「ラーフル」という。語源については英語の raffle（ぼろ切れ）説、オランダ語の rafel（ほつれ糸）説等がある。事務用品の業界用語として学校に入り、広まったものである。

てせ……［薩隅］疲れる。
例文 **まごはむぜどん、もやてせねー**（＝孫はかわいいけれど、守りは疲れるねえ）
＊「てそか」とも。

～ど……［薩隅］～よ。
例文 **あたやも、しごたすんもしたど**（＝私はもう仕事は済みましたよ）
＊終助詞。

とぜんね……［薩隅］さみしい。
例文 **とぜんねこっ、ごわしたなー**（＝さみしいことでございましたね〈弔いの詞〉）
＊古語の「徒然」に由来。

～どん……［薩隅］～さん。
例文 **せごどん**（＝西郷さん）／**むこどん**（＝お婿さん）／**おやっどん**（＝お父さん）
＊軽い敬意を表す接尾語。

なおす……片づける。
例文 **ぬきなったで、こたちゃなおさんならね**（＝暖かくなったから炬燵は片づけないといけないね）

なおっ CD……［薩隅］移る。引っ越す。
例文 **とないなおっきもした**（＝隣に引っ越して来ました）

にせ CD……青年。
例文 **さっき、にせんしがたんねっきちょいもしたど**（＝さっき、青年たちが訪ねてきていましたよ）
＊男性のみをさす。

はえ……［全域］南風。
例文 **はえんかぜ**（＝南風）
＊奄美では「ふぇんかぜ」。「東の風」は「こっかぜ」。

はげぃー……［奄美］あらまあ。（感動詞）
例文 **はげぃー、なんな、にゃー、もどりんしょーりなー**（＝まあ、あなたはもうお帰りになりますか）
＊「あげぃー」「はけぃー」「いげぃー」などのバリエーションがある。

ばって……［南大隅・屋久島・種子島］しかし。
例文 **むかしゃ、あつまっしもうけかっ**

「しまう」を「ナオス」、「掃く」を「ハワク」、「濃い」を「こゆい」という。この三語は鹿児島だけでなく、九州全域に分布している。

◎方言まじりの共通語

方言まじりの共通語を薩隅地域で「からいも普通語」、奄美地域で「とん普通語」という。「からいも」「とん」は「サツマイモ」を意味し、共通語がうまくしゃべれないことを卑下した命名である。具体的には、次のような話し方である。「山田さんも行きますけー（＝山田さんも行きますか？）」（からいも普通語）、「きょらい（＝きれいだ）」（とん普通語）。

◎若者の方言

相づちとして、鹿児島の若者は「ダヨー」「ダカラヨー」を、奄美の若者は「チャー」「チャンガー」を使う。「あの店のケーキ、美味しいよね：ダヨー〔鹿児島〕、

たとばってなー（＝昔は集まる人も多かったけれどねえ）
＊博多・長崎の「ばってん」につながる語。

ばば……［薩隅］通り。
例文 **たかんばば**（＝高見馬場〈地名〉）／**いないばば**（＝稲荷馬場〈地名〉）／**せんごっばば**（＝千石馬場〈地名〉）
＊江戸時代、武士が乗馬をしたり馬をつないだりした場所。

ぱん……［枕崎］食わん。
例文 **ぱんなぱん**（＝パンは食べない）
＊「くわん→くゎん→ぱん」と変化したもの。同じように「食う」は「ぷ」、「食え」は「ぺ」となる。

〜ひこ……［薩隅］〜だけ。
例文 **こんいおは、いっぴっ、どひこじゃひな**（＝この魚は一匹いくらですか）／**よかひこもっいっきゃんせ**（＝好きなだけ持って行きなさい）

ひっちゃゆっ CD……落ちる。
例文 **かっのみがひっちゃえちょっど**（＝柿の実が落ちているよ）

びんた……［薩隅］頭。首から上。
＊「あゆっ」とも。「ひっ」は接頭語。
例文 **びんたがうっ**（＝頭痛がする）／**びんたんけ**（＝頭の毛）／**かつおんびんた**（＝カツオの頭の部分の料理）

ぶえん……［薩隅］鮮魚。
例文 **ぶえんはいーやはんどかい**（＝鮮魚はいりませんか）
＊「塩をしていない魚」の意。

へっ CD……［薩隅］肩から背中にかけての部分。
例文 **へっがでよた**（＝肩こりが出た）／**へっがまえきた**（＝肩こりが前へきた、前の方まで痛くなった）
＊「へき」の変化した語。

ぼっけもん CD……［薩隅］大胆な人。乱暴者。
例文 **あんしとは、まこて、ぼっけもんじゃ**（＝あの人は本当に大胆者だ）

むぞか CD……［薩隅］かわいい。
例文 **はら、むぞかおなごんこじゃなー**

チャーチャー［奄美］」、「雨の日はバスが混むからいやだよね：ダカラヨー［鹿児島］、チャンガー［奄美］」。奄美では文末助詞として「チバ」が使われる。「分からんチバ（＝分からないよ）」。

◎方言イベント
奄美では島口大会が島ごとに開催されている（島口とは方言のこと）。最近は大人だけでなく、子どもによる島口大会も開かれるようになってきた。

◎「へ」は「はい（灰）」のこと
鹿児島ではaiの音がeに変化する。例えば「かい（貝）」は「け」、「はい（灰）」は「へ」と言う。「ことしゃ桜島んへがすっなかなー（＝今年は桜島の火山灰が少ないねぇ）」。

◎代名詞の「わい」と助詞の「わい」
薩隅地方では「あなた」のことを「わい」と言う。「我れ」に由来

(＝まあ、かわいい女の子だねえ)

＊「むぜ」とも。

もす CD……[薩隅]～ます。(丁寧語)

例文 **だいもいっきゃらんとなら、あたいがいっもんが**(＝誰も行かないのなら、私が行きますよ)

やぜろしか CD……[薩隅]うるさい。うっとおしい。

例文 **まごがはしっまわっせえ、やぜろしかとお**(＝孫が走り回ってうるさいのよ)／**ひとっこちょ　なんどもゆっせえ、やぜろしか**(＝同じことを何度も言ってうっとおしい)

やっせん……[薩隅]役に立たない。

例文 **こんカバンな、こもしてやっせんじゃった**(＝このカバンは小さくて役に立たなかった)／**やっせんぼ**(＝役立たず)

＊「役せぬ」の転じた語。

やまいもほっ……[薩隅]酔ってくだをまくこと。

例文 **えくろて、やまいもほっとは、みとんね**(＝酔っぱらってくだをまくのはみっともない)

やんかぶっ……[薩隅]髪の毛がぼさぼさだ。

例文 **やんかぶっちょいが。けずらんか**(＝髪の毛がぼさぼさだよ。櫛でとかしなさい)

わっぜ……[薩隅]大変。とても。

例文 **わっぜきびしせんせーじゃ**(＝たいへん厳しい先生だ)

＊「わざわいか(災)」が語源。

わらべぃんきゃ……[奄美]子どもたち。

例文 **わらべぃんきゃぬ、やんなーなんてぃ、あばれぃとぅっか**(＝子どもたちが家の中であばれているよ)

んだもしたん……[薩隅]あらまあ。(感動詞)

例文 **んだもしたん、どげんしもんそかい**(＝あらまあ、どうしましょう)

＊女性が使う。「んだ」は「私は」という説と感動詞という説がある。

することばで、親しい間柄で使われる。また、「わい」は間投助詞としても使われる。例えば「きぬわい、いたっみたらわい(＝昨日ね、行ってみたらね)」。

この二つの「わい」を組み合わせた遊びことばがある。

「わいがわい、おれわい、わいちゅでわい、おいもわい、われわい　わいちゅわんにゅわい(＝君がね、僕にね、「わい」と言うからね、僕もね、君にね、「わい」と言わなければね)」

親しげに「わい」と呼ばれたことへの不快感の表明である。

あいさつ(鹿児島市)

朝＝おはよーござす・よかあさごあんどなー

夕方＝よかばんごあんどなー

別れ＝めにっごあんそ

感謝＝あいがともさあげもす

訪問＝ごめんなんせ

九州・沖縄

沖縄県 CD47

奄美・沖縄方言＝奄美諸島、沖縄諸島など
宮古・八重山方言＝宮古諸島、八重山諸島、与那国島など

あがちゅん……よく働く。はかどる。

例文 **めーなち　あがちゅん**（＝毎日よく働く）／**あがかんぐとぅ　まにあーらんはじろー**（＝捗らないから間に合わないはずだよ）

あがり……東。

例文 **いったー　やーや　さぶろーやっちーぬ　あがーりやんどーやー**（＝君の家は三郎兄の東側だよね）

⇩コラム「あがり」

あきさみよー CD……あれまあ！。

例文 **あきさみよー　また　おーえーっしなー**（＝あれまあ！　また喧嘩したのか）

あさばん……昼食。

例文 **ちゅーぬ　あさばのー　うけーめーし　しむみ**（＝今日の昼食はお粥でよいか）

⇩コラム「あさばん」

あしはいみじはい CD……汗水流して。

例文 **あしはいみじはい　っし　はたらけー**（＝汗水流して働け）

⇩コラム「あしはいみじはい」

あしぶん①……遊ぶ。仕事をしないでいる。

例文 **ちゅーや　ぬー　っし　あしぶが**（＝今日は、なにをして遊ぶか）／**ちゃ**

沖縄の方言

北は鹿児島県の奄美諸島から南は台湾に近い与那国島に至る島々で使われている琉球方言は、島ごとに違いを示し、その多様性は本土方言に類を見ない。

大別すると奄美・沖縄方言と宮古・八重山方言に分かれる。奄美・沖縄方言はさらに奄美方言と沖縄方言に、宮古・八重山方言は宮古方言、八重山方言、与那国方言に分かれる。

これら五方言は音声・アクセント・文法・語彙のいずれの面においても大きな違いを示し、相互にコミュニケーションを交わすことは不可能である。日本語の中で他言語とみてもおかしくないほど異なるこの琉球方言も、その独自性と支持人口（約一二〇万）の少なさ、学校教育の影響、マスコミ・交通網の発達によって、現在急速に消滅しつつある。上表の方言は沖縄方

ー　あしろーんや（＝いつも遊んでいるね）

あしぶん②……歌や踊りなどに興ずる。

例文 **うた　さんしん　っし　あしばな**（＝歌・三味線などして遊ぼう）

あっちゅん①……歩く。動く。進む。

例文 **ちゅーから　あっちゅん**（＝今日から歩く）／**とぅちや　あっかんぐとぅ　ねじ　まーしぇ**（＝時計が進まないからねじを巻きなさい）

あっちゅん②……働く。～ている。暮らす。

例文 **むる　あっちゅんどー**（＝みんな働いているよ）／**がっこう　あっちゅん**（＝学校に通っている）／**めーなち　あっちょーみ**（＝毎日元気でいるか）

あとぅまさいがふー……残り物に福があること。

例文 **いっとー　あたてぃ　あとぅまさいがふーやたん**（＝一等あたって残り物に福となった）

あびーん①CD……しゃべる。

例文 **いへー　よーんな　あびれー**（＝少しゆっくり喋りなさい）

あびーん②……呼ぶ。泣く。吠える。

例文 **あんまーが　っやー　あびとーんどー**（＝お母さんが君を呼んでいるよ）／**いのー　ゆー　あびーんや**（＝犬はよく吠えるね）

あんぐゎー……姉。

例文 **らー　あんぐゎーや　まーんかい　っんじゃが**（＝どれ、お姉さんはどこへ行ったの）

あんまーCD……母。

例文 **いったー　あんまーや　いくちー　ないみしぇーが**（＝君たちのお母さんはいくつになられたか）

＊上代語の「あも」系統の語。

あんらぐち……おべっか。お世辞。

例文 **あれー　ちゃー　あんらぐち　すんやー**（＝あの人はいつも　おべっかを言うね）

＊近世語の「油口」に対応。なめらかなお世辞の弁舌。

言による。

◎あがり

「あがり」は「上がる辺《へ》」に対応した語で、日の出に因んだ方位語。「西」は「入る辺《へ》」に対応する「いり」を用いる。因みに、「北」は「にし」、「南」は「南風《はえ》」に対応する「へー」である。

◎あさばん

「朝飯」に対応した語だが、昼食をいう。「朝食」は「ふぃてぃみてぃむん」、「夕食」は「ゆーばん」という。それぞれ「つとめてもの」「夕飯」に対応する。

◎あしはいみじはい

「汗走り水走り」に対応した語。那覇方言では強調は畳語形式で言う例が多い。「あるむんねーむん（＝一切合切）」「にーぶいかーぶい（＝すごく眠たいさま）」「とぅるばいかーばい（＝ぼんやりしているさま）」、「しゅこいむこい（＝あれこれ準備す

沖縄県

いー……はい。うん。
例文「**っやーがる　しー**（＝君がしたのか）」「**いー　わーが　さん**（＝うん、私がした）」
＊同等以下に対しての応答の言葉。

いーぶさかってぃー……言いたい放題。
例文 **あれー　ちゃー　いーぶさかってぃー　そーぐとぅ　ならんどー**（＝あいつはいつも言いたい放題言うから付き合いきれない）

いじ① CD……勇気。
例文 **あれー　いじ　あんどー**（＝あいつは勇気があるよ）
＊「大胆な人」を「いじゃー」という。

いじ②……怒り。
例文〈諺〉**いじぬ　っんじらー　てぃー　ひち　てぃーぬ　っんじらー　いじ　ひけー**（＝怒りが出たら手を引き、手が出たら怒りを引け）

いっぺー CD……たいそう。とても。
例文 **いっぺー　ちゅらさんやー**（＝とても美しいね）

いび……神のいる場所。
例文 **あまんかい　いびぬ　あたんやー**（＝あそこに聖空間があったね）
＊上代の「いむべ（忌部）」に対応する語。

いやい……伝言。
例文 **いやい　そーたん**（＝伝言していた）
＊お年寄りは手紙を書くのが苦手で、遠く離れて暮らす者によく伝言した。

うー……はい。
例文「**っやーがる　しー**（＝君がしたのか）」「**うー　わーが　さびたん**（＝はい、私がしました）」
＊目上に対しての応答の言葉。

うぅないがみ……おなり神。
例文 **いぃなぐちょーれーや　うぅないがみろー**（＝姉妹はおなり神だよ）
⇩コラム「うぅないがみ」

うたき……御嶽。
例文 **うたき　うぅてぃ　うぐぁんぐとぅ　はじまいん**（＝御嶽で祈禱が始まる）」など。

◎うぅないがみ

沖縄では、姉妹は霊力を備えていて、その霊力で男兄弟を守護すると信じられている。首里王国では最高位の神女「聞得大君《きこえおおきみ》」または高級神女「首里大君《しゅりおおきみ》」などが太陽神の霊力を身に帯し、その霊力で国王を守護した。これを「おなり神信仰」という。

◎うちなーやまとぅぐち

那覇方言はもちろんのこと、沖縄本島では「うちなーやまとぅぐち（＝沖縄式共通語）」というのがある。共通語文型の中に方言語彙をちりばめたもの、あるいは方言直訳式の表現法をいう。

前者の例としては「かわいくて、もー、ちんちみよーかな（＝かわいくて、もうつねろうかな）」、後者の例としては「がっこう、あるいている（＝学校

る）

＊樹木が生い茂っていて大きな岩などもある村はずれの聖域。

うちなーぐち CD……沖縄の方言。

例文 **ありや　うちなーぐち　すん**（＝彼は沖縄の方言を話す）

うちなーゆー……琉球処分（明治一二年）前の琉球国王が治めていた時代。

例文 **うちなーゆーや　まし　やたん**（＝琉球国時代は良かった）

＊やまとぅゆー（＝日本の統治した時代）、あめりかゆー（＝米国の統治した時代）などに対する。

うっさふくらさ……大きな喜び。

例文 **ぬーん　うっさふくらさ　そーている　する　むん　やさ**（＝何事も喜んでやるものだ）

うみはまゆん……熱心に努力する。

例文 **てぃしみがくむん　うみはまゆん**（＝学問に熱心に励む）

うむやーぐゎー CD……恋人。

例文 **あまから　うむやーぐゎーぬ　ちゅーん**（＝あそこから恋人が来る）

えいさー CD……盆踊り。

例文 **えいさー　んーじが　いちゅん**（＝盆踊りを見に行く）

⇩コラム「えいさー」

かじふち……暴風。

例文 **かじふちや　つんじららん**（＝台風のときは出られない）

＊「風吹き」に対応する語。「台風」に対応する「てーふ」ということばもあるが、比較的新しい。

かじょーさん……風が強い状態。

例文 **ちゅーや　かじょーさっさー**（＝今日は風が強いね）

＊心地よい風より強く、かといって台風ほど強い状態でもない風の吹き方。

かちゃーしー CD……三線の曲の一首で、テンポが速い。またそれに合わせて踊る即興的な踊りにもいう。

例文 **かちゃーしー　もーてぃ　あしぶん**（＝かちゃーしーを踊って遊ぶ）

かながなーとぅ CD……仲良く。

に通っている）」などがある。

琉球方言には共通語に訳しにくい語彙がかなりある。「うちあたい（＝内心忸怩たるものを覚える）」「がんまり（＝いたずら・ふざけ）」「とぅんたちぃー（＝すぐに立てるような姿勢で両膝をかがめ、尻をつけずに座る座り方）」「わちゃくぃん（＝からかう）」など。相当する共通語訳を当てれば当てられないこともないが、そうすると微妙なニュアンスが失われる。そういう語が「うちなーやまとぅぐち」を生みやすいようである。

◎えいさー

盆踊り。旧暦の七月の送り火がすむと、一六日の夜は村の青年たちが各家を回ってえいさーを踊り（その年に不幸のあった家は除く）、最後に村の広場で踊り明かす。その踊りで歌う囃子にエイサーというのがあり、それによる。現在は祖霊との関係意識は薄く、盆の催しとして

例文 みーとぅんら　かながなーとぅくらちょーん（＝夫婦仲良く暮らしている）

かにはんりゆん……ぼける。

例文 あれー　かにはんでぃとーん（＝あの人はぼけている）

かふーし CD……ありがとう。

例文 かふーしろー（＝ありがとうね）

＊目下への感謝の言葉。目上には「にふぇーれーびる」と言う。

かめーいん……探す。（妻を）めとる。

例文 いらな　かめーいん（＝鎌を捜す）／とぅじ　かめーいん（＝妻をめとる）

さーたーあんらぎー……揚げ菓子。

例文 さーたーあんらぎー　ちゅくてぃかむん（＝さーたーあんらぎーを作って食べる）

⇩コラム「さーたーあんらぎー」

さばに CD……小型の漁船。元はくり舟。現在は板を張り合わせて造る。

例文 さばに　くーじ　わたいん（＝さばにを漕いで渡る）

さんしん CD……三線。三味線。蛇皮線。

例文 さんしん　ひち　はねーかすん（＝三線を弾いてにぎやかにする）

しーじゃ……兄。年上の者。

例文 しーじゃぬ　いーしぇー　ゆーちけー（＝兄の言うことはよく聞け）

＊「兄」は「いきがしーじゃ」、「姉」は「いなぐしーじゃ」とも。

しーだかさん……霊力が強いこと。

例文 あれー　しーだかさぐとぅ　いーしぇー　ゆー　ちきよー（＝あの人は霊力が強いから、言うことはよく聞けよ）

＊特に女性にいう。

そーぬぎゆん……あわてふためく。

例文 あれー　まーんかい　いちゅが、あんし　そーぬぎてぃ（＝あの人はどこへ行くのか、あんなにあわてふためいて）

たっくぃー……血筋。血統。

例文 なけーま　みーむんじょーぐーぬたっくぃー（＝仲井真は催し物を見

のショー的な性格を持ち、全島エイサー大会なども行われている。

◎**さーたーあんらぎー**

菓子名。小麦粉、砂糖、卵を混ぜて作った生地を丸い形にし油で揚げたもの。かぼちゃ、胡麻、紅芋などを混ぜて作ったものもある。子どもたちのおやつとして常用されている。

◎**ちむ**

琉球方言、例えば那覇方言には「ちむ（＝肝臓・心）」という言葉がある。これは「っわーぬちむ（＝豚の肝臓）」などのように具体的に「肝臓」を表すとともに、「ちむ　やむん（＝心が痛い）」「ちむん　ちむ　ならん（＝心も心ならず。心に重くのしかかって落ち着かない）」などのように「心」の意味も表す。中央語では「肝」も「心」もともに精神作用を表す言葉として使われているが、精神作用の意味では

るのが好きな血筋だ)

ちびがっさん……気軽に働くさま。

例文 **あぬ　ゆめー　ちびがっさぐとぅ　たしかとーんどー**(=あの嫁は気軽によく働くから助かっ ているよ)

ちむ①……肝臓。

例文 **っわーぬ　ちむ**(=豚の肝臓)

ちむ②……心。

例文 **ちむん　ちむならん**(=心も心ならず、落ち着いていられない)

⇩コラム「ちむ」

ちむえー……意味。わけ。

例文 **あん　する　くとぅぬ　ちむえー　わからん**(=ああすることの意味がわからない)

ちむがなさん CD……心からいとおしい。

例文 **とぅじっくぁや　いちまりん　ちむがなさんろー**(=妻子はいつまでもいとおしいものだよ)

ちむぐくる CD……心。精神。

例文 **あれー　ちむぐくるぬ　りきとーん**(=あの人は心のあり方が立派である)

ちむぐりさん……気の毒。かわいそう。

例文 **ありが　はなしぇー　むる　ちむぐりさぬやー**(=あの人の話は全部気の毒だね)

ちむじゅらさん……情け深い。

例文 **あまぬ　いぃなぐんぐぁや　ちむじゅらさんろー**(=あそこの娘は情け深いよ)

ちむちむん……温かい思いやりのある人。

例文 **ちむむちむんぬ　あんしぇー　ならんさ**(=思いやりのある人がそんなやり方はできないよ)

ちゃんぷーるー CD……料理名。豆腐、野菜などを油で炒めたもの。

例文 **ちゃんぷーるー　ちゅくてぃ　かまー**(=ちゃんぷーるーをつくって食べよう)

⇩コラム「ちゃんぷーるー」

どちらかといえば「心」が良く使われ、それを基にした複合語、慣用句も多く、生産的な語として機能している。一方、琉球方言では「肝」の変化した「ちむ」、「心」の変化した「くくる」が使われているが、どちらかといえば「ちむ」が良く使われ、それを基にした複合語、慣用句も多くあり、「くくる」よりも「ちむ」が生産的な語である。この違いは文化のあり方にも大きく関わっていて、例えば「ちむぐりさん」は共通語訳すると「かわいそう、気の毒」となるが、今ひとつしっくりこない。「ちむぐりさん」は相手の見るに忍びない状況に対してこちら側の肝(心)も苦しくなるほどに痛むという状態を意味する。「かほはゆし(=顔映ゆし)」と同根である「かわいそう」の発想とは大きな違いを示す。琉球方言の「ちむぐりさん」には痛みを共有する精神作用が如実に現れている。

ちゅいしーじー……互いに助け合うさま。

例文 **くまとーいねー　ちゅいしーじー　やさ**（＝困っているときは互いに助け合うものだ）

ちゅらかーぎー……美人。

例文 **あまぬ　いぃなぐんぐぁや　いっぺー　ちゅらかーぎー　やん**（＝あそこの娘はたいそう美人である）

＊「清ら影」に対応。

ちゅらさん CD……美しい。きれい。

例文 **あれー　ちゅらさんどー**（＝あの人は美しいよ）

てぃーら CD……太陽。

例文 **てぃーら　くぁらくぁら　そーん**（＝太陽がかんかん照りつけている）／**てぃーらぬ　うてぃーん**（＝太陽が落ちる）

てぃーらあーみ……日が照っているのに雨の降る天気。狐の嫁入り。

例文 **てぃーらあーみ　なとーさ**（＝天気雨になっているよ）

＊沖縄では良くある。さらに沖縄では馬の背をわける降りかたもよくある。

てぃんさぐー……鳳仙花《ほうせんか》。

例文 **てぃんさぐぬ　はなや　ちみじゃちに　すみてぃ**（＝鳳仙花の花は爪先に染めて）

⇩コラム「てぃんさぐー」

てーげー CD……おおよそ。

例文 **ありや　ちゃー　てげーやさ**（＝あいつはいつもいいかげんだ）／**てーげーむぬいー**（＝いいかげんな言い方）

とーたび……人が亡くなること。

例文 **あれー　とーたび　さん**（＝彼は亡くなってしまった）

⇩コラム「とーたび」

とーとーめー……位牌。

例文 **ちーたち　じゅーぐにちゃ　うちゃとー　っし　とーとーめー　うぅがむん**（＝一日一五日はお茶を供えて位牌を拝む）

⇩コラム「とーとーめー」

◎ちゃんぷーるー

素麺を中心に炒めたものは「そーみんちゃんぷーるー」、ゴーヤーを中心に炒めたものは「ゴーヤちゃんぷーるー」などと言う。概してごちゃ混ぜの炒めものをいう。そこから転じて、本土はもちろんのこと、アメリカや中国などの文化が綯《な》い交ぜになってできているとみて、沖縄文化を「ちゃんぷーる文化」という場合がある。

◎てぃんさぐー

女の子が鳳仙花《ほうせんか》の花をもんで爪を赤く染めた。それにちなんで、「てぃんさぐぬ　はなや　ちみじゃちに　すみてぃ　うやぬ　ゆしぐとぅや　ちむに　すみり（＝鳳仙花の花は爪先に染めて、親の教えは心に銘記せよ）」という琉歌もある。

◎てーげー主義

「てーげ」ということばから「てーげー主義」ということばも

なーはいばい……めいめい勝手に。
例文 **あちゃーや　あまんかい　ちちから　なーはいばい　さーやー**（＝明日はあそこへ着いてから各自ばらばらに行動しようね）

ならーすん……教える。
例文 **ゆー　ならーしよー**（＝よく教えなさいよ）／**むぬいーかた　ならーすん**（＝言葉遣いを教える）
⇩コラム「ならーすん」

なんくる……自然に。ひとりでに。
例文 **なんくる　なとーしぇー**（＝自然にできているよ）／**なんくる　ないさ**（＝なんとかなるさ）
⇩コラム「なんくる」

にらいかない……海の彼方にあると信じられている理想郷。
例文 **にらいかない　んかてぃ　うぅがむん**（＝にらいかないへ向かって拝む）
⇩コラム「にらいかない」

ぬーる……村落の祭祀を司る神女。
例文 **ぬーるぬ　めんしぇーん**（＝祝女《のろ》さんがおいでになる）

ぬちゃーしー……困っている人を助けるためなどに一定の金額や物品を持ち寄ること。
例文 **ぬちゃーしー　っし　たしきーん**（＝お金やものを持ち寄って助ける）

はぶ……琉球列島に生息する毒蛇。
例文 **はぶぬ　くーいん**（＝はぶが噛み付く）／**はぶぬ　ほーとーん**（＝はぶが這っている）

ひーじゃー……山羊。
例文 **ひーじゃー　ちかなとーん**（＝山羊を飼っている）／**ひーじゃー　おーらすん**（＝山羊を戦わせる）
＊沖縄では主に食用になる。

ふみかすん……賑やかにする。
例文 **わらばーたー　あちみてぃ　ふみかさな**（＝子どもたちを集めて賑わそう）

ふりまくとぅー……馬鹿正直。お人好し。
例文 **あれー　ふりまくとぅー　なてぃ**

生まれている。これは「物事にこだわらないおおらかさ」と「いいかげん・無責任」という両方の意味があり、沖縄でしばしば話題となることばである。

◎とーたび
「唐旅」に対応。琉球王国時代、海外貿易で決死の思いで中国へ渡ったといわれており、それによる。

◎とーとーめー
沖縄は祖霊信仰が一般的で、各家庭には普通位牌を安置した仏壇がある。

◎ならーすん
「習わす」にほぼ対応。琉球方言には「教える」にあたる語はなく、「習わす」にあたる語でその意を表す。八重山方言などでは「売る」にあたる語はなく、「買わす」にあたる語で「売る」を表す。

しぐ　そーがってぃん　すんどー(＝あの人は馬鹿正直ですぐ信ずるぞ)

まーふなちゃー……仰向け。
例文 まーふなちゃー　し　にんでー(＝仰向けになって寝なさい)

まふっくぁ……炎天下。
例文 まふっくぁねー　あっかんきよー(＝炎天下には歩くなよ)

みーにし CD ……秋から初冬頃にかけて吹く北風。沖縄の冬の訪れを告げる。
例文 みーにしぬ　ふちゅん(＝冬を告げる北風が吹く)

みーるーさん……久しぶりだ。
例文 みーるーさたんやー　ちゃーがんじゅーいぃ(＝久しぶりだね、ずっと元気だったか)
＊「見遠さあり」にほぼ相当。例文は、久しく会えなかった友達などへの挨拶。

みみぐすい……聞いてためになること。
例文 ありが　はなしや　ちゃー　みみぐすい　なてぃやー(＝あの人の話はいつも聞いてためになるね)
＊「耳薬」に対応する語。

むんなれー……世の慣習を学ぶこと。
例文 ありがみーんかい　んじゃーにむんなれー　しぇー(＝あの人のところへ行っていろいろ学んできなさい)
＊「もの習い」に対応する語。

めんそーれー CD ……いらっしゃい。
例文 「ちゃーびらさい(＝ごめん下さい)」「めんそーれー(＝いらっしゃい)」

もーあしびー……農村で若い男女が夕食後、野原に出て三線を弾いて歌ったり語ったりなどして遊ぶこと。
例文 にーしぇーたーが　もーあしびーそーん(＝青年達がもーあしびーしている)／もーあしびーが　いちゅん(＝もーあしびーに行く)
＊「あしびー」は「遊び」。
⇩コラム「もー」

やまちっちょーん……乱雑に散らかる。
例文 しけんや　むさっとぅ　わからんやまちっちょーん(＝試験はまった

◎なんくる
沖縄には〈なんくる文化〉みたいなものがあって、難題を抱えたときなどによくその言葉が使われる。楽観的な、おおらかな一面はそのようなものの見方にもよる。

◎にらいかない
沖縄には「にらいかない」から毎年神が渡来して幸福をもたらすと言う「にらいかない信仰」がある。

◎もー
沖縄では、「野原、荒れた草地」を「もー」という。これに「毛」の字を当てて、「まんじゃもー(万座毛、地名)」などという。田舎ではそこを利用して、夕食後若者が「えいさー(＝盆踊り)」の練習をしたり、「もーあしびー」などをした。ちなみに、沖縄では「森」に対応する「むい」は、木が生えているか否かに関係なく盛り上がった地形を指

くわからなく、大変なことになっている）

やまとぅんちゅ……日本本土の人。

例文 **あれー　やまとぅんちゅろー**（＝彼は本土の人だよ）／**やまとぅんちゅとぅ　にーびち　すん**（＝本土の人と結婚する）

⇩コラム「やまとぅんちゅ」

ゆくしむぬいー……嘘。偽り。

例文 **あれー　ちゃー　ゆくしむぬいー　びかー　っしやー**（＝あいつはいつも嘘ばかり言っているね）

＊「横し物言い」に対応する語。

ゆたむぬいー……信用できない言葉。

例文 **あれー　ちゃー　ゆたむぬいー　すん**（＝あいつはいつもでたらめなことを言う）

＊「ユタ」は「巫女」のこと。

ゆんたくひんたく CD……べらべら。やたらしゃべるさま。

例文 **あちまてぃ　ゆんたくひんたく　すん**（＝集まっておしゃべりしている）

よーがりーひーがり……痩せほそっているさま。

例文 **わらび　そーねー　ちゃー　よーがりーひーがりー　そーたん**（＝子どもだったころひどく痩せていたね）

わかりびーさ……寒の戻り。

例文 **ちぬー　ちゅうーや　わかりびーさろー**（＝昨日今日は寒の戻りだよ）

んじょーさん……いとしい。かわいい。

例文 **わらべー　んじょーさん**（＝子どもはかわいい）／**っくぁっんまがー　いちまりん　んじょーさん**（＝子や孫はいつまでもかわいい）

＊九州方言などの「むぞ」につながる。

んーぱ……嫌《いや》。

例文 **んーぱ　やてぃん　さんとー　ならん**（＝嫌でもしないといけない）／**んーぱ　んーぱ　すん**（＝嫌だ嫌だといっている）

＊拒否の意を表す言葉。

す。恩納村にある恩納岳《おんなだけ》（標高三六二・八）も琉歌では「むい」と詠まれている。また「山」に対応する「やま」は、草木が生い茂っているところを指し、地形が屹立しているか否かは関係ない。従って、平地であっても「はろー　やま　なち（＝畑を草木が生い茂った荒地にして）」などという言い方もする。このように同系の語でも地域によって大きく意味が変わる。

◎やまとぅんちゅ

「大和の人」に対応。「うちなーんちゅ（＝沖縄の人）」に対する区別意識を含めて使われる。

あいさつ（那覇）

道中で＝まーかいが（「どちらに」の意）

別れ＝あんしぇ、いちゃびらうー

感謝＝にふぇーれーびる

訪問＝ちゃーびら

無沙汰＝みーるーさん

付録●分野別方言

●あることばについて、全国にどのような方言があるか、分野別におもな方言形と地域とを示した。国立国語研究所編『日本言語地図』を参考にした。（吉田雅子）

●**植物**

じゃがいも・さといも・さつまいも・かぼちゃ・どくだみ・つくし・すぎな・すみれ・たんぽぽ・まつかさ・きのこ

●**動物**

うし・もぐら・へび・うろこ・とかげ・かたつむり・なめくじ・かえる・おたまじゃくし・せきれい・ふくろう・かまきり・とんぼ

●**気象・天候・暦**

こおり・つらら・つゆ・かみなり・ゆうだち・しあさって・やのあさって・おととい

●**身体**

かお・まゆげ・ほくろ・ものもらい・ほお・くちびる・した・あご・おやゆび・ひとさしゆび・なかゆび・くすりゆび・こゆび・しもやけ・みずおち・くるぶし・かかと

●**動作・感覚**

せき／せきをする・おそろしい・せいざする・あぐらをかく・すてる・かぞえる・にる・あまい・すっぱい・しおからい

●**その他（生活・遊びほか）**

いくら・おおきい・ちいさい・たけうま・おてだま・おにごっこ・かくれんぼ・かたぐるま・かたあしとび・たこ・まないた・せともの・あぜ・ぬか・もみがら

植物

じゃがいも
さといも
さつまいも
かぼちゃ
どくだみ
つくし
すぎな
すみれ
たんぽぽ
まつかさ
きのこ

じゃがいも【ジャガ芋】

ジャガ芋は一六世紀にジャガタラ（ジャカルタの古名）からもたらされたといい、ジャガタライモという語形はこれに由来する。ニドイモは年に二度取れることからの命名。ゴショイモは「五升芋」に由来し、収穫量が多いことからの命名。ほかに北海道イモなど、国内の地名がついている方言形も多数ある。

じゃがたらいも
▼群馬・千葉・新潟・岐阜・三重・滋賀・岡山・広島・山口・福岡・佐賀・熊本・鹿児島

にどいも
▼青森・岩手・宮城・秋田・山形・長野・石川・滋賀・京都・大阪・兵庫・奈良・和歌山・徳島・香川

ごしょいも
▼北海道・青森・岩手・宮城・秋田・山形

なついも
▼岩手・山形・福島・新潟・長野・岐阜

きんかいも
▼鳥取・島根・岡山・広島・山口

せーだいも
▼山梨

かんぷら
▼福島

さといも【里芋】

里芋は、山芋に対して家の近くで栽培したことに由来する命名という。エノイモ（↑イエノイモ）も同じ由来の名。タイモは「田芋」で、山芋に対して栽培植物であることを示す命名。ハイモは大きな葉をもつことからの名。

たいも
▼岐阜・富山・福井・滋賀・京都・大阪・兵庫・和歌山・岡山・香川・愛媛・高知

いものこ
▼北海道・青森・岩手・宮城・秋田・山形・富山・石川・岡山・佐賀・鹿児島

ずいきいも
▼青森・長野・富山・石川・福井・滋賀・京都・兵庫・鳥取・岡山

こいも
▼京都・奈良・広島・山口

はいも
▼青森・岩手・山形・佐渡・長野

えのいも
▼広島・五島

まいも
▼長野・宮崎

さつまいも【甘藷】

渡来作物の名称にはその出身地・経由地を示すものが多い。甘藷が中国（唐）から琉球に渡来した時に「唐芋」の名が与えられ、琉球からある程度離れた土地に到達して「琉球芋」となり、また薩摩を離れて江戸に入って「薩摩芋」となった。この順序で西から東に向かって分布している。

からいも
▼愛媛・高知・長崎・熊本・宮崎・鹿児島

とーいも
▼山口・福岡・大分

りゅーきゅーいも
▼石川・淡路島・島根・岡山・山口・徳島・愛媛・福岡・長崎

さつま
▼茨城・栃木・埼玉・東京・神奈川・山梨・静岡

つるいも
▼高知

うむ
▼沖縄

かぼちゃ【南瓜】

ボーブラはポルトガル語の abóbora（瓜）で、カボチャは Cambodia abóbora の下略形とも言われる。トーナスは、「唐茄子」「トウナスビ」を引く語形である。ナンキンも、江戸時代の文献に見える「ナンキンボーブラ」の下略形。カボチャの原産地は南米であるが、ポルトガル船により豊後にもたらされたという。

ぼーぶら
▼富山・石川・福岡・佐賀・長崎・熊本・大分

ぼーふら
▼鳥取・島根・広島・徳島・高知

とーなす
▼青森・茨城・栃木・群馬・埼玉・千葉・東京・神奈川・岡山

なんきん
▼岐阜・福井・滋賀・京都・大阪・兵庫・奈良・和歌山・広島・山口・四国・大分・宮崎

なんばん
▼熊本・宮崎

どくだみ【蕺草】

東京そして西日本の広い範囲でジューヤク（「十薬」）が分布する。どくだみの多くの効能に由来する語源と思われる。「地獄蕎麦」は、根が深くまた蕎麦に似ている形状からつけられたものらしい。イヌノヘ（犬の屁）はどくだみの臭みに注目した命名。ケアロッパは蛙に関係のある命名。ガラッパは河童のこと。

じゅーやく
▼東京・神奈川・岐阜・愛知・福井・三重・滋賀・京都・大阪・兵庫・奈良・和歌山・島根・岡山・広島・四国・大分

じごくそば
▼青森・福島・茨城・栃木・千葉・愛知

いぬのへ
▼青森・秋田・長崎

けあろっぱ
▼千葉・静岡

にゅーどーぐさ
▼島根・広島・山口・福岡・大分

がらっぱぐさ
▼鹿児島

つくし【土筆】

東日本ではツクシまたは類似形のツクツクシ、ツクシンボーが多い。西日本では近畿を中心にツク（ツク）ボーシ、ツク（ツク）という。ホーシは「法師」、ヒガンボーズは「彼岸坊主」で、形状からの名と思われる。つくしとすぎなを区別せずスギナと呼ぶところも多い。

つくしんぼー
▼茨城・栃木・群馬・埼玉・千葉・東京・神奈川・長野・山梨・宮崎

つく(つく)ぼーし
▼長野・岐阜・福井・三重・滋賀・京都・大阪・奈良・和歌山・山口・徳島・大分

つく(つく)
▼三重・京都・奈良

ほーし
▼鳥取・岡山

ほーし(の)こ
▼兵庫・広島・香川・愛媛

ずくんぼー
▼岐阜・福岡

ひがんぼーず
▼島根・広島・山口・高知

ずっくべ
▼秋田・山形

すぎな
▼北海道・青森・岩手・宮城・秋田・茨城・埼玉・千葉・神奈川・長野

すぎな【杉菜】

ツギは「継ぎ・接ぎ」で、すぎなの節を簡単に切り接ぎできることからの命名と思われる。分布から見るとツギナが古そうで、スギナは転じてできた語と思われる。マツ（バ）グサなどは杉ではなく松に見立てた命名。

つぎつぎ
▼新潟・三重・滋賀・奈良・和歌山

つぎぐさ
▼宮城・山形・福島

つぎな
▼福島・茨城

まつ(ば)ぐさ
▼京都・兵庫・徳島・高知・熊本・宮崎・鹿児島

まつな
▼兵庫・徳島・佐賀・長崎・宮崎

まつのとー
▼福岡

とーな
▼愛媛・大分・宮崎

すぎな

つくし

すみれ【菫】

スモートリバナ、スモートリグサが関東以西に広く分布するが、これはすみれの花のつけねの曲がったところを引っかけて引っ張り合う遊びに由来する命名。ジロ（ボ）タロ（ボ）も同じ遊びで一方を太郎、他方を次郎と呼んだことに由来するという。ウマカチカチは、茎の曲がったところが馬に似ていて、遊びで勝ちを競ったことからカチとついたものか。

すもーとりばな
▼茨城・群馬・千葉・神奈川・新潟・長野・山梨・静岡・岐阜・富山・石川・三重・兵庫・和歌山・鳥取・島根・岡山・広島・香川・愛媛・福岡・佐賀・長崎・熊本・大分・宮崎

じろ(ぼ)たろ(ぼ)
▼愛知・奈良・和歌山・広島

うまかちかち
▼福岡・佐賀・熊本・宮崎・鹿児島

じじばな
▼静岡・岐阜

ひんかち
▼宮崎・鹿児島

たんぽぽ【蒲公英】

タンポポは全国に広く分布する。方言形には擬音語を思わせるタンポポ、タンポコ、チャンポポ、チャンポコ、テデッポ、デデコケなどが多く、語源を鼓の音と関連づける説もある。モチバナは丸形からの連想で生じた語。クジナはたんぽぽの古名の「ふじな」からか。チチグサは、茎を折ると出る乳色の汁からの命名と見られる。

たんぽ
▼福島・茨城・栃木・群馬・埼玉・神奈川

たんぽこ
▼新潟・静岡・岐阜・愛知・三重・大阪・兵庫・奈良・島根・岡山・香川・福岡・佐賀・大分

ちゃんぽぽ
▼香川

ちゃちゃっぽ
▼群馬・山梨

くじな
▼群馬・長野・岐阜

ちちぐさ
▼広島

にがな
▼千葉

でてっぽ
▼岩手

もちばな
▼山形

まつかさ【松毬】

全国にマツカサの語が広く分布する。東北にその変化形のマツカ（ッ）チャという語がある。丸い形から、マツカサボーズ、マツダンゴなどの語形がある。マツフグリも形からの連想であろう。マツボックリは関東地方で使用され、意外に分布は狭い。

まつかさぼーず
▼熊本・大分

まつのみ
▼栃木・三重・高知

まつだんご
▼茨城・栃木

まつかちゃ
▼青森・岩手

まつのぼんぼ(ん)
▼山形・福島・茨城・新潟・岐阜

まつふぐり
▼岩手・秋田・山形・福島・群馬・埼玉・鳥取・岡山・徳島

まつぼっくり
▼茨城・埼玉・東京・神奈川

ちんちろ
▼京都・大阪・兵庫・奈良・和歌山

きのこ【茸】

東日本ではキノコ、西日本ではナバが広く言われる。それにはさまれて新潟から北陸・岐阜にコケが、近畿にタケとクサビラが分布する。タケは『日本書紀』にも見える古い語。きのこをタケという地域では、アクセントの違いで「竹」と区別している。ダケは、濁音化によって同音衝突を避けた語形とも考えられる。

なば
▼島根・広島・山口・愛媛・高知・九州・沖縄

こけ
▼新潟・岐阜・富山・石川・福井

くさびら
▼福井・三重・滋賀・京都・奈良・和歌山

たけ
▼三重・滋賀・大阪・兵庫・奈良・鳥取・島根・岡山

だけ
▼徳島・高知

みみ
▼佐渡・能登・兵庫

動物

うし
もぐら
へび
うろこ
とかげ
かたつむり
なめくじ
かえる
おたまじゃくし
せきれい
ふくろう
かまきり
とんぼ

うし【牛】

ベコのべは鳴き声に由来すると思われる。牛の方言にはほかにも鳴き声に由来するものが多く、ベー（ボー）やモーン、ムー、ベー、ウーなどが各地にある。

べこ
▼北海道・青森・岩手・宮城・秋田・山形・福島・茨城

うしんべー
▼神奈川・山梨・静岡

うしんぼー
▼静岡・愛知

うしめ
▼茨城・千葉

おし
▼鳥取・島根

べーぼー
▼長野

べぶ
▼鹿児島

ぼー
▼新潟・愛知

もーん
▼奈良・島根

もぐら【土竜】

モグラモチとムグロは東西日本に分布するが、オゴロとイグラモチは西日本だけに分布する。ほかにモグラネズミ、ツチネズミ、ツチモグリ、ジモグリなどの方言形がある。

もぐらもち
▼北海道・青森・岩手・宮城・秋田・山形・福島・千葉・東京・神奈川・新潟・静岡・富山・石川・和歌山・山口・鹿児島

むぐろ
▼福島・佐渡・福井・京都・兵庫・岡山

おごろ(もち)
▼三重・滋賀・大阪・奈良・和歌山・徳島・愛媛・高知

おぐらもち
▼岐阜・大分

いぐらもち
▼静岡・愛知・山口・大分

ももらもち
▼青森・岩手

へび【蛇】

「蛇」は忌詞（いみことば）として扱われることがあり、ムシ、オームシ、ナガムシ、ナガモノなどは「蛇」と言わずに言い換えたものと思われる。平安時代の辞書『和名抄』には蛇の項に「倍美」（ヘミ）、「久知奈波」（クチナハ）とあり、当時からすでにこの二語が併用状態であったことがうかがえる。

くちなわ
▼三重・滋賀・京都・大阪・兵庫・奈良・和歌山・鳥取・島根・岡山・広島・山口・愛媛・福岡・佐賀・長崎・熊本

へーび
▼岩手・埼玉・千葉・長野・山梨・静岡・富山

へみ
▼新潟・石川・福井

へんび
▼岐阜・愛知

ながむし
▼東日本に点在、壱岐・対馬

うろこ【鱗】

飛騨山脈を境に東日本ではコケ・コケラが多く、西日本はウロコ類という東西対立分布を示す。標準語とされるウロコは北陸・近畿・中国地方に分布。ウロコの変化形にはウロケ、ウルコ、オロケ、オロコなどがある。

イラは「えら」、ヒレは「ひれ（鰭）」から、ハダは「膚」の意味であろう。

こけ・こけら
▼岩手・宮城・秋田・山形・福島・茨城・栃木・群馬・埼玉・東京・神奈川・新潟・長野・山梨・静岡・愛知

うるこ
▼青森・山口・愛媛・高知・福岡・佐賀・長崎・熊本

うろけ
▼岐阜・福井

いら
▼大分

ひれ
▼大分・宮崎

はだ
▼三重・和歌山

とかげ【蜥蜴】

トカケは近畿を中心に広く分布している。標準語形トカゲの分布が多いのは福島である。

とかげと、とかげより体が細く鱗が大きいかなへびとを、新潟と茨城を結ぶ線以北では区別せずどちらもカナヘビと言うところが多い。関東地方ではかまきりのことをトカゲというところもある。また反対に、とかげをカマキリというところもある。

とかけ
▼群馬・新潟・岐阜・愛知・富山・石川・福井・三重・滋賀・京都・大阪・兵庫・奈良・鳥取・島根・岡山・広島・山口・愛媛・高知・福岡・鹿児島

かがみっちょ
▼東京・神奈川・長野・山梨・静岡

かまぎっちょ
▼群馬・埼玉・千葉

とかきり・とかぎり
▼九州

かなへび
▼北海道・青森・岩手・宮城・秋田・山形・茨城・新潟

かたつむり【蝸牛】

かたつむりの方言については柳田国男の『蝸牛考』が有名。柳田は方言形をナメクジ系(A)・ツブリ系(B)・カタツムリ系(C)・マイマイ系(D)・デデムシ系(E)の五類とそのほかに分類し、京都のデデムシ系を中心に、E-D-C-B-Aの順に遠くに分布していると判断した。これは、京都でA-B-C-D-Eの順にことばが交替し、古い語が水の波紋のように外側に押し出された結果であり、外側にある語ほど古いと解釈した。

でんでんむし
▼愛知・三重・滋賀・京都・大阪・兵庫・奈良・和歌山・岡山・徳島・香川・愛媛

まいまい
▼静岡・岡山・広島・福岡

なめくじ
▼北海道・青森・福島・島根・高知・佐賀・熊本

だいろ
▼福島・栃木・群馬・埼玉・新潟・長野

つぶらめ
▼宮崎・鹿児島

いえかるい
▼大分・宮崎

かたた
▼和歌山・高知

なめくじ【蛞蝓】

ナメクジリがナメクジラの外側の地域に分布するので、ナメクジリのほうが古いと思われる。ナメクジリはこの虫が野菜や樹木を「なめてくじる」という民衆語源から生じたとされる。「かたつむり」の方言にもナメクジやダイロがあり、それとの区別のためにハダカ～という語形ができたようだ。

なめくじら
▼北海道・岩手・秋田・山形・福島・埼玉・千葉・新潟・山梨・静岡・福井・三重・滋賀・京都・大阪・兵庫・奈良・和歌山・高知

なめくじり
▼青森・秋田・富山・石川・島根・広島

はだかなめくじ
▼福島・熊本・宮崎

はだかだいろ
▼栃木・埼玉

まめくじ
▼九州

なめと
▼岩手

かえる【蛙】

カエルは北海道・関東・関西に分布するが、それに接してガエルという言い方がある。ヒキは西日本に多い。ビ(ッ)キは東北や九州、紀伊半島、奄美大島という周辺部に見られ、中央のカエルを取り囲んでいることから、カエルより古い語と考えられる。

ひき
▼北海道・和歌山・岡山・広島・山口・高知

び(っ)き
▼青森・岩手・宮城・秋田・山形・福島・和歌山・福岡・佐賀・熊本・宮崎・鹿児島・奄美大島

かわず
▼福島・茨城・群馬・神奈川・新潟・長野・山梨・静岡・岐阜・愛知・福井・滋賀

ぎゃわず
▼富山・石川

もっけ
▼青森・秋田

さんげんとび
▼徳島・高知

どんく
▼長崎・熊本

おたまじゃくし【御玉杓子】

「おたまじゃくし」は調理用具であって、それが蛙の子の名前に当てられるようになったのは、形状が似ているからである。方言では「蛙の子」に当たる語形が多く、カエルノコ、カイルゴ、カエラゴ、ゲルゴ、ギャーノコ、ゲーノコ、ビキノコなどがある。

かえるのこ
▼青森・岩手・宮城・秋田・山形・福島・栃木・新潟・富山・石川・福井・三重・滋賀・京都・大阪・兵庫・奈良・和歌山・鳥取・島根・岡山・広島・山口

かえる
▼岐阜・和歌山・山口・高知

おたまがえる
▼群馬・埼玉・東京

たふぐ
▼千葉・三重・山口

げーらご
▼岩手・宮城

びきのこ
▼福岡・佐賀

びく
▼山梨

たべらっこ
▼愛知

せきれい【鶺鴒】

鶺鴒は渓流や湖畔の水辺によく見られる鳥で、尾をせわしげに上下させる動作から、イシタタキ、シリフリ（オマツ）、ミズクミドリなどと言われる。ムギマキドリも、麦蒔きの季節とその動作とに由来すると思われる。チチンドリは鳴き声からであろう。水辺にいることから、カワラスズメ、カワラショービン、カワセミなどの方言形もある。

いしたたき
▼北海道・宮城・山形・新潟・石川・福井・九州

しりふり
▼静岡・岐阜・福井・滋賀・奈良

ちちんどり
▼青森・栃木・群馬・長野・山梨・静岡・三重・和歌山・四国・宮崎

かわらすずめ
▼青森・岩手・鳥取・島根・岡山

むぎまきどり
▼千葉

しっくなぎ
▼秋田・山形・新潟

みずくみどり
▼三重

ふくろう【梟】

鳥の名は鳴き声をもとについたものも多い。ホロスケ、ゴロッチョ、オホなどは鳴き声に由来する。鳴き声を「糊付け、干せ」と聴く地域は多く、ノリツケ、ノロスケなどの方言形がある。フルックは「フル」が鳴き声で、「ツク」は「みみずく」の略古名である。ネコドリは、ネズミを捕って食べる習性からの名と思われる。九州ではコゾー（ドリ）、トコ（ドリ）などという。

ふるつく
▼三重・和歌山・広島・山口・四国

ほろすけ(どり)
▼福島・茨城・栃木・群馬・長野

ごろっちょ
▼山梨・静岡

ごろすけ
▼静岡・愛知・三重

ねこどり
▼岐阜・富山・石川・福岡・長崎・熊本

おほ
▼青森・岩手

のりつけ
▼秋田

かまきり【蟷螂】

かまきりの方言には姿や動作からの命名が多い。オガメは前肢をすりあわせる動作を拝礼に、ハラタチは前肢を振り立てる姿を立腹と見立てたものであろう。カマギッチョは鎌を持ったギッチョ（きりぎりす）であろう。

いぼを取るまじないにかまきりが使われたことがあったようで、イボクイ、イボムシという語形も見られる。

おがめ
▼岐阜・高知・佐賀・熊本・宮崎・鹿児島

かまぎっちょ
▼茨城・栃木・埼玉・千葉・福岡

いぼむし
▼宮城・秋田・山形・福島・新潟

いぼくい(むし)
▼青森・岩手・千葉

とかげ
▼埼玉・千葉・東京・山梨

はらたち
▼群馬・千葉

へんぼ
▼愛媛・高知

ほとけうま
▼淡路島・徳島

とんぼ【蜻蛉】

とんぼは昔は総じてアキヅと呼ばれていた。平安以後アキツとも言うようになったが、方言形ではアケズの形で濁音として残っている。平安時代には「えんば」とも呼ばれ、九州にエンバ、ヘンボなどの語形で残る。トンボに似た語形はトンバ、トンポ、ドンブ、タンボ、ダンボ（富山）、などさまざまある。

あけず
▼岩手・宮城・秋田・福島

あけ
▼山形

へんぼ
▼佐賀・長崎・熊本・宮崎

えんば
▼佐賀

とんば
▼鳥取・島根

とんぽ
▼長野・静岡・愛知

どんぼ
▼山形・新潟

だんぶり
▼北海道・青森・岩手・秋田

ぼい
▼鹿児島

げんざ
▼茨城・栃木

気象・天候・暦

こおり
つらら
つゆ
かみなり
ゆうだち
しあさって
やのあさって
おととい

こおり【氷】

スガは、「冬になればスガコ（シガコ）も張って」の歌詞があるように、東北地方を代表する方言の一つである。カネコーリは西日本に多い。コゴリは「凝り」に由来する。カガミは能登半島に見られる語形。シモガネのシモは「霜」と関係があろう。

すが
▼北海道・岩手・宮城・秋田・山形

かねこーり
▼千葉・岐阜・三重・広島・宮崎

かんこ(ー)り
▼千葉・四国

こごり
▼滋賀・京都・奈良

たっぺ
▼福島

ざえ
▼山形・新潟

かがみ
▼石川

しもがね
▼鹿児島

つらら【氷柱】

ツララは主に西日本に分布し、関東地方はアメンボーが主である。

「氷」と「つらら」とを同じスガで表現するところが東北地方にある。タルヒは古語の残存。マガンコは、農具の「馬鍬」に形が似ているための命名。沿岸地域に分布するビードロは、ガラスを意味するポルトガル語、ヨーラクは「瓔珞」（宝石を糸で連ねた装身具）に由来する。

あめんぼー
▼福島・茨城・栃木・群馬・埼玉・千葉・東京・神奈川・長野・山梨

すが
▼北海道・青森・山形・福島・茨城

たるひ
▼岩手・宮城

たるき
▼石川・福井

まがんこ
▼福岡・佐賀・熊本

びーどろ
▼和歌山・壱岐・鹿児島

かねこーり
▼新潟・富山・岐阜

よーらく
▼大分

つゆ【梅雨】

ツユは近畿・中国地方に多く分布し、東日本にはニューバイ（入梅）が広く分布する。ナガアメは「長雨」から。四国・九州地方に見られるナガシ、東日本に見られるシケも、本来は長雨の意味だという。

にゅーばい
▼北海道・青森・岩手・宮城・秋田・山形・福島・茨城・栃木・群馬・埼玉・千葉・東京・神奈川・新潟・長野・山梨・静岡・岐阜・愛知

つゆり
▼静岡・岐阜・愛知・福井・三重・和歌山

ながあめ
▼岩手・宮城・秋田・山形・群馬・埼玉・長野・山梨・岐阜

ながし
▼高知・佐賀・長崎・熊本・宮崎・鹿児島

しけ
▼岩手・福島・茨城・群馬・千葉・東京・長野・静岡

せつ
▼三重

ながせ
▼四国

かみなり【雷】

雷の方言には〜サマという敬称がつくものが多いが、人々の雷に対する畏敬の念が表れているといえよう。ナルカミ（鳴る神）という語は『万葉集』にも見え、カミナリより古い言葉と思われる。ユーダチ（ヨーダチ）、カンダチなどは、夕立を表す言葉が雷にまで意味を広げて使われたもの。

らいさま
▼青森・岩手・宮城・福島・茨城・栃木・群馬・埼玉・千葉

ごろごろさま
▼青森・山形・群馬・神奈川・岡山・熊本

なるかみ
▼青森・鳥取・島根・広島・山口・愛媛・宮崎

ゆーだち
▼新潟・長野・静岡・岐阜・愛知・兵庫

どんどろさま
▼岡山・香川

はたがみ
▼福井・京都

かんだち
▼長野

ゆうだち【夕立】

「夏の、日が照っていたときに降る急な雨」のこと。ヨーダチの形は中部以西に多い。カンダチは「神たつ」と考えられる。ライサマアメは夕立が雷（ライ）をともなうことが多いところから。

よーだち
▼山梨・静岡・愛知・滋賀・京都・大阪・兵庫・奈良・島根・岡山・広島・山口・徳島・香川

かんだち
▼岩手・山形・群馬・千葉・神奈川・長野

にわかあめ
▼北海道・青森・秋田・山形・福島・岐阜

さだち
▼四国・長崎・宮崎・鹿児島

らいさまあめ
▼岩手・宮城・福島

ざぶり
▼和歌山

しぐれ
▼千葉

しあさって【明明後日】

「あさっての次の日」のことを共通語でシアサッテと言うが、東日本ではヤノアサッテ、ヤナアサッテなどと言う。シアサッテは西日本を中心に言われる。東日本でも東京都区内ではシアサッテと言う。サーサッテは「サ＋アサッテ」で、サは「次の」という意味（「さらいねん」の「さ」と同じ）。アサティヌナーチャは「アサティ（あさって）＋ヌ（の）＋ナーチャ（翌日）」の意味。

（しあさって）

▼西日本各地・東京都区内

やのあさって、やなあさって、やねあさって

▼東日本各地

さーさって

▼岐阜・富山・三重・鹿児島

しらさって

▼石川・鳥取・広島・佐賀

あさてぃぬなーちゃ

▼沖縄

やのあさって【明明明後日】

「あさっての翌々日」のこと。東京都区内では「あさっての次の日＝シアサッテ」「あさっての翌々日＝ヤノアサッテ」であるが、周囲の東日本各地では「ヤノアサッテ」「シアサッテ」と逆になっている。西日本各地では、「あさっての次の日＝シアサッテ」「あさっての翌々日＝ゴアサッテ」の順である。

（やのあさって）

▼東京都区内

しあさって

▼東京都区内を除く東日本各地

ごあさって

▼西日本各地

やのやのあさって

▼岩手・宮城

さーさって

▼岩手・福島・茨城

さしあさって

▼高知

おととい【一昨日】

オトトイは主に東日本と九州西部に分布し、オトツイは主に西日本と九州東部に分布する。

オトトイナ、オットイナの「～ナ」は、主に過去を表す語につくもので、これらの地域では「昨日」のことをキノーナ、「昨晩」のことをユーベナと言う。

（おととい）
▼東北・北陸・関東・九州西部

おとつい
▼中部・近畿・中国・四国・九州東部

おっとい
▼北海道・青森・岩手・長野・静岡

おとといな
▼青森・岩手・宮城・秋田・山形・福島・群馬・新潟・長野

おっといな
▼秋田・山形・新潟

うってぃー
▼奄美諸島・沖縄

ぶとぅてぃ
▼沖縄

身体

かお
まゆげ
ほくろ
ものもらい
ほお
くちびる
した
あご

おやゆび
ひとさしゆび
なかゆび
くすりゆび
こゆび
しもやけ
みずおち
くるぶし
かかと

かお【顔】

中部・近畿・中国・四国地方にカオが広く分布し、東北と九州ではツラと言う。沖縄にみられるムティは「おもて」の変形。

オモテが顔を表す最も古い語形。オモテの後、文献上ではカオ（かほ）→ツラの順に現れる。ツラが庶民語として広まり、のち貴族語であったカオが一般に用いられるようになった。

つら
▼北海道・青森・岩手・宮城・秋田・山形・福島・群馬・埼玉・千葉・新潟・佐賀・長崎・熊本・宮崎・鹿児島・沖縄

しゃっつら
▼埼玉・千葉・神奈川・山梨・静岡

つさ
▼山形

かわ
▼広島・愛媛

めん
▼岩手・長野・兵庫・岡山

むてぃ
▼沖縄

まゆげ【眉毛】

マユやその変化したマイは九州・四国の一部で言う。マユゲの転じたマイゲの形は関東以西に広く見られる。マヨは文献に現れる最も古い語形で周辺部に分布する。メゲは「目毛」、マヒゲは「目髭」から生じている。コノケは「顔の毛」の変形で、周辺にカオノケ、カワノケ、コーノケなどの語形もある。

まひげ
▼三重・奈良・和歌山・兵庫・鳥取・島根・岡山・広島・山口・徳島・愛媛・宮崎

まつげ
▼北海道・岩手・島根・高知

このけ
▼青森・岩手・宮城・秋田・山形・福島

かおのけ
▼青森・岩手

めげ
▼宮崎・鹿児島

まみえ
▼東京・神奈川・長野・山梨

まみげ
▼群馬・埼玉・茨城・千葉

まよ
▼秋田・新潟・能登・沖縄

ほくろ【黒子】

ホクロ、ホグロ、ホークロなどの語形は南関東と、北陸から西日本に分布する。ホクロは古くはハハクソで、それがハハクロ↓ホークロ↓ホクロとと変化した語。アザは日本列島の東西両端に分布することから、ほくろを表す最も古い語と推定される。九州では「ほくろ」をアザ、「あざ」をホグロというところもある。

あざ
▼青森・岩手・秋田・山形・新潟・広島・山口・四国・九州・沖縄

ほそび
▼宮城・山形・福島・茨城・栃木・千葉

ふすべ
▼群馬・新潟・長野・岐阜

くすべ
▼山梨・静岡・愛知

くろっぽし
▼宮城・山形・福島・茨城

ほぐろ
▼島根・広島・山口・愛媛・九州

ものもらい【麦粒腫】

ものもらいは、人から何かをもらうと治るという俗信が各地にあり、このことから生じた名称だが、方言形にもそれが反映している。メコジキは「目＋乞食」、ホイトは「陪堂（ほいとう）」が語源で、仏教用語から乞食の意味に転じたものである。また、メカゴは「ざる」のことで、ざるをかぶるとものもらいができる、ざるを井戸に見せると治るなどの俗信から生じた語形である。

めこじき
▼長野・山梨・静岡・岐阜・愛知・三重

ほいと
▼秋田・山形・鳥取・島根・岡山・広島

めかご
▼栃木・群馬・埼玉・長野

いんのくそ
▼福岡・佐賀・熊本・大分・宮崎・鹿児島

めいぼ
▼北海道・福井・三重・滋賀・京都・兵庫・広島・山口・四国・福岡・大分

めばちこ
▼大阪・奈良・和歌山

ほお【頬】

文献に見られる「ほお」を表す最も古い語形はツラで、これは奄美諸島、沖縄に方言として残る。ホーベタ、ホベタは西日本に分布する。これに対して東日本に多いのはホッペタ、ホペタなどの語形である。ビンタは九州では頬のほかに「頭」を指す地域もある。

ほっぺた
▼北海道・東北・関東・甲信越・東海

ほーべた
▼北陸・近畿・中国・四国・福岡・熊本

ほったぶ
▼岩手・宮城・山形・茨城・栃木

ほーたぼ
▼岐阜・愛知・徳島

ほーだま
▼兵庫・鳥取・岡山

ほーた
▼岐阜・愛知・鳥取・島根

びんた
▼福岡・長崎・熊本・奄美諸島

つら
▼奄美諸島・沖縄

くちびる【唇】

クチビロ（またはクチベロ）、クチビラが広く分布。両語形とも近世の文献に見られる。クチベタはクチバタの変化形であろう。

ツバは「唾」「涎」の意味から、唇に意味が移ったものか。

くちびろ
▼青森・福島・茨城・栃木・群馬・埼玉・千葉・神奈川・山梨・三重・大阪・奈良・和歌山・鳥取・島根・岡山・広島・山口・四国

くちびら
▼岩手・宮城・秋田・山形・新潟・長野・岐阜・愛知・富山・石川・福井・滋賀・京都・兵庫

くちばた
▼青森・長野・山梨・静岡

くちべた
▼秋田・静岡

つば
▼福岡・佐賀・長崎・熊本・大分・宮崎

すば
▼宮崎・鹿児島・奄美諸島

した【舌】

シタとベロが全国に分布。シタは上代からの語であるが、ベロは舌を動かすときの音や動きから名付けられた擬声語であろう。ヘラ、ベラはベロの変化したもの。シタベロはシタ＋ベロ、シタベラはシタ＋ヘラで生じた複合形であろう。

べろ
▼北海道・宮城・山形・福島・茨城・栃木・埼玉・千葉・静岡・岐阜・愛知・島根・岡山・広島・山口・徳島・愛媛・福岡・熊本・大分・宮崎

したべろ
▼宮城・東京・神奈川・静岡

へら
▼群馬・新潟・長野・岐阜

べら
▼徳島・高知

したべら
▼佐渡・静岡・岐阜

へた
▼山梨・石川・福井・大分

したね
▼奈良

あご【顎】

オトガイは文献にも頻出し、古くから下あごを表す語形として使われていた。あごを表すのに「ア〜」という語形は多く、アゴをはじめアゴタ、アグ、アギ、アギトなどがあるが、意味も上あご、下あご、あご全体、顔のえらの部分など様々である。アギ、アギト、アゴタは西日本に分布する。

おとがい
▼北海道・青森・岩手・宮城・秋田・山形・福島・群馬・長野・山梨・京都・大阪・兵庫・鳥取・島根・山口・鹿児島

あごた
▼石川・三重・京都・大阪・鳥取・島根・広島・福岡・熊本

あぐ
▼宮城・福島・栃木・群馬・埼玉

あぎ
▼高知・佐賀・長崎・大分・宮崎

あぎた
▼青森・岩手・宮崎

あぎと
▼和歌山・徳島・愛媛

おやゆび【親指】

親指は、方言語形の種類は少ない。全国をほぼオヤユビが覆い、南北両端に方言形が見られる。オーユビ、ウーユビ、フーユビは「大指」の意味。オドユビ、オデユビのオド、オデは「父親」の意味で、これらは「お父さん指」にあたる。オトコユビは「男指」。

おーゆび
▼岩手・宮城・秋田・山形

うーゆび
▼佐賀・長崎

ふーゆび
▼奄美諸島

うふゆび
▼沖縄

おどゆび
▼北海道・青森・秋田

おでゆび
▼青森・岩手・秋田

おとこゆび
▼青森

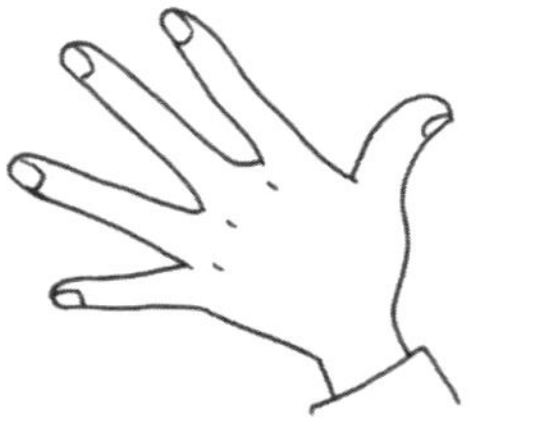

ひとさしゆび【人差指】

人差指も親指と並んで方言語形の種類が少なく、全国ほとんどがヒトサシユビに覆われる。ユビが省略されたヒトサシや、ヒトがつかないサシユビという語形は、東北、北陸、九州といった、古語が残りやすい地域に見られる。サンニョーユビは「算用指」で、そろばんを使う指の意味か、指しながら数える時に使う指の意味からの名付けと思われる。

ひとさし
▼岩手・富山・福井・福岡・佐賀・長崎・熊本・宮崎・鹿児島

さしゆび
▼北海道・青森・秋田・福井

ものさしゆび
▼青森・岩手

さんにょーゆび
▼山口

ちゅーさしゆび
▼奄美諸島

ぴとぅさしゆび
▼沖縄

なかゆび【中指】

中指の方言形は、この指の特徴である「真ん中にあること」、「丈が高いこと」をとらえて名付けられている。ナカタカユビは、ナカ(ユビ)＋(タカ)タカユビという混交形であろう。ナカタロー、タカタローのタローは「太郎」で、指を擬人化した表現。

たかたかゆび
▼北海道・宮城・山形・福島・新潟・長野・岐阜・福井・滋賀・京都・大阪・兵庫・奈良・和歌山・鳥取・島根・岡山・広島・山口・香川・愛媛・高知・福岡・佐賀

なかたかゆび
▼秋田・福島・新潟・広島・山口・香川・高知・福岡・佐賀

なかたろー
▼長崎・大分・鹿児島

たかたろー
▼熊本・大分・宮崎

なかでゆび
▼岩手

くすりゆび【薬指】

東日本にクスリ～類、西日本にベニ～類の、東西対立分布が見られる。クソリユビはクスリ～の変化形。ベニサシユビ、ベニツケユビは、女性がこの指で口紅をつけることから名付けられたもの。文献上での最も古い語形は「ナナシノオヨビ（名無し指）」で、薬指はほかの指に比べ特徴が見出しにくいことからの命名と思われる。また、薬指を指すことばがない地域もある。

べにさしゆび
▼北海道・千葉・長野・静岡・岐阜・愛知・富山・福井・三重・京都・大阪・兵庫・奈良・和歌山・鳥取・島根・岡山・広島・山口・四国・大分

べにつけゆび
▼北海道・千葉・和歌山・島根

べんさし
▼福岡・佐賀・長崎・熊本・宮崎・鹿児島

ななしゆび
▼三宅島・和歌山・山口・沖縄

くそりゆび
▼秋田・山形・新潟

こゆび【小指】

コユビはほぼ全国に分布。コッコユビ（子っこ）、ヒコユビ（ひ孫、または孫）は親・祖（おや）に対応させた名である。コドユビ・コデユビは、親指のオドユビ・オデユビに、コヤユビはオヤユビと対応させた名と思われる。シリユビは「尻（端の意）＋指」の意味。カンタロユビは、酒のかんを見る時に小指をつかうための命名といわれる。

こっこゆび
▼北海道・岩手・秋田

ひこゆび
▼岩手・埼玉・千葉

こどゆび
▼青森・岩手・秋田

こでゆび
▼岩手・秋田

こやゆび
▼富山・広島・香川・愛媛・鹿児島

しりゆび
▼富山

しりこゆび
▼島根

かんたろゆび
▼福島

こいちび
▼石川・福井

しもやけ【霜焼】

日本海側の各地にユキヤケの語が分布する。降雪量の多いこれらの地域では、しもやけは「霜」によって生じるより「雪」によって生じると見立てるほうがふさわしかったのだろう。

シモバレのバレは「腫れ」である。シミバレは、凍ることをシミルと言う地域にある。山口では凍ることをカンジルと言う。

ゆきやけ
▼北海道・青森・岩手・宮城・秋田・山形・福島・新潟・岐阜・富山・石川・福井・滋賀・京都・兵庫・鳥取・島根・岡山・広島・山口・愛媛

しもばれ
▼大阪・兵庫・奈良・和歌山・高知・九州

しもぶくれ
▼岡山・徳島・香川・福岡

しみばれ
▼青森・岩手・秋田

しんばれ
▼青森・岐阜・石川

かんやけ
▼山口

みずおち【鳩尾】

ミズオチの語源は「水落ち」だが、東京を含む各地でミゾオチと言い、辞典も二つの見出しを掲げる。ミゾはミズの変化で、「溝」の連想も働いて生じたと思われる。ミズクチ、ムナオチの形も点在する。

みぞおち
▼北海道・群馬・埼玉・千葉・東京・神奈川・長野・山梨・静岡・岐阜・愛知・三重・滋賀・京都・大阪・兵庫・奈良・和歌山・島根・岡山・山口・徳島・愛媛・福岡・大分

みずおとし
▼北海道・青森・岩手・宮城・秋田・山形・福島・茨城・栃木・群馬・長崎・熊本・鹿児島

みずうち
▼新潟・富山

みずおて
▼大分・宮崎

むしのくち
▼広島

くるぶし【踝】

クルブシは方言が多いが、いずれも形状から生じたと思われる。西日本にあるトリコノフシは、鶏の足のこぶ（トリ＋コブシ）から生じた名と思われる。トリコブシの語形も西日本に散在する。ウメボシは梅干に、クルミは胡桃に見立てての命名であろう。

くろこぶし
▼北海道・岩手・宮城・秋田・山形・愛知

とりこのふし
▼鳥取・島根・広島・山口・四国・熊本・大分・宮崎

うめぼし
▼滋賀・京都・大阪・兵庫・奈良・和歌山

くるみ
▼群馬・埼玉・新潟・長野・山梨

きびす
▼福島・茨城・栃木

ももざね
▼徳島・鹿児島

いしなご
▼千葉

かかと【踵】

東日本に多いのはアクトで、似た語形としてアクツ、アックイ、アコイなどがある。カカトは西日本に多い。カカトは関東を中心に分布する。カガトは西日本に多い。関東ではもとはアクト類が使われていたが、カガトが移入されてからカカトとなったと思われる。キビスは近畿とその周辺に分布。

あくと
▼北海道・青森・岩手・宮城・秋田・山形・福島・群馬・新潟・静岡・愛知

かがと
▼北海道・岐阜・愛知・福井・三重・京都・大阪・兵庫・奈良・和歌山・島根・岡山・広島・山口・四国・福岡・熊本

きびす
▼富山・石川・三重・滋賀・京都・大阪・兵庫・和歌山・鳥取・島根・岡山・広島・山口

あど
▼福岡・長崎・熊本・大分・宮崎

とも
▼三重・和歌山

おごし
▼三重・奈良

きりぶさ
▼四国

動作・感覚

せき／せきをする
おそろしい
せいざする
あぐらをかく
すてる
かぞえる
にる
あまい
すっぱい
しおからい

せき／せきをする【咳／咳をする】

セキは主に東日本から近畿に分布する。セク・コズクなどの動詞で言う地域は「せき」を意味する名詞形を持たず、その動詞一語で「せきをする」という意味になる。セク・タグルなど動詞一語で表現する地域は、岐阜県から西の地方に分布している。

東北地方のシャブキは古語シワブキが変化したもの。

しゃぶき
▼岩手・宮城・山形・福島・山梨

いき
▼大分・宮崎・鹿児島

せく
▼岐阜・愛知・三重・滋賀・奈良・和歌山・岡山

こずく
▼徳島・福岡・佐賀・長崎・熊本・大分

たぐる
▼兵庫・岡山・広島・香川・福岡

たごる
▼和歌山・愛媛・高知

おそろしい【恐ろしい】

東西両方言の境界である親不知と浜名湖を結ぶ線より東に、広くオッカナイが分布している。西ではオソロシーのほかにも方言形が多い。オトロシーは「おそろしい」の変化形。オゾイは「おぞし（恐ろしい）」、キョートイは「気疎（けうと）し」に由来する。

おっかない
▼北海道・青森・岩手・宮城・秋田・山形・福島・茨城・栃木・群馬・埼玉・千葉・東京・神奈川・新潟・長野・山梨・静岡

おとろしー
▼富山・石川・福井・三重・兵庫・奈良・和歌山・山口・徳島・香川・愛媛・高知

こわい
▼三重・滋賀・京都・大阪・奈良・兵庫・高知

おそがい
▼岐阜・愛知

おぞい
▼島根・大分・宮崎

きょーとい
▼福井・鳥取・島根・岡山・広島

いびせー
▼島根・広島

えすか
▼福岡・佐賀・熊本

せいざする【正座する】

全国的にスワルが使われるが、方言形としてはヒザオル、ヒザマズクのようにヒザ〜となる語形が見られ、これが最も古い語であろう。カシコマルが関東、西日本に分布する。

ツクバウのほかにツクバル・ツクバムなどの言い方もある。子供に対して言う言い方も多く、オチンスル、オギョーギスル、オチョキンスル、オックベスルなどがある。

ひざおる
▼北海道・青森・岩手・秋田・福島・茨城・栃木

ひざまずく
▼島根・広島・福岡・熊本・大分・宮崎

つくばう
▼群馬・新潟・長野・岐阜・富山・石川・福井・奈良

かしこまる
▼埼玉・千葉・東京・神奈川・山梨・静岡・愛知・三重・兵庫・和歌山・鳥取・島根・岡山・広島・山口・徳島・香川

おちんする
▼福井・滋賀・京都・奈良・和歌山

あぐらをかく【胡座をかく】

アグラヲカクは東日本に分布する。近畿中央部にジョロカク、ジョロクム（京都・大阪）、ジョラカクなどの語があるが、これは「丈六」の仏像が結跏趺坐の姿であることに由来する語形という。イズマクム、イズマリカクなどは「居住まい」に関連する。ほかにアブタカク（鳥取）、アクダカク（岡山）、などがある。

じょろかく
▼福井・滋賀・兵庫

ひざくむ
▼岐阜・愛知・兵庫・島根・岡山・広島・山口・四国・福岡・大分・宮崎

あぐちかく
▼新潟・山梨・富山・石川

いたぐらめする
▼福岡・佐賀・長崎・熊本

いたぐらする
▼長崎・熊本・鹿児島

おたぐらかく
▼三重・和歌山

いずまくむ
▼島根・岡山

いずまりかく
▼岐阜

すてる【捨てる】

標準語形のステルは関東と中国・四国地方で言う。北陸、近畿ではホール、ホカスと言い、ほかにホカル（岐阜）などとも言う。関東のウッチャルは「うちやる」、中部のブチャルは「ぶちやる」の変化である。

ほーる
▼石川・福井・徳島・香川

ほかす
▼滋賀・京都・大阪・兵庫・奈良・和歌山

なげる
▼北海道・青森・岩手・宮城・秋田・山形・福島

うっちゃる
▼茨城・栃木・群馬・埼玉・千葉・東京・神奈川・山梨・静岡

ぶちゃる
▼群馬・新潟・長野・山梨・静岡

うしつる
▼佐賀・長崎・熊本・大分・宮崎

うっする
▼宮崎・鹿児島

かぞえる【数える】

カンジョースルは北陸を除く近畿まで東日本に広く分布する。近世に江戸で盛んに使われたことによる。滋賀・山口の一部にサンニョースルという形があるが、これは「算用する」の変化形。

かんじょーする
▼北海道・青森・岩手・宮城・秋田・山形・福島・茨城・栃木・群馬・埼玉・千葉・東京・神奈川・新潟・長野・山梨・静岡・岐阜・愛知・三重・滋賀・京都・大阪・奈良・和歌山・宮崎

よむ
▼富山・石川・滋賀・京都・大阪・兵庫・奈良・和歌山・四国・宮崎・奄美諸島・沖縄

かずねる
▼島根・岡山・広島・佐賀・長崎・熊本

かんぜる
▼岩手・福井・宮崎・鹿児島

かんねる
▼福岡

にる【煮る】

ニルは、近畿地方と四国を除いて全国的に分布する。タクは近畿・四国を中心に主に西日本に分布。「（大根を）煮る」と「（米を）炊く」の言い方を比較すると、全国の大部分ではニルとタクを使い分けているが、「煮る」も「炊く」もニルと言う地方（岩手、関東、中部の一部）、「煮る」も「炊く」もタクと言う地方（近畿・中国・四国・九州）、「煮る」も「炊く」もワカスと言う地方（八重山諸島）がある。

たく
▼岩手・岐阜・富山・石川・福井・三重・滋賀・京都・大阪・兵庫・奈良・和歌山・岡山・広島・山口・徳島・香川・愛媛・福岡・佐賀・長崎・熊本・大分・宮崎

わかすん
▼奄美諸島・沖縄

ばかすん
▼沖縄

ぬる
▼宮城

あまい【甘い】

砂糖の味を表現することばとしては、全国にアマイの類が分布する。

東北北部と鹿児島にはまとまってウマイの類がある。沖縄のアジマサンは「味うまい」に対応する。なお日本では砂糖が普及したのは日清戦争後のことである。

あまこい
▼岩手・宮城・山形・新潟

あまちこい
▼岩手・秋田

あまたるい
▼新潟・福井・和歌山・広島・愛媛

あまか
▼福岡・佐賀・長崎・熊本・鹿児島

あまさん
▼奄美諸島・沖縄

うまい
▼青森・岩手・秋田・山形・三重・広島・鹿児島

うまか
▼鹿児島

あじまさん
▼沖縄

すっぱい【酸っぱい】

スッパイは関東地方を中心に言う。中部・近畿にはスイ、中国・四国・九州東部にはスイーが分布する。九州西部ではスイカと言う。東北ではスッカイ、スカイなどと言う。

なおスッポイという形も散在するが、これはスッパイから派生した語形と思われる。

すい
▼長野・山梨・静岡・岐阜・愛知・富山・石川・福井・三重・滋賀・京都・大阪・奈良・和歌山・香川・高知・鹿児島

すいー
▼京都・兵庫・鳥取・島根・岡山・広島・山口・徳島・愛媛・高知・福岡・大分・宮崎

すいか
▼福岡・佐賀・長崎・熊本・鹿児島

すっかい
▼北海道・岩手・宮城・山形・福島・新潟

しーさ
▼沖縄

しおからい【塩辛い】

おもに東日本ではショッパイ、西日本ではカライが分布する。関東地方ではショッパイとカライの両方が使われる。静岡伊豆地方ではショッパライという。塩味の表現は古く「しおはゆい」とも言われていた。ショッパイはこの変化形と考えられる。シオハイーは西日本に点在する。なお、福井にはシオクドイという言い方もある。

しょっぱい
▼東日本各地

しおはいー
▼岐阜・石川・滋賀・広島・福岡

からい
▼関東地方・西日本各地

からか
▼福岡・佐賀・長崎・熊本・鹿児島

からさん
▼奄美諸島・沖縄

くどい
▼富山・石川・福井

しょんばい
▼静岡

その他（生活・遊びほか）

いくら
おおきい
ちいさい
たけうま
おてだま
おにごっこ
かくれんぼ
かたぐるま
かたあしとび
たこ
まないた
せともの
あぜ
ぬか
もみがら

いくら【幾ら】

物の値段をたずねるときのナンボは関西弁というイメージが強いが、西日本だけではなく、北海道や東北、中部の一部にも分布している。標準語形のイクラは関東・甲信越・北陸・東海・三重・和歌山で言われる。ドシコの「シコ」は「～だけ」に当たる語で、ドシコは「どれだけ」の意。

なんぼ
▼北海道・青森・岩手・宮城・秋田・山形・福島・茨城・山梨・滋賀・京都・大阪・兵庫・奈良・和歌山・鳥取・島根・岡山・広島・山口・四国・福岡・大分・宮崎

なんぶ
▼宮崎

どしこ
▼熊本・宮崎・鹿児島

どがしこ
▼熊本

どれだけ
▼富山

おおきい【大きい】

イカイは古語「厳し（いかし）」を引く語形であろう。デカイは、イカイに強調のドがついたドイカイから変化した語形とも言われる。フトイは中国・四国の西部から九州全域に分布するが、これらの地域では「太い」「粗い」もフトイと言っている。

いかい
▼茨城・栃木・千葉・山梨・静岡・岐阜・愛知・福井・滋賀・山口

でかい
▼北海道・栃木・群馬・埼玉・東京・神奈川・新潟・長野・山梨・静岡・岐阜・愛知・富山・石川

ごっつい
▼京都・大阪・奈良

ふとい
▼広島・愛媛・高知・福岡・熊本・大分・宮崎・鹿児島

ふとか
▼佐賀・長崎・熊本・鹿児島

ずない
▼福島

ちいさい【小さい】

兵庫を境にして東のチーサイ類（チッチャイ、チャコイなど）、西のコマイ類に分かれる。また山陰・福岡などにホソイ類が分布している。

「大きい」と同様に、方言では「小さい」「細い」「細かい」の意味の区別の仕方が標準語と一致しない場合がある。

ちゃこい
▼北海道・青森・岩手・宮城・千葉

ちっちゃい
▼岩手・秋田・福島・茨城・栃木・群馬・埼玉・東京・富山・京都

ちっくい
▼長野・山梨

ちっこい
▼新潟・京都・奈良

こまい
▼兵庫・鳥取・島根・岡山・広島・山口・徳島・愛媛・高知・福岡・大分・宮崎・鹿児島

ほそい
▼鳥取・島根・高知・福岡

ばっこい
▼岩手

べったい
▼秋田

こすい
▼静岡

たけうま【竹馬】

「竹馬」は、古くは笹竹や竹竿を馬に見立ててまたがって遊ぶ遊びのことを言った。二本の竹竿に足を乗せる部分をつけて、そこに乗って歩く現在の竹馬は、江戸時代後期から見られるようになったという。語の後半部が～アシとなる言い方が目立つ。

たかあし
▼青森・岩手・宮城・秋田・山形・福島・茨城・群馬・埼玉・東京・神奈川・長野・山梨・静岡・岐阜・愛知・石川・福井・兵庫・奈良・和歌山・鳥取・島根・岡山・広島・山口・愛媛・宮崎・沖縄

たかんま
▼岩手・宮城・福島・栃木・新潟

さぎあし
▼秋田・山形・福島・新潟・滋賀・長崎・熊本

さんげし
▼長野・宮崎・鹿児島

きあし
▼秋田・沖縄

ゆきあし
▼大分

おてだま【御手玉】

子どもの遊びの名称は方言の種類が多い。ナンゴはおはじきや石の数当ての遊びの名としても各地で使われている。アヤコはお手玉を綾模様に交差させて投げる動作から、コンメは中身の米や、米つきの動作からの命名と思われる。ほかにかけ声などに由来するオヒトツ、ヒーフーなどの名称もある。

おたま
▼群馬・長野・山梨

おじゃみ
▼静岡・岐阜・愛知・石川・三重・京都・大阪・兵庫・広島・徳島・香川・高知・熊本・宮崎

なんご
▼群馬・埼玉・千葉・新潟・熊本

いしな(ん)ご
▼兵庫・岡山・大分

あやこ
▼北海道・青森・秋田・群馬

おひとつ
▼栃木・大分

おいっこ
▼奈良

こんめ
▼福井・滋賀

おにごっこ【鬼ごっこ】

「鬼ごっこ」には各地でさまざまなやり方のものがある。ここで挙げたものは、ある一人が鬼になりほかの子供を追いかけるというごく一般的なものの総称に当たる言い方。ほかにオニドッコ、オニトリ、オニサラ、ボリオンコなどというところもある。

おに(こ)
▼東北・関東・中部・中国・四国・九州

おにごと
▼宮城・福島・茨城・群馬・新潟・愛知・石川・三重・滋賀・京都・大阪・兵庫・奈良・和歌山・島根・岡山・山口・愛媛・福岡・大分

おにくら
▼福島・栃木・静岡・長崎・宮崎

おにかえ
▼岩手・石川・福井

つかまえおに
▼岩手・三重・滋賀・京都・大阪・島根・鹿児島

ぼいやい
▼愛知・富山・鳥取

かくれんぼ【隠れん坊】

標準語形のカクレンボは近畿を中心に分布する。それを囲むようにカクレコが東、カクレゴが西に分布する。カクレゴトは、「鬼ごっこ」をオニゴトと言う地域内に点在する。ほかにカクレオニという言い方もある。千葉では隠れることを「かがむ・かごむ」という。

かくれこ
▼青森・岩手・秋田・福島・茨城・栃木・埼玉・千葉・東京・神奈川・長野・山梨・鳥取・島根・広島・山口・高知・長崎

かくれご
▼岡山・香川・福岡・佐賀・熊本・鹿児島

かくれごと
▼新潟・石川・和歌山・岡山・広島・大分

かくれぼっち
▼宮城・秋田・山形・福島・新潟

かくねこ
▼茨城・栃木・群馬・埼玉・長野

かくれがっこ
▼岩手・宮城・山形

かがみおに
▼千葉

かたぐるま【肩車】

標準語形のカタグルマは分布が少ない（東京・埼玉）。テングルマは「手車」の転。手車とは二人あるいは数人で手を組み合わせ、その上に人を乗せる遊びである。デングルマとも言う（宮城・新潟・愛知など）。カタクマはカタクルマの変形か。

てんぐるま
▼北海道・福島・茨城・栃木・群馬・埼玉・神奈川・佐渡・長野・静岡・愛知・三重・和歌山・鳥取・島根・岡山・広島・愛媛・宮崎

かたうま
▼北海道・栃木・千葉・長野・山梨・静岡・三重・滋賀・京都

かたくま
▼三重・滋賀・京都・大阪・兵庫・奈良・和歌山・岡山・徳島・香川・愛媛・福岡

くびのり
▼北海道・青森・岩手・宮城・秋田

くびうま
▼長野・岐阜・高知

さるぼんぼ
▼富山・石川

かたあしとび【片足跳び】

ケンケンは近畿から中国・四国地方にかけて分布するが、現在は「片足跳び」の新方言として若者を中心に全国に広まりつつある。東京ではチンチンであった。ほかにステテギ（青森・岩手）、スケンギョ（佐賀・熊本）、リンリン（山口）などがある。

けんけん
▼北海道・岩手・富山・滋賀・京都・大阪・兵庫・奈良・和歌山・島根・岡山・広島・四国・福岡

ちんちん
▼千葉・東京・静岡・奈良・高知

ちんから
▼山梨・静岡・石川・福井

あしこぎ
▼福島・茨城・栃木・埼玉・鳥取・島根

あしけんけん
▼福島・茨城・栃木・千葉

いっけ
▼兵庫・福岡・大分・鹿児島

すててん
▼北海道・青森・秋田

すけたんこ
▼宮崎・鹿児島

たこ【凧】

タコは全国に広く分布する。足をつけた形が海の蛸に似ていることからの命名だろう。イカという地方もあるが、これも海の烏賊になぞらえての命名だろう。イカノボリのノボリは「幟」に由来し、ハタやタカバタは「旗」に由来する。

いか
▼新潟・岐阜・富山・石川・福井・滋賀・京都・大阪・兵庫・奈良・岡山・徳島・香川

いかのぼり
▼岐阜・京都・兵庫・鳥取・岡山・大分

はた
▼青森・岩手・秋田・長崎

たかばた
▼福岡

とばた
▼佐賀・長崎

よーず
▼広島・山口

よーちゅー
▼長崎

たつ
▼熊本

まないた【俎】

全国に広く分布する語形はマナイタとキリバンである。東海地方や中国地方では魚用をマナイタ、野菜用をキリバンと呼んで使い分けていた地域も多かったが、現在ではどちらか一方が総称を表すようになりつつある。サイバンは「菜板」である。沖縄では「板」をイチャといい、マナチャはマナイチャの縮まった形。

きりばん
▼宮城・福島・茨城・千葉・栃木・山梨・静岡・岐阜・愛知・石川・福井・滋賀・兵庫・和歌山・中国地方・九州

さいばん
▼北海道・青森・岩手・宮城・秋田・茨城・千葉

ばん
▼岐阜・愛知

なまいた
▼富山

なきり
▼京都

まなちゃ
▼奄美諸島・沖縄

せともの【瀬戸物】

東日本・近畿ではセトモノ（セトモン）と言っている。カラツは西日本で言う。セト（瀬戸）やカラツ（唐津）はともに生産地名である。庶民にも陶磁器が使われるようになった江戸末期ないし明治以降に、それぞれの地域で最も普及していた生産地の陶器の名が、陶磁器一般を指すようになったと思われる。
ナレモノはワレモノを忌んで言った語。

からつ（もの）
▼長野・富山・石川・兵庫・中国地方・四国・大分・宮崎

やきもの
▼岐阜・三重・滋賀・山口・九州・沖縄

ちゃわん
▼熊本

なれもん
▼奄美諸島・沖縄

どやき
▼千葉

あぜ【畦】

アゼ（所によってアデ）は関東から西と北海道に分布し、クロ（またはタノクロ）は関東から東に分布する。
「あぜ」は田と田の境となっているところをさすが、地域により、また地形・用途・製法などによってさまざまな言い方がされている。アゼとクロの併用地域では、アゼは田に、クロは田にも畑にも使うというところが多い。アゼは稲作と共に、田の境に限定された語として、西日本から東日本に伝播したらしい。

くろ
▼青森・岩手・宮城・秋田・山形・福島・茨城・栃木・群馬・埼玉・千葉・東京・神奈川

どて
▼宮城・山形・福島・茨城・新潟・福岡・宮崎・鹿児島

きし
▼岡山・徳島・香川

おーな
▼茨城・栃木・千葉

ぼた
▼長野

あぶし
▼沖縄

ぬか【糠】

「ぬか」はモミガラを取りのぞいた米を精米するときに出る粉のこと。ヌカはおもに西日本で言い、コヌカはおもに東日本で言う。コヌカと言うところが多く、もみがらのことをヌカ、モミヌカと言う地方は、もみがらのことをヌカ、モミヌカという語が生じたと思われる。それと区別するためにコヌカということが多く、それと区別するためにコヌカぬか」である。サクズは、昔の伊達藩と鍋島藩の領域で言う。

こぬか
▼青森・岩手・秋田・山形・福島・群馬・埼玉・神奈川・新潟・長野・山梨・静岡・岐阜・愛知・富山・石川・福井・三重・滋賀・熊本・大分

こめぬか
▼北海道・静岡・愛知・兵庫・和歌山・福岡・大分

ちょーずぬか
▼京都・徳島・大分

さくず
▼岩手・宮城・福島・福岡・佐賀・長崎

にか
▼島根

もみがら【籾殻】

「もみがら」とは「モミ（イネの実）」の外皮をいう。東日本ではヌカ（ノカとも）というところが多い。一方、西日本でヌカといえばそれは「糠（ぬか）」である地域が多い。スクモは平安時代の文献にも見られる古いことばで、スクボ、スクブなどの語形で奄美・沖縄諸島にも分布する。

ぬか
▼青森・岩手・宮城・秋田・山形・福島・新潟・長野・福井・滋賀・福岡

もみぬか
▼青森・岩手・群馬・神奈川・新潟・長野・山梨・岐阜・愛知・三重・愛媛・福岡・熊本・大分

あらぬか
▼茨城・栃木・千葉・鹿児島

すりぬか
▼京都・奈良・和歌山・兵庫・徳島・香川・高知

さやぬか
▼岐阜・愛知

にか
▼富山・石川

すくも
▼千葉・静岡・兵庫・鳥取・島根・岡山・広島・山口・愛媛

編者紹介… 佐藤亮一（さとう　りょういち）

◎国立国語研究所名誉所員。フェリス女学院大学名誉教授。
1937年、東京生まれ。東北大学大学院博士課程単位取得。
国立国語研究所室長、フェリス女学院大学教授、東京女子大学教授を歴任。

◎［著書］
『日本言語地図』（共編、国立国語研究所）、
『日本方言大辞典』（共編、小学館）、
『お国ことばを知る　方言の地図帳』（監修、小学館）、
『生きている日本の方言』（新日本出版社）ほか。

ページデザイン…（有）級　木村多恵子
DTP…………（株）ディーディーエス
CD制作……財団法人　英語教育協議会（ELEC）田崎祐一

掲載歌詞……JASRAC　出0907300-901

都道府県別●全国方言辞典 CD付き

2009年 8月25日　第1刷発行
2019年 2月20日　第4刷発行

編　者……佐藤亮一
発行者……株式会社三省堂［代表者］北口克彦
発行所……株式会社三省堂
〒101-8371　東京都千代田区神田三崎町2丁目22番14号
電話　編集　(03) 3230-9411
　　　営業　(03) 3230-9412
http://www.sanseido.co.jp/

〈全国方言辞典CD付・480pp.〉

ISBN 978-4-385-13730-8

索引

あ

あいがとぐわした（宮崎県）……362
あいさ（群馬県）……82
あいさ（埼玉県）……90
あいさに（奈良県）……234
あいそ（大阪府）……218
あいそむない（石川県）……154
あいそらしー（石川県）……154
あいそんない（富山県）……146
あいだ（群馬県）……82
あいたちもーしそろ（東京都）……106
あいのしゅく①（東京都）……106
あいのしゅく②（東京都）……106
あいべ（三重県）……194
あいまち（静岡県）……178
あいまち（島根県）……258
あいやこ（奈良県）……234
あいらしか（福岡県）……322
あえぁー（茨城県）……66
あえぶ（茨城県）……66
あえべ（山形県）……50
あえまち（新潟県）……122
あおなじみ（茨城県）……66
あおなじみ（千葉県）……98
あが（和歌山県）……242
あかい（和歌山県）……242
あがいに（高知県）……314
あガく（福井県）……162
あがし（福島県）……58
あかせな（和歌山県）……242
あがちゅん（沖縄県）……378
あかちょかべ（長崎県）……338
あかべっそ（愛知県）……186
あかみ（愛知県）……186
あからん①（熊本県）……346
あからん②（熊本県）……346
あがり（沖縄県）……378
あかる（長野県）……130
あかる（福井県）……162
あガる①（山形県）……50
あガる②（山形県）……50
あがる（京都府）……210
あかん①（京都府）……210
あかん②（京都府）……210
あかんたれ（大阪府）……218
あきさみよー（沖縄県）……378
あギた（青森県）……18
あギた（岩手県）……26
あぐ（埼玉県）……90
あくさもくさ（滋賀県）……202
あくしゃうつ（熊本県）……346
あくち（奈良県）……234
あグちかく（石川県）……154
あぐど（福島県）……58
あぐましー（岐阜県）……170
あグるしー（石川県）……154
あげず（岩手県）……26
あゲた（青森県）……18
あけなべ①（愛知県）……186
あけなべ②（愛知県）……186
あげん（三重県）……194
あゴつる（山形県）……50
あごとー（福岡県）……322
あこわー（三重県）……194
あさぐ（青森県）……18
あざぐ（山形県）……50
あさっぱか（群馬県）……82
あさっぱら（埼玉県）……90
あさばん（沖縄県）……378
あさん（佐賀県）……330
あしぇる（山形県）……50
あじこと（富山県）……146
あしたり（岡山県）……266
あじない（京都府）……210
あしはいみじはい（沖縄県）……378
あしぶん①（沖縄県）……378
あしぶん②（沖縄県）……379
あしめる（富山県）……146

あじょーにもかじょーにも（千葉県）……98
あじわる（香川県）……298
〜あす（三重県）……194
あずがる（青森県）……18
あずげる（山形県）……50
あずない（香川県）……298
あずましー（北海道）……10
あずましー（青森県）……18
あずる（岡山県）……266
あずる（広島県）……274
あずる（山口県）……282
あずる（徳島県）……290
あせがる（長崎県）……338
あせくらしー（石川県）……154
あせくる（宮崎県）……362
あた（和歌山県）……242
あたくる（和歌山県）……242
あだける（兵庫県）……226
あだげる（千葉県）……98
あたじけない（東京都）……106
あたじゃ（熊本県）……346
あだに（愛知県）……186
あだむねをつく（大分県）……354
あたりがほー（三重県）……194
あだりほどり（宮城県）……34
あたる（石川県）……154
あたる（福井県）……162
あたれー（宮崎県）……362
あたんする（兵庫県）……226
あちこい（千葉県）……98
あっかあっか（栃木県）……74
あつかましー（兵庫県）……226
あっきゃー（新潟県）……122
あったらい（石川県）……155
あったらか（長崎県）……338
あったらしか（鹿児島県）……370
あったらもん（栃木県）……74
あったらもん（千葉県）……98
あっちぇ（新潟県）……122
あっちゅん①（沖縄県）……379
あっちゅん②（沖縄県）……379
あっつこっつ（宮城県）……34
あってこともねー（栃木県）……74
あっぱ（福井県）……162
あっぱがお（香川県）……298
あっぱとっぱ（茨城県）……66
あっぱとっぱ（千葉県）……98
あづばる（福島県）……58
あっぺ（奈良県）……234
あっぺとっぺ（宮城県）……34
あっぽ（福島県）……58
あつら（愛知県）……186
あて（京都府）……210
あてがいな（石川県）……155
あてこともない（静岡県）……178
あてこともねー（群馬県）……82
あとぅまさいがふー（沖縄県）……379
あとかた（島根県）……258
あとぜき（熊本県）……346
あなれ（新潟県）……122
あにー（埼玉県）……90
あね（新潟県）……122
あば（宮崎県）……362
あはー（兵庫県）……226
あばかす（鳥取県）……250
あばかる（大分県）……354
あばかん（島根県）……258
あばかん（佐賀県）……330
あばかん（熊本県）……346
あばさかる（徳島県）……290
あばさける（福井県）……162
あばすれる（広島県）……274
あばてんね（鹿児島県）……370
あばね（長野県）……130
あばばい（徳島県）……290
あびーん①（沖縄県）……379
あびーん②（沖縄県）……379
あぶつ（愛知県）……186

あべ（岩手県）……26
あへない（石川県）……155
あほくさい（大阪府）……218
あまい（奈良県）……234
あまえた（京都府）……210
あまくせ（青森県）……18
あます（茨城県）……66
あまだ（茨城県）……66
あまだかぞ（岐阜県）……170
あまばい（香川県）……298
あまみ（富山県）……146
あまる（島根県）……258
あまる（岡山県）……266
あめくせ（青森県）……18
あめる（北海道）……10
あめんぼー（埼玉県）……90
あもよ・あもじょ（長崎県）……338
あやくる（神奈川県）……114
あやつける（北海道）……10
あゆっ（佐賀県）……330
あゆる・あえる（熊本県）……346
あらいまーし（愛知県）……186
あらいまて（栃木県）……74
あらえまで（茨城県）……66
あらくたい（和歌山県）……242
あらくる（和歌山県）……242
あらけない（愛知県）……187
あらける（愛媛県）……306
あらして（和歌山県）……242
あらしょ（大阪府）……218
あらずか・あらすか（長野県）……130
あらましな（広島県）……274
あらやけ（愛媛県）……306
ありぐ（青森県）……18
ありこまち（兵庫県）……226
〜あります（山口県）……282
ありやい（愛知県）……187
ある（和歌山県）……242
あろん（愛媛県）……306
あわ（富山県）……146
あわい（埼玉県）……90
あわえに（山形県）……50
あわだくる（鳥取県）……250
あんきだ（神奈川県）……114
あんきな（島根県）……258
あんきまごろく（愛媛県）……306
あんぐぁー（沖縄県）……379
あんごー（岡山県）……266
あんじだす（宮城県）……34
あんじゃーねー（群馬県）……82
あんじょー（大阪府）……218
あんちゃ（福島県）……58
あんで（神奈川県）……114
あんどした（宮崎県）……362
あんとんねー（千葉県）……98
あんねー（福井県）……162
あんびん（広島県）……274
あんぶく（埼玉県）……90
あんべ（青森県）……19
あんべー（新潟県）……122
あんべらしゅー（宮崎県）……362
あんべわり（秋田県）……42
あんべわりー（福島県）……58
あんま（富山県）……146
あんまー（沖縄県）……379
あんもー（静岡県）……178
あんらぐち（沖縄県）……379

い

〜い（大分県）……354
いー（沖縄県）……380
いいえのことよ（愛媛県）……306
いいかぶ（群馬県）……82
いーごった（青森県）……19
いいしき（群馬県）……83
いーぶさかってぃー（沖縄県）……380
いいまのふり（東京都）……106
いーんた（青森県）……19
いか（京都府）……210

いが（長崎県）……338
いかーしめへん（大阪府）……218
いかい（静岡県）……178
いかい（山口県）……282
いかめー（兵庫県）……226
いがる（岡山県）……266
いぎ（山口県）……282
いきし・いきしな（京都府）……210
いギたない（東京都）……106
いきたむながる（大分県）……354
いぎちない（鳥取県）……250
いぎなり（宮城県）……34
いきなりだ（神奈川県）……114
いきる（岐阜県）……170
いきる・いきれる（静岡県）……178
いきれる（埼玉県）……90
いく～（山梨県）……138
いく（岡山県）……266
いぐい①（香川県）……298
いぐい②（香川県）……298
いくまー①（岡山県）……266
いくまー②（岡山県）……267
いくれてんゲ（山形県）……51
いけいけ（奈良県）……234
いけー（福井県）……162
いけず（大阪府）……218
いけぞんざい（東京都）……106
いごく（兵庫県）……226
いごっそー（高知県）……314
いこら（三重県）……194
いころ（大分県）……354
いさぎー・いさぎゅー（熊本県）……347
いさぎよー（福岡県）……322
いさくさ（東京都）……106
いさしかぶり（神奈川県）……114
いさどい（石川県）……155
いさばや（宮城県）……34
いじ①（沖縄県）……380
いじ②（沖縄県）……380
いしこい（兵庫県）……226
いじっかしー（石川県）……155
いしてー（千葉県）……99
いしな（福井県）……163
いしなご（千葉県）……99
いじやく（長野県）……130
いじょく（東京都）……107
いじをやく（東京都）……107
いずい（北海道）……10
いずまかす（岐阜県）……170
いせて（愛知県）……187
いた（香川県）……298
いだぐい（愛知県）……187
いたぐら（宮崎県）……362
いたしー（広島県）……274
いだまし（秋田県）……42
いだまし（山形県）……51
いたましー（北海道）……10
いだましねぁ（岩手県）……26
いだわし（青森県）……19
いちがいこき（新潟県）……122
いちがいもん（石川県）……155
いちがいもん（広島県）……274
いちかる（群馬県）……83
いちこつ（長野県）……130
いちびる（京都府）……211
いちびる（大阪府）……219
いちみちきちくりー（大分県）……355
いちゃけな（石川県）……155
いっきゃった（福島県）……58
いっけ（奈良県）……235
いっけ（和歌山県）……243
いっさら（山梨県）……138
いっすんずり（大分県）……355
いっせつ（滋賀県）……202
いっち（新潟県）……122
いっちゃが（宮崎県）……362
いっちょく（長崎県）……338
いっちょん（長崎県）……338
いっちょん（熊本県）……347
いっつもかっつも（高知県）……314
いっとまが（青森県）……19

いつのかまにか（神奈川県）……114
いっぱだ（山形県）……51
いっぺー（沖縄県）……380
いっぺこっぺ（鹿児島県）……370
いっぺこと（新潟県）……123
いっぽんじめ（東京都）……107
いつも（滋賀県）……202
いて（鹿児島県）……370
いてこます（大阪府）……219
いでらしい（愛媛県）……306
いてる（大阪府）……219
いと（静岡県）……178
いとしげだ（新潟県）……123
いとど（神奈川県）……114
いなげな①（愛媛県）……307
いなげな②（愛媛県）……307
いぬ（兵庫県）……227
いぬ（奈良県）……235
いぬる（三重県）……195
いぬる（広島県）……275
いのく（富山県）……146
いのく（大阪府）……219
いのく（奈良県）……235
いばかり（大分県）……355
いぱだだ（青森県）……19
いび（沖縄県）……380
いびしー（大分県）……355
いびせー（島根県）……258
いびせー（広島県）……275
いひゅーもん（熊本県）……347
いぶしこぶし（愛媛県）……307
いぼつる（長野県）……130
いぼむし（新潟県）……123
いぼる（福岡県）……322
いまし（埼玉県）……91
いますでっこ（群馬県）……83
いみる（大分県）……355
いも（神奈川県）……115
いものこ（石川県）……155
いやい（沖縄県）……380
いやんべ（福島県）……59
いら（長崎県）……339
いら（大分県）……355
いらう（京都府）……211
いらう（兵庫県）……227
いらう・いろー（奈良県）……235
いらくる（鳥取県）……250
いらち（京都府）……211
いらち（大阪府）……219
いらちか（福井県）……163
いらまかす（岡山県）……267
いらやき（京都府）……211
いれんな（神奈川県）……115
いろー（岡山県）……267
いんが（新潟県）……123
いんギらーっと（石川県）……155
いんぐりちんぐり（徳島県）……290
いんげの（高知県）……314
いんごっぱち（埼玉県）……91
いんじゃんほい（大阪府）……219
いんでくる（徳島県）……290
いんでこーわい（愛媛県）……307
いんにゃ（福岡県）……322
いんぴん（宮城県）……35
いんめー（山梨県）……138

う

うい（岐阜県）……170
うい（滋賀県）……202
うい①（富山県）……146
うい②（富山県）……147
うー（沖縄県）……380
うーいってんぎゃー（佐賀県）……330
うぅないがみ（沖縄県）……380
うーばんぎゃー（熊本県）……347
うーばんぎゃーか（佐賀県）……330
うがす（岡山県）……267
うがみんしょーらん（鹿児島県）……370
うざくらしい（富山県）……147
うざくらしー（石川県）……155
うざってー（神奈川県）……115
うざにはく（宮城県）……35
うざねはぐ（岩手県）……26

うしきたま（山形県）……51
うしなかす（富山県）……147
うすとれー（熊本県）……347
うずむ（愛媛県）……307
うずる（山形県）……51
うそうそ（福井県）……163
うたき（沖縄県）……380
うたちー（福岡県）……322
うたちー（大分県）……355
うだで（北海道）……10
うだで（秋田県）……42
うたてー（神奈川県）……115
うだでー（福島県）……59
うたてげ（香川県）……299
うたとい（和歌山県）243
うだる（山形県）……51
うち（京都府）……211
うちなーぐち（沖縄県）……381
うちなーゆー（沖縄県）……381
うちゃる（埼玉県）……91
うちんく（徳島県）……290
うつかる（長野県）……130
うっさふくらさ（沖縄県）……381
うっしょやみ・うっしゃやみ（香川県）……299
うっせー（大分県）……355
うっせる（宮崎県）……363
うったて（岡山県）……267
うったて（香川県）……299
うったまぐる（長崎県）……339
うっちゃらかす（千葉県）……99
うっちゃる（静岡県）……178
うっちょく（熊本県）……347
うっつぁし（福島県）……59
うっつぁしー（栃木県）……74
うっとーたい（愛知県）……187
うっとこ（大阪府）……219
うつり（広島県）……275
うでっこき（群馬県）……83
うでっこき（埼玉県）……91
うてる（高知県）……314
うなう（千葉県）……99
うならかす（神奈川県）……115
うまくさい（滋賀県）……202
うまげな（香川県）……299
うまそな（石川県）……156
うみあけ（北海道）……10
うみはまゆん（沖縄県）……381
うむす（埼玉県）……91
うむす（岐阜県）……170
うむやーぐぁー（沖縄県）……381
うやない①（富山県）……147
うやない②（富山県）……147
うら（群馬県）……83
うら（山梨県）……138
うら（福井県）……163
うら（和歌山県）……243
うら・うらっぽー（静岡県）……179
うりもみ（長野県）……130
うるがす（宮城県）……35
うるがす（秋田県）……42
うるがす（山形県）……51
うるがす（福島県）……59
うるさい①（高知県）……314
うるさい②（高知県）……314
うるでぁる（岩手県）……26
うれしげな（香川県）……299
うろたぐ（山形県）……51
うわめくる（福岡県）……322
うんじょーする（東京都）……107
うんた（岩手県）……26
うんつく（奈良県）……235
うんてー（千葉県）……99
うんならがす（千葉県）……99
うんぶくるる（熊本県）……347
うんめろ（神奈川県）……115

え

～え（京都府）……211
えいさー（沖縄県）……381
えー（埼玉県）……91
えーからかん

（神奈川県）……115
えーかわん（広島県）……275
えーかん（静岡県）……179
えーころはちべー（山口県）……282
えーし（大阪府）……219
えーし（奈良県）……235
えーすろー（大分県）……355
えーたいこーたい（鳥取県）……250
えーら（宮崎県）……363
えー〜ん（愛媛県）……307
えガっしゃえ（山形県）……51
えぎっぽあガる（茨城県）……67
えげつない（大阪府）……219
えげる（岐阜県）……171
えこもこ（秋田県）……42
えごんいーし（大分県）……355
えし（茨城県）……67
えしこえ（茨城県）……67
えしたくする（千葉県）……99
えしたくなる（千葉県）……99
えじやげる（茨城県）……67
えずい（山口県）……282
えずー（福岡県）……323
えすか（佐賀県）……330
えすか（熊本県）……347
えずか（福岡県）……323
えずく（京都府）……211
えせらっこい（岐阜県）……171
えっちかる（栃木県）……74
えっと（徳島県）……290
えっと①（島根県）……258
えっと②（島根県）……259
えっと③（島根県）……259
えっと（広島県）……275
えっぽど（愛媛県）……307
えどでない（東京都）……107
えどる（山口県）……282
えどる（香川県）……299
えなげな①（鳥取県）……250
えなげな②（鳥取県）……251
えびす（石川県）……156
えぶ（山口県）……282
えふりこぎ（秋田県）……42
えぼとりむし（神奈川県）……115
えむ（群馬県）……83
えら（埼玉県）……91
えらい（山梨県）……138
えらい（愛知県）……187
えらい（京都府）……211
えらい（奈良県）……235
えらい①（静岡県）……179
えらい②（静岡県）……179
えらい③（静岡県）……179
えらがる（鳥取県）……251
えらしー（大分県）……356
えらしじー（鳥取県）……251
えれー（岡山県）……267
えろー（岡山県）……267
えん（福井県）……163
えんこ（愛媛県）……307
えんこー（広島県）……275
えんじょもん（石川県）……156
えんずえ（宮城県）……35
えんちこ（青森県）……19
えんなか（富山県）……147
えんばんと（京都府）……211

お

おあげさん（京都府）……211
おい（鹿児島県）……370
おいいる（京都府）……212
おいえ（大阪府）……219
おいかー（石川県）……156
おいし（山梨県）……138
おいそれと（三重県）……195
おいだし（鳥取県）……251
おいつき（山梨県）……138
おいでます（石川県）……156
おいでませ（山口県）……283
おいでる（長野県）……131
おいでる（福井県）……163
おいでる（高知県）……314
おいねー（千葉県）……99
おいねー（神奈川県）……115
おいやか（兵庫県）……227
おうろい・おうるい（香川県）……299
おえはん（大阪府）……219

おえる（新潟県）……123
おえる・おやす①
（静岡県）……179
おえる・おやす②
（静岡県）……179
おえん（岡山県）……267
おーかわ（東京都）……107
おおきに（和歌山県）
……243
おーきに（福井県）……163
おーきに（大阪府）……220
おーきん（宮崎県）……363
おーく（群馬県）……83
おーゴっちゃ（福井県）
……163
おーごと（群馬県）……83
おーさわな（滋賀県）
……202
おーだいする（愛知県）
……187
おーと（東京都）……107
おーどーな（鳥取県）
……251
おーとっしゃー
（三重県）……195
おーどな（富山県）……147
おーどな（石川県）……156
おーどもん（長崎県）
……339
おーね（東京都）……107
おーの（高知県）……315
おーばかる（愛知県）
……187
おーばけんたいに
（三重県）……195
おーばんぎゃーな
（長崎県）……339
おーばんで（鳥取県）
……251
おーふー（群馬県）……83
おーぼ（滋賀県）……202
おーぼったい（静岡県）
……179
おーよ（神奈川県）……115
おが（秋田県）……43
おかしい（千葉県）……99
おかしげな（高知県）
……315
おかちん（東京都）……107
おかったるい（東京都）
……107
おがどおぐり（岩手県）
……27
おかべ（鹿児島県）……371
おがまんばとーせん
（佐賀県）……331
おガる（青森県）……19
おガる①（北海道）……11
おガる②（北海道）……11
おがる（秋田県）……43
おがる（大阪府）……220
おがる（和歌山県）……243
おかん（大阪府）……220
おかんだっつぁま
（長野県）……131
おきしき（島根県）……259
おぎむぐれ（茨城県）
……67
おきらす（滋賀県）……203
おきる（徳島県）……291
おきる（香川県）……299
おくたい（山梨県）……139
おくどさん（京都府）
……212
おくもじ（香川県）……299
おくり（群馬県）……83
おくる（宮崎県）……363
おくれガくる（東京都）
……107
おげ（徳島県）……291
おげ（香川県）……299
おげない（山形県）……51
おげはぐ（茨城県）……67
おごく（香川県）……299
おこさま（群馬県）……83
おこさま（埼玉県）……91
おこし（和歌山県）……243
おこじゅー（神奈川県）
……116
おことい（香川県）……299
おこなえん（熊本県）
……347
おこり（奈良県）……235
おこれる（愛知県）……187
おごわ（青森県）……19
おこんじょ（群馬県）
……84
おさいじゃす
（鹿児島県）……371
おさがり①（京都府）
……212
おさがり②（京都府）
……212
おざない（愛知県）……187
おさんじつ（東京都）
……107
〜おし・〜よし（京都府）
……212
おじー（大分県）……356
おじー（宮崎県）……363
おじくそ（千葉県）……99
おしし（愛知県）……188
おしずがに（岩手県）
……27

おしたじ（東京都）…… 107
おしまい（東京都）…… 108
おしまいちゃんちゃん（東京都）…… 108
おじゃみ（広島県）…… 275
おしゃらぐ（茨城県）…… 67
おしゃらぐ（千葉県）…… 99
おしょーし①（山形県）…… 52
おしょーし②（山形県）…… 52
おしょさん（東京都）…… 108
おしょし（兵庫県）…… 227
おしょすい①（宮城県）…… 35
おしょすい②（宮城県）…… 35
おじる（青森県）…… 19
おじる（山形県）…… 52
おじる（茨城県）…… 67
おしろこ（東京都）…… 108
おす（京都府）…… 212
おずむ（熊本県）…… 347
おすもじ（東京都）…… 108
おせおせ（東京都）…… 108
おせげな（鳥取県）…… 251
おせらしい（兵庫県）…… 227
おせらしい（愛媛県）…… 307
おせんどさん（滋賀県）…… 203
おぞい（長野県）…… 131
おぞい（静岡県）…… 179
おぞい①（福井県）…… 163
おぞい②（福井県）…… 163
おそがい（愛知県）…… 188
おそなわる（東京都）…… 108
おそんガい（静岡県）…… 179
おだあげ（埼玉県）…… 91
おたい（熊本県）…… 347
おだいじん（山梨県）…… 139
おたいまつ（奈良県）…… 235
おたから（大分県）…… 356
おたぐらかく（和歌山県）…… 243
おたくらもん（富山県）…… 147
おたたさん（愛媛県）…… 307
おだづ（宮城県）…… 35
おだっくい（静岡県）…… 179
おたね（群馬県）…… 84
おだま（岩手県）…… 27
おだん（山口県）…… 283
おだんな（山梨県）…… 139
おちゃおけ（東京都）…… 108
おちゃっぴー（東京都）…… 108
おちゃらかす（静岡県）…… 179
おちょきん（福井県）…… 164
おちょばい（滋賀県）…… 203
おちょんき（長野県）…… 131
おちらし（香川県）…… 300
おちらと（島根県）…… 259
おちわ（埼玉県）…… 91
おっかがる（山形県）…… 52
おっかない（東京都）…… 108
おっきょる（福島県）…… 59
おっきりこみ（群馬県）…… 84
おつくべ（長野県）…… 131
おつくべー（群馬県）…… 84
おつくり（東京都）…… 108
おっけ（福井県）…… 164
おつけ（福井県）…… 164
おっけぁる（岩手県）…… 27
おっける（栃木県）…… 75
おっこーな（高知県）…… 315
おっこちる（東京都）…… 108
おっこっこ（新潟県）…… 123
おっこね（宮崎県）…… 363
おっこむ（福島県）…… 59
おった（長野県）…… 131
おっちゃける（長崎県）…… 339
おっちょる（大分県）…… 356
おっつぁばく（埼玉県）…… 91
おっつぁれる（群馬県）…… 84
おっとろし（長崎県）

……339
おつねん（北海道）……11
おっぱる（千葉県）……100
おっぴさん（宮城県）……35
おっぺしょる（栃木県）……75
おっぺす（埼玉県）……91
おっぺす（千葉県）……100
おっぽ（愛媛県）……308
おつもり（東京都）……108
おてしょー（京都府）……212
おでってくなんしぇ（岩手県）……27
おてま（石川県）……156
おてまいり（京都府）……212
おどがる（青森県）……19
おどケ（青森県）……20
おどげでなえ（山形県）……52
おどける（長野県）……131
おどける（愛知県）……188
おどげる（岩手県）……27
おとち（兵庫県）……227
おとっちゃま（香川県）……300
おとどしい（愛媛県）……308
おとましー（岐阜県）……171
おとましー①（福井県）……164
おとましー①（静岡県）……180
おとましー①（愛知県）……188
おとましー②（福井県）……164
おとましー②（静岡県）……180
おとましー②（愛知県）……188
おとましー③（静岡県）……180
おどめ（茨城県）……67
おどれ（広島県）……275
おどろく（島根県）……259
おどろく（広島県）……275
おどろぐ（青森県）……20
おとろし（和歌山県）……243
おとろしい（奈良県）……236
おとろしか（長崎県）……339
おとんぼ（兵庫県）……227
おとんぼ（奈良県）……236
おとんぼ（徳島県）……291
おなり（滋賀県）……203
おにがらむす（宮城県）……35
おばぐだ（青森県）……20
おはよーおかえり（大阪府）……220
おばんざい（京都府）……212
おひざおくり（東京都）……108
おひなる（岩手県）……27
おひめさま（福岡県）……323
おひゃらがす（山形県）……52
おぶー（埼玉県）……92
おぶける（広島県）……275
おぶける（徳島県）……291
おぶどー（山梨県）……139
おへずれまげ（岩手県）……27
おべる（秋田県）……43
おべる（島根県）……259
おぼえっだ（山形県）……52
おぼご（山形県）……52
おぼこい（福井県）……164
おぼごなす（山形県）……52
おぼっこ（岩手県）……27
おぼと（愛知県）……188
おぼわる（愛知県）……188
おます（大阪府）……220
おまはん（和歌山県）……243
おまはん（徳島県）……291
おまん（新潟県）……123
おまん（山梨県）……139
おまんさー（鹿児島県）……371
おみーさん（香川県）……300
おみおつけ（東京都）……109
おむし（三重県）……195
おめく（長崎県）……339
おめく（宮崎県）……363
おめさん（新潟県）……123
おめったい（長野県）……131
おめる（鳥取県）……251
おめれとごだいます（大分県）……356
おもいでな（福井県）

……164
おもーさま（三重県）……195
おもこましー（愛知県）……188
おもしぇ（秋田県）……43
おもしゃい（大阪府）……220
おもしゃい（和歌山県）……243
おもっしぇー（福井県）……164
おもっしょい（徳島県）……291
おもやみ（山形県）……52
おもやみ①（北海道）……11
おもやみ②（北海道）……11
おもる（愛知県）……188
おもろい（大阪府）……220
おもんない（大阪府）……220
おやげねー（群馬県）……84
おやげねー（長野県）……131
おやす（山形県）……52
おやす（群馬県）……84
おやす（長野県）……131
お～やす（京都府）……212
おやっとさー（鹿児島県）……371
おやっとさま（宮崎県）……363
おゆーや（東京都）……109
おゆるし（和歌山県）……243
およずく①（愛知県）……188
およずく②（愛知県）……188
およばん（宮崎県）……363
おらっちゃ（石川県）……156
おらぶ（岡山県）……267
おらぶ（広島県）……276
おらぶ（佐賀県）……331
おらぶ（大分県）……356
おらぶ（宮崎県）……363
おりっと（長野県）……132
お～る・お～ん・お～た（愛媛県）……307
おれくち（東京都）……109
おれさま（宮城県）……36
おろいー（福岡県）……323
おろこばえ・おろかばえ（香川県）……300
おろよか（佐賀県）……331
おろよか（熊本県）……348
おわえる（兵庫県）……227
おわえる（鳥取県）……252
おわたいで（岐阜県）……171
おんか①（群馬県）……84
おんか②（群馬県）……84
おんごしょる（千葉県）……100
おんじ（青森県）……20
おんしゃ（和歌山県）……243
おんじょんぼ（宮崎県）……363
おんつぁれる（福島県）……59
おんづまり（奈良県）……236
おんであれ（青森県）……20
おんぼ（高知県）……315
おんぼらーと（石川県）……156
おんぼらと（島根県）……259
おんもり（千葉県）……100

か

～が①（岡山県）……267
～が②（岡山県）……267
かー（徳島県）……291
かーしま（岐阜県）……171
がーだぐ（茨城県）……67
かーち（千葉県）……100
かーらげ（岩手県）……27
がい（千葉県）……100
がい①（徳島県）……291
がい②（徳島県）……291
かいくれ（東京都）……109
かいしき（島根県）……259
かいちゃ（福島県）……59
がいてー（大分県）……356
かいとまわり（奈良県）……236
がいな（鳥取県）……252
がいな（愛媛県）……308
がいな（高知県）……315
がいに（愛媛県）……308
かいべつ（北海道）……11
かうぇ（山形県）……53
かえこと（奈良県）……236
かえっぱり（山形県）……53
がおる（秋田県）……43
がおる（山形県）……53

がおる（福島県）……59
かがっぽい（新潟県）……123
かがはえー（岐阜県）……171
かガぽし（山形県）……53
かかまんじる（愛知県）……189
かがやく①（群馬県）……84
かがやく②（群馬県）……84
かがらし①（福島県）……59
かがらし②（福島県）……60
かかれてください（大分県）……356
かく（福井県）……164
かく（大阪府）……220
かく（兵庫県）……227
かく（山口県）……283
かく（徳島県）……291
かく（愛媛県）……308
かくうつ（大分県）……357
かぐぢ（青森県）……20
かくねがんしょ（埼玉県）……92
かぐる（鳥取県）……252
かゲのぞき（東京都）……109
かけりやこ（鳥取県）……252
かける（新潟県）……123
かこくさい（静岡県）……180
かさ（徳島県）……291
かざ（福井県）……165
かざ（京都府）……213
かざ（高知県）……315
かざガく（滋賀県）……203
かさだかな（石川県）……157
かさにのせる（岡山県）……267
かさにのせる（香川県）……300
がさばる（茨城県）……68
かざむ（広島県）……276
がざむざと（石川県）……157
かしく（福井県）……165
かじふち（沖縄県）……381
かしま（愛知県）……189
かしょー（群馬県）……85
がしょーき（栃木県）……75
かじょーさん（沖縄県）……381
かじる（山梨県）……139
がしんたれ（奈良県）……236
かす（徳島県）……291
がす（北海道）……11
かすな（福井県）……165
かずむ（鳥取県）……252
かずむ（長崎県）……339
かずむ（宮崎県）……363
かずん（鹿児島県）……371
かぜねつ（福井県）……165
〜かた①（鹿児島県）……371
〜かた②（鹿児島県）……371
かたい（石川県）……157
かたガる（石川県）……157
かたがる（富山県）……147
かたぐ（広島県）……276
〜かたけ（高知県）……315
がだげ（茨城県）……68
かだこと（青森県）……20
かたす（静岡県）……180
かたた（和歌山県）……244
かたる（大分県）……357
かだる①（山形県）……53
かだる②（山形県）……53
かちける（茨城県）……68
かちゃーしー（沖縄県）……381
かちゃくちゃね（青森県）……20
かちゃばぐ（山形県）……53
かちん・おかちん（京都府）……213
かつがつ（熊本県）……348
かつける（宮城県）……36
かつける（兵庫県）……227
かづげる・かつける（山形県）……53
がっこ（秋田県）……43
がっそ（奈良県）……236
がっそー（岡山県）……268
かっちゃ（山形県）……53
かっちゃ（長野県）……132
かっちゃく（北海道）……11
かっちゃぐ（青森県）……20
かっちゃぐ（茨城県）……68
かっちゃま（秋田県）……43
がっつい（鹿児島県）

……371
かっとーしゅー（熊本県）……348
かっぱしょる（神奈川県）……116
がっぱんなる（石川県）……157
かっぽる（茨城県）……68
かっぽろぐ（栃木県）……75
かてー（福井県）……165
かてむん（宮崎県）……364
かてる（北海道）……11
かてる（滋賀県）……203
かてる（福岡県）……323
かてる（宮崎県）……364
かてる①（群馬県）……85
かてる②（群馬県）……85
かど（山形県）……53
〜がと（長崎県）……339
がとー・がとーもない（静岡県）……180
がとーもない（愛知県）……189
〜がな（大阪府）……220
かながなーとぅ（沖縄県）……381
かなぐる（岡山県）……268
〜がなっ（鹿児島県）……371
かなつらい（千葉県）……100
かなん（京都府）……213
かにはんりゆん（沖縄県）……382
かねっこーり（新潟県）……123
がばい（佐賀県）……331
かばち（鳥取県）……252
かばねやみ（岩手県）……27
かふーし（沖縄県）……382
かぶる（山口県）……283
かぼそ（香川県）……300
がぼる（福井県）……165
かまえる（高知県）……315
かまぎっちょ（埼玉県）……92
かます（山形県）……53
がまだす（福岡県）……323
がまだす（佐賀県）……331
がまだす（熊本県）……348
かまど（青森県）……20
かまどけぁす（秋田県）……43
かまりかむ（青森県）……20
かまる（岩手県）……28
がまわれ（北海道）……11
かまん（高知県）……315
かむ（茨城県）……68
かめーいん（沖縄県）……382
がめつい（大阪府）……220
がめに（福岡県）……323
かめへん（大阪府）……221
かめんどー（神奈川県）……116
かもう（広島県）……276
がもじん・ががんも（宮崎県）……364
がや①（兵庫県）……227
がや②（兵庫県）……227
かやる（石川県）……157
〜から（福岡県）……323
がらい（静岡県）……180
からいも（鹿児島県）……371
からう（長崎県）……340
からう（熊本県）……348
からかう（山梨県）……139
がらがら（山形県）……54
からこしゃぐ（青森県）……20
からちら（秋田県）……44
からぽねやみ（青森県）……21
からみ（福井県）……165
からむ（鳥取県）……252
からやぎ（青森県）……21
がらるっ（鹿児島県）……372
がられる（宮崎県）……364
かりこぼ（宮崎県）……364
がりっと（秋田県）……44
かりやすい（富山県）……147
がる（熊本県）……348
かるう（福岡県）……323
〜かれ（三重県）……195
かわくろしい（愛媛県）……308
かわらすずめっこ（岩手県）……28
〜かん（山口県）……283
かんかぢ（福島県）……60
かんかない（愛知県）……189
かんくるりんと（千葉県）……100
がんこ（石川県）……157
かんこーする（愛知県）……189
かんこくさい（京都府）

……213
かんこくさい（兵庫県）……227
かんこずねー（千葉県）……100
かんじかなる（静岡県）……180
かんじゅーろく（神奈川県）……116
がんす（広島県）……276
がんぜき（山口県）……283
かんぞ（栃木県）……75
～かんた（佐賀県）……331
かんだず（岩手県）……28
がんだめし（千葉県）……100
かんだるい（静岡県）……180
かんち（愛媛県）……308
かんちょろい（鳥取県）……252
かんてき（大阪府）……221
かんにん（大阪府）……221
かんぱ（滋賀県）……203
がんび（北海道）……11
かんぴんたん（三重県）……195
かんぷうかい（北海道）……12
かんまーす（茨城県）……68
かんまん（徳島県）……292

き

～き（高知県）……315
～ぎ（佐賀県）……331
～きー（大分県）……357
きーだ（茨城県）……68
きーちゃう①（千葉県）……100
きーちゃう②（千葉県）……100
きがせれる（鳥取県）……252
きかっと（宮城県）……36
きかない（北海道）……12
きかない（福島県）……60
きかねー（宮城県）……36
きかんたろ（宮崎県）……364
きける（和歌山県）……244
きこ（島根県）……259
きざから（香川県）……300
きさじー（鳥取県）……253
きさんじ（京都府）……213
きさんじ（奈良県）……236
きさんじ（島根県）……259
きさんじー（愛知県）……189
ぎしめく（大分県）……357
ぎしゃばる（山形県）……54
ぎす（群馬県）……85
きずい（鳥取県）……253
きずいな（富山県）……147
きぜんのたっか（熊本県）……348
きだす（神奈川県）……116
きたんぼらつか（佐賀県）……331
きち（徳島県）……292
きちょくれ（大分県）……357
きつい（福井県）……165
きっしょ（奈良県）……236
ぎった（鹿児島県）……372
きっちゃする（熊本県）……348
ぎっちり①（高知県）……316
ぎっちり②（高知県）……316
ぎっつい（山形県）……54
ぎっとー（愛知県）……189
きっぽ（山口県）……283
きっぽ（愛媛県）……308
きてじゃ（岡山県）……268
きどい（徳島県）……292
きときと（富山県）……147
きときと（石川県）……157
きどころね（福島県）……60
きどころね（栃木県）……75
きどごろね（岩手県）……28
きどごろね（山形県）……54
きとろ（滋賀県）……203
きない（愛媛県）……308
ぎなぎなと（三重県）……195
きなしに（長野県）……132
きなしぼ（京都府）……213
きなる（山口県）……283
きなんば（滋賀県）……203
きぬー（埼玉県）……92
きのどくな（富山県）……148
きばっ（鹿児島県）……372
きばな（長野県）……132
きばる（京都府）……213
きばる（和歌山県）……244

きばる（広島県）……276
きびしょ（埼玉県）……92
きびしょ（福岡県）……323
きびしょ（長崎県）……340
きぴちょ（宮城県）……36
きびょーやみ（三重県）……196
きびる（山口県）……283
きびる（香川県）……300
きびる（福岡県）……324
きぶい（富山県）……148
きぶい（徳島県）……292
きぶっせい（東京都）……109
きぶっせーだ（神奈川県）……116
きまぐ（青森県）……21
きまる（山形県）……54
きみ（岩手県）……28
きみじん（愛知県）……189
きめっこ（福島県）……60
きめる（岐阜県）……171
きもえる（千葉県）……101
きもびしい（長野県）……132
きもやぐ（青森県）……21
きもやげる（秋田県）……44
～きゃ（青森県）……21
ぎゃーけ（佐賀県）……331
きゃーなえる（長崎県）……340
ぎゃーなか（長崎県）……340
ぎゃーに（栃木県）……75
きゃーふかぶい（佐賀県）……331
きゃしゃげな（山口県）……283
きゃっきゃがくる（香川県）……300
きゃっぱりする（岩手県）……28
ぎゅーらしー（大分県）……357
きょーこつだ（神奈川県）……116
きょーさめー（鳥取県）……253
ぎょーさん（京都府）……213
ぎょーさん（大阪府）……221
ぎょーさん（岡山県）……268
きょーてー（岡山県）……268
きょーとい（島根県）……259
きょーとい（広島県）……276
きょーとましー（千葉県）……101
きょーび（埼玉県）……92
きょーび（京都府）……213
きょてー（鳥取県）……253
きょとい（香川県）……300
きょらさ（鹿児島県）……372
ぎり（和歌山県）……244
ぎり（愛媛県）……308
きりこ（奈良県）……236
きりば（広島県）……276
きんかんなまなま（石川県）……157
きんきん（宮崎県）……364
きんしゃい（福岡県）……324
ぎんつ（岐阜県）……171
きんとすわっ（鹿児島県）……372
きんなか（長崎県）……340
きんにょ（福島県）……60
きんにょ（島根県）……260
きんぱくつき（東京都）……109
きんまい（滋賀県）……204

く

く（高知県）……316
くいぞー（神奈川県）……116
ぐーばみる（長崎県）……340
くかざり（東京都）……109
くき（北海道）……12
くぐらける①（千葉県）……101
くぐらける②（千葉県）……101
～くさ（福岡県）……324
くさし（福島県）……60
～くさし（山口県）……283
くさる（栃木県）……75
くさる（千葉県）……101
くされ（大分県）……357
くされたまぐら（秋田県）……44
～グし（茨城県）……68
くじ（島根県）……260
ぐしー（岡山県）……268
くじくる（愛媛県）……309
くじっかてーに（神奈川県）……116

くじまえじっぷん（大分県）……357
くじゅーくる（広島県）……276
くじをくる（山口県）……284
くすガる（静岡県）……180
くずぬく（山口県）……284
ぐぜっ（佐賀県）……332
くせらしか（宮崎県）……364
ぐぜる（熊本県）……348
くそへび（岩手県）……28
くださいな（東京都）……109
くだしーよ（岐阜県）……171
ぐだめぐ（青森県）……21
くちべろ（埼玉県）……92
くちゃぐる（栃木県）……76
くっかく（埼玉県）……92
ぐっさり（熊本県）……348
ぐっすり（大阪府）……221
くっちゃべる（茨城県）……68
くつばかしー（岐阜県）……171
ぐつわりー（和歌山県）……244
ぐつわるい（京都府）……213
くどい（富山県）……148
くどい（石川県）……157
くどい（福井県）……165
くにしゅー（北海道）……12
くね（埼玉県）……92
くびこんま（福島県）……60
くふぇる（宮城県）……36
くぼのえず（福島県）……60
くむ（千葉県）……101
くむ（山梨県）……139
くむ（静岡県）……180
くもじ（奈良県）……237
くものえず（栃木県）……76
ぐやすや（鳥取県）……253
～くらい（滋賀県）……204
ぐらぐらこく（福岡県）……324
ぐらしー（宮崎県）……364
ぐらしか（鹿児島県）……372
くらす（福岡県）……324
くらつける（福島県）……60
くりょー（山梨県）……140
くる（福岡県）……324
くるう（長野県）……132
くるみ（長野県）……132
くるみ（山梨県）……140
ぐるめ（愛知県）……189
くるめる（高知県）……316
ぐるわ（長野県）……132
ぐれはま（東京都）……109
くれる（三重県）……196
ぐれる（静岡県）……180
くろ（静岡県）……181
くろと（東京都）……109
くろみ（香川県）……301
くわいちご（広島県）……276
くわいのきんとん（東京都）……109

け

～け（山梨県）……140
～け（富山県）……148
～け（石川県）……158
～け（滋賀県）……204
～け（徳島県）……292
け～（鹿児島県）……372
げぁーちま（新潟県）……123
けぁーっちょ（茨城県）……68
けぁっちゃ（岩手県）……28
けあらし（北海道）……12
けいぎ（宮城県）……36
～けー（岡山県）……268
けーかす（鳥取県）……253
けーがわりー（千葉県）……101
けゲし（山形県）……54
けげず（茨城県）……68
けける（静岡県）……181
けさいん（宮城県）……36
げしなる（徳島県）……292
けそかんと（岐阜県）……172
けっこい（静岡県）……181
けっこい（愛知県）……190
けっこい（香川県）……301
けったいな（大阪府）……221
けったりー（埼玉県）……92
げっと（大阪府）……221
げっぱ（秋田県）……44
けっぱなずく①

（鳥取県）……253
けっぱなずく②
（鳥取県）……253
けっぱる（北海道）……12
けっぱんずく（岡山県）
……268
けつふり（神奈川県）
……116
げっぺ（山形県）……54
けつる（愛媛県）……309
けつる①（山口県）……284
けつる②（山口県）……284
けでん（滋賀県）……204
げと（徳島県）……292
けとろく（大分県）……357
～げな（福岡県）……324
げな（宮崎県）……364
けない（徳島県）……292
けなり（山形県）……54
けなりー（群馬県）……85
けなりー（埼玉県）……92
けなりー（大阪府）……221
けなりー（岡山県）……268
けなるい（福井県）……165
けなるい（静岡県）……181
けなるい（京都府）……213
げに（高知県）……316
～けにならん（高知県）
……316
げばいた（岐阜県）……172
げべっちゃ（滋賀県）
……204
けやぐ（青森県）……21
けり（青森県）……21
～けりゃー（鹿児島県）
……372
ける①（秋田県）……44
ける②（秋田県）……44
げれっぱ（北海道）……12
けろ（山形県）……54
～けん（徳島県）……292
けん・けに（高知県）
……316
げんか（東京都）……110
けんけん（石川県）……158
けんげん（広島県）……276
けんずい（滋賀県）……204
けんたいげ（兵庫県）
……228
けんちょいき（大分県）
……357
けんつ（高知県）……316
けんど（青森県）……21
げんね（宮崎県）……364
げんね（鹿児島県）……373
けんむし（埼玉県）……92
げんや（北海道）……12

こ

ごあす（鹿児島県）……373
こいへ（青森県）……21
こうぇぁ（秋田県）……44
こうで（長野県）……132
こうねん（香川県）……301
こえー（福島県）……60
～ごー（和歌山県）……244
ごー（香川県）……301
こーえん（東京都）……110
こーか（石川県）……158
こーかる（福岡県）……324
ごーガわく（静岡県）
……181
ごーがわく（兵庫県）
……228
ごーがわく（鳥取県）
……254
ごーさわく（長野県）
……132
～こーじ（山梨県）……140
こーっと（三重県）……196
こおつと（兵庫県）……228
こーと（兵庫県）……228
こーとーか（熊本県）
……349
こーとな（京都府）……214
こーとな（和歌山県）
……244
こーのげ（福島県）……61
こーばこ（石川県）……158
こーへーな（鳥取県）
……254
こーへた（鳥取県）……254
こーべる（高知県）……316
こーらい（滋賀県）……204
こがーな（岡山県）……268
こかす①（高知県）……317
こかす②（高知県）……317
ごきあらい（広島県）
……277
こぎたない（東京都）
……110
こギる（滋賀県）……204
こグ（青森県）……22
ごくどされ（愛媛県）
……309
こくば（兵庫県）……228
こくば（広島県）……277
ごくやすみ（埼玉県）
……93
こけ（石川県）……158
こげつき（京都府）……214
こけら（東京都）……110
ございん（宮城県）……36
こざく（新潟県）……123

こざにっか（佐賀県）……332
こさらしー（愛知県）……190
ござりす（宮城県）……36
ござる（三重県）……196
〜こされ（三重県）……196
ござんす（岩手県）……28
ござんす（長野県）……132
ごしてー（長野県）……132
こじはん（福島県）……61
ごじゃ（岡山県）……269
ごじゃ（徳島県）……292
ごしゃぐ（秋田県）……44
ごしゃぐ（山形県）……54
ごじゃっぺ（茨城県）……69
ごじゃっぺ（栃木県）……76
ごじゃまんかい（千葉県）……101
ごじゃらっぱ（千葉県）……101
こじゃんと（高知県）……317
ごしょいも（北海道）……12
こしょー（福岡県）……324
こじょやか①（群馬県）……85
こじょやか②（群馬県）……85
こすい（大阪府）……221
こすい（奈良県）……237
こずく（長野県）……133
こすこす（愛知県）……190
こすたくりん（熊本県）……349
こずむ（熊本県）……349
こずむ・こぞむ（静岡県）……181
ごせーやける（栃木県）……76
ごせっぽい（静岡県）……181
ごせやげる（福島県）……61
〜こそ（三重県）……196
こそガしー（石川県）……158
こそくる（静岡県）……181
こそこそ（埼玉県）……93
こそばい（福井県）……166
こそばい（兵庫県）……228
こそばす（大阪府）……221
こたう①（高知県）……317
こたう②（高知県）……317
こたぐる（和歌山県）……244
こたち（京都府）……214
〜ごたっ①（鹿児島県）……373
〜ごたっ②（鹿児島県）……373
ごだっしゃい（島根県）……260
こたない（高知県）……317
ごたむく（石川県）……158
こだらかす（鳥取県）……254
〜ごたる①（熊本県）……349
〜ごたる②（熊本県）……349
ごちゃー（佐賀県）……332
こちょばっこい（新潟県）……124
こちょびて（山形県）……55
こつ（東京都）……110
こつい（静岡県）……181
ごっかぶり（大阪府）……221
ごっくーさん（佐賀県）……332
〜こっせん（宮崎県）……364
こってす（東京都）……110
ごっとい（佐賀県）……332
こっぱい（岐阜県）……172
こっぴんかたげる（兵庫県）……228
ごっぺかえす（北海道）……13
こっぺくせー（栃木県）……76
こっぺちょる（岐阜県）……172
こっぺな（福井県）……166
こっぺのわるか（長崎県）……340
こつる（山口県）……284
〜こてー（新潟県）……124
ごてーしん（大分県）……358
ごとーべー（神奈川県）……117
ごとろ（神奈川県）……117
こないだうち（京都府）……214
こなす（福岡県）……325
このげ（岩手県）……28
こばす（大分県）……358
こびきちょー（東京都）

……110
こびり（新潟県）……124
こべガうつ（滋賀県）……204
ごぼる（石川県）……158
こまい（兵庫県）……228
こまか（福岡県）……325
こまっちゃくれる（東京都）……110
こまめる（福岡県）……325
こめのあら（長野県）……133
こめら（福島県）……61
ごもくた（鳥取県）……254
ごもめぐ（青森県）……22
こらえて（滋賀県）……204
ごろ（山梨県）……140
～ごろ（鹿児島県）……373
ごろたひく（香川県）……301
ころっと①（宮城県）……37
ころっと②（宮城県）……37
ころどや（山形県）……55
こわい（北海道）……13
こわい（長野県）……133
こわい（岐阜県）……172
こわえ（茨城県）……69
こわくさい（富山県）……148
ごわす（長野県）……133
ごわへん（大阪府）……221
こん（山梨県）……140
こんきー（静岡県）……181
こんきー（愛知県）……190
こんきと（愛知県）……190
ごんごんちー（山口県）……284
ごんしょ（和歌山県）……244
ごんす（滋賀県）……205
ごんたくれ（大阪府）……222
こんね（兵庫県）……228
こんぼこ（長野県）……133
ごんぼほる（青森県）……22
ごんぼほる（秋田県）……44

さ

～さ（山梨県）……140
～ざー（山梨県）……140
さーたーあんらぎー（沖縄県）……382
さーたりまーる（静岡県）……181
ざーねー・だーねー（大分県）……358
さい（秋田県）……45
さいあがる（香川県）……301
さいがはやい（鳥取県）……254
さいこやく（三重県）……196
さいさい（富山県）……148
ざえ（新潟県）……124
～さか（和歌山県）……244
さかい（京都府）……214
～さかい（大阪府）……222
さがし（岐阜県）……172
さかしー（大分県）……358
さがしい（高知県）……317
さかしんめ（宮崎県）……365
さかたくりん（熊本県）……349
さかとんぼ（長崎県）……340
さがねる（埼玉県）……93
さかむけ（奈良県）……237
さかめいる（奈良県）……237
さきり（北海道）……13
さくい（群馬県）……85
さくい（鳥取県）……254
さぐず（岩手県）……28
さげ（岩手県）……29
～さげ（茨城県）……69
ささらほーさら（埼玉県）……93
さじー（大分県）……358
さしくる（山口県）……284
さしね（青森県）……22
さす（和歌山県）……244
さすけね（福島県）……61
さだっ（鹿児島県）……373
ざっかけ（千葉県）……101
ざっかけだ（神奈川県）……117
ざっかけない（東京都）……110
さっさる（滋賀県）……205
～ざった（三重県）……196
さっち（福岡県）……325
さっちもない（兵庫県）……228
さっちょん（北海道）……13
さっつぇーなし（茨城県）……69
ざっといかん（宮崎県）

………365
ざっとした（高知県）………317
ざっぺーに（千葉県）………101
ざっぽい（栃木県）………76
さでくりおちる（広島県）………277
さでくる（鳥取県）………254
さでこむ（山口県）………284
さでしてる（山口県）………284
さどい（徳島県）………293
さのぼい（宮崎県）………365
さのめ（兵庫県）………228
さばく（静岡県）………182
さばく（長崎県）………340
さばくっ（佐賀県）………332
さばに（沖縄県）………382
さばる（岡山県）………269
さばる（広島県）………277
さばる①（島根県）………260
さばる②（島根県）………260
さばる③（島根県）………260
さびわけする（高知県）………317
さぶなか（長崎県）………340
さぶろー（茨城県）………69
さべっちょ（新潟県）………124
ざまくな（広島県）………277
ざまくな①（島根県）………260
ざまくな②（島根県）………260
さむしー（埼玉県）………93
さよか（大阪府）………222
～さら（静岡県）………182
さらさらえぼ（宮城県）………37
～さる（岐阜県）………172
さるく（長崎県）………340
されく・さろく（熊本県）………349
さろく（佐賀県）………332
さわぐ（新潟県）………124
～さん（山口県）………284
ざんギ（北海道）………13
さんぐりがえし（鳥取県）………254
さんこにする（兵庫県）………229
ざんざかばき（滋賀県）………205
ざんじ（高知県）………317
さんしのみっつ（山口県）………284
さんじょっぱらい（新潟県）………124
さんしん（沖縄県）………382
さんずい（富山県）………148
ざんぞ（福島県）………61
ざんぞかだる（宮城県）………37
さんぼんじめ（東京都）………110
さんよ（兵庫県）………229

し

し（山梨県）………140
～し（山梨県）………141
～し（京都府）………214
～し～（愛媛県）………309
～し（鹿児島県）………373
～じ（長野県）………133
しあんぼ（埼玉県）………93
じーけ（山梨県）………141
しーける（山梨県）………141
しーじゃ（沖縄県）………382
しーだかさん（沖縄県）………382
じいも（徳島県）………293
しうぇー（岡山県）………269
しぇぁっこ（秋田県）………45
しぇからしか（福岡県）………325
しぇからしか（佐賀県）………332
しぇづねー（宮城県）………37
しぇば・へば（秋田県）………45
しぇやみこぎ（秋田県）………45
じぇんこ（秋田県）………45
じおい（山梨県）………141
しおはいー（島根県）………260
～しか（京都府）………214
しカ゚い（北海道）………13
しかう（高知県）………317
～しかえー（和歌山県）………245
じかきむし（栃木県）………76
しかけ（鳥取県）………255
しかしかもねー（宮崎県）………365
しがだねぁ（秋田県）………45
しかぶる（山口県）………285
しカ゚ま（青森県）………22
しかも（新潟県）………124

しき（群馬県）……85
じきのまに（鳥取県）……255
しくた（三重県）……196
じぐなし（青森県）……22
じげ（兵庫県）……229
しけしけ（富山県）……148
しゲね（青森県）……22
しける（香川県）……301
～しこ（長崎県）……341
じごくのかぎっつるし（栃木県）……76
しこる（熊本県）……349
しし（富山県）……148
ししび（愛知県）……190
しじみっかい（東京都）……110
じじらに（島根県）……260
しじる①（鳥取県）……255
しじる②（鳥取県）……255
したっけ（北海道）……13
したっけね（北海道）……13
しちべた（石川県）……158
じちらかと（滋賀県）……205
じっき（新潟県）……124
しっきゃー（佐賀県）……333
しっこしがない（東京都）……110
しった（埼玉県）……93
しったげ（秋田県）……45
しっちゃゲる（福島県）……61
しっとギ（岩手県）……29
しっぱね（秋田県）……45
しっぱね（福島県）……61
じっぱり（秋田県）……45
～して（三重県）……197
～しておく（福岡県）……325
じなくそゆー（鳥取県）……255
しなこい（福島県）……61
しなじ（青森県）……22
しなっこい（長野県）……133
しなっと（福井県）……166
しなべる（静岡県）……182
じなる（栃木県）……77
しにいる（徳島県）……293
しぬ（青森県）……22
しね（青森県）……22
しねぁ（秋田県）……45
しねー（岡山県）……269
しばや（東京都）……110
しばれる（北海道）……13
しびがわりー（鳥取県）……255
しびれる（千葉県）……102
じぶき（北海道）……13
じぶり①（山梨県）……141
じぶり②（山梨県）……141
じぶん（山梨県）……141
～じまう（東京都）……111
しまく（滋賀県）……205
しまつする（京都府）……214
しみじみ（茨城県）……69
しみじみ（千葉県）……102
しみっぱれ（岩手県）……29
しみる（長野県）……133
しみる（岐阜県）……172
しめなったか（宮崎県）……365
しもゲる（茨城県）……69
しもてく（三重県）……197
しもとくない（滋賀県）……205
～しゃーが（佐賀県）……333
しゃーない（和歌山県）……245
じゃーま（富山県）……148
しゃーまこく（鳥取県）……255
しゃーままげる（兵庫県）……229
～じゃう（東京都）……111
じゃがじゃが（宮崎県）……365
しゃぎつける（新潟県）……124
しゃぐ（愛媛県）……309
しゃだれ（三重県）……197
しゃち（宮崎県）……365
しゃつかがない（鳥取県）……255
しゃっけ（秋田県）……46
しゃっこい（北海道）……14
しゃっこい（青森県）……23
じゃっしー（山梨県）……141
しゃっちで（長崎県）……341
じゃっど（鹿児島県）……373
しゃでー（茨城県）……69
じゃまない（石川県）……159

じゃみじゃみ（福井県）……166
じゃみる（千葉県）……102
じゃみる（兵庫県）……229
しゃるく（和歌山県）……245
しゃれぼー（佐賀県）……333
～じゃん（神奈川県）……117
じゃん（島根県）……260
～じゃん①（山梨県）……141
～じゃん②（山梨県）……141
じゃんか（埼玉県）……93
じゃんこと（鳥取県）……255
じゃんぼ（青森県）……23
じゃんぼ（茨城県）……69
じゃんぼん（栃木県）……77
じゅーく（群馬県）……85
じゅーぐりっと（熊本県）……349
しゅーとがが（佐賀県）……333
じゅじゅまき・ぎぎまき（宮崎県）……365
しゅっせいらち（和歌山県）……245
しゅむ（愛媛県）……309
じゅるい（兵庫県）……229
しゅわい（山梨県）……142
じゅんさいな（大阪府）……222
～じょ（徳島県）……293
～じょ（鹿児島県）……373
しょうけ（愛媛県）……309
じょうだり（奈良県）……237
しょー（長野県）……133
じょーさね（山形県）……55
しょーし（福島県）……61
しょーし（兵庫県）……229
しょーしー（新潟県）……124
しょーず（北海道）……14
じょーだい（滋賀県）……205
しょーたれ（新潟県）……125
しょーたれ（徳島県）……293
しょーたれ（香川県）……301
じょーびったり（東京都）……111
しょーぶわけ（奈良県）……237
しょーもない（大阪府）……222
じょーもん（福岡県）……325
じょーもんさん（福岡県）……325
しょーやくする（鳥取県）……256
しょーらしい①（香川県）……301
しょーらしい②（香川県）……301
じょーり（埼玉県）……93
しょくにん（和歌山県）……245
しょし（青森県）……23
しょし①（秋田県）……46
しょし②（秋田県）……46
しょずむ（静岡県）……182
しょずむ（三重県）……197
じょっぱり（青森県）……23
しょどめ（岩手県）……29
しょなむ・しょのむ（熊本県）……349
しょのむ（鳥取県）……256
しょむ（兵庫県）……229
しょむない（石川県）159
じょら（大阪府）……222
じょろかく（福井県）……166
しょろしょろ（静岡県）……182
しょわしない（富山県）……148
しょんない（静岡県）……182
しょんなか（熊本県）……350
じょんならん（香川県）……301
じょんのび（新潟県）……125
しょんばい（静岡県）……182
じら（山口県）……285
しらった（高知県）……318
じりー（岡山県）……269
じりー（大分県）……358
しりうち（徳島県）……293
しりうち（香川県）……302
しりこぶた（兵庫県）……229

しるい（高知県）……318
じるい（静岡県）……182
じるい（香川県）……302
じるたんぼ（愛媛県）……309
しれーっと（佐賀県）……333
しろしか（福岡県）……325
しろと（東京都）……111
しわい（奈良県）……237
しわい（山口県）……285
しんがいぜん（富山県）……148
じんぎ（山形県）……55
じんぎ（埼玉県）……93
しんきくさい（京都府）……214
しんけん（大分県）……358
しんぜる（群馬県）……85
しんだい①（徳島県）……293
しんだい②（徳島県）……293
しんちぇー（岡山県）……269
しんどい①（京都府）……214
しんどい②（京都府）……215
しんびきする（岐阜県）……172

す

〜ず（長野県）……133
すいー（宮崎県）……365
すいしょ（福島県）……61
すいとー（福岡県）……326
すいばり（山口県）……285
ずー（埼玉県）……93
すかす（新潟県）……125
すガもり（北海道）……14
すがれる（千葉県）……102
ずく（新潟県）……125
ずく（長野県）……134
すぐだまる（宮城県）……37
ずくたれ（岐阜県）……173
ずくなし（長野県）……134
ずくむ（千葉県）……102
すぐりみち（埼玉県）……94
〜すけ（新潟県）……125
すけない（東京都）……111
すけない（兵庫県）……229
すける（宮城県）……37
〜すける（茨城県）……69
すける（滋賀県）……205
すける（岡山県）……269
ずこいきり（富山県）……149
ずし（宮崎県）……365
ずずねー（栃木県）……77
すそご・しりご（長崎県）……341
すたんばい（北海道）……14
ずつない（兵庫県）……230
ずつない（奈良県）……237
ずつない（高知県）……318
ずつねー（大分県）……358
すっぱね（宮城県）……37
すっぱり（千葉県）……102
すっぺすっぺ（愛知県）……190
ずでー（群馬県）……86
すてぎもねー（茨城県）……70
すててギ（岩手県）……29
すてんぽてん（鳥取県）……256
ずない①（静岡県）……182
ずない②（静岡県）……182
ずない③（静岡県）……182
すなこい（宮城県）……37
ずねー（福島県）……62
ずねー（埼玉県）……94
ずのぼせ（茨城県）……70
すばだかげる（岩手県）……29
すばり（島根県）……260
すばる（愛知県）……190
すばろーしー（岡山県）……269
ずへらっと（宮城県）……37
ずぼ（香川県）……302
ずぼら（大阪府）……222
すぼれる（広島県）……277
すみ（茨城県）……70
ずみ（宮城県）……37
すもう（宮城県）……38
すもじ（京都府）……215
すもつくれん（大分県）……358
〜ずら（山梨県）……142
〜ずら（岐阜県）……173
すらー（岡山県）……269
すらごつ（佐賀県）……333
すらごつ（長崎県）……341
すらごと（福岡県）……326
ずりきー（大分県）……359
ずる（新潟県）……125
ずる（愛知県）……190
ずる（宮崎県）……365

ずる①（島根県）……261
ずる②（島根県）……261
すんくじら（鹿児島県）……373
ずんだるっ（佐賀県）……333
ずんだれ（宮崎県）……366
ずんだれ（鹿児島県）……373
すんと（愛知県）……190
ずんばい（鹿児島県）……374

せ

せぁばん（岩手県）……29
せう（長野県）……134
せー（埼玉県）……94
〜せー（鹿児島県）……374
せーだい（大阪府）……222
せーない（和歌山県）……245
せーふろ（栃木県）……77
せからしか（熊本県）……350
せかれる（香川県）……302
せき①（群馬県）……86
せき②（群馬県）……86
せけんさま（東京都）……111
せこい①（徳島県）……293
せこい②（徳島県）……293
せじゃな（鳥取県）……256
せすい（奈良県）……237
せせくる（静岡県）……183
せせる（岐阜県）……173
せだいて（富山県）……149
せたらう（奈良県）……237
せちべん（兵庫県）……230
せっこがいー（群馬県）……86
せっこぎ（岩手県）……29
〜せった（神奈川県）……117
せっちょ（栃木県）……77
せっちょー（群馬県）……86
せっちょはぐ（岩手県）……29
せつない（山梨県）……142
せづなえ①（茨城県）……70
せづなえ②（茨城県）……70
せつなか（佐賀県）……333
せつね（新潟県）……125
せづね（福島県）……62
せつろしー（滋賀県）……205
せなご（埼玉県）……94
せに（香川県）……302
せぶる（岐阜県）……173
せらいご（大分県）……359
せらう（香川県）……302
せられー（岡山県）……269
せる（香川県）……302
せる（大分県）……359
せわーねー（岡山県）……269
せわがる（高知県）……318
せわしない（山形県）……55
せわしない（大阪府）……222
せんぐり（奈良県）……238
せんぐり（徳島県）……293
せんぐり（香川県）……302
ぜんて（栃木県）……77
せんど（三重県）……197
せんど（兵庫県）……230
せんど（奈良県）……238
せんどな（宮城県）……38
せんない（山口県）……285
せんひぎ（宮城県）……38
せんみ（埼玉県）……94

そ

〜そ（山口県）……285
そいあい（富山県）……149
そうたいぶり（愛媛県）……309
ぞーさな（滋賀県）……206
そーそーする（山口県）……285
そーだす（三重県）……197
ぞーたんのごと（佐賀県）……333
そーつく（福岡県）……326
そーでー（大分県）……359
そーにゃ・そーん（熊本県）……350
そーぬぎゆん（沖縄県）……382
そーのー（奈良県）……238
そーばい（兵庫県）……230
そーましー（愛知県）……190
ぞーやみ（愛知県）……191
そーよー（熊本県）……350
ぞーらいな（香川県）……302
そーれん（広島県）……277
ぞーんわく（佐賀県）……334
そがらし（宮崎県）……366

そがれ（群馬県）……86
そくさい（富山県）……149
そくさいな（石川県）……159
そげ（大阪府）……222
そげーな（鳥取県）……256
そこっと（岩手県）……29
そざす（宮城県）……38
そじる（茨城県）……70
ぞせー（福島県）……62
ぞぜーる（長野県）……134
そそくる・そそくう（愛知県）……191
そそね（広島県）……277
〜ぞっき（群馬県）……86
そねーな（岡山県）……270
そばえる（栃木県）……77
そばまく（富山県）……149
そばり（広島県）……277
そびく（長崎県）……341
そべーる（茨城県）……70
そめ（岐阜県）……173
そやでこり（三重県）……197
そら（徳島県）……294
そらーつかう（静岡県）……183
そらっぺ（埼玉県）……94
そらやま（島根県）……261
それいね（山口県）……285
そろっと（新潟県）……125
ぞろっぺー（東京都）……111
ぞんき（東京都）……111
そんきー（佐賀県）……334
ぞんグりする（静岡県）……183
そんとな（山口県）……285
そんぶり（群馬県）……86
そんま（新潟県）……125

た

〜たー（岡山県）……270
だーすけ（新潟県）……126
たい（滋賀県）……206
〜たい（福岡県）……326
たいぎい（愛媛県）……309
たいぎゃ（熊本県）……350
たいこうさん（奈良県）……238
だいじ（栃木県）……77
たいした（北海道）……14
だいしょ（山口県）……285
たいたい（愛媛県）……309
たいだい（愛知県）……191
だいひょー（三重県）……197
たいへん（山梨県）……142
だいやみ・だいやめ（宮崎県）……366
だいやめ（鹿児島県）……374
だいろ（新潟県）……125
たお（広島県）……277
たガく（北海道）……14
たガぐ（山形県）……55
たがく（新潟県）……126
たぎる（長崎県）……341
たく（京都府）……215
たける（山口県）……286
たごまる（宮城県）……38
たこる（静岡県）……183
たごる（愛媛県）……310
だしかいな（滋賀県）……206
たしない（愛知県）……191
たしない（徳島県）……294
だじゃぐ①（秋田県）……46
だじゃぐ②（秋田県）……46
だす（茨城県）……70
だす（富山県）……149
だすい（和歌山県）……245
だたいガ（山梨県）……142
だだくさな（石川県）……159
だだくさもない（愛知県）……191
だだけ（滋賀県）……206
ただもの①（島根県）……261
ただもの②（島根県）……261
たたる（長野県）……134
だだんだー（山口県）……285
〜だち（高知県）……318
だちかん（新潟県）……126
だちかん（岐阜県）……173
だちゃかん（富山県）……149
だちゃかん（石川県）……159
たっか（神奈川県）……117
たっくぃー（沖縄県）……382
たっすい（徳島県）……294
たっだ（石川県）……159
たってき（香川県）……302
たっぱい（福岡県）……326
たっぺ（栃木県）……78
たっぺ（埼玉県）……94
たててーて（岡山県）

ち

……383
ちむぐりさん（沖縄県）……383
ちむじゅらさん（沖縄県）……383
ちむむちむん（沖縄県）……383
〜ちゃ（富山県）……149
〜ちゃ（山口県）……286
〜ちゃー（山梨県）……142
ちゃーぎゃー（佐賀県）……334
ちゃーる（栃木県）……78
〜ちゃーる（大阪府）……223
〜ちゃう（東京都）……111
ちゃう（大阪府）……223
ちゃガちゃガ（福井県）……166
ちゃがまる①（高知県）……318
ちゃがまる②（高知県）……319
ちゃがる（千葉県）……102
ちゃきー（山梨県）……142
ちゃじょおけ（鹿児島県）……374
ちゃぞっぺー（埼玉県）……94
ちゃっちゃと（福井県）……166
ちゃっと（和歌山県）……245
ちゃべ（富山県）……149
ちゃべ（石川県）……160
ちゃらんけ（北海道）……14
ちゃりこい（山口県）……286
〜ちゃわー（宮崎県）……366
ちゃんぎりみゃー（佐賀県）……334
ちゃんぷーるー（沖縄県）……383
ちゅいしーじー（沖縄県）……384
ちゅーぶ（福井県）……166
ちゅらかーぎー（沖縄県）……384
ちゅらさん（沖縄県）……384
〜ちょ（山梨県）……142
ちょうず（徳島県）……294
ちょーしき（島根県）……261
ちょーす（新潟県）……126
ちょーだ（富山県）……149
ちょーたくしる（新潟県）……126
ちょーだる（福井県）……167
ちょーつける（富山県）……150
ちょーはい（富山県）……150
ちょーはん（新潟県）……126
ちょーらかす（静岡県）……183
ちょーろぐ（茨城県）……70
ちょか（福井県）……167
ちょくしばり（大分県）……359
ちょこがしー（富山県）……150
ちょこす（千葉県）……102
ちょこちょこしー（三重県）……198
ちょす（北海道）……14
ちょす（青森県）……23
ちょちょべっこ（埼玉県）……94
ちょつくぼる（奈良県）……238
ちょっこし（島根県）……261
ちょっとぎま（岩手県）……30
ちょどする（宮城県）……38
ちょびちょびする（山梨県）……143
〜ちょる（岐阜県）……173
ちょれー（岡山県）……270
ちん（滋賀県）……206
ちん（高知県）……319
ちんがらっ（宮崎県）……366
ちんがらっ（鹿児島県）……374
ちんちべべ（愛媛県）……310
ちんちょか（長崎県）……341
ちんちん（愛知県）……191
ちんちん（滋賀県）……206
ちんちん（鳥取県）……256
ちんちんかく（富山県）……150
ちんちんもガもガ（東京都）……111
ちんと（福島県）……62

ちんぶりかく（静岡県）……183
ちんわすれる（長崎県）……341

つ

つ（佐賀県）……335
つ・つーくれ（長崎県）……341
ついぞ（三重県）……198
ついな（愛媛県）……310
ついり（和歌山県）……245
つー（和歌山県）……245
～つか（兵庫県）……230
つか（香川県）……302
つかーせー（岡山県）……270
つかえる（奈良県）……238
つかえん（富山県）……150
つぎやいにしとく（三重県）……198
つく（和歌山県）……245
つくだる（山口県）……286
つくなむ（兵庫県）……230
つくなむ（山口県）……286
つくなむ（徳島県）……294
つくねる（兵庫県）……230
つくばむ（福岡県）……326
つぐろじんがする（宮崎県）……366
～っさ（福井県）……167
つずりさせ（岐阜県）……173
～っちゃ（岡山県）……270
～っちゃろ（山口県）……286
つついっぱい（兵庫県）……230
つっかけまんご（栃木県）……78
つっかけわんな（群馬県）……86
つったぎる（千葉県）……103
つっつぐばる（岩手県）……30
つっとる（千葉県）……103
つっぺ（北海道）……14
つっぺ（山口県）……286
つっぺーる（茨城県）……70
つっぺる（栃木県）……78
つっぺる（埼玉県）……94
つばえる（山口県）……286
つばえる（香川県）……302
つばえる（愛媛県）……310
つばくろ（埼玉県）……95
つぶあし（群馬県）……86
つべい（奈良県）……238
つべかやり（愛媛県）……310
つべくそ（徳島県）……294
つぼめぁ（岩手県）……30
つまえる（徳島県）……294
つまつま（富山県）……150
つまらん（山口県）……286
つまらん（福岡県）……326
つまらん（広島県）……278
つむ（和歌山県）……246
つむ（香川県）……303
つもい（長野県）……134
つもい（岐阜県）……174
～つら（山梨県）……143
つらめーる（神奈川県）……117
つりたりつりたり（岩手県）……30
つる（三重県）……198
つるつるいっぱい（福井県）……167
～つろ（愛媛県）……310
～つろー（和歌山県）……246
～つろー・づろー（高知県）……319
つろくする（京都府）……215
つんつん（福井県）……167
つんのむ（長崎県）……341

て

てぃーら（沖縄県）……384
てぃーらあーみ（沖縄県）……384
でいえ（広島県）……278
～ていくす（富山県）……150
てぃだ（鹿児島県）……374
てぃんさぐー（沖縄県）……384
てーげー（沖縄県）……384
でーじゃ（宮崎県）……366
てーら（茨城県）……71
でーれー①（岡山県）……270
でーれー②（岡山県）……270
てーろ（兵庫県）……231
でかいこと（石川県）……160
てがう（和歌山県）……246
てがう（高知県）……319
てき①（和歌山県）……246
てき②（和歌山県）……246

できあい・でっきゃい（香川県）……303
てきない（長野県）……134
てきない（岐阜県）……174
てきねー（福井県）……167
できられん（大分県）……359
てく（東京都）……111
てげ・てげてげ①（宮崎県）……366
てげ・てげてげ②（宮崎県）……366
でけー（神奈川県）……117
てげてげ（鹿児島県）……374
でけん（佐賀県）……335
てご（島根県）……262
てご（岡山県）……271
でご（茨城県）……71
てこい（鳥取県）……257
でこー（神奈川県）……117
てここしー（三重県）……198
でごじゃれる（茨城県）……71
てこにあわん（島根県）……262
でゴひゴ①（茨城県）……71
でゴひゴ②（茨城県）……71
でごへご（鳥取県）……257
てざらい（滋賀県）……206
てじめ（東京都）……111
ですっぱギ（茨城県）……71
〜ですらい（愛媛県）……310
てせ（鹿児島県）……375
〜てだーこ（三重県）……198
〜てたもれ（三重県）……198
てち（和歌山県）……246
てっ（山梨県）……143
でっかす（栃木県）……78
てっこもり（新潟県）……126
てっずし（山梨県）……143
てっぱる（千葉県）……103
てて（愛媛県）……310
てでっぽ（岩手県）……30
でな（福島県）……62
てなわん（福井県）……167
てにゃわん（岐阜県）……174
てにゃわん（宮崎県）……366
でばつく（和歌山県）……246
ではる（岩手県）……30
てべす（滋賀県）……206
でほーらぐ（茨城県）……71
でぼちん（大阪府）……223
〜てみえる（三重県）……199
でめんさん（北海道）……15
〜てや（兵庫県）……231
でらっと（秋田県）……46
てれぐれする（島根県）……262
てれこ（三重県）……199
てれこ（大阪府）……223
てれこ（奈良県）……238
てれこ（徳島県）……294
でれすけ（千葉県）……103
てれんこぱれんこ（山口県）……286
てれんぱれん（長崎県）……341
てんがけ（群馬県）……87
でんガぼ（岩手県）……30
でんきな（山口県）……286
てんグっぱな（神奈川県）……117
てんくら（山口県）……287
でんグる（福島県）……62
てんぐるま（群馬県）……87
てんグるめー（神奈川県）……117
てんご（京都府）……215
てんごする（奈良県）……239
てんこつ（香川県）……303
てんこもり（北海道）……15
てんこもり（滋賀県）……206
てんじょつく（滋賀県）……207
てんずだんず（栃木県）……79
てんづけ（埼玉県）……95
てんてれやすい（福岡県）……326
てんぼ（新潟県）……127
てんぽな（富山県）……150
てんぽな（福井県）……167
てんまい（香川県）……303

と

～と（福岡県）……327
～ど（鹿児島県）……375
とう（愛媛県）……310
とうなす（東京都）……111
～とー（山梨県）……143
とー（福岡県）……327
とーから（鳥取県）……256
どーかん（山口県）……287
とーきび（北海道）……15
とーきび（福岡県）……327
どーすりゃー（岡山県）……271
とーたび（沖縄県）……384
どーどーどーで（佐賀県）……335
とーとーめー（沖縄県）……384
どーねき（愛知県）……191
どーはっしぇん（長崎県）……342
～とーみ（京都府）……215
とーみギ（福島県）……62
とーめんこ（愛知県）……191
どーも（長崎県）……342
どがーに（広島県）……278
どがでも（鳥取県）……256
とかふか（秋田県）……46
とぎ（高知県）……319
とくせー（群馬県）……87
どくれる（徳島県）……295
どくれる（香川県）……303
どけだっか（熊本県）……350
とこぎり（奈良県）……239
とこげる（栃木県）……79
～とこと（滋賀県）……207
とこなえ（大分県）……360
とこねん（奈良県）……239
～とさいガ（滋賀県）……207
～とさいが（三重県）……199
どさまく（愛知県）……191
どさんこ（北海道）……15
とじぇねぁ（秋田県）……46
とじぇん（宮城県）……38
とじぇんこだ（岩手県）……30
とじかる（静岡県）……183
としや（新潟県）……127
どしゃんばら（和歌山県）……246
どしょなし（福島県）……62
どす（岐阜県）……174
～どす（京都府）……215
とぜなか（福岡県）……327
とぜんなか（熊本県）……350
とぜんね（鹿児島県）……375
どたま（大阪府）……223
とちゅーはんぱ（北海道）……15
どちらいか（北海道）……15
どちらいか（徳島県）……295
とっきょり（奈良県）……239
どつく（兵庫県）……231
とつけむなか（福岡県）……327
とつけむにゃー（熊本県）……350
とつけもない（香川県）……303
とつけもの（宮城県）……38
とっぱどする（千葉県）……103
どっぺ（岐阜県）……174
どっぺすっ（佐賀県）……335
どでんする（岩手県）……31
どでんする（宮城県）……38
どでんする（秋田県）……47
ととしか（佐賀県）……335
ととのわん（石川県）……160
どどめ（埼玉県）……95
とどらね（宮城県）……38
ととろずく（栃木県）……79
どない（大阪府）……223
とのげる（岩手県）……31
どのる（福島県）……62
とびしゃり（三重県）……199
とびっくら（長野県）……134
とひょーもない（滋賀県）……207
どびる（徳島県）……295
とぶ（福島県）……62
とぶ（山梨県）……143
とぶ（静岡県）……183
とぶ（愛知県）……191
とぶぐち（埼玉県）……95

どべ（大分県）…… 360
どぼれ（徳島県）…… 295
どまつく（富山県）…… 150
とも（和歌山県）…… 246
～ども（青森県）…… 23
どやぐ（秋田県）…… 47
どやぐ（奈良県）…… 239
どやす（奈良県）…… 239
とらげる（岡山県）…… 271
とりガみ（岩手県）…… 31
どろおとし（広島県）…… 278
とろっぴ（栃木県）…… 79
とろっぴょーし（神奈川県）…… 117
とろっぺず（宮城県）…… 39
とろびー（群馬県）…… 87
～とん（佐賀県）…… 335
～どん（三重県）…… 199
～どん（鹿児島県）…… 375
とんざーねー（千葉県）…… 103
とんすい（長崎県）…… 342
とんする（東京都）…… 111
どんどはれ・どっとはれ（岩手県）…… 31
どんどろさん（広島県）…… 278
どんどんやき（東京都）…… 112
どんならん（大阪府）…… 223
どんぶぐ（宮城県）…… 39

な

なー（新潟県）…… 127
なーしょ（福島県）…… 63
なーはいばい（沖縄県）…… 385
なーん（富山県）…… 150
なーん（石川県）…… 160
ないち（北海道）…… 15
～ないよ（宮崎県）…… 366
なえ（富山県）…… 150
なおす（京都府）…… 215
なおす（大阪府）…… 223
なおす（大分県）…… 360
なおす（鹿児島県）…… 375
なおっ（鹿児島県）…… 375
なガたん（福井県）…… 167
ながたん（岐阜県）…… 174
ながたん（奈良県）…… 239
なかどる（和歌山県）…… 246
なガまる（秋田県）…… 47
ながまる（新潟県）…… 127
なから（埼玉県）…… 95
なから①（群馬県）…… 87
なから②（群馬県）…… 87
なく（新潟県）…… 127
なぐさみ（三重県）…… 199
なゲる（北海道）…… 15
～なさんす（長野県）…… 134
なじ（新潟県）…… 127
なしになる（徳島県）…… 295
なじみぞい（富山県）…… 150
なじょーも（新潟県）…… 127
なじょしべーか（千葉県）…… 103
なす（茨城県）…… 71
なす（広島県）…… 278
なすける（茨城県）…… 71
なづぎ（青森県）…… 23
なつこぇ（宮城県）…… 39
なっちょ（長野県）…… 134
なっとか（和歌山県）…… 246
なな（長野県）…… 134
ななこ（和歌山県）…… 246
なば（広島県）…… 278
～なはれ（大阪府）…… 223
～なはん（岩手県）…… 31
なびる（埼玉県）…… 95
なぶる（福井県）…… 168
なまずけない（滋賀県）…… 207
なまら（北海道）…… 15
なむなむ（京都府）…… 215
なめる（熊本県）…… 350
～なもし（愛媛県）…… 310
なやすい（兵庫県）…… 231
ならーすん（沖縄県）…… 385
～なり（岡山県）…… 271
なりき（静岡県）…… 183
なるい（兵庫県）…… 231
なるい（広島県）…… 278
なるい（徳島県）…… 295
～なれる（岐阜県）…… 174
なわす①（熊本県）…… 351
なわす②（熊本県）…… 351
なんかかる（福岡県）…… 327
なんかかる（宮崎県）…… 366
なんき（和歌山県）…… 247
なんぎー（新潟県）…… 127
なんぎこんぎ（島根県）…… 262

なんぎや（大阪府）……223
なんくる（沖縄県）……385
なんしか（大阪府）……223
なんでれでー（大阪府）……224
なんなら（岡山県）……271
なんなんすっ（佐賀県）……335
なんのあーた（福岡県）……327
なんば①（滋賀県）……207
なんば②（滋賀県）……207
なんぼ（大阪府）……224
なんも（北海道）……15
なんも（秋田県）……47

に

〜に（三重県）……199
に①（高知県）……319
に②（高知県）……319
にーさま（山口県）……287
にーしー（静岡県）……184
にーな（広島県）……278
におぐ（京都府）……215
にガ（青森県）……23
にかーらん（高知県）……319
にかむ（青森県）……23
にがる（岡山県）……271
にぎり（広島県）……278
にくじ（山口県）……287
にくじ（熊本県）……351
にくそい（大阪府）……224
にげる（島根県）……262
にこ（奈良県）……239
にごじゅー（大分県）……360
にゴはち（滋賀県）……207
にしくりつける（鳥取県）……257
にしゃ（福島県）……63
にしら（埼玉県）……95
にせ（鹿児島県）……375
にっちょ（大阪府）……224
にどいも（新潟県）……127
になう（群馬県）……87
にぬき（大阪府）……224
にばんざ（神奈川県）……118
にゃー（山梨県）……143
にゅーになる（広島県）……279
にょーばんこ（島根県）……262
にょんにょさま（宮城県）……39
にらいかない（沖縄県）……385
にんならん（福井県）……168

ぬ

ぬーる（沖縄県）……385
ぬがる（和歌山県）……247
ぬぎ（秋田県）……47
ぬぐだまる（岩手県）……31
ぬくとい（埼玉県）……95
ぬくとい（岐阜県）……174
ぬすくる（熊本県）……351
ぬすっくらい（栃木県）……79
ぬたーっと（熊本県）……351
ぬちゃーしー（沖縄県）……385
ぬっか（福岡県）……327
ぬまこい（兵庫県）……231
ぬらーぬら（佐賀県）……335

ね

〜ね（福井県）……168
ねー（三重県）……199
ねがる（愛知県）……191
ねき（奈良県）……240
ねき（山口県）……287
ねき（愛媛県）……311
ねグさる（静岡県）……184
ねこのしっぽ（長野県）……135
ねごんぼ（栃木県）……79
ねずむ（長崎県）……342
ねずむ（熊本県）……351
ねぜる（高知県）……319
ねそっかれる（群馬県）……87
ねちこい（岐阜県）……175
ねつい（広島県）……279
ねっから（和歌山県）……247
ねっき（岩手県）……31
ねつこぇ（宮城県）……39
ねっちょー（千葉県）……103
ねっぱす（宮城県）……39
ねっぱす（福島県）……63
ねねこ（千葉県）……103
ねばい（富山県）……150
ねばり（岐阜県）……175
ねぶる（大分県）……360
ねまる（岩手県）……31
ねまる（秋田県）……47
ねまる（福岡県）……328

ねまる（佐賀県）……335
ねまる（熊本県）……351
ねゆき（北海道）……16
ねりくり（宮崎県）……366
～ねん（大阪府）……224
ねんがける（愛媛県）……311
ねんごーたれる（広島県）……279
ねんじこんじ（栃木県）……79
ねんじん（埼玉県）……95

の

～のう（和歌山県）……247
のー（高知県）……320
のー・んのー（三重県）……199
のーがわるい（高知県）……320
のーたくれる（広島県）……279
のーなる（滋賀県）……207
のーなる（岡山県）……271
のーぶぞか（佐賀県）……336
～のーら（和歌山県）……247
のきぶとり（大分県）……360
のく（京都府）……216
のく①（高知県）……320
のく②（高知県）……320
のく③（高知県）……320
のくてー①（福井県）……168
のくてー②（福井県）……168
のざえる（栃木県）……79
のざぐ（茨城県）……71
のさくさ（千葉県）……103
のさる（宮崎県）……367
のさん（熊本県）……351
のさん（宮崎県）……367
～のし（三重県）……200
～のし（和歌山県）……247
のすける（広島県）……279
のぜえる（千葉県）……103
のたくる（埼玉県）……95
のっかる（東京都）……112
のっけから（岐阜県）……175
のっけに（東京都）……112
のて（東京都）……112
のて（長野県）……135
のどっせ（香川県）……303
のぶい（山梨県）……143
のふぞー（愛媛県）……311
のま（岐阜県）……175
のまえる（富山県）……151
のめし（新潟県）……127
のめっこい（埼玉県）……95
のめる（千葉県）……104
のりょーる①（岡山県）……271
のりょーる②（岡山県）……271
～のんた（山口県）……287
のんもる（大阪府）……224

は

～ば（福岡県）……328
はー（山口県）……287
はー①（茨城県）……71
はー②（茨城県）……71
～ばー（岡山県）……271
ばーか～（新潟県）……127
ばーさらげる（茨城県）……72
～ばい（福岡県）……328
～ばい（熊本県）……351
はいごん（島根県）……262
はいだるい（石川県）……160
はいも（岩手県）……31
はいよ①（熊本県）……351
はいよ②（熊本県）……351
はいりょ（徳島県）……295
ばう（愛媛県）……311
はえ（鹿児島県）……375
はえる（群馬県）……87
ばが（宮城県）……39
はがいか（福岡県）……328
はガいしー（石川県）……160
はがいましー（香川県）……303
はかはかする（秋田県）……47
はがやしー（富山県）……151
はギる（茨城県）……72
はく（北海道）……16
はく（香川県）……303
はぐ（埼玉県）……96
はぐ（高知県）……320
ばくらとする（島根県）……262
はぐる（群馬県）……87
はぐる（埼玉県）……96
ばくる（北海道）……16
はげぃー（鹿児島県）……375

はげらしー（宮崎県）……367
はごた①（千葉県）……104
はごた②（千葉県）……104
ばさらか（福岡県）……328
ばさらか（佐賀県）……336
ばさらっか（長崎県）……342
ばさろ（熊本県）……352
はざん（三重県）……200
ばし（秋田県）……47
〜ばし（熊本県）……352
はしかい①（福井県）……168
はしかい①（兵庫県）……231
はしかい①（徳島県）……295
はしかい②（福井県）……168
はしかい②（兵庫県）……231
はしかい②（徳島県）……295
はじかい（岐阜県）……175
はしかいー（山口県）……287
はじし（福井県）……168
〜ばしするごと（長崎県）……342
はしま（島根県）……262
はしゃぐ（岐阜県）……175
はしゃばしゃ（長野県）……135
はしりごく（和歌山県）……247
はしる（島根県）……262
はしる（岡山県）……271
はすかい（福井県）……168
ぱすぱす（茨城県）……72
はずむ（和歌山県）……247
はすり（宮城県）……39
はせ（香川県）……303
はせだ（愛媛県）……311
はそん（奈良県）……240
はそんする（群馬県）……87
はだ（和歌山県）……247
はだぐい（長崎県）……342
ばたぐるう（長崎県）……342
はだつ（栃木県）……79
はだづ（福島県）……63
はだっこ（岩手県）……31
はだって（静岡県）……184
はだてる（三重県）……200
はたはた（鳥取県）……257
はだる（宮城県）……39
〜はだる（茨城県）……72
はちがつだいみょう（奈良県）……240
ばちかぶる（長崎県）……342
はちこる（愛媛県）……311
はちはん（富山県）……151
はちまん（広島県）……279
ばっかい（富山県）……151
はっかはっかする（岩手県）……31
はっかめぐ（青森県）……23
はっこい（新潟県）……127
はっこーな（島根県）……263
ばった（静岡県）……184
ばったする（北海道）……16
ばっち（福島県）……63
はっちゃき（北海道）……16
〜ばって（青森県）……24
ばって（鹿児島県）……375
はってく（長崎県）……343
はってく①（熊本県）……352
はってく②（熊本県）……352
ばってん（福岡県）……328
ばってん（長崎県）……343
ぱっぱ（滋賀県）……208
はつめーな（石川県）……160
はともた（山形県）……55
はなおど（青森県）……24
はなが（富山県）……151
はなグら（福島県）……63
はなぐら（宮城県）……40
はなぐら（栃木県）……80
はなのす（愛媛県）……311
はなんたれぶりがいー（大分県）……360
はねがい（愛媛県）……311
はば（愛知県）……191
ばば（鹿児島県）……376
はばかりさま（東京都）……112
はばぎぬギ（岩手県）……32
はばしー（宮崎県）……367
はぶ（沖縄県）……385
はぶてる（広島県）……279
はぶてる（山口県）……287
はぶてる（愛媛県）……311
ばぶれる（高知県）……320

はべん（富山県）……151
はむ（愛知県）……192
はめ（兵庫県）……231
はめ（徳島県）……295
はめる（香川県）……303
ばやく（広島県）……279
ばやっこ（福島県）……63
はよおそ（熊本県）……352
はらうい（富山県）……151
はらかく（福岡県）……328
はらかく（長崎県）……343
はらがなえる（島根県）……263
はらくっち（福島県）……63
はらちえ（秋田県）……47
はらっかーだ（神奈川県）……118
はりこむ（兵庫県）……231
〜はる（京都府）……216
〜はる（大阪府）……224
はわく（福岡県）……328
はわく（長崎県）……343
はわく（熊本県）……352
はわく（大分県）……360
はわす（奈良県）……240
ばん（鹿児島県）……376
ばんがいち（北海道）……16
はんかきらす（栃木県）……80
はんかくさい（北海道）……16
はんかくせぁ①（秋田県）……47
はんかくせぁ②（秋田県）……48
ばんかけ（富山県）……151
はんかもん（千葉県）……104
ばんげ（島根県）……263
ばんこ（長崎県）……343
はんざいこ（奈良県）……240
ばんじまして（島根県）……263
はんちく（東京都）……112
はんつ（奈良県）……240
はんてんギ（東京都）……112
はんなり（京都府）……216
ばんば（福井県）……168
ばんばいする（富山県）……151
はんばきぬぎ（新潟県）……128

ひ

ひあわい（東京都）……112
ひーじゃー（沖縄県）……385
ひーとい（愛知県）……192
びーどろ（長崎県）……343
びーびー（島根県）……263
ひかり（大分県）……360
びき（広島県）……279
ひきずり（愛知県）……192
ひグってー（神奈川県）……118
ひけしか（長崎県）……343
〜ひこ（鹿児島県）……376
ひこずる①（徳島県）……295
ひこずる②（徳島県）……296
ひこつい①（愛知県）……192
ひこつい②（愛知県）……192
ひして（栃木県）……80
ひずがねえ（岐阜県）……175
ひずるい（愛知県）……192
びだ（青森県）……24
びだげる（千葉県）……104
びたびた（千葉県）……104
ひだりっぽい（神奈川県）……118
ひだるい（徳島県）……296
ひだるか（佐賀県）……336
ひだるか（熊本県）……352
ひだるがみ（奈良県）……240
びちゃる（新潟県）……128
びっきょ（宮崎県）……367
ひっこみがはいる（三重県）……200
びっしゃ（山口県）……287
びっしゃげる（長崎県）……343
びっすいか（熊本県）……352
ひったてる（千葉県）……104
びったれ（山口県）……288
びったれおどし（福岡県）……328
ひっちゃかましか（熊本県）……352
ひっちゃぶく（山梨県）……143
ひっちゃゆっ（鹿児島県）……376
ひっちょる（栃木県）

……80
ひっでもんに（福井県）……168
ひっとずる（長崎県）……343
ひでーなし（茨城県）……72
ひでっぷしー（千葉県）……104
ひでる（熊本県）……352
ひどい（石川県）……160
ひどい（徳島県）……296
ひどい①（滋賀県）……208
ひどい②（滋賀県）……208
ひとかたげ（栃木県）……80
ひとすばえする（大分県）……361
ひとっきり（神奈川県）……118
ひとっきり（長野県）……135
ひとづに（秋田県）……48
ひとまめ（茨城県）……72
ひどろい（岐阜県）……175
ひどろしー（静岡県）……184
ひどろってー（長野県）……135
ひなか（兵庫県）……231
ひねくましー（岐阜県）……175
ひねくらしい（富山県）……151
びびしゃんこ（宮崎県）……367
ひぼ（埼玉県）……96
ひぼえ（宮城県）……40
ひぼっちー（神奈川県）……118
ひまだれ（宮城県）……40
ひまだれ（福島県）……63
～びゃー（徳島県）……296
ひやか（佐賀県）……336
びゃくガくむ（神奈川県）……118
ひゃっかん（山口県）……288
びゃっこ（秋田県）……48
ひゅーなし（長崎県）……343
ひょーぐる（群馬県）……88
ひょーげる（富山県）……151
ひょーすんぼ（宮崎県）……367
ひょーたくれる（神奈川県）……118
ひょくっと（福岡県）……328
ひょっこだ（神奈川県）……118
ひょろずく（鳥取県）……257
ひょんなげな（岡山県）……272
ひら（北海道）……16
ひらくち（大分県）……361
ぴりきる（和歌山県）……247
ぴりぴりする（兵庫県）……231
びりんべー（神奈川県）……119
ひる（和歌山県）……247
ひんける（徳島県）……296
ひんける（香川県）……303
ひんず（徳島県）……296
びんた（熊本県）……352
びんた（鹿児島県）……376
びんだれ（愛媛県）……312
びんちょ（千葉県）……104
ひんつけ（宮崎県）……367
ひんのむ（長崎県）……344
ひんのめー（福島県）……63
びんぶく（山口県）……288

ふ

ふ（山口県）……288
ふい（和歌山県）……247
ふーがわりー（千葉県）……104
ふーがわりー（岡山県）……272
ふーがわるい（和歌山県）……247
ふーけもん（佐賀県）……336
ふうたん（宮崎県）……367
ぶえん（鹿児島県）……376
ふぎどり（秋田県）……48
ふぐす（宮城県）……40
ふくぞむ（福岡県）……328
ぶくれる（長崎県）……344
ぶさらう（山梨県）……144
ぶしょーたかり（千葉県）……104
ぶしょったい（静岡県）……184
ぶしょってー（神奈川県）……119
ぶじょほ（秋田県）……48

ぶじょほする（岩手県）……32
ぶすぐれる（福島県）……63
ぶそくる（静岡県）……184
ふだ（宮城県）……40
ふだに（茨城県）……72
ぶち（山口県）……288
ぶちゃける（岐阜県）……176
ぶちゃる（群馬県）……88
ぶちゃる（長野県）……135
ぶちゃる（山梨県）……144
ぶちよる（青森県）……24
ふつ（福岡県）……328
ぶっくらかす（千葉県）……105
ぶっこぬき（群馬県）……88
ぶっさーる（神奈川県）……119
ふったがる（千葉県）……105
ふったげる（茨城県）……72
ぶっちめる（茨城県）……72
ぶっちゃけたはなし（京都府）……216
ぶっとく（岐阜県）……176
ふっとつ（新潟県）……128
ふつむ（香川県）……304
ふてーがってー（福岡県）……329
ぶでねー（茨城県）……72
ふてる①（高知県）……320
ふてる②（高知県）……320
ふとか（福岡県）……329
ふとか（長崎県）……344
ぶに（香川県）……304
ふのよか（熊本県）……352
ふのわるか（長崎県）……344
ふみかすん（沖縄県）……385
ふゆじ①（熊本県）……353
ふゆじ②（熊本県）……353
ふりまくとぅー（沖縄県）……385
ぶる（香川県）……304
ふるあじき（秋田県）……48
ぶるさげる（東京都）……112
ふるしー（新潟県）……128
ふるしき（埼玉県）……96
ふるしき（東京都）……112
ふるだ・ふるだびっき（岩手県）……32
ふるつく（広島県）……280
ぶるとっぴん（山口県）……288
ぶんずいろ（福島県）……64
ふんだだ（神奈川県）……119

へ

へ（山口県）……288
ぺぁっこ（岩手県）……32
へー（長野県）……135
へー（山梨県）……144
〜べー（山梨県）……144
へーさし（愛媛県）……312
へーし（埼玉県）……96
へーともねえ（岐阜県）……176
へーび（埼玉県）……96
へーる（埼玉県）……96
へこさか（広島県）……280
へしない（石川県）……160
へじねぁ（秋田県）……48
へずまんねー（茨城県）……72
へずる（群馬県）……88
ぺそらぺそら（宮城県）……40
へぞる（長野県）……135
へた（群馬県）……88
へたる（広島県）……280
へち（高知県）……320
へちゃむくれ（神奈川県）……119
へっ（鹿児島県）……376
へっかんする（青森県）……24
べっこう（和歌山県）……247
へっさ（兵庫県）……232
べっしゃげる（宮崎県）……367
べった（和歌山県）……248
べったーべったー（島根県）……263
べっちゃ（石川県）……160
へっちょ（愛媛県）……312
べっちょない（兵庫県）……232
べっとー（愛知県）……192
へっぱく（福岡県）……329
へっぱくげな（香川県）……304
へてから（大阪府）……224
へでなし（福島県）……64

べと（福井県）……169
へのつっぱりにもならん（大分県）……361
べぶ（宮崎県）……367
べべ（大阪府）……224
べべたこ（京都府）……216
へら（北海道）……16
へら（長野県）……135
べら（宮崎県）……367
へらこい（和歌山県）……248
へらこい（徳島県）……296
へらこい（香川県）……304
べらっなる（宮崎県）……368
へらへっと（兵庫県）……232
へらへら（宮城県）……40
べらぼー①（東京都）……112
べらぼー②（東京都）……112
べろ（埼玉県）……96
ぺろ（宮城県）……40
へをふる（長崎県）……344
へんがえ（島根県）……263
へんかす（青森県）……24
へんくー（山口県）……288
へんげる（栃木県）……80
べんこーな（愛知県）……192
べんこな（石川県）……161
へんしも（徳島県）……296
へんしも（高知県）……320
へんじょうこんごう（愛媛県）……312
へんじょーこんごー（山口県）……288
べんたろさん（長崎県）……344
へんねし（京都府）……216
へんねしー（愛知県）……192
へんねしがる（岐阜県）……176
へんもねー（福井県）……169

ほ

ほいじゃあ・ほんじゃあ（長野県）……135
ほいたら（和歌山県）……248
ほいない（和歌山県）……248
ぼえちゃげる（島根県）……263
ほえねー（兵庫県）……232
ほえる（島根県）……263
ほー（山梨県）……144
ほー（熊本県）……353
ほーかな（和歌山県）……248
ほーけにする（香川県）……304
ほーせき（奈良県）……240
ほーた（広島県）……280
ほーたる（山口県）……288
ほーたろ（埼玉県）……96
ほーっぱれかぜ（神奈川県）……119
ほーとくない（山口県）……289
ぼーぶら（広島県）……280
ぼーぶら（長崎県）……344
ぽーぽい（福島県）……64
ほーらつか（長崎県）……344
ほーれねこ（神奈川県）……119
ほーろぐ（茨城県）……73
ほーんに（新潟県）……128
〜ほか（和歌山県）……248
ほかす（京都府）……216
ほかす（広島県）……280
ほがね（宮崎県）……368
ほかる（岡山県）……272
ほきる（栃木県）……80
ほきる（群馬県）……88
ほきる（神奈川県）……119
ほぎる（宮城県）……40
ぼくじゃ（宮崎県）……368
ほげ（大分県）……361
ほげたあく（奈良県）……240
ほげない（兵庫県）……232
ほゲほゲ（茨城県）……73
ほげる（福岡県）……329
ほげる（宮崎県）……368
ほげる・ほがす（長崎県）……344
ぼこ（山梨県）……144
ほこる（宮崎県）……368
ぼさりつく（滋賀県）……208
ほじねぁ（秋田県）……48
ほしばる（滋賀県）……208
ぼしょぐされる（栃木県）……80
ほたえる（京都府）……216
ほたえる（兵庫県）……232
ほたえる（和歌山県）……248
ほたくる（高知県）……320

ほたゆる（熊本県）……353
ほだれ（滋賀県）……208
ぼちぼち（大阪府）……224
ぼっくー（愛知県）……192
ほっけぁ（岩手県）……32
ぼっけー①（岡山県）……272
ぼっけー②（岡山県）……272
ぼっけもん（鹿児島県）……376
ぼっこ（福島県）……64
ぼっこ（奈良県）……241
ぼっこ（香川県）……304
ぼっこー（島根県）……263
ぼっこー（広島県）……280
ぼっこす（福島県）……64
ほっこり（滋賀県）……208
ほっこりする（福井県）……169
ほっこりする（京都府）……216
ほっこりせん（岐阜県）……176
ほっこりせん（三重県）……200
ぼっち（埼玉県）……96
ほっちゃれ（北海道）……16
ぼっちり（高知県）……321
ぼっと（群馬県）……88
ぼっとすると（栃木県）……80
ほでくてねぁ（岩手県）……32
ぼてる（広島県）……280
ほとばかす（岐阜県）……176
ほとばす（群馬県）……88
ほとばす（長野県）……135
ほとびる（愛知県）……192
ほとほとする（東京都）……112
ほとめく（福岡県）……329
ほどらい（富山県）……152
ほどる（宮城県）……40
ほな（兵庫県）……232
ほなけんど（徳島県）……296
ぼに（広島県）……280
ほぼろをうる（広島県）……280
ほまち（群馬県）……88
ほまぢ（福島県）……64
ほめき（三重県）……200
ほめく（大阪府）……224
ほめく（兵庫県）……232
ほめく（福岡県）……329
ほめく（長崎県）……344
ほや（山形県）……55
ほや（福井県）……169
ほりっこ（埼玉県）……96
ほる（兵庫県）……232
ほろぐ（宮城県）……41
ほろぐ（福島県）……64
ほろける（山口県）……289
ほろせ（兵庫県）……232
～ほん（滋賀県）……208
ほんがほんが（島根県）……263
ぽんし（愛媛県）……312
ほんそご（島根県）……264
ほんで・ほいで（長野県）……135
ほんま（京都府）……217

ま

～ま（富山県）……152
まあず（長野県）……136
まーふなちゃー（沖縄県）……386
まーり（三重県）……200
～まい（香川県）……304
～まいか（岐阜県）……176
～まいか①（三重県）……200
～まいか②（三重県）……201
まいこまいこ（岐阜県）……176
～まいする（和歌山県）……248
まいっぺん（大阪府）……225
まいでれ（山形県）……55
～まいてんす（和歌山県）……248
まいどー（富山県）……152
まいまい（福岡県）……329
まえで（長野県）……136
まおなき（長崎県）……345
まかたする（北海道）……16
まかなう（北海道）……17
まがられん（愛媛県）……312
まがる（福島県）……64
まがる（徳島県）……296
まがる（香川県）……304
まきもの（東京都）……112
まぐまぐでう①（山形県）……55
まぐまぐでう②（山形県）……56

まグれっこ（神奈川県）……119
まくれる（兵庫県）……232
まくれる（島根県）……264
まける（岡山県）……272
まける（徳島県）……297
まける（香川県）……304
まこち（宮崎県）……368
まさか（埼玉県）……96
まじくなう①（東京都）……113
まじくなう②（東京都）……113
まじっぽい（福島県）……64
〜ましょ（長野県）……136
ましょー（茨城県）……73
ますぼり（福岡県）……329
〜ますらい（愛媛県）……312
ませる（富山県）……152
まそっくり（山梨県）……144
またい（愛知県）……192
またい（兵庫県）……233
またいする（富山県）……152
またことない（兵庫県）……233
まっさか（群馬県）……88
まっさけ（和歌山県）……248
まったり（京都府）……217
まっつい（山口県）……289
まっつい（香川県）……305
まっっこゴれ（神奈川県）……119
〜まってんひょー（和歌山県）……248
まつぺー（岩手県）……32
まつべる（兵庫県）……233
まっぽし（長崎県）……345
まつぼり（広島県）……280
まつめる（長野県）……136
まで（宮城県）……41
まで（茨城県）……73
まてー（福島県）……64
まてー（長野県）……136
まてに（北海道）……17
までに（岩手県）……32
までる（千葉県）……105
まとう（滋賀県）……208
まとう（奈良県）……241
まどう（兵庫県）……233
まどす（京都府）……217
まね（青森県）……24
まねる（栃木県）……81
まばいー（宮崎県）……368
まばやしー（富山県）……152
まふっくぁ（沖縄県）……386
まま（長野県）……136
ままえる（愛知県）……193
ままざめぁ（秋田県）……49
まみえ（東京都）……113
まみや（埼玉県）……97
まめ（秋田県）……49
まめ（富山県）……152
まめ（山口県）……289
まめったい①（静岡県）……184
まめったい②（静岡県）……184
まめら（新潟県）……128
まやう（宮城県）……41
まやう（福島県）……64
まよう（山形県）……56
まる（長野県）……136
まるぐ（茨城県）……73
まわしする（愛知県）……193
まわり（奈良県）……241
まん（岡山県）……272
まんじ（秋田県）……48
まんだら（新潟県）……128
まんでがん（香川県）……305
まんまじっこ（神奈川県）……120
まんまんさん（滋賀県）……209

み

みあんべ（山形県）……56
みーにし（沖縄県）……386
みいりがする（島根県）……264
みーるーさん（沖縄県）……386
みえる（愛知県）……193
みガましー①（静岡県）……184
みガましー②（静岡県）……184
みグさい（山梨県）……144
みぐさい（長野県）……136
みグせー（茨城県）……73
みこ（静岡県）……184
みごち（宮崎県）……368
みしみっけーる（埼玉県）……97
みじょか（長崎県）……345

みじんまく（東京都）……113
みずガし（東京都）……113
みずせった（和歌山県）……248
みずらい（静岡県）……185
みぞい（愛媛県）……312
みそっかす（東京都）……113
みそっつぐ（栃木県）……81
みたんなか（佐賀県）……336
みてる（岡山県）……272
みてる（広島県）……281
みどーか（長崎県）……345
みとーもねー（神奈川県）……120
みみぐすい（沖縄県）……386
みゃーらくもん（富山県）……152
みやすい（広島県）……281
みやましー（長野県）……136
みよ（岐阜県）……176
みよける（新潟県）……128
みらずに（岐阜県）……177
みるい（静岡県）……185
みろごつもなか（熊本県）……353
みろばや（山形県）……56

む

むがさり（山形県）……56
むかわり（広島県）……281
むきみやさん（東京都）……113
むぎゆ（東京都）……113
むグす（福島県）……65
むぐす（群馬県）……88
むくる（滋賀県）……209
むげねー（大分県）……361
むさい（島根県）……264
むさらっこい（岐阜県）……177
むじー（宮崎県）……368
むじぇー（岩手県）……32
むしやしない（京都府）……217
むじる（宮城県）……41
むじる（福島県）……65
むじん（山梨県）……144
むすこんこ・むすめんこ（長崎県）……345
むずら（岩手県）……33
むせー（栃木県）……81
むそえ（茨城県）……73
むぞーか（佐賀県）……336
むぞか（鹿児島県）……376
むだかる（福井県）……169
むっかむてん（神奈川県）……120
むつこい（愛媛県）……312
むつごい（徳島県）……297
むつごい（香川県）……305
むったくがす（岩手県）……33
むねやま（奈良県）……241
むりくり（北海道）……17
むる（埼玉県）……97
むんつける（山形県）……56
むんなれー（沖縄県）……386

め

め（青森県）……24
めあげんそ（宮崎県）……368
めあて（山梨県）……145
めーげらしー（愛知県）……193
めーめーこーじ（神奈川県）……120
めーわくする（島根県）……264
めかいご（群馬県）……88
めぐ（兵庫県）……233
めぐ（香川県）……305
めぐさえ（新潟県）……128
めグせ①（青森県）……24
めグせ②（青森県）……24
めぐら（富山県）……152
めグらってー（神奈川県）……120
めげる（岡山県）……272
めげる（広島県）……281
めげる（徳島県）……297
めゴい（青森県）……24
めじょけね（山形県）……56
めためた（群馬県）……89
めっか（岩手県）……33
めっそー①（高知県）……321
めっそー②（高知県）……321
めっそーな（高知県）……321
めった（高知県）……321
めっためった（長野県）……136
めっちゃ（大阪府）……225

めとにする（石川県）……161
めばちこ（大阪府）……225
めぼ（愛媛県）……313
めめくる（栃木県）……81
めめぐる（茨城県）……73
めめず（埼玉県）……97
めめろ・めめり（香川県）……305
めもらい（石川県）……161
めやぐだ（青森県）……24
める（茨城県）……73
めんけ（秋田県）……49
めんゲー（福島県）……65
めんこい（北海道）……17
めんそーれー（沖縄県）……386
めんたし（山口県）……289
めんどい①（徳島県）……297
めんどい②（徳島県）……297
めんどかんど（茨城県）……73
めんどしい（愛媛県）……313
めんどしー（大分県）……361
めんめ（群馬県）……89

も

もいと（佐賀県）……336
もえ（宮崎県）……368
もえる（鳥取県）……257
もーあしびー（沖縄県）……386
もーぼれる（埼玉県）……97
もーもーしー（長野県）……137
もーやー（愛知県）……193
もーらしー（長野県）……137
もくしょな（富山県）……152
もさぶる（香川県）……305
もしかあんにゃ（新潟県）……128
もじく（千葉県）……105
もじく（和歌山県）……248
もじける（新潟県）……128
もじける（和歌山県）……249
もじゃくたらね（山形県）……56
もじゃくる（岐阜県）……177
もじゃぐる（福島県）……65
もじゃくれる（神奈川県）……120
もす（鹿児島県）……377
もぞぐったい（静岡県）……185
もぞこい（宮城県）……41
もぞなぎ（宮崎県）……369
もそぶ（島根県）……264
もちにいく（山梨県）……145
もちゃすびする（福井県）……169
もちゃぽい（千葉県）……105
もちょこちぇ（青森県）……25
もっけだ（山形県）……56
もっけな①（島根県）……264
もっけな②（島根県）……264
もつけねー（福井県）……169
もっこ（秋田県）……49
もっす（岩手県）……33
もったいしゃ（富山県）……152
もったりまげだり（秋田県）……49
もっとで（岡山県）……272
もっぱ（三重県）……201
〜もて（三重県）……201
もとーらん（広島県）……281
もとーる（岡山県）……273
もとらねー（群馬県）……89
ものい（石川県）……161
ものゴい（福井県）……169
もみじこ（石川県）……161
もみない（京都府）……217
もみない（兵庫県）……233
もむない（大阪府）……225
もむない（奈良県）……241
もむない（和歌山県）……249
ももくる（山口県）……289
ももっこ（神奈川県）……120
もやいで（神奈川県）……120
もやいに（栃木県）……81
もやもやしー（千葉県）……105
もよう（岩手県）……33

もらいずて（京都府）……217
もらう（滋賀県）……209
もる（滋賀県）……209
もる（高知県）……321
もろこし（長野県）……137
もろもき（島根県）……264
もんこ（岩手県）……33
もんちくりだす（山形県）……57
〜もんで（三重県）……201

や

やーのいおばつる（長崎県）……345
やーべ（福島県）……65
やーまち（佐賀県）……336
やーやこ①（島根県）……264
やーやこ②（島根県）……264
〜やいしょ（和歌山県）……249
やいと（岐阜県）……177
やおい（鳥取県）……257
やおいかん（熊本県）……353
やおなか（長崎県）……345
〜やかし（香川県）……305
やぎね（愛媛県）……313
やぎろしー（香川県）……305
やくたい（奈良県）……241
やくたいもない（静岡県）……185
やくちゃもない（富山県）……152
やくちゃもない（石川県）……161
やくちゃもにゃ（鳥取県）……257
やぐでもねー（宮城県）……41
やくど（岩手県）……33
やくやく（長野県）……137
やぐらしか（佐賀県）……336
やぐらしか（長崎県）……345
やけずる（愛知県）……193
やけらるる（宮崎県）……369
やご（島根県）……265
やこい（富山県）……152
〜やこー（岡山県）……273
やざがねぁ（秋田県）……49
やし（山口県）……289
〜やして（和歌山県）……249
やしやし（千葉県）……105
やしょうま・やしょんま（長野県）……137
やじょく（東京都）……113
〜やす（大阪府）……225
やぜくるしか（熊本県）……353
やせったい（山梨県）……145
やぜろしか（鹿児島県）……377
やぢゃがね（山形県）……57
やちゃくちゃね①（山形県）……57
やちゃくちゃね②（山形県）……57
やつがい（大分県）……361
やっきっき（島根県）……265
やっきねー（石川県）……161
やっきりする（静岡県）……185
やつす（大阪府）……225
やつす（兵庫県）……233
やつす（和歌山県）……249
やっせん（鹿児島県）……377
やっちもねー（岡山県）……273
やっちゃば（東京都）……113
やっとかめ（岐阜県）……177
やっとかめ（愛知県）……193
やっぱはまり（青森県）……25
やでまか（新潟県）……128
やにこい（京都府）……217
やにこい（兵庫県）……233
やにこい（奈良県）……241
やにこい（和歌山県）……249
やね（徳島県）……297
やねこい（石川県）……161
やねこい（愛媛県）……313
やねこい（広島県）……281
やのあさって（岩手県）……33
やばち（秋田県）……49
やばつい（宮城県）……41
やばつい（山形県）……57

やぶ（埼玉県）……97
やぶせったい（長野県）……137
やぶせったい（静岡県）……185
やぶれる（山口県）……289
やぼよー（東京都）……113
やまいもほっ（鹿児島県）……377
やまいもをほる（宮崎県）……369
やまちっちょーん（沖縄県）……386
やまとぅんちゅ（沖縄県）……387
やめる（青森県）……25
やめる（新潟県）……129
やもーど（神奈川県）……121
やや（福島県）……65
ややこ（大阪府）……225
やりつける（愛媛県）……313
やりますらー（岡山県）……273
やる（福岡県）……329
やわう（岐阜県）……177
やわしー（富山県）……153
～やん（和歌山県）……249
～やんか（大阪府）……225
やんかぶっ（鹿児島県）……377
やんかぶる（宮崎県）……369
やんす（広島県）……281
～やんなはい（愛媛県）……313
やんやん（山形県）……57

ゆ

ゆいすいる（埼玉県）……97
ゆーて（滋賀県）……209
～ゆーてゆー（岡山県）……273
ゆーに（岡山県）……273
ゆきおろし（新潟県）……129
ゆきしな（岐阜県）……177
ゆきすかし（石川県）……161
ゆきほり（新潟県）……129
ゆきやけ（長野県）……137
ゆきやけ（富山県）……153
ゆくしむぬいー（沖縄県）……387
ゆさり（新潟県）……129
ゆたむぬいー（沖縄県）……387
ゆっつける（栃木県）……81
ゆっつらゆーっと（佐賀県）……337
ゆるくない（北海道）……17
ゆるせい（静岡県）……185
ゆるり（宮崎県）……369
ゆわがんけ（栃木県）……81
ゆんたくひんたく（沖縄県）……387
ゆんにゅ（佐賀県）……337

よ

～よ（和歌山県）……249
よいよ（山口県）……289
よー（群馬県）……89
よーがい（兵庫県）……233
よーがりーひーがり（沖縄県）……387
よーけ（福井県）……169
よーけ（岡山県）……273
よーず（奈良県）……241
よーせん（岡山県）……273
よーと（熊本県）……353
よーよ（和歌山県）……249
よかよか（福岡県）……329
よくー（宮崎県）……369
よくせき（神奈川県）……121
よこいとる（岐阜県）……177
よこう（福岡県）……329
よござっしょ（福岡県）……329
よこっちゃり（神奈川県）……121
よさり（奈良県）……241
よざる（島根県）……265
よざるひき（広島県）……281
～よし（和歌山県）……249
よじける（群馬県）……89
よじむる（和歌山県）……249
よすれ（山形県）……57
よせる（静岡県）……185
よぞい（滋賀県）……209
よそわしか（佐賀県）……337
よだきー（大分県）……361
よだきー（宮崎県）……369
よだつ（岡山県）……273
よたんぼ（徳島県）……297

よっこより（茨城県）……73
〜よって（三重県）……201
よってに（大阪府）……225
よっぱらだ（新潟県）……129
よっぴて（埼玉県）……97
よっぴで（岩手県）……33
よっぽどいい気だ（神奈川県）……121
よててる（群馬県）……89
よでもねー（千葉県）……105
よのめ①（青森県）……25
よのめ②（青森県）……25
よぼ（山形県）……57
よぼる（兵庫県）……233
よまんどし（神奈川県）……121
よみおんさっ（佐賀県）……337
よむ（新潟県）……129
よむ（富山県）……153
よめいり（京都府）……217
よめくさん（佐賀県）……337
よもだ（愛媛県）……313
よらばさーらば（神奈川県）……121
よれ（三重県）……201
よろた（青森県）……25
よろばる（栃木県）……81
よわざ（徳島県）……297
よわる（千葉県）……105
よんど（埼玉県）……97
よんにゅー（長崎県）……345

ら

〜ら（山梨県）……145
〜ら（三重県）……201
〜ら（和歌山県）……249
らいさま（福島県）……65
らく（岡山県）……273
らくよー（北海道）……17
〜らしー（長野県）……137
らしがない（島根県）……265
らしもない（愛知県）……193
らちあく（三重県）……201
らちがあく（新潟県）……129
らちゃあかねー（埼玉県）……97
らっくらしる（新潟県）……129
らっしもない（愛媛県）……313
らっちもねー（静岡県）……185
らんかやす（富山県）……153
らんき（北海道）……17
らんきなる（山形県）……57
らんごかない（愛知県）……193
らんゴく（静岡県）……185
らんぱちやる（三重県）……201

り

りきむ（千葉県）……105
りくつげな（香川県）……305
りくつな（富山県）……153
りくつな（石川県）……161
りぐる①（高知県）……321
りぐる②（高知県）……321
りっぱか①（佐賀県）……337
りっぱか②（佐賀県）……337
りらびえ（北海道）……17
りんちょくに（滋賀県）……209

る

るいべ（北海道）……17

ろ

〜ろー（高知県）……321
ろーず（宮城県）……41
ろーちき（島根県）……265
ろーま（山口県）……289
ろくすっぽ（神奈川県）……121
ろくにする（島根県）……265
ろっく（奈良県）……241
ろっぷん（香川県）……305
ろっぽもん（富山県）……153
〜ろも（新潟県）……129

わ

わ（青森県）……25
わーか（千葉県）……105
わがでに（徳島県）……297
わがね（青森県）……25
わからん（熊本県）……353
わからんじん（山梨県）……145

わかりびーさ（沖縄県）……387
わく（高知県）……321
わけ（滋賀県）……209
わけもない（富山県）……153
わゴる（山梨県）……145
わざっと（群馬県）……89
わざと（埼玉県）……97
わさもん①（熊本県）……353
わさもん②（熊本県）……353
わせ（和歌山県）……249
わっしゃ（宮城県）……41
わっぜ（鹿児島県）……377
～わて（徳島県）……297
わに（富山県）……153
わにる（群馬県）……89
わにる（長野県）……137
わにわにする（山梨県）……145
わや（北海道）……17
わや（大阪府）……225
わやく（富山県）……153
わやく（宮崎県）……369
わやくちゃ（島根県）……265
わらかす（大阪府）……225
わらける（京都府）……217
わらさど（青森県）……25
わらしゃっど（岩手県）……33
わらはんど（青森県）……25
わらべぃんきゃ（鹿児島県）……377
わらべしい（富山県）……153
わり（佐賀県）……337
わるそ（徳島県）……297
～わん（和歌山県）……249
わんわんわんで（佐賀県）……337

ん

んか（秋田県）……49
んじょーさん（沖縄県）……387
んだがら（秋田県）……49
んだもしたん（宮崎県）……369
んだもしたん（鹿児島県）……377
んな（新潟県）……129
んぶう（福島県）……65
んまそい（富山県）……153
んめー（福島県）……65
～んやて（滋賀県）……209
んーにゃ（宮崎県）……369
んーぱ（沖縄県）……387
んーま（新潟県）……129